Die Beendigung des Vertrags im Entwurf für ein Gemeinsames Europäisches Kaufrecht aus der Sicht des Käufers

Europäische Hochschulschriften

European University Studies

Publications Universitaires Européennes

Reihe II **Rechtswissenschaft**

Series II Law

Série II Droit

Band/Volume **5854**

Florian Blanke

Die Beendigung des Vertrags im Entwurf für ein Gemeinsames Europäisches Kaufrecht aus der Sicht des Käufers

Eine rechtsvergleichende Untersuchung mit dem Rücktrittsrecht nach dem Bürgerlichen Gesetzbuch und dem Recht zur Aufhebung nach UN-Kaufrecht

PL ACADEMIC RESEARCH

Bibliografische Information der Deutschen Nationalbibliothek
Die Deutsche Nationalbibliothek verzeichnet diese Publikation in der Deutschen Nationalbibliografie; detaillierte bibliografische Daten sind im Internet über http://dnb.d-nb.de abrufbar.

Zugl.: Gießen, Univ., Diss., 2015

Gedruckt auf alterungsbeständigem,
säurefreiem Papier.

D 26
ISSN 0531-7312
ISBN 978-3-631-66774-3 (Print)
E-ISBN 978-3-653-06422-3 (E-Book)
DOI 10.3726/ 978-3-653-06422-3

PL Academic Research ist ein Imprint der Peter Lang GmbH.
Peter Lang – Frankfurt am Main · Bern · Bruxelles · New York · Oxford · Warszawa · Wien

Diese Publikation wurde begutachtet.

www.peterlang.com

Meinen Eltern und Annika

Vorwort

Die vorliegende Arbeit wurde im Dezember 2014 von dem Fachbereich Rechtswissenschaft der Justus-Liebig-Universität Gießen als Dissertation angenommen. Parallel zu dieser Einreichung hat die Europäische Kommission beschlossen, das GEK nicht in dem 2011 initiierten Umfang weiter zu verfolgen (KOM (2014) 910). Obwohl diese Arbeit damit einiges an Aktualität verloren hat, sind die Worte Pavel Svobodas (Vorsitzender des Rechtsausschusses des Europäischen Parlaments) zu beachten: „*[G]iven CESL's chequered history, the amount of work put into it and its sheer quality, I am confident that the responsible Commission services and the Legal Affairs Committee did not labour in vain.*" In diesem Sinne ist zu hoffen, dass auch diese Arbeit für künftige Entwicklungen im Bereich des europäischen Privatrechts einen Beitrag leisten kann.

Inhaltlich befindet sich die Arbeit auf dem Stand von Dezember 2014, die verwendete Literatur wurde (ohne Anspruch auf Vollständigkeit) bis einschließlich Februar 2016 aktualisiert und eingearbeitet.

Ich danke meinem Erstgutachter für die Beratung bei der Auswahl des Themas und beiden Gutachtern für die Unterstützung eines zügigen Ablaufs des Promotionsverfahrens. Dankbar bin ich außerdem der Sozietät CMS Hasche Sigle für die Unterstützung während der Promotionsphase. Mein größter Dank gilt allerdings meinen Eltern, sowie Annika, Sarah und Björn – ohne Euch wäre die Arbeit nicht in dieser Form möglich gewesen.

Frankfurt, im März 2016

Inhaltsverzeichnis

Literaturverzeichnis

Achilles, Wilhelm-Albrecht: Kommentar zum UN-Kaufrechtsübereinkommen (CISG), Neuwied 2000 (zitiert: Achilles).

Ackermann, Thomas: „Schadensersatz statt der Leistung: Grundlagen und Grenzen", JuS 2012, 865–873.

Aicher, Josef: „Leistungsstörungen aus der Verkäufersphäre – Ein Beitrag zur wesentlichen Vertragsverletzung und zur aliud-Lieferung im UN-Kaufrechtsübereinkommen" in: Hoyer, Hans/ Posch, Willibald (Hrsg.), Das Einheitliche Wiener Kaufrecht – Neues Recht für den internationalen Warenkauf, Wien 1992, S. 111–142 (zitiert *Aicher* in: Hoyer/Posch).

Albers, Gregor: „Die Erzwingung der Erfüllung nach dem CESL im Vergleich mit dem deutschen Recht", ZEuP 2012, 687–704.

Andersen, Camilla: „Noblesse Oblige...? Revisiting the ‚Noble Month' and the Expectations and Accomplishments it has prompted" in: Private Law – national – global – comparative – Festschrift für Ingeborg Schwenzer zum 60. Geburtstag – Band 1, Bern 2011, S. 33–49 (zitiert: *Andersen* in: FS Schwenzer).

Annuss, Georg: „Die Folgen des Rücktritts", JA 2006, 184–190.

Antweiler, Clemens: Beweislastverteilung im UN-Kaufrecht insbesondere bei Vertragsverletzungen des Verkäufers, Frankfurt 1995 (zitiert: Antweiler).

Armbrüster, Christian/ Wiese, Volker: „Die Folgen der Schuldrechtsreform für vor dem 1.1.2002 begründete Dauerschuldverhältnisse", DStR 2003, 334–342.

Arnold, Arnd: „Das neue Recht der Rücktrittsfolgen", Jura 2002, 154–160.

Arnold, Arnd: „Rücktritt und Schadensersatz", ZGS 2003, 427–434.

Aue, Joachim: Mängelgewährleistung im UN-Kaufrecht unter besonderer Berücksichtigung stillschweigender Zusicherungen, Frankfurt am Main 1989 (zitiert: Aue).

Ayad, Patrick/ Schnell, Sebastian: „Gemeinsames Europäisches Kaufrecht – für Unternehmen attraktiv?", BB 2012, 1487–1495.

Balthasar, Stephan: „Das Gemeinsame Europäische Kaufrecht – eine Analyse aus unternehmerischer Sicht", RiW 2012, 361–369.

Bamberger, Heinz Georg/ Roth, Herbert (Hrsg.): Kommentar zum Bürgerlichen Gesetzbuch, Band 1, §§ 1–610, CISG, 3. Auflage, München 2012 (zitiert: *Bearbeiter* in: Bamberger/Roth).

Bar, Christian von: „Vertragliche Schadensersatzpflichten ohne Vertrag?", JuS 1982, 637–645.

Bar, Christian von/ Clive, Eric: Principles, Definitions and Model Rules of European Private Law – Draft Common Frame of Reference (DCFR) – Full Edition, Volume I–VI, München 2009 (zitiert: DCFR Full Edition).

Bar, Christian von/ Zimmermann, Reinhard: Grundregeln des Europäischen Vertragsrechts Teile I und II, München 2002 und Grundregeln des Europäischen Vertragsrechts Teil III, München 2005 (zitiert: von Bar/Zimmermann).

Baumbach, Adolf/ Hopt, Klaus (Hrsg.): Handelsgesetzbuch mit GmbH & Co., Handelsklauseln, Bank- und Börsenrecht, Transportrecht (ohne Seerecht), 36. Auflage, München 2014 (zitiert: *Bearbeiter* in: Baumbach/Hopt).

Baumgärtel, Gottfried/ Laumen, Hans-Willi/ Prütting, Hanns (Hrsg.): Handbuch der Beweislast – Bürgerliches Gesetzbuch, Schuldrecht Besonderer Teil I, 3. Auflage, Köln 2009 (zitiert: *Bearbeiter* in: Baumgärtel/Laumen/Prütting).

Baumgärtel, Gottfried/ Laumen, Hans-Willi/ Prütting, Hanns (Hrsg.): Handbuch der Beweislast – Bürgerliches Gesetzbuch, Schuldrecht Allgemeiner Teil II, 3. Auflage, Köln 2009 (zitiert: *Bearbeiter* in: Baumgärtel/Laumen/Prütting).

Benedick, Gilles: Die Informationspflichten im UN-Kaufrecht (CISG) und ihre Verletzung – Unter Berücksichtigung des Zusammenspiels mit dem nationalen schweizerischen Recht, München 2008 (zitiert: Benedick).

Benicke, Christoph: „Zur Vertragsaufhebung nach UN-Kaufrecht bei Lieferung mangelhafter Ware (zu BGH, 3.4.1996 – VIII ZR 51/95, unten S. 342, Nr. 34)“, IPRax 1997, 326–331.

Bianca, Cesare Massimo/ Bonell, Michael Joachim: Commentary on the International Sales Law – The 1980 Vienna Sales Convention, Milan 1987 (zitiert: *Bearbeiter* in: Bianca/Bonell).

Bittner, Walter: „Wandelungsmöglichkeit des professionellen Käufers und Nachlieferungsrecht des Verkäufers bei aliud-Lieferung", BB 1993, 2315–2326.

Bitter, Georg/ Meidt, Eva: „Nacherfüllungsrecht und Nacherfüllungspflicht des Verkäufers im neuen Schuldrecht“, ZiP 2001, 2114–2124.

Bitter, Georg/ Rauhut, Tilman: „Grundzüge zivilrechtlicher Methodik – Schlüssel zu einer gelungenen Fallbearbeitung“, JuS 2009, 289–298.

Bockholdt, Frank: „Die Übertragbarkeit rücktrittsrechtlicher Wertungen auf die bereicherungsrechtliche Rückabwicklung gegenseitiger Verträge", AcP 206 (2006), 769–804.

Botzenhardt, Bertrand: Die Auslegung des Begriffs der wesentlichen Vertragsverletzung im UN-Kaufrecht, Frankfurt 1998 (zitiert: Botzenhardt).

Brambring, Günter: „Schuldrechtsreform und Grundstückskaufvertrag“, DNotZ 2001, 590–614.

Brors, Christiane: „Die Falschlieferung in der Schuldrechtsreform“, JR 2002, 133–136.

Brunner, Christoph: UN-Kaufrecht – CISG, Kommentar zum Übereinkommen der Vereinten Nationen über Verträge über den internationalen Warenkauf von 1980 – Unter Berücksichtigung der Schnittstellen zum internen Schweizer Recht, Bern 2004 (zitiert: Brunner).

Brüggemeier, Gert: „Das neue Kaufrecht des Bürgerlichen Gesetzbuches – Eine kritische Bestandsaufnahme", WM 2002, 1376–1387.

Bucher, Eugen: „Überblick über die Neuerungen des Wiener Kaufrechts; dessen Verhältnis zur Kaufrechtstradition und zum nationalen Recht" in: Berner Tage für die juristische Praxis 1990 – Wiener Kaufrecht – Der schweizerische Aussenhandel unter dem UN-Übereinkommen über den internationalen Warenkauf von Bucher, Eugen (Hrsg.), Bern 1991, S. 13–52 (zitiert: *Bucher* in: Bucher).

Bundesstelle für Außenhandelsinformation: Wiener UNCITRAL-Übereinkommen über internationale Warenkaufverträge vom 11. April 1980 – Textausgabe mit Einführungen von Professor Dr. Rolf Herber Ministerialdirigent im Bundesjustizministerium der Justiz, 2. Auflage, Köln 1983 (zitiert: Herber Einführung).

Busch, Christoph: „Kollisionsrechtliche Weichenstellungen für ein Optionales Instrument im Europäischen Vertragsrecht", EuZW 2011, 655–662.

Butler, Allison: „Caveat Emptor: Remedy-Oriented Approach Restricts Buyer's Right to Avoidance Under Article 49(1)(a) of the United Nations Convention on Contracts for the International Sale of Goods", IHR 2003, 208–212.

Büdenbender, Ulrich: „Die Bedeutung der Verbrauchsgüterkaufrichtlinie für das deutsche Kaufrecht nach der Schuldrechtsreform", ZEuP 2004, 36–58.

Büdenbender, Ulrich: „Rückgewähransprüche im Bürgerlichen Recht", JuS 1998, 38–44.

Caemmerer, Ernst von: „Die Haager Konferenz über die Internationale Vereinheitlichung des Kaufrechts vom 2. bis 25. April 1964 – Die Ergebnisse der Konferenz hinsichtlich der Vereinheitlichung des Rechts des Abschlusses von Kaufverträgen", RabelsZ 29 (1965), 101–147.

Caemmerer, Ernst von: „Die wesentliche Vertragsverletzung im internationalen Einheitlichen Kaufrecht" in: Europäisches Rechtsdenken in Geschichte und Gegenwart – Festschrift für Helmut Coing zum 70. Geburtstag Band II, München 1982, S. 33–52 (zitiert: *von Caemmerer* in: FS Coing).

Caemmerer, Ernst von: „Internationale Vereinheitlichung des Kaufrechts", SJZ 1981, 257–274.

Caemmerer, Ernst von/ Schlechtriem, Peter (Hrsg.): Kommentar zum Einheitlichen UN-Kaufrecht – Das Übereinkommen der Vereinten Nationen über Verträge über den internationalen Warenkauf – CISG-Kommentar –, 2. Auflage, München 1995 (zitiert: *Bearbeiter* in: von Caemmerer/Schlechtriem).

Canaris, Claus-Wilhelm: „Ansprüche wegen ‚positiver Vertragsverletzung' und ‚Schutzwirkungen für Dritte' bei nichtigen Verträgen – Zugleich ein Beitrag zur Vereinheitlichung der Regeln über die Schutzpflichtverletzung", JZ 1965, 475–482.

Canaris, Claus-Wilhelm: „Das allgemeine Leistungsstörungsrecht im Schuldrechtsmodernisierungsgesetz", ZRP 2001, 329–336.

Canaris, Claus-Wilhelm: „Die Reform des Rechts der Leistungsstörungen", JZ 2001, 499–530.

Canaris, Claus-Wilhelm: Handelsrecht, 24. Auflage, München 2006 (zitiert: Canaris Handelsrecht).

Canaris, Claus-Wilhelm: „Leistungsstörungen und Gewährleistung beim Unternehmenskauf nach der Reform des Deutschen Schuldrechts" in: Festschrift für Apostolos Georgiades zum 70. Geburtstag, München 2006, S. 71–94 (zitiert: *Canaris* in: FS Georgiades).

Canaris, Claus-Wilhelm: Schuldrechtsmodernisierung 2002, München 2002 (zitiert: Canaris).

Cziupka, Johannes: Dispositives Vertragsrecht – Funktionsweise und Qualitätsmerkmale gesetzlicher Regelungsmuster, Tübingen 2010 (zitiert: Cziupka).

Daun, Johannes: „Grundzüge des UN-Kaufrechts", JuS 1997, 998–1005.

Dauner-Lieb, Barbara/ Langen, Werner (Hrsg.): Nomos Kommentar BGB Schuldrecht – Band 2/1: §§ 241–610, 2. Auflage, Baden-Baden 2012 (zitiert: *Bearbeiter* in: NK-BGB).

Dauner-Lieb, Barbara/ Langen, Werner (Hrsg.): Nomos Kommentar BGB Schuldrecht – Band 2/2: §§ 611–853, 2. Auflage, Baden-Baden 2012 (zitiert: *Bearbeiter* in: NK-BGB).

Däubler, Wolfgang: „Neues Schuldrecht – ein erster Überblick", NJW 2001, 3729–3734.

Deckenbrock, Christian/ Dötsch, Wolfgang: „Die Beschädigung des Sicherungsguts durch den Käufer beim Kauf unter Eigentumsvorbehalt", WM 2007, 669–676.

Derleder, Peter: „Der Kauf aus privater Hand nach neuem Schuldrecht", NJW 2005, 2481–2486.

Derleder, Peter: „Sachmängel- und Arglisthaftung nach neuem Schuldrecht", NJW 2004, 969–976.

Derleder, Peter/ Sommer, Jörg: „Die Nacherfüllung nach arglistiger Täuschung", JZ 2007, 338–343.

Diedrich, Frank: „Anwendbarkeit des Wiener Kaufrechts auf Softwareüberlassungsverträge – Zugleich ein Beitrag zur Methode autonomer Auslegung von Internationalem Einheitsrecht", RiW 1993, 442–452.

Diedrich, Frank: „Lückenfüllung im Internationalen Einheitsrecht – Möglichkeiten und Grenzen richterlicher Rechtsfortbildung im Wiener Kaufrecht", RiW 1995, 353–364.

Dong, Wu: „The Effect of Fundamental Breach on Passage of Risk in the International Sale of Goods under the United Nations Convention on Contracts for the International Sale of Goods: Comparative analysis with the Contract Law of the People's Republic of China",7 Vindobona Journal of International Commercial Law and Arbitration, 2003, 233–254.

Döhmel, Doris: Der Leistungsort bei Rückabwicklung von Verträgen, Berlin 1997 (zitiert: Döhmel).

Dölle, Hans: Kommentar zum Einheitlichen Kaufrecht – Die Haager Kaufrechtsübereinkommen vom 1. Juli 1964, München 1976 (zitiert: *Bearbeiter* in: Dölle).

Düchs, Constantin: Die Behandlung von Leistungsstörungen im Europäischen Vertragsrecht, Berlin 2006 (zitiert: Düchs).

Ebenroth, Carsten Thomas/ Boujong, Karlheinz/ Joost, Detlev/ Strohn, Lutz (Hrsg.): Handelsgesetzbuch – Band 2 §§ 343–475 h Transportrecht Bank- und Börsenrecht, 3. Auflage, München 2015 (*Bearbeiter* in: Ebenroth/Boujong/Joost/Strohn).

Eidenmüller, Horst/ Jansen, Nils/ Kieninger, Eva-Maria/ Wagner, Gerhard/ Zimmermann, Reinhard: „Der Vorschlag für eine Verordnung über ein Gemeinsames Europäisches Kaufrecht – Defizite der neuesten Textstufe des europäischen Vertragsrechts", JZ 2012, 269–289.

Eidenmüller, Horst/ Faust, Florian/ Grigoleit, Hans Christoph/ Jansen, Nils/ Wagner, Gerhard/ Zimmermann, Reinhard: „Der Gemeinsame Referenzrahmen für das Europäische Privatrecht – Wertungsfragen und Kodifikationsprobleme", JZ 2008, 529–550.

Enderlein, Fritz: „Die Verpflichtung des Verkäufers zur Einhaltung des Lieferzeitraums und die Rechte des Käufers bei dessen Nichteinhaltung nach dem UN-Übereinkommen über Verträge über den internationalen Warenkauf (zu AG Oldenburg in Holstein, 24.4.1990–5 C 73/89, unten S. 336, Nr. 51)", IPRax 1991, 313–316.

Enderlein, Fritz/ Maskow, Dietrich/ Strohbach, Heinz: Internationales Kaufrecht – Kaufrechtskonvention Verjährungskonvention Vertretungskonvention Rechtsanwendungskonvention, Berlin 1991 (zitiert: Enderlein/Maskow/Strohbach).

Ensthaler, Jürgen: Gemeinschaftskommentar zum Handelsgesetzbuch mit UN-Kaufrecht, 8. Auflage, Köln 2015 (zitiert: *Bearbeiter* in: Ensthaler, GK-HGB).

Esser, Josef/ Schmidt, Eike: Schuldrecht Band I – Allgemeiner Teil – Teilband 1 Entstehung, Inhalt und Beendigung von Schuldverhältnissen – Ein Lehrbuch, 8. Auflage Heidelberg 1995 (zitiert: Esser/Schmidt).

Faust, Florian: „Das Kaufrecht im Vorschlag für ein Gemeinsames Europäisches Kaufrecht“ in: Schulte-Nölke/Zoll/Jansen/Schulze, Der Entwurf für ein optionales europäisches Kaufrecht, München 2012, S. 251–278 (zitiert: *Faust* in: Schulte-Nölke/Zoll/Jansen/Schulze).

Faust, Florian: „Haftung bei Störungen im Rückgewährschuldverhältnis“, JuS 2009, 481–489.

Faust, Florian: „Leistungsstörungsrecht“ in: Remien/Herrler/Limmer, Gemeinsames Europäisches Kaufrecht für die EU? – Analyse des Vorschlags der Europäischen Kommission für ein optionales Europäisches Vertragsrecht vom 11. Oktober 2011, München 2012, S. 161–187 (zitiert *Faust* in: Remien/Herrler/Limmer).

Fehrenbacher, Oliver: „Der Tausch“, ZVerglRWiss 101 (2002), 89–138.

Feltkamp, Régine/ Vanbossele, Frédéric: „The Optional Common European Sales Law: Better Buyer's Remedies for Seller's Non-performance in Sales of Goods?", ERPL 2011, 873–905.

Ferrari, Franco: „Divergences in the application of the CISG's rules on non-conformity of goods", RabelsZ 68 (2004), 473–494.

Ferrari, Franco: „Wesentliche Vertragsverletzung nach UN-Kaufrecht – 25 Jahre Artikel 25 CISG“, IHR 2005, 1–9.

Ferrari, Franco/ Kieninger, Eva-Maria/ Mankowski, Peter: Internationales Vertragsrecht – Rom I – CISG – CMR – FactÜ, 2. Auflage, München 2012 (zitiert: *Bearbeiter* in: Ferrari/Kieninger/Mankowski).

Fikentscher, Wolfgang/ Heinemann, Andreas: Schuldrecht, 10. Auflage, Berlin 2006 (zitiert: Fikentscher/Heinemann).

Flessner, Axel: „Befreiung vom Vertrag wegen Nichterfüllung“, ZEuP 1997, 255–320.

Forst, Gerrit: „Über Zweck, Tatbestand und Rechtsfolgen des § 346 Abs. 3 Satz 1 Nr. 3 BGB“, ZGS 2011, 107–111.

Fountoulakis, Christina: „Zurückbehaltungsrecht bei nicht ausgestellter Quittung im UN-Kaufrecht Zugleich Anmerkung zu Kantonsgericht Nidwalden (Schweiz), IHR 2005, 253 (in diesem Heft)“, IHR 2005, 244–249.

Freiburg, Nina: Das Recht auf Vertragsaufhebung im UN-Kaufrecht – Unter besonderer Berücksichtigung der Ausschlußgründe, Berlin 2001 (zitiert: Freiburg).

Freitag, Robert: „Rechtsfolgen der Unmöglichkeit und Unzumutbarkeit der Leistung“, NJW 2014, 113–117.

Friehe, Heinz Albert: „Die Setzung der unangemessen kurzen Nachfrist im CISG mit einem Ausblick auf das BGB (Teil 1)“, IHR 2010, 230–250.

Gaier, Reinhard: „Das Rücktritts(folgen)recht nach dem Schuldrechtsmodernisierungsgesetz“, WM 2002, 1–14.

Gebauer, Martin: „Europäische Auslegung des Zivilrechts – Methodik – Auslegung und Direktwirkung des europäischen Rechts – Richtlinienkonforme Auslegung und Fortbildung des nationalen Rechts“ in: Martin Gebauer (Hrsg.), Zivilrecht unter europäischem Einfluss – Die richtlinienkonforme Auslegung des BGB und anderer Gesetze – Kommentierung der wichtigsten EU-Verordnungen, 2. Auflage, Stuttgart 2010, S. 111–139 (zitiert: Gebauer).

Gebauer, Martin: „Europäisches Vertragsrecht als Option – der Anwendungsbereich, die Wahl und die Lücken des Optionalen Instruments“, GPR 2011, 227–236.

Gerhardt, Walter: „Die Haftungsfreizeichnung innerhalb des gesetzlichen Schutzverhältnisses“, JZ 1970, 535–539.

Grabitz, Eberhard/ Hilf, Meinhard/ Nettesheim, Martin (Hrsg.): Das Recht der Europäischen Union Band I EUV/AEUV, 57. Ergänzungslieferung, München 2015 (zitiert: *Bearbeiter* in: Grabitz/Hilf/Nettesheim).

Grädler, Thomas/ Köchel, Manuel: „Das kaufrechtliche Abhilfenrecht nach dem Kommissionsentwurf für ein Gemeinsames Europäisches Kaufrecht“ in: Schmidt-Kessel, Ein einheitliches europäisches Kaufrecht?, München 2012, S. 347–370 (zitiert: *Grädler/Köchel* in: Schmidt-Kessel).

Grädler, Thomas/ Köchel, Manuel: „Der Kommissionsentwurf eines Gemeinsamen Europäischen Kaufrechts – Überblick über die kaufvertraglichen Verpflichtungen und Rechtsbehelfe der Parteien“, GPR 2012, 106–119.

Grigoleit, Hans Christoph/ Riehm, Thomas: „Grenzen der Gleichstellung von Zuwenig-Leistung und Sachmangel“, ZGS 2002, 115–122.

Groß, Christian: „Gemeinsames Europäisches Kaufrecht – „Moderner Ansatz oder praxisferne Vision?““, EuZW 2012, 521–522.

Gruber, Urs Peter: „Die Nacherfüllung als zentraler Rechtsbehelf im neuen deutschen Kaufrecht – eine methodische und vergleichende Betrachtung zur Auslegung“ in: Helms, Tobias/ Neumann, Daniela/ Caspers, Georg/ Sailer, Rita/ Schmidt-Kessel, Martin (Hrsg.), Jahrbuch Junger Zivilrechtswissenschaftler 2001 – Das neue Schuldrecht – Freiburger Tagung 5. bis 8. September 2001, Bad Langensalza 2001, S. 187–203 (zitiert: Gruber, JbZivRWiss 2001).

Grundmann, Stefan/ Riesenhuber, Karl: „Die Auslegung des Europäischen Privat- und Schuldvertragsrechts“, JuS 2001, 529–536.

Gsell, Beate: „Das Verhältnis von Rücktritt und Schadensersatz“, JZ 2004, 643–649.

Gsell, Beate: „Fehlerbegriff und (negative Beschaffenheitsvereinbarung im Vorschlag für ein Gemeinsames Europäisches Kaufrecht“ in: Schulte-Nölke/Zoll/Jansen/Schulze, Der Entwurf für ein optionales europäisches Kaufrecht, München 2012, S. 229–249 (zitiert: *Gsell* in: Schulte-Nölke/Zoll/Jansen/Schulze).

Gsell, Beate: „Kaufrechtsrichtlinie und Schuldrechtsmodernisierung“, JZ 2001, 65–75.

Gutzeit, Martin: „Der arglistig täuschende Verkäufer“, NJW 2008, 1359–1362.

Haas, Lothar: „Entwurf eines Schuldrechtsmodernisierungsgesetzes: Kauf- und Werkvertragsrecht“, BB 2001, 1313–1321.

Habersack, Mathias/ Mayer, Christine: „Die überschießende Umsetzung von Richtlinien – Normauslegung und Rechtsweg im Grenzbereich zwischen deutschem und europäischem Privatrecht“, JZ 1999, 913–921.

Hager, Johannes: „Der Wert- und Schadensersatzanspruch beim Rücktritt“ in: Festschrift für Hans-Joachim Musielak zum 70. Geburtstag, München 2004, S. 195–206 (zitiert: *Hager* in: FS Musielak).

Happ, Richard: „Anwendbarkeit völkerrechtlicher Auslegungsmethoden auf das UN-Kaufrecht“, RiW 1997, 376–380.

Haug, Thomas: „Gemeinsames Europäisches Kaufrecht – Neue Chancen für Mittelstand und E-Commerce“, KuR 2012, 1–5.

Heiderhoff, Bettina/ Skamel, Frank: „Teilleistung im Kaufrecht“, JZ 2006, 383–545.

Heilmann, Jan: Mängelgewährleistung im UN-Kaufrecht – Voraussetzungen und Rechtsfolgen im Vergleich zum deutschen internen Kaufrecht und zu den Haager Einheitlichen Kaufgesetzen, Berlin 1994 (zitiert: Heilmann).

Heinrichs, Helmut: „Schadensersatzansprüche wegen Pflichtverletzung gegen den nach § 346 BGB zur Rückgewähr verpflichteten Schuldner“ in: Liber Amicorum – Eike Schmidt zum 65. Geburtstag am 26.11.2004, Heidelberg 2005, S. 159–185 (zitiert: *Heinrichs* in: FS Schmidt).

Hellwege, Phillip: Die Rückabwicklung gegenseitiger Verträge als einheitliches Problem – Deutsches, englisches und schottisches recht in historisch-vergleichender Perspektive, Tübingen 2004 (zitiert: Hellwege).

Henssler, Martin/ Westphalen, Friedrich Graf von: Praxis der Schuldrechtsreform, 2. Auflage, Kevelaer 2003 (zitiert: *Bearbeiter* in: Henssler/von Westphalen).

Heutger, Viola: Ein gemeineuropäisches Kaufrecht – Vision oder nahe Zukunft?, Frankfurt am Main 2007 (zitiert: Heutger).

Herber, Rolf: „Das VN-Übereinkommen über internationale Kaufverträge“, RiW 1980, 601–608.

Herber, Rolf/ Czerwenka, Beate: Internationales Kaufrecht – Kommentar zu dem Übereinkommen der Vereinten Nationen vom 11. April 1980 über Verträge über den internationalen Warenkauf, München 1991 (zitiert: Herber/Czerwenka).

Herberger, Maximilian/ Martinek, Michael/ Rüßmann, Helmut/ Weth, Stephan (Hrsg.): juris Praxiskommentar BGB – Band 2 Schuldrecht, 7. Auflage, Saarbrücken 2014 (zitiert: *Bearbeiter* in: jurisPK).

Herresthal, Carsten: „Ein europäisches Vertragsrecht als Optionales Instrument“, EuZW 2011, 7–12.

Herresthal, Carsten: Rechtsfortbildung im europarechtlichen Bezugsrahmen – Methoden, Kompetenzen, Grenzen dargestellt am Beispiel des Privatrechts, München 2006 (zitiert: Herresthal).

Herresthal, Carsten: „Zur Dogmatik und Methodik des Gemeinsamen Europäischen Kaufrechts nach dem Vorschlag der Kaufrechts-Verordnung“ in: Schulte-Nölke/Zoll/Jansen/Schulze, Der Entwurf für ein optionales europäisches Kaufrecht, München 2012, S. 85–149 (zitiert: *Herresthal* in: Schulte-Nölke/Zoll/Jansen/Schulze).

Herrmann, Gerold: „Anwendungsbereich des Wiener Kaufrechts – Kollisionsrechtliche Probleme“ in: Berner Tage für die juristische Praxis 1990 – Wiener Kaufrecht – Der schweizerische Aussenhandel unter dem UN-Übereinkommen über den internationalen Warenkauf von Bucher, Eugen (Hrsg.), Bern 1991, S. 83–102 (zitiert: *Herrmann* in: Bucher).

Heß, Sebastian: Rückabwicklungen und Wertersatz – Eine rechtsvergleichende Untersuchung zu jüngeren Entwicklungen im europäischen Privatrecht, Baden-Baden 2011 (zitiert: Heß).

Hoffmann, Jan: „Verbrauchsgüterkaufrechtsrichtlinie und Schuldrechtsmodernisierungsgesetz“, ZRP 2001, 347–350.

Holthausen, Rüdiger: „Die wesentliche Vertragsverletzung des Verkäufers nach Art. 25 UN-Kaufrecht“, RiW 1990, 101–107.

Honnold, John: „Uniform Words and Uniform Application. The 1980 Sales Convention and International Juridical Practice“ in: Schlechtriem, Peter (Hrsg.), Einheitliches Kaufrecht und nationales Obligationenrecht – Referate und Diskussionen der Fachtagung Einheitliches Kaufrecht am 16./17.2.1987 – Veranstaltet von der Gesellschaft für Rechtsvergleichung – Fachgruppe für vergleichendes Handels- und Wirtschaftsrecht, Baden-Baden 1987, S. 115–147 (zitiert: *Honnold* in: Schlechtriem Einheitliches Kaufrecht).

Honnold, John/ Flechtner, Harry: Uniform Law for International Sales under the 1980 United Nations Convention, 4. Auflage, Alphen aan den Rijn, Niederlande 2009 (zitiert: Honnold/Flechtner).

Honsell, Heinrich: „Die EU-Richtlinie über den Verbrauchsgüterkauf und ihre Umsetzung ins BGB“, JZ 2001, 278–283.

Honsell, Heinrich: „Die Vertragsverletzung des Verkäufers nach dem Wiener Kaufrecht“, SJZ 1992, 345–354.

Honsell, Heinrich (Hrsg.): Kommentar zum UN-Kaufrecht – Übereinkommen der Vereinten Nationen über Verträge über den Internationalen Warenkauf (CISG), 2. Auflage, Berlin 2010 (zitiert: *Bearbeiter* in Honsell CISG).

Hölder, Eduard: „Über Ansprüche und Einreden“, AcP 93 (1902), 1–130.

Huber, Ulrich: „Der UNCITRAL-Entwurf eines Übereinkommens über Internationale Warenkaufverträge“, RabelsZ 43 (1979), 413–526.

Huber, Ulrich: „Modellregeln für ein Europäisches Kaufrecht“, ZEuP 2008, 708–744.

Huber, Ulrich: Leistungsstörungen Band II – Die Folgen des Schuldnerverzugs – Die Erfüllungsverweigerung und die vom Schuldner zu vertretende Unmöglichkeit in: Handbuch des Schuldrechts in Einzeldarstellungen von Joachim Gernhuber (Hrsg.) Band 9/2, Tübingen 1999 (zitiert: Huber).

Huber, Peter/ Faust, Florian: Schuldrechtsmodernisierung – Einführung in das neue Recht, München 2002 (zitiert: *Bearbeiter* in: Huber/Faust).

Huber, Peter/ Mullis, Alastair: The CISG – A new textbook for students and practitioners, München 2007 (zitiert: *Bearbeiter* in: Huber/Mullis).

Hutter, Max: Die Haftung des Verkäufers für Nichtlieferung bzw. Lieferung vertragswidriger Ware nach dem Wiener UNCITRAL-Übereinkommen über internationale Warenkaufverträge vom 11. April 1980, Regensburg 1988 (zitiert: Hutter).

Jaensch, Michael: „Der Gleichlauf von Rücktritt und Schadensersatz", NJW 2003, 3613–3615.

Jan, Sheng-Lin: Die Erfüllungsverweigerung im deutschen und im UN-Kaufrecht, Frankfurt 1992 (zitiert: Jan).

Janal, Ruth: „The seller's responsibility for third party intellectual property rights under the Vienna Sales Convention" in: Sharing International Commercial Law across National Boundaries – Festschrift for Albert H Kritzer on the Occasion of his Eightieth Birthday, United Kingdom 2008, S. 203–231 (zitiert: *Janal* in: FS Kritzer).

Jauernig, Othmar (Hrsg.): Bürgerliches Gesetzbuch mit Allgemeinem Gleichbehandlungsgesetz, 16. Auflage, München 2015 (zitiert: *Bearbeiter* in: Jauernig).

Jorden, Simone/Lehmann, Michael: „Verbrauchsgüterkauf und Schuldrechtsmodernisierung", JZ 2001, 952–965.

Jud, Brigitta: „Die Rangordnung der Gewährleistungsbehelfe – Verbrauchsgüterkaufrichtlinie, österreichisches, deutsches und UN-Kaufrecht im Vergleich" in: Helms, Tobias/ Neumann, Daniela/ Caspers, Georg/ Sailer, Rita/ Schmidt-Kessel, Martin (Hrsg.), Jahrbuch Junger Zivilrechtswissenschaftler 2001 – Das neue Schuldrecht – Freiburger Tagung 5. bis 8. September 2001, Bad Langensalza 2001, S. 205–225 (zitiert: Jud, JbZivRWiss 2001).

Kaiser, Dagmar: „Die Rechtsfolgen des Rücktritts in der Schuldrechtsreform", JZ 2001, 1057–1070.

Kamanabrou, Sudabeh: „Haftung des Rücktrittsberechtigten bei Untergang der empfangenen Leistung", NJW 2003, 30–32.

Kappus, Andreas: „Rechtsvergleichende Aspekte zur Vertragsaufhebung wegen Sachmangels nach UN-Kaufrecht", RiW 1992, 528–533.

Karollus, Martin: „Anmerkung zu BGH, Urt. v. 03.04.1996, Az. VIII ZR 51/95, JZ 1997, 35", JZ 1997, 38–39.

Karollus, Martin: UN-Kaufrecht – Eine systematische Darstellung für Studium und Praxis, Wien 1991 (zitiert: Karollus).

Kieninger, Eva-Maria: „Allgemeines Leistungsstörungsrecht im Vorschlag für ein Gemeinsames Europäisches Kaufrecht" in: Schulte-Nölke/Zoll/Jansen/Schulze, Der Entwurf für ein optionales europäisches Kaufrecht, München 2012, S. 205–228 (zitiert: *Kieninger* in: Schulte-Nölke/Zoll/Jansen/Schulze).

Kiene, Sörren Claas: Vertragsaufhebung und Rücktritt des Käufers im UN-Kaufrecht und BGB: Eine rechtsvergleichende Untersuchung, Baden-Baden 2010 (zitiert: Kiene).

Kindl, Johann: „Das Recht der Leistungsstörungen nach dem Schuldrechtsmodernisierungsgesetz", WM 2002, 1313–1325.

Kircher, Wolfgang: „Zum Vorschlag für eine Richtlinie über den Verbrauchsgüterkauf und -garantien", ZRP 1997, 290–294.

Knütel, Rolf: „Zur Schuldrechtsreform", NJW 2001, 2519–2521.

Koch, Bernhard: „Schadensersatz und Rückabwicklung (Teile VI und VII CESL-Entwurf)" in: Wendehorst/Zöchling-Jud, Am Vorabend eines Gemeinsamen Europäischen Kaufrechts – Zum Verordnungsentwurf der Europäischen Kommission vom 11.10.2011, Wien 2012, S. 225–251 (zitiert: *Koch* in: Wendehorst/Zöchling-Jud).

Koch, Raphael: „Die Fristsetzung zur Leistung oder Nacherfüllung – Mehr Schein als Sein? – Was bleibt noch vom Fristsetzungserfordernis?", NJW 2010, 1636–1639.

Koch, Raphael: „Vertragsmäßigkeit der Ware bei Divergenz öffentlich-rechtlicher Vorgaben", IHR 2009, 233–237.

Koch, Robert: „Whether the UNIDROIT Principles of International Commercial Contracts may be used to interpret or supplement Article 25 CISG", IHR 2005, 65–70.

Kohler, Jürgen: „Das Rücktrittsrecht in der Reform", JZ 2001, 325–337.

Kohler, Jürgen: „Rücktrittsrechtliche Bereicherungshaftung", JZ 2002, 682–696.

Kohler, Jürgen: „Rücktrittsrechtliche Schadensersatzhaftung", JZ 2002, 1127–1138.

Köhler, Helmut: „Der Leistungsort bei Rückgewährschuldverhältnissen"" in: Recht im Spannungsfeld von Theorie und Praxis – Festschrift für Helmut Heinrichs zum 70. Geburtstag, München 1998, S. 367–380 (zitiert: *Köhler* in: FS Heinrichs).

Koller, Ingo/ Kindler, Peter/ Roth, Wulf-Henning/ Morck, Winfried: Handelsgesetzbuch – Kommentar, 8. Auflage, München 2015 (zitiert: *Bearbeiter* in: Koller/Roth/Morck).

Krebs, Markus: Die Rückabwicklung im UN-Kaufrecht, München 2000 (zitiert: Krebs).

Kroll-Ludwigs, Kathrin: „Ein optionales Vertragsrecht für Europa – Motor oder Hemmnis für den Binnenmarkt?", GPR 2012, 181–188.

Kropholler, Jan: Internationales Einheitsrecht – Allgemeine Lehren, Tübingen 1975 (zitiert: Kropholler).

Kröll, Stefan/ Mistelis, Loukas/ Viscasillas, Pilar Perales: UN Convention on Contracts for the International Sale of Goods (CISG), München 2011 (zitiert: *Bearbeiter* in: Kröll/Mistelis/Viscasillas).

Krüger, Christian: „Das Konkurrenzverhältnis von Mängelrechten, Anfechtung und Ansprüchen aus Culpa in Contrahendo des Käufers im Kommissionsvorschlag für ein Gemeinsames Europäisches Kaufrecht (GEK/CESL) – Ein klassisches Problem des deutschen Zivilrechts auf europäischer Ebene?", GPR 2014, 182–192.

Kuhlmann, Kai: Leistungspflichten und Schutzpflichten – Ein kritischer Vergleich des Leistungsstörungsrechts des BGB mit den Vorschlägen der Schuldrechtskommission, Berlin 2001 (zitiert: Kuhlmann).

Laimer, Simon: „Nutzungs- und Aufwendungsersatz nach Vertragsaufhebung wegen nachträglicher Erfüllungsstörungen: Die Regelungen des DCFR in rechtsvergleichender Perspektive", ZEuP 2012, 47–71.

Lando, Ole/ Beale, Hugh: Principles of European Contract Law Parts I and II – Combined and Revised, Den Haag, Niederlande 2000 (zitiert: Lando/Beale PECL I – II).

Lando, Ole/ Beale, Hugh: Principles of European Contract Law Part III, Den Haag, Niederlande 2003 (zitiert: Lando/Beale PECL III).

Langenbucher, Katja (Hrsg.): Europarechtliche Bezüge des Privatrechts, 2. Auflage, Baden-Baden 2008 (zitiert: *Bearbeiter* in: Langenbucher).

Langenecker, Josef: UN-Einheitskaufrecht und Immaterialgüterrechte – Die Rechtsmängelhaftung bei internationalen Kaufverträgen nach dem UN-Kaufrechtsübereinkommen unter besonderer Berücksichtigung von Immaterialgüterrechten, München 1993 (zitiert: Langenecker).

Larenz, Karl: Lehrbuch des Schuldrechts – Erster Band Allgemeiner Teil, 14. Auflage, München 1987 (zitiert: Larenz Schuldrecht).

Larenz, Karl/ Canaris, Claus-Wilhelm: Methodenlehre der Rechtswissenschaft, 3. Auflage, Berlin 1995 (zitiert: Larenz/Canaris).

Lehmann, Heinrich: Die Unterlassungspflicht im Bürgerlichen Recht, München 1969 (zitiert: Lehmann).

Lehmann, Matthias: „Auf dem Weg zu einem europäischen Vertragsrecht: Die „Feasibility Study" der Expert Group on European Contract Law", GPR 2011, 218–226.

Leible, Stefan: „Rechtsbehelfe bei Nichterfüllung" in: Schulze, Reiner/von Bar, Christian/Schulte-Nölke, Hans, Der akademische Entwurf für einen Gemeinsamen Referenzrahmen, Tübingen 2008, S. 97–114 (zitiert: *Leible* in: Schulze/von Bar/ Schulte-Nölke).

Leser, Hans: „Die Erfüllungsverweigerung – Ein Typ der Leistungsstörungen" in: Ius Privatum Gentium – Festschrift für Max Rheinstein zum 70. Geburtstag am 05. Juli 1969, Band II Nationales und Vergleichendes Privatrecht, Tübingen 1969, S. 643–658 (zitiert: *Leser* in: FS Rheinstein).

Leser, Hans: „Lösung vom Vertrag – Eine vergleichende Betrachtung" in: Recht und Rechtserkenntnis – Festschrift für Ernst Wolf zum 70. Geburtstag, Tübingen 2014, S. 373–394 (zitiert: *Leser* in: FS Wolf).

Leser, Hans: „Vertragsaufhebung und Rückabwicklung unter dem UN-Kaufrecht" in: Schlechtriem, Peter (Hrsg.), Einheitliches Kaufrecht und nationales Obligationenrecht – Referate und Diskussionen der Fachtagung Einheitliches Kaufrecht am 16./17.2.1987 – Veranstaltet von der Gesellschaft für Rechtsvergleichung – Fachgruppe für vergleichendes Handels- und Wirtschaftsrecht, Baden-Baden 1987, S. 225–256 (zitiert: *Leser* in: Schlechtriem Einheitliches Kaufrecht).

Lettl, Tobias: „Die Falschlieferung durch den Verkäufer nach der Schuldrechtsreform", JuS 2002, 866–872.

Lingemann, Stefan/ Gotham, Meike: „Doppelte Schriftformklausel – gar nicht einfach!", NJW 2009, 268–272.

Loewe, Roland: Internationales Kaufrecht – Wiener UN- Kaufrechtsübereinkommen vom 11. April 1980 und New Yorker UN-Verjährungsübereinkommen vom 14. Juni 1974 samt Protokoll vom 11. April 1980 mit ausführlichen Erläuterungen sowie Vergleichen und Hinweisen zu österreichischen Recht – Nach dem Stand vom 15. Mai 1898, Wien 1989 (zitiert: Loewe).

Lohs, Marcel Martin/ Nolting, Norbert: „Regelungen der Vertragsverletzung im UN-Übereinkommen", ZVerglRWiss 1998, 4–29.

Loos, Marco/ Scheelhaas, Harriet: „Commercial Sales: The Common European Sales Law Compared to the Vienna Sales Convention", ERPL 2013, 105–130.

Looschelders, Dirk: „Das allgemeine Vertragsrechts des *Common European Sales Law*", AcP 212 (2012), 581–693.

Looschelders, Dirk: „Die neuere Rechtsprechung zur kaufrechtlichen Gewährleistung", JA 2007, 673–679.

Lorenz, Stephan: „Das Kaufrecht und die damit verbundenen Dienstverträge im Common European Sales Law", AcP 212 (2012), 702–847.

Lorenz, Stephan: „Schadensersatz statt der Leistung, Rentabilitätsvermutung und Aufwendungsersatz im Gewährleistungsrecht", NJW 2004, 26–28.

Lorenz, Stephan: „Schuldrechtsreform 2002: Problemschwerpunkte drei Jahre danach", NJW 2004, 1889–1896.

Lorenz, Stephan: „Zur Abgrenzung von Teilleistung, teilweiser Unmöglichkeit und teilweiser Schlechtleistung im neuen Schuldrecht", NJW 2003, 3097–3099.

Lorenz, Stephan/ Riehm, Thomas: Lehrbuch zum neuen Schuldrecht, München 2002 (zitiert: Lorenz/Riehm).

Lorenz, Tina: Das Nacherfüllungsrecht des Verkäufers – UN-Kaufrecht, BGB und europäische Grundregeln im Vergleich, Dresden 2010 (zitiert: Lorenz).

Lorenz, Werner: „Die Einbeziehung Dritter in vertragliche Schuldverhältnisse – Grenzen zwischen vertraglicher und deliktischer Haftung", JZ 1960, 108–114.

Lögering, Martin: „Verlust etwaiger Schadensersatzrechte durch die Minderung des Kaufpreises?", MDR 2009, 664–667.

Lubbe, Gerhard: „Fundamental breach under the CISG: A source of fundamentally divergent results", RabelsZ 68 (2004), 444–472.

Lurger, Brigitta: „Die Anwendung des Wiener UNCITRAL-Kaufrechtsübereinkommens 1980 auf den internationalen Tauschvertrag und sonstige Gegengeschäfte", ZfRV 32 (1991), 415–431.

Lurger, Brigitta: „Die wesentliche Vertragsverletzung nach Art. 25 CISG", IHR 2001, 91–102.

Lüderitz, Alexander: „Pflichten der Parteien nach UN-Kaufrecht im Vergleich zu EKG und BGB" in: Schlechtriem, Peter (Hrsg.), Einheitliches Kaufrecht und nationales Obligationenrecht – Referate und Diskussionen der Fachtagung Einheitliches Kaufrecht am 16./17.2.1987 – Veranstaltet von der Gesellschaft für Rechtsvergleichung – Fachgruppe für vergleichendes Handels- und Wirtschaftsrecht, Baden-Baden 1987, S. 179–198 (zitiert: *Lüderitz* in: Schlechtriem Einheitliches Kaufrecht).

Magnus, Ulrich: „Das Recht der vertraglichen Leistungsstörungen und der Common Frame of Reference", ZEuP 2007, 260–279.

Magnus, Ulrich: „Das UN-Kaufrecht und die Erfüllungsortzuständigkeit in der neuen EuGVO", IHR 2002, 45–52.

Magnus, Ulrich: „Das UN-Kaufrecht – aktuelle Entwicklungen und Rechtsprechungspraxis", ZEuP 2002, 523–541.

Magnus, Ulrich: „Das UN-Kaufrecht: Fragen und Probleme seiner praktischen Bewährung", ZEuP 1997, 823–846.

Magnus, Ulrich: „Die allgemeinen Grundsätze im UN-Kaufrecht", RabelsZ 59 (1995), 469–494.

Mankowski, Peter: „Der Vorschlag für ein Gemeinsames Europäisches Kaufrecht (CESL) und das Internationale Privatrecht", RiW 2012, 97–105.

Mansel, Heinz-Peter: „Der Verordnungsvorschlag für ein Gemeinsames Europäisches Kaufrecht – Teil I –, WM 2012, 1253–1308.

Mansel, Heinz-Peter: „Der Verordnungsvorschlag für ein Gemeinsames Europäisches Kaufrecht – Teil II –, WM 2012, 1309–1364.

Mayer, Christian/ Schürnbrand, Jan: „Einheitlich oder gespalten? – Zur Auslegung nationalen Rechts bei überschießender Umsetzung von Richtlinien", JZ 2004, 545–552.

Medicus, Dieter: Allgemeiner Teil des BGB, 10. Auflage, Heidelberg 2010 (zitiert: Medicus).

Medicus, Dieter: „Zur Anwendbarkeit des Allgemeinen Schuldrechts auf Schutzpflichten" in: Festschrift für Claus-Wilhelm Canaris zum 70. Geburtstag Band I, München 2007, S. 835–855 (zitiert: *Medicus* in: FS Canaris).

Merkt, Hanno: „Internationaler Unternehmenskauf und Einheitsrecht", ZVerglRWiss 93 (1994), 353–378.

Merkt, Hanno/ Göthel, Stephan: Internationaler Unternehmenskauf, 3. Auflage, Köln 2011 (zitiert *Bearbeiter* in: Merkt/Göthel).

Mertens, Hans-Joachim: „Deliktsrecht und Sonderprivatrecht – Zur Rechtsfortbildung des deliktischen Schutzes von Vermögensinteressen", AcP 178 (1978), 227–262.

Metzger, Axel: „Die Haftung des Verkäufers für Rechtsmängel gemäß Artt. 41, 42 CISG", RabelsZ 73 (2009), 842–865.

Mohs, Florian: „Anmerkung zu Schweizer Bundesgericht, Urt. v. 13.11.2003, Az.: 4C.198/2003, IHR 2004, 215", IHR 2004, 219–220.

Moser, Claudia: „Der Kommissionsvorschlag für eine Verordnung über ein Gemeinsames Europäisches Kaufrecht", WiVerw 2012, 124–134.

Motsch, Richard: „Neues Schuldrecht: Rücktritt vom Kauf", JR 2002, 221–226.

Mörsdorf, Oliver/ Brinkmann, Julia: „Die Rückabwicklung von Kaufverträgen gemäß Art. 172 ff. des Verordnungsentwurfs für ein gemeinsames europäisches Kaufrecht (GEK) – Ein kritischer Vergleich mit den deutschen Regelungen", GPR 2013, 190–203.

Muscheler, Karlheinz: „Wandlung, gesetzlicher Rücktritt und negatives Interesse", AcP 187 (1987), 343–403.

Mülbert, Peter: Privatrecht, die EG-Grundfreiheiten und der Binnenmarkt – Zwingendes Privatrecht als Grundfreiheitenbeschränkung im EG-Binnenmarkt, ZHR 159 (1995), 1–33.

Müller, Tobias Malte: Ausgewählte Fragen der Beweislastverteilung im UN-Kaufrecht im Lichte der aktuellen Rechtsprechung, Frankfurt 2005 (zitiert: Müller).

Müller-Graff, Peter-Christian: „Der Introitus des optionalen Europäischen Kaufrechts: Das erste Kapitel im Kontext von Kodifikationskonzept und Primärrecht" in: Schmidt-Kessel, Ein einheitliches europäisches Kaufrecht?, München 2012, S. 51–86 (zitiert: *Müller-Graff* in: Schmidt-Kessel).

Müller, Markus/ Hempel, Rolf: „Nebenpflichten des Verkäufers unter besonderer Berücksichtigung der Verjährung", AcP 205 (2005), 246–274.

Münch, Joachim: „Die ‚nicht wie geschuldet' erbrachte Leistung und sonstige Pflichtverletzungen, Jura 2002, 361–374.

Neumeyer, Karl H.: „Offene Fragen zur Anwendung des Abkommens der Vereinten Nationen über den internationalen Warenkauf", RiW 1994, 99–109.

Neuner, Jörg: Allgemeiner Teil des Bürgerlichen Rechts, 10. Auflage, München 2012 (zitiert: Neuner).

Niggemann, Friedrich: „Die Pflichten des Verkäufers und die Rechtsbehelfe des Käufers" in: Hoyer, Hans/ Posch, Willibald (Hrsg.), Das Einheitliche Wiener Kaufrecht – Neues Recht für den internationalen Warenkauf, Wien 1992, S. 77–110 (zitiert *Niggemann* in: Hoyer/Posch).

Oetker, Hartmut (Hrsg.): Kommentar zum Handelsgesetzbuch (HGB), 4. Auflage, München 2015 (zitiert: *Bearbeiter* in: Oetker).

Otto, Dirk: „Produkthaftung nach dem UN-Kaufrecht“, MDR 1992, 533–538.

Palandt, Otto (Hrsg.): Bürgerliches Gesetzbuch mit Nebengesetzen – insbesondere mit Einführungsgesetz (Auszug) einschließlich Rom I-, Rom II- und Rom III-Verordnungen sowie dem Haager Unterhaltsprotokoll, Allgemeines Gleichbehandlungsgesetz (Auszug), Wohn- und Betreuungsvertragsgesetz, BGB-Informationspflichten-Verordnung, Unterlassungsklagengesetz, Produkthaftungsgesetz, Erbbaurechtsgesetz, Wohnungseigentumsgesetz, Versorgungsausgleichsgesetz, Lebenspartnerschaftsgesetz, Gewaltschutzgesetz, 75. Auflage, München 2016 (zitiert: *Bearbeiter* in: Palandt).

Paulus, Christoph G./ Zenker, Wolfgang: „Grenzen der Privatautonomie“, JuS 2001, 1–9.

Perkams, Guido: „Die Haftung des Rücktrittsberechtigten im neuen Schuldrecht“, Jura 2003, 150–153.

Pfeiffer, Thomas: „Neues Internationales Vertragsrecht – Zur Rom I-Verordnung“, EuZW 2008, 622–629.

Pfeiffer, Thomas: „Unkorrektheiten bei der Umsetzung der Verbrauchsgüterkaufrichtlinie in das deutsche Recht“, ZGS 2002, 138–140.

Piltz, Burghard: „Anwendbares Recht in grenzüberschreitenden Kaufverträgen“, IPRax 1994, 191–193.

Piltz, Burghard: Internationales Kaufrecht – Das UN-Kaufrecht in praxisorientierter Darstellung, 2. Auflage, München 2008 (zitiert: Piltz).

Piltz, Burghard: „Neue Entwicklungen im UN-Kaufrecht“, NJW 2003, 2056–2063.

Piltz, Burghard: „The Proposal for a Regulation on a Common European Sales Law and more particular its Provisions on Remedies”, IHR 2012, 133–136.

Posch, Willibald/ Kandut, Gabriele: „Die allgemeinen Bestimmungen über den Warenkauf: Art. 25–29“ in: Hoyer, Hans/ Posch, Willibald (Hrsg.), Das Einheitliche Wiener Kaufrecht – Neues Recht für den internationalen Warenkauf, Wien 1992, S. 59–76 (zitiert *Posch/Kandut* in: Hoyer/Posch).

Prager, Martin: Verkäuferhaftung und ausländische gewerbliche Schutzrechte – Die Haftung des Verkäufers beweglicher Sachen für deren Freiheit von gewerblichen Schutzrechten oder Urheberrechten nach dem UN-Kaufrechtsübereinkommen vom 11. April 1980, Pfaffenweiler 1987 (zitiert: Prager).

Rabel, Ernst: Das Recht des Warenkaufs – Eine rechtsvergleichende Darstellung 2. Band, Berlin 1958 (zitiert: Rabel).

Rabel, Ernst: „Der Entwurf eines einheitlichen Kaufgesetzes“, RabelsZ 9 (1935), 1–79.

Rabel, Ernst: „Die Haager Konferenz über die Vereinheitlichung des Kaufrechts“, RabelsZ 17 (1952), 212–224.

Rabel, Ernst: „Der Entwurf eines einheitlichen Kaufgesetzes. Die Entstehung des Entwurfs.“, RabelsZ 9 (1935), 1–79.

Rabel, Ernst: „Der Entwurf eines einheitlichen Kaufgesetzes. 2. Abschnitt: Gewährleistung des Verkäufers für Sachmängel. Art. 41–53“, RabelsZ 9 (1935), 339–363.

Rauda, Christian/ Etier, Guillaume: „Warranty for Intellectual Property Rights in the International Sale of Goods“, 4 Vindobona Journal of International Commercial Law and Arbitration 2000, 30–61.

Reich, Norbert: „EU-Verbraucherkaufrecht in neuen Dokumenten und in einem Optionalen Instrument“, ZfRV 51 (2011), 196–206.

Reinhart, Gert: UN-Kaufrecht – Kommentar zum Übereinkommen der Vereinten Nationen vom 11. April 1980 über Verträge über den internationalen Warenkauf, Heidelberg 1991 (zitiert: Reinhart).

Reischl, Klaus: „Grundfälle zum neuen Schuldrecht – 3. Teil. Der Rücktritt“, JuS 2003, 667–674.

Remien, Oliver: „Schadensersatz und Zinsen nach EU-Kaufrecht“ in: Schmidt-Kessel, Ein einheitliches europäisches Kaufrecht?, München 2012, S. 503–527 (zitiert: *Remien* in: Schmidt-Kessel).

Research Group on the Existing EC Private Law: Principles of the Existing EC Contract Law (Acquis Principles) Contract I – Pre-contractual Obligations, Conclusion of Contract, Unfair Terms, München 2007 und Principles of the Existing EC Contract Law (Acquis Principles) Contract II – General Provisions, Delivery of Goods, Package Travel and Payment Services, München 2009 (zitiert: Acquis Principles I–II).

Rheinländer, Peter: „Die Haftung des Zurücktretenden bei Kenntnis der Rücktrittsberechtigung“, ZGS 2004, 178–181.

Riese, Otto: „Der Entwurf zur Internationalen Vereinheitlichung des Kaufrechts“, RabelsZ 22 (1957), 16–116.

Riesenhuber, Karl: Europäische Methodenlehre – Handbuch für Ausbildung und Praxis, 2. Auflage, Berlin 2010 (zitiert: *Bearbeiter* in: Riesenhuber).

Riesenhuber, Karl: „Information über die Verwendung des Gemeinsamen Europäischen Kaufrechts – Gedanken zum Harmonisierungskonzept“, GPR 2012, 1–6.

Riesenhuber, Karl: System und Prinzipien des Europäischen Vertragsrechts, Berlin 2003 (zitiert: Riesenhuber).

Roth, Herbert: „Rücktrittsrecht und Leistungskodifikation“ in: Festschrift für Claus-Wilhelm Canaris zum 70. Geburtstag Band I, S. 1131–1148 (zitiert: *Roth* in: FS Canaris).

Roth, Wulf-Henning: „§ 8 Der nationale Transformationsakt: Vom Punktuellen zum Systematischen“ in: Grundmann, Stefan/ Medicus, Dieter/ Rolland, Walter (Hrsg.), Europäisches Kaufgewährleistungsrecht – Reform und Internationalisierung des deutschen Schuldrechts, Köln 2000, S. 113–142 (zitiert: *Roth* in: Grundmann/Medicus/Rolland).

Rösler, Hannes: „Arglist im Schuldvertragsrecht – Zum Schnittfeld von vorsätzlicher und fahrlässiger Fehlinformation“, AcP 207 (2007), 564–613.

Säcker, Franz Jürgen/ Rixecker, Roland (Hrsg.): Münchener Kommentar zum Bürgerlichen Gesetzbuch – Band 1 Allgemeiner Teil, §§ 1–240 ProstG – AGG, 7. Auflage, München 2015 (zitiert: *Bearbeiter* in: MüKo-BGB).

Säcker, Franz Jürgen/ Rixecker, Roland (Hrsg.): Münchener Kommentar zum Bürgerlichen Gesetzbuch – Band 3 Schuldrecht Besonderer Teil, §§ 433–610, Finanzierungsleasing, HeizkostenV, BetriebskostenV, CISG, 7. Auflage, München 2016 (zitiert: *Bearbeiter* in: MüKo-BGB).

Säcker, Franz Jürgen/ Rixecker, Roland/ Oetker, Hartmut (Hrsg.): Münchener Kommentar zum Bürgerlichen Gesetzbuch – Band 2 Schuldrecht – Allgemeiner Teil §§ 241–432, 7. Auflage, München 2016 (zitiert *Bearbeiter* in: MüKo-BGB).

Commentary on the Draft Convention on Contracts for the International Sale of Goods, Prepared by the Secretariat, A/Conf. 97/5 (14 March 1979) (zitiert: Secretariat Commentary).

Schauer, Martin: „Einleitende Bestimmungen – Teil I CESL-Entwurf“ in: Wendehorst/Zöchling-Jud, Am Vorabend eines Gemeinsamen Europäischen Kaufrechts – Zum Verordnungsentwurf der Europäischen Kommission vom 11.10.2011, Wien 2012, S. 43–62 (zitiert: *Schauer* in: Wendehorst/Zöchling-Jud).

Schlechtriem, Peter: „Anmerkungen zu BGH, Urt. v. 24.03.1999, Az. VIII ZR 121/98, JZ 1999, 791“, JZ 1999, 794–797.

Schlechtriem, Peter: „Bemerkungen zur Geschichte des Einheitskaufrechts“ in: Schlechtriem, Peter (Hrsg.), Einheitliches Kaufrecht und nationales Obligationenrecht – Referate und Diskussionen der Fachtagung Einheitliches Kaufrecht am 16./17.2.1987 – Veranstaltet von der Gesellschaft für Rechtsvergleichung – Fachgruppe für vergleichendes Handels- und Wirtschaftsrecht, Baden-Baden 1987, S. 27–48 (zitiert: *Schlechtriem* in: Schlechtriem Einheitliches Kaufrecht).

Schlechtriem, Peter: Einheitliches UN-Kaufrecht – Das Übereinkommen der Vereinten Nationen über internationale Warenkaufverträge – Darstellung und Texte, Tübingen 1981 (zitiert: Schlechtriem, Einheitliches UN-Kaufrecht).

Schlechtriem, Peter: „Noch einmal: Vertragsgemäße Beschaffenheit der Ware bei divergierenden öffentlich-rechtlichen Qualitätsvorgaben (zu OGH, 13.4.2000 – 2 Ob 100/00w, oben S. 149, Nr. 15)“, IPRax 2001, 161–163.

Schlechtriem, Peter: „The Seller's Obligations Under the United Nations Convention on Contracts for the International Sale of Goods“ in: Galston/Smit (Hrsg.), International Sales, New York 1984, Kap. 6, S. 1–35 (zitiert: *Schlechtriem* in: Galston/Smit).

Schlechtriem, Peter/ Magnus, Ulrich: Internationale Rechtsprechung zu EKG und EAG – Eine Sammlung belgischer, deutscher, italienischer, israelischer und niederländischer Entscheidungen zu den Haager Einheitlichen Kaufgesetzen, Baden-Baden 1987 (zitiert: Schlechtriem/Magnus).

Schlechtriem, Peter/ Schroeter, Ulrich: Internationales UN-Kaufrecht – Ein Studien- und Erläuterungsbuch zum Übereinkommen der Vereinten Nationen über Verträge über den internationalen Warenkauf (CISG), 5. Auflage, Tübingen 2013 (zitiert: Schlechtriem/Schroeter).

Schlechtriem, Peter/ Schwenzer, Ingeborg (Hrsg.): Kommentar zum Einheitlichen UN-Kaufrecht, Das Übereinkommen der Vereinten Nationen über Verträge über den internationalen Warenkauf – CISG –, 6. Auflage, München/Basel 2013 (zitiert: *Bearbeiter* in: Schlechtriem/Schwenzer).

Schmid, Christoph: Das Zusammenspiel von Einheitlichem UN-Kaufrecht und nationalem Recht: Lückenfüllung und Normenkonkurrenz, Berlin 1996 (zitiert: Schmid).

Schmidt, Karsten (Hrsg.): Münchener Kommentar zum Handelsgesetzbuch – Band 5 Viertes Buch. Handelsgeschäfte – Erster Abschnitt. Allgemeine Vorschriften – Zweiter Abschnitt. Handelskauf – Dritter Abschnitt. Kommissionsgeschäft, §§ 343–406, Wiener UN-Übereinkommen über Verträge über den internationalen Warenkauf – CISG, 3. Auflage, München 2013 (zitiert: *Bearbeiter* in: MüKo-HGB).

Schmidt-Kessel, Martin (Hrsg.): Der Entwurf für ein Gemeinsames Europäisches Kaufrecht – Kommentar, München 2014 (zitiert: *Bearbeiter* in: Schmidt-Kessel Kommentar).

Schmidt-Kessel, Martin: „Der Torso des allgemeinen Leistungsstörungsrechts, Artt. 87–90 GEKR“ in: Schmidt-Kessel, Ein einheitliches europäisches Kaufrecht?, München 2012, S. 287–306 (zitiert: *Schmidt-Kessel* in: Schmidt-Kessel).

Schmidt-Kessel, Martin: „Vertragsaufhebung nach UN-Kaufrecht“ (gleichzeitig Besprechung von BGH, Urt. v. 15.2.1995, Az. VIII ZR 18/94, RiW 1995, 505), RiW 1996, 60–65.

Schmidt-Räntsch, Jürgen: „Die unerhebliche Vertragsverletzung“ in: Festschrift für Joachim Wenzel zum 65. Geburtstag, Köln 2005, S. 409–424 (zitiert: *Schmidt-Räntsch* in: FS Wenzel).

Schneider, Martin: „Keine teleologische Reduktion von § 346 Abs. 3 Satz 1 Nr. 3 BGB“, ZGS 2007, 57–60.

Schneyder, Anton/ Straub, Ralf Michael: „Das EG-Grünbuch über Verbrauchsgütergarantien und Kundendienst – Erster Schritt zu einem einheitlichen EG-Kaufrecht?“, ZEuP 1996, 8–74.

Schopper, Alexander: „Verpflichtungen und Abhilfen der Parteien eines Kaufvertrages oder eines Vertrages über die Bereitstellung digitaler Inhalte (Teil IV CESL-Entwurf)“ in: Wendehorst/Zöchling-Jud, Wien 2012, Am Vorabend eines Gemeinsamen Europäischen Kaufrechts – Zum Verordnungsentwurf der Europäischen Kommission vom 11.10.2011, S. 107–145 (zitiert: *Schopper* in: Wendehorst/ Zöchling-Jud).

Schulte-Nölke, Hans: „Die Arbeiten an einem europäischen Vertragsrecht – Fakten und populäre Irrtümer“, NJW 2009, 2161–2167.

Schulze, Reiner: Bürgerliches Gesetzbuch, Handkommentar, 8. Auflage, Baden-Baden 2014 (zitiert: *Bearbeiter* in: Hk-BGB).

Schulze, Reiner (Hrsg.): Common European Sales Law (CESL) – Commentary –, Baden-Baden 2012 (zitiert: *Bearbeiter* in: Schulze).

Schulze, Reiner/ Ebers, Martin: „Streitfragen im neuen Schuldrecht", JuS 2004, 366–371.

Schwab, Andreas/ Giesemann, Amelie: „Die Verbraucherrechte-Richtlinie: Ein wichtiger Schritt zur Vollharmonisierung im Binnenmarkt", EuZW 2012, 253–257.

Schwab, Martin: „Schuldrechtsmodernisierung 2001/2002 – Die Rückabwicklung von Verträgen nach §§ 346 ff. BGB n.F.", JuS 2002, 630–637.

Schwab, Martin/ Wippler, Alice: „Übungsklausur – Bürgerliches Recht: Recht der Rücktrittsfolgen", JuS 2004, 404–409.

Schwartze, Andreas: „Die zukünftige Sachmängelgewährleistung in Europa – Die Verbrauchsgüterkaufrichtlinie vor der Umsetzung", ZEuP 2000, 544–574.

Shinn, Allen M.: „Liabilities Under Article 42 of the U.N. Convention on the International Sale of Goods", 2 Minnesota Journal of Global Trade 1993, 115–142.

Sirena, Pietro: „The Rules about Restitution in the Proposal on a Common European Sales Law", ERPL 2011, 977–1000.

Soergel, Theodor (Hrsg.): Bürgerliches Gesetzbuch mit Einführungsgesetz und Nebengesetzen – Band 2 Schuldrecht I (§§241–432), 12. Auflage, Stuttgart 1990 (zitiert: *Bearbeiter* in: Soergel BGB (12. Auflage)).

Soergel, Theodor (Hrsg.): Bürgerliches Gesetzbuch mit Einführungsgesetz und Nebengesetzen – Band 5/2 Schuldrecht 3/2 ((§§320–327), 13. Auflage, Stuttgart 2005 (zitiert: *Bearbeiter* in: Soergel BGB).

Soergel, Theodor (Hrsg.): Bürgerliches Gesetzbuch mit Einführungsgesetz und Nebengesetzen – Band 5/3 Schuldrecht 3/3 ((§§328–432), 13. Auflage, Stuttgart 2010 (zitiert: *Bearbeiter* in: Soergel BGB).

Soergel, Theodor (Hrsg.): Bürgerliches Gesetzbuch mit Einführungsgesetz und Nebengesetzen – Band 13 Schuldrechtliche Nebengesetze 2 – Übereinkommen der Vereinten Nationen über Verträge über den internationalen Warenkauf (CISG), 13. Auflage, Stuttgart 2000 (zitiert: *Bearbeiter* in: Soergel CISG).

Staub, Hermann: Handelsgesetzbuch – Großkommentar, Bd. 8. §§ 343–382, 4. Auflage Berlin 2004 (zitiert: *Bearbeiter* in Staub).

Staudenmayer, Dirk: „Der Kommissionsvorschlag für eine Verordnung zum Gemeinsamen Europäischen Kaufrecht", NJW 2011, 3491–3498.

Staudenmayer, Dirk: „Die Mitteilung der Kommission zum Europäischen Vertragsrecht", VuR 2001, 353–359.

Staudenmayer, Dirk: „The Commission Communication on European Contract Law: What Future for European Contract Law?", ERPL 2002, 249–260.

Staudinger, Julius von (Hrsg.): Kommentar zum Bürgerlichen Gesetzbuch mit Einführungsgesetz und Nebengesetzen, Einleitung zum BGB; Buch 1 – Allgemeiner Teil §§ 1–14; VerschG (Einleitung zum BGB und Allgemeiner Teil 1), Neubearbeitung 2013, Berlin 2013 (zitiert: *Bearbeiter* in: Staudinger BGB).

Staudinger, Julius von (Hrsg.): Kommentar zum Bürgerlichen Gesetzbuch mit Einführungsgesetz und Nebengesetzen, Einleitung zum BGB; Buch 1 – Allgemeiner Teil §§ 90–124; 130–133 (Allgemeiner Teil 3), Neubearbeitung 2012, Berlin 2012 (zitiert: *Bearbeiter* in: Staudinger BGB).

Staudinger, Julius von (Hrsg.): Kommentar zum Bürgerlichen Gesetzbuch mit Einführungsgesetz und Nebengesetzen, Buch 2 – Recht der Schuldverhältnisse Einleitung zum Schuldrecht; §§ 241–243 (Treu und Glauben), Neubearbeitung 2015, Berlin 2015 (zitiert: *Bearbeiter* in: Staudinger BGB).

Staudinger, Julius von (Hrsg.): Kommentar zum Bürgerlichen Gesetzbuch mit Einführungsgesetz und Nebengesetzen, Buch 2 – Recht der Schuldverhältnisse §§ 255–304 (Leistungsstörungsrecht 1), Neubearbeitung 2014, Berlin 2014 (zitiert: *Bearbeiter* in: Staudinger BGB).

Staudinger, Julius von (Hrsg.): Kommentar zum Bürgerlichen Gesetzbuch mit Einführungsgesetz und Nebengesetzen, Buch 2 – Recht der Schuldverhältnisse; §§ 315–326 (Leistungsstörungsrecht 2), Neubearbeitung 2015, Berlin 2015 (zitiert: *Bearbeiter* in: Staudinger BGB).

Staudinger, Julius von (Hrsg.): Kommentar zum Bürgerlichen Gesetzbuch mit Einführungsgesetz und Nebengesetzen, Buch 2 – Recht der Schuldverhältnisse, §§ 346–361 (Rücktritt und Widerruf), Neubearbeitung 2015, Berlin 2015 (zitiert: *Bearbeiter* in: Staudinger BGB).

Staudinger, Julius von (Hrsg.): Kommentar zum Bürgerlichen Gesetzbuch mit Einführungsgesetz und Nebengesetzen, Buch 2 – Recht der Schuldverhältnisse; §§ 433–480 (Kaufrecht), Neubearbeitung 2014, Berlin 2014 (zitiert: *Bearbeiter* in: Staudinger BGB).

Staudinger, Julius von (Hrsg.): Kommentar zum Bürgerlichen Gesetzbuch mit Einführungsgesetz und Nebengesetzen, Wiener UN-Kaufrecht, Neubearbeitung 2013, Berlin 2013 (zitiert: *Bearbeiter* in: Staudinger CISG).

Stoll, Hans: „Zur Haftung bei Erfüllungsverweigerung im Einheitlichen Kaufrecht", RabelsZ 52 (1988), 617–643.

Stöber, Michael: „Der Gerichtsstand des Erfüllungsortes nach Rücktritt des Käufers vom Kaufvertrag", NJW 2006, 2661–2665.

Stürner, Michael: „Das Verhältnis des Gemeinsamen Europäischen Kaufrechts zum Richtlinienrecht" in: Schulte-Nölke/Zoll/Jansen/Schulze, Der Entwurf für ein optionales europäisches Kaufrecht, München 2012, S. 47–84 (zitiert: *Stürner* in: Schulte-Nölke/Zoll/Jansen/Schulze).

Stürner, Michael: „Kollisionsrecht und Optionales Instrument: Aspekte einer noch ungeklärten Beziehung", GPR 2011, 236–242.

Stürner, Rolf: „Der Anspruch auf Erfüllung von Treue- und Sorgfaltspflichten“, JZ 1976, 384–392.

Streinz, Rudolf (Hrsg.): EUV/AEUV, Vertrag über die Europäische Union und Vertrag über die Arbeitsweise der Europäischen Union, 2. Auflage, München 2012 (zitiert: *Bearbeiter* in: Streinz, EUV/AEUV).

Tamm, Marina: „Die 28. Rechtsordnung der EU: Gedanken zur Einführung eines grenzüberschreitenden B2C-Vertragsrechts“, GPR 2010, 281–291.

Tamm, Marina/ Tonner, Klaus: Verbraucherrecht – Rechtliches Umfeld – Vertragstypen – Rechtsdurchsetzung – Beratungshandbuch, Baden-Baden 2012 (zitiert: *Bearbeiter* in: Tamm/Tonner).

Thiele, Wolfgang: „Leistungsstörung und Schutzpflichtverletzung – Zur Einordnung der Schutzpflichtverletzung in das Haftungssystem des Zivilrechts“, JZ 1967, 649–657.

Thier, Andreas: „Aliud- und Minus-Lieferung im neuen Kaufrecht des Bürgerlichen Gesetzbuches“, AcP 203 (2003), 399–428.

Tonner, Klaus: „Das Grünbuch der Kommission zum Europäischen Vertragsrecht für Verbraucher und Unternehmer – Zur Rolle des Verbrauchervertragsrechts im europäischen Vertragsrecht“, EuZW 2010, 767–771.

Treitel, Günther: Remedies for Breach of Contract – A comparative account, New York 1988 (zitiert: Treitel).

Trommler, Andreas: Die Auslegung des Begriffs wesentliche Vertragsverletzung in Art. 25 CISG, Frankfurt am Main 2002 (zitiert: Trommler).

Unberath, Hannes: „Die richtlinienkonforme Auslegung am Beispiel der Kaufrechtsrichtlinie“, ZEuP 2005, 5–42.

United Nations: United Nations Commission on International Trade Law Yearbook – Volume VII: 1976, New York 1977 (zitiert: UNCITRAL Yearbook VII [1976]).

United Nations: United Nations Commission on International Trade Law Yearbook – Volume VIII: 1977, New York 1978 (zitiert: UNCITRAL Yearbook VIII [1977]).

United Nations: United Nations Commission on International Trade Law Yearbook – Volume IX: 1978, New York 1979 (zitiert: UNCITRAL Yearbook IX [1978]).

United Nations: United Nations Conference on Contracts for the International Sale of Goods, Vienna, March 10 – April 11 1980, Official Records, Documents of the Conference and Summary Records of the Plenary Meetings and of the Meeting of the Main Committees, New York 1981 (zitiert: Official Records).

Vahle, Oliver: „Der Erfüllungsanspruch des Käufers nach UN-Kaufrecht im Vergleich mit dem deutschen Recht”, ZVerglRWiss 98 (1999), 54–73.

Vékás, Lajos: „Zum persönlichen und räumlichen Anwendungsbereich des UN-Einheitskaufrechts“, IPRax 1987, 342–346.

Wagner, Gerhard: „Ökonomische Analyse des CESL: Das Recht zur zweiten Andienung", ZEuP 2012, 797–825.

Walch, Mathias: „Die Vertragsaufhebung im Vorschlag eines Gemeinsamen Europäischen Kaufrechts", EUVR 2012, 136–148.

Weber, Ralph: „Entwicklung und Ausdehnung des § 242 BGB zum ‚königlichen Paragraphen'", JuS 1992, 631–636.

Weller, Marc Philippe: „Die Struktur des Erfüllungsanspruchs im BGB, common law und DCFR – ein kritischer Vergleich", JZ 2008, 764–773.

Weller, Marc-Philippe/ Harms, Charlotte Sophie: „Der Primat der Nacherfüllung im Gemeinsamen Europäischen Kaufrecht", GPR 2012, 298–308.

Welser, Rudolf: „Die Vertragsverletzung des Verkäufers und ihre Sanktionen" in: Doralt, Peter, Das UNCITRAL-Kaufrecht im Vergleich zum österreichischen Recht – Referate und Diskussionen des Symposiums in Baden bei Wien 17. – 19. April 1983, Wien 1985, S. 105–132 (zitiert: *Welser* in Doralt).

Wendehorst, Christiane: „Regelungen über den Vertragsinhalt (Teil III CESL-Entwurf)" in: Wendehorst/Zöchling-Jud, Am Vorabend eines Gemeinsamen Europäischen Kaufrechts – Zum Verordnungsentwurf der Europäischen Kommission vom 11.10.2011, Wien 2012, S. 87–105 (zitiert: *Wendehorst* in: Wendehorst).

Wendehorst, Christiane: „Rücktritt („Beendigung") im Entwurf für ein Gemeinsames Europäisches Kaufrecht" in: Schmidt-Kessel, Ein einheitliches europäisches Kaufrecht?, München 2012, S. 371–400 (zitiert: *Wendehorst* in: Schmidt Kessel).

Wendehorst, Christiane: „Schadensersatz, Verzugszinsen und Rückabwicklung" in: Remien/Herrler/Limmer, Gemeinsames Europäisches Kaufrecht für die EU? – Analyse des Vorschlags der Europäischen Kommission für ein optionales Europäisches Vertragsrecht vom 11. Oktober 2011, München 2012, S. 189–204 (zitiert *Wendehorst* in: Remien/Herrler/Limmer).

Wendelstein, Christoph: „Ein gestörtes Zusammenspiel zwischen Europäischem IPR und dem GEK? – Probleme der Vorschaltlösung", GPR 2013, 70–78.

Wendt, Otto: „Unterlassungen und Versäumnisse im bürgerlichen Recht", AcP 92 (1902), 1–287.

Westermann, Harm Peter: „Das neue Kaufrecht", NJW 2002, 241–253.

Westermann, Harm Peter: „Das neue Kaufrecht einschließlich des Verbrauchsgüterkaufs", JZ 2001, 530–543.

Westermann, Harm Peter/ Grunewald, Barbara/ Maier-Reimer, Georg (Hrsg.): Erman – Bürgerliches Gesetzbuch – Handkommentar mit AGG, EGBGB (Auszug), ErbbauRG, HausratsVO, LPartG, ProdHaftG, UKlaG, VAHRG und WEG, 14. Auflage, Köln 2014 (zitiert: *Bearbeiter* in: Erman).

Westphalen, Friedrich Graf von: „Das optionale Europäische Kaufrecht – eine Chance für Verbraucher und Unternehmer?", ZiP 2011, 1985–1995.

Wiese, Volker: „Prüfungs- und Mitteilungspflichten nach Artt. 121, 122 GEK“ in: Schmidt-Kessel, Ein einheitliches europäisches Kaufrecht?, München 2012, S. 401–423 (zitiert: *Wiese* in: Schmidt-Kessel).

Wieser, Eberhard: „Schuldrechtsreform – Die Unmöglichkeit der Leistung nach neuem Recht“, MDR 2002, 858–862.

Wilhelm, Charlotte: „Die Rechtsbehelfe des Käufers bei Nichterfüllung nach dem Vorschlag der Europäischen Kommission für eine Verordnung über ein Gemeinsames Europäisches Kaufrecht (KOM [2011] 635 endg.)“, IHR 2011, 225–235.

Windel, Peter: „Mankoleistungen im modernisierten Schuldrecht“, Jura 2003, 793–798.

Witz, Wolfgang/ Salger, Hanns-Christian/ Lorenz, Manuel: Internationales Einheitliches Kaufrecht – Praktiker Kommentar und Vertragsgestaltung zum CISG, 2. Auflage, Heidelberg 2016 (zitiert: *Bearbeiter* in: Witz/Salger/Lorenz).

Wolff, Katharina: Die Rechtsmängelhaftung nach dem Uniform Commercial Code und dem UN-Kaufrecht, Bonn 1990 (zitiert: Wolff).

Wrase, Michael/ Müller-Helle, Adrian: „Aliud-Lieferung beim Verbrauchsgüterkauf – ein nur scheinbar gelöstes Problem“, NJW 2002, 2537–2539.

Zerres, Thomas: „Recht auf Nacherfüllung im deutschen und englischen Kaufrecht – Vor und nach Umsetzung der Verbrauchsgüterkaufrichtlinie“, RiW 2003, 746–757.

Zhang, Xi: Die Rechtsmängelhaftung des Verkäufers nach UN-Kaufrecht im Vergleich mit deutschem, englischem, US-amerikanischen und Haager Einheitlichem Kaufrecht, Starnberg 1994 (zitiert: Zhang).

Zimmermann, Reinhard: „Perspektiven des künftigen österreichischen und europäischen Zivilrechts – Zum Verordnungsvorschlag über ein Gemeinsames Europäisches Kaufrecht“, JBl 2012, 2–22.

Zöchling-Jud, Brigitta: „Acquis-Revision, *Common European Sales Law* und Verbraucherrechterichtlinie“, AcP 202 (2012), 550–574.

Zöchling-Jud, Brigitta: „Rechtsbehelfe des Käufers im Entwurf eines Gemeinsamen Europäischen Kaufrechts“ in: Schmidt-Kessel, Ein einheitliches europäisches Kaufrecht?, München 2012, S. 327–346 (zitiert: *Zöchling-Jud* in: Schmidt-Kessel).

Urteile der Internet-Datenbank der Universität Basel (zitiert: CISG-Online) finden sich unter: www.cisg-online.ch.

Soweit nicht separat erläutert, richten sich sämtliche in dieser Arbeit verwendeten Abkürzungen nach Kirchner, Hildebert, Abkürzungsverzeichnis der Rechtssprache, 8. Auflage, Berlin 2015.

Einleitung

47 Prozent aller Deutschen bestellen mindestens einmal im Jahr Waren oder Dienstleistungen im Internet, lediglich sechs Prozent davon nutzen Online-Shops im Ausland.[1] Ganze 99 Prozent aller EU-Unternehmen könnten sich einen grenzüberschreitenden Handel nicht leisten.[2] Mit diesen Prozentzahlen begründete die Europäische Kommission im Jahr 2011 die Notwendigkeit der Einführung eines Gemeinsamen Europäischen Kaufrechts (nachfolgend: GEK). Andere Studien zeichnen ein etwas anderes, zurückhaltenderes und nicht ganz so eindeutiges Bild: Demnach waren im Jahr 2011 rund 72 Prozent aller Deutschen im Internet aktiv, von denen wiederum immerhin schon 85 Prozent mindestens einmal Waren oder Dienstleistungen im Internet gekauft haben.[3] Weiter gaben 86 Prozent der Nutzer im Jahr 2012 an, dass sie deutschen Online-Händlern vertrauen, das Vertrauen in Shops aus dem EU-Ausland demgegenüber aber deutlich niedriger bei circa 45 Prozent liegt.[4] Doch sowohl der Wert von sechs Prozent, den die Kommission verwendet, um die Häufigkeit der getätigten Internetgeschäfte zu dokumentieren, als auch der prozentuale Anteil von 45, der das Vertrauen der deutschen Internet-Käufer in ausländische Online-Händler belegen soll, zeigen eines gleichermaßen: Deutsche Käufer scheinen bei Geschäften im Internet nationalen Händlern mehr zu vertrauen als ausländischen.

Doch obwohl sich der deutsche Verbraucher nach rund 15 Jahren, in denen es in Deutschland ein Fernabsatzrecht gibt, an Begriffe wie Widerrufsrecht und die entsprechenden Fristen gewöhnt hat, ist vielen Verbrauchern offenbar nicht klar, dass sie sich bei Online-Käufen oftmals im Bereich fremder Rechtsordnungen bewegen. Denn es ist nicht selbstverständlich, dass Verträge, die im Internet abgeschlossen werden, dem deutschen Recht unterstellt sind. Selbst der mit enormem Abstand größte deutsche Online-Shop[5] Amazon weist in seinen Allgemeinen Geschäftsbedingungen darauf hin, dass Kaufverträge unter Anwendung des Rechts des Großherzogtums Luxemburg abgeschlossen werden.[6] Zwar ist der Verbraucher

---

1 http://ec.europa.eu/justice/contract/files/common_sales_law/sales_law_germany_de.pdf (zuletzt abgerufen am 21.12.2014).

2 http://ec.europa.eu/justice/contract/files/common_sales_law/sales_law_general_de.pdf (zuletzt abgerufen am 21.12.2014).

3 http://www.bitkom.org/files/documents/BITKOM_Publikation_Netzgesellschaft.pdf (zuletzt abgerufen am 21.12.2014).

4 http://www.dpdhl.com/content/dam/presse/pdfs_zu_pressemitteilungen/2011_11/dpdhl-studie-einkaufen-4–0.pdf (zuletzt abgerufen am 21.12.2014).

5 http://www.ehi.org/presse/pressemitteilungen/detailanzeige/article/onlinehandel-wird-erwachsen.html (zuletzt abgerufen am 21.12.2014).

6 http://www.amazon.de/gp/help/customer/display.html?ie=UTF8&nodeId=505050 (zuletzt abgerufen am 21.12.2014).

über Art. 6 Abs. 1 Rom-I-VO[7], nach dem ihm bei Wahl eines ausländischen (europäischen) Rechts sein nationaler Schutz nicht entzogen werden darf, geschützt. Einem Selbständigen hingegen hilft diese supranationale Regelung nicht weiter, wenn zur Ausübung seiner Selbständigkeit beispielsweise Stifte oder ein Laptop bei Amazon gekauft werden – Art. 6 Abs. 1 Rom-I-VO greift in diesen Fällen nämlich nicht. Unabhängig davon dürfte alleine die Tatsache, dass der Vertrag einer fremden Rechtsordnung unterstellt wird, auch bei zahlreichen Verbrauchern ein ungutes Gefühl hervorrufen, da diese Rechtsordnung für sie im Regelfall „ein Buch mit sieben Siegeln“ sein dürfte.

Neben solch rechtlichen und psychologischen Gründen, die Verbraucher-Käufer davon abhalten dürften, bewusster bei ausländischen Online-Shops einzukaufen, müssen Unternehmen zum Teil mit hohen Kosten rechnen, wollen sie ihr Produkt auch im EU-Ausland anbieten. Um diese Hürden abzubauen, die im Übrigen nicht zu einem einheitlichen europäischen Wirtschaftsraum passen wollen, hat die Europäische Kommission im Oktober 2011 einen Verordnungsentwurf für das GEK vorgelegt.[8] Um Verbrauchern und Unternehmen künftig Internetgeschäfte über nationale Grenzen hinweg zu erleichtern, sollen sie selbst wählen können, den Kauf dem jeweiligen nationalen Recht (z.B. dem Bürgerlichen Gesetzbuch (BGB)) zu unterstellen oder aber die Geltung des GEK zu vereinbaren. Die Wahl des GEK ist dabei aus Sicht der Europäischen Kommission eine Antwort auf vermeintliche oder tatsächlich bestehende Vorbehalte von Verbrauchern und Unternehmen gegenüber Vertragspartnern aus dem europäischen Ausland bei Internetgeschäften. Obwohl vor dem Hintergrund der geschilderten Problemlage und der Zielsetzung dieses Gesetzes hätte erwartet werden können, dass das GEK zunächst als ein wirksames Instrument zum Abbau von Hemmnissen gegen „internationale“ Rechtsgeschäfte wahrgenommen werden würde, schlug dem Verordnungsentwurf von Beginn an starkes Misstrauen und Ablehnung entgegen. Dies wird zum Teil formell begründet[9], hat aber auch inhaltliche Gründe[10], wobei insbesondere immer wieder kritisiert wird, dass der Verbraucherschutzstandard zu niedrig[11] oder zu hoch[12] sei.

Diese Arbeit soll einen Beitrag zur Erforschung des GEK leisten und dabei ergründen, welche Auswirkungen dieses auf europäische Verbraucher oder Unternehmen haben wird. Letztlich soll ein Ergebnis dieser Arbeit auch die Beantwortung der

---

7 Verordnung (EG) Nr. 593/2008 des Europäischen Parlaments und des Rates vom 17.06.2008 über das auf vertragliche Schuldverhältnisse anzuwendende Recht (Rom I), ABl. EU 2008, Nr. L 177, S. 6 ff.

8 KOM (2011) 635.

9 BR-Drucks. 617/11 (Beschluss), S. 2; BT-Drucks. 17/8000, S. 3 ff.

10 So schon zum Grünbuch der Kommission – Optionen für die Einführung eines Europäischen Vertragsrechts für Verbraucher und Unternehmen, KOM (2010) 348, S. 25., BT-Drucks. 17/4565, S. 6.

11 http://www.vzbv.de/cps/rde/xbcr/vzbv/EU-Kaufrecht-Stellungnahme-vzbv-2011.pdf (zuletzt abgerufen am 21.12.2014); *Tonner* in: Tamm/Tonner, § 4 Rn. 62 ff.

12 Ayad/Schnell, BB 2012, 1487 (1495).

Frage sein, ob die kritischen Ansichten zum Verordnungsentwurf gerechtfertigt sind oder ob dieser nicht vielmehr zu einer ähnlichen Akzeptanz bei Fernabsatzverträgen im Internet führen kann, wie es diesbezügliche Regelungen im BGB für nationale Rechtsgeschäfte schaffen.

Die Untersuchung ist beschränkt auf das Rücktrittsrecht (im GEK: Beendigungsrecht). Dies erscheint erstens notwendig, da eine umfassende Untersuchung jeder einzelnen Regelung des GEK den Rahmen einer solchen Arbeit sprengen und zwangsläufig an inhaltlicher Tiefe verlieren würde. Zweitens zeigt sich die Qualität eines Gesetzes oftmals gerade daran, wie die Parteien im Falle des Scheiterns eines Vertrags gestellt werden. Hierfür ausgewogene und klare Regelungen zu schaffen, erhöht jedenfalls die Akzeptanz eines solchen Gesetzes ganz wesentlich. Das Beendigungsrecht ist dabei üblicherweise von besonderer Bedeutung, weil es vor allem bei erheblichen Unstimmigkeiten zum Tragen kommt, während die übrigen Mängelrechte (im GEK: Abhilfen) im Regelfall bei weniger gravierenden Verstößen eine sinnvolle Abhilfe bieten. Die Arbeit ist außerdem beschränkt auf solche Abhilfen, die der Käufer geltend machen kann bzw. betrachtet die Situation stets aus dessen Blickwinkel. Dies hat überwiegend einen praktischen Grund: Das Beendigungsrecht des Käufers spielt in der Praxis eine wesentlich bedeutsamere Rolle, da üblicherweise der Käufer an einer Beendigung des Vertrags z.B. aufgrund eines Mangels der Ware interessiert ist, während der Verkäufer demgegenüber oftmals ein größeres Interesse daran haben dürfte, dass der Vertrag erfüllt wird (es sei denn, die Gegenleistung in Form von Geld ist noch geschuldet).

Allein die Regelungen des GEK zu untersuchen, würde für ein abgerundetes Bild allerdings zu kurz greifen. Vielmehr ist es für die Akzeptanz der Verordnung für den jeweiligen Anwender von entscheidender Bedeutung, wie sich das GEK zu den bekannten und bewährten Regelungen im jeweiligen nationalen Recht verhält.[13] Insofern drängt sich der Vergleich mit einem nationalen Recht geradezu auf. Die Regelungen zum Gemeinsamen Europäischen Kaufrecht werden in der vorliegenden Arbeit daher mit denen des Bürgerlichen Gesetzbuches verglichen. Um aber eine tatsächliche Vergleichbarkeit überhaupt herstellen zu können, muss dann auch für das BGB die Sicht eines Käufers eingenommen werden, wenngleich manche Regelungen – beispielsweise § 323 BGB – auf beide Vertragsparteien und eine Vielzahl von Vertragstypen Anwendung finden können. Die Besonderheiten des GEK als supranationales Regelwerk, das von den Parteien vereinbart werden kann, ähnelt zudem dem bereits seit Jahrzehnten genutzten UN-Kaufrecht (CISG). Vor dem Hintergrund zahlreicher dogmatischer und systematischer Gemeinsamkeiten, aber auch im Hinblick auf die Tatsache, dass sich das GEK in wesentlichen Teilen am CISG[14] orientiert hat, drängt sich daher auch ein Vergleich zwischen diesen beiden Gesetzen auf.

---

13 In diesem Sinne auch *Tonner* in: Tamm/Tonner, § 4 Rn. 64 und *Beckmann* in: Staudinger BGB, Vorbem. zu § 433 Rn. 132.

14 Siehe hierzu bereits KOM (2003) 68, S. 12.

Methodisch werden dabei zunächst für jedes Themengebiet (Grundlagen, Beendigungsgründe, Ausschlussgründe, Mitteilung und Umfang sowie Rechtsfolgen) die jeweiligen Regelungen zum GEK dargestellt und aus sich heraus bewertet. Zum Zwecke des Überblicks werden sodann die entsprechenden Normen im BGB und im CISG dargestellt. Bereits diese Darstellung nimmt für sich in Anspruch, auf vergleichende Aspekte hinzuweisen, bevor die jeweiligen Abschnitte anschließend noch einmal detaillierter rechtsvergleichend untersucht und beurteilt werden.

Diese Struktur bietet den Vorteil, dass an den für den Vergleich der Gesetze jeweils entscheidenden Stellen auf Gemeinsamkeiten und Unterschiede gesondert eingegangen werden kann. Dies wäre bei einer Komplettdarstellung der drei Rechtssysteme mit anschließendem Vergleich so nicht möglich. Zwar ist bei der gewählten Vorgehensweise ein Gesamtüberblick über das Beendigungsrecht schwerer zu erzielen, doch soll dies dadurch aufgefangen werden, dass in Teil 6 die wesentlichen Ergebnisse zum GEK zusammengefasst werden.[15]

Das GEK regelt sowohl Käufe zwischen einem Unternehmer und einem Verbraucher (Verbraucher-Kauf) als auch solche zwischen zwei Unternehmern (Unternehmer-Kauf). Insofern wird – um dem Anwendungsbereich des GEK gerecht zu werden – sowohl auf Regelungen für Verbraucher als auch für Kaufleute im Gemeinsamen Europäischen Kaufrecht, im UN-Kaufrecht sowie im deutschen Recht eingegangen. Die Untersuchung des deutschen Rechts ist im Wesentlichen beschränkt auf das BGB, dort, wo es erforderlich ist (z.B. beim Thema Mängelrüge[16]), wird auf die entsprechenden Normen des Handelsgesetzbuches (HGB) verwiesen.

Die Arbeit erhebt demzufolge den Anspruch, das Beendigungsrecht aus Sicht des Käufers in seiner Gesamtheit mit dem Rücktrittsrecht nach BGB und dem Aufhebungsrecht nach CISG zu vergleichen. Zwei Aspekte stehen bei der Untersuchung allerdings im Fokus und werden im Laufe der Arbeit immer wieder thematisiert: Zum einen die bereits formulierte Frage, welchen Stellenwert der Verbraucher im GEK einnimmt und damit konkret, ob dessen Regelungen den Verbraucherschutz schmälern oder dem Verbraucher gar eine bessere Stellung gewähren als dies im BGB der Fall ist. Zum anderen, ausgehend von der Beantwortung dieser Fragestellung, ob das GEK sich im Vergleich mit BGB und CISG (und natürlich nur beschränkt auf den Untersuchungsinhalt) im Wettbewerb der Gesetze wird durchsetzen können. Auf beide Fragen, deren Beantwortung den Kern dieser Arbeit darstellen, wird fortlaufend Bezug genommen, die finale Beantwortung erfolgt in Teil 6 dieser Arbeit.

Um die genannten Ziele erreichen zu können, wird zunächst in Teil 1 die Entstehungsgeschichte aller drei Gesetze dargestellt, der räumliche, persönliche, sachliche und zeitliche Anwendungsbereich verglichen und wesentliche Grundstrukturen und methodische Eigenschaften herausgearbeitet. Nur mit der Kenntnis von Vorgängerregelwerken und dem Wissen, nach welcher Methode welches Gesetz untersucht werden darf, lassen sich die inhaltlichen Aspekte fundiert untersuchen.

---

15 Siehe hierzu unter Teil 6.A.

16 Siehe hierzu unter Teil 3.B.II.

Anschließend werden in Teil 2 die Beendigungsgründe behandelt. In diesem Hauptteil der Arbeit werden zunächst für das GEK die Begriffe der Nichtleistung und der Wesentlichkeit untersucht, um dann jeweils Gesetz für Gesetz die Voraussetzungen für die Beendigung bei Nichterfüllung, bei verspäteter Erfüllung und bei voraussichtlicher Nichterfüllung darzustellen und zu vergleichen. In Teil 3 wird ergründet, welche Ausschlussgründe einem Beendigungsrecht des Käufers entgegenstehen können, ehe anschließend die Beendigungsmitteilung und der Umfang der Beendigungsrechte analysiert werden (Teil 4). In Teil 5 schließlich werden die Rechtsfolgen untersucht und rechtsvergleichend eingeordnet. Der abschließende Teil 6 bleibt, wie schon erwähnt, der Beantwortung der bereits angesprochenen Fragen vorbehalten und zieht einen abschließenden Vergleich zwischen den drei Gesetzen.

Bereits an dieser Stelle sei der Hinweis erlaubt, dass alle Gesetze vollkommen autonom auszulegen sind. Daraus folgt, dass jedes Gesetz seine eigenen Begrifflichkeiten und Systematiken verwendet. Im Rahmen dieser Arbeit werden im Zusammenhang mit dem jeweiligen Gesetz auch die ihm jeweils immanenten Begriffe verwendet. Von diesem Grundsatz wird nur dann abgewichen, wenn es zwischen den Gesetzen zu Vergleichen kommt, bei denen bestimmte Aspekte zusammen bewertet werden müssen. In diesen Fällen wird auf die im GEK verwendeten Begrifflichkeiten zurückgegriffen, da die Untersuchung in erster Linie Aussagen zum GEK treffen will.

Ein weiterer an dieser Stelle erforderlicher Hinweis bezieht sich auf den legislativen Stand des Gemeinsamen Europäischen Kaufrechts. Es befindet sich derzeit noch im Gesetzgebungsprozess. Der 1. Verordnungsentwurf wurde von der Europäischen Kommission im Oktober 2011 vorgelegt.[17] Er enthielt 16 Einführungs-Artikel (GEK-VO) und eine Anlage, die den eigentlichen Text des Gemeinsamen Europäischen Kaufrechts enthält. Mit seiner Legislativen Entschließung vom 26. Februar 2014 hat das Europäische Parlament seinen Standpunkt hierzu dem Europäischen Rat und der Europäischen Kommission mitgeteilt.[18] Obwohl es sich hierbei formell nicht um einen 2. Verordnungsentwurf handelt, wird diese Legislative Entschließung, nicht zuletzt aufgrund der Ankündigung der Europäischen Kommission, große Teile des Vorschlags – vorbehaltlich der Zustimmung des Europäischen Rats – übernehmen zu wollen[19], im Rahmen dieser Arbeit vollständig berücksichtigt, so dass sich die gesamte Arbeit auf das GEK in diesem Stadium bezieht. Sofern es auf den Vergleich der Versionen bzw. Unterschiede in ihnen ankommt, wird der Verordnungsentwurf[20] als „Entwurf der Kommission“ oder „Kommissions-Fassung“ bezeichnet, die

17 KOM (2011) 635.

18 Legislative Entschließung des Europäischen Parlaments vom 26. Februar 2014 zu dem Vorschlag für eine Verordnung des Europäischen Parlaments und des Rates über ein Gemeinsames Europäisches Kaufrecht (COM(2011)0635 – C7–0329/2011 – 2011/0284(COD)).

19 http://www.deutscheranwaltspiegel.de/kommt-die-ziellinie-in-sichtweite/ (zuletzt abgerufen am 21.12.2014).

20 Siehe unter Fußnote 17.

Legislative Entschließung[21] wird als „Entwurf des Parlaments" oder „Parlaments-Fassung" bezeichnet. Obwohl mit Europäischer Kommission und Europäischem Parlament bisher zwei verschiedene EU-Institutionen tätig gewesen sind, wird einheitlich von dem „europäischen Gesetzgeber" gesprochen.

Ohne den Ergebnissen dieser Arbeit vorgreifen zu wollen, kann bereits jetzt eines festgehalten werden: Die EU-Kommission hat sich für die Weiterentwicklung des europäischen Binnenmarktes die Schaffung eines einheitlichen Kaufrechts zur Erleichterung grenzübergreifender Geschäfte vorgenommen. Ob dies ein „großer Wurf" werden wird oder eher ein Gesetz der verpassten Gelegenheiten, wird ohnehin in der Praxis entschieden. Ein spannender Schritt ist die Zielrichtung des GEK, den Binnenmarkt noch funktionsfähiger zu gestalten, allemal.

21 Siehe unter Fußnote 18.

Teil 1. Grundlagen zum GEK, BGB und CISG

A. Historische Entwicklung

I. Entstehungsgeschichte des GEK

1. Einleitung

Die nachfolgenden Ausführungen sollen zunächst einen Überblick in die Entstehung des GEK geben, den räumlichen, persönlichen, sachlichen und zeitlichen Anwendungsbereich darstellen und wesentliche Grundstrukturen und methodische Eigenschaften herausarbeiten. Auch wenn diese Arbeit auf dem Stand von Dezember 2014 basiert, ist es an zahlreichen Stellen unerlässlich, auf Vorgängerwerke wie den Draft Common Frame of Reference (DCFR)[22] und die Principles of European Contract Law (PECL)[23] zurückzugreifen, um Zusammenhänge zu erläutern oder Unterschiede hervorzuheben. Inhaltliche Aspekte können außerdem erst dann dargestellt und verglichen werden, wenn einerseits festgelegt ist, in welchen Bereichen ein Vergleich überhaupt möglich und sinnvoll ist und andererseits auf welche Methoden hierbei zurückgegriffen werden darf.

2. Lando-Kommission (PECL)

Die Grundidee eines Gemeinsamen Europäischen Kaufrechts entstand schon vor rund 40 Jahren.[24] Als „Vordenker" gilt der Däne Ole Lando, nach dem eine der wohl bekanntesten Initiativen europäischer Rechtsvergleichung benannt ist, die Lando-Kommission, offiziell die Commission of Principles of European Contract Law (PECL), die im Jahr 1982 ihre Arbeit aufnahm. Ihre Ergebnisse, die PECL, wurden zwischen 1995 und 2003 in drei Teilen veröffentlicht und stellen die Grundlagen eines europäischen Zivilgesetzbuches dar.[25] Inhaltlich handelte es sich dabei um rechtsvergleichende Untersuchungen der nationalen Privatrechte der EU-Mitgliedstaaten. Ziel der Arbeit war die Erstellung solcher Grundregeln eines Vertragsrechts, welche sich am besten als grundlegende europäische Prinzipien eignen. Obwohl die Lando-Kommission damit nach eigenen Angaben an einem europäischen Zivilgesetzbuch arbeitete und obwohl die PECL sogar von Generalanwälten beim EUGH zitiert und als Argumentationshilfe bei der Umsetzung der deutschen

---

22 Siehe im Einzelnen unter Teil 1.A.I.5.

23 Siehe hierzu unter Teil 1.A.I.2.

24 Eine gute Übersicht über die Anfänge des Europäischen Vertragsrechts liefert Heutger, S. 87 ff.

25 Im Original Lando/Beale PECL I – II und Original Lando/Beale PECL III, deutsche Ausgabe siehe von Bar/Zimmermann.

Schuldrechtsreform verwendet wurden[26], handelte es sich hierbei doch um einen rein wissenschaftlichen Ansatz, der legislativ so nie umgesetzt werden sollte.[27]

3. *Unidroit Principles und Study Group on a European Civil Code*

Zeitgleich zur Veröffentlichung der PECL Teil I im Jahr 1995 begann das International Institute for the Unification of Private Law (UNIDROIT) mit der Ausarbeitung der UNIDROIT Principles, die als Ergänzung und Erweiterung des UN-Kaufrechts anzusehen sind.[28] Im Jahr 1998 nahm die Study Group on a European Civil Code ihre Arbeit auf. Auch diese Arbeitsgruppe, die in weiten Teilen aus Mitgliedern der PECL-Gruppe bestand[29], beschäftigte sich mit dem Vertrags- und Vermögensrecht. Die Gruppe führte die Arbeiten der Lando-Kommission weiter. Auch hier gingen die Bestrebungen über ein Europäisches Kaufrecht hinaus, eines der Ziele war nichts Geringeres als die Schaffung eines Europäischen Zivilrechtsbuches.[30]

4. *Acquis Principles*

Eine weitere Forschungsgruppe, die ab dem Jahr 2002 ihre Arbeit aufnahm[31], ist die sogenannte Acquis-Gruppe, die einen leicht anderen Ansatz als die Vorgenannten wählte und auf Grundlage von Richtlinien und anderen Rechtsquellen des Gemeinschaftsrechts versuchte, Grundregeln des bestehenden Gemeinschaftsprivatrechts zu entwerfen – die Acquis-Principles.[32]

5. *DCFR und CFR*

Augenscheinlich bestand das Interesse an einem gemeinsamen europäischen Vertragsrecht am Anfang also in erster Linie auf Seiten der Rechtswissenschaft. Auf Seiten der Politik kam erst zum Ende des vergangenen Jahrtausends Bewegung in die Bestrebung, ein einheitliches Europäisches Kaufrecht zu schaffen. Zwar forderte das Europäische Parlament schon 1994 erstmals, mit Vorarbeiten zu einem europäischen Zivilrecht zu beginnen[33], dennoch dauerte es bis ins Jahr 1999 ehe auch der Europäische Rat zu der Erkenntnis kam, dass es im Bereich des Zivilrechts einer Studie zu

26 Lorenz, S. 157.

27 Lando/Beale, PECL I – II, S. xxii („the principles are designed [...] to provide a foundation of contract la within the Community upon which more specific harmonisation measures can be constructed."

28 Heutger, S. 164, Lorenz, S. 155.

29 Heutger, S. 164 f.

30 Schulte-Nölke, NJW 2009, 2161 (2163); Heutger, S. 165.

31 Heutger, S. 166.

32 Zum Überblick Schulte-Nölke, NJW 2009, 2161 (2163); Heutger, S. 166 f.; zum Inhalt der Forschung siehe Acquis Principles I – II.

33 Entschließung des Europäischen Parlaments zu den Bemühungen um eine Angleichung des Privatrechts der Mitgliedstaaten, ABl. C 158/400.

der Frage bedürfe, ob ein angeglichenes europäisches Zivilrecht den Binnenmarkt fördern würde.[34] Am 29. Dezember 2000 forderte das Europäische Parlament die Europäische Kommission schließlich ausdrücklich zur Erstellung einer Studie auf[35] und als ersten Schritt in diese Richtung leitete die Kommission mit einer Mitteilung 2001 eine umfassende Konsultation der Öffentlichkeit zu den uneinheitlichen vertragsrechtlichen Rahmenbedingungen in der EU und den daraus resultierenden Folgen für den grenzüberschreitenden Handel ein.[36] Die Kommission stellte fest, dass der europäische Binnenmarkt seine volle Leistungsfähigkeit noch nicht erreicht habe und stellte erstmals vier verschiedene Optionen zur Verbesserung dieses Zustands zur Diskussion: kein weiteres Tätigwerden, Förderung rechtsvergleichender Untersuchungen, Verbesserung bereits bestehender Rechtsvorschriften und Erlass eines europäischen Zivilgesetzbuches.[37]

Als weitere Folge auf die ca. 160 eingehenden Reaktionen[38] erließ die Kommission am 12. Februar 2003 eine Mitteilung mit dem Titel „Ein kohärentes europäisches Vertragsrecht – ein Aktionsplan“[39], die die aus den Reaktionen ermittelten Probleme zusammenfasste und verschiedene Lösungsmodelle anbot, wozu unter anderem auch die Schaffung eines Gemeinsamen Referenzrahmens zählte, der „gemeinsame Grundsätze und Begriffe im Bereich des europäischen Vertragsrechts“ als „wichtigen Schritt zur Verbesserung des gemeinschaftlichen Vertragsrechts“ festlegen sollte.[40]

Parallel zu diesem Aktionsplan und mit diesem abgestimmt[41] schrieb die Kommission im Rahmen des „Sixth European Framework Program for Research and Technological Development“[42] eine Forschungsförderung für Vorarbeiten und einen Entwurf eines Gemeinsamen Referenzrahmens aus. Einige der bisher zersplittert arbeitenden Forschungsgruppen, wie die Study Group on a European Civil Code und

34 Schlussfolgerungen des Vorsitzes – Europäischer Rat (Tampere) 15. und 16. Oktober 1999, Dok. SN 200/99, Nr. 39.

35 Entschließung des Europäischen Parlaments zum Jahresgesetzgebungsprogramm der Kommission für 2000, ABl. C 377/323.

36 Mitteilung der Kommission an den Rat und das Europäische Parlament zum Europäischen Vertragsrecht, KOM (2001) 398.

37 KOM (2001) 398 (siehe Fußnote 36), S. 19 ff.; siehe hierzu auch Heutger, S. 95; Staudenmayer, ERPL 2002, 249 ff.; Staudenmayer, VuR 2001, 353 (354 ff.).

38 Lorenz, S. 96 und 106; die einzelnen Reaktionen können abgerufen werden unter: http://ec.europa.eu/consumers/cons_int/safe_shop/fair_bus_pract/cont_law/comments/index_en.htm (zuletzt abgerufen am 21.12.2014).

39 Mitteilung der Kommission an das Europäische Parlament und den Rat – Ein kohärentes Europäisches Vertragsrecht – Ein Aktionsplan, KOM (2003) 68.

40 KOM (2003) 68 (siehe Fußnote 39) Rn. 59; Heutger, S. 107.

41 Heutger, S. 107 f.

42 http://ec.europa.eu/research/fp6/pdf/fp6-in-brief_en.pdf (zuletzt abgerufen am 21.12.2014).

die Acquis Gruppe[43] schlossen sich für dieses Projekt zusammen.[44] Das Ziel dabei war unter anderem, die seit den 1980er Jahren laufenden Forschungsarbeiten auch politisch nutzbar zu machen[45], wobei im Ergebnis ein systematisches Regelwerk stehen sollte, das – abgefasst im Stile eines Gesetzbuches – Ansatzpunkt sein sollte, um die verschiedenen europäischen Rechtssysteme zu vergleichen.[46] Im Jahr 2005 wurde der Vorschlag der Forschungsgruppen positiv bewertet und als sogenanntes „Network of Excellence" ausgezeichnet.[47]

War sich die Kommission zu Beginn dieses Weges noch unklar über die jeweiligen Ziele und waren die Anforderungen und der Zeitplan, die jeweils durch den Aktionsplan von 2003 und die Forschungsinitiative gestellt wurden, sehr unterschiedlich[48], so präzisierte sich der Kommissions-Wille durch eine weitere Mitteilung der Kommission vom 11. Oktober 2004[49], die als Folge der Reaktionen auf die vorangegangene Mitteilung erschien und sich inhaltlich mit einem zu erstellenden Gemeinsamen Referenzrahmen und dessen möglichen Zielen befasste.[50] Danach sollte der Common Frame of Reference (CFR), also der Referenzrahmen, klare Definitionen von Rechtsbegriffen, Grundprinzipien und kohärente Mustervorschriften des Vertragsrechts enthalten, die auf dem gemeinschaftlichen Besitzstand und bewährten Problemlösungen aus den Rechtsordnungen der Mitgliedstaaten beruhen.[51]

Für das Verständnis dieser Epoche von besonderer Bedeutung ist folgende Tatsache: Ab dem Jahr 2003 bestanden zwei Vorhaben, die miteinander verwoben sind, die es aber trotzdem streng auseinanderzuhalten gilt. Auf der einen Seite der durch den politischen Aktionsplan zu entwerfende Referenzrahmen, auf der anderen Seite der wissenschaftliche Referenzrahmen.[52] Inhaltlich gemein ist beiden, dass trotz der Tatsache, dass die Ergebnisse der Arbeit in ausformulierte Normen gipfeln sollten, die Werke nie das ausdrückliche Ziel hatten, als Vorlage für ein Gesetzesvorhaben zu

---

43 Außerdem auch beteiligt: Project Group on a Restatement of European Insurance Law, die Association Henri Capitant, die Common-Core (Trento)-Gruppe und die Rechtsakademie Trier, die eine Konferenzreihe hierzu anbot.

44 Schulte-Nölke, NJW 2009, 2161 (2163); sehr detailreich und interessant sind die Schilderungen von Heutger, S. 128 ff., wie es zu dem Zusammenschluss kam.

45 Siehe auch Schulte-Nölke, NJW 2009, 2161 (2163).

46 Schulte-Nölke, NJW 2009, 2161 (2162).

47 Schulte-Nölke, NJW 2009, 2161 (2162).

48 Heutger, S. 130.

49 Mitteilung der Kommission an das Europäische Parlament und den Rat Europäisches Vertragsrecht und Überarbeitung des gemeinschaftlichen Besitzstands – weiteres Vorgehen, KOM (2004) 651.

50 Im Detail hierzu siehe Heutger, S. 137.

51 KOM (2004) 651 (siehe Fußnote 49), S. 3.

52 Das wissenschaftliche Herangehen an einen Gemeinsamen Referenzrahmen wird gemeinhin als Draft Common Frame of Reference (DCFR) bezeichnet, das politische Projekt eines Gemeinsamen Referenzrahmens als Common Frame of Reference (CFR), siehe Eidenmüller/Faust/Grigoleit/Jansen/Wagner/Zimmermann, JZ 2008, 529 (533).

dienen. Ziel war stets die Verbesserung der Qualität und Kohärenz des europäischen Vertragsrechts durch einen Gemeinsamen Referenzrahmen. Gedacht war dieser als eine Art Toolbox, das heißt als ein Hilfsmittel für den Gesetzgeber, um europäische Rechtssetzungsakte besser vorbereiten zu können.[53] Sowohl das Exzellenznetzwerk als auch der Aktionsplan verfolgten also ein ähnliches Ziel, wobei klar war, dass bestenfalls ein Teil des DCFR in einen politischen CFR einfließen würde.[54]

Waren sich insbesondere Europäisches Parlament und Europäische Kommission lange Zeit uneinig was die Schaffung eines Europäisches Zivilrechtsbuches anging[55], kamen sich die Akteure nun hinsichtlich dieses Vorhabens näher. Bereits 2003 hatten das Europäische Parlament[56] und der Rat der Europäischen Union[57] erste Sympathien für einen Gemeinsamen Referenzrahmen gezeigt, in einem Übermittlungsvermerk vom 05. November 2004 signalisierte der Rat der Europäischen Union dann, dass er das sogenannte Haager Programm („*Zehn Prioritäten für die nächsten fünf Jahre – Die Partnerschaft zur Erneuerung Europas im Bereich der Freiheit, der Sicherheit und des Rechts*“) unterstütze.[58] Das Haager Programm ist als Grundlagenprogramm zu verstehen und sah unter anderem vor, dass „Maßnahmen ergriffen werden, damit der Rat die Qualität und Kohärenz aller gemeinschaftlichen Rechtsinstrumente für die Zusammenarbeit in Zivilsachen systematischer prüfen kann.“[59] Präzisiert wurde das Ganze durch eine weitere Mitteilung der Kommission vom 10. Mai 2005.[60] Darin war erstmals vorgesehen, dass ein abschließender Forschungsbericht mit Entwurf eines Gemeinsamen Referenzrahmens bis 2007 vorgelegt und dieser dann bis 2009

---

53 Schulte-Nölke, NJW 2009, 2161 (2162).

54 Schulte-Nölke, NJW 2009, 2161 (2162).

55 Während auf der einen Seite das Europäische Parlament die Kommission schon im Jahr 1994 aufforderte, Arbeiten zur Erstellung eines Europäischen Zivilgesetzbuches aufzunehmen (siehe Entschließung des Europäischen Parlaments zur Angleichung bestimmter Bereiche des Privatrechts der Mitgliedstaaten, ABl. C 205 E/518), sprach sich die Kommission noch im Jahr 2005 gegen ein Europäisches Zivilgesetzbuch aus (KOM (2004) 651, S. 9, siehe Fußnote 49).

56 Entschließung des Europäischen Parlaments zu der Mitteilung der Kommission an das Europäische Parlament und den Rat über ein kohärentes europäische Vertragsrecht: ein Aktionsplan (KOM (2003) 68 – 2003/2093 (INI)), ABl. C 76 E/95.

57 Entschließung des Europäischen Rates zum Thema „Ein kohärentes Vertragsrecht“, (2003/C 246/01), ABl. C 246/1.

58 Tagung des Europäischen Rates (Brüssel, 4./5. November 2004) – Schlussfolgerungen des Vorsitzes, Ratsdok. 14292/04.

59 Haager Programm zur Stärkung von Freiheit, Sicherheit und Recht in der Europäischen Union (2005/C 53/01), ABl. C 53/01.

60 Mitteilung der Kommission an den Rat und das Europäische Parlament – Das Haager Programm: Zehn Prioritäten für die nächsten fünf Jahre – Die Partnerschaft zur Erneuerung Europas im Bereich der Freiheit, der Sicherheit und des Rechts, KOM (2005) 184.

angenommen werden sollte. Der Rat der Europäischen Union unterstützte diesen Zeit- bzw. Aktionsplan der Kommission.[61]

Die Konturen eines Gemeinsamen Referenzrahmens wurden damit immer deutlicher sichtbar – auch die europäischen Akteure schalteten sich fortan immer häufiger und mit zunehmend eigenen Forderungen bzw. Vorschlägen in die Diskussion ein. Während so auf der einen Seite im Jahr 2005 der erste Fortschrittsbericht der Kommission[62] zu ihrem Aktionsplan aus dem Jahr 2003 und im Jahr 2007 der zweite Fortschrittsbericht[63] erschien, beschäftigte sich auch der Rat der Europäischen Union inhaltlich mit einem Gemeinsamen Referenzrahmen. So erließ er Vermerke, in denen ein eigener Standpunkt ermittelt werden sollte[64] und entwarf eigene Grundzüge[65] und Leitlinien[66], an denen sich die Kommission bei der Erstellung des Gemeinsamen Referenzrahmens orientieren sollte. Auch das Parlament zeigte sich dem Referenzrahmen gegenüber nun offen[67] und unterstützte und begleitete trotz aller Kritik[68] in der Folge den grundsätzlichen Weg des Gemeinsamen Referenzrahmens.[69]

Im Jahr 2009 wurden nach nur vier Jahren Forschungsarbeit der wissenschaftliche DCFR sowie zahlreiche unterstützende Forschungsarbeiten abgeschlossen[70] und stellen damit das Ergebnis des oben erwähnten und von den europäischen

61 Aktionsplan des Rates und der Kommission zur Umsetzung des Haager Programms zur Stärkung von Freiheit, Sicherheit und Recht in der Europäischen Union, Ratsdok. 9778/2/05 REV 2.

62 Bericht der Kommission – Erster jährlicher Fortschrittsbericht zum europäischen Vertragsrecht und zur Überprüfung des gemeinschaftlichen Besitzstands, KOM (2005) 456.

63 Bericht der Kommission – Zweiter Fortschrittsbericht zum Gemeinsamen Referenzrahmen, KOM (2007) 447.

64 Gemeinsamer Bezugsrahmen für das Europäische Vertragsrecht, Ratsdok. 8548/07.

65 Entwurf eines Berichts an den Rat über die Festlegung eines Gemeinsamen Referenzrahmens für ein europäisches Vertragsrecht, Ratsdok. 8286/08.

66 Entwurf eines Berichts an den Rat über die Festlegung eines Gemeinsamen Referenzrahmens für ein europäisches Vertragsrecht, Ratsdok. 6094/09.

67 Entschließung des Europäischen Parlaments zur Annäherung des Zivil- und Handelsrechts der Mitgliedstaaten (KOM (2001) 398 – CS 0471/2001 – 2001/2187 (COS)), ABl. C 140 E/538.

68 Lorenz, S. 162 f. führt hierzu aus, dass das Parlament im Prinzip einen anderen Ansatz favorisiert, nichts desto trotz ist die grundlegende Zustimmung zu Bestrebungen der Vereinheitlichung gegeben.

69 Beispielhaft hierfür sind die folgenden Entschließungen: Entschließung des Europäischen Parlaments zum Europäischen Vertragsrecht und zur Überarbeitung des gemeinschaftlichen Besitzstands: weiteres Vorgehen (2005/2022(INI)), ABl. C 292 E/109; Entschließung des Europäischen Parlaments zum Europäischen Vertragsrecht, ABl. C 305 E/247; Entschließung des Europäischen Parlaments vom 03. September 2008 zum Gemeinsamen Europäischen Referenzrahmen für das Europäische Vertragsrecht (2009/C 295 E/09), ABl. C 295 E/31.

70 Siehe DCFR Full Edition.

Institutionen geforderten Forschungsauftrags dar.[71] Inhaltlich liefert der DCFR die vom Forschungsauftrag umfassten Definitionen und Vorschläge zur Verbesserung des Gemeinschaftsrechts.

6. Vom DCFR zum GEK

Mit Fertigstellung des DCFR war der erste und wichtigste Schritt zur Schaffung eines Europäischen Kaufrechts getan. Die weitere Entwicklung wurde maßgeblich geprägt durch die Verlegung der Zuständigkeit für einen Gemeinsamen Referenzrahmen auf die Generaldirektion Justiz, Freiheit und Sicherheit[72] und die damit zusammenhängende Berufung Viviane Redings zur Kommissionsvizepräsidentin und Kommissarin für Justiz, Grundrechte und Bürgerschaft im Jahr 2010. Bereits in ihrer Anhörung als designiertes Mitglied der Kommission vom 07. Januar 2010 machte Reding deutlich, dass ein gemeinsames europäisches Zivilrecht eine Herzensangelegenheit für sie sei[73] und auf dem 61. Deutschen Anwaltstag in Aachen 2010 erklärte sie, dass sie ein europäisches Vertragsrecht aktiv und schnell vorantreiben wolle.[74] Zur selben Zeit führte die Kommission in ihrer Mitteilung „Europa 2020“ aus, dass es harmonisierter Regeln und Fortschritte hin zu einem fakultativen einheitlichen Vertragsrecht bedarf, um den EU-Binnenmarkt zu stärken[75] und beschloss in diesem Zusammenhang die Einsetzung einer Expertengruppe, die aus dem akademischen DCFR einen praxistauglichen Gemeinsamen Referenzrahmen entwickeln sollte.[76]

Im Juli 2010 erließ die Europäische Kommission dann ihr Grünbuch „Optionen für die Einführung eines Europäischen Vertragsrechts für Verbraucher und Unternehmen“.[77] In diesem stellte die Kommission sieben Möglichkeiten zum weiteren Fortgang eines CFR vor und fragte damit indirekt, wie die Ergebnisse des wissenschaftlichen DCFR genutzt werden sollten. Die Möglichkeiten reichten von einer bloßen Veröffentlichung über eine Toolbox bis hin zum Erlass einer Verordnung zur Einführung eines europäischen Zivilgesetzbuches[78] und erinnerten damit an die Mitteilung der Kommission aus dem Jahr 2001.[79] Obwohl eine scheinbar

71 Heß, S. 158.

72 Tonner, EuZW 2010, 767.

73 http://www.event.europarl.europa.eu/hearings/static/commissioners/answers/reding_replies_de.pdf, S.5 (zuletzt abgerufen am 21.12.2014).

74 http://europa.eu/rapid/press-release_SPEECH-10 – 239_en.htm?locale=en (zuletzt abgerufen am 21.12.2014).

75 Mitteilung der Kommission – Europa 2020 – Eine Strategie für intelligentes, nachhaltiges und integratives Wachstum, KOM (2010) 2020.

76 Beschluss der Kommission vom 26. April 2010 zur Einsetzung einer Expertengruppe für einen Gemeinsamen Referenzrahmen im Bereich des europäischen Vertragsrechts (2010/233/EU), ABl. L 105/109 (im Folgenden: „Expertengruppe CFR“).

77 Grünbuch der Kommission – Optionen für die Einführung eines Europäischen Vertragsrechts für Verbraucher und Unternehmen, KOM (2010) 348, S. 25.

78 KOM (2010) 348 (siehe Fußnote 77), S. 8 ff.

79 KOM (2001) 398 (siehe Fußnote 36).

breite Palette an Möglichkeiten zur Diskussion gestellte wurde, wurde klar, dass die Kommission – im Gegensatz zu 2001, als sie tatsächlich um das Einholen eines repräsentativen Meinungsbildes bemüht war – nun mit Option 4 klar die Einführung eines optionalen Systems befürwortete.[80] Nicht nur die prominente Platzierung in der Mitte aller Optionen, der Umfang der Darstellung und die Tatsache, dass die Kommission selbst alle anderen Optionen als nicht weitgehend genug oder zu drastisch ablehnte, sondern auch die schon zuvor eingesetzte Expertenkommission, die mit ihrer Arbeit bereits ein optionales Modell entwerfen sollte, deuten klar hierauf hin.[81] Obwohl die Kommission von Juli 2010 bis Januar 2011 eine öffentliche Konsultation durchführte,[82] ist daher wenig verwunderlich, dass sich die Kommission trotz insgesamt 319, teils sehr kritischer Stellungnahmen von ihrem Weg nicht mehr abbringen ließ. So legte am 03. Mai 2011 die Sachverständigengruppe eine Durchführbarkeitsstudie für ein künftiges europäisches Vertragsrecht vor[83], deren Inhalt aus 189 Artikeln bestand und die erstmals auf das Kaufrecht beschränkt war.[84] Am 08. Juni 2011 stimmte das Europäische Parlament schließlich für ein Projekt, wonach Verbraucher und Unternehmer auf freiwilliger Basis Verträge auf der Grundlage von EU-Rechtsvorschriften abschließen können[85] und am 11. Oktober 2011 nahm die Europäische Kommission einen Vorschlag für eine Verordnung über ein Gemeinsames Europäisches Kaufrecht an.[86] Dieser Vorschlag ist seitdem in zahlreichen Sitzungen in den verschiedensten Ausschüssen diskutiert worden.[87]

---

80 Zur Kritik stellvertretend: Tonner, EuZW 2010, 767 (768 ff.); Herresthal, EuZW 2011, 7 f.; Tamm, GPR 2010, 281.

81 So auch Tonner, EuZW 2010, 767 (768 ff.).

82 http://ec.europa.eu/justice/news/consulting_public/news_consulting_0052_en.htm (zuletzt abgerufen am 21.12.2014).

83 Die Ergebnisse der Durchführbarkeitsstudie sind abrufbar unter: http://ec.europa.eu/justice/contract/files/feasibility_study_final.pdf (zuletzt abgerufen am 21.12.2014).

84 http://ec.europa.eu/justice/contract/files/feasibility_study_final.pdf, S. 3 (zuletzt abgerufen am 21.12.2014).

85 Entschließung des Europäischen Parlaments vom 8. Juni 2011 zu Optionen für die Einführung eines Europäischen Vertragsrechts für Verbraucher und Unternehmer, 2011/2013 (INI), P7_TA(2011)0262.

86 Vorschlag für eine Verordnung des Europäischen Parlaments und des Rates über ein Gemeinsames Europäisches Kaufrecht, KOM (2011) 635).

87 Siehe beispielsweise: http://www.consilium.europa.eu/uedocs/cms_data/docs/pressdata/de/jha/126075.pdf; http://www.consilium.europa.eu/uedocs/cms_data/docs/pressdata/en/jha/126932.pdf; http://eescopinions.eesc.europa.eu/eescopiniondocument.aspx?language=de&docnr=800&year=2012; http://www.europarl.europa.eu/sides/getDoc.do?type=COMPARL&reference=PE-491.011&format=PDF&language=DE&secondRef=01; http://europa.eu/rapid/press-release_MEMO-12-777_en.htm; http://www.europarl.europa.eu/meetdocs/2009_2014/documents/imco/pa/927/927202/927202de.pdf; http://www.europarl.europa.eu/sides/getDoc.do?pubRef=-%2f%2fEP%2f%2fNONSGML %2bIM-PRESS%2b20130916IPR20025 %2b0%2bDOC%2bPDF%2bV0%2f%2fEN (alle Dokumente zuletzt abgerufen am 21.12.2014).

Am 26. Februar 2014 wurde er schließlich mit den von den Berichterstattern Klaus-Heiner Lehne und Luigi Berlinguer vorgestellten Änderungen vom Europäischen Parlament angenommen.[88]

II. Entstehungsgeschichte des BGB

1. Vom Allgemeinen Preußischen Landrecht zum BGB

Galten Mitte des 19. Jahrhunderts in Deutschland noch verschiedene Privatrechte[89], so bestand nach Gründung des Deutschen Reiches 1870 weitgehende Einigkeit in dem Bestreben, ein einheitliches Privatrecht für Deutschland zu schaffen. Am 28. Februar 1874 wurde daher eine erste Kommission mit der Erstellung eines Entwurfs für ein bürgerliches Gesetzbuch beauftragt, die diesen 1888 veröffentlichte.[90] Der von einer zweiten Kommission überarbeitete Entwurf wurde schließlich 1895 dem Bundesrat überreicht und wiederum mit kleinen Änderungen am 17. Januar 1896 dem Reichstag vorgelegt. Am 1. Juli 1896 wurde das BGB mit 222 zu 48 Stimmen angenommen, am 01. Januar 1900 ist es in Kraft getreten.[91]

2. Das BGB im 20. Jahrhundert

Bis zum Nationalsozialismus gab es nur wenige legislative Veränderungen am BGB[92] und die meisten Änderungen, die während des Nationalsozialismus gemacht wurden, wurden in den Jahren nach dem Zweiten Weltkrieg wieder rückgängig gemacht. In den folgenden 60 Jahren hat das BGB zahlreiche Änderungen erfahren, überdurchschnittlich viele davon entfallen auf das Familienrecht.[93] Die auch für das Rücktrittsrecht wesentlichste Veränderung hat das BGB 2002 durch das Schuldrechtsmodernisierungsgesetz erfahren. Jene Fassung, die am 01. Januar 2002 in Kraft trat[94], brachte Veränderungen an mehr als 200 Normen des Allgemeinen

88 Legislative Entschließung des Europäischen Parlaments vom 26. Februar 2014 zu dem Vorschlag für eine Verordnung des Europäischen Parlaments und des Rates über ein Gemeinsames Europäisches Kaufrecht (KOM (2011) 635 – C7-0329/2011-2011/0284(COD)).

89 Preußisches Allgemeines Landrecht, Sächsisches Bürgerliches Gesetzbuch, Gemeines Recht, Rheinisches Recht, Dänisches Recht und Österreichisches Recht. Eine Übersicht, in welchen Gebieten welches Recht Anwendung fand, findet sich bei *Säcker* in: MüKo-BGB, Einleitung Rn. 12.

90 *Säcker* in: MüKo-BGB, Einleitung Rn. 9.

91 *Säcker* in: MüKo-BGB, Einleitung Rn. 10 f.

92 Eine Übersicht liefert *Säcker* in: MüKo-BGB, Einleitung Rn. 13.

93 *Säcker* in: MüKo-BGB, Einleitung Rn. 17 f.

94 Siehe Bundesgesetzblatt Teil I, 2001, S. 3137 ff.

Teils des BGB sowie des Schuldrechts[95] und diente sowohl der Umsetzung etlicher EU-Richtlinien[96] als auch der allgemeinen Anpassung und Verbesserung.[97]

III. Entstehungsgeschichte des CISG

1. Kaufrecht des Römischen Instituts

Das CISG geht zurück auf Ernst Rabel, der 1928 dem Präsidenten des Römischen Instituts für Privatrechtsvereinheitlichung (Unidroit) vorschlug, die Vereinheitlichung des Kaufrechts in dessen Einrichtung voranzutreiben.[98] Angetan von der Idee und unter Berücksichtigung des sogenannten „Blauen Berichts", einer Arbeit, die allgemeine Grundzüge des Vorhabens umriss, begannen Mitarbeiter des Instituts mit der Ausarbeitung eines solchen Werks. 1935 wurde ein erster Entwurf fertiggestellt[99], der allerdings noch keine Regelungen zum Abschluss eines Kaufvertrags enthielt, im Jahr 1939 erschien eine überarbeitete Version.[100]

Gebremst durch den 2. Weltkrieg beriet sich das Römische Institut erst wieder ab dem Jahr 1950[101], parallel dazu fand die Haager Konferenz statt, auf der der Entwurf von 1939 diskutiert wurde.[102] Eine der Konferenz angehörende Kommission erarbeitete aus den ursprünglichen Vorschlägen bis 1956 einen neuen Kaufrechtsentwurf[103], 1958 brachte das Römische Institut einen eigenen aktualisierten Vorschlag heraus.[104] Aus beiden Entwürfen wurde 1963 eine verbesserte Version erstellt.[105]

---

95 *Säcker* in: MüKo-BGB, Einleitung Rn. 22 f.; eine Übersicht über die Änderungen gibt es bei Lorenz, NJW 2005, 1889 ff.; Armbrüster/Wiese, DStR 2003, 334 ff.

96 Richtlinie 2008/48/EG des Europäischen Parlaments und des Rates vom 23. April 2008 über Verbraucherkreditverträge und zur Aufhebung der Richtlinie 87/102/EWG des Rates, ABl. EU 2008 Nr. L 133, S. 66 ff. („Verbraucherkreditrichtlinie"); Richtlinie 2000/35/EG des Europäischen Parlaments und des Rates vom 29. Juni 2000 zur Bekämpfung von Zahlungsverzug im Geschäftsverkehr, ABl. EUNr. L 200, S. 35 ff. („Zahlungsverzugsrichtlinie"), Richtlinie 2000/31/EG des Europäischen Parlaments und des Rates vom 8. Juni 2000 über bestimmte rechtliche Aspekte der Dienste der Informationsgesellschaft, insbesondere des elektronischen Geschäftsverkehrs, im Binnenmarkt („Richtlinie über den elektronischen Geschäftsverkehr"), ABl. EU Nr. L 178, S. 1 ff. („E-Commerce-Richtlinie").

97 *Säcker* in: MüKo-BGB, Einleitung Rn. 22 f.

98 Der weitere Ablauf folgt im Wesentlichen den Schilderungen von *Magnus* in: Staudinger CISG, Einl. zum CISG Rn. 20.

99 Abgedruckt in Rabel, RabelsZ 9 (1935), 1 ff. und 339 ff.

100 Zum zeitlichen Ablauf siehe *Magnus* in: Staudinger CISG, Einl. zum CISG Rn. 20; der Entwurf ist abgedruckt in Rabel, S. 395 ff.

101 *Magnus* in: Staudinger CISG, Einl. zum CISG Rn. 21.

102 Kropholler, S. 59 ff.; Rabel, RabelsZ 17 (1952), 212 ff.

103 Riese, RabelsZ 22 (1957), 16 ff.

104 *Magnus* in: Staudinger CISG, Einl. zum CISG Rn. 21.

105 Von Caemmerer, RabelsZ 29 (1965), 101 ff.

2. *Haager Kaufrecht*

Diese Vorarbeiten mündeten schließlich 1964 erstmals in einem internationalen Übereinkommen. Auf der Haager Konferenz verabschiedeten die anwesenden 28 – überwiegend westeuropäischen – Staaten das Einheitliche Gesetz über den internationalen Kauf beweglicher Sachen (EKG) und das Einheitliche Gesetz über den Abschluss von internationalen Kaufverträgen über bewegliche Sachen (EAG), die allerdings ab 1972 von nur insgesamt neun Staaten ratifiziert wurden[106] und für Deutschland am 16. April 1972 in Kraft traten.[107] In Anbetracht der geplanten weltweiten Geltung und der demgegenüber letztlich engen Anwendung auf Europa (abgesehen von Gambia) muss das Projekt faktisch als gescheitert angesehen werden[108], inhaltlich jedoch hat es sich als tauglich erwiesen.[109]

3. *Entwicklungen bis zur Wiener Konferenz*

Das Scheitern des Haager Kaufrechts ist vor allem auf politische Erwägungen zurückzuführen. Aufgrund der mangelnden Beteiligung an den Vorarbeiten weigerten sich sozialistische Länder und die Entwicklungsländer, das Gesetz zu ratifizieren.[110] Stattdessen griff die 1966 als Unterausschuss der UN gegründete Kommission für internationales Handelsrecht UNCITRAL[111] bereits 1968 die Bestrebungen des EKG auf und gründete eine Arbeitsgruppe, in der Länder aus allen Teilen der Welt vertreten waren, die, ausgehend vom Haager Kaufrecht 1976, einen eigenen Entwurf fertigstellte, den sogenannten Genfer Entwurf.[112] Auf den folgenden UNCITRAL-Sitzungen[113] wurde 1977 der Genfer Entwurf überarbeitet („Wiener Entwurf")[114] und ein Abschlussentwurf erarbeitet.[115] Aus beiden wurde 1978 der überarbeitete New Yorker Entwurf.[116] Auf Basis dieses New Yorker Entwurfs fand 1980 die Wiener Konferenz statt, auf der das CISG angenommen wurde[117] und schließlich am 01. Januar 1988 in Kraft trat. In der Bundesrepublik Deutschland ist das CISG zum 01. Januar 1991 in Kraft getreten in der DDR erst zwei Monate später, mit Stand vom

106 Belgien, Deutschland (BRD), Gambia, Großbritannien, Israel, Italien, Luxemburg, Niederlande und San Marino.
107 Siehe Bundesgesetzblatt Teil I, 1974, S. 358.
108 *Magnus* in: Staudinger CISG, Einl. zum CISG Rn. 23.
109 Schlechtriem/Magnus, S. 9.
110 *Schlechtriem* in: Schlechtriem Einheitliches Kaufrecht, S. 27 (31).
111 Zur UNCITRAL ausführlicher Kropholler, S. 46 ff.
112 *Magnus* in: Staudinger CISG, Einl. zum CISG Rn. 24; zum Entwurf selber: UNCITRAL Yearbook VII [1976], S. 89 ff.
113 Eine gute Übersicht zum Ablauf liefert *Magnus* in: Staudinger CISG, Einl. zum CISG Rn. 24.
114 UNCITRAL Yearbook VIII [1977], S. 15 ff.
115 UNCITRAL Yearbook IX [1978], S. 61 ff.
116 RabelsZ 43 (1979), 528 ff.
117 Official Records, S. 230.

21. Dezember 2014 gibt es 83 Mitgliedstaaten (wobei das CISG im Kongo, in Guyana und in Madagaskar erst im Laufe des Jahres 2015 in Kraft tritt).[118]

B. Anwendungsbereich

I. Räumlicher Anwendungsbereich

1. GEK

Das GEK soll nach dem Willen des Europäischen Parlaments und des Europäischen Rates als fakultatives zweites Vertragsrecht zur Verfügung stehen.[119] Um dieses Ziel zu erreichen, soll das GEK als Verordnung erlassen werden. Gemäß Art. 288 AEUV wäre das GEK damit in all seinen Teilen verbindlich und gilt unmittelbar in jedem der derzeit 28 Mitgliedstaaten der Europäischen Union (EU).[120] Gem. Art. 1 Abs. 1 i.V.m. Art. 4 Abs. 1 GEK-VO kann das GEK bei grenzübergreifenden Fernabsatzgeschäften Anwendung finden – Voraussetzung ist, dass es von den Parteien als anwendbares Recht gewählt wird. Die Wahl des GEK bedeutet dabei den Ausschluss des nationalen Rechts hinsichtlich der im GEK geregelten Bereiche sowie den Ausschluss des CISG.[121] Zu beachten ist auch, dass gem. Art. 8 Abs. 2 S. 1 GEK-VO die Anwendbarkeit des GEK bei Verbraucher-Käufen nicht im Kaufvertrag selbst, sondern separat erfolgen muss[122], wobei die Erklärung und der Vertrag im selben Dokument erfolgen können.[123]

a. Vertrag zwischen Unternehmern

Für die Frage, ob ein Vertrag grenzüberschreitend ist, ist auf den Zeitpunkt der Vereinbarung der Verwendung des GEK abzustellen (vgl. Art. 4 Abs. 6 GEK-VO). Um Missverständnissen vorzubeugen, definiert die GEK-VO in Art. 4 Abs. 2 deutlich, was als grenzüberschreitend im Sinne dieser Verordnung anzusehen ist. Danach kann das GEK zwischen zwei Unternehmern gewählt werden, wenn beide ihren gewöhnlichen Aufenthalt in verschiedenen Staaten haben.[124] Nach Art. 4 Abs. 4 GEK-VO ist der gewöhnliche Aufenthalt von Gesellschaften, Vereinen und juristischen Personen

118 Eine stets aktuelle Auflistung gibt es unter: http://www.uncitral.org/uncitral/en/uncitral_texts/sale_goods/1980CISG_status.html (zuletzt abgerufen am 21.12.2014).

119 KOM (2011) 635 (siehe Fußnote 86), S. 6.

120 *Schröder* in: Streinz, EUV/AEUV, Art. 288 AEUV Rn. 52.

121 *Schmidt-Kessel* in: Schmidt-Kessel Kommentar, Einleitung Rn. 52.

122 Mankowski, RiW 2012 97 (103); Balthasar, RiW 2012, 361 (362); Riesenhuber, GPR 2012, 1 (3).

123 *Schmidt-Kessel* in: Schmidt-Kessel Kommentar, Art. 8 GEK-VO Rn. 21.

124 Zur Kritik an der Bezeichnung „gewöhnlicher Aufenthalt" im Zusammenhang mit Unternehmen siehe *Schmidt-Kessel* in: Schmidt-Kessel Kommentar, Art. 4 GEK-VO Rn. 2.

der Ort der Hauptverwaltung. Der gewöhnliche Aufenthalt einer natürlichen Person, die als Unternehmer tätig wird, ist der Hauptgeschäftssitz dieser natürlichen Person. Handelt ein Unternehmer durch eine Zweigniederlassung, so ist nach Art. 4 Abs. 5 GEK-VO der Ort entscheidend, an dem sich die Zweigniederlassung befindet. Der Begriff der Niederlassung ist dabei autonom auszulegen.[125] Angelehnt an das CISG bietet es sich jedoch an, auch im Rahmen des GEK davon auszugehen, dass sowohl der Mittelpunkt der geschäftlichen Tätigkeit als auch der Ort, „von dem aus die betreffende Person in gewisser Selbständigkeit in nach außen gerichteter Weise und mit einiger Dauerhaftigkeit am Wirtschaftsverkehr teilnimmt"[126], gemeint sind. Zweigniederlassung muss in diesem Zusammenhang als jede Niederlassung verstanden werden, die nicht zugleich der Hauptsitz ist.

Nach Art. 4 Abs. 2 GEK-VO ist es ausreichend, wenn einer der Unternehmer seinen gewöhnlichen Aufenthalt in einem EU-Mitgliedstaat[127] hat, der gewöhnliche Aufenthalt der Vertragspartei kann außerhalb der EU liegen.[128] Aus Sicht eines deutschen Unternehmers ergibt sich damit ein ähnlich umfassender Anwendungsbereich wie ihn beispielsweise das CISG[129] bietet.

b. Vertrag zwischen Unternehmer und Verbraucher

Bei einem Vertrag zwischen einem Unternehmer und einem Verbraucher ist der Vertrag als grenzüberschreitend anzusehen, wenn die Anschrift bzw. die Liefer- oder Rechnungsanschrift des Verbrauchers in einem anderen Staat ist als der Staat, in dem der Unternehmer seinen gewöhnlichen Aufenthalt hat (Art. 4 Abs. 3 lit. a) GEK-VO).[130] Wie sich insbesondere aus Erwägungsgrund 13[131] ergibt, ist Art. 4 Abs. 3 GEK-VO dabei so zu verstehen, dass eine der Adressen des Verbrauchers in einem EU-Mitgliedstaat liegen muss, so dass zwar Unternehmer aus einem Drittstaat

---

125 Zur grundsätzlichen Voraussetzung, das GEK autonom auszulegen, siehe im Einzelnen unter Teil 1.C.I.2.e.

126 So für das CISG unter anderem: *Huber* in: MüKo-BGB, Art. 1 Rn. 26; so auch: *Saenger* in: Bamberger/Roth, Art. 1 Rn. 10; *Ferrari* in: Schlechtriem/Schwenzer, Art. 1 Rn. 46; *Magnus* in: Staudinger CISG, Art. 1 Rn. 63; Vékás, IPRax 1987, 342; OLG Stuttgart, Urt. v. 28.02.2000, Az.: 5 U 118/99, IHR 2001, 65 (66).

127 Für ein Verständnis, das die Staaten des EWR einschließt *Wendehorst* in: Schulze, Art. 4 GEK-VO Rn. 12.

128 Den Ausschluss von Verträgen ausschließlich mit Drittstaatenbezug ablehnend *Schmidt-Kessel* in: Schmidt-Kessel Kommentar, Art. 4 GEK-VO Rn. 16 f.; eher wohlwollend *Wendehorst* in: Schulze, Art. 4 GEK-VO Rn. 21.

129 Siehe hierzu ausführlich unter Teil 1.B.I.3.

130 Sehr kritisch bezüglich dieser weiten Anknüpfung *Schmidt-Kessel* in: Schmidt-Kessel Kommentar, Art. 4 GEK-VO Rn. 11 ff.

131 KOM (2011) 635, Erwägungsgrund 13.

Waren an Verbraucher innerhalb der EU unter Anwendung des GEK verkaufen können, nicht aber Unternehmer aus der EU an Verbraucher in Drittstaaten.[132]

Auch beim GEK ist daher wie beim CISG als Voraussetzung die sogenannte „Internationalität des Kaufgeschäfts“[133] festzustellen, auch wenn diese im GEK im Regelfall auf Mitgliedstaaten der EU beschränkt ist, so dass man treffender von einer „begrenzten Internationalität“ sprechen sollte. Der europäische Gesetzgeber hat den Mitgliedstaaten allerdings die Möglichkeit gegeben, von der Internationalität abzuweichen: Nach Art. 13 lit. a) GEK haben die Mitgliedstaaten die Möglichkeit, die Anwendbarkeit des GEK auch für rein nationale Fernabsatz-Sachverhalte zu schaffen.

Ein zusätzliches „Opt-In“, das heißt die Wahl des GEK als anwendbares Recht, ist entgegen der Situation im CISG, wo ein „Opt-In“ trotz Nichtvorliegens der Voraussetzungen zulässig ist[134], im GEK nicht möglich.[135] Während das CISG grundsätzlich als „Opt-Out“-Modell konzipiert ist[136], basiert das GEK auf dem Grundgedanken des „Opt-In“[137], das heißt das GEK kommt immer nur dann zum Einsatz, wenn es von den Parteien gewählt wird.[138] Hieraus erklärt sich der oben genannte Unterschied: Während das CISG keine Voraussetzungen für ein zusätzliches „Opt-In“ aufstellt (und es damit nicht ausschließt), gibt es im Falle des GEK gerade Bedingungen für eine Wahl des GEK die nicht umgangen werden können, so dass ein darüber hinausgehendes „Opt-In“ ausgeschlossen ist.

2. BGB

Sehr weit gefasst ist der räumliche Anwendungsbereich des BGB. Für innerdeutsche Sachverhalte, das heißt Sachverhalte, bei denen beide Parteien natürliche Personen mit Staatsangehörigkeit der Bundesrepublik Deutschland bzw. juristische Personen nach deutschem Recht sind und der Streitgegenstand in Deutschland belegen ist, gilt das BGB nach den Regeln des EGBGB. Für Verträge, die eine Beziehung zu ausländischem Recht aufweisen, gilt seit dem 17. Dezember 2009 die

132 *Wendehorst* in: Schulze, Art. 4 GEK-VO Rn. 16 mit kritischen Anmerkungen dazu in Rn. 20; diese Konstellation für anwendbar hält jedoch Gebauer, GPR 2011, 227 (231).

133 Zur Internationalität des Kaufgeschäfts siehe *Herrmann* in: Bucher, S. 83 (85); *Magnus* in: Staudinger CISG, Art. 1 Rn. 58.

134 Siehe hierzu unter Teil 1.B.I.3.

135 So auch *Schmidt-Kessel* in: Schmidt-Kessel Kommentar, Art. 3 GEK-VO Rn. 3.

136 *Huber* in: MüKo-BGB, Art. 6 Rn. 1.

137 Siehe Art. 8 Abs. 1 GEK-VO.

138 Aus KOM (2011) 635, Erwägungsgrund 25 wird zudem klar, dass die Wahl des GEK nicht nur die Abwahl des deutschen Rechts, sondern auch die Abwahl des ansonsten ebenfalls gültigen CISG bedeutet, siehe auch Ayad/Schnell, BB 2012, 1487 (1489).

Rom-I-Verordnung[139], vor allem die Art. 3 ff. Rom-I-VO. Danach ist das entscheidende Kriterium die Parteiautonomie, das heißt das BGB findet Anwendung, wenn die Parteien dessen Anwendbarkeit vereinbaren. Fehlt eine solche (ausdrückliche oder konkludente) Wahl deutschen Rechts, so kann die Anwendbarkeit des BGB über Art. 4 Rom-I-VO begründet werden.[140]

3. CISG

Im CISG muss zwischen dem objektiven und dem subjektiven Anwendungsbereich unterschieden werden. Gemäß Art. 6 CISG steht es den Parteien frei, das CISG ganz oder teilweise abzuwählen („Opt-Out-Verfahren") bzw. die Anwendbarkeit positiv und ohne Vorliegen der objektiven Voraussetzungen zu vereinbaren („Opt-In-Verfahren").[141] Nur wenn die Parteien keinen Ausschluss vereinbaren, kommt es auf den objektiven Anwendungsbereich des CISG an. Dieser ist in Art. 1 CISG geregelt. Danach ist das CISG grundsätzlich auf Kaufverträge zwischen Parteien anzuwenden, die ihre Niederlassung[142] in verschiedenen Staaten haben, sofern einer der Anknüpfungstatbestände des Art. 1 Abs. 1 CISG erfüllt ist. Dies ist zum einen der „Regelfall"[143] gem. Art. 1 Abs. 1 lit. a) CISG, wonach sich die Niederlassungen beider Parteien in verschiedenen Vertragsstaaten des Übereinkommens[144] befinden müssen bzw. nach Art. 1 Abs. 1 lit. b) CISG, dass die Regeln des Internationalen Privatrechts zur Anwendung des Rechts eines Vertragsstaats führen müssen („Vorschaltlösung"[145]).

---

139 Verordnung (EG) Nr. 593/2008 des Europäischen Parlaments und des Rates vom 17.06.2008 über das auf vertragliche Schuldverhältnisse anzuwendende Recht (Rom I), ABl. EU 2008, Nr. L 177, S. 6 ff.

140 Zur vertiefenden Übersicht über das anzuwendende Recht nach der Rom-I-VO siehe z.B. Pfeiffer, EuZW 2008, 622 (623).

141 Obwohl eine Art. 4 Einheitliches Haager Kaufrecht (EKG) entsprechende Norm fehlt, kann hieraus nicht geschlossen werden, dass gem. Art. 6 CISG ein „Opt-In" auch ohne Vorliegen der räumlichen Voraussetzungen nicht gewollt war. Art. 4 EKG wurde in das CISG nicht übernommen, weil die Begrenzung auf den räumlichen Anwendungsbereich und der Vorbehalt auf zwingendes Recht im Gesetzgebungsverfahren als zu unbestimmt angesehen wurden. Einigkeit bestand auf der Wiener Konferenz aber, dass der Inhalt von Art. 4 EKG unverändert fortgelten soll (siehe dazu: Diskussion auf der Wiener Konferenz, Official Records, S. 252 f.; außerdem zustimmend *Ferrari* in: Schlechtriem/Schwenzer, Art. 6 Rn. 39 ff.; Enderlein/Maskow/Strohbach, Art. 6 Bem. 3.2; *Magnus* in: Staudinger CISG, Art. 6 Rn. 62).

142 Zur Definition der Niederlassung siehe unter Teil 1.B.I.1.

143 So *Herrmann* in: Bucher, S. 83 (86 f.), der zu der Ansicht gelangt, dass aufgrund der mittlerweile herrschenden Vielzahl an Mitgliedstaaten eine Anknüpfung über diesen Tatbestand fast immer anzunehmen sein wird.

144 Zum aktuellen Stand der Vertragsstaaten des CISG siehe Fußnote 118.

145 Kiene, S. 32.

II. Sachlicher Anwendungsbereich

1. GEK

Der sachliche Anwendungsbereich des GEK ist in Art. 1 i.V.m. Art. 5 lit. a) – c) GEK-VO geregelt und hat in der Parlaments-Fassung die mitunter deutlichsten Änderungen erfahren. So kann die Anwendung des GEK nunmehr generell nur noch für Fernabsatzverträge, inklusive Online-Verträgen, vereinbart werden. Dies gilt grundsätzlich für (i) Kaufverträge (Art. 5 lit. a) GEK), (ii) Verträge über die Bereitstellung digitaler Inhalte (Art. 5 lit. b) GEK) und (iii) Verträge über verbundene Dienstleistungen (Art. 5 lit. c) GEK).

Enthielten Art. 6 Abs. 1 und 2 GEK-VO in dem Entwurf der Kommission noch eine Beschränkung des sachlichen Anwendungsbereichs, hat der europäische Gesetzgeber den Anwendungsbereich in der Parlaments-Fassung nun auch auf Mischverträge erweitert und geregelt, in welchen Fällen welches Gesetz zur Anwendung gelangt.[146] Weiterhin nicht zu verwechseln sind solche Mischverträge allerdings mit Verträgen über verbundene Dienstleistungen gem. Art. 5 lit. c) GEK. Der geänderte Art. 11 GEK-VO soll zusätzlich zu mehr Klarheit führen, indem er explizit auflistet, welche Themenkomplexe vom GEK erfasst sein sollen und welche den nationalen Rechtsordnungen vorbehalten bleiben.[147]

a. Kaufverträge (Art. 5 lit. a) GEK-VO)

aa. Arten von Kaufverträgen

Als Kaufvertrag ist gem. Art. 2 lit. k) GEK-VO ein Vertrag zwischen einem Unternehmer als Verkäufer und einer anderen Person als Käufer definiert, bei dem der Verkäufer das Eigentum an der Ware auf die andere Person überträgt oder sich hierzu verpflichtet, während der Käufer den Kaufpreis leistet oder sich hierzu verpflichtet.[148] Ebenfalls unter den Begriff des Kaufvertrags fallen Verträge über die Lieferung von Waren, die noch hergestellt werden müssen. Nicht erfasst sind hingegen Verträge, die den Kauf zwangsversteigerter Waren betreffen oder auf sonstige Weise mit der Ausübung öffentlicher Gewalt verbunden sind. Als Preis wiederum ist Geld definiert, das im Austausch für eine gekaufte Ware, digitale Inhalte oder verbundene Dienstleistungen erbracht wird, Art. 2 lit. i) GEK-VO. Die Definitionen

146 Siehe dazu ausführlich unter Teil 1.B.II.1.d.

147 Siehe hierzu ausführlich unter Teil 1.B.II.1.e.

148 Der europäische Gesetzgeber stellt durch diese Formulierung klar, dass das GEK nur die schuldrechtliche Ebene regelt. Ob ein weiterer dinglicher Eigentumsübertragungsakt erforderlich ist (wie im deutschen Recht) oder das Eigentum direkt mit dem Abschluss des Kaufvertrags übergeht, ist für den Abschluss eines Kaufvertrags nach GEK unerheblich und wird folglich auch nicht geregelt.

entstammen im Wesentlichen dem DCFR[149], ein erstes deutliches Zeichen, wie stark das GEK vom DCFR beeinflusst ist.

Im Gegensatz zu BGB[150] und CISG[151] regelt das GEK typische Unterformen von Kaufverträgen nicht explizit. So lässt sich Art. 94 GEK zwar noch entnehmen, dass das GEK den Versendungskauf kennt und aus einem Umkehrschluss der Formulierung in Art. 95 GEK („lässt sich ein Zeitpunkt nicht anderweitig bestimmen") ergibt sich außerdem eine Regelung des Fixkaufs. Zahlreiche weitere Unterformen, die das BGB/HGB und das CISG kennen, werden im GEK jedoch nicht erwähnt (z.B. Spezifikationskauf, Kauf nach Muster oder Probe, Kauf auf Probe oder Besicht). Im aktuellen Parlamentsentwurf[152] ebenfalls nicht mehr explizit erwähnt, ist der Sukzessivlieferungsvertrag, der auch ansonsten keine begriffliche Erwähnung findet. Wie sich aus Art. 172 Abs. 3 GEK allerdings ergibt, kann hieraus nicht gefolgert werden, dass Sukzessivlieferungsverträge nicht mehr vom GEK erfasst sind, sondern schlicht, dass hierauf die übrigen Regelungen Anwendung finden.[153]

Die Definitionen erleichtern die Anwendbarkeit des GEK spürbar.[154] Im Gegensatz zum CISG, in dem der Anwendungsbereich teilweise umstritten ist, wird dadurch klargestellt, dass weder ein Tausch[155] unter das GEK fallen kann[156] (Kaufpreis = Geld), noch Gegengeschäfte bzw. Kompensationsgeschäfte (sogenannte *„barter contracts"*[157]) oder Schenkungen. Dennoch stellt sich genau wie im CISG auch hier die Frage, wie mit Kaufverträgen umzugehen ist, bei denen Waren gegen einen

149 Siehe z.B. für Kaufvertrag DCFR Full Edition, Definitions: „A contract for the „sale" of goods or other assets is a contract under which one party, the seller, undertakes to another party, the buyer, to transfer the ownership of the goods or other assets to the buyer, or to a third person, either immediately on conclusion of the contract or at some future time, and the buyer undertakes to pay the price." Die GEK-VO ist insofern leicht einschränkend, als sie für zwangsversteigerte Ware und ähnliches ausdrücklich die Anwendung des GEK ausschließt.

150 Siehe hierzu unter Teil 1.B.II.2.

151 Siehe hierzu unter Teil 1.B.II.3.

152 Im Entwurf der Kommission noch Art. 6 Abs. 2 a.E. GEK-VO.

153 Aus diesem Grund bietet es sich auch nicht an, den Umgang mit einer Schlechtleistung im Rahmen eines Sukzessivlieferungsvertrags im Rahmen dieser Arbeit vertieft zu behandeln. Auch ein Vergleich mit Art. 71 CISG bietet sich mangels eines passenden Gegenstücks im GEK nicht an.

154 Allgemein eher ablehnend gleichwohl *Schmidt-Kessel* in: Schmidt-Kessel Kommentar, Art. 2 GEK-VO Rn. 2 und *Wendehorst* in: Schulze, Art. 1 Rn. 13.

155 *Schmidt-Kessel* in: Schmidt-Kessel Kommentar, Art. 2 GEK-VO Rn. 57.

156 Zum CISG bejahend z.B. Enderlein/Maskow/Strohbach, Art. 1 Bem. 1; Lurger, ZfRV 32 (1991), 415 (421 f.); für die ablehnende h.M. stellvertretend *Ferrari* in: Schlechtriem/Schwenzer, Art. 1 Rn. 30; Fehrenbacher, ZVerglRWiss 101 (2002), 89 (110 f.); *Siehr* in: Honsell CISG, Art. 2 Rn. 5.

157 So auch die wohl h.M. für das CISG: *Magnus* in: Staudinger CISG, Art. 1 Rn. 29 f.; *Ferrari* in: Schlechtriem/Schwenzer, Art. 1 Rn. 30; Lurger, ZfRV 32 (1991), 415 (421 f.); *Benicke* in: MüKo-HGB, Art. 1 Rn. 9.

symbolischen Wert von z.B. einem Euro erworben werden oder solche, die weit unterhalb des Marktwertes liegen. Im CISG wird überwiegend[158] differenziert: Zunächst muss entschieden werden, ob sich der Vertrag in einen entgeltlichen Teil und einen unentgeltlichen Teil aufteilen lässt. Sofern dies der Fall ist, unterliegt nur der entgeltliche Teil dem CISG. Ist eine Abgrenzung nicht möglich, unterliegt der gesamte Vertrag dem CISG, da auch im Übrigen nicht nach wirtschaftlich sinnvollen Entscheidungen unterschieden wird.[159]

War eine vergleichbare Herangehensweise nach dem Kommissions-Entwurf nicht möglich, erlaubt Art. 6 Abs. 1 lit. b) GEK-VO nun unter bestimmten Voraussetzungen, das Zustandekommen von Mischverträgen.[160] Im Unterschied zum CISG ist dabei aber im GEK bereits Voraussetzung, dass sich der „Kauf-Teil" vom restlichen Teil trennen lässt und diesem anderen Teil ein Preis zugeordnet werden kann. Für das GEK muss daher ebenfalls zunächst geprüft werden, ob sich der Vertrag in einen entgeltlichen Teil und einen unentgeltlichen Teil aufspalten lässt. Ist dies der Fall, unterliegt der entgeltliche Teil dem GEK. Andernfalls kann der gesamte Vertrag nur dem nationalen Recht unterfallen, da Art. 6 Abs. 1 lit. b) GEK-VO gerade eine Vermischung von Verträgen verbietet, bei denen die Teile nicht trennbar sind.

bb. Kaufgegenstand

Der Kaufgegenstand im GEK ist geprägt von der Definition der „Ware", Art. 2 lit. h) GEK-VO. Während der DCFR unter dem Begriff „Waren" im Original noch von „corporal movables" spricht und hierzu neben „ships, vessels, hovercraft, aircraft, space objects, animals" auch „liquids and gases" aufzählt[161], sind taugliche Waren nach der GEK-VO nur bewegliche, körperliche Gegenstände. Dazu zählen explizit nicht Strom, Erdgas, Wasser und Gas, es sei denn das Wasser bzw. Gas wird in bestimmten Mengen verkauft.[162] Gestattet ist, mit anderen Worten, der Verkauf von Wasser- bzw. Gasflaschen unter dem Regime des GEK, ein städtischer Gasversorger kann seine Leistung aber auch in Zukunft nur nach deutschem Recht anbieten. Gründe für diese Beschränkung sind nicht ersichtlich. Insbesondere da z.B. das deutsche Recht unter körperlichen Gegenständen sehr wohl auch Flüssigkeiten und Gase versteht[163], erscheint die Beschränkung hier eher willkürlich. Ob der europäische Gesetzgeber

---

158 Nicht so *Ferrari* in: Schlechtriem/Schwenzer, Art. 1 Rn. 33, der das CISG in solchen Fällen immer für anwendbar hält.

159 So *Magnus* in: Staudinger CISG, Art. 1 Rn. 32. Eine weitere Unterteilung nimmt *Benicke* in: MüKo-HGB, Art. 1 Rn. 10 vor: Danach sollen symbolische Beträge nie der Konvention unterfallen, da diese Verträge ihrer Art nach eine Schenkung seien.

160 Siehe dazu ausführlich unter Teil 1.B.II.1.d.

161 DCFR Full Edition, Definitions.

162 Kritisch bezüglich der unterschiedlichen Behandlung von Erdgas und sonstigem Gas Mansel, WM 2012, 1253 (1256).

163 *Stresemann* in: MüKo-BGB, § 90 Rn. 8.

Themen der Bevölkerungsgrundversorgung weiterhin den Mitgliedstaaten bzw. deren Rechten vorbehalten wollte, ist nicht belegbar.

Hinsichtlich der Frage, was unter beweglichen, körperlichen Gegenständen zu verstehen ist, liefert das GEK keine nähere Erläuterung. Da das GEK autonom auszulegen ist, verbietet es sich, Anleihen bei anderen Gesetzen zu nehmen. Der DCFR kann dennoch als Erkenntnisquelle genutzt werden.[164] Da die GEK-VO nur explizite Ausnahmen für Strom, Erdgas, Gas und Wasser enthält und die Formulierung ansonsten der Regelung im DCFR entspricht, sollte man den Begriff ansonsten auch im Rahmen des GEK weit auffassen, so dass auf jeden Fall Tiere, aber auch Fahrzeuge, Schiffe, Flugzeuge jeglicher Art und sogar Raumfahrtgegenstände dazuzuzählen sind.

Durch das Attribut „körperlich" ebenfalls ausgeschlossen ist auch jede Form des Rechtskaufs. Die Abgrenzung zwischen körperlichen und unkörperlichen Dingen ist autonom durchzuführen, andere Gesetzestexte können aber wiederum als Erkenntnisquelle herangezogen werden.[165] So grenzt das deutsche BGB Sachen von Rechten „durch ihre sinnlich wahrnehmbare Körperlichkeit"[166] ab. Aufgrund der guten Praktikabilität bietet es sich an, auch für das GEK die Grenze des körperlichen bei der sinnlich wahrnehmbaren Körperlichkeit zu ziehen. Inhaltlich muss die Entscheidung, Rechtskäufe nicht zuzulassen, obwohl nicht zwingend[167], doch akzeptiert werden. Soweit es sich dabei um Urheberrechte, Patente oder Lizenzen handelt, dürfte es in der praktischen Anwendung auch kaum zu größeren Schwierigkeiten kommen. Problematischer ist die Situation allerdings beim Unternehmenskauf und beim Kauf von Eintrittskarten.

(1) Unternehmenskauf

Da der Unternehmenskauf nur bei Unternehmer-Käufen[168] vorkommen kann, sollen hierzu nur einige allgemeine Überlegungen ausreichen[169]: Wird der Unternehmenskauf als „share deal"[170] durchgeführt, das heißt werden die Anteile an dem Unternehmen verkauft, handelt es sich um einen Rechtskauf, der vom GEK unstreitig nicht erfasst ist.[171]

---

164 Näheres hierzu unter Teil 1.C.I.2.e.

165 Siehe hierzu unter Teil 1.C.I.2.e.aa.

166 *Magnus* in: Staudinger CISG, Art. 1 Rn. 56.

167 § 453 BGB ordnet nach deutschem Recht ja gerade einen Gleichlauf des Rechtskaufs mit dem gewöhnlichen Sachkauf an.

168 Siehe hierzu unter Teil 1.B.III.1.

169 Eine ausführliche Abhandlung des gleichen Problems zum CISG findet sich in Merkt, ZVerglRWiss 93 (1994), 353 (356 ff.).

170 Nähere Erläuterungen zu „share deal" und „asset deal" und zur Abgrenzung liefert beispielsweise *Beckmann* in: Staudinger BGB, § 453 Rn. 83 ff.

171 So für das CISG *Magnus* in: Staudinger CISG, Art. 1 Rn. 51; Merkt, ZVerglRWiss 93 (1994), 353 (358 ff.); *Göthel* in: Merkt/Göthel, § 4 Rn. 11 ff.; Herber/Czerwenka, Art. 1 Rn. 7; weitergehend noch *Ferrari* in: Schlechtriem/Schwenzer, Art. 1 Rn. 36; und *Saenger* in: Bamberger/Roth, Art. 1 Rn. 6, die zu dem Ergebnis kommen, dass sowohl ein asset deal als auch ein share deal nicht unter das CISG fallen.

Schwieriger ist die Situation beim „asset deal", das heißt wenn alle Wirtschaftsgüter als Gesamtpaket verkauft werden, da hier sowohl bewegliche als auch unbewegliche Sachen sowie Rechte einheitlich verkauft werden. Klarheit liefert hier die Neufassung des Parlaments von Art. 6 Abs. 1 lit. b) GEK-VO. Bei dem Kauf der körperlichen „assets" handelt es sich um einen Kauf von Waren entsprechend Art. 5 lit. a) GEK-VO. Hinsichtlich der immateriellen Güter handelt es sich folglich um ein „anderes Element", nämlich den Kauf einer unkörperlichen Sache. Hieraus folgt, dass – Teilbarkeit der Kaufanteile in körperliche und unkörperliche Gegenstände vorausgesetzt – nur hinsichtlich des Kaufs der körperlichen Gegenstände das GEK zur Anwendung gelangt, hinsichtlich der unkörperlichen Gegenstände wird gem. Art. 6 Abs. 1 lit. c) i.V.m. Art. 6 Abs. 1a GEK das nationale Recht berufen. Ein reiner „asset deal", der dem GEK unterstellt wird, ist nicht möglich.

(2) Ticketkauf

Wesentlich bedeutsamer im GEK ist allerdings der Fall des Kaufs von Eintrittskarten für Konzerte, Fußballspiele oder ähnliches. Nach deutschem Recht handelt es sich bei einem solchen Kauf um einen Rechtskauf, da es sich bei dem Ticket um ein sogenanntes „kleines Legitimationspapier" handelt.[172] Würde man dieses Verständnis auch für das GEK heranziehen, könnte ein Ticketverkauf aufgrund der Beschränkung auf Sachkäufe nicht wirksam dem GEK unterstellt werden. Es zeigt sich, dass das autonom auszulegende GEK nicht mit nationalen Erwartungen überfrachtet werden darf: Ein Konzert-Ticket ist in erster Linie ein körperlicher Gegenstand. Anhaltspunkte dafür, dass – entgegen dieser sinnlichen Wahrnehmung – ein Ticket auch nach dem GEK ein Recht sein soll, sind nicht ersichtlich. Folglich unterfällt der Kauf eines Tickets nach hier vertretener Auffassung dem GEK.[173]

b. Bereitstellung digitaler Inhalte (Art. 5 lit. b) GEK-VO)

Eigenständig geregelt sind in Art. 5 lit. b) GEK-VO Verträge über die Bereitstellung digitaler Inhalte. Danach ist es unerheblich, ob diese auf einem materiellen Datenträger sind oder in anderer Weise, die der Nutzer speichern, verarbeiten oder wiederverwenden kann oder zu denen er Zugang erhält, vorliegen und es ist unerheblich, ob die Bereitstellung gegen Zahlung eines Preises oder gegen eine Gegenleistung, die keine Zahlung eines Preises darstellt, erfolgt oder ohne jede andere Gegenleistung geliefert wird.[174] Gemäß der Definition in Art. 2 lit. j) GEK, die weitestgehend der Definition der Verbraucherrechterichtlinie 2011[175] entspricht,

172 OLG Hamm, Urt. v. 30.07.2009, Az.: 4 U 69/09, MMR 2010, 30.

173 Anders für das CISG, siehe *Magnus* in: Staudinger CISG, Art. 1 Rn. 56.

174 Mit scharfer Kritik hieran („Etablierung eines Europäischen Schenkungsrechts für Software und andere digitale Inhalte") *Schmidt-Kessel* in: Schmidt-Kessel Kommentar, Art. 5 GEK-VO Rn. 5; begrüßend jedoch *Wendehorst* in: Schulze, Art. 5 GEK-VO Rn. 24.

175 Richtlinie 2011/83/EU des Europäischen Parlaments und des Rates vom 25. Oktober 2011 über die Rechte der Verbraucher, zur Abänderung der Richtlinie 93/13/EWG

handelt es sich bei digitalen Inhalten um Daten, die in digitaler Form hergestellt und bereitgestellt werden, sei es nach Kundenspezifikation oder nicht. Hierunter sind beispielhaft Video-, Audio-, Bild- oder schriftliche Inhalte, Computerspiele, Software und ähnliches zu verstehen. Nicht unter diesen Begriff fallen elektronische Finanzdienstleistungen, Online-Banking, elektronisch erbrachte Rechts-, Finanzberatungs-, oder Gesundheitsdienstleistungen sowie elektronische Kommunikationsdienste und elektronisches Glücksspiel. Ebenfalls ausgenommen ist die Veränderung vorhandener digitaler Werke oder die Interaktion mit Schöpfungen anderer Nutzer. Durch die Schaffung des Art. 5 lit. b) GEK-VO bezieht der europäische Gesetzgeber damit auch bezüglich Software klar Stellung und überlässt die Klärung des Anwendungsbereichs nicht der Wissenschaft und den Gerichten.[176] Die Bereitstellung digitaler Inhalte wird im weiteren Verlauf nicht Teil dieser Arbeit sein.

c. *Verträge über verbundene Dienstleistungen (Art. 5 lit. c) GEK-VO)*

Das GEK findet außerdem Anwendung auf Verträge über verbundene Dienstleistungen (Art. 5 lit. c) GEK-VO), unabhängig davon, ob für die Leistung eine Gegenleistung in Form einer Geld-Zahlung erfolgt. Es handelt sich hierbei um einen logischen Annex zu den Regelungen in Art. 5 lit. a) und b) GEK-VO. Als verbundene Dienstleistung definiert die GEK-VO dann konsequenterweise in Art. 2 lit. m) GEK-VO auch jede Dienstleistung, die im Zusammenhang mit Waren oder Dienstleistungen steht, wie Speicherung oder sonstige Handreichungen, z.B. Montage, Installation, Instandhaltung, Reparatur oder sonstige Tätigkeiten, die von den Parteien separat vereinbart oder im Kaufvertrag angelegt sind. Ausgenommen sind der Transport, Unterstützungsleistungen im Telekommunikationsbereich und Finanzdienstleistungen einschließlich Zahlungsdiensten und Ausgabe von elektronischem Geld sowie Versicherungen jeder Art[177], sei es in Bezug auf Waren, digitale Inhalte oder sonstiges.[178]

---

des Rates und der Richtlinie 1999/44/EG des Europäischen Parlaments und des Rates sowie zur Aufhebung der Richtlinie 85/577/EWG des Rates und der Richtlinie 97/7/EG des Europäischen Parlaments und des Rates, ABl. EU Nr. L 304, S. 64 ff. („Verbraucherrechterichtlinie 2011").

176 Im CISG, in dem es an einer vergleichbaren Regelung mangelt, ist hingegen umstritten, ob der Anwendungsbereich eröffnet ist: Die wohl h.M. sieht das CISG aber auch hierfür eröffnet: Diedrich RiW 1993, 441 (452); Karollus, S. 21; Magnus, IHR 2002, 45 (47); *Magnus* in: Staudinger CISG, Art. 1 Rn. 44.

177 Die weite Regelung sollte dazu führen, dass Geschäfte, die nach dem Entwurf der Kommission in Art. 6 Abs. 2 GEK-VO verboten waren *„Das Gemeinsame Europäische Kaufrecht darf nicht für Verträge zwischen einem Unternehmer und einem Verbraucher verwendet werden, bei denen der Unternehmer dem Verbraucher einen Kredit in Form eines Zahlungsaufschubs, eines Darlehens oder einer vergleichbaren Finanzierungshilfe gewährt oder zu gewähren verspricht.“*, auch weiterhin nicht in den Anwendungsbereich des GEK fallen.

178 Auf weitere Aspekte, insbesondere Sondervorschriften zu Kaufverträgen über verbundene Dienstleistungen, kann im Rahmen dieser Arbeit nicht näher eingegangen werden.

d. *Mischverträge*

Große Änderungen hat Art. 6 GEK-VO erfahren. Handelte es sich in der Kommissions-Fassung noch um eine rein beschränkende Norm für Verträge, die neben dem kaufrechtlichen Aspekt noch weitere Komponenten enthielten, so eröffnet die Norm nunmehr den Anwendungsbereich gerade für Mischverträge, auch wenn bereits an dieser Stelle anzumerken ist, dass dies nicht zur vollständigen und unbegrenzten Anwendung des GEK auf Mischverträge führt.

Grundsätzlich unterscheidet das GEK zwischen zwei Arten von Mischverträgen: Unter Art. 6 Abs. 1 lit. a) GEK-VO fallen Konstellationen, in denen ein Kaufvertrag nach dem GEK mit einem Vertrag verbunden ist, der kein Vertrag entsprechend Art. 5 GEK-VO ist. Es handelt sich mithin um verbundene Verträge. Von Art. 6 Abs. 1 lit. b) GEK-VO sind hingegen Konstellationen erfasst, in denen ein Vertrag neben dem Kauf von Waren, der Bereitstellung digitaler Inhalte oder der Erbringung verbundener Dienstleistungen noch andere Elemente beinhaltet, also klassische gemischte Verträge. Anwendung findet das GEK jedoch nur dann, wenn in einem gemischten Vertrag die kaufrechtlichen von den anderen Elementen getrennt werden können und wenn beiden Elementen ein Preis zugeordnet werden kann.

Zu einem besseren Verständnis der konkreten Anwendbarkeit des GEK auf Mischverträge, gilt es die Abs. 1a – 1c zu untersuchen: Art. 6 Abs. 1a GEK-VO stellt klar, dass bei verbundenen Verträgen das GEK nur hinsichtlich des kaufrechtlichen Teils zur Anwendung gelangt, hinsichtlich des übrigen Teils jedoch das ansonsten anwendbare nationale Recht. Art. 6 Abs. 1c GEK-VO regelt, dass dieselbe Rechtsfolge für gemischte Verträge gilt. Art. 6 Abs. 1b GEK-VO hingegen scheint im ersten Moment keinen eigenen Regelungsinhalt zu haben, gibt er doch in lit. a) vor, dass bei verbundenen Verträgen (wobei über Abs. 1c dieselbe Rechtsfolge auch für gemischte Verträge gelten müsste), wenn im Zusammenhang mit dem kaufrechtlichen Teil keine der Parteien ein Recht, eine Abhilfe oder eine Verteidigung wahrnimmt oder wenn dieser Vertrag ungültig oder nicht bindend ist, die Wirkungen des verbundenen Vertrags durch das Recht bestimmt werden, welchem der nicht-kaufrechtliche Teil unterliegt. In lit. b) wird der umgekehrte Fall geregelt, nämlich, dass wenn keine der Parteien ein Recht, eine Abhilfe oder eine Verteidigung im Hinblick auf den verbundenen Vertrag wahrnimmt oder wenn dieser Vertrag nach dem einzelstaatlichen Recht, das auf diesen Vertrag Anwendung findet, ungültig oder nicht bindend ist, die kaufrechtlichen Verpflichtungen nach dem GEK unberührt bleiben. Als Ausnahme hiervon kann der kaufrechtliche Teil gem. GEK beendet werden, wenn eine Partei diesen Kaufvertrag nur wegen des verbundenen Vertrags abgeschlossen oder diesen Abschluss nur mit wesentlich anderen Vertragsbedingungen vorgenommen hätte.

Die Irritation, die diese Regelung hinterlässt, lässt sich mit einem Übersetzungsfehler erklären. Heißt es in der deutschen Fassung „keine der Parteien", spricht die englische Version von „either of the parties" und die französische von „l'une des parties", also gerade von „einer der Parteien". Es ist damit genau der gegenteilige Fall dessen gemeint, den die deutsche Sprachfassung suggeriert. Der Zweck der Norm ist somit folgender: Art. 6 Abs. 1a und 1c GEK-VO regeln, dass die Vertragsteile hinsichtlich des anwendbaren Rechts grundsätzlich getrennt bleiben. Art. 6 Abs. 1b GEK-VO ergänzt dies dahingehend, dass, wann immer eine der Parteien ein Recht, Abhilfe oder eine Verteidigung gemäß einem der Vertragsteile geltend macht oder einer der Vertragsteile unwirksam ist, der andere Vertragsteil hiervon nicht betroffen sein soll. Das heißt in lit. a) bezieht sich das Geltendmachen einer Abhilfe immer nur auf den kaufrechtlichen Teil. Was mit dem anderen Teil passiert, ist Sache des nationalstaatlichen Rechts. In lit. b) hat das Geltendmachen eines Rechts (z.B. Mängelgewährleistungsrecht gem. BGB) bezüglich des anderen Teils keine Auswirkungen auf den kaufrechtlichen Teil gem. GEK. Die einzige Ausnahme, die das GEK hiervon gewährt, ist ein zusätzliches Beendigungsrecht, wenn eine Partei den kaufrechtlichen Vertrag gemäß GEK nur wegen des verbundenen Vertrags abgeschlossen oder diesen Abschluss nur mit wesentlich anderen Vertragsbedingungen vorgenommen hätte.

Der wesentliche Unterschied zur Kommissions-Fassung ist damit, dass das GEK solche Mischverträge, die nach dem GEK geschlossen werden, nicht mehr für vollständig unwirksam erklären will, wodurch ein gewisser Gleichlauf mit dem CISG geschaffen wird.[179] Es will aber auch weiterhin alle Aspekte, die nicht dem Kaufrecht unterfallen, den Regelungen der nationalstaatlichen Rechte unterstellen. Beides ist nachzuvollziehen und sachdienlich. War nach dem Entwurf der Kommission nicht ersichtlich, warum ein kaufrechtlicher Teil zwingend nichtig sein musste, bzw. warum eine Anwendbarkeit nicht möglich war, so ist auch erkennbar, dass das GEK nicht geeignet ist, andere Komponenten zu regeln. Hier schafft die Regelung bei richtiger Anwendung (siehe englische Fassung) eine klare, verständliche und richtige Trennung.

e. *Geregelte Sachverhalte*

Das GEK ist mit dem Ziel größtmöglicher Benutzerfreundlichkeit geschaffen worden.[180] Während daher bereits im Entwurf der Kommission festzustellen war, dass das GEK nur auf solche Aspekte Anwendung findet, die es auch explizit regelt[181], hat die Parlaments-Fassung des Art. 11 GEK-VO und vor allem die Schaffung des Art. 11a GEK-VO nun noch einmal zu deutlich mehr Klarheit geführt. Art. 11 Abs. 1 GEK-VO regelt so zunächst, dass das GEK Anwendung findet, wenn die Parteien es vereinbart haben, Abs. 1a stellt klar, dass das GEK dann auch bereits auf vorvertragliche Sachverhalte Anwendung findet. Die wesentliche Neuerung ist in Art. 11a GEK-VO zu sehen. Abs. 1 regelt nun unmissverständlich, auf welche Sachverhalte das GEK Anwendung findet. Hierzu zählen vorvertragliche Informationspflichten,

179 Einen Überblick über die Voraussetzungen gibt *Magnus* in: Staudinger CISG, Art. 1 Rn. 13 ff.

180 Staudenmayer, NJW 2011, 3491 (3493); siehe hierzu bereits Expertengruppe CFR http://ec.europa.eu/justice/contract/files/first-meeting_en.pdf, S. 1 (zuletzt abgerufen am 21.12.2014).

181 KOM (2011) 635 (siehe Fußnote 86), S. 6 f.

Vertragsabschluss inklusive Formerfordernisse, der Widerruf, die Anfechtung wegen Irrtums, arglistiger Täuschung, Drohung oder unfairer Ausnutzung, der Inhalt und die Wirkung des Vertrags, die Auslegung sowie die Beurteilung der Unfairness einer Vertragsbestimmung, Rechte und Pflichten der Parteien sowie die Abhilfen bei Nichterfüllung, die Rückabwicklung, Verjährung und letztlich Sanktionen im Fall einer Verletzung von Leistungs- und sonstigen Pflichten während seiner Anwendung.

Abs. 2 stellt schließlich klar, dass alle anderen Sachverhalte dem innerstaatlichen Recht unterliegen, wobei dieses gem. der Rom-I-Verordnung[182], Rom-II-Verordnung[183] oder nationalem Kollisionsrecht zu ermitteln ist. Beispielhaft genannte Sachverhalte sind die Rechtspersönlichkeit, Geschäftsunfähigkeit, Rechts- oder Sittenwidrigkeit, Vertragssprache, Diskriminierungsverbot, Stellvertretung, Schuldner- und Gläubigermehrheit sowie Wechsel der Parteien einschließlich Abtretung, Aufrechnung und Konfusion, Begründung, Erwerb oder Übertragung von Eigentum oder anderen Rechten an Immobilien, Recht des geistigen Eigentums und Deliktsrecht.[184]

2. BGB

Das Kaufrecht im BGB ist in den §§ 433 ff. BGB geregelt. Der Kaufvertrag ist dabei ein gegenseitiger Vertrag, der auf die Veräußerung einer Ware gegen Geld gerichtet ist.[185] § 433 BGB verpflichtet den Käufer zur Zahlung des Kaufpreises und zur Abnahme der Ware. Im Gegenzug wird der Verkäufer zur Verschaffung des Eigentums an den Käufer verpflichtet. Geregelt sind im BGB außerdem Unterformen wie der Sukzessivlieferungsvertrag (ergibt sich aus § 311 BGB), Versendungskauf (§ 447 BGB), der Verbrauchsgüterkauf (§§ 475 ff. BGB) und der Fixkauf. Darüber hinaus kennt das BGB weitere Unterformen, die im GEK nicht explizit geregelt sind, wie der Kauf nach Muster oder Probe (§ 454 BGB), Wiederkauf (§§ 456 ff. BGB) und den Vorkauf (§§ 463 ff. BGB). Deutliche Abweichungen zum GEK zeigen sich bei Mischverträgen. So finden die kaufrechtlichen Regelungen auf den Werklieferungsvertrag nach § 651 BGB Anwendung. Gleiches gilt für den Tausch (§480 BGB). Im Gegensatz zum GEK gilt das BGB-Kaufrecht auch für den Rechtskauf (§ 453 BGB).

---

182 Siehe zur Verordnung Fußnote 139.

183 Verordnung (EG) Nr. 864/2007 des Europäischen Parlaments und des Rates vom 11. Juli 2007 über das auf außervertragliche Schuldverhältnisse anzuwendende Recht („Rom II"), ABl. EU 2011, Nr. L 199, S. 40 ff.

184 Die Nichtanwendbarkeit des GEK auf diese Felder ist zwar einerseits logisch, wird aber möglicherweise zu Anwendungsproblemen und Umsetzungsproblemen führen (siehe zum Beispiel Wendelstein, GPR 2013, 70 ff.). Im Rahmen dieser Arbeit kann auf solche Aspekte jedoch nicht näher eingegangen werden.

185 *Faust* in: Bamberger/Roth, § 433 Rn. 12.

3. *CISG*

Das CISG findet sachlich Anwendung auf Kaufverträge über Waren, vgl. Art. 1 Abs. 1 CISG. Im Gegensatz zum GEK enthält das CISG keine Definitionen, so dass die Begriffe „Kaufvertrag", vor allem aber „Ware", in der Literatur umstritten sind.[186] Die wohl herrschende Meinung nimmt auch im CISG an, dass es sich bei Waren um bewegliche Sachen handelt. Die Anforderungen an die Körperlichkeit werden nicht so hoch wie im GEK gesehen, so dass auch unkörperliche Gegenstände unter das CISG fallen können.[187] Dabei muss berücksichtigt werden, dass das CISG im Gegensatz zum GEK keine Regelung für digitale Inhalte enthält, wodurch die Anwendbarkeit nur für standardisierte Software angenommen wird.[188] Bezüglich unkörperlichen Dingen wie Gas wird eine Anwendbarkeit des CISG auch nur dann bejaht, wenn es abgefüllt oder transportabel ist.[189] Die Anwendbarkeit des CISG auf Unternehmenskäufe ist umstritten.[190]

Im Gegensatz zum GEK[191] sind im CISG viele unter Kaufleuten übliche Vertragsformen geregelt und somit anwendbar (z.B. Kauf nach Muster oder Probe, Spezifikationskauf, Vorkauf, Werklieferungsverträge).[192] Abweichend vom GEK findet das CISG auch volle Anwendung auf Mischverträge, die dienst-, werk-, arbeitsrechtliche oder sonstige Elemente enthalten.[193] Die Grenze ist hier Art. 3 Abs. 2 CISG, wonach solche Verträge vom Anwendungsbereich ausgenommen sind, bei denen die anderen Pflichten überwiegen. Berechnet wird der Anteil der Pflichten einerseits nach dem Wertverhältnis, andererseits nach dem Interesse der Parteien an den jeweiligen

---

186 Eine gute Übersicht zum Streitstand liefert Kiene, S. 33.

187 vgl. *Magnus* in: Staudinger CISG , Art. 1 Rn. 44; Kiene, S. 33.

188 *Magnus* in: Staudinger CISG, Art. 1 Rn. 44.

189 *Magnus* in: Staudinger CISG, Art. 1 Rn. 45.

190 Fällt ein überwiegender Teil der Wirtschaftsgüter nicht in den Anwendungsbereich, so findet das CISG unstreitig auch keine Anwendung. Selbst wenn aber der überwiegende Teil der Güter in den Anwendungsbereich des CISG fällt, wird eine Anwendbarkeit überwiegend abgelehnt. Einerseits, weil ein Unternehmen keine Handelsware ist (*Herber* in: von Caemmerer/Schlechtriem, Art. 1 Rn. 24), andererseits, weil die beweglichen Sachen in solch einem Fall in ihrer Bedeutung immer hinter die unbeweglichen Bestandteile bzw. die immateriellen Werte des Unternehmenskaufs zurückfallen (so bereits zum EKG *Herber* in: Dölle, Art. 1 EKG Rn. 8). Nur eine Mindermeinung nimmt die Anwendbarkeit an, wenn der Anteil an beweglichen Sachen deutlich überwiegt (Merkt, ZVerglRWiss 93 (1994), 353 (365 ff.), die aber zugesteht, dass eine solche Konstellation in der Praxis eher die Ausnahme bilden dürfte; so auch *Magnus* in: Staudinger CISG, Art. 1 Rn. 51).

191 Siehe oben unter Teil 1.B.II.1.a.

192 *Magnus* in: Staudinger CISG, Art. 1 Rn. 13 ff.

193 *Ferrari* in: Schlechtriem/Schwenzer, Art. 3 Rn. 12.

Teilen.[194] Handelt es sich um keinen gemeinsamen, sondern um zwei Verträge, so unterfällt der zusätzliche Teil dem nationalen Recht.[195]

III. Persönlicher Anwendungsbereich

1. GEK

War in der Kommissions-Fassung noch zwischen verschiedenen Gruppen zu differenzieren, ist der persönliche Anwendungsbereich in Art. 7 GEK nunmehr denkbar einfach. Einzige Voraussetzung ist lediglich noch, dass der Verkäufer (bzw. im Falle von digitalen Inhalten der Lieferant dieser Inhalte) Unternehmer ist.[196] Der Begriff des Unternehmers ist in Art. 2 lit. e) GEK-VO als „jede natürliche oder juristische Person, unabhängig davon, ob letztere privatrechtlicher oder öffentlich-rechtlicher Natur ist, die im Hinblick auf Verträge für die Zwecke ihrer gewerblichen, geschäftlichen, handwerklichen oder beruflichen Tätigkeit handelt" definiert. Damit entspricht der Begriff dem gängigen europäischen Unternehmerbegriff, wie er bereits in der Fernabsatzrichtlinie[197] statuiert wurde (die zur Einführung des § 14 BGB geführt hat) und wie er auch in der seit 2011 gültigen Verbraucher-Richtlinie[198], die einheitliche Definitionen im Bereich des Verbraucherrechts eingeführt hat[199], definiert ist. War schon vorher anerkannt, dass das Unionsrecht die Unterscheidung zwischen juristischer Person des öffentlichen und des privaten Rechts nicht kennt[200], ist durch den Parlaments-Entwurf nunmehr auch klargestellt, dass eine der Vertragsparteien eine juristische Person des öffentlichen Rechts sein kann.

Auf Seiten des Käufers ist die Person nun nicht mehr vorgegeben. Im Regelfall wird es sich dennoch um einen Verbraucher handeln. Genau wie der Unternehmer ist auch der Verbraucher nach der im europäischen Recht üblichen Definition[201] festgelegt als „jede natürliche Person, die nicht für die Zwecke einer gewerblichen, geschäftlichen, handwerklichen oder beruflichen Tätigkeit handelt". Ergänzend wurde klargestellt, dass, falls ein Vertrag teils innerhalb, teils außerhalb des Rahmens des Gewerbes einer Person abgeschlossen wird und der gewerbliche Zweck so gering

194 *Saenger* in: Bamberger/Roth, Art. 3 Rn. 6; Karollus, S. 24; Magnus, ZEuP 1997, 823 (829); *Magnus* in: Staudinger CISG, Art. 3 Rn. 21; Schlechtriem/Schroeter Rn. 70.

195 *Ferrari* in: Schlechtriem/Schwenzer, Art. 3 Rn. 12; *Benicke* in: MüKo-HGB, Art. 3 Rn. 11; Brunner, Art. 3 Rn. 8; a.A. Reinhart, Art. 3 Rn. 4.

196 Ablehnend *Schmidt-Kessel* in: Schmidt-Kessel Kommentar, Art. 7 GEK-VO Rn. 2.

197 Richtlinie 97/7/EG des Europäischen Parlaments und des Rates vom 20. Mai 1997 über den Verbraucherschutz bei Vertragsabschlüssen im Fernabsatz, ABl. EU 1997 Nr. L 144, S. 19 ff („Fernabsatzrichtlinie").

198 Siehe zur Richtlinie unter Fußnote 175.

199 Weitere Einzelheiten zu den Definitionen Schwab/Giesemann, EuZW 2012, 253 ff.

200 *Micklitz/Purnhagen* in: MüKo-BGB, § 14 Rn. 7; *Micklitz/Purnhagen* in: MüKo-BGB, Vor §§ 13,14 Rn. 60.

201 Siehe Fernabsatzrichtlinie, Fußnote 197; sowie Richtlinie über Rechte der Verbraucher, Fußnote 198.

ist, dass er im Gesamtkontext des Geschäfts als nicht überwiegend erscheint, die Person ebenfalls noch als Verbraucher anzusehen ist. Der Sorge[202], dass sogenannte Dual-Use-Geschäfte damit aus dem Anwendungsbereich des GEK fallen könnten, sollte damit vorgebeugt sein.

Bei dem Käufer kann es sich nach der aktuellen Fassung auch uneingeschränkt um einen Unternehmer handeln. Insbesondere die Begrenzung auf kleine oder mittlere Unternehmen (KMU)[203] ist ersatzlos weggefallen. In diesem Zusammenhang muss es als redaktionelles Versehen gelten, dass Art. 13 lit. b) GEK-VO den Mitgliedstaaten immer noch freistellt, den Anwendungsbereich auch auf Unternehmen zu erweitern, wenn keine der Parteien ein KMU ist, da dies bereits dem Regelfall entspricht.

2. BGB

Die kaufrechtlichen Regelungen des BGB gelten unabhängig von den persönlichen Eigenschaften der Parteien. Sofern eine der Vertragsparteien Verbraucher ist, gelten zusätzlich die Vorschriften über den Verbrauchsgüterkauf (§§ 475 ff. BGB). Sind die Parteien Kaufleute i.S.d. §§ 1 bis 6 HGB, so finden zusätzlich die Vorschriften des HGB Anwendung.

3. CISG

Partei eines Kaufvertrags nach dem CISG kann jede natürliche oder juristische Person sein, persönliche Eigenschaften wie die Staatsangehörigkeit sind ohne Belang.[204] Die nach deutschem Recht entscheidende Frage, ob eine der Parteien die Kaufmannseigenschaft erfüllt, ist damit unerheblich.[205] Entscheidend ist für das CISG gem. Art. 1 Abs. 1 die Niederlassung.[206] Die einzige Ausnahme hiervon ist in Art. 2 lit. a) CISG geregelt. Das CISG ist für den internationalen Handel gedacht, so dass Käufe zu privaten Zwecken nicht in den Anwendungsbereich fallen.[207] Dabei ist auf den Zeitpunkt des Vertragsschlusses abzustellen – eine spätere andersartige Verwendung ist unerheblich. Käufe zu privaten Zwecken fallen ausnahmsweise

---

202 *Schmidt-Kessel* in: Schmidt-Kessel Kommentar, Art. 2 GEK-VO Rn. 34; *Wendehorst* in: Schulze, Art. 2 GEK-VO Rn. 16; *Beckmann* in: Staudinger BGB, Vorbem. Zu §§ 433 ff. Rn. 131.

203 Als KMU galten nach der Kommissions-Fassung Unternehmen, die weniger als 250 Beschäftigte oder einen Jahresumsatz von weniger als 50 Mio. Euro bzw. eine Jahresbilanzsumme von höchstens 43 Mio. Euro haben.

204 *Magnus* in: Staudinger CISG, Art. 1 Rn. 123.

205 Kiene, S. 36 mwN.

206 Siehe oben unter Teil 1.B.I.3.

207 Hintergrund ist aber auch hier nicht die persönliche Eigenschaft des Verbrauchers. Entscheidend ist nur, ob ein Kauf zu privaten oder geschäftlichen Zwecken erfolgt, vgl. *Magnus* in: Staudinger CISG, Art. 1 Rn. 125.

dann doch unter das CISG, wenn der private Verwendungszweck dem Verkäufer nicht bekannt war und auch nicht hätte bekannt sein müssen.[208]

IV. Zeitlicher Anwendungsbereich

1. GEK

Das GEK soll als Verordnung erlassen werden. Im Gegensatz zum CISG müssen einzelne Staaten das Übereinkommen daher nicht erst in Kraft setzen, sondern das GEK tritt gem. Art. 186f Nr. 1 GEK am 20. Tag nach der Veröffentlichung im Amtsblatt der Europäischen Union in Kraft. Nach Art. 186f Nr. 2 GEK gilt das GEK sechs Monate nach dem Inkrafttreten. Ein Termin hierfür ist derzeit noch nicht absehbar.

2. BGB

Das Kaufrecht nach dem BGB gilt in seiner jetzigen Form für alle Kaufverträge, die nach dem 01.01.2002 geschlossen wurden, für Altverträge gilt das BGB in der bis zum 31.12.2001 gültigen Form.[209]

3. CISG

Der zeitliche Anwendungsbereich des CISG ist in Art. 100 CISG geregelt. Es gilt ein zweigeteilter Anwendungsbereich. Die Vorschriften des 2. Teils über den Abschluss eines Vertrags nach dem CISG (Art. 14 bis 23 CISG) finden gem. Art. 100 Abs. 1 CISG Anwendung, wenn im Zeitpunkt der Abgabe des Angebots[210](i) das CISG gem. Art. 1 Abs. 1 lit. a CISG in beiden Staaten, in denen die Vertragspartner ihre Niederlassung haben, in Kraft war oder (ii) im Falle des Art. 1 Abs. 1 lit. b CISG[211], sofern das CISG in dem durch das Internationale Privatrecht berufenen Staat in Kraft war.

Für die Vorschriften des 3. Teils über die Durchführung des Vertrags (Art. 24 bis 88 CISG) ist ebenfalls im Falle einer räumlichen Anwendbarkeit nach Art. 1 Abs. 1 lit. a) CISG auf das Inkrafttreten in beiden Staaten, im Falle von Art. 1 Abs. 1 lit. b) CISG auf das Inkrafttreten im durch das Internationale Privatrecht berufenen Staat abzustellen. Entscheidender Zeitpunkt ist in diesem Fall allerdings nicht die Abgabe des Angebots, sondern der Vertragsschluss. In einigen Ausnahmefällen kann es daher zu einem Auseinanderfallen der Anwendbarkeit kommen.[212]

---

208 So *Ferrari* in: Schlechtriem/Schwenzer, Art. 2 Rn. 15 ff.; *Magnus* in: Staudinger CISG, Art. 2 Rn. 20 ff.

209 Siehe Art. 229 § 5 EGBGB.

210 *Ferrari* in: Schlechtriem/Schwenzer, Art. 100 Rn. 2; *Magnus* in: Staudinger CISG, Art. 100 Rn. 1; Piltz IPRax 1994, 191 f.

211 Das heißt in dem Fall, in dem das CISG nur aufgrund der Regeln des Internationalen Privatrechts Anwendung findet.

212 Siehe zum Ganzen auch: Kiene, S. 38.

V. Fazit

Bereits im Anwendungsbereich zeigt sich, dass das GEK einige Gemeinsamkeiten aufweist – weniger mit dem BGB, das als vollwertiges Gesetz andere Anforderungen hinsichtlich des räumlichen, persönlichen und zeitlichen Anwendungsbereichs erfüllen muss, dafür umso mehr mit dem CISG. Obwohl das CISG als Kaufrecht für Unternehmer und das GEK als Recht primär für Verbraucher-Käufe geschaffen ist, gibt es doch häufige Überschneidungen in den Anwendungsbereichen. So kann das GEK, sofern eine Vertragspartei ihren gewöhnlichen Aufenthalt in einem EU-Mitgliedstaat hat, auf Seiten des Vertragspartners einen ähnlichen räumlichen Anwendungsbereich aufweisen wie das CISG. Persönlich bietet sowohl das GEK die Möglichkeit, auf Verträge zwischen zwei Unternehmern Anwendung zu finden, als auch das CISG im Gegenzug in Ausnahmefällen auf Käufe mit einem Verbraucher Anwendung finden kann.[213] Gerade die Änderungen durch den Parlaments-Entwurf bringen hier eine noch größere Vergleichbarkeit, da sämtliche Unternehmer nun bewusst auf das GEK ausweichen können.

In Bezug auf den sachlichen Anwendungsbereich ist das GEK vor allem vom DCFR geprägt, der eine vergleichbare Richtung vorgibt. Im Vergleich zum CISG zeigt sich, dass die in die GEK-VO aufgenommenen Definitionen, die Arbeit mit dem Gesetz deutlich erleichtern und dazu beitragen, Unklarheiten über den Anwendungsbereich zu vermeiden. Verglichen mit dem BGB erweist sich vor allem der Ausschluss von Rechtskäufen als nicht vollständig nachvollziehbar. In der Anwendung und Auslegung sind gleichwohl keine gravierenden Probleme zu erwarten. Die Änderungen in Art. 6 GEK-VO sind vollständig zu begrüßen, führen sie doch auch hier nun weitestgehend zu einem Gleichlauf mit dem CISG (das BGB ist an dieser Stelle deutlich weiter gefasst) und vor allem dazu, dass Verträge mit Mischcharakter, die dem GEK unterstellt werden, nicht automatisch unwirksam sind.

C. Grundstruktur und methodische Eigenheiten

I. GEK

1. Allgemeiner Aufbau

Das GEK ist aufgeteilt in insgesamt acht Teile, die ihrerseits wieder in weitere Kapitel unterteilt sind. Dabei folgen die Teile weitestgehend dem „Lebenszyklus"[214]

---

213 Im Rahmen dieser Arbeit wird jedoch ganz überwiegend davon ausgegangen, dass das CISG nur zwischen Unternehmern vereinbart wird, während das GEK durchaus sowohl für Unternehmer-Käufer als auch für Verbraucher-Käufer attraktiv sein kann.

214 http://ec.europa.eu/justice/contract/files/first-meeting_en.pdf, S. 2 (zuletzt abgerufen am 21.12.2014); von Staudenmayer, NJW 2011, 3491 (3496); *Herresthal* in: Schulte-Nölke/Zoll/Jansen/Schulze, S. 85 (97 f.) wird dieses zusammen mit einiger Kritik auch als „Prinzip der Zeitachse" bezeichnet.

eines Vertrags – von der Anbahnung über den Abschluss bis hin zur Beendigung.[215]

Der erste Teil regelt einige einleitende Bestimmungen, allgemeine Grundsätze wie die Vertragsfreiheit, Treu und Glauben sowie Hinweise zur Anwendung des GEK, wie z.B. Auslegung, Fristenberechnung und einseitige Erklärungen. Mit Blick auf die Beendigung von besonderem Interesse ist bereits in Teil 1 der Art. 8 GEK. Handelt es sich dabei zwar auch um eine Definition des Begriffs Beendigung, ist die Vorschrift ebenso erste und zugleich wichtigste Rechtsfolge einer Beendigung. Macht ein Käufer von seinem Recht zur Beendigung Gebrauch, so werden die Rechte und Verpflichtungen beider Parteien aus dem Vertrag beendet – eine Ausnahme gilt nur für solche Vertragsbestimmungen, die die Streitbeilegung regeln oder die erst nach einer Beendigung anzuwenden sind. Gemeint sind hier vor allem nachvertragliche Verpflichtungen wie zum Beispiel Verschwiegenheitsregelungen.[216] Während die Art. 114 ff. GEK die Rechtsgründe für eine Beendigung liefern und die Art. 172 ff. GEK die Rechtsfolgen darstellen, ist Art. 8 GEK damit eine Art Schaltnorm[217] zwischen beiden Kapiteln und stellt klar, dass der ursprüngliche Kaufvertrag durch die Beendigung in ein Rückgewährverhältnis gewandelt wird.

In Teil 2 ist das Zustandekommen des Vertrags geregelt. Weiter differenziert wird in den einzelnen Abschnitten zwischen Vorvertraglichen Informationen (Kapitel 2), dem Vertragsschluss an sich (Kapitel 3), dem Widerrufsrecht bei Fernabsatzverträgen (Kapitel 4) und Einigungsmängeln (Kapitel 5). Die folgenden Teile 3 und 4 befassen sich mit dem Vertragsinhalt und mit dem Pflichtenkatalog, der Käufer und Verkäufer auferlegt wird. Eine Besonderheit im GEK ist, dass die Verordnung strikt zwischen Käufern und Verkäufern unterscheidet. Als Folge dessen regelt Kapitel 10 die Verpflichtungen des Verkäufers und in Kapitel 11 sind anschließend direkt im Anschluss hieran die sogenannten Abhilfen des Käufers geregelt, also das Pendant zum deutschen Mängelgewährleistungsrecht.[218] Die Abhilfen des Verkäufers finden sich folglich in Kapitel 13, im direkten Anschluss an die Käuferpflichten gem. Kapitel 12.

Teil 5 regelt die vertraglichen Rechte und Pflichten der Parteien bei einem Vertrag über verbundene Dienstleistungen, in Teil 6 sind Schadensersatz und Zinsen bestimmt und in Teil 7 allgemein die Rückabwicklung. Bei diesem Abschnitt handelt es sich also um die Rechtsfolgen einer Beendigung[219], die im gleichen Umfang auch für den Widerruf und die Anfechtung gelten. Den Abschluss in Teil 8 bilden die Vorschriften zur Verjährung.

---

215 Zu den Vor- und Nachteilen der konzeptionellen Beschränkung auf ein Gemeinsames Europäisches Kaufrecht siehe *Herresthal* in: Schulte-Nölke/Zoll/Jansen/Schulze, S. 85 (92 ff.).

216 Siehe im Detail hierzu unter Teil 5.A.I.1.

217 *Wendehorst* in: Schmidt-Kessel, S. 371 (372); *Wendehorst* in: Schmidt-Kessel Kommentar, Art. 8 Rn. 2.

218 Eine detaillierte Übersicht hierzu findet sich unter Teil 1.D.I.

219 Dazu im Detail unter Teil 5.

2. *Methodische Eigenheiten*

Für die dogmatische Untersuchung des Beendigungsrechts ist es zunächst unerlässlich zu verstehen, welche wesentlichen Eigenheiten und methodischen Besonderheiten dem GEK zugrunde liegen und auf welche bekannten Prinzipien zurückgegriffen werden kann.

a. *Privatautonomie*

Prominent an erster Stelle in Art. 1 GEK erkennt der europäische Gesetzgeber das Recht der Privatautonomie an und erhebt es damit vergleichbar wie im BGB, im CISG[220] und im DCFR[221] zum zentralen Prinzip.[222] Art. 1 GEK ist damit auch eine logische Ergänzung zu Art. 4 GEK-VO. Während letztgenannter den Parteien das Recht gibt zu entscheiden, ob ein Kaufvertrag dem GEK unterstellt werden soll, gibt Art. 1 GEK den Parteien das Recht zu entscheiden, ob, mit welchem Partner und mit welchem Inhalt ein Vertrag geschlossen werden soll.[223] Flankiert wird die Norm außerdem durch Art. 6 GEK, wonach ein Vertrag, der dem GEK unterliegt, keine zwingende Form erfüllen muss.

Eine Einschränkung erfährt Art. 1 Abs. 1 GEK durch die Formulierung „vorbehaltlich einschlägiger zwingender Vorschriften", die zweifelsohne als Einschränkung hinsichtlich der Vorschriften zum Schutz der Verbraucher (wie z.B. in Art. 108 GEK) zu verstehen ist.[224] Trotzdem wird diese Einschränkung in der Literatur teilweise sehr kritisch bewertet.[225] So wird bemängelt, dass die Vertragsfreiheit nach der Grundrechtecharta ohnehin vorgegeben sei und als solche auch für Sekundärrechte wie das GEK bindend gelten müsse.[226] Eine Einschränkung dieser Freiheit sei nur ausnahmsweise bei sachlicher Rechtfertigung möglich, das GEK werde diesem Prinzip nicht gerecht. Zwar ist *Herresthal* aus dogmatischer Sicht zuzustimmen, dass es einem Gemeinsamen Europäischen Kaufrecht gut stünde, wenn die Vertragsfreiheit als oberstes Prinzip zunächst ohne Einschränkungen normiert würde. Klar ist jedoch, wie *Herresthal* selbst anerkennt, dass Vertragsautonomie immer an

---

220 Näher dazu unter Teil 1.C.III.1 (zum CISG) und Teil 1.C.II.1 (zum BGB).

221 Art. II. – 1:102 DCFR Full Edition; zu den dem DCFR zugrunde liegenden Prinzipien insgesamt sehr ausführlich Eidenmüller/Faust/Grigoleit/Jansen/Wagner/Zimmermann, JZ 2008, 529 (534 ff.).

222 *Herresthal* in: Schulte-Nölke/Zoll/Jansen/Schulze, S. 85 (111 f.); *Schmidt-Kessel* in: Schmidt-Kessel Kommentar, Einführung Rn. 4 ff.

223 So auch *Müller-Graff* in: Schmidt-Kessel, S. 51 (72).

224 Gleichwohl selbstverständlich, erscheint es verfehlt darüber hinaus auch den Vorrang zwingender nationaler Rechtsnormen in diese Regelung hinein zu interpretieren. Art. 1 Abs. 1 GEK regelt ausschließlich das Binnenverhältnis der Normen des GEK zueinander. Anders jedoch *Müller-Graff* in: Schmidt-Kessel Kommentar, Art. 1 Rn. 13 und *Schulte-Nölke* in: Schulze, Art. 1 Rn. 7.

225 Siehe *Müller-Graff* in: Schmidt-Kessel, S. 51 (73).

226 *Herresthal* in: Schulte-Nölke/Zoll/Jansen/Schulze, S. 85 (112 f.).

Grenzen stößt und nie völlig frei ist. Dies bereits in Art. 1 GEK klarzustellen, sollte nicht überbewertet werden, zumal es aus praktischer Sicht zu keinerlei Problemen führen sollte.

b. Dispositivität

Ebenfalls an prominenter Stelle (Art. 1 Abs. 2 GEK) wird auch das Prinzip der Dispositivität festgeschrieben.[227] Danach können die Parteien eines Vertrags, der dem GEK unterstellt ist, grundsätzlich von gesetzlichen Vorschriften abweichen, eine Norm kann nur in begründeten Ausnahmefällen zwingend sein.[228] Betrachtet man die Tradition europäischer Regelwerke, ist dies ein nahezu einmaliger Vorgang. Während europäische Gesetzestexte gewöhnlich nur zwingendes Recht enthalten, wird hier zum ersten Mal auch auf dieser Ebene das Prinzip der Dispositivität festgehalten.[229] Art. 1 Abs. 2 GEK steht genau wie Abs. 1 unter dem Vorbehalt abweichender gesetzlicher Bestimmungen. Auch hier gibt es Kritik, wonach der europäische Gesetzgeber die besondere Wertigkeit dieses Prinzips zunichtemache und dass nicht klar werde, dass zwingende Normen die zu begründende Abweichung von der Regel (Dispositivität) sind.[230] Es gilt im Wesentlichen das bereits Gesagte: Dort wo der Verbraucherschutz durchgreifen soll, müssen Normen zwingend werden, um nachteilige Abweichungen zu verhindern.[231] Es dürfte kaum Zweifel geben, dass es sich dabei um eine sachliche Rechtfertigung handelt, die eine Abweichung von der Norm hin zur Ausnahme rechtfertigt. Vielmehr ist es bemerkenswert, dass der europäische Gesetzgeber in dieser Form einmalig überhaupt das Prinzip der Dispositivität statuiert.

c. Treu und Glauben

Im GEK ebenfalls verankert ist nach Art. 2 Abs. 1 GEK der Grundsatz von „Treu und Glauben des redlichen Geschäftsverkehrs“.[232] Der Begriff wird in Art. 2 lit. fe) GEK-VO definiert als einen Verhaltensmaßstab, der durch Redlichkeit, Offenheit und, wenn und soweit angemessen, Rücksicht auf die Interessen der anderen Partei in Bezug auf das fragliche Geschäft oder Rechtsverhältnis gekennzeichnet ist. Im Gegensatz zur Kommissions-Fassung wurde die Definition in der Parlaments-Fassung um den Zusatz „wenn und soweit angemessen“ ergänzt, die Änderung soll wohl einer gewissen Relativierung dienen und zum Ausdruck bringen, dass die Parteien grundsätzlich zuerst an ihre eigenen Interessen denken dürfen. Obwohl der Begriff

227 Ebenso im DCFR, Art. II. – 1:102 DCFR Full Edition.
228 Siehe Cziupka, S. 34 ff.; gute Ausführungen zur grundsätzlichen Funktion der Dispositivität bei Cziupka, S. 66 ff.
229 *Herresthal* in: Schulte-Nölke/Zoll/Jansen/Schulze, S. 85 (114).
230 *Herresthal* in: Schulte-Nölke/Zoll/Jansen/Schulze, S. 85 (115).
231 Ähnlich *Müller-Graff* in: Schmidt-Kessel, S. 51 (73).
232 Ähnlich, wenn auch mit markanten Abweichungen in Art. III. – 1:103 DCFR Full Edition.

Treu und Glauben aus dem deutschen Recht bekannt ist, zeigt sich, dass die damit verbundenen Vorstellungen nicht ohne weiteres auf das GEK übertragen werden dürfen. Durch die Ergänzung des „redlichen Geschäftsverkehrs" liegt die Betonung von Treu und Glauben gerade auf dem unternehmerischen Geschäftsverkehr.[233] Der Gesetzgeber hat somit ein vom deutschen Recht unabhängiges zweigliedriges Prinzip geschaffen.[234] Grundlage dieses europäischen Treu und Glaubens Prinzips ist die Berücksichtigung der in der Union herrschenden sozialethischen Wertvorstellungen im Rahmen von Kaufverträgen unter Betonung der spezifischen unternehmerischen Wertvorstellungen und Anforderungen im Handelsverkehr[235], wobei dies durchaus als Objektivierung des Prinzips von Treu und Glauben verstanden werden darf.[236]

Die möglichen Rechtsfolgen, die aus einem Verstoß gegen das Prinzip von Treu und Glauben resultieren können, ergeben sich aus Art. 2 Abs. 2 GEK und sind im Parlaments-Entwurf noch einmal spürbar modifiziert worden.[237] Danach kann die Partei, die gegen dieses Prinzip verstößt, von der Geltendmachung ihrer Rechte, Abhilfen oder Einwände ausgeschlossen werden. Im Gegensatz zur Kommissions-Fassung ist allerdings keinerlei direkte Haftung mehr für die Nichteinhaltung dieses Prinzips vorgesehen und es ist klargestellt worden, dass ein Verstoß nicht unmittelbar zu einer Abhilfe wegen Nichterfüllung führt. War in der bisher erschienenen Literatur schon weitgehend anerkannt, dass Art. 2 Abs. 2 GEK den Parteien keine eigenständige Anspruchsgrundlage zur Geltendmachung von Schadensersatzansprüchen geben soll, sondern den Parteien nur Rücksichtnahmepflichten auferlegt[238], so hat der europäische Gesetzgeber in der Parlamentsfassung klargestellt, dass der Grundsatz von Treu und Glauben lediglich ein Leitmotiv sein soll, den Parteien aber keine Rechte über das hinaus gewährt, was das GEK an anderer Stelle ohnehin schon gewährt. In Erwägungsgrund 31[239] ist entsprechend festgestellt worden, dass das allgemeine Gebot von Treu und Glauben und der allgemeine Grundsatz des redlichen Geschäftsverkehrs ein Standardverhalten festlegen sollen, das eine ehrliche, transparente und faire Beziehung gewährleistet. Schadensersatz soll jedoch nur in Fällen denkbar sein, in dem die Ausprägung von Treu und Glauben in anderen Normen erfolgt ist.

---

233 *Herresthal* in: Schulte-Nölke/Zoll/Jansen/Schulze, S. 85 (116 f.).

234 Wohl anders *Müller-Graff* in: Schmidt-Kessel, S. 51 (79 f.), der jedenfalls bei entsprechender Abstraktionshöhe keine nennenswerte inhaltliche Neuerung gegenüber dem Prinzip von Treu und Glauben nach BGB sieht.

235 *Herresthal* in: Schulte-Nölke/Zoll/Jansen/Schulze, S. 85 (117).

236 *Schulte-Nölke* in: Schulze, Art. 2 Rn. 9.

237 Siehe zu den ursprünglichen Diskussionen die Expertengruppe CFR http://ec.europa.eu/justice/contract/files/second-meeting_en.pdf, S. 3 f. (zuletzt abgerufen am 21.12.2014).

238 Siehe hierzu auch mit deutlicher Kritik: *Herresthal* in: Schulte-Nölke/Zoll/Jansen/Schulze, S. 85 (118 f.).

239 KOM (2011) 635, Erwägungsgrund 31.

Die Verletzung von Treu und Glauben kann damit zwar weiterhin als Einwand geltend gemacht werden, inwieweit es sich hierbei allerdings noch um ein scharfes Schwert handelt, darf bezweifelt werden. Insgesamt entsteht der Eindruck, dass der Grundsatz von Treu und Glauben zwar gilt, nach dem Willen des Gesetzgebers für sich genommen aber zu keinerlei Sanktionen führen soll, sondern nur durch Normen wie beispielsweise Art. 176 GEK, die eine Ausprägung dieses Grundsatzes enthalten, konkretisiert bzw. sanktioniert wird. Dies zeigt im Übrigen bereits die Wichtigkeit von Art. 176 GEK.[240]

In Abs. 3 findet sich zuletzt eine Einschränkung der Parteiautonomie dergestalt, dass die Parteien die Anwendbarkeit des Prinzips von Treu und Glauben nicht abbedingen dürfen, hiervon abweichen oder die Wirkungen abändern. Der Gesetzgeber macht damit deutlich, dass keinerlei Abweichungen von diesem Grundsatz gewollt sind.[241] Obwohl man diese Einschränkung mit gewichtigen Argumenten kritisieren kann[242], zeigt sie doch, ungeachtet der Ausführungen im vorherigen Absatz, die grundsätzliche Bedeutung, die der Gesetzgeber dem Grundsatz von Treu und Glauben und seinen zahlreichen Ausprägungen beimisst.[243]

d. Pflicht zur Zusammenarbeit

In einer im europäischen Rechtsraum einmaligen Deutlichkeit verpflichtet das GEK die Parteien außerdem gem. Art. 3 GEK zur Zusammenarbeit, soweit dies von ihnen im Hinblick auf die Erfüllung ihrer vertraglichen Verpflichtungen erwartet werden kann.[244] So sehr es sich hierbei um eine Selbstverständlichkeit handeln sollte und eine solche Pflicht daher zu begrüßen ist, so sehr zeichnet sich bereits jetzt ab, dass es sich lediglich um eine Leerformel handelt.[245] Welche konkreten Handlungen von den Parteien zu erwarten sind, muss im Zweifelsfall von Gerichten entschieden werden, es bleibt zu hoffen, dass dies kein Einfallstor für Billigkeitsentscheidungen im Einzelfall wird.[246] Deutlich sollte in jedem Fall werden, dass insbesondere im Zusammenspiel mit Treu und Glauben nach Art. 2 GEK die Parteien an einem konstruktiven Miteinander arbeiten sollen und die Interessen der jeweils anderen Partei zu berücksichtigen sind.[247]

---

240 Siehe hierzu auch die Expertengruppe CFR http://ec.europa.eu/justice/contract/files/fifth-meeting_en.pdf, S. 3 (zuletzt abgerufen am 21.12.2014) und zu Art. 176 GEK generell unter Teil 5.E.I.

241 Siehe hierzu bereits die Expertengruppe CFR http://ec.europa.eu/justice/contract/files/ fifth-meeting_en.pdf, S. 3 (zuletzt abgerufen am 21.12.2014).

242 *Herresthal* in: Schulte-Nölke/Zoll/Jansen/Schulze, S. 85 (117 f.); *Müller-Graff* in: Schmidt-Kessel Kommentar, Art. 2 Rn. 12.

243 A.A. *Schmidt-Kessel* in: Schmidt-Kessel Kommentar, Einleitung Rn. 9.

244 So bereits in Art. III. – 1:104 DCFR Full Edition.

245 Ähnlich *Müller-Graff* in: Schmidt-Kessel Kommentar, Art. 3 Rn. 1.

246 So auch: *Müller-Graff* in: Schmidt-Kessel, S. 51 (81).

247 Einzelheiten zu den Schutzpflichten unter Teil 2.B.II.2.

e. *Auslegung*

aa. Grundsätze der Auslegung

Wie bereits oben angeklungen, ist das GEK, als grenzüberschreitendes Gesetz, bemüht dem Rechtsanwender – insbesondere auch dem Laien – einen möglichst einfachen Zugang zu bieten.[248] Dennoch muss das GEK als eigenständiges Gesetz einer Vielzahl von völlig verschiedenen Konstellationen gegenüber anwendbar und für zukünftige Entwicklungen offen sein, so dass – trotz allem Hang zur einfachen Anwendung – abstrakte Rechtsbegriffe unumgänglich sind. Im Rahmen dieser Arbeit wird es verschiedentlich darauf ankommen zu ermitteln, was der Gesetzgeber gemeint haben könnte und wie einzelne Vorschriften anzuwenden sind.

Dabei gilt, dass das GEK vollkommen autonom und aus sich heraus, auszulegen ist, Art. 4 Abs. 1 GEK. Durch die eindeutige aber auch sehr prägnante Formulierung hat der Gesetzgeber damit neben sämtlichen nationalen Rechten auch alle vorausgehenden wissenschaftlichen Arbeiten – wie den DCFR und die PECL sowie das CISG als Auslegungsmöglichkeiten ausgeschlossen.[249] Auch wenn die Entscheidung zu einer autonomen Auslegung insgesamt zu begrüßen ist, ist es insbesondere im Hinblick auf den DCFR – aus dem das GEK quasi gewachsen ist – und das CISG, das mit vielen ähnlichen Anwendungsproblemen zu kämpfen hat, bedauerlich, dass diese nicht zur Auslegung herangezogen werden dürfen. Dem Rechtsanwender und damit auch den Gerichten gehen dadurch wichtige und unersetzliche Erkenntnisquellen verloren.[250] Konsequenterweise ausgeschlossen ist damit auch eine Auslegung anhand privatrechtsangleichender EU-Richtlinien.[251]

---

248 Staudenmayer, NJW 2011, 3491 (3493); siehe auch unter Teil 1.B.II.1.e.

249 *Herresthal* in: Schulte-Nölke/Zoll/Jansen/Schulze, S. 85 (140 f.); a.A. *Schulte-Nölke* in: Schulze, Art. 4 Rn. 5.

250 Siehe, allerdings einschränkend, hierzu unter Teil 1.C.I.2.e.bb.

251 So führt *Herresthal* in: Schulte-Nölke/Zoll/Jansen/Schulze, S. 85 (142 ff.) plausibel aus, dass gleich eine ganze Reihe von Punkten dagegen spricht. Zwar kann nach der Rechtsprechung des EuGH jede Vorschrift des Unionsrechts auch in ihrem Zusammenhang betrachtet werden (vgl. EuGH, Urt. v. 25.10.2005, Rs. C-350/03, BB 2005, 2706 (2710 f.)), andererseits muss in jedem Einzelfall der Grad der Harmonisierung berücksichtigt werden. Da angleichende Richtlinien nur eine punktuelle Harmonisierung anstreben und erreichen und das GEK gerade die vermeintliche Antwort auf die im Rahmen des DCFR festgestellten Abweichungen in den verschiedenen mitgliedstaatlichen Rechtsordnungen ist, wäre es geradezu widersinnig, das GEK nun wieder im Zusammenspiel mit diesen Richtlinien auszulegen. Letztlich spricht auch der Wortlaut von Art. 4 Abs. 1 und 2 GEK („ohne Rückgriff auf [...] jedes andere Recht) dagegen, dass Richtlinien zur Auslegung herangezogen werden können; a.A. *Schmidt-Kessel* in: Schmidt-Kessel Kommentar, Einleitung Rn. 46; eher befürwortend *Stürner* in: Schulte-Nölke/Zoll/Jansen/Schulze, S. 47 (71 f.).

bb. Methoden der Auslegung

Gefordert ist somit eine Auslegung aus sich selbst heraus. Das GEK unterstützt diesen Weg wie oben angedeutet indem es an vielen Stellen versucht neutrale Begriffe zu verwenden, die teilweise vorausschauend bereits definiert sind. Ein vorschneller – und gegebenenfalls sachlich unzutreffender Rückgriff auf nationale Auslegungen dieser Begriffe kann damit vermieden werden.[252] Die Auslegung abstrakter Rechtsbegriffe wird durch eine autonome Auslegung andererseits erschwert. Während der Gesetzgeber dabei auf der einen Seite klarstellt, dass das GEK autonom auszulegen ist, werden die Methoden, wie das GEK auszulegen ist, auf der anderen Seite nicht vorgegeben.[253] Klar kann nur sein, dass es sich dabei um Methoden handeln kann, die nicht zwingend mit den Methoden übereinstimmen müssen, die zur Auslegung von nationalem Recht herangezogen werden.[254] Andernfalls wäre eine autonome Auslegung wieder nicht zu gewährleisten.

Die wesentlichen Erkenntnisse werden daher durch eine Auslegung nach den Methoden des Europäischen Privatrechts zu ermitteln sein, wobei vergleichbar dem deutschen Recht grammatische, systematische, historische und teleologische Überlegungen heranzuziehen sind.[255] Ebenso wie im BGB und im CISG[256] (und wie generell hinsichtlich Einheitsrechts[257]) muss auch im GEK immer der Wortlaut der erste Ausgangspunkt sein. Schwierigkeiten können dabei vor allem daraus resultieren, dass das GEK in zahlreichen Sprachen veröffentlicht werden wird, es also eine Vielzahl von verbindlichen Wortlauten gibt, die im Einzelfall voneinander abweichen können.[258] Es hat eine einheitliche Auslegung zu erfolgen, wobei weitere Sprachfassungen, das heißt in jedem Fall noch die englische und die französische Fassung – als die zwei maßgeblichsten Amtssprachen – zum Verständnis der deutschen Fassung heranzuziehen sind. Erst wenn sich hieraus keine Klarheit gewinnen lässt, sind die weiteren Auslegungsmethoden zu bemühen.[259] Als solche ist dann

---

252 Ebenso für das CISG Kiene, S. 42.

253 Gleiches gilt auch für das CISG, siehe dort unter Teil 1.C.III.3.b.

254 *Herresthal* in: Schulte-Nölke/Zoll/Jansen/Schulze, S. 85 (139 f.).

255 *Müller-Graff* in: Schmidt-Kessel Kommentar, Art. 4 Rn. 7; vertiefend allgemein: Grundmann/Riesenhuber, JuS 2001, 529 ff.; *Herresthal* in: Schulte-Nölke/Zoll/Jansen/Schulze, S. 85 (140 f.); *Langenbucher* in: Langenbucher, § 1 Rn. 5 ff.; *Riesenhuber* in: Riesenhuber, § 11 Rn. 13 ff.; gute weitergehende Ausführungen hierzu auch in Herresthal, S. 58 ff.

256 Siehe dazu detailliert unter Teil 1.C.II.3 und Teil 1.C.III.3.b.

257 Kropholler, S. 258. ff.

258 Auf zahlreiche Unterschiede wird im Rahmen dieser Arbeit noch einzugehen sein, teilweise haben sich gravierende Unterschiede bereits gezeigt, siehe hierzu unter Teil 1.B.II.1.d.

259 Im Gegensatz zum CISG (siehe auch unter Teil 1.C.III.3.b) kann hier die Wiener Vertragsrechtskonvention von 1969 nicht hilfsweise zur Auslegung des Wortlauts herangezogen werden, weil es sich beim GEK nicht um einen Vertrag zwischen Staaten handelt und nicht alle EU-Staaten dem Abkommen beigetreten sind.

vor allem auch die Entstehungsgeschichte im Grundsatz ein guter Quell, um die Intention des Gesetzes zu verstehen.[260] Insbesondere im Rahmen einer historischen Auslegung ist das Verbot, auf den DCFR zurückzugreifen, trotz aller positiven Aspekte umso mehr zu bedauern, da es an guten und umfangreichen Gesetzesbegründungen mangelt.[261] Eine historische Auslegung ist daher praktisch so gut wie unmöglich. Es wird somit im Wesentlichen auf eine systematische, grammatische bzw. teleologische Auslegung ankommen.

Obwohl, wie soeben erwähnt, externe Quellen wie der DCFR, das CISG oder privatrechtsangleichende Richtlinien als Auslegungsmittel ausgeschlossen sind, so werden sie im Rahmen einer systematischen bzw. grammatischen Auslegung wieder relevant. Handelt es sich doch gerade beim DCFR oder verschiedenen Richtlinien[262] oftmals um Regelwerke, die Begriffe identisch verwenden, so können diese wenn schon nicht als Auslegungsquelle, doch zumindest als Rechtsgewinnungsquelle herangezogen werden.[263] *Kiene*[264] (zum CISG) ist zuzustimmen, dass die Betrachtung einer solchen Erkenntnisquelle nicht auf den Wortlaut beschränkt werden darf, sondern dass auch immer der Gesamtkontext zu betrachten ist. Während sich somit aus dem DCFR oftmals gute Ergebnisse gewinnen lassen sollten, dürfte dies beim CISG oder den oben genannten Richtlinien ungleich schwieriger werden. *Herresthal*[265] ist zuzustimmen, dass die Erkenntnisse hieraus einen geringeren Wert haben und das Ergebnis der Auslegung nicht mit dem übereinstimmen muss, was beispielweise der DCFR (aufgrund seines größeren Anwendungsbereichs) regelt und vorsieht. Dennoch wird oft aufgrund des Fehlens von jeglichen anderen Auslegungsansätzen, das Ergebnis dem DCFR zu entnehmen sein, so dass dieser in der Praxis – wenn auch durch die Hintertür – zur wichtigsten Auslegungsquelle für das GEK werden

---

260 Während die historische Auslegung im kontinentaleuropäischen Civil Law von jeher unumstritten war, war dies im Common Law lange Zeit nicht der Fall. Auch dort ist aber seit einigen Jahren die historische Auslegung anerkannt: siehe House of Lords *Fothergill v. Monach Airlines*, All. E.R. 1980, 696 (706 f.).

261 Zimmermann, JBl 2001, 2 (11); ähnlich auch *Herresthal* in: Schulte-Nölke/Zoll/Jansen/Schulze, S. 85 (142), der bloße Erläuterungen für völlig unzureichend hält.

262 Gute Beispiele finden sich bei *Herresthal* in: Schulte-Nölke/Zoll/Jansen/Schulze, S. 85 (144 f.), so z.B. Richtlinie (1990/314/EWG) des Rates der Europäischen Gemeinschaften vom 13. Juni 1990 über Pauschalreisen, ABl. EU Nr. 158, S. 58 ff. („Reisevertragsrichtlinie“), Richtlinie (1985/374/EWG) des Rates der Europäischen Gemeinschaften vom 25. Juli 1985 zur Angleichung der Rechts- und Verwaltungsvorschriften der Mitgliedstaaten über die Haftung für fehlerhafte Produkte, ABl. EU Nr. 210, S. 29 ff. („Produkthaftungsrichtlinie“) für den Begriff des Schadens oder Richtlinie (1993/13/EWG) des Rates vom 5. April 1993 über mißbräuchliche Klauseln in Verbraucherverträgen, ABl. EU L 95, S. 29 ff. („Klauselrichtlinie“) im Hinblick auf Art. 83 GEK.

263 *Herresthal* in: Schulte-Nölke/Zoll/Jansen/Schulze, S. 85 (140 f.).

264 Kiene, S. 45.

265 *Herresthal* in: Schulte-Nölke/Zoll/Jansen/Schulze, S. 85 (140 f.).

wird. Folglich wird auch im Rahmen dieser Arbeit soweit möglich der Vergleich zum DCFR zumindest aufgezeigt.

f. Lückenfüllung

aa. Allgemeines

Neben der Frage wie einzelne – möglicherweise unklare – Begriffe des GEK auszulegen sind, wird sich bei der Anwendung des GEK auch zeigen, dass nicht alle Fragen durch Auslegung zu ermitteln sind, sondern dass es – angesichts einer Vielzahl von Konstellationen, auf die das GEK Anwendung findet – Lücken geben wird.[266] Eine Abgrenzung zwischen Auslegung und Lücke wird oft nur schwer möglich sein, handelt es sich doch nur um „graduelle Abstufungen eines einheitlichen Prozesses".[267] Ausgangspunkt jeglicher Überlegung muss der Wortlaut des GEK sein, so dass im Zweifelsfall eher dieser Wortlaut ausgelegt werden muss, als dass von einer Lücke auszugehen ist. Bei den dennoch feststellbaren Lücken muss grundsätzlich unterschieden werden zwischen internen Lücken, das heißt solchen, die im GEK geregelt sein müssten, die jedoch nicht ausdrücklich geregelt sind und externen Lücken, also solchen, die Aspekte betreffen, die außerhalb des Anwendungsbereichs des GEK liegen, die aber im Zusammenhang mit einem nach GEK abgeschlossenen Kaufvertrag beantwortet werden müssen.[268]

bb. Interne Lücken

In Ergänzung zu Art. 4 Abs. 1 GEK bietet Abs. 2 einen Anhaltspunkt für das Ausfüllen interner Lücken dadurch, dass Fragen, die in den Anwendungsbereich des GEK fallen, von diesem aber nicht beantwortet werden, im Einklang mit den Zielen und Grund-sätzen des GEK und all seinen Bestimmungen ohne Rückgriff auf dasjenige nationale Recht, das anstelle des GEK anwendbar wäre, bzw. jedes andere Recht auszulegen sind. Im Ergebnis müssen also die mit dem Gesetz verbundenen Ziele ermittelt werden und die dem GEK innewohnenden, insbesondere die in diesem Abschnitt aufgezählten, Grundsätze berücksichtigt werden. Da auch im Falle von Lücken das Gebot das GEK autonom anzuwenden, zu berücksichtigen ist, sollte im Zweifelsfall eher davon ausgegangen werden, dass eine interne Lücke vorliegt.[269]

---

266 Busch, EuZW 2011, 655 (660).

267 *Herresthal* in: Schulte-Nölke/Zoll/Jansen/Schulze, S. 85 (146); zum CISG ebenso Kiene, S. 47 mwN.

268 Siehe hierzu auch unter Art. 11a Abs. 2 GEK-VO, der gerade aufzeigt, in welchen Bereichen es zu externen Lücken kommen wird.

269 So auch für das CISG Kiene, S. 47.

cc. Externe Lücken

Liegt letztlich doch eine externe Lücke vor, so muss über das internationale Privatrecht[270] bestimmt werden, welches nationale Recht in Ergänzung heranzuziehen ist. Einigen sich Parteien auf die Anwendbarkeit des GEK, ist es sinnvoll, wenn sie sich gleichzeitig für den Fall externer Lücken auch über die Anwendbarkeit eines nationalen Rechts verständigen. Damit wird aber deutlich, dass das Ziel, ein 2. Vertragsrechtsregime zu schaffen, nur schwer zu verwirklichen ist: So oder so wird im Zweifelsfall ein nationales Regime zur Anwendung gelangen, was für eine der Parteien fremd ist. Die Vorteile des GEK werden dadurch in gewissem Maße eingeschränkt. Obwohl dies zu bedauern ist, muss man es als unumgänglich akzeptieren. Je mehr Aspekte ein Europäisches Kaufrecht regeln würde, das heißt desto weniger Bereiche übrig blieben, die vom nationalen Recht zu regeln wären, desto schwieriger ist das Finden eines gemeinsamen Konsens im Gesetzgebungsverfahren. Um das Vorhaben in seiner konkreten Form daher umsetzen zu können, ist es nachvollziehbar, dass bei gewissen Problemen auf nationale Regelungen zurückgegriffen werden muss.

II. BGB

1. Privatautonomie und Dispositivität

Auch im BGB stellen die Privatautonomie und die Möglichkeit, gesetzliche Grundvorstellungen vertraglich abzuändern, zwei der wesentlichen Prinzipien dar. Die Privatautonomie ist dabei getragen von dem Gedanken, „dass die Parteien in einem rechtsgeschäftlich begründeten Rechtsverhältnis selbst einen angemessenen Ausgleich ihrer Interessen“[271] schaffen und ist als Teil des allgemeinen Prinzips der Selbstbestimmung des Menschen verfassungsrechtlich von Art. 1 und Art. 2 Grundgesetz (GG) geschützt.[272] Jede Partei hat damit auch im BGB die Möglichkeit, ihre Rechtsverhältnisse „selbstbestimmt und eigenverantwortlich zu regeln“[273] und somit Rechte und Pflichten zu begründen, zu ändern oder aufzuheben. Umfasst sind dabei die Vertragsfreiheit, die Vereinigungsfreiheit, die Testierfreiheit und die Freiheit des Eigentums.[274] Vertragliche Absprachen können die Parteien frei und (im Grundsatz) ohne gesetzliche Vorgaben regeln.

---

270 Art. 11a Abs. 2 GEK verweist hierzu auf die Rom-I-Verordnung (siehe unter Fußnote 139), die Rom-II-Verordnung (siehe unter Fußnote 183) und allgemeine Kollisionsnormen.

271 *Schubert* in: MüKo-BGB, § 242 Rn. 497.

272 BVerfG, Urt. v. 04.06.1985, Az.: 1 BvL 12/84, NJW 1986, 243; BVerfG, Urt. v. 13.05.1986, Az.: 1 BvR 1542/84, NJW, 1986, 1859 (1860).

273 Paulus/Zenker, JuS 2001, 1.

274 *Ellenberger* in: Palandt, Überblick vor § 104 Rn. 1.

Trotz dieser enormen Wichtigkeit sind die Privatautonomie und die Dispositivität auch im deutschen Recht zu Recht[275] vielfach beschränkt. Um solche Schranken handelt es sich insbesondere (aufgrund der mittelbaren Drittwirkung[276] bzw. durch Auslegung von Generalklauseln[277] wie z.B. Treu und Glauben[278]) bei den Grundrechten, sofern für eine Partei ein Kontrahierungszwang besteht (für z.B. Unternehmen, die Güter zur Deckung des Lebensbedarfs anbieten), sofern zwingendes Recht besteht (üblicherweise im Bereich des Verbraucherschutzes) und beim Vorliegen von Formvorschriften (z.B. §§ 305 ff. BGB).[279]

2. *Treu und Glauben*

Das Prinzip von Treu und Glauben ist einer der wichtigsten Grundsätze des BGB, § 242 BGB die wohl wichtigste Generalklausel des Gesetzes – mit all seinen Vor-[280] und Nachteilen.[281] Dabei beruht § 242 BGB auf dem Gedanken, dass jedes Recht sozialethischen Schranken unterliegt[282] und verpflichtet zur Rücksichtnahme auf die schutzwürdigen Interessen des Vertragspartners.[283] Da sich dem Grundsatz von Treu und Glauben nicht durch bloße Subsumtion eine Rechtsfolge entnehmen lässt, haben Rechtsprechung und Lehre den Inhalt in Form von Fallgruppen präzisiert.[284] Die wohl bekanntesten und bedeutendsten sind (i) der unredliche Erwerb der eigenen Rechtsstellung, (ii) die Verletzung eigener Pflichten, (iii) das Fehlen eines schutzwürdigen Interesses, (iv) eine nur geringfügige Interessenverletzung und (v) das widersprüchliche Verhalten (*venire contra factum proprium*).

Die Rechtsfolgen eines Verstoßes gegen das Prinzip von Treu und Glauben sind unterschiedlich und hängen vom jeweiligen Anwendungsgebiet ab.[285] Im Grundsatz lässt sich jedoch sagen, dass § 242 BGB der zu schützenden Partei eine Einwendung gibt, die es der Gegenseite verbietet, die treuwidrige Rechtsstellung auszunutzen. In Einzelfällen kann § 242 BGB auch zur Vertragsanpassung führen. Insgesamt sind die Rechtsfolgen jedoch sehr stark vom Richterrecht geprägt.

---

275 Siehe die Ausführungen von Paulus/Zenker, JuS 2001, 1 f. mwN.

276 BVerfG, Urt. v. 15.01.1958, Az.: 1 BvR 400/57, NJW 1958, 257 (258).

277 BVerfG, Urt. v. 15.01.1958, Az.: 1 BvR 400/57, NJW 1958, 257 (258); BGH, Urt. v. 28.04.1986, Az.: II ZR 254/84, NJW 1986, 2944; *Grüneberg* in: Palandt, § 242 Rn. 8.

278 Siehe hierzu unter Teil 1.C.II.2.

279 Zu den Grenzen der Privatautonomie insgesamt sehr lesenswert: Paulus/Zenker, JuS 2001, 1 ff.

280 *Schubert* in: MüKo-BGB, § 242 Rn. 2; Weber, JuS 1992, 631 (633).

281 Siehe nur beispielhaft die Andeutungen in: *Looschelders/Olzen* in: Staudinger BGB, § 242 Rn. 110 ff.

282 *Grüneberg* in: Palandt, § 242 Rn. 1.

283 *Schubert* in: MüKo-BGB, § 242 Rn. 11.

284 *Grüneberg* in: Palandt, § 242 Rn. 2.

285 *Schulze* in: Hk-BGB, § 242 Rn. 24.

3. *Auslegung*

Der Streit um die Auslegung von Gesetzen dreht sich in Deutschland seit jeher um die Frage, ob auf den Willen des Gesetzgebers, so wie er bei Erlass des Gesetzes bestand (subjektive Theorie) oder auf den im Gesetzeswortlaut niedergelegten objektivierten Willen des Gesetzgebers abzustellen ist.[286] Die in der Praxis vorherrschenden Vereinigungstheorien (subjektive und objektive Theorie werden hierbei kombiniert) gehen von den folgenden klassischen juristischen Auslegungsmethoden aus: grammatische, teleologische, systematische und historische Auslegung.[287] Daneben erlangen auch die richtlinienkonforme bzw. die richtlinienorientierte Auslegung vor allem im Kauf- und damit auch im Rücktrittsrecht immer mehr Bedeutung. Sowohl die richtlinienkonforme als auch die richtlinienorientierte Auslegung resultieren aus dem Charakter der EU-Richtlinie bzw. der Möglichkeit der nationalen Gesetzgeber, diese weiter als von der EU vorgeschrieben umzusetzen.[288] Auf der einen Seite gibt die Richtlinie den Mitgliedstaaten nur das Ziel einer Maßnahme vor, den Weg, das heißt die Mittel, können sie bei der Umsetzung frei wählen.[289] Die richtlinienkonforme Auslegung leitet der EuGH direkt aus Art. 288 Abs. 3 AEUV[290] ab und sieht sie daher als eines von drei Mitteln zur Sicherung der größtmöglichen Wirksamkeit einer Richtlinie. Da diese auf der anderen Seite nur der Mindestharmonisierung dienen, ist der nationale Gesetzgeber nicht gehalten, den Anwendungsbereich der Richtlinie einzuhalten.[291] So hat der deutsche Gesetzgeber Aspekte des Rücktrittsrechts, die aus der Verbrauchsgüterkaufrichtlinie 1999[292] stammen, auch für Unternehmer anwendbar erklärt. Es stellt sich somit die Frage, ob eine europarechtskonforme Auslegung auch bei übererfüllten Richtlinien geboten ist. Die Beantwortung dieser Frage ist durchaus umstritten, weitgehende Einigkeit herrscht allerdings, dass eine europarechtskonforme Auslegung nicht zwingend erforderlich ist.[293] Gute Argumente sprechen jedoch dafür, sich bei der Auslegung an der Richtlinie zu

---

286 Dazu ausführlich *Honsell* in: Staudinger BGB, Einl. zum BGB Rn. 132 ff.; Bitter/Rauhut, JuS 2009, 289 (292).

287 Larenz/Canaris, S. 141 ff.

288 Unberath, ZEuP 2005, 5 ff.; Büdenbender, ZEuP 2004, 36 ff.

289 Ausführlicher zur Umsetzung einer EU-Richtlinie bei *Nettesheim* in: Grabitz/Hilf/Nettesheim, Art. 288 AEUV Rn. 112 ff.

290 EuGH, Urt. v. 27.06.2000, verbundene Rs. C-240–244/98, NJW 2000, 2571 (2572 f.); EuGH Urt. v. 13.7.2000, Rs. C-456/98, Slg.2000, I-1651 Rn. 16 (beide Urteile noch zur Vorgängervorschrift Art. 243 Abs. 2 EGV).

291 *Nettesheim* in: Grabitz/Hilf/Nettesheim, Art. 288 AEUV Rn. 131.

292 Richtlinie 1999/44/EG des Europäischen Rates vom 25. Mai 1999 zu bestimmten Aspekten des Verbrauchsgüterkaufs und der Garantien für Verbrauchsgüter, ABl. EU Nr. L 171, S. 12 ff. („Verbrauchsgüterkaufrichtlinie 1999").

293 Büdenbender, ZEuP 2004, 36 (47 ff.); Habersack/Mayer, JZ 1999, 913 (918); Gebauer, Rn. 23; Kiene, S. 50; EuGH, Urt. v. 16.07.1998, Rs. C-264/96, EuZW 1999, 20 (23); a.A. *Roth* in: Grundmann/Medicus/Rolland, S. 113 (129).

orientieren[294] (sogenannte richtlinienorientierte Auslegung), um keine Aufspaltung des Kaufrechts in Verbraucherkäufe und sonstige Käufe zu erhalten.

III. CISG

1. Privatautonomie und Dispositivität

Wie auch im GEK und im BGB sind auch im CISG die Privatautonomie und die Dispositivität zwei der ganz wesentlichen Prinzipien. In Art. 6 CISG ist geregelt, dass die Parteien die Anwendbarkeit des CISG ausschließen bzw. von Bestimmungen abweichen oder die Folgen ändern können. Die Vorschrift kombiniert somit die Regelungsbereiche von Art. 4 GEK-VO und Art. 1 Abs. 1 und 2 GEK. Die Dispositivität zeigt sich insbesondere auch im Zusammenspiel mit Art. 8 Abs. 1 CISG sowie den Art. 30 und 53 CISG.[295] Ebenfalls wie in den anderen beiden Rechtsordnungen greift auch hier gem. Art. 11 CISG die Formfreiheit.[296] Für die Formfreiheit schränkt Art. 12 S. 3 CISG die Dispositivität dergestalt ein, dass die Parteien hiervon nicht abweichen dürfen.[297] Nach Art. 96 CISG können Staaten, die ein Formerfordernis für Kaufverträge vorsehen, erklären, dass Parteien, die ihre Niederlassung in dem betroffenen Staat haben, Verträge nur schriftlich abschließen dürfen[298], wobei hierzu auch Mitteilungen durch Telegramm oder Fernschreiben zählen (Art. 13 CISG).

Hinsichtlich der Privatautonomie muss folglich im Zusammenhang mit Art. 6 CISG unterschieden werden zwischen der kollisionsrechtlichen und der materiellrechtlichen Autonomie. Im Gegensatz zum GEK handelt es sich beim CISG um direkt anwendbares Sachrecht, so dass die Parteien, wollen sie die Anwendbarkeit des CISG verhindern, dieses abwählen müssen. Im Rahmen der kollisionsrechtlichen Privatautonomie haben die Parteien somit die Möglichkeit zu diesem „Opt-Out", darüber hinaus gibt Art. 6 CISG den Parteien, sofern keine Umgehung zwingender nationaler Vorschriften vorliegt[299], aber auch das Recht das CISG als anwendbares Recht zu wählen, wenn die Anwendungsvoraussetzungen eigentlich nicht vorliegen („Opt-In").[300] Eine Abwahl ist ausdrücklich oder stillschweigend möglich.[301]

---

294 Zu den Argumenten siehe Kiene, S. 51 f.

295 *Ferrari* in: Schlechtriem/Schwenzer, Art. 6 Rn. 6.

296 Herber, RiW 1980, 601 (603).

297 *Magnus* in: Staudinger CISG, Art. 12 Rn. 12.

298 Staaten, die von diesem Recht Gebrauch gemacht haben, sind (Stand: 21. Dezember 2014): Argentinien, Armenien, Chile, China, Estland, Lettland, Litauen, Paraguay, Russland, Ukraine, Ungarn und Weißrussland (siehe: http://www.cisg.law.pace.edu/cisg/countries/ cntries.html (zuletzt abgerufen am 21.12.2014).

299 *Magnus* in: Staudinger CISG, Art. 6 Rn. 62; Kiene, S. 40; *Bonell* in: Bianca/Bonell, Art. 6 Anm. 3.5.1.

300 vgl. *Magnus* in: Staudinger CISG, Art. 6 Rn. 7; Kiene, S. 40.

301 Trotz einiger in 2007 ergangener gegenläufiger US-amerikanischer Urteile (siehe US District Minnesota, Urt. v. 31.01.2007, Az.: *The Travelers Property Casualty Company of America and Hellmuth Obata & Kassabaum, Inc., v. Saint-Gobain*

Wird das CISG ausdrücklich abgewählt, kann es in Form einer schlichten Abwahl oder zugleich mit der positiven Wahl eines anwendbaren Rechts erfolgen. Wird das CISG konkludent ausgeschlossen, muss sich, sofern nicht das Recht eines Drittstaats gewählt wird, aus den Umständen klar und deutlich ergeben, dass das CISG ausgeschlossen wurde und stattdessen das nationale Recht des Vertragsstaats gewählt wurde[302], insgesamt steigen aber die Anforderungen, die in Wissenschaft und Rechtsprechung an eine konkludente Abwahl gestellt werden.[303]

2. *Handelsbräuche und Gepflogenheiten*

Dem Zweck als Recht der Kaufleute in besonderer Weise gerecht wird Art. 9 Abs. 1 CISG, der regelt, dass Gebräuche, mit denen sich die Parteien einverstanden erklärt haben, zu berücksichtigen sind. Nach Abs. 2 wird zusätzlich fingiert, dass zwischen den Parteien, soweit sie nichts anderes vereinbart haben, auch solche Bräuche und Gepflogenheiten als vereinbart gelten, die beide Parteien kannten bzw. kennen mussten, die im internationalen Handel in dem betreffenden Geschäftszweig allgemein bekannt sind oder die von den Parteien regelmäßig beachtet werden. Während Abs. 1 aufgrund der Privatautonomie und der Dispositivität eher deklaratorischer Natur ist[304], ist Abs. 2 als vom Parteiwillen unabhängige Ergänzung zu verstehen.[305] Im Umkehrschluss bedeutet dies allerdings auch, dass die Parteien, wollen sie früher verwendete Bräuche im aktuellen Geschäft nicht zur Geltung kommen lassen, diese Bräuche explizit ausschließen müssen. Als Brauch werden dabei allgemeine Regeln des geschäftlichen Verkehrs verstanden, „die von den beteiligten Handelskreisen in einer Branche oder an einem Marktort üblicherweise eingehalten werden."[306] Als Beispiele für solche Bräuche des internationalen Handelsverkehrs

Technical Fabrics Canada Limited, formerly known as Bay Mills, IHR 2007, 240 (242 f.); US District Court Souther Disctrict of New York, Urt. v. 19.07.2007, Az.: *Cedar Petrochemicals, Inc. v. Dongbu Hannong Chemical Co., Ltd.*, IHR 2007, 243 (244 f.)) die wohl nach wie vor herrschende Meinung, siehe unter anderem: *Ferrari* in: Schlechtriem/Schwenzer, Art. 6 Rn. 1; *Magnus* in: Staudinger CISG, Art. 6 Rn. 5; *Huber* in: MüKo-BGB, Art. 6 Rn. 9 f.; Piltz, IPRax 1994, 191 (192); Kiene, S. 39; für die Rechtsprechung auch: LG Bamberg, Urt. v. 23.10.2006, Az.: 2 O 51/02, CISG-online 1400.

302 Kiene, S. 40; *Ferrari* in: Schlechtriem/Schwenzer, Art. 6 Rn. 18.

303 *Huber* in: MüKo-BGB, Art. 6 Rn. 9 f.

304 Siehe auch *Schmidt-Kessel* in: Schlechtriem/Schwenzer, Art. 9 Rn. 1.

305 *Witz* in: Witz/Salger/Lorenz, Art. 9 Rn. 1.

306 *Schmidt-Kessel* in: Schlechtriem/Schwenzer, Art. 9 Rn. 11.

gelten das kaufmännische Bestätigungsschreiben[307], Gerichtsstandsvereinbarungen und Schiedsklauseln[308] sowie die Beachtung von Regelwerken wie INCOTERMS.[309]

3. *Auslegung*

a. *Grundsätze der Auslegung*

Für die Auslegung des UN-Kaufrechts bestimmt Art. 7 Abs. 1 CISG, dass der internationale Charakter zu berücksichtigen ist, außerdem der Vereinheitlichungszweck berücksichtigt und der gute Glaube im internationalen Handel gefördert werden soll. Obwohl im GEK deutlicher formuliert („autonom auszulegen"), ist durch den betonten internationalen Charakter klargestellt, dass es sich auch hier um vereinheitlichtes Sachrecht handelt, so dass eine einheitliche Anwendung nur dann erfolgen kann, wenn das CISG autonom ausgelegt wird.[310] Dies ist auch Folge der Tatsache, dass es keine einheitliche letzte Rechtsprechungsinstanz gibt, die divergierende Auslegungen abschließend klären könnte.[311] Klargestellt ist damit auch, dass auch hinsichtlich des Gutglaubens im internationalen Handel nicht auf nationale Gutglaubensgrundsätze zurückgegriffen werden darf, sondern dass auch hier autonom zu ermitteln ist, welche Grundsätze im internationalen Handel herrschen.[312] Ähnlich wie im GEK greift auch das CISG einerseits auf neutrale Begrifflichkeiten zurück, also solche, die nicht bereits durch nationale Begriffe vorgeprägt sind[313], muss allerdings andererseits auch eine gewisse Menge unbestimmter Rechtsbegriffe enthalten, um möglichst flexibel zu bleiben.

b. *Methoden der Auslegung*

Ebenfalls ähnlich dem GEK gibt Art. 7 Abs. 1 CISG nur die Grundsätze der Auslegung vor, nicht die Methoden.[314] Auch hier muss daher auf gemeinsam anerkannte Methoden zurückgegriffen werden. Trotz aller Unterschiede in den verschiedenen

---

307 Einzelheiten dazu bei *Schroeter* in: Schlechtriem/Schwenzer, vor Artt. 14–24 Rn. 18 ff. und Art. 19 Rn. 4.

308 *Schmidt-Kessel* in: Schlechtriem/Schwenzer, Art. 9 Rn. 25.

309 Siehe hierzu auch *Magnus* in: Staudinger CISG, Art. 9 Rn. 8; *Bonell* in: Bianca/Bonell, Art. 9 Anm. 3.5.

310 So mittlerweile ganz herrschende Meinung in Rechtsprechung (siehe z.B. OLG München Urt. v. 15.09.2005, Az.: 7 U 2959/04, IHR 2005, 70 (71); OLG Düsseldorf, Urt. v. 21.04.2004, Az.: I-15 U 88/03, IHR 2005, 24 (27)) und Literatur (stellvertretend für viele: *Ferrari* in: Schlechtriem/Schwenzer, Art. 7 Rn. 9 mwN.; *Bonell* in: Bianca/Bonell, Art. 7 Anm. 2.2.2.).

311 Kiene, S. 42 f.; *Ferrari* in: Schlechtriem/Schwenzer, Art. 7 Rn. 17.

312 Enderlein/Maskow/Strohbach, Art. 7 Bem. 6.

313 *Ferrari* in: Schlechtriem/Schwenzer, Art. 7 Rn. 11; Kiene, S. 42.

314 *Magnus* in: Staudinger CISG, Art. 7 Rn. 30; *Ferrari* in: Schlechtriem/Schwenzer, Art. 7 Rn. 8 mwN.; *Saenger* in: Bamberger/Roth, Art. 7 Rn. 2; Happ, RiW 1997, 376 f.

Rechtssystemen haben sich die Methoden zur Auslegung angenähert[315], so dass auch im CISG erster Anknüpfungspunkt der Wortlaut der Vorschrift ist. Im Gegensatz zum GEK ergibt sich hier das Problem, dass das CISG nur in arabischer, chinesischer, englischer, französischer, russischer und spanischer Sprache im Original abgefasst ist (siehe Art. 101 CISG), so dass es sich bei der deutschen Ausgabe lediglich um eine Übersetzung handelt. Die deutsche Version ist daher lediglich eine Anwendungshilfe und nicht verbindlich.[316] Eine Auslegung am Wortlaut muss daher anhand der Originalsprachen erfolgen, aus historischen Gründen sollte dabei in erster Linie auf die englische bzw. französische Fassung zurückgegriffen werden, da der Vorläufer des CISG, das Haager Einheitliche Kaufrecht, nur in diesen beiden Sprachen im Originaltext existierte.[317] Bestehen auch danach noch Unklarheiten im Verhältnis der Sprachversionen zueinander, ist auf Art. 31 ff. der Wiener Vertragsrechtskonvention von 1969 zurückzugreifen.[318] Führt all dies zu keinem Ergebnis, kommen die schon beim GEK angesprochenen Methoden der historischen[319], systematischen und teleologischen Auslegung in Betracht. Im Fall des CISG können dabei insbesondere aus der historischen Auslegung wertvolle Rückschlüsse gezogen werden, ist das UN-Kaufrecht bzw. dessen Entstehungsgeschichte doch eine der am besten dokumentierten.[320] Aufgrund der Entstehungsgeschichte darf im Sinne einer historischen Auslegung überall dort auf Rechtsprechung zum Haager Einheitlichen Kaufrecht zurückgegriffen werden, wo der Wortlaut deckungsgleich ist.[321]

4. Lückenfüllung

Das CISG ist nur auf einen kleinen Kreis von Anwendungsfällen (Kaufverträge) ausgerichtet, auch hier stellt sich die Frage, wie sowohl mit internen als auch externen Lücken umzugehen ist. Für das CISG statuiert Art. 7 Abs. 2 CISG, dass Fragen, die im UN-Kaufrecht geregelte Gegenstände betreffen, aber in ihm nicht ausdrücklich entschieden werden, nach den allgemeinen Grundsätzen, die dem CISG zugrunde liegen, zu entscheiden sind. Subsidiär können diese Fragen nach dem Recht entschieden werden, welches nach den Regeln des Internationalen Privatrechts anzuwenden ist, das heißt das jeweilige nationale Recht. Auch hier gilt, dass es im

---

315 *Honnold* in: Schlechtriem Einheitliches Kaufrecht, S. 115 (119 ff.).

316 *Ferrari* in: Schlechtriem/Schwenzer, Vorbemerkungen zu Art. 1–6 Rn. 27.

317 Kiene, S. 44; *Magnus* in: Staudinger CISG, Art. 7 Rn. 17 und 33; a.A. Schmid, S.23, der auch die deutsche Übersetzung für hinreichend bewährt hält.

318 *Ferrari* in: Schlechtriem/Schwenzer, Art. 7 Rn. 33.

319 Zur mittlerweile allgemeinen Akzeptanz dieser Auslegungsmethode siehe auch Teil 1.C.I.2.e.bb.

320 Siehe zu den zugänglichen Quellen *Ferrari* in: Schlechtriem/Schwenzer, Art. 7 Rn. 36.

321 Vgl. Kiene, S. 45, der zu Recht darauf hinweist, dass ein Rückgriff auf das Haager Einheitliche Kaufrecht kein Allheilmittel ist und mit gebotener Vorsicht zu genießen ist.

Einzelfall schwierig ist, die Grenze zwischen Auslegung und Lücke zu finden bzw. zwischen interner und externer Lücke. Im Interesse einer möglichst einheitlichen Auslegung sollte aber auch im Rahmen des CISG eine Fragestellung im Zweifelsfall als vom Übereinkommen erfasst anzusehen sein.[322]

Inhaltlich ist der Ansatz dann derselbe wie beim GEK, das heißt es gilt die Grundsätze zu ermitteln und daraufhin die entstandenen Lücken anhand der Grundsätze des CISG zu klären. Solche Grundsätze sind neben der oben genannten Privatautonomie bzw. Dispositivität und dem Vorrang der Gebräuche z.B. pacta sunt servanda, Treu und Glauben[323], Verwirkung und die Pflicht zur Schadensreduzierung.[324] Zwar genießt auch hier die autonome Auslegung klaren Vorrang.[325] Dennoch gibt das CISG dem Anwender – im Gegensatz zum GEK – hilfsweise und als ultima ratio[326] die Möglichkeit, die Frage nach dem durch das Internationale Privatrecht ermittelten anwendbaren Recht zu klären. Das CISG unterbricht damit die strikte autonome Auslegung zugunsten einer gesteigerten Benutzerfreundlichkeit. Daneben wird auch im CISG eine externe Lücke direkt nach dem anwendbaren Recht gelöst. Somit sind die Parteien auch hier gut beraten, wenn sie neben der Wahl des CISG auch das ansonsten anwendbare Recht bestimmen.

IV. Fazit

Aus deutscher Sicht ist festzustellen, dass das GEK auf sehr ähnlichen Grundsätzen basiert wie das BGB, was dazu führen dürfte, dass sich deutsche Anwender im GEK recht schnell zurecht finden würden. Der Rückschluss, dass sich das GEK am BGB orientiert haben könnte, sollte hieraus jedoch nicht gezogen werden. Vielmehr handelt es sich um solche Prinzipien, die dem europäischen Recht auch an anderer Stelle innewohnen. So ist beispielsweise die Privatautonomie ein Aspekt, der als Kern der europäischen Grundfreiheiten anzusehen ist[327] und zum Teil als „wahre Grundfreiheit“ bezeichnet wird.[328] Auch das Prinzip von Treu und Glauben ist oftmals nicht explizit erwähnt und liegt doch, nach Ansicht des EuGH, jedem

---

322 Kiene, S. 47 mwN.

323 Obwohl lange Zeit umstritten, nimmt die mittlerweile herrschende Meinung an, dass der Grundsatz von Treu und Glauben im UN-Kaufrecht enthalten ist, siehe *Ferrari* in: Schlechtriem/Schwenzer, Art. 7 Rn. 49.

324 Eine vollständige Übersicht über die Grundsätze, die im CISG angelegt sind liefert Magnus, RabelsZ, 59 (1995), 469 ff.

325 Diedrich, RiW 1995, 353 (355).

326 ICC International Court of Arbitration, Urt. v. 23.01.1997, Az.: 8611/HV/JK, CISG-online 236; *Ferrari* in: Schlechtriem/Schwenzer, Art. 7 Rn. 58.

327 Riesenhuber, S. 240 f.

328 Mülbert, ZHR 159 (1995), 2 (8) mwN.

Verwaltungshandeln[329] zugrunde. Direkt erwähnt wird es sogar in der Klauselrichtlinie[330]und in der Fernabsatzrichtlinie.[331]

Dem unterschiedlichen Hintergrund ist sicherlich zuzurechnen, dass es zwischen den Prinzipien im GEK und BGB durchaus Unterschiede gibt. So kennt das BGB weder eine ausdrückliche Pflicht zur Zusammenarbeit und auch der Grundsatz von Treu und Glauben unterscheidet sich in der Ausprägung. Während § 242 BGB in seinem Anwendungsbereich vielfach auch zur Vertragsanpassung führt[332], hat sich der europäische Gesetzgeber dazu entschieden, das europäische Prinzip von Treu und Glauben auf den Ausschluss von Rechten zu beschränken. Inwiefern dieser Grundsatz Bedeutung erlangen wird, muss sich zeigen. Bei 28 Mitgliedstaaten ist aber zu erwarten, dass der Grundsatz in Art. 2 GEK erst durch seine konkreten Ausprägungen wie in Art. 176 GEK in der gerichtlichen Praxis zu greifbaren Prinzipien führen wird.[333]

Ebenfalls große Ähnlichkeiten bestehen zwischen dem GEK und dem CISG. Zwar zeigt insbesondere Art. 9 CISG, dass die Gesetze tendenziell einen unterschiedlichen Adressatenkreis ansprechen, dass abgesehen davon aber ähnliche Vorstellungen vorherrschend sind, wie z.B. die Privatautonomie und die Dispositivität. Abstriche gibt es hinsichtlich des Grundsatzes von Treu und Glauben. Auch wenn beiden Gesetzen ein ähnlicher Gedanke zugrunde gelegt ist und mittlerweile auch für das CISG anerkannt ist, dass es einen solchen Grundsatz gibt, so zeigt die Tatsache, dass dieser Grundsatz nicht positiv-rechtlich niedergeschrieben ist doch, dass ihm ein anderer Stellenwert als im GEK (und auch im BGB) zugeschrieben wird.

Auch im Bereich der Auslegung zeigen sich deutliche Gemeinsamkeiten zwischen dem BGB und dem GEK. Obwohl das GEK autonom auszulegen ist und obwohl keine deutschen Auslegungsmethoden herangezogen werden dürfen, sind es im Ergebnis die aus dem deutschen Recht bekannten Auslegungsprinzipien wie der Wortlaut, Historie und die Teleologie, die es anzuwenden gilt. Noch klarer in Bezug auf das „Wie" der Auslegung fällt der Vergleich mit dem CISG aus. Die Methoden, nach denen Normen in GEK und CISG ausgelegt werden, sind nahezu identisch. Es zeigt sich, dass das CISG als autonomes Recht bereits seit zahlreichen Jahren in der Praxis gut angenommen wird. Damit steht auch für das GEK zu erwarten, dass sich dieses mit dem ihm zur Verfügung stehenden Mitteln durchsetzen kann. Dass Art. 7 Abs. 2 CISG dem Anwender dabei den ultima ratio-Rückgriff auf das nationale Recht gewährt, ist demgegenüber nur eine punktuelle Besonderheit.

---

329 Siehe z.B. EuGH, Urt. v. 16.12.1960, Rs. C-44/59, Slg. 1960, 1115 (1139).

330 Siehe zur Richtlinie unter Fußnote 262.

331 Richtlinie 97/7/EG des Europäischen Parlaments und des Rates vom 20. Mai 1997 über den Verbraucherschutz bei Vertragsabschlüssen im Fernabsatz, ABl. 1997, L 144/19 ("Fernabsatzrichtlinie").

332 Siehe hierzu unter Teil 1.C.II.2.

333 Ähnlich bereits die Expertengruppe CFR http://ec.europa.eu/justice/contract/files /synthesis_ eg_23-25_march_2011.pdf, S. 8 (zuletzt abgerufen am 21.12.2014).

Für den deutschen Anwender heißt all dies natürlich nicht, dass er seine Erfahrungen und Kenntnisse aus dem deutschen Recht und dem CISG ohne Abstriche ins GEK übertragen kann. Der Vergleich zeigt aber, dass alle Gesetze auf ähnlichen Prinzipien basieren und dass gute Rechtskenntnisse des BGB und des CISG hilfreich sein können, das GEK zutreffend anzuwenden.

D. Überblick zum Mängelgewährleistungsrecht

I. GEK

1. *Allgemeines*

Der grundsätzliche Aufbau des GEK folgt der sogenannten Klammertechnik[334] – einem, dem deutschen Juristen vertrauten Prinzip. Dabei wird versucht, möglichst viele allgemeine Bestimmungen „vor die Klammer zu ziehen", das heißt in einem allgemeinen Teil zu regeln. Da das GEK allerdings versucht, dem Anwender die Benutzung möglichst einfach zu machen, gelingt dies nicht immer überzeugend. So kommt es zum Beispiel durch die strikte Trennung der Rechte und Pflichten von Käufer und Verkäufer an vielen Stellen zu Doppelungen[335] und es bleiben im Ergebnis nur wenige Aspekte, bei denen sich eine Regelung im Allgemeinen Teil anbietet.[336]

Der Aufbau der Abhilfen entspricht im Wesentlichen dem DCFR.[337] Die jeweiligen Abhilfen von Käufer bzw. Verkäufer sind systematisch jeweils an die Pflichten der anderen Partei angegliedert. Anknüpfungspunkt ist für den Käufer stets Art. 106 GEK, im Entwurf des Parlaments ist klargestellt worden, dass zusätzlich die jeweiligen speziellen Voraussetzungen erfüllt sein müssen. Voraussetzung ist damit stets eine Nichterfüllung i.S.d. Art. 87 GEK.[338] Der Käufer hat grundsätzlich die folgenden Abhilfen zur Hand: Erfüllung (Art. 106 Abs. 1 lit. a) GEK), Zurückbehaltungsrecht (Art. 106 Abs. 1 lit. b) GEK), Beendigung (Art. 106 Abs. 1 lit. c) GEK), Minderung (Art. 106 Abs. 1 lit. d) GEK) und Schadensersatz (Art. 106 Abs. 1 lit. e) GEK). Eine Abhilfe kann grundsätzlich immer nur dann gem. Art. 106 GEK geltend gemacht

---

334 Bzw. dem „Prinzip der Verklammerung", siehe *Herresthal* in: Schulte-Nölke/Zoll/Jansen/Schulze, S. 85 (97 f.).

335 Hinsichtlich der vertraglichen Pflichten seien hier beispielhaft Art. 93 ff. und Art. 125 ff. GEK, hinsichtlich der Rechte Art. 106 ff. und Art. 131 ff. GEK genannt.

336 Die Rechte und Pflichten von Käufer und Verkäufer bzw. die Abhilfen, die beide Seiten geltend machen können, sind im Wesentlichen identisch. Soweit es Besonderheiten bei den Abhilfen des Verkäufers gibt, kann im Rahmen dieser Arbeit nicht näher darauf eingegangen werden.

337 *Zöchling-Jud* in: Schmidt-Kessel Kommentar, Art. 106 Rn. 1; zu den Abhilfen im DCFR *Leible* in: Schulze/von Bar/Schulte-Nölke, S. 97 ff.; gemeint sind die Vorschriften in Art. III. – 3:101 ff.

338 Zur Nichterfüllung ausführlicher unter Teil 2.B.II und zu den einzelnen Merkmalen der Nichterfüllung unter Teil 2.C.I.2.b.

werden, wenn eine Nichterfüllung vorliegt, gegebenenfalls ein Heilungsversuch stattgefunden hat[339], der Käufer die Nichterfüllung nicht verursacht hat[340] und die Nichterfüllung nicht entschuldigt ist.[341]

Es ist darauf hinzuweisen, dass das GEK hinsichtlich einzelner Rechte zwischen einem Unternehmer-Käufer und einem Verbraucher-Käufer unterscheidet: So kann z.B. ein Unternehmer-Käufer gem. Art. 106 Abs. 2 GEK jegliche Abhilfe mit Ausnahme seines Zurückbehaltungsrechts nur unter Beachtung des Heilungsrechts des Verkäufers nach Art. 109 GEK geltend machen[342] und sich nur unter Beachtung der Prüfungs- und Mitteilungspflichten nach Art. 122 GEK[343] auf eine Vertragswidrigkeit berufen. Ist der Käufer hingegen ein Verbraucher, so wird er in zweifacher Hinsicht privilegiert: Die Heilungsrechte des Verkäufers sind für ihn – mit Ausnahme eines Spezifikationskaufes – unbeachtlich[344] und die Prüfungs- und Mitteilungspflichten der Art. 121 ff. GEK gelten für ihn nicht. Art. 108 GEK statuiert außerdem, dass bei einem Vertrag mit einem Verbraucher hinsichtlich sämtlicher Abhilfen nicht zu Ungunsten des Verbrauchers abgewichen werden darf, solange ihn der Unternehmer nicht auf die Vertragswidrigkeit hingewiesen hat.[345]

2. *Recht zur zweiten Andienung*

a. *Heilung im Verhältnis mit einem Unternehmer-Käufer*

aa. Allgemeines

Bereits kurz nach Veröffentlichung des 1. Verordnungsentwurfs war der Aufschrei in der juristischen Literatur groß.[346] Der Grund hierfür war Art. 106 Abs. 6 GEK,

---

339 Siehe hierzu unter Teil 1.D.I.2.
340 Siehe hierzu unter Teil 1.D.I.3.
341 Siehe hierzu unter Teil 1.D.I.4.
342 Näher hierzu unter Teil 1.D.I.2.
343 Siehe hierzu ausführlich unter Teil 3.B.I.
344 Näher hierzu unter Teil 1.D.I.2.b.
345 Das GEK verbietet mit anderen Worten im Vertrag, zu Ungunsten des Verbrauchers abzuweichen. Tritt eine Vertragswidrigkeit (z.B. eine Schlechtleistung) im Rahmen des Vollzugs des Vertrags auf, so steht es den Parteien aber natürlich frei im Nachhinein etwas anderes zu vereinbaren – hier ist dann auch eine Abweichung zu Lasten des Verbrauchers denkbar.
346 Mansel, WM 2012, 1309 (1319 f.); Balthasar, RiW 2012, 361 (364); Haug, KuR 2012, 1 (4); Ayad/Schnell, BB 2012, 1487 (1493); Groß, EuZW 2012, 521 (522); Lorenz, AcP 212 (2012), 702 (752); Eidenmüller/Jansen/Kieninger/Wagner/Zimmermann, JZ 2012, 269 (280 ff.); Wilhelm, IHR 2011, 225 (228 f.); Weller/Harms, GPR 2012, 298 (303 ff.); Piltz, IHR 2012, 133 (135); Feltkamp/Vanbossele, ERPL 2011, 873 (894 f.); Zöchling-Jud, AcP 212 (2012), 550 (571); Wagner, ZEuP 2012, 797 (821 f.); a.A. *Zoll* in: Schulze, Art. 109 Rn. 4, der eine Begründung hierfür in den Schwierigkeiten sieht, die aus dem grenzüberschreitenden Handel resultieren; Graf von Westphalen, ZiP 2011, 1985 (1990), der darauf hinweist, dass der Käufer in den meisten

wonach es kein grundsätzliches Nacherfüllungsrecht des Verkäufers gibt. Einzige Voraussetzung ist nach dieser Norm, dass die Abhilfen miteinander kombinierbar sind, also beispielsweise der Erfüllungsanspruch und der Schadensersatzanspruch wegen Verspätung, nicht aber der Erfüllungsanspruch und der auf das Erfüllungsinteresse gerichtete Anspruch auf Schadensersatz.[347]

Bei näherer Betrachtung wird jedoch deutlich, dass es auch im GEK sehr wohl ein Recht des Käufers, Nacherfüllung zu verlangen, gibt. Dieses ist allerdings, anders als im deutschen Recht, in Form des Heilungsrechts konstruiert.[348] Einem Verbraucher gegenüber gilt dieses Heilungsrecht allerdings nur sehr eingeschränkt.[349] Zum Nacherfüllungsrecht wird die Heilung durch Art. 106 Abs. 2 lit. a) i.V.m. Art. 109 Abs. 6 GEK, wonach der Käufer alle Abhilfen mit Ausnahme der Zurückhaltung seiner Leistung nur vorbehaltlich eines Nacherfüllungsversuchs geltend machen kann bzw. sein Recht auf Abhilfe bis zum Ablauf einer angemessenen Frist (für die es im Gegensatz zum Verbraucher-Kauf keinen festgelegten Zeitraum gibt), die dem Verkäufer zur Heilung eingeräumt ist, ausgesetzt sind. Im Gegensatz zum BGB muss sich der Verkäufer (zumindest konkludent durch Anbieten der Nacherfüllung) also auf sein Heilungsrecht berufen. Tut er dies nicht, stehen dem Käufer sämtliche Abhilfen zur Verfügung.

Missverständlich ist in Art. 109 Abs. 6 GEK der Hinweis auf eine Frist. Die Regelung impliziert, dass der Käufer dem Verkäufer eine Frist zur Nacherfüllung setzen muss. Richtigerweise muss der Verkäufer aber von sich aus gem. Art. 109 Abs. 2 GEK eine Heilung anbieten, für die er nach Abs. 5 einen angemessenen Zeitraum zur Verfügung hat.[350] Gemeint ist in Art. 109 Abs. 6 GEK also genau jene Frist aus Abs. 5, die entgegen dem Wortlaut gerade nicht eingeräumt werden muss, sondern von Gesetzes wegen besteht. Durch die Parlaments-Fassung ist nunmehr in Abs. 5 ergänzt worden, dass die Angemessenheit dieser Frist im Falle eines Verbraucher-Kaufs 30 Tage nicht überschreiten darf. Diese Frist erscheint angemessen und orientiert sich an vergleichbaren Regelungen: Bereits nach dem Entwurf der Kommission waren 30-Tages-Fristen zum Beispiel vorgesehen bei der Wahl zwischen Reparatur und Nachlieferung (Art. 111 Abs. 2 GEK) oder für den Zeitpunkt der Lieferung (Art. 95 Abs. 2 GEK). Zu bedauern ist jedoch, dass weiterhin kein Anhaltspunkt

---

Fällen ein größeres Interesse an Nacherfüllung haben wird; *Faust* in: Schulte-Nölke/Zoll/Jansen/Schulze, S. 251 (267) der hierdurch Schwierigkeiten bei der Beendigung vermieden sieht; Lehmann, GPR 2011, 218 (223 f.), der nur den Ort der Regelung bemängelt; ebenso schon ein Teil der Experten der Expertengruppe CFR http://ec.europa.eu/justice/contract/files/eighth-meeting_en.pdf, S. 2 (zuletzt abgerufen am 21.12.2014), die darauf hinwiesen, dass Verkäufer und Käufer üblicherweise trotz des Fehlens eines Rechts zur Nacherfüllung eine für beide Seiten akzeptable Lösung finden werden).

347 *Zöchling-Jud* in: Schmidt-Kessel, S. 327 (328) mit weiteren Beispielen.

348 So auch Kroll-Ludwigs, GPR 2012, 181 (187).

349 Siehe hierzu unter Teil 1.D.I.2.b.

350 Ebenso *Zöchling-Jud* in: Schmidt-Kessel, S. 327 (345).

für Unternehmer-Käufe gegeben ist. Insbesondere vor dem Hintergrund, dass im Verhältnis zu einem Verbraucher das Heilungsrecht nur in Ausnahmefällen besteht[351], im Verhältnis zu einem Unternehmer aber stets eine Heilung zu beachten ist, wäre in letztgenanntem Fall eine Orientierung wesentlich wichtiger gewesen als im Verbraucher-Kauf. Beachtet man, dass einem Unternehmer-Käufer meist weniger Zeit eingeräumt wird als einem Verbraucher-Käufer, so lässt sich aus der Verbraucher-Frist aber zumindest ableiten, dass die Angemessenheit der Frist für den Unternehmer-Käufer kürzer sein muss, vermutlich sogar im Bereich von wenigen Tagen liegen dürfte.

Im Ergebnis kann der Käufer also innerhalb eines angemessenen Heilungs-Zeitraums keine weitergehenden Abhilfen geltend machen, so dass – zumindest im Bereich von Käufen zwischen Unternehmern – durchaus von einem Recht zur zweiten Andienung des Verkäufers gesprochen werden kann.[352] Nichts desto trotz: die Beschränkung auf Unternehmer-Käufe bedeutet eine erhebliche Beschneidung des Prinzips der Vertragserhaltung.[353]

bb. Heilung bei Schlechtleistung

Während Art. 109 Abs. 1 GEK den wenig praxisrelevanten Fall betrifft, in dem der Verkäufer seine Leistung erneut anbieten darf, nachdem er die Ware ursprünglich vorzeitig angeboten hat und ihm mitgeteilt wurde, dass die Leistung nicht vertragsgemäß war, ist das wesentlich relevantere Nacherfüllungsrecht in Art. 109 Abs. 2 GEK geregelt. Danach kann ein Verkäufer, der eine nicht vertragsgemäße Leistung erbracht hat, unmittelbar nach seiner Unterrichtung hierüber die Heilung, das heißt eine Nacherfüllung, anbieten. Der Käufer wiederum darf die Heilung nur unter den strengen Voraussetzungen des Abs. 4 ablehnen.[354] Davon zu unterscheiden ist allerdings der Fall, indem das Heilungsangebot nicht unverzüglich erfolgt. Eine ausdrückliche Regelung hierfür sieht das GEK nicht vor, aus dem Umkehrschluss zu Art. 109 Abs. 2 GEK ergibt sich aber, dass der Verkäufer, der nicht unverzüglich handelt, kein Recht auf Heilung hat. Bei nicht unverzüglichem Anbieten der Heilung kann der Käufer also sämtliche Abhilfen des Art. 106 GEK geltend machen – Art. 106 Abs. 2 GEK schützt den Verkäufer dann nicht mehr.

cc. Heilung bei Spätleistung

Strukturelle Unterschiede zur Schlechtleistung gibt es beim Heilungsrecht wegen Nicht- bzw. Spätleistung. Art. 109 Abs. 2 GEK gilt explizit nur für die Schlechterfüllung. Die Nacherfüllung für Spätleistung ergibt sich nur inzident aus Art. 115

351 Siehe hierzu auch unter Teil 1.D.I.2.b.

352 Die Begrenzung auf Unternehmer-Käufe stellt eine Abweichung von Art. III. – 3:202 ff. DCFR Full Edition dar.

353 *Zoll* in: Schulze, Art. 106 Rn. 3.

354 Siehe unter Teil 1.D.I.2.a.ee.

Abs. 1 GEK.[355] Da Art. 115 Abs. 1 GEK eine Nachfrist zur Erfüllung im Falle einer verspäteten Lieferung, die nicht selber als wesentlich anzusehen ist, vorsieht,[356] ergibt sich, dass der Verkäufer grundsätzlich das Recht zur Nacherfüllung haben muss. Im Falle der Schlechtleistung muss der Verkäufer folglich aktiv werden, will er eine Chance zur Heilung (Nacherfüllung) erhalten, im Falle der Nicht- bzw. Spätleistung muss hingegen der Käufer aktiv werden, will er entweder die Ware erhalten oder nach Ablauf einer Frist den Vertrag beenden.[357]

dd. Heilung trotz Mitteilung der Beendigung

Nach Art. 109 Abs. 3 GEK wird das Angebot zur Heilung nicht durch eine Mitteilung über die Beendigung des Vertrags ausgeschlossen. Der Regelungsgehalt dieser Vorschrift scheint arg begrenzt: Im Verhältnis Unternehmer – Verbraucher kann sie grundsätzlich nur (unter den weiteren gleich folgenden Anforderungen) im Falle eines Spezifikationskaufes relevant werden.[358] Beim Kauf unter Unternehmern wiederum muss der Verkäufer gem. Abs. 2 sein Angebot auf Heilung unverzüglich abgeben. Grundsätzlich denkbar sind damit nur zwei Anwendungsfälle: (i) der Käufer schickt direkt mit der Nachricht, in der er den Verkäufer über die Vertragswidrigkeit unterrichten will, eine Mitteilung über die Beendigung des Vertrags oder (ii) die Beendigungsmitteilung und das Angebot zur Heilung überschneiden sich zeitlich, wobei der Zeitrahmen hierfür extrem kurz ist. Die Vorschrift fungiert also als potenzieller Ausschlussgrund für die Beendigung. Der Käufer kann sein Recht zur Beendigung immer erst dann geltend machen, wenn er dem Verkäufer Zeit für ein unverzügliches Angebot gegeben hat. Dabei ist allerdings zu beachten, dass die einmal erklärte Beendigung durch Art. 109 Abs. 3 GEK nicht unwirksam wird, sondern deren Wirkung nur suspendiert wird. Kann der Verkäufer die Leistung nicht in angemessener Zeit heilen, erlangt die Beendigungserklärung damit automatisch wieder ihre Wirksamkeit.[359] Angaben, wie das Merkmal „unverzüglich" auszulegen ist, enthält das GEK nicht. Berücksichtigt man aber, dass es sich hier nur um das Angebot zur Heilung handelt, nicht um die Heilung selbst und dass der Fall der Heilung fast ausschließlich in Unternehmer-Käufen zum Tragen kommt, muss man annehmen, dass bereits zwei oder drei Tage ausreichend sein müssten. Unabhängig davon wird diese Einschränkung den Käufer wohl nur in den seltensten Fällen in der Geltendmachung seines Beendigungsrechts beschneiden.

ee. Ablehnen eines Heilungsangebots

Unter strengen Voraussetzungen kann ein Käufer das Angebot zur Heilung auch ablehnen. Gab es im Kommissions-Entwurf noch drei Ablehnungsgründe, sind es

355 Siehe auch *Zöchling-Jud*: in Schmidt-Kessel, S. 327 (345).
356 Siehe hierzu unter Teil 2.D.I.
357 Hierzu mit kritischen Anmerkungen *Zöchling-Jud* in: Schmidt-Kessel, S. 327 (345).
358 Siehe dazu auch unter Teil 1.D.I.2.b.
359 *Zoll* in: Schulze, Art. 109 Abs. 12.

nunmehr nur noch zwei Möglichkeiten und eine Klarstellung. Weggefallen ist die Ablehnungsmöglichkeit für den Käufer, wenn die Heilung nicht umgehend und nicht ohne erhebliche Unannehmlichkeiten bewirkt werden kann. Stattdessen stellt Art. 109 Abs. 4 lit. -a GEK[360] nunmehr klar, dass die Abhilfen des Verbraucher-Käufers gem. Art. 106 Abs. 3 lit. a) GEK unabhängig von einem Heilungsrecht bestehen. Insbesondere die englische Sprachfassung macht aufgrund des sprachlichen Bruchs „*The buyer may refuse an offer to cure only if: (-a) where the buyer is a consumer, the buyer's remedies are not subject to cure by the seller under point (a) of Article 106(3)*". deutlich, dass dies nur deklaratorisch zu verstehen ist und nicht etwa bedeuten soll, dass ein Ablehnungsrecht grundsätzlich nur für einen Verbraucher besteht. Da die Vorschrift allerdings auf den neu geschaffenen Art. 106 Abs. 3 lit. a) GEK verweist, folgt daraus, dass der Verbraucher-Käufer ein Heilungsangebot nie, auch nicht im Falle eines Spezifikationskaufes, ablehnen kann.

Unverändert bestehen weiterhin die Ablehnungsgründe für Unternehmer, wenn der Käufer Grund zu der Annahme hat, dass er sich nicht auf die künftige Leistung verlassen kann oder eine verspätete Erfüllung einer wesentlichen Nichterfüllung gleichkäme. Beide Vorschriften sind vor dem Hintergrund von Art. 114 bzw. Art. 116 GEK zu sehen: Wenn Art. 116 GEK dem Käufer ein Beendigungsrecht für den Fall gewährt, dass offensichtlich ist, dass eine Nichterfüllung eintreten wird, so ist es sinnvoll, dass der Käufer aus denselben Gründen eine Heilung ablehnen darf (Art. 109 Abs. 4 lit. b) GEK). Eine solche Heilung wäre sonst bloße Förmelei. Ebenso verhält es sich mit Art. 109 Abs. 4 lit. c) GEK, der im Zusammenhang mit Art. 114 GEK zu bewerten ist. Auch dort ist die entscheidende Abgrenzungsfrage, ob der Käufer eine Nachfrist zur Erfüllung setzen muss, ob die verspätete Leistung als solche wesentlich ist.[361] Ist dies der Fall, so kommt eine Nachfrist nicht in Betracht, der Käufer kann den Vertrag vielmehr sofort beenden – im Gleichlauf damit muss der Käufer dann bei einer Schlechtleistung auch keine Heilung mehr akzeptieren, sondern kann gleich von anderen Abhilfen, also in erster Linie von der Beendigung Gebrauch machen.

b. Heilung im Verhältnis zu einem Verbraucher-Käufer

Wie bereits erwähnt, bestehen die Rechte des Verbrauchers ungeachtet der Heilungsversuche des Verkäufers, Art. 106 Abs. 3 lit. a) GEK (und jetzt auch Art. 109 Abs. 4 lit. –a GEK), des Weiteren treffen ihn auch keine Informationspflichten gem. Art. 121 GEK ff. Dabei hat lit. a) jedoch im aktuellen Parlamentsentwurf eine Einschränkung dergestalt erfahren, dass bei Waren, die nach Spezifikationen des Verbrauchers hergestellt, produziert oder modifiziert werden oder eindeutig auf dessen

360 Völlig unklar ist, warum die Nummerierung hier ein Minus-Zeichen hinzufügt, bei dem es sich auch nicht um einen Fehler der deutschen Fassung handelt. Es ist zu vermuten, dass damit ausgedrückt werden soll, dass es sich nicht um eine Rechtsfolge, sondern vielmehr nur um eine Klarstellung handelt.

361 Näheres dazu unter Teil 2.C.I.2.a.bb(1).

persönliche Bedürfnisse zugeschnitten sind, auch der Verbraucher-Käufer einen Heilungsversuch des Verkäufers abwarten muss. Die ursprüngliche Regelung wurde kontrovers diskutiert, ein Großteil der Autoren hat die Regelung, die zur Förderung des Verbraucherschutzes gedacht ist, jedoch kritisiert.[362] Der Gesetzgeber hat hier – wenn auch nur sehr milde – gegengesteuert. Dass der Käufer, der sich Ware persönlich anfertigen lässt, nicht sofort den Vertrag beenden kann, sondern zumindest einen Nachbesserungsversuch abwarten muss, erscheint nachvollziehbar, so dass die Änderung vollauf zu begrüßen ist. Der ansonsten immer noch hohe Standard ist geeignet, zu Akzeptanzschwierigkeiten auf Seiten der Verkäufer zu führen. Aus Sicht des Käufers ist die Möglichkeit, auf eine Heilung keine Rücksicht nehmen zu müssen, jedoch zu befürworten.

3. Keine Abhilfen im Falle der Verursachung (Art. 106 Abs. 5 GEK)

Das Recht des Käufers, Abhilfen geltend zu machen, wird eingeschränkt durch Art. 106 Abs. 5 GEK. Danach kann der Käufer dann keine Abhilfe geltend machen, soweit er die Nichterfüllung verursacht hat. Unklar ist, was unter dieser Verursachung zu verstehen ist. Der Untergang der Ware während des Annahmeverzugs kann hier wohl als klassisches Beispiel angesehen werden.[363] Trotz möglicher Kritik[364] zeigt sich damit auch, dass eine Verursachung im Sinne einer *conditio sine qua non* Formel zu vorhersagbaren und damit wohl deutlich gerechteren Entscheidungen führt, als würde auf den jeweiligen Einzelfall abgestellt werden.

4. Entschuldigte Nichterfüllung

Einschränkungen erfährt das Recht Abhilfen geltend zu machen außerdem durch Art. 106 Abs. 4 GEK. So statuiert dieser Absatz, dass ein Käufer dann keine Erfüllung und keinen Schadensersatz verlangen kann, wenn die Nichterfüllung entschuldigt ist. Als entschuldigt gilt eine Nichterfüllung nach Art. 88 GEK dann, wenn sie auf einem außerhalb des Einflussbereichs des Verkäufers liegenden Hindernis beruht und wenn von dem Verkäufer nicht erwartet werden konnte, dieses Hindernis zum Zeitpunkt des Vertragsschlusses in Betracht zu ziehen bzw. es rechtzeitig zu vermeiden oder zu überwinden. Inhaltlich entspricht die Klausel Art. III. – 3:104 DCFR und stellt somit eine gesetzgewordene „force majeur“ Klausel dar.[365] Die Hürden, wann eine Nichterfüllung als entschuldigt anzusehen ist, sind damit sehr hoch gelegt. Durch die Tatsache, dass das Hindernis außerhalb des Einflussbereichs

---

362 Ablehnend zum Beispiel: *Zöchling-Jud* in: Schmidt-Kessel, S. 327 (345); Eidenmüller/Jansen/Kieninger/Wagner/Zimmermann, JZ 2012, 269 (288); Wilhelm, IHR 2011, 225 (228 f.); Lorenz, AcP 212 (2012), 702 (752); begrüßend Lehmann, GPR 2011, 218 (223); eher neutral Krüger, GPR 2014, 182 (184 f.).

363 *Zöchling-Jud* in: Schmidt-Kessel, S. 327 (330).

364 Zum Beispiel *Zöchling-Jud* in: Schmidt-Kessel, S. 327 (330).

365 *Schmidt-Kessel* in: Schmidt-Kessel, S. 287 (295).

liegen muss, werden sämtliche internen Gründe, vom Irrtum über Personalfehler bis hin zur eigenen Leistungsfähigkeit, ausgenommen. Praktisch relevantester Anwendungsfall ist damit der „klassische“ Kometeneinschlag, Naturkatastrophen, staatliche Eingriffe, Kriege oder Unruhen.[366] Art. 88 Abs. 2 GEK stellt klar, dass die Erfüllung nur vorrübergehend entschuldigt ist oder sein kann, wenn eine Erfüllung später wieder möglich wird.[367] Abs. 3 legt der entschuldigten Partei (hier also dem Verkäufer) die Pflicht auf, den Käufer über das Hindernis zu informieren. Versäumt er dies allerdings, entfällt nicht der Entschuldigungsgrund, sondern er macht sich schadensersatzpflichtig.[368]

5. *Die Abhilfen im Überblick*

a. *Erfüllung (Art. 106 Abs. 1 lit. a) i.V.m. Art. 110 GEK)*

aa. Allgemeines

Die erste mögliche Abhilfe des Käufers ist der Erfüllungsanspruch nach Art. 110 bis 112 GEK. Im Gegensatz zum deutschen Recht[369] hat der europäische Gesetzgeber das dem common law entnommene[370] Modell des CISG (welches so auch im DCFR[371] Anwendung findet) übernommen.[372] Danach ist der Anspruch auf Vertragserfüllung nicht als vertraglicher Primäranspruch konzipiert, sondern als Abhilfe.[373] Als Konsequenz daraus hat der Käufer nicht ab Vertragsschluss einen einklagbaren Anspruch, sondern kann die Erfüllung erst unter den allgemeinen Voraussetzungen der Abhilfen, das heißt erst bei Nichterfüllung durch den Verkäufer, verlangen.[374]

Nach Art. 110 Abs. 1 GEK kann der Käufer die Erfüllung dessen verlangen, wozu der Verkäufer sich im Vertrag verpflichtet hat und was noch nicht oder nicht vertragsgemäß geleistet wurde. Im Falle einer Schlechtleistung kann der Käufer Nacherfüllung, also die Reparatur oder die Neulieferung der Ware, verlangen. Wie sich dabei aus der Formulierung „einschließlich“ ergibt, ist jede Erfüllung für den Käufer kostenlos.

---

366 Zur Aufzählung *Schmidt-Kessel* in: Schmidt-Kessel, S. 287 (295 f.).

367 Hierzu auch mit weiteren Problemkonstellationen ausführlich *Zöchling-Jud* in: Schmidt-Kessel Kommentar, Art. 106 Rn. 12 ff.

368 Auch wenn Art. 88 Abs. 2 S. 2 GEK durchaus missverstanden werden kann, so soll die Norm lediglich klarstellen, dass eine Aufhebung jederzeit möglich ist. Da allerdings Art. 106 Abs. 4 GEK die Aufhebung nicht ausnimmt, hätte hierauf auch verzichtet werden können.

369 Vertiefend unter Teil 1.D.II.2.

370 Zu den Unterschieden des deutschen Rechts zum common law ausführlich: Weller, JZ 2008, 764 ff.

371 Art. III. – 3:101 ff. DCFR Full Edition.

372 Zu den Voraussetzungen nach dem DCFR und einem Vergleich zum deutschen Recht siehe Weller, JZ 2008, 764 (771 f.).

373 *Zoll* in: Schulze, Art. 106 Rn. 2; Albers, ZEuP 2012, 687 (693 f.).

374 Ebenso *Zöchling-Jud* in: Schmidt-Kessel, S. 327 (332).

Der Erfüllungsanspruch nach Art. 110 Abs. 3 GEK[375] ist folglich immer dann ausgeschlossen, wenn die Erfüllung (bzw. die Nacherfüllung, siehe Art. 110 Abs. 1 a.E. GEK) unmöglich oder rechtswidrig wäre oder wenn sie im Vergleich zu dem Vorteil, den der Käufer durch die Erfüllung erlangen würde, unverhältnismäßig aufwendig oder kostspielig wäre. Es handelt sich dabei um eine „absolute Unverhältnismäßigkeit", das heißt der Verkäufer muss im Falle der Nacherfüllung bereits dann nicht leisten, wenn eine der Alternativen (Reparatur und Ersatzlieferung) unverhältnismäßig ist und der Verkäufer sich hierauf beruft (Art. 111 Abs. 1 GEK).[376]

Hat der Verkäufer vertragswidrig geliefert, kann er einen ordnungsgemäßen Zustand durch Reparatur oder Ersatzlieferung herstellen. Wie aus dem Umkehrschluss zu Art. 111 Abs. 1 GEK hervorgeht, liegt das Wahlrecht zwischen beiden Optionen im Normalfall beim Verkäufer.[377] Ist der Käufer allerdings Verbraucher, so geht das Wahlrecht auf ihn über (vgl. ebenso § 439 Abs. 1 BGB). Es entfällt gänzlich, wenn eine der Möglichkeiten rechtswidrig bzw. unmöglich ist oder dem Verkäufer im Vergleich zur anderen Möglichkeit unverhältnismäßig hohe Kosten entstehen. Wann solch unverhältnismäßig hohe Kosten vorliegen, bestimmt sich im Einzelfall jeweils unter Berücksichtigung des Werts der Waren, der Erheblichkeit der Vertragswidrigkeit und dem Umstand, ob die alternative Abhilfe ohne erhebliche Unannehmlichkeiten für den Verbraucher geleistet werden kann, Art. 111 Abs. 1 lit. a – c) GEK.

bb. Sperrung anderer Abhilfen bei Geltendmachung von Reparatur oder Nachlieferung

Art. 111 Abs. 2 GEK regelt den Sonderfall, dass der Käufer sich bereits entschieden hat, vom Verkäufer Ersatzlieferung oder Reparatur zu verlangen. Ist dies gegeben,

---

375 Da mit dem Parlamentsentwurf die Absätze 1 und 2 zusammengefasst wurden, handelt es sich hierbei streng genommen nun um Abs. 2. Da die Absatznummerierung allerdings nicht angepasst worden ist, bleibt es bei der ursprünglichen Nummerierung mit der Folge, dass Abs. 2 derzeit nicht existiert.

376 In dieser Regelung liegt eine bewusste Entscheidung gegen die Ansicht des EuGH in der Rechtssache Putz und Weber (EUGH Urt. v. 16.06.2011, Rs. C-65/09 und C-87/09, NJW 2011, 2269 ff.): In den EuGH-Urteilen zur Verbrauchsgüterkaufrichtlinie 1999 (siehe zur Richtlinie Fußnote 292) hat der EuGH entschieden, dass, wenn nur eine der Alternativen von Ersatzlieferung oder Reparatur möglich ist, der Verkäufer sich nicht auf die Unverhältnismäßigkeit dieser Abhilfe berufen darf, das heißt dass es keine absolute sondern nur eine relative Unverhältnismäßigkeit gibt. Hier macht der europäische Gesetzgeber nun deutlich, dass es sowohl eine relative Unverhältnismäßigkeit gibt (geregelt in Art. 111 GEK, wenn es um die Frage geht, welche Art der Erfüllung der Verbraucher verlangen kann) und eine absolute Unverhältnismäßigkeit, nach der der Verkäufer die Erfüllung verweigern kann. So wohl auch *Zöchling-Jud* in: Schmidt-Kessel, S. 327 (337); *Zoll* in: Schulze, Art. 110 Rn. 5; a.A. andeutend Lorenz, AcP 212 (2012), 702 (763).

377 So unter anderem auch: *Schopper* in: Wendehorst/Zöchling-Jud, S. 107 (129).

kann er die anderen ihm nach dem GEK zustehenden Abhilfen nur geltend machen, wenn (i) der Verkäufer die Reparatur oder Ersatzlieferung nicht innerhalb einer angemessenen Frist, die 30 Tage nicht überschreiten darf, durchgeführt hat, (ii) der Verkäufer sich geweigert hat, der Vertragswidrigkeit abzuhelfen oder (iii) der gleiche Fehler nach der Reparatur oder Ersatzlieferung erneut aufgetreten ist. Das Gesetz macht keine Angaben dazu, ob es sich um eine alternative oder eine kumulative Anknüpfung handelt. Denklogisch nachvollziehbar ist allerdings nur die alternative Anknüpfung, denn es ist höchst unwahrscheinlich, dass alle drei Voraussetzungen auf einmal gegeben sind, zumal der Verkäufer den Käufer ansonsten beliebig lange hinhalten könnte. Während die 30-Tages-Frist schon in der Kommissions-Fassung bestand, sind die beiden letztgenannten Alternativen ergänzt worden. Der Käufer kann allerdings gem. Art. 111 Abs. 3a GEK unabhängig davon die gesamte Leistung zurückbehalten, es sei denn, diese Zurückbehaltung steht in einem krassen Missverhältnis zum Umfang der Nichterfüllung.[378]

Im Hinblick auf die 30-Tages-Frist wurde in der Literatur vor allem die Frage erörtert, ob es sinnvoll sei, eine solch starre Frist von 30 Tagen zu benennen, bzw. ob diese umgekehrt nicht dazu führen wird, dass der Verkäufer im Zweifel immer mindestens 30 Tage Zeit hat, obwohl im Einzelfall eine wesentlich kürzere Frist angemessen wäre.[379] Nicht zuletzt aufgrund von Art. 109 Abs. 5 GEK scheint sich jedoch im GEK in Verbraucherkonstellationen eine Frist von 30 Tagen als angemessen herauszukristallisieren. Obwohl nicht zu leugnen ist, dass eine solch starre Frist im Einzelfall unangemessen lang sein kann, gibt sie doch ein Mindestmaß an Orientierung. Die beiden neu ergänzten Möglichkeiten, unter denen der Verbraucher-Käufer vorzeitig andere Abhilfen geltend machen kann, führen außerdem dazu, dass die starre 30-Tages-Frist abgemildert wird und der Käufer im Zweifelsfall aufgrund dieser Alternativen auch vor Ablauf von 30 Tagen andere Abhilfen geltend machen kann.

Die Vorschrift stellt dabei eine Einschränkung zu Art. 106 Abs. 6 GEK dar, weil der Verbraucher in dieser Zeit keine Abhilfen geltend machen kann. Hintergrund dürfte sein, dass verhindert werden soll, dass ein Verbraucher, während er noch auf Reparatur oder Ersatzlieferung wartet, von seinem Beendigungsrecht Gebrauch macht.[380] Die Vorschrift dient damit zwar nicht der Schaffung eines Anspruchs auf zweite Andienung, führt aber immerhin dazu, dass der Käufer, der grundsätzlich alle Abhilfen nebeneinander geltend machen kann, wenigstens für den Fall, dass er Nachbesserung verlangt, abwarten muss, ob der Verkäufer diesmal ordnungsgemäß leistet.

378 Abermals erscheint es merkwürdig, dass die Neuregelung in Abs. 3 als Abs. 3a eingeführt wird, obwohl es keinen Abs. 3 gibt. Es ist anzunehmen, dass es sich hierbei um einen Fehler handelt.

379 Siehe *Zöchling-Jud* in: Schmidt-Kessel, S. 327 (334); befürwortend (noch zur Machbarkeitsstudie) Reich, ZfRV 52 (2011), 196 (204).

380 *Zöchling-Jud* in: Schmidt-Kessel, S. 327 (334).

cc. Teleologische Reduktion von Art. 111 Abs. 2 GEK für Begleitschäden

Zunächst ungewöhnlich wirkt das folgende von *Zöchling-Jud*[381] genannte Beispiel: Ein Verbraucher, der nach Erhalt einer vertragswidrigen Ware dessen Reparatur oder eine Ersatzlieferung verlangt, kann nach §§ 437 Nr. 3, 280 Abs. 1 BGB einen Ausfallschaden ersetzt verlangen[382], wenn die Parteien das BGB als anwendbares Recht gewählt haben. Ist der Vertrag dem GEK unterstellt worden, kann der Käufer in der gleichen Konstellation einen Nutzungsausfallschaden gerade dann nicht verlangen, wenn der Verkäufer ordentlich nacherfüllt. Der Käufer bliebe in diesem Fall also auf seinem Schaden sitzen. Die Regelung wäre insbesondere im Falle eines Unternehmer-Kaufs bemerkenswert. Es ist grundsätzlich nachvollziehbar, dass Art. 111 GEK nur für Verbraucher gilt, da nach dem Willen des Gesetzgebers das Wahlrecht zwischen Ersatzlieferung oder Reparatur im Regelfall beim Verkäufer liegen soll und nur ausnahmsweise, im Falle eines Verbraucher-Kaufs, beim Verbraucher liegen soll.[383] Damit gilt aber auch die Beschränkung des Art. 111 Abs. 2 GEK nur für Verbraucher, während ein Unternehmer-Käufer gem. Art. 106 Abs. 6 GEK den Nutzungsausfallschaden neben dem Recht zur Nachlieferung geltend machen kann. Insofern würde der Unternehmer-Käufer besser gestellt als der Verbraucher-Käufer, was angesichts der zu beobachtenden Privilegierung des Verbraucher-Käufers ungewöhnlich erscheint. Sinnvoller ist es, Art. 111 Abs. 2 GEK teleologisch dahingehend zu reduzieren, dass damit nur solche Abhilfen ausgeschlossen sein sollen, die dem Verlangen auf Nacherfüllung zuwiderlaufen. Begleitender Schadensersatz muss also auch in diesem Fall geltend gemacht werden können.[384]

dd. Rücknahme der Kaufsache

Liefert der Verkäufer eine Ersatzsache, so enthält Art. 112 GEK sowohl für Verbraucher-Käufe als auch für Unternehmer-Käufe weitere Regelungen: Nach Art. 112 Abs. 1 GEK muss der Verkäufer den ersetzten Gegenstand auf seine Kosten zurücknehmen[385] und nach Art. 112 Abs. 2 GEK muss der Käufer nicht auf Wertersatz für

---

381 *Zöchling-Jud* in: Schmidt-Kessel, S. 327 (334); *Zöchling-Jud* in: Schmidt-Kessel Kommentar, Art. 111 Rn. 4.

382 BGH, Urt. 19.06.2009, Az.: V ZR 93/08, NJW 2009, 2674.

383 *Zöchling-Jud* in: Schmidt-Kessel Kommentar, Art. 111 Rn. 2.

384 Dieses Ergebnis andeutend: *Zöchling-Jud* in: Schmidt-Kessel Kommentar, Art. 111 Rn. 4.

385 Umstritten, aber an dieser Stelle nicht näher zu vertiefen, ist dabei nach den Urteilen Putz und Weber (EUGH Urt. v. 16.06.2011, Rs. C-65/09 und C-87/09, NJW 2011, 2269 ff.), ob von der Pflicht des Verkäufers auch die Pflicht umfasst ist, im Falle des bestimmungsgemäßen Einbaus der Sache auch den Ausbau und den Neueinbau der Nachlieferung zu zahlen. Dem Wortlaut des Gesetzes ist nicht eindeutig zu entnehmen, ob eine solche Pflicht vom europäischen Gesetzgeber gewollt ist, dafür wohl *Zöchling-Jud* in: Schmidt-Kessel, S. 327 (335); unklar *Wendehorst* in: Schmidt-Kessel Kommentar, Art. 110 Rn. 5.

die Nutzung des ersetzten Gegenstands vor der Zeit der Ersatzlieferung haften.[386] Falsch ist daher die Einschätzung von *Beckmann*[387], dass der Verbraucherschutz an dieser Stelle hinter dem BGB zurückbleibe oder dass der europäische Gesetzgeber die Entscheidung Quelle[388] nicht beachtet habe.

b. Zurückbehaltungsrecht (Art. 106 Abs. 1 lit. b) i.V.m. Art. 113 GEK)

Flankierend zum Erfüllungsanspruch kann der Käufer nach Art. 106 Abs. 1 lit. b) i.V.m. Art. 113 GEK seine eigene Leistung zurückhalten und läuft dadurch nicht Gefahr, seine Gegenleistung in einem Prozess rückfordern zu müssen. Das Gesetz unterscheidet generell zwei Situationen: Ist der Käufer vertraglich zur gleichzeitigen Zahlung oder zur Leistung nach dem Verkäufer verpflichtet (Abs. 1), kann er seine Leistung solange zurückhalten, bis der Verkäufer ihm dessen Leistung angeboten bzw. die Leistung erbracht hat. Ist der Käufer auf der anderen Seite zur Vorleistung verpflichtet (Abs. 2), kann er, wenn er Grund zu der Annahme hat, dass der Verkäufer nicht fristgemäß erfüllen wird, seine Leistung solange zurückhalten wie diese Annahme fortbesteht. Im Gegensatz zu vielen anderen Abschnitten weicht das GEK an dieser Stelle vom DCFR[389] ab. Im GEK muss der Käufer dem Verkäufer keine Mitteilung über das Ausüben seines Zurückbehaltungsrechts machen, auf der anderen Seite kann der Verkäufer das Zurückbehaltungsrecht nicht durch Hinterlegung einer Sicherheitsleistung beenden. Die letztgenannte Abweichung ist vor dem Hintergrund, dass das GEK nur für Fernabsatzverträge gilt, zu befürworten.[390] Die Möglichkeit, ein Zurückbehaltungsrecht durch Sicherheitsleistung zu beenden, ist in diesem schnelllebigen Bereich unangemessen und schlicht impraktikabel. Insbesondere im Bereich des Verbraucher-Kaufs ist es dem Verbraucher nicht zuzumuten, dass dieser sich mit der Verwertung von Sicherheiten auseinandersetzen muss.[391] Hinsichtlich des Rechts des Käufers, dem Verkäufer keine Mitteilung machen zu müssen, muss unterschieden werden: Liefert der Verkäufer nicht oder nur teilweise und muss der Käufer gleichzeitig oder später leisten (Fall des Abs. 1), so muss dem Verkäufer klar sein, dass der Käufer nicht zahlen wird, bevor er seine Verpflichtung nicht erfüllt hat. Dem Käufer in diesem Fall eine Mitteilungspflicht aufzubürden, erscheint unnötig. Ist der Käufer allerdings vertraglich in Vorleistungspflicht (Fall des Abs. 2), so ist es nur richtig Mitteilung machen zu müssen. Zunächst ist es möglich, dass der Käufer in seiner Annahme irrt, das heißt der Verkäufer eigentlich leisten könnte und seinerseits nur auf die vorherige Zahlung wartet – eine

386 Die Umsetzung folgt im Wesentlichen der Entscheidung Quelle (EuGH v. 17.04.2008, Rs. C-404/06, VersR 2008, 979 ff.), siehe zum Wertersatz für Nutzungen insgesamt unter Teil 5.D.I.1.b.

387 *Beckmann* in: Staudinger BGB, Vorbem. zu §§ 433 ff. Rn. 131.

388 EuGH v. 17.04.2008, Rs. C-404/06, VersR 2008, 979 ff.

389 Art. III – 3:401 Abs. 2 DCFR Full Edition.

390 A.A. *Zöchling-Jud* in: Schmidt-Kessel, S. 327 (340).

391 Siehe zu der gleichen Problematik auch unter Teil 2.E.I.2.b.bb.

Mitteilung könnte hier die Situation aufklären. Zumindest schützt die Mitteilung den Käufer aber vor berechtigten oder unberechtigten Mahnungen oder anderen Abhilfen seitens des Verkäufers.[392]

Der Umfang des Zurückbehaltungsrechts bestimmt sich nach Absatz 3: Zurückbehalten werden kann danach entweder ein Teil der Leistung oder die gesamte Leistung, abhängig davon, inwieweit es durch die Nichterfüllung gerechtfertigt ist. Obwohl die Regelung aufgrund des offenen Rechtsbegriffs der Rechtfertigung Unsicherheiten bergen könnte[393], sollte die Vorschrift in der Praxis kein allzu großes Hindernis darstellen: Wenn der Verkäufer die Ware nicht liefert, gibt es keinen Grund, warum der Käufer nicht auch den vollen Kaufpreis zurückbehalten sollte. Liefert der Verkäufer nur zum Teil, so ist zu unterscheiden: Handelt es sich um selbständige Teilleistungen oder ist die Leistung auf andere Weise teilbar, so ist in Abs. 3 S. 2 klar geregelt, dass der Käufer seine Leistung nur im Verhältnis der nicht gelieferten Leistung zurückbehalten oder – wenn die Nichterfüllung es rechtfertigt – auch seine gesamte Leistung zurückbehalten kann. Im anderen Fall, das heißt im Falle unselbständiger Teilleistungen, die auch nicht auf andere Weise teilbar sind, kommt es dann zwar auf die Rechtfertigung nach Abs. 3 S. 1 an, in der Praxis wird der Käufer aber dazu berechtigt sein, den vollen Kaufpreis zurückzubehalten. Selbst wenn der wesentliche Teil einer Ware geliefert wird, bei einem Internetkauf beispielsweise das Notebook, das ohne Netzkabel geliefert wird, so zeigt dieses Beispiel, dass die Ware nicht nutzbar ist und der Käufer damit auch den vollen Kaufpreis zurückbehalten kann.

c. *Beendigung (Art. 106 Abs. 1 lit. c) i.V.m. Art. 114 ff. GEK)*

Nach Art. 106 Abs. 1 lit. c) i.V.m. Art. 114 ff. GEK kann der Käufer den Vertrag außerdem wegen Nichterfüllung (Art. 114 GEK), bei verspäteter Lieferung (Art. 115 GEK) oder voraussichtlicher Nichterfüllung (Art. 116 GEK) auch beenden. Auf die Voraussetzung und die daraus resultierenden Folgen wird in Teil 2 ausführlich eingegangen.

d. *Preisminderung (Art. 106 Abs. 1 lit. d) i.V.m. Art. 120 GEK)*

Akzeptiert der Käufer eine nicht vertragsgemäße Leistung, so hat er außerdem das Recht, den Kaufpreis nach Art. 106 Abs. 1 lit. d) i.V.m. Art. 120 GEK zu mindern. Wie der Formulierung zu entnehmen ist, kommt die Minderung damit grundsätzlich nur bei einer Schlecht-, nicht aber bei einer Nichtleistung in Betracht. In solch einem Fall ist allerdings gegebenenfalls Art. 117 GEK[394] in Betracht zu ziehen.[395] Bemessen wird die Minderung nach dem Verhältnis zwischen dem verminderten Wert der Leistung

392 Ohne zu differenzieren *Zöchling-Jud* in: Schmidt-Kessel, S. 327 (340).
393 Zu der Problematik siehe u.a. *Zöchling-Jud* in: Schmidt-Kessel, S. 327 (340).
394 Siehe hierzu im Detail unter Teil 4.C.I.
395 *Zöchling-Jud* in: Schmidt-Kessel, S. 327 (342).

und dem vollen Wert zum Zeitpunkt des Vertragsschlusses. Abs. 2 stellt klar, dass der Käufer einen etwaig bereits zu viel gezahlten Kaufpreis zurückverlangen kann, Abs. 3 schränkt das Recht, Schadensersatz zu verlangen für den Fall ein, in dem der Käufer seinen Verlust durch Minderung bereits ausgeglichen bekommen hat. Für darüber hinausgehende Schäden bleibt ein Schadensersatzanspruch bestehen.

e. Schadensersatz (Art. 106 Abs. 1 lit. e) i.V.m. Art. 159 ff. GEK)

Neben den anderen genannten Abhilfen kann der Käufer auch Schadenersatz vom Verkäufer nach Art. 106 Abs. 1 lit. e) i.V.m. Art. 159 ff. GEK verlangen. Der Schadensersatz ist ein sehr umfängliches Konstrukt, so dass sich die diesbezüglichen Ausführungen auf die Grundzüge beschränken.

Als Schadensersatz wird laut Legaldefinition in Art. 2 lit. g) GEK-VO ein Geldbetrag bezeichnet, zu dem eine Person als Entschädigung für einen erlittenen Verlust oder einen körperlichen oder sonstigen Schaden berechtigt sein kann. Verlust wiederum ist gem. Art. 2 lit. fg) GEK-VO ein materieller Verlust sowie der immaterielle Verlust in Form erlittener Schmerzen und erlittenen Leids mit Ausnahme von anderen Formen des immateriellen Verlusts wie Beeinträchtigungen der Lebensqualität oder entgangener Freude.

Die zentrale Norm des Schadensersatzrechts ist Art. 159 GEK. Danach hat der Käufer dann einen Anspruch auf Schadensersatz, wenn (i) eine Nichterfüllung durch den Verkäufer vorliegt, (ii) Kausalität zwischen Nichterfüllung und eingetretenem Verlust gegeben ist und (iii) kein Entschuldigungsgrund vorliegt. Wie bereits der DCFR (Art. III. – 3:701), basiert somit auch das GEK auf dem Grundprinzip eines verschuldensunabhängigen Schadensersatzanspruchs, der nur durch einen Entschuldigungsgrund (*force majeure*) eingegrenzt wird.[396] Nach Art. 159 Abs. 2 GEK kann auch Ersatz für künftige Verluste, also solche, die zum Zeitpunkt der letzten mündlichen Verhandlung noch nicht eingetreten sind[397], gefordert werden[398], Art. 160 GEK bestimmt die Bemessungsgrundlage, wonach auch entgangener Gewinn zu ersetzen ist. Das GEK verfolgt grundsätzlich das Modell des Geldersatzes, das im deutschen Recht vorherrschende Modell der Naturalrestitution ist ihm fremd. Die Art. 161 bis 163 GEK begrenzen die Haftung des Verkäufers: Danach muss nur der Schaden ersetzt werden, der vorhersehbar war (Art. 161 GEK) und es muss kein Schaden ersetzt werden, für den der Käufer selbst verantwortlich war (Art. 162 GEK). Zusätzlich gibt es in Art. 163 GEK eine generelle Schadensminderungspflicht.

Insgesamt bleibt der Abschnitt über den Schadensersatz unklar: So spricht zum Beispiel Art. 159 GEK explizit von Nichterfüllung, woraus man schließen könnte,

---

396 *Kieninger* in: Schulte-Nölke/Zoll/Jansen/Schulze S. 205 (209); *Remien* in: Schmidt-Kessel, S. 503 (504 ff.); Westphalen ZiP 2011, 1985 (1990); a.A. *Grädler/Köchel* in: Schmidt-Kessel, S. 347 (358), die aus den Vorschriften einen verschuldensabhängigen Anspruch herleiten.

397 *Remien* in: Schmidt-Kessel, S. 503 (509).

398 Siehe auch DCFR Full Edition, Art. III. – 3:701 Abs. 2.

dass das GEK Schadensersatz nur für Hauptpflichtverletzungen[399] anerkennt. Dass dem nicht so ist, wird im weiteren Verlauf dargestellt werden.[400] Selbst wenn Neben- und Schutzpflichten vom Schadensersatz erfasst werden, muss bezweifelt werden, dass dies das Fehlen eines ausgeklügelten Schadensersatzsystems, vergleichbar dem BGB, kompensieren kann.[401]

II. BGB

1. Allgemeines

Das Mängelgewährleistungsrecht im BGB hat sich durch die Schuldrechtsmodernisierungsreform von 2002 zwar stark verändert[402], dennoch sind die wesentlichen Merkmale als bekannt vorauszusetzen. Im Rahmen dieser Arbeit werden daher nur die wesentlichen Grundzüge dargestellt, um das System des BGB anschließend mit dem des GEK vergleichen zu können.

Im BGB muss grundsätzlich unterschieden werden zwischen den Rechtsbehelfen des Allgemeinen Teils und den Mängelgewährleistungsrechten nach dem Kaufvertrag. Für das Rücktrittsrecht führt dies dazu, dass unterschieden werden muss: Liegt ein Fall einer Schlechtleistung vor, so ist die Anspruchsgrundlage §§ 437 Nr. 2, 323 Abs. 1 BGB, im Falle einer Nichtleistung ist es § 323 Abs. 1 BGB direkt. Zu Zwecken der Vergleichbarkeit soll sich diese Darstellung auf die Mängelgewährleistungsrechte eines Käufers beschränken.

Die Rechte des Käufers im BGB sind in § 437 BGB geregelt. Anknüpfungspunkt für jede Mängelgewährleistung ist daher ein Mangel. In § 434 BGB ist der Sachmangel definiert. Wie schon vor der Schuldrechtsreform enthält der Fehlerbegriff sowohl subjektive als auch objektive Elemente.[403] Nach § 434 Abs. 1 S. 1 BGB liegt ein Mangel dann vor, wenn die Sache nicht die vereinbarte Beschaffenheit hat, nach § 434 Abs. 1 S. 2 Nr. 1 BGB, wenn die Sache sich nicht für die im Vertrag festgelegte Verwendung eignet. Beide Definitionen sind Ausprägung des verstärkten[404] subjektiven Elements.[405] Auf objektiver Seite liegt ein Mangel vor, wenn sich die Sache nicht für die gewöhnliche Verwendung eignet (§ 434 Abs. 1 S. 2 Nr. 2 BGB). Ein Sachmangel liegt nach der „Ikea“-Klausel auch dann vor, wenn die Montageanleitung

399 So zum Beispiel *Koch* in: Wendehorst/Zöchling-Jud, S. 225 (230).
400 Siehe hierzu unter Teil 2.B.II.2.c.
401 Weitere Diskussionsansätze u.a. zu Fragen von Nebenpflichten und nebenvertraglichen Schutzrechten finden sich zum Beispiel bei *Remien* in: Schmidt-Kessel, S. 503 (505). Auf diese Ansätze kann im Rahmen dieser Arbeit nicht näher eingegangen werden.
402 Eine grundlegende Übersicht findet sich bei Brambring, DNotZ 2001, 590 (595 ff.).
403 Westermann, NJW 2002, 241 (243).
404 Westermann, NJW 2002, 241 (243).
405 *Westermann* in: MüKo-BGB, § 434 Rn. 6.

einer Sache fehlerhaft ist.[406] Einem Sachmangel gleichgestellt ist ein Rechtsmangel gem. § 435 BGB. Ein Rechtsmangel liegt vor, wenn die Sache nicht frei von Rechten Dritter ist.[407] Liegt somit ein Sach- oder Rechtsmangel vor, kann der Käufer (i) Nacherfüllung verlangen, (ii) vom Vertrag zurücktreten, (iii) den Kaufpreis mindern, (iv) Schadensersatz verlangen oder (v) Ersatz vergeblicher Aufwendungen verlangen.

2. Nacherfüllung (§ 437 Nr. 1 i.V.m. § 439 BGB)

Liegt ein Mangel vor, kann der Käufer nach § 437 Nr. 1 i.V.m. § 439 BGB die Nacherfüllung verlangen. Damit wird klar, dass – im Gegensatz zum GEK[408] (und zum CISG[409]) – die Erfüllung kein eigenes Mängelrecht ist, sondern direkt aus § 433 Abs. 1 S. 2 BGB folgt.[410] Das Nacherfüllungsrecht ist als „Recht zur zweiten Andienung"[411] anzusehen, das heißt, dass der Käufer, bevor er weitere Rechte geltend machen möchte, dem Verkäufer die Chance zur mangelfreien Erfüllung geben muss.[412] Die Nacherfüllung selbst kann der Verkäufer durch Nachlieferung oder durch Nachbesserung leisten, wobei der Käufer die Form wählen kann. Wie sich aus § 440 S. 2 BGB ergibt, muss der Käufer dem Verkäufer insgesamt zwei Möglichkeiten zur Nacherfüllung geben, ist also auch die dritte gelieferte Sache mangelhaft, kann der Käufer die weiteren Rechte in Anspruch nehmen.

3. Rücktritt (§ 437 Nr. 2 i.V.m. §§ 323, 346 ff. BGB)

Auf den Rücktritt nach BGB wird an anderer Stelle noch detailliert eingegangen.[413]

4. Minderung (§ 437 Nr. 2 i.V.m. § 441 BGB)

Liegt ein Mangel vor, so kann der Käufer den Kaufpreis mindern, wobei es sich dabei um die Herabsetzung des Kaufpreises im Verhältnis zum Mangel handelt.[414] Je schwerwiegender der Mangel, desto größer die Minderung. § 441 BGB spricht davon, dass die Minderung statt des Rücktritts geltend gemacht werden kann – mithin ist der Ablauf einer Frist i.S.d. § 323 BGB erforderlich. Im Gegensatz zum Rücktritt[415] ist die Minderung aber auch bei unerheblichen Mängeln zulässig.[416] Bei der Minderung bleibt das von den Parteien gewählte Verhältnis von Wert zu

---

406 *Berger* in: Jauernig, § 434 Rn. 19.
407 Siehe dazu auch: Westermann, NJW 2002, 241 (246).
408 Siehe hierzu unter Teil 1.D.I.5.a.
409 Siehe zum CISG unter Teil 1.D.III.2.
410 Westermann, NJW 2002, 241 (242).
411 *Westermann* in: MüKo-BGB, § 439 Rn. 1.
412 *Westermann* in: MüKo-BGB, § 437 Rn. 4; Westermann, NJW 2002, 241 (248).
413 Siehe hierzu unter Teil 2.C.II.
414 *Berger* in: Jauernig, § 441 Rn. 1.
415 Siehe zur Schwelle der Unerheblichkeit im Rücktrittsrecht unter Teil 2.C.II.2.d.
416 *Berger* in: Jauernig, § 441 Rn. 3.

Preis erhalten,[417] der Minderungsbetrag kann nach § 441 Abs. 3 S. 2 BGB aber auch geschätzt werden.

5. *Schadensersatz und Ersatz vergeblicher Aufwendungen (§§ 437 Nr. 3 i.V.m. §§ 280 ff. BGB)*

Die Regelungen zum Schadensersatz sind gem. § 437 Nr. 2 i.V.m. §§ 280 ff. BGB im allgemeinen Leistungsstörungsrecht geregelt.[418] Ausgangspunkt jedes Schadensersatzanspruchs ist eine Pflichtverletzung gem. § 280 Abs. 1 BGB. Unter Pflichtverletzung versteht man jedes Verhalten, das hinter den vereinbarten Pflichten zurückbleibt, unerheblich ob es sich um eine Hauptleistungs- oder eine Nebenleistungspflicht handelt.[419] Ausgehend von diesem Begriff unterscheidet das BGB zwischen drei verschiedenen Arten von Schadensersatz: Schadensersatz neben der Leistung (§ 280 Abs. 1 BGB), Schadensersatz wegen vorvertraglicher Pflichtverletzung (§§ 280 Abs. 1, 241 Abs. 2, 311 Abs. 2 BGB), Schadensersatz statt der Leistung (§§ 280 Abs. 1, 3 i.V.m. 281, 282 oder 283 BGB) und den Verzögerungsschaden (§§ 280 Abs. 1, 2 i.V.m. 286 BGB). In Ergänzung zu § 280 Abs. 1 BGB muss der Käufer je nach Konstellation weitere Anforderungen erfüllen, wie die Fristsetzung nach § 281 BGB oder die Mahnung nach § 286 BGB. Das Verschulden des Verkäufers wird grundsätzlich nach § 280 Abs. 1 S. 2 BGB vermutet. Immer dann, wenn der Käufer Schadensersatz nach den oben genannten Vorschriften verlangen kann, kann er stattdessen gem. § 284 BGB auch den Ersatz vergeblicher Aufwendungen verlangen.[420]

III. CISG

1. *Allgemeines*

Die Rechtsbehelfe ergeben sich im UN-Kaufrecht aus den Art. 45 ff. CISG, wobei Art. 45 CISG als Grundnorm anzusehen ist. Die möglichen Rechtsbehelfe sind gem. Art. 45 Abs. 1 lit. a) CISG Erfüllung bzw. Nacherfüllung, Vertragsaufhebung und Minderung sowie gem. Art. 45 Abs. 1 lit. b) CISG Schadensersatz. Daneben ist von der h.M. ein Zurückbehaltungsrecht anerkannt, welches allerdings nicht gesetzlich geregelt ist.[421] Sämtliche Rechtsbehelfe sind verschuldensunabhängig.[422]

Bezogen auf die Anspruchsgrundlagen muss grundsätzlich unterschieden werden. Für den Anspruch auf Schadensersatz stellt Art. 45 Abs. 1 lit. b) CISG

---

417 *Westermann* in: MüKo-BGB, § 441 Rn. 12.
418 Westermann, NJW 2002, 241 (249).
419 Däubler, NJW 2001, 3729 (3731).
420 Eine gute Übersicht über das Schadensersatzrecht und die Abgrenzungen der einzelnen Formen des Schadensersatzes voneinander liefert Ackermann, JuS 2012, 865; außerdem Derleder NJW 2004, 969 ff.
421 Hierzu ausführlich unter Teil 1.D.III.6.
422 *Huber* in: MüKo-BGB, Art. 45 CISG Rn. 3.

die Anspruchsgrundlage dar, in den Fällen von lit. a) ergeben sich diese aus den Art. 46 ff. CISG. Art. 45 Abs. 1 lit. a) CISG ist in diesem Fall nur deklaratorischer Natur.[423] Art. 45 Abs. 2 CISG besagt, dass der Schadensersatzanspruch mit den in Art. 45 Abs. 1 lit. a) CISG genannten Ansprüchen kombinierbar ist. Damit kann dieser prinzipiell neben der Erfüllung oder einer Aufhebung geltend gemacht werden. Daraus folgt, dass es keinen grundsätzlichen Vorrang der Nacherfüllung gibt, die Rechtsbehelfe der Erfüllung, der Minderung und der Beendigung können alternativ jederzeit geltend gemacht werden.[424] Bei der Kombination von Schadensersatzanspruch und anderen Rechtsbehelfen darf es allerdings zu keiner Überkompensation kommen, das heißt der Schadensersatzanspruch kann sich immer nur auf den Verlust beziehen, der durch den ergänzenden Rechtsbehelf nicht ausgeglichen werden kann.[425] Die Feststellung, insbesondere im Verhältnis von Schadensersatz und Aufhebung, kann im Einzelfall schwierig sein.[426] Nicht möglich ist die Kombination von Rechtsbehelfen, die in Art. 45 Abs. 1 lit. a) CISG genannt sind untereinander. Im Rahmen der drei hier verglichenen Rechtsordnungen liegt das CISG damit im Mittelfeld: Während die Mängelansprüche im BGB gem. § 437 BGB einer klaren Hierarchie folgen und in den jeweiligen Ebenen einem Alternativverhältnis unterliegen, wovon nur § 325 BGB für ein Nebeneinander von Schadensersatz und Rücktritt[427] eine Ausnahme einräumt, können nach dem GEK Abhilfen beliebig kombiniert werden, sofern sie gem. Art. 106 Abs. 6 GEK miteinander kombinierbar sind.[428] Voraussetzung für sämtliche Mängelansprüche nach dem CISG ist das Vorliegen einer Nichterfüllung.[429] Der Begriff ist eher weit zu verstehen, was genau hierunter fällt,

---

423 *Huber* in: MüKo-BGB, Art. 45 CISG Rn. 2.

424 *Müller-Chen* in: Schlechtriem/Schwenzer, Art. 45 Rn. 12.

425 *Magnus* in: Staudinger CISG, Art. 45 Rn. 21; *Müller-Chen* in: Schlechtriem/Schwenzer, Art. 45 Rn. 27.

426 Zum problematischen Verhältnis von Schadensersatz und Aufhebung ausführlich *Huber* in: MüKo-BGB, Art. 74 Rn. 8 ff.

427 Umstritten ist die Frage, ob § 325 BGB auch ein Nebeneinander von Schadensersatz und Minderung zulässt. Da es in § 441 Abs. 1 S. 1 BGB heißt, „mindern statt zurückzutreten“, lässt sich dogmatisch sauber vertreten, § 325 BGB hier analog auch auf die Minderung anzuwenden (so auch *Grüneberg* in: Palandt, § 325 Rn. 1; a.A. Lögering, MDR 2009, 664 (665 f.)). Der BGH hat die Frage offen gelassen und nur erklärt, dass jedenfalls für den Fall, dass die Minderung unwirksam ist, ein Übergehen zum Schadensersatz möglich ist (siehe BGH, Urt. v. 05.11.2010, Az.: V ZR 228/09, NJW 2011, 1217 (1219 f.)). Einigkeit besteht jedoch insoweit, als dass darüber hinaus die Kombination anderer Mängelrechte miteinander auf keinen Fall möglich ist.

428 Ausführlich hierzu unter Teil 1.D.I.2.a.

429 Der Begriff der Nichterfüllung wird im CISG weitestgehend synonym zu dem Begriff Vertragsverletzung verwendet (siehe Art. 45 der von Nichterfüllung spricht, die zu dieser Norm gehörende Überschrift in demselben Kontext allerdings Vertragsverletzung verwendet) (siehe von Caemmerer, SJZ 1981, 257 (264); *Benicke* in: MüKo-HGB, Art. 45 Rn. 1; Kiene, S. 52).

ergibt sich im Zusammenspiel mit der Frage, welche Leistungspflicht besteht. Ein Zurückbleiben hinter dieser Pflicht ist eine Nichterfüllung.[430] Erfasst werden dabei sowohl Haupt,- Neben- oder sonstige Sorgfaltspflichtverletzungen.[431]

Eine Geltendmachung von Rechtsbehelfen ist ausgeschlossen, sofern ein unüberwindbares, objektives Leistungshindernis vorliegt (Art. 79 CISG) oder die Nichterfüllung auf ein Verschulden des Käufers zurückzuführen ist (Art. 80 CISG).

2. *Erfüllung (Art. 45 Abs. 1 lit. a) i.V.m. Art. 46 CISG)*

Aus Art. 45 Abs. 1 lit. a) i.V.m. Art. 46 Abs. 1 CISG ergibt sich der Erfüllungsanspruch des Käufers. Auch das CISG folgt, was den Erfüllungsanspruch angeht, wie das GEK, dem common law System, wonach sich der Erfüllungsanspruch nicht direkt aus der Hauptpflicht des Kaufvertrags ergibt, sondern einen Rechtsbehelf darstellt.[432] Nach Abs. 2 kann der Käufer außerdem die Ersatzlieferung der Sache verlangen, nach Abs. 3 die Nachbesserung. Es handelt sich hierbei um inhaltliche Klarstellungen des Anspruchs aus Abs. 1 für den Fall der Lieferung vertragswidriger Ware.[433] Beide Ansprüche setzen eine angemessene Frist voraus, die der Käufer dem Verkäufer setzen muss. Eine Ersatzlieferung unterliegt zusätzlich dem Erfordernis einer wesentlichen Vertragsverletzung (gem. Art. 25 CISG). Der Grund ist darin zu sehen, dass die Ersatzlieferung rein tatsächlich einer teilweisen Rückabwicklung gleicht, die vor dem Hintergrund der Zurückdrängung dieses Instituts[434] und angesichts der Einfachheit des internationalen Handels weitestgehend erschwert werden soll.[435] Die Nachbesserung muss nur zumutbar sein.

Die Ansprüche aus Art. 46 CISG sind ausgeschlossen, wenn der Käufer einen Rechtsbehelf geltend gemacht hat, der mit dem Erfüllungsanspruch unvereinbar ist. Namentlich handelt es sich dabei um die Aufhebung, die Minderung und den Schadensersatzanspruch wegen Nichterfüllung.[436] Aus dem Zusammenspiel mit den Art. 48, 49 und 50 CISG ergibt sich außerdem der Vorrang des Erfüllungsanspruchs, da der Käufer erst dann Vertragsaufhebung und Schadensersatz verlangen kann, wenn die Vertragsverletzung wesentlich ist oder er dem Verkäufer eine Frist

430 *Benicke* in: MüKo-HGB, Art. 45 Rn. 1.

431 *Huber* in: MüKo-BGB, Art. 45 Rn. 4; *Magnus* in: Staudinger CISG, Art. 49 Rn. 8; *Saenger* in: Bamberger/Roth, Art. 45 Rn. 2.

432 *Müller-Chen* in: Schlechtriem/Schwenzer, Art. 46 Rn. 2.

433 *Huber* in: MüKo-BGB, Art. 45 Rn. 9; *Müller-Chen* in: Schlechtriem/Schwenzer, Art. 46 Rn. 3.

434 Nähere Informationen hierzu bei *Huber* in: MüKo-BGB, Art. 45 Rn. 6 ff.

435 *Huber* in: MüKo-BGB, Art. 45 Rn. 9; *Müller-Chen* in: Schlechtriem/Schwenzer, Art. 46 Rn. 4.

436 *Benicke* in: MüKo-HGB Art. 46 Rn. 4; *Schnyder/Straub* in: Honsell CISG, Art. 46 Rn. 23 ff.; *Magnus* in: Staudinger CISG, Art. 46 Rn. 19.

zur Nacherfüllung gesetzt hat bzw. wenn der Mangel durch Nacherfüllung nicht behoben worden ist.[437]

3. *Vertragsaufhebung (Art. 45 Abs. 1 lit. a) i.V.m. Art. 49 CISG)*

Das System der Vertragsaufhebung ist im CISG von wesentlicher Bedeutung und so konzipiert, dass die Aufhebung nur als ultima ratio Anwendung finden soll. Im Rahmen dieser Arbeit wird auf die Aufhebung an späterer Stelle eingegangen.[438]

4. *Minderung (Art. 45 Abs. 1 lit. a) i.V.m. Art. 50 CISG)*

Liegt eine vertragswidrige Beschaffenheit der Ware vor und gibt es keine Erfüllung nach Art. 46 CISG, so kann der Käufer den Kaufpreis in dem Verhältnis herabsetzen, in dem der Wert, den die tatsächlich gelieferte Ware im Zeitpunkt der Lieferung hatte, zu dem Wert steht, den die vertragsgemäße Ware zu diesem Zeitpunkt gehabt hätte. Das Verhältnis von Leistung und Gegenleistung bleibt also gewahrt, der Kaufpreis wird nur der veränderten Sachlage angepasst.[439]

5. *Schadensersatz (Art. 45 Abs. 1 lit. b) i.V.m. 74 ff. CISG)*

Art. 45 Abs. 1 lit. b) CISG ist die Anspruchsgrundlage für den Schadensersatzanspruch, im Gegensatz zu den sonstigen Ansprüchen, für die Art. 45 Abs. 1 lit. a) CISG nur deklaratorischer Natur ist. Die Art. 74 ff. CISG regeln nur die Berechnungsgrundlage und den Umfang des Anspruchs. Voraussetzung ist, dass der Verkäufer eine Pflicht aus dem Vertrag oder aus dem CISG verletzt hat, das heißt sowohl Hauptpflichten (wie das Nichteinhalten einer Lieferfrist oder die Lieferung einer vertragswidrigen Sache) als auch Nebenpflichten können einen Schadensersatzanspruch auslösen.[440] Eine Vertragsverletzung muss dabei nicht wesentlich sein.[441]

6. *Zurückbehaltungsrecht*

Ein gesetzliches Zurückbehaltungsrecht ist als Mängelgewährleistungsrecht nicht explizit genannt, dennoch leitet es die h.M. aus Art. 7 Abs. 2 CISG ab.[442] In anderen Vorschriften (Art. 58, 71, 85, 86 CISG) sei ein solches Recht zumindest angelegt.[443]

---

437 *Müller-Chen* in: Schlechtriem/Schwenzer, Art. 46 Rn. 1; *Magnus* in: Staudinger CISG, Art. 45 Rn. 16; Vahle, ZVerglRWiss 98 (1999), 54 (55 ff.).

438 Siehe hierzu unter Teil 2.C.III.

439 *Müller-Chen* in: Schlechtriem/Schwenzer, Art. 50 Rn. 8; *Magnus* in: Staudinger CISG, Art. 50 Rn. 20.

440 *Huber* in: MüKo-BGB, Art. 45 Rn. 13.

441 *Müller-Chen* in: Schlechtriem/Schwenzer, Art. 45 Rn. 23; *Schwenzer* in: Schlechtriem/Schwenzer, Art. 74 Rn. 11.

442 *Huber* in: MüKo-BGB, Art. 45 Rn. 12.

443 *Müller-Chen* in: Schlechtriem/Schwenzer, Art. 45 Rn. 22.

Der Käufer kann danach die Zahlung solange verweigern, bis der Verkäufer die Ware anbietet. Mangels ausdrücklicher gesetzlicher Regelung, gibt es folglich auch keine weiteren Einschränkungen, die wohl h.M. nimmt aber an, dass im Falle einer Nebenpflichtverletzung die Verletzung von einigem Gewicht sein müsse.[444]

IV. Fazit

Ein vergleichender Blick auf die Abhilfen der drei Gesetze fördert einige Unterschiede, vor allem aber zahlreiche Gemeinsamkeiten zutage. Auffällig sind zunächst die Unterschiede bei der Nacherfüllung. Während im BGB das „Recht der zweiten Andienung" von zentraler Bedeutung ist, das heißt dem Verkäufer stets die Möglichkeit eingeräumt wird, den Vertrag doch noch zu erfüllen und das CISG über Art. 48 ff. CISG ebenfalls davon ausgeht, dass der Verkäufer das Recht hat nachzuerfüllen[445] geht das GEK von einer anderen Prämisse aus: Wie aus Art. 110 GEK und Art. 106 Abs. 6 GEK deutlich wird, handelt es sich bei dem Erfüllungs- bzw. Nacherfüllungsanspruch nur um eines von mehreren gleichrangigen Rechten, die der Käufer ausüben kann. Zwar ist das GEK um gewisse Einschränkungen bemüht. Durch das Prinzip der „Heilung" erhält der Verkäufer das Recht, eine Nacherfüllung anbieten zu können. Da die Heilung im Verhältnis zu einem Verbraucher aber nur bei Spezifikationskäufen zum Tragen kommt, sind diese Einschränkungen eher kosmetischer Natur. Im Regelfall und damit in der Praxis dürfte es kaum zu einer spürbaren Beschränkung kommen. Daran vermag auch Art. 111 Abs. 2 GEK nur wenig zu ändern, der zwar anordnet, dass bei einem ausgeübten Nacherfüllungsanspruch die übrigen Abhilfen ruhen, letztlich aber nur den Spezialfall abbildet, dass der Käufer sich bereits für Nacherfüllung entschieden hat. Der Käufer wird insofern besser gestellt als im CISG und im BGB. Er muss dem Verkäufer keine zweite Chance gewähren, sondern kann den Vertrag direkt beenden, wenn eine Nichterfüllung vorliegt. Zu klären ist in diesem Zusammenhang, ob dies für den Verkäufer eine tolerierbare Regelung ist oder ob sie zu Akzeptanzschwierigkeiten für das gesamte GEK führen kann.[446] So steht auf der einen Seite zu befürchten, dass der Endkunde das Vorliegen einer Nichterfüllung als Gelegenheit ergreifen kann, um unliebsame Verträge doch noch beenden zu können.

---

444 *Magnus* in: Staudinger CISG, Art. 58 Rn. 23; *Huber* in: MüKo-BGB, Art. 45 Rn. 12; teilweise anders Müller-Chen in: Schlechtriem/Schwenzer, Art. 45 Rn. 22, der annimmt, dass ein Zurückbehaltungsrecht nur dann in Betracht kommt, wenn die Verletzung von einigem Gewicht ist, unabhängig davon, ob es sich um eine Haupt- oder Nebenleistungspflicht handelt; a.A. Fountoulakis IHR 2005, 244 (247), die das Fehlen einer Quittung für ausreichend erachtet, damit der Käufer ein Zurückbehaltungsrecht geltend machen darf.

445 Siehe hierzu unter Teil 1.D.III.2.

446 So von einigen Autoren befürchtet, siehe Mansel, WM 2012, 1309 (1319 f.); Balthasar, RiW 2012, 361 (364).

Gleichwohl ist diese Überlegung aufgrund folgender Gesichtspunkte nicht vollständig überzeugend[447]: Das GEK findet Anwendung im Fernabsatzgeschäft. Käufe, die über das Internet abgewickelt werden, sind schon heute zumeist günstiger als im Ladengeschäft um die Ecke. Wenn der Käufer in einem anderen EU-Mitgliedstaat einkauft, erfolgt dies entweder weil er keine Möglichkeit hat, die Ware in dem Land, in dem er wohnt, zu erwerben oder weil der Kaufpreis dort günstiger ist. In beiden Fällen hat der Käufer nur einen geringen Anreiz, den Kaufvertrag zu beenden, nur weil er die Möglichkeit dazu hat. Er wird den Vertrag nur dann beenden, wenn eine Erfüllung nicht mehr möglich ist. Die Beendigung wird vom Verbraucher-Käufer im Regelfall daher nur als ultima ratio angewendet. Insofern gibt es keinen ersichtlichen Grund, weshalb Verkäufer das GEK aufgrund des fehlenden bzw. eingeschränkten Rechts zur zweiten Andienung meiden sollten.

Im Übrigen gibt es gerade im Unternehmer-Kauf mit dem zwingenden Vorrang der Heilung auch im GEK ein Recht zur zweiten Andienung, wodurch die Situation im Unternehmer-Kauf für den Verkäufer vergleichbar mit derjenigen im BGB und dem CISG ist. Allerdings steht dem Verkäufer im BGB und CISG dieses Recht unmittelbar zu, während sich der Verkäufer im GEK erst auf das Heilungsrecht berufen muss, um den Käufer an der Ausübung anderer Abhilfen zu hindern.

Davon abgesehen überwiegen vor allem die Gemeinsamkeiten. Allen Gesetzen ist im Wesentlichen die Palette an zur Verfügung stehenden Rechten gemein. Neben dem jeweiligen Beendigungstatbestand gibt es Schadensersatz, Minderung und ein Zurückbehaltungsrecht. In allen drei Gesetzen kann ein Begleitschaden neben anderen Rechten geltend gemacht werden. Art. 45 Abs. 2 CISG stellt dies genauso klar wie §§ 437 Nr. 3, 280 Abs. 1 BGB. Im GEK kann letztlich nichts anderes gelten, ein Gleichlauf lässt sich gleichwohl nur mit einer teleologischen Reduktion bewerkstelligen.[448] Damit verbleibt eine gewisse Unsicherheit, dass ein Gericht dies anders sehen könnte.

Insgesamt zeigt sich, dass neben den Grundstrukturen und Theorien der Gesetze auch die Mängelrechte zahlreiche Ähnlichkeiten aufweisen. Demgegenüber ist das fehlende Recht zur zweiten Andienung im Bereich der Abhilfen der gravierendste Unterschied zwischen den drei Gesetzen. Dadurch, dass dem deutschen Anwender wesentliche Teile des Abhilfensystems vertraut vorkommen dürften und ihn das GEK oftmals zumindest nicht schlechter als das BGB stellt, braucht er die Anwendung des GEK jedenfalls nicht zu „fürchten".

447 So auch Graf von Westphalen, ZiP 2011,1985 (1990).
448 Siehe hierzu unter Teil 1.D.I.5.a.cc.

Teil 2. Beendigungsgründe

Im vorhergehenden Kapitel wurden die grundlegenden Gemeinsamkeiten und Unterschiede der Gesetze dargestellt und verglichen, außerdem wurde ausgeführt, unter welchen Bedingungen die Gesetze verglichen werden dürfen. Im nun folgenden Teil 2 sollen die Beendigungsgründe verglichen werden. Nach einem kurzen Überblick werden zunächst für das GEK die entscheidenden Begriffe der Nichterfüllung und der Wesentlichkeit beleuchtet. Im Anschluss werden jeweils für GEK, BGB und CISG die Rechte bei Nichterfüllung, verspäteter Erfüllung und bei voraussichtlicher Nichterfüllung dargestellt und verglichen. Abschließend wird auf Rücktritts- und Aufhebungsrechte eingegangen, die das BGB bzw. das CISG dem Käufer gewähren, welche im GEK allerdings kein Pendant haben.

A. Überblick zu den Beendigungs- bzw. Rücktritts- und Aufhebungsrechten

I. GEK

Das GEK kennt insgesamt drei verschiedene Vorschriften zur Beendigung eines Vertrags, die je nach Schwere des Verstoßes unterschiedliche Voraussetzungen für eine Beendigung postulieren – Art. 114 ff. GEK. Ausgangspunkt für die Frage, ob und unter welchen Voraussetzungen ein Käufer einen Kaufvertrag nach dem GEK beenden kann, ist die Feststellung einer wesentlichen Nichterfüllung i.S.d. Art. 87 GEK.[449] Ist eine Nichterfüllung wesentlich, so kann der Käufer den Vertrag grundsätzlich gem. Art. 114 Abs. 1 GEK beenden, wobei Art. 114 Abs. 2 GEK einem Verbraucher-Käufer zusätzlich erleichterte Beendigungsmöglichkeiten bietet.[450] Ein weiteres Beendigungsrecht gewährt Art. 115 Abs. 1 GEK dem Käufer für den Fall einer unwesentlichen Nichterfüllung. Der Käufer kann gem. Art. 115 Abs. 1 GEK immer dann auch den Vertrag beenden, wenn der Verkäufer verspätet leistet und der Käufer ihm eine Nachfrist zur Erfüllung gesetzt hat, die er ebenfalls hat verstreichen lassen.[451] Art. 116 GEK – als dritter Fall – gibt dem Käufer schließlich eine Möglichkeit zur Beendigung im Falle einer voraussichtlichen Nichterfüllung, vergleichbar dem aus dem US-amerikanischen Recht bekannten *anticipatory breach*, das in vergleichbarer Form auch für das CISG und das BGB übernommen wurde. Danach kann der Käufer den Vertrag bereits vor Fälligkeit beenden, wenn der Verkäufer ihm mitgeteilt hat oder auf andere Weise offensichtlich ist, dass der Verkäufer den Vertrag nicht mehr erfüllen werde und die Nichterfüllung die Beendigung

449 Siehe hierzu unter Teil 2.B.
450 Siehe hierzu im Detail unter Teil 2.C.I.
451 Siehe hierzu unter Teil 2.D.I.

rechtfertigen würde.[452] Die Regelungen entsprechen den Möglichkeiten, die bereits der DCFR dem Käufer bietet.[453]

II. BGB

Ähnlich wie das GEK, kennt auch das BGB verschiedene Konstellationen, nach denen ein Käufer von einem Vertrag zurücktreten kann. Dabei muss zunächst zwischen Fällen der Schlechtleistung und Fällen der Nichtleistung unterschieden werden: Immer dann, wenn der Verkäufer etwas mit der Intention leistet, den Vertrag zu erfüllen, folgt das Rücktrittsrecht aus § 434 i.V.m. § 437 Nr. 2 BGB. Die Norm verweist auf § 323 Abs. 1 BGB, der für den Fall der Schlechtleistung ein Rücktrittsrecht anordnet. Regelmäßig kommt es dabei auf die Setzung einer Frist als Voraussetzung an. Hat der Verkäufer gar nicht geleistet, liegt also ein Fall der Nichtleistung vor, worunter auch die verspätete Leistung und die Erfüllungsverweigerung fallen, findet § 323 Abs. 1 BGB direkt Anwendung, so dass es im Prinzip zu einem Gleichlauf kommt. Unterschiede ergeben sich nur insofern, als dass der Weg über § 434 ff. BGB zu weiteren Anforderungen führt. Für den Fall der Unmöglichkeit gibt es außerdem[454] den Rücktritt über § 437 Nr. 2 BGB oder direkt gem. § 326 Abs. 5 BGB.

Eine Schlechtleistung und eine verspätete Leistung werden damit im BGB im Grundsatz – anders als im GEK – nach der einheitlichen Norm des § 323 Abs. 1 BGB behandelt. Wie im GEK gibt es mit § 323 Abs. 4 BGB aber auch hier die Möglichkeit bereits vor Fälligkeit den Rücktritt zu erklären. Eine zusätzliche Rücktrittsmöglichkeit gewährt § 324 BGB für den Fall einer Pflichtverletzung gem. § 241 Abs. 2 BGB. Hier wird zu untersuchen sein, inwieweit eine solche Norm im GEK fehlt.[455]

III. CISG

Im CISG ist das Aufhebungsrecht zum Großteil in Art. 49 CISG geregelt, unterschieden wird zwischen zwei grundsätzlichen Konstellationen: Im Falle einer wesentlichen Pflichtverletzung kann der Käufer den Vertrag gem. Art. 49 Abs. 1 lit. a) CISG ohne weitere Voraussetzungen aufheben. Im Falle einer Spätleistung kann der Käufer den Vertrag erst aufheben, nachdem er dem Verkäufer eine Frist zur Nacherfüllung gesetzt hat, die erfolglos abgelaufen ist, Art. 49 Abs. 1 lit. b) CISG. Die Regelungen ähneln damit auf den ersten Blick stark Art. 114 und Art. 115 GEK und

---

452 Siehe hierzu ausführlich unter Teil 2.E.I.

453 Siehe Art. III. – 3:502 bis Art. III. – 3:504. Es findet sich lediglich kein Äquivalent zu Art. III. – 3:505, der in einem reinen Kaufrechtskontext für Verbraucher aber auch nicht angemessen erscheint.

454 Die herrschende Meinung geht davon aus, dass eine Unmöglichkeit auch nach § 323 Abs. 1 BGB geltend gemacht werden kann, weil oftmals für den Käufer unklar ist, ob der Verkäufer nicht leisten kann (wegen Unmöglichkeit) oder ein anderer Hinderungsgrund gegeben ist, siehe dazu unter Teil 2.C.II.2.a.bb(3).

455 Siehe hierzu unter Teil 2.F.I.2.

auch hier ist das entscheidende Abgrenzungskriterium die Frage, ob eine Pflichtverletzung wesentlich ist. Nach Art. 72 Abs. 1 CISG kann der Käufer – vergleichbar dem Art. 116 GEK – den Vertrag bereits bei Vorliegen einer voraussichtlichen Vertragsverletzung, das heißt bereits dann aufheben, wenn vor Fälligkeit offensichtlich ist, dass der Verkäufer den Vertrag nicht erfüllen wird.

B. Nichterfüllung und wesentliche Nichterfüllung gem. Art. 87 GEK

I. Allgemeines

Art. 106 GEK stellt für die Abhilfen des Käufers und damit auch für die Beendigung auf den einheitlichen Tatbestand der „Nichterfüllung" ab.[456] Das Prinzip ist mit jenem im CISG vergleichbar.[457] Die in Art. 87 GEK verwendeten Begriffe, insbesondere die Wesentlichkeit, ähneln jenen in CISG (Art. 25 CISG) und DCFR (Art. III. – 3:502). Damit kann bei der Frage, wie die entsprechenden Begriffe auszulegen bzw. anzuwenden sind, auf die Begründung des DCFR und Literatur sowie Rechtsprechung zum CISG zurückgegriffen werden.[458]

Sowohl der Begriff der Nichterfüllung als auch derjenige der Wesentlichkeit sind sowohl für das allgemeine Abhilferecht als auch für die Beendigung im Speziellen von elementarer Bedeutung:[459] Die Beantwortung der Frage, ob eine Nichterfüllung vorliegt, entscheidet darüber, ob der Käufer überhaupt eine Abhilfe geltend machen kann (siehe Art. 106 GEK), davon, ob diese wesentlich ist, ist abhängig, welches Recht geltend gemacht werden kann (nur Erfüllung, Schadensersatz, Zurückbehaltung und Minderung oder auch die Beendigung, die zumindest teilweise eine wesentliche Nichterfüllung voraussetzt) und ob gegebenenfalls weitere Voraussetzungen (wie die Fristsetzung im Falle des Art. 115 GEK) zu erfüllen sind. Auffällig ist, dass die Geltendmachung der Beendigung die einzige Abhilfe ist, die (jedenfalls im Fall von Art. 114 Abs. 1 GEK), von der zusätzlichen Voraussetzung der

---

456 *Schmidt-Kessel* in: Schmidt-Kessel, S. 287 (291); *Schmidt-Kessel/Kramme* in: Schmidt-Kessel Kommentar, Art. 87 Rn. 1; *Schopper* in: Wendehorst/Zöchling-Jud, S. 107 (108); *Zoll* in: Schulze, Art. 87 Rn. 2.

457 Eine ebenso ausführliche Behandlung des Begriffs der Nichterfüllung und der Wesentlichkeit im CISG ist im Rahmen dieser Arbeit nicht möglich, siehe dazu aber beispielsweise Kiene, S. 69 ff.

458 Zu den Einschränkungen, in welchem Rahmen ein Rückgriff auf externe Gesetze zulässig ist, siehe unter Teil 1.C.I.2.e.

459 Von wahrscheinlich noch größerer Bedeutung sind die vergleichbar im CISG verwendeten Begriffe, da dort sogar das Recht zur Nachlieferung vom Vorliegen einer „wesentlichen Vertragsverletzung" abhängt. Vor dem Hintergrund, dass das GEK primär auf Verbrauchsgüterkäufe Anwendung findet, erscheint die Abweichung konsequent, da im GEK nicht primär die Leichtigkeit des internationalen Handels im Vordergrund steht, sondern auch der Schutz des Verbrauchers.

Wesentlichkeit abhängig ist. Das GEK folgt damit der international zu erkennenden Entwicklung, Beendigungstatbestände als ultima ratio auszugestalten, das heißt ihre Geltendmachung soweit zu erschweren, dass die Parteien es vorziehen, den Vertrag durchzuführen und, sofern erforderlich, auf andere Abhilfen zurückzugreifen.[460] Auf diese Weise soll der Grundsatz des *pacta sunt servanda* gestärkt werden.

II. Nichterfüllung (Art. 87 Abs. 1 GEK)

Der Begriff der Nichterfüllung ist in Art. 87 Abs. 1 GEK legaldefiniert als „jegliches Ausbleiben der Erfüllung der Verpflichtung, unabhängig davon ob entschuldigt oder nicht". Nichterfüllung liegt somit bei jedem unerlaubtem Abweichen vom Pflichtenprogramm der Parteien vor.[461] Es handelt sich damit um einen rein objektiven Nichterfüllungsbegriff[462], auf ein Verschulden kommt es dabei nicht an. Stattdessen muss aus objektiver Sicht festgestellt werden, welche Verpflichtung im Sinne des Art. 2 lit. gb) GEK-VO der Verkäufer zu erfüllen hat und ob er zu dem abweichenden Verhalten berechtigt war (etwa aufgrund eines Zurückbehaltungsrechts).[463] Das GEK liefert in Art. 87 Abs. 1 einen Katalog von sechs Tatbeständen, die, sofern zumindest einer erfüllt ist, als Nichterfüllung gelten. Aus der Formulierung „schließt folgendes ein" wird deutlich, dass es sich hierbei um keine abschließende Aufzählung handelt, gleichwohl dürfte es schwierig sein, insbesondere vor dem Hintergrund von Art. 87 Abs. 1 lit. f) GEK, weitere Tatbestände, die über den Katalog hinausgehen, zu finden.

Bei den aufgezählten Tatbeständen handelt es sich um die Nichtleistung bzw. Spätleistung (Art. 87 Abs. 1 lit. a) GEK), die Schlechtleistung (Art. 87 Abs. 1 lit. c) GEK), das jeweilige Pendant zu Nichtleistung und Schlechtleistung bei der Bereitstellung digitaler Inhalte (Art. 87 Abs. 1 lit. b) und d) GEK) sowie die Gegenstücke für den Verkäufer, die verspätete Zahlung bzw. Nichtzahlung (Art. 87 Abs. 1 lit. e) GEK). Hinzu kommt mit Art. 87 Abs. 1 lit. f) GEK ein Auffangtatbestand für jede „sonstige behauptete Erfüllung, die nicht vertragsgemäß ist".[464]

Im Gegensatz zur Wesentlichkeit, ist die Nichterfüllung im CISG nicht ausdrücklich definiert. Im DCFR ist sie („*non-performance*") in Art. III. – 1:102 Abs. 3 geregelt und als „any failure to perform the obligation whether or not excused, and includes delayed performance and any other performance which is not in accordance with the terms regulating the obligation" definiert. Für das GEK wurde also eine vom DCFR unabhängige Definition gewählt, die allerdings eine Reihe von Anschlussfragen aufwirft. So ist unklar, ob (i) sich die Nichterfüllung nur auf vertragliche oder auch auf gesetzliche Pflichten bezieht[465], (ii) von einer Nichterfül-

---

460 Zu diesem internationalen Trend im Allgemeinen, *Huber* in: MüKo-BGB, Art. 45 Rn. 6 ff; Kiene, S. 182; Honsell, JZ 2001, 278 (279).

461 *Schmidt-Kessel/Kramme* in: Schmidt-Kessel Kommentar, Art. 87 Rn. 4.

462 Lorenz, AcP 212 (2012), 702 (744).

463 So für das CISG etwa *Schroeter* in: Schlechtriem/Schwenzer, Art. 25 Rn. 18.

464 Zu den einzelnen Nichtleistungen ausführlich unter Teil 2.C.I.2.

465 Siehe hierzu unter Teil 2.B.II.1.

lung nur Primärpflichten oder auch (vertragliche) Schutzpflichten erfasst sind[466] und letztlich, (iii) wie jede „sonstige behauptete Erfüllung, die nicht vertragsgemäß ist" gem. Art. 87 Abs. 1 lit. f) GEK zu verstehen ist.[467] Diese Fragen sollen nachfolgend beantwortet werden. Nicht gesondert einzugehen ist im Rahmen dieser Arbeit auf die „entschuldigte Nichterfüllung" gem. Art. 88 GEK, da Art. 87 Abs. 1 GEK insoweit klar stellt, dass selbst eine entschuldigte Nichterfüllung doch eine Nichterfüllung i.S.d. Art. 87 GEK darstellt.[468]

1. Erfasste Pflichten

Vergleicht man die Formulierung des Art. 87 Abs. 1 GEK, „Die Nichterfüllung einer Verpflichtung [...]", mit der Formulierung aus Art. 45 Abs. 1 des CISG, „Erfüllt der Verkäufer eine seiner Pflichten nach dem Vertrag oder diesem Übereinkommen nicht [...]", so lässt sich feststellen, dass die Formulierung des GEK weniger präzise ist. Zwar ergibt sich zur Konkretisierung aus den Tatbeständen in Art. 87 Abs. 1 GEK, dass die Nichterfüllung unstreitig für vertragliche Verpflichtungen gilt. Weniger klar ist demgegenüber, ob unter Art. 87 Abs. 1 GEK auch gesetzliche Verpflichtungen fallen, deren Nichteinhaltung eine Nichterfüllung und damit Abhilfen auslösen können.

a. Meinungsstand in der Literatur

In der Literatur zu dieser Frage wird das Problem ohne nähere Begründung mit dem Hinweis darauf abgetan, dass selbstverständlich auch nicht eingehaltene gesetzliche Verpflichtungen eine Nichterfüllung auslösen müssen.[469] Auch zum DCFR wird lediglich darauf verwiesen, dass „prinzipiell gleichgültig [sei], ob die vertragliche Verpflichtung unmittelbar aus dem Vertrag oder dem Gesetz folgt [...]".[470]

b. Eigene kritische Würdigung

Diese Begründungen greifen allerdings zu kurz. Richtig ist zwar, dass aus dem bloßen Fehlen des Hinweises, dass die Nichterfüllung nach Art. 87 Abs. 1 GEK auch für gesetzliche Pflichten gelten soll, nicht geschlossen werden kann, dass Art. 87 Abs. 1 GEK nur für vertragliche Pflichten gelten soll. Das GEK muss nämlich keinem Vergleich mit dem CISG dergestalt standhalten, dass Abweichungen im Wortlaut zwingend eine abweichende Auslegung nach sich ziehen. Zu beachten ist hier hingegen der DCFR, in dem ebenfalls von „accordance with the terms regulating the obligation" die Rede ist, in dem also, wie im CISG, auch explizit auf gesetzliche

466 Siehe hierzu unter Teil 2.B.II.2.
467 Siehe hierzu unter Teil 2.B.II.3.
468 Ausführlich zur entschuldigten Nichterfüllung bei *Schmidt-Kessel* in: Schmidt-Kessel, S. 287 (295 ff.).
469 Lorenz, AcP 212 (2012), 702 (744).
470 Magnus, ZEuP 2007, 260 (263).

Verpflichtungen verwiesen wird. Nur vor diesem Hintergrund ist die oben erwähnte Aussage von *Magnus*[471] nachvollziehbar. Berücksichtigt man, dass der Begriff der Wesentlichkeit[472] aus dem DCFR ohne Abweichung im GEK übernommen wurde, so muss hinterfragt werden, ob der europäische Gesetzgeber bei der Frage der Nichterfüllung bewusst von DCFR und CISG abgewichen ist.

aa. Grammatische Auslegung

Betrachtet man den genauen Wortlaut näher, so spricht Art. 87 Abs. 1 GEK selbst lediglich von einer Verpflichtung. Eine Einschränkung auf vertragliche Verpflichtungen ist dem Artikel nicht zu entnehmen, der Begriff wird grundsätzlich offen verwendet. Der Begriff der Verpflichtung wiederum ist in Art. 2 lit. gb) GEK-VO definiert als eine Pflicht, die eine Partei eines Rechtsverhältnisses einer anderen Partei schuldet und auf deren Durchsetzung diese andere Partei einen Anspruch hat.[473] Für die Frage, ob hierunter nur vertragliche oder auch gesetzliche Verpflichtungen fallen, gibt die grammatische Auslegung insgesamt keine eindeutige Antwort.

bb. Systematische Auslegung

Ein klareres Bild ergibt sich auch dann nicht, wenn der Begriff der Verpflichtung systematisch ausgelegt wird, was deshalb möglich ist, da der Begriff an verschiedenen Stellen im GEK verwendet wird. So lauten zwar die Überschriften von Art. 91 ff. GEK und Art. 123 ff. GEK „Verpflichtungen des Verkäufers" bzw. „Verpflichtungen des Käufers". Aus den dann folgenden Artikeln, die die Hauptpflichten des Vertrags näher bestimmen und beispielsweise Angaben zum Zeitpunkt einer Leistung und dem Leistungsort beschreiben, ergibt sich allerdings ebenfalls, dass der Begriff nur offen verwendet wird. Eine Ableitung hieraus, ob nur vertragliche Verpflichtungen gemeint sind, lässt sich nicht treffen.

cc. Teleologische Auslegung

Widmet man sich dem Sinn von Art. 87 Abs. 1 GEK, so ergibt sich, dass auch gesetzliche Pflichten gemeint sein müssen. In dem zu Art. 87 Abs. 1 GEK gehörenden Katalog wird auf eine verspätete Lieferung als Beispiel für eine Nichterfüllung verwiesen. Oftmals wird aber, gerade im Internethandel, keine Lieferzeit im Vertrag bestimmt. Vielmehr gibt der Verkäufer typischerweise nur an, ob eine Ware überhaupt lieferbar ist oder nicht. Ist somit vertraglich diesbezüglich nichts vereinbart, muss für die Frage, ob eine Leistung verspätet ist, auf den gesetzlichen Regelfall zurückgegriffen werden. Im GEK ist der Lieferzeitpunkt in Art. 95 geregelt, wonach, sofern keine Zeit vertraglich vereinbart ist, die Leistung innerhalb einer angemessenen Zeit

---

471 Magnus, ZEuP 2007, 260 (263).

472 Näheres dazu unter Teil 2.B.III.

473 Die Definition geht zurück auf Art. III. – 1:102 Abs. 1 DCFR Full Edition.

ab Vertragsschluss zu erbringen ist.[474] Kann aber eines der Anwendungsbeispiele des Art. 87 Abs. 1 GEK in einer Vielzahl von Fällen nur unter Berücksichtigung des Gesetzeswortlauts zur Anwendung gelangen, so kann die Vorschrift folglich nicht ausschließlich auf vertragliche Einigungen beschränkt sein.

Dies wird auch durch Art. 106 GEK bestätigt, der die Nichterfüllung für die Geltendmachung sämtlicher Abhilfen voraussetzt. Sofern nun aber gesetzliche Wertungsmaßstäbe nicht zu berücksichtigen sind, wären sämtliche Abhilfen davon abhängig, dass die jeweiligen Pflichten detailliert im Vertrag niedergelegt sind. Dies wiederum würde zu einer unnötigen Aufblähung der Verträge führe. Gerade vor dem Hintergrund, dass das GEK hauptsächlich auf Verbraucher-Käufe Anwendung findet, würde dies seinem grundsätzlichen Ansinnen, möglichst anwenderfreundlich gestaltet zu sein, widersprechen.

Im Ergebnis zeigt die Auslegung, dass der europäische Gesetzgeber im Hinblick auf den Begriff der Nichterfüllung keine bewusste Abweichung vom DCFR vornehmen wollte. Eine Nichterfüllung nur für vertragliche Pflichten anzunehmen, widerspräche dem Grundgedanken des GEK, anwenderfreundlich sein zu wollen. Richtig ist zwar, dass ein Aufhebungsrecht immer nur als ultima ratio fungieren soll und auch der europäische Gesetzgeber die Vertragserhaltung als hohes Ziel schätzt.[475] Daraus kann allerdings nicht der Schluss gezogen werden, dass auch der Tatbestand eines Aufhebungsrechts möglichst eng gezogen werden sollte.

c. *Fazit*

Art. 87 Abs. 1 GEK ist bewusst weit und offen gefasst, die Untersuchung hat ergeben, dass es keine Anhaltspunkte dafür gibt, dass von diesem Grundsatz abzuweichen wäre. Dies gilt umso mehr, als dass bereits die Schwelle der Wesentlichkeit als Einschränkung fungiert. Insofern ist es aufgrund dieser Einschränkung unproblematisch, dass von der Nichterfüllung – wie auch *Lorenz*[476] ausführt – sowohl gesetzliche als auch vertragliche Verpflichtungen eine Nichterfüllung auslösen können. Damit gilt, dass auch eine Verletzung der Rückgewährpflichten nach einer bereits erklärten Beendigung zu einer Nichterfüllung führen kann.[477] Der Vorwurf mangelnder Präzision, wie von *Lorenz* erhoben, trifft indessen nicht zu. Die Vorschrift selbst schränkt sich bewusst nicht ein und spricht von Verpflichtungen. Mit Hilfe der gegebenen Auslegungsmethoden lässt sich eindeutig zeigen, dass dies sowohl gesetzliche als auch vertragliche Verpflichtungen meint. Eine Konkretisierung bzw. die Streichung der Regelbeispiele, wie von *Lorenz* gefordert, ist daher nicht notwendig und würde im Umkehrschluss dazu führen, dass ein unbedarfter Benutzer gegebenenfalls größere Schwierigkeiten in der Anwendung bekommt. Der Begriff

---

474 Die Frage der Angemessenheit ist an dieser Stelle noch ohne Belang, siehe hierzu aber ausführlich unter Teil 2.D.I.2.a.aa.

475 Siehe KOM (2011) 635, Erwägungsgrund 32.

476 Lorenz, AcP 212 (2012), 702 (744).

477 *Zoll* in: Schulze, Art. 87 Rn. 9.

der Verpflichtung ist insoweit ausreichend klar formuliert und kann entsprechend angewendet werden.

2. *Schutzpflichten*

a. *Abgrenzung von Leistungspflichten sowie Schutzpflichten*

Im Rahmen der Nichterfüllung ist auch die Frage zu klären, inwiefern hiervon nur Primärpflichten oder auch Schutzpflichten erfasst sind. Um sich dem Problem nähern zu können, ist es zunächst essentiell, die Begrifflichkeiten aus Sicht eines deutschen Anwenders sauber zu trennen.

Im deutschen Recht gibt es zunächst Leistungspflichten i.S.d. § 241 BGB. Hierunter zählen all jene Pflichten, mit denen ein Vertrag als solcher entsteht und die seine Eigenart kennzeichnen.[478] Wie oben gezeigt, können solche Pflichten aus einem Vertrag oder aus gesetzlichen Regelungen resultieren. Daneben gibt es in jedem Vertrag weitere Nebenleistungspflichten. Bereits aus dem Begriff selbst ergibt sich, dass auch diese Pflichten stets leistungsbezogen sind. Eine einheitliche Terminologie dieser Nebenleistungspflichten hat sich, jedenfalls nach deutschem Recht, nicht klar herauskristallisiert.[479] Vielfach werden sie als Nebenpflichten[480] oder Verhaltenspflichten[481], Unterlassungspflichten[482] bzw. Sorgfalts- oder Diligenzpflichten[483] bezeichnet. Trotz dieser zum Teil unterschiedlichen Begrifflichkeiten ist diesen Pflichten gemein, dass sie akzessorisch zur Hauptleistung sind und im deutschen Recht dem § 241 Abs. 1 BGB unterfallen. Sie können sich grundsätzlich aus Gesetz ergeben (z.B. Lieferort oder Zeitpunkt) oder aus dem Vertrag (hierunter kann zum Beispiel die Aushändigung einer Urkunde bzw. Garantieerklärung oder Anforderungen an die ordnungsgemäße Verpackung fallen).[484]

Davon abzugrenzen und strikt zu trennen sind Schutzpflichten, die keinen Leistungsbezug aufweisen und stattdessen dem Integritätsinteresse dienen.[485] Das Integritätsinteresse ist als das Interesse zu verstehen, den personen- und vermögensrechtlichen Status quo aufrechtzuerhalten[486], das heißt sie dienen gerade auch dem Schutz anderer Rechtsgüter.[487] Auch diese Pflichten werden im deutschen Recht mit

---

478 Larenz Schuldrecht I § 2 I.

479 *Olzen* in: Staudinger BGB, § 241 Rn. 147 ff.

480 *Grüneberg* in: Palandt, § 242 Rn. 27; *Teichmann* in: Soergel BGB (12. Auflage), § 242 Rn. 162.

481 Larenz Schuldrecht I § 2 I.

482 Lehmann, S. 166 ff.

483 Hölder, AcP 93 (1902), 1 (41. ff.); Stürner, JZ 1976, 384 (390).

484 *Bachmann* in: MüKo-BGB, § 241 Rn. 31 f.

485 *Olzen* in: Staudinger BGB, § 241 Rn. 153; a.A. *Bachmann* in: MüKo-BGB, § 241 Rn. 54 f.

486 *Grüneberg* in: Palandt, § 241 Rn. 6.

487 Canaris, JZ 1965, 475 (477).

einer Vielzahl von Begrifflichkeiten umschrieben: Schutzpflichten[488], Sorgfaltspflichten[489], Wohlverhaltenspflichten[490] aber auch Nebenpflichten[491]. Als Beispiele kommen hier grundsätzlich Informationspflichten in Betracht sowie sämtliche Aspekte, die das Vermögen und die Gesundheit der anderen Vertragspartei schützen sollen.

Sofern von den erstgenannten Leistungspflichten die Rede ist, wird im Folgenden der Begriff der Haupt- oder Nebenleistungspflicht verwendet, werden hingegen die letztgenannten Pflichten behandelt, so werden diese als Schutzpflichten bezeichnet, die zu schützenden Interessen sind die Integritätsinteressen.

b. Nebenleistungspflichten

Die reinen Nebenleistungspflichten sind im GEK eindeutig[492] und – in Übereinstimmung mit dem CISG[493] – klar geregelt. Bereits aus der Systematik ergibt sich, dass das GEK neben den Hauptpflichten, die in Art. 91 und Art. 123 GEK auch so bezeichnet werden, weitere Leistungspflichten statuiert, die es zu erfüllen gilt – die Ware muss zum Beispiel mit entsprechenden Anleitungen bzw. notwendigen Dokumenten geliefert werden. Eine Unterscheidung zwischen Hauptleistungs- und Nebenleistungspflichten erschiene oftmals willkürlich: Einen Unterschied zwischen einer Schlechtleistung und einer Spätleistung bzw. zwischen Nichtlieferung der Ware und Nichtlieferung einer dazugehörenden Urkunde ist, jedenfalls für die Frage, ob eine Nichterfüllung vorliegt, daher richtigerweise nicht zu erkennen. Ob die Verletzung einer Nebenleistungspflicht im Einzelfall ein Beendigungsrecht rechtfertigt, kann anhand des Merkmals der Wesentlichkeit hinreichend differenziert entschieden werden. Einer grundsätzlichen Differenzierung in Haupt- und Nebenleistungspflichten bedarf es insofern nicht. Dem widersprechen auch die Regelbeispiele des Art. 87 Abs. 1 GEK nicht. So ist die oben schon vielfach erwähnte, verspätete Lieferung ein klassisches Beispiel für eine Nebenleistungspflicht und zeigt, dass das GEK keine Unterschiede zwischen Haupt- und Nebenleistungspflichten kennt.[494]

c. Schutzpflichten

aa. Problemaufriss

Weniger klar ist die Lage im Hinblick auf die Schutzpflichten. Auch in diesem Fall ergeben sich Zweifel vor allem aus einer vergleichenden Betrachtung mit dem CISG: Das CISG spricht in Art. 45 CISG von „Pflichten nach dem Vertrag oder diesem Übereinkommen". Da es im CISG gesetzliche Schutzpflichten gibt, kann aus der

488 Thiele, JZ 1967, 649 (650 ff.); Gerhardt, JZ 1970, 535 ff.
489 Lorenz, JZ 1960, 108 (111).
490 Fikentscher/Heinemann, Rn. 21.
491 Esser/Schmidt, § 6 IV; *Böttcher/Hohloch* in: Erman, § 242 Rn. 64 ff.
492 Missverständlich hierzu Lorenz, AcP 212 (2012), 702 (744).
493 *Müller-Chen* in: Schlechtriem/Schwenzer, Art. 45 Rn. 3.
494 Ebenso: *Schopper* in: Wendehorst/Zöchling-Jud, S. 107 (109).

Formulierung nur der Schluss gezogen werden, dass Art. 45 Abs. 1 CISG sowohl für Leistungs- als auch für Schutzpflichten gilt.[495] Im Gegensatz dazu ist im GEK vom „Ausbleiben der Erfüllung der Verpflichtung“ die Rede, die Norm liefert zu Zwecken der Klarstellung, einen Katalog mit Beispielen hierfür, der in lit. a) bis lit. e) ausschließlich Haupt- bzw. Nebenleistungspflichten auflistet.[496] Auch der einzig offene Tatbestande – Art. 87 Abs. 1 lit. f) GEK könnte, unabhängig davon, wie die Formulierung „jede sonstige behauptete Erfüllung“ an sich zu verstehen ist[497], letztlich so verstanden werden, dass nur jede sonstige *Leistungspflicht* darunter zu fassen ist. Aufgrund der Regelbeispiele stellt sich damit im GEK die Frage, ob Art. 87 Abs. 1 GEK nur für Leistungspflichten gelten soll.

bb. Meinungsstand in der Literatur

In der bisher zu dieser Frage erschienenen Literatur gibt es zwei gegenläufige Ansätze. Auf der einen Seite wird vertreten, dass Schutzpflichten vom GEK nicht erfasst sind.[498] Argument hierfür ist vor allem, dass es sich typischerweise um deliktische Ansprüche handelt, die nur im deutschen Recht auch im Vertragsrecht mitgeregelt sind. Auf der anderen Seite wird vertreten, dass auch Schutzpflichten unter Art. 87 Abs. 1 GEK fallen.[499] Dies wird damit begründet, dass das Integritätsinteresse ohnehin Teil des Leistungsinteresses sei, sich eine klare Linie zwischen Leistungs- und Schutzinteresse nicht ziehen lasse und dass sich, letztlich, Folgefragen des Integritätsinteresses nicht alleine im Wege des Schadensersatzes lösen lassen, sondern typischerweise eine Frage des Vertragsrechts seien.

cc. Eigene kritische Würdigung

Es wäre zu kurz gegriffen, die Frage, ob Schutzpflichten im GEK geregelt werden sollen, mit dem Hinweis auf ein Missverständnis zu beantworten.[500] Ein solches ist zwar denkbar, aber auch eine bewusste politische Entscheidung kann nicht ausgeschlossen werden. Zu kurz gegriffen ist es auch, anzunehmen, dass das Integritätsinteresse sowieso Teil des Leistungsinteresses des Käufers sei, soweit es um die Bestimmungen der geschuldeten Qualität der Ware geht und eine Abgrenzung z.B. in Art. 148 GEK nicht möglich sei.[501] Folgendes Beispiel zeigt, dass es durchaus Fälle gibt, in denen die Abgrenzung zwischen Leistungs- und Schutzinteresse sehr schwer

495 *Müller-Chen* in: Schlechtriem/Schwenzer, Art. 45 Rn. 3.
496 Im Detail zu den einzelnen Vorschriften unter Teil 2.C.I.2.a und Teil 2.C.I.2.b.
497 Hierzu unter Teil 2.C.I.2.c.
498 *Faust* in: Remien/Herrler/Limmer, Rn. 2.
499 *Schmidt-Kessel* in: Schmidt-Kessel, S. 287 (292); *Schmidt-Kessel/Kramme* in: Schmidt-Kessel Kommentar, Art. 87 Rn. 21 f.; unklar, ob Lorenz, AcP 212 (2012), 702 (744), sich auf Nebenleistungspflichten oder Nebenpflichten im Sinne der hier verwendeten Definition Schutzpflichten bezieht.
500 So aber Lorenz, AcP 212 (2012), 702 (744).
501 So aber *Schmidt-Kessel* in: Schmidt-Kessel, S. 287 (292).

fällt: Der deutsche Verbraucher V bestellt im Internet für die Renovierung seiner Sommerwohnung einen Glasschneider beim französischen Versandhändler H. Den H trifft dabei die Pflicht, den V über die richtige Bedienung aufzuklären.[502] Auch wenn in diesem Beispiel die Aufklärungspflicht sowohl dem Schutz- als auch dem Leistungsinteresse dient, ist die Zielrichtung dieser Pflichten eine jeweils andere. Einmal geht es um die ordnungsgemäße Bedienung des Glasschneiders, um z.B. Fenster zurechtzuschneiden. Zusätzlich betrifft die Aufklärung aber auch unmittelbar die Gesundheit des Käufers, da bei unsachgemäßem Gebrauch des Glasschneiders körperliche Schädigungen die Folge sein könnten. Die Lösung dieses Beispiels kann daher nicht sein, dass man Leistungs- und Integritätsinteresse „zusammenwirft", da hierdurch den unterschiedlichen Zielrichtungen gerade nicht Rechnung getragen werden könnte. Stattdessen muss eine Differenzierung mit Hilfe der zur Verfügung stehenden Auslegungsmethoden gefunden werden.

Keinen Einfluss auf die Lösung hat im Übrigen die Frage, ob Schutzpflichten im GEK als gesetzliche oder als vertragliche Pflichten zu qualifizieren sind. Obwohl die Frage im deutschen Recht stark umstritten ist[503], kann und soll sie hier offen bleiben: Unter Beachtung des oben gefundenen Ergebnisses, wonach eine Nichterfüllung i.S.d. Art. 87 Abs. 1 GEK sowohl durch die Verletzung einer vertraglichen als auch einer gesetzlichen Pflicht ausgelöst werden kann, wären Schutzpflichten hiervon erfasst.

(1) Argumente gegen eine Einbeziehung von Schutzpflichten

Ein Argument gegen die Einbeziehung sind die Regelbeispiele in Art. 87 Abs. 1 GEK, aus denen geschlossen werden könnte, dass grundsätzlich nur Hauptpflichten zu einer Nichterfüllung führen können. *Schmidt-Kessel* sieht Anhaltspunkte, die für ein solches Verständnis sprechen, bereits in den Einleitenden Bestimmungen[504],

---

502 Der Fall ist angelehnt an das abstrakte Beispiel bei *Olzen* in: Staudinger BGB, § 241 Rn. 162.

503 Die Frage, ob Schutzpflichten i.S.d. § 241 Abs. 2 BGB gesetzlicher oder vertraglicher Art sind, ist in Deutschland nach wie vor stark umstritten. Es wurde und wird einerseits vertreten, dass es sich bei den Schutzpflichten um einen eigenen Haftungsgrund zwischen deliktischer und vertraglicher Haftung handelt (so Canaris, JZ 1965, 475, 477), auf der anderen Seite werden die Schutzpflichten unter Verkehrspflichten im Rahmen des Deliktsrechts zusammengefasst (Mertens, AcP 178 (1978), 227 (235 ff.); von Bar, JuS 1982, 637 (645); Müller/Hempel, AcP 205 (2005), 246 (248 f.). Der Gesetzgeber hat die Lösung im Rahmen der Schuldrechtsmodernisierung bewusst offen gelassen (BT-Drucks. 14/6040, S. 126), so dass die wohl h.M. auch heute keine genaue Festlegung vornehmen will (*Schulze* in: Hk-BGB, § 241 Rn. 4; *Schubert* in: MüKo-BGB, § 242 Rn. 32 ff.; *Medicus* in: FS Canaris 835 (838 f.)). Laut Kuhlmann, S. 159 f. ist die gesetzliche Herleitung der Regelfall, die rechtsgeschäftliche eher die Ausnahme. Das Ergebnis ist letztlich aber von rein dogmatischer Relevanz.

504 *Schmidt-Kessel* in: Schmidt-Kessel, S. 287 (292).

die keinen Hinweis darauf enthalten, dass das GEK das Integritätsinteresse der Parteien ausdrücklich regeln wollte. Dies wiederum wird damit begründet, dass ein solches Interesse in erster Linie eine deutsche und französische Besonderheit sei, weshalb es nicht verwundere, dass das Europäische Kaufrecht keine solchen Regelungen enthalte.[505]

(2) Argumente für eine Einbeziehung von Schutzpflichten

Dem widerspricht jedoch die Schaffung der Treu-und-Glaubensvorschrift in Art. 2 GEK. Genau jene Vorschrift ist es, die ein Integritätsinteresse auch für das GEK ausdrücklich begründet, so dass konsequenterweise der Schutz dieses Interesses auch Teil des Pflichtenkatalogs der Parteien werden muss.[506] Richtig ist zwar, dass eine dem § 241 Abs. 2 BGB vergleichbare Regelung fehlt, aus der im deutschen Recht unstreitig[507] die gegenseitigen Rücksichtnahmepflichten hergeleitet werden. Übersehen wird dabei aber, dass die entsprechende Norm auch erst 2002 im Rahmen der Schuldrechtsreform in das BGB eingefügt wurde.[508] Nicht aber erst mit ihr wurden Rücksichtnahmepflichten in das BGB integriert, sondern bereits weit vorher war anerkannt, dass sich eben solche Pflichten aus § 242 BGB ableiten lassen – aus Treu und Glauben.[509]

Wie bereits dargestellt[510], wird Art. 2 GEK ausgefüllt durch die in der Europäischen Union herrschenden sozialethischen Wertvorstellungen. Zweifelsohne zählt der Schutz des Lebens, der Gesundheit und des Vermögens zu den in der Europäischen Union herrschenden Wertvorstellungen.[511] Insofern kann nur davon ausgegangen werden, dass – ebenso wie im deutschen Recht, das auf übereinstimmenden Wertvorstellungen beruht – das Integritätsinteresse von Treu und Glauben geschützt werden soll. Art. 3 GEK postuliert darüber hinaus eine Pflicht zusammenzuarbeiten, woraus im Zusammenspiel mit Art. 2 GEK, ebenfalls abgeleitet werden kann, dass das Integritätsinteresses der jeweils anderen Partei im GEK geschützt ist. Damit sind von Art. 87 Abs. 1 GEK grundsätzlich auch Schutzpflichten umfasst.

---

505 *Faust* in: Remien/Herrler/Limmer, Rn. 2.

506 *Schmidt-Kessel* in: Schmidt-Kessel, S. 287 (292) lässt diesen Gedanken zwar zu, hält ihn letztlich aber nicht für durchschlagend.

507 Siehe dazu statt vielen: *Bachmann* in: MüKo-BGB, § 241 Rn. 103 ff.

508 *Bachmann* in: MüKo-BGB, § 241 Rn. 46.

509 Siehe zu § 242 und Schutzpflichten vor der Schuldrechtsreform: Larenz Schuldrecht I § 2.

510 Siehe hierzu unter Teil 1.C.I.2.c.

511 Dies wird beispielsweise deutlich durch die Klauselrichtlinie (zur Richtlinie siehe Fußnote 262), die AGB-Klauseln regelt und in Anhang 1 unter anderem Anforderungen an Klauseln stellt, die gegen das Integritätsinteresse verstoßen.

(3) Rückausnahme für Beendigung

Das Ergebnis würde weitestgehend Art. 45 CISG entsprechen, so dass hinsichtlich der Voraussetzungen ein Gleichlauf zwischen Abhilfen des GEK und Rechtsbehelfen des CISG bestünde. Voraussetzung für eine Aufhebung nach Art. 49 Abs. 1 CISG ist allerdings das Vorliegen einer wesentlichen Pflichtverletzung i.S.v. Art. 25 CISG. Die Schutzpflichten fallen aber nur dann unter Art. 25 CISG, wenn sie vertraglich vereinbart sind.[512] Im Gegensatz zum deutschen Recht, das eine vertragliche Einbeziehung solcher Schutzpflichten auch konkludent annimmt[513], ist solch eine konkludente Aufnahme im CISG nicht in diesem Umfang anerkannt.[514] Die Annahme, dass Schutzpflichten also in jedem Fall von einer Nichterfüllung in Art. 87 Abs. 1 GEK umfasst wären, entspräche damit zwar weitestgehend dem BGB, ginge aber über das CISG hinaus. Es ist daher zu fragen, ob eine teleologische Reduktion des Anwendungsbereiches notwendig ist, so dass auch im GEK nur eindeutig vertraglich vereinbarte Schutzpflichten bei der Beendigung Berücksichtigung finden.

Dieser Ansatz muss jedoch klar abgelehnt werden. Wie oben angedeutet[515], ist es für das deutsche Recht bis heute nicht möglich gewesen, die Frage zu klären, ob Schutzpflichten vertraglicher oder gesetzlicher Natur sind. Auch für das GEK gibt es hierzu bisher keine Aussagen. Entscheidend ist vielmehr, dass klar ist, dass das GEK das Integritätsinteresse schützen will, unabhängig davon, woran solch eine Schutzpflicht anknüpft. Eine teleologische Reduktion würde im Ergebnis nur dazu führen, dass im Einzelfall Streit darüber entsteht, ob die entsprechende Schutzpflicht vertraglich vereinbart ist oder nicht. Gerade angesichts der bewusst weit gewählten Formulierung des Art. 87 Abs. 1 GEK sollten Einzelfalldebatten vermieden werden.

d. Fazit

Es lässt sich feststellen, dass sowohl vertragliche als auch gesetzliche Haupt-, Nebenleistungs- sowie Schutzpflichten im Falle ihrer Nichteinhaltung zu einer Nichterfüllung führen. Der Anwendungsbereich ist vom Gesetzgeber bewusst weit gewählt und sollte auch nicht im Wege einer nachträglichen Korrektur beschränkt werden. Allerdings sind die in Art. 87 Abs. 1 GEK aufgeführten Regelbeispiele nicht geeignet, klar zum Ausdruck zu bringen, dass auch die Nichteinhaltung von Schutzpflichten zu einer Nichterfüllung führen können. Es sollte daher bei einer künftigen Änderung des GEK – z.B. in Art. 87 Abs. 1 lit. f) GEK oder an ähnlicher Stelle – klargestellt werden, dass nicht nur Leistungs-, sondern auch Schutzpflichten von dem Katalog umfasst sein sollen. Durch eine solche Präzisierung, könnte die Anwendung des GEK erleichtert werden.

---

512 *Schroeter* in: Schlechtriem/Schwenzer, Art. 25 Rn. 17.
513 Siehe *Bachmann* in: MüKo-BGB, § 241 Rn. 103.
514 *Schroeter* in: Schlechtriem/Schwenzer, Art. 25 Rn. 17.
515 Siehe hierzu unter Teil 2.B.II.2.c.cc.

3. *Jede sonstige behauptete Erfüllung*

Auch die Formulierung in Art. 87 Abs. 1 lit. f) GEK, „jede sonstige behauptete Erfüllung, die nicht vertragsgemäß ist", bedarf der Konkretisierung. Die Behauptung einer Partei, die Erfüllung sei nicht vertragsgemäß, könnte so verstanden werden, dass dies zu einer Nichterfüllung i.S.d. Art. 87 Abs. 1 GEK führen soll. Hieraus würde aber folgen, dass eine der Parteien einfach erklären könnte, die Leistung sei nicht vertragsgemäß, so dass eine Nichterfüllung vorläge. Hierdurch könnte die Partei, die die Nichterfüllung behauptet, unmittelbar jegliche Abhilfen geltend machen. Die Nichterfüllung wäre somit jeglichem objektivem Maßstab entzogen. Selbst die Schwelle der Wesentlichkeit wäre keine große Hürde mehr, da die Behauptung, die Hauptleistung sei nicht vertragsgemäß erbracht, ausreichend dafür sein würde, die Wesentlichkeit zu bejahen. Dies kann nicht gewollt sein. Sinnvoll wäre die Regelung nur, wenn es um jede sonstige nicht vertragsgemäße Erfüllung geht, die natürlich dem Vertragspartner erklärt werden muss. Bei der Formulierung „behauptete Erfüllung, die nicht vertragsgemäß ist", muss es sich um ein redaktionelles Versehen handeln.[516] Dies bedarf der Korrektur.

III. Wesentlichkeit der Nichterfüllung (Art. 87 Abs. 2 GEK)

1. *Allgemeines*

In Art. 87 Abs. 2 GEK ist die Wesentlichkeit der Nichterfüllung geregelt. Wie bereits mehrfach angesprochen, werden hierdurch besonders „drastische" Abhilfen, das heißt vor allem die Beendigung, eingeschränkt.[517] Das Erfordernis der Wesentlichkeit gilt – abgesehen von Art. 114 Abs. 1 GEK für die Beendigung wegen Nichterfüllung – nur noch für die Zurückweisung der Heilung nach Art. 109 Abs. 4 lit. c) GEK. Die Wesentlichkeit erfüllt damit eine ähnliche Aufgabe wie § 323 Abs. 2 und § 326 Abs. 5 BGB.[518] Anders als beispielsweise Art. 46 Abs. 2 CISG ist die Wesentlichkeit allerdings keine Voraussetzung für eine Ersatzlieferung gem. Art. 110, 111 GEK.[519] Der Grund für die unterschiedliche Voraussetzung ist in den unterschiedlichen Anwendungsbereichen der Gesetze (Verbraucher-Kauf bzw. Unternehmer-Kauf) zu sehen.

Die Wesentlichkeit liegt dann vor, wenn (i) eine Partei der anderen einen erheblichen Teil dessen vorenthält, was diese nach dem Vertrag erwarten durfte, es sei denn, dass die nichterfüllende Partei zum Zeitpunkt des Vertragsschlusses diese Folge nicht vorausgesehen hat und auch nicht voraussehen konnte (Art. 87 Abs. 2

516 Im Ergebnis so auch Lorenz, AcP 212 (2012), 702 (744).

517 Ähnlich *Schmidt-Kessel/Kramme* in: Schmidt-Kessel Kommentar, Art. 87 Rn. 12; *Zoll* in: Schulze, Art. 87 Rn. 28.

518 Lorenz, AcP 212 (2012), 702 (745).

519 *Schmidt-Kessel* in: Schmidt-Kessel, S. 287 (294); *Schmidt-Kessel/Kramme* in: Schmidt-Kessel Kommentar, Art. 87 Rn. 12.

lit. a) GEK) oder (ii) eine Partei klar erkennen lässt, dass sich die andere Partei nicht auf die künftige Erfüllung verlassen kann (Art. 87 Abs. 2 lit. b) GEK).

Im Nachfolgenden sollen die einzelnen Elemente der Wesentlichkeit näher untersucht werden. Die Vorschrift ähnelt (im Gegensatz zu Art. 87 Abs. 1 GEK) stark Art. 25 CISG bzw. dem DCFR[520]. Anhaltspunkte dafür, dass die Schwelle der Wesentlichkeit niedriger als im CISG anzusetzen ist[521], sind nicht ersichtlich: Der Wortlaut entspricht im Wesentlichen dem des CISG[522] und auch inhaltlich dient die Wesentlichkeitsschwelle in GEK und CISG demselben Ziel, nämlich der Erschwerung einer Geltendmachung einer Beendigung bei nur unbedeutenden Vertragswidrigkeiten, das heißt sie dient in beiden Gesetzen der Vertragserhaltung.[523] Im Ergebnis handelt es sich also nur um „semantische Unschärfen", eine inhaltliche Abweichung ist hierin nicht zu sehen. Im Rahmen der oben genannten Möglichkeiten[524] kann auf Rechtsprechung und Literatur zum CISG sowie Begründungen zum DCFR zurückgegriffen werden. Neu ist – im Vergleich mit dem CISG – Art. 87 Abs. 2 lit. b) GEK, weshalb diese Variante vertieft zu untersuchen sein wird.

2. *Vorenthalten eines wesentlichen Teils (Art. 87 Abs. 2 lit. a) GEK)*

a. *Wesentlicher Teil*

aa. Allgemeines

Voraussetzung ist zunächst, dass eine Partei der anderen Partei einen wesentlichen Teil dessen vorenthält, was diese nach dem Vertrag erwarten durfte. Die Regelung entspricht Art. III. – 3:305 Abs. 2 DCFR und wie dort angelegt, enthält die Norm zwei Elemente: (i) was durfte die Partei nach dem Vertrag erwarten und (ii) ist der vorenthaltene Teil wesentlich.

---

520 Art. III. – 3:502 Abs. 2 lit. a) DCFR Full Edition.

521 So aber *Schmidt-Kessel* in: Schmidt-Kessel, S. 287 (294).

522 Noch deutlicher wird es, wenn man die Originalfassung des CISG mit der englischen Fassung des GEK vergleicht, in der es auf der einen Seite heißt „A breach [...] is fundamental if it results in such detriment to the other party as substantially to deprive him of what he is entitled to expect under the contract [...]." (Art. 25 CISG) und auf der anderen Seite „ Non-performance [...] is fundamental if [...] it substantially deprives the other party of what that party was entitled to expect under the contract [...]" (Art. 87 Abs. 2 GEK) bzw. jeweils in der französischen Fassung: „Une contravention au contrat commise par l'une des parties est essentielle lorsqu'elle cause à l'autre partie un préjudice tel qu'elle la prive substantiellement de ce que celle-ci était en droit d'attendre du contrat [...]" (Art. 25 CISG) und „L'inexécution d'une obligation par une partie est essentielle si [...] elle prive substantiellement l'autre partie de ce qu'elle était en droit d'attendre du contrat [...]". Abgesehen von einem abweichenden Satzbau gleichen sich die Normen in beiden Sprachen.

523 Siehe hierzu auch unter Teil 2.B.IV.

524 Siehe dazu unter Teil 1.C.I.2.e.bb.

Die Beantwortung der Frage, was die Parteien von dem Vertrag erwarten dürfen, richtet sich im Wesentlichen nach dem Wesen und den konkreten Vereinbarungen des Vertrags. So liefert der DCFR zahlreiche Anhaltspunkte, die von Bedeutung sein können, wie z.B. die Frage, ob der Vertrag eine strikte Befolgung vorsieht, die Partei mit Spielraum ausstattet oder ob es zwischen den Parteien Absprachen gibt, wie Verträge gewöhnlich zu erfüllen sind. Konkrete Beispiele sind eine fixe Terminabsprache oder bestimmte Urkunden, die exakt ausgefüllt sein müssen.[525] Der DCFR stellt darüber hinaus auch auf subjektive Fähigkeiten der Parteien ab. Danach sei zu unterscheiden, ob die Leistung von einem gutbezahlten Spezialisten oder einem einfachen Angestellten ausgeführt werde.[526] Eine solche Unterscheidung ist im DCFR durchaus sinnvoll, insbesondere wenn man sich vor Augen führt, dass Art. III. – 3:502 im Überabschnitt „General provisions" aufgeführt ist. Die Vorschrift gilt nicht nur – wie das GEK – für Kaufverträge, sondern für Schuldverträge generell. Insbesondere im Bereich des Werkvertragsrechts dürfte sie regelmäßig sinnvoll anzuwenden sein. Eine vergleichbare Anwendung für das GEK ist daher rein praktisch wohl nur selten möglich, sie sollte gleichwohl nicht grundsätzlich ausgeschlossen sein. Das Beispiel des Spezifikationskaufs zeigt, dass auch im Bereich des Kaufrechts subjektive Fähigkeiten von Bedeutung sein können. Sofern der Verkäufer die Ware auf Angaben des Käufers herstellt, können auch im GEK die subjektiven Fähigkeiten von Bedeutung sein.[527] Auch die Beantwortung der Frage, was von dem, was die Parteien erwarten durften, wesentlich ist, hängt von den negativen Auswirkungen auf das Käuferinteresse ab.[528] Wie im CISG ist auch im GEK ein Wegfall des Interesses zu bejahen, wenn der Käufer das Interesse an der Durchführung des Vertrags verliert.[529] Für die Bewertung der Interessenbeeinträchtigung sind die vertraglichen Regelungen besonders zu beachten. Ob eine Beeinträchtigung wesentlich ist, hängt damit auch immer vom Einzelfall ab.[530]

(1) Subjektive oder objektive Elemente bei der Bestimmung der Wesentlichkeit

(a) Exkurs: Darstellung des Streitstands zum CISG

Für das UN-Kaufrecht ist umstritten, wie der Hinweis auf die vertraglichen Regelungen zu verstehen ist. Nach einer Ansicht lässt der Vertrag nicht nur die Pflichten der Parteien entstehen, sondern legt auch das Gewicht der einzelnen Pflichten fest. Es ist daher auch an den Parteien selbst, klarzustellen, welchen Pflichten sie besondere

525 DCFR Full Edition, Art. III. – 3:502 B.

526 DCFR Full Edition, Art. III. – 3:502 B.

527 Zum Anwendungsbereich des GEK siehe unter Teil 1.B.II.1.

528 So für das CISG Flessner, ZEuP 1997, 255 (296 f.).

529 So für das CISG auch Benicke, IPRax, 1997, 326 (329).

530 So auch für den DCFR: DCFR Full Edition, Art. III. – 3:502 B.; für das CISG: *Schroeter* in: Schlechtriem/Schwenzer, Art. 25 Rn. 21; *Benicke* in: MüKo-HGB, Art. 25 Rn. 6.

Bedeutung zumessen wollen, mithin welcher Verstoß gegen welche Pflichten wesentlich werden könnte.[531]

Die gegenteilige Ansicht stellt alleine auf das Ausmaß der Folgen des Pflichtenverstoßes ab.[532] Danach findet die Beurteilung der Beeinträchtigung des Gläubigerinteresses aus einem Zusammenspiel zwischen den vertraglichen Vereinbarungen und dem objektiven Maß der Beeinträchtigung statt.

(b) Übertragung auf das GEK

Diese Diskussion kann so auch im GEK geführt werden, weil der Wortlaut auch hier nicht vollständig eindeutig ist. Es spricht viel dafür, der zweitgenannten Ansicht zu folgen, dass die Abreden zwischen den Parteien ausschlaggebend sind, eine objektive Korrektur aber vorgenommen werden muss.[533] Selbst die Verfechter der ersten Ansicht gestehen zu, dass oftmals gerade das Ausmaß eines Schadens eine wichtige Rolle einnehmen wird, welche oftmals erst durch Auslegung gem. Art. 8 CISG von einem Gericht in den Vertrag interpretiert wird.[534] Letztlich ist der Wille auch im Wege der Auslegung oftmals nur schwer zu ermitteln. Darüber hinaus ist das Abstellen auf einen neutralen Richter, der den Vertrag auslegen soll, nicht anderes als eine Form der Objektivierung, so dass das Ausmaß des Pflichtenverstoßes eine objektiv zu beantwortende Frage ist.

Nimmt man die vertraglichen Abreden als Grundlage und betrachtet dann einen eingetretenen Schaden anhand eines objektiven Maßstabs, lassen sich die von Vertretern der beiden Meinungen angesprochenen Probleme lösen. So kann auf der einen Seite der Fall berücksichtigt werden, dass Parteien sich einer Leistung in besonderer Weise bewusst sind, dies im Vertrag entsprechend regeln und in diesem Fall ein drohender Schaden als wesentliche Nichterfüllung oder eine bestimmte Nichtleistung als unwesentliche Nichterfüllung qualifiziert werden kann.[535] Auf der anderen Seite können Leistungen, denen die Parteien kein besonderes Gewicht beigemessen haben, deren Nichterfüllung aber zu einem ungewöhnlich hohen Schaden führt, als wesentliche Nichterfüllung qualifiziert werden.[536]

(2) Anwendungsfälle

Ausgehend von der großen Ähnlichkeit zwischen Art. 87 Abs. 2 lit. a) GEK und Art. 25 CISG, dürfte es sich auch im GEK in den folgenden Fällen[537] um wesentliche

---

531 *Schroeter* in: Schlechtriem/Schwenzer, Art. 25 Rn. 22; OGH, Urt. v. 21.06.2005, Az.: 5Ob45/05m, IHR 2005, 195 (196); *von Caemmerer* in: FS Coing, S. 33 (51 f.).
532 *Benicke* in: MüKo-HGB, Art. 25 Rn. 8; *Gsell* in: Honsell CISG; Art. 25 Rn. 22.
533 Anders wohl *Schmidt-Kessel* in: Schmidt-Kessel, S. 287 (294).
534 So für das CISG: *Benicke* in: MüKo-HGB, Art. 25 Rn. 8 f.
535 So für das CISG: *Schroeter* in: Schlechtriem/Schwenzer, Art. 25 Rn. 22.
536 So *Benicke* in: MüKo-HGB, Art. 25 Rn. 8.
537 Siehe zu der Möglichkeit auf Rechtsprechung zum CISG zurückgreifen zu können unter Teil 1.C.I.2.e.bb.

Vertragsverletzungen handeln: Nichtleistung der Ware[538], ernsthafte und endgültige Erfüllungsverweigerung[539], verspätete Lieferung im Fixgeschäft[540] und Lieferung unter der Bedingung erhöhter Zahlung.[541] Keine wesentliche Pflichtverletzung dürfte auch im GEK vorliegen bei Lieferung an den falschen Ort[542] und bei einfacher verspäteter Lieferung.[543] Schwierig ist die Abgrenzung bei Sachmängeln. Hier kommt es in erster Linie auf Parteivereinbarungen an.[544] Liegen solche Vereinbarungen nicht vor, ist es Sache des Richters, im Einzelfall zu entscheiden. An dieser Stelle darf keinesfalls „blindlings" auf die Rechtsprechung zum CISG zurückgegriffen werden. Das GEK ist vor allem für Verbraucher-Käufe geschaffen, es ist anzunehmen, dass Gerichte hier strenger, das heißt zugunsten des Verbrauchers, urteilen werden.

bb. Vorsätzliche Vertragsverletzung

(1) Exkurs: Situation im CISG

Zum UN-Kaufrecht aufgeworfen – aber nicht entschieden – wurde durch den BGH[545] die Frage, ob eine vorsätzliche Vertragsverletzung immer auch eine wesentliche Vertragsverletzung darstelle. Die überwiegende Mehrheit in der Literatur lehnt eine entsprechende pauschale Annahme jedoch ab.[546] Begründet wird dies einerseits mit dem Wortlaut des Art. 25 CISG („Eine [...] begangene Vertragsverletzung ist wesentlich, wenn sie für die andere Partei solchen Nachteil zur Folge hat [...].") Danach ist gerade im Einzelfall zu prüfen, ob überhaupt ein Nachteil vorliegt. Es könne der Fall gegeben sein, dass der Verkäufer eine andere als die bestellte Sache liefert, der Käufer diese Sache aber viel besser gebrauchen kann.[547] Andererseits spricht dagegen auch die Regelungssystematik des CISG. So spielt

538 Zum CISG siehe ICC International Court of Arbitration, Urt. v. 01.03.1999, Az.: 9978/1999, CISG-online 708; wegen Unmöglichkeit LG Freiburg, Urt. v. 22.08.2002, Az.: 8 O 75/02, IHR 2003, 22 (23); bei anderweitigem zwischenzeitlichen Verkauf OLG Celle, Urt. v. 24.05.1995, Az.: 20 U 76/94, CISG-online 152.

539 OLG München, Urt. v. 15.09.2005, Az.: 7 U 2959/04, IHR 2005, 70 (71).

540 Für das CISG: OLG Düsseldorf, Urt. v. 24.04.1997, Az.: 6 U 87/96, CISG-online 385; OLG Hamm, Urt. v. 12.11.2001, Az.: 13 U 102/01, CISG-online 1430; *Benicke* in: MüKo-HGB, Art. 25 Rn. 19.

541 Für das CISG: Schiedsgericht Hamburger freundschaftliche Arbitrage, Schiedsspruch vom 29.12.1998, NJW-RR 1990, 780 (782).

542 Für das CISG: OLG Oldenburg, Urt. vom 22.09.1998, Az.: 12 U 54/98, NJW-RR 2000, 1364.

543 Lorenz, AcP 212 (2012), 702 (744); für den DCFR ebenso Huber, ZEuP 2008, 708 (726).

544 *Schroeter* in: Schlechtriem/Schwenzer, Art. 25 Rn. 44 f.

545 BGH, Urt. v. 03.04.1996, Az.: VIII ZR 51/95, NJW 1996, 2364 (2367).

546 *Schroeter* in: Schlechtriem/Schwenzer, Art. 25 Rn. 19; Benicke, IPRax 1997, 326 (330); Kiene, S. 72; *Saenger* in: Bamberger/Roth, Art. 25 Rn. 8b.

547 Kiene, S. 72.

die vorsätzliche Nichterfüllung nur im Rahmen des Art. 40 CISG eine Rolle[548], im Übrigen wird nicht nach dem Verschuldensgrad differenziert.[549] Darüber hinaus sei eine vorsätzliche Nichterfüllung dann aber zu berücksichtigen, wenn sie zu einem Wegfall der Vertrauensgrundlage führt und eben jene Vertrauensgrundlage für die weitere vertragliche Beziehung von Bedeutung ist, also zum Beispiel wenn noch Leistungen zu erbringen sind.[550] Andernfalls sind die Parteien durch andere Abhilfen wie Schadensersatzansprüche hinreichend geschützt.[551]

(2) Übertragung auf das GEK

Die Bejahung einer vorsätzlichen Vertragsverletzung als wesentliche Vertragsverletzung sollte genauso beurteilt werden wie im CISG.[552] Wie erwähnt[553], stellen sowohl Art. 87 Abs. 2 GEK als auch Art. 25 CISG auf die vertraglichen Regelungen im Einzelfall ab. Es verbietet sich folglich auch im GEK eine pauschale Antwort dergestalt zu geben, dass eine vorsätzliche Vertragsverletzung automatisch eine wesentliche Vertragsverletzung darstellt. Zwar wird eine Falsch- oder Nichtlieferung in der überwiegenden Zahl der Fälle eine wesentliche Vertragsverletzung sein – dass es allerdings nicht immer so sein muss, zeigt das obige Beispiel von *Kiene*.[554] Auch für die Vertrauensgrundlage und eine Fortführung des Vertrags muss das zum CISG Gesagte gelten: Ist die Vertrauensgrundlage für die Zukunft des Vertrags wesentlich und ist sie durch die vorsätzliche Vertragsverletzung gestört, so ist dies als wesentliche Vertragsverletzung i.S.d. Art. 87 Abs. 2 GEK zu werten.

cc. Zeitpunkt

Wann konkret das Gläubigerinteresse beeinträchtigt ist, muss differenziert bewertet werden. Die Frage, welche Leistung wesentlich ist, wird im Vertrag getroffen, mithin ist für die Feststellung der wesentlichen Leistungen auf den Moment des Vertragsschlusses abzustellen. Für die Frage, ob eine Leistung beeinträchtigt ist und ob eine solche Verletzung eine wesentliche Verletzung ist, muss auf den Zeitpunkt der tatsächlich erfolgenden Beeinträchtigung abgestellt werden, da erst zu diesem Zeitpunkt feststeht, ob der Gläubiger das Interesse am Vertrag verloren hat.[555]

---

548 Kiene, S. 72.

549 *Müller-Chen* in: Schlechtriem/Schwenzer, Art. 45 Rn. 8; *Magnus* in: Staudinger CISG, Art. 49 Rn. 8; *Huber* in: MüKo-BGB, Art. 45 Rn. 3.

550 Benicke, IPRax 1997, 326 (330); *Saenger* in: Bamberger/Roth, Art. 25 Rn. 8b; Karollus, JZ 1997, 38 (39); Kiene, S. 72 f.

551 Benicke, IPRax 1997, 326 (330).

552 So im Ergebnis auch Lorenz, AcP 212 (2012), 702 (746).

553 Siehe hierzu unter Teil 2.B.III.2.a.aa.

554 Kiene, S. 72.

555 So auch für das CISG: Kiene, S. 74; Neumeyer, RiW 1994, 99 (104).

dd. Beweislast

Hinsichtlich der Beweislast für die Frage der Wesentlichkeit gibt es keine Gründe von dem Grundsatz abzuweichen, dass die Partei, die etwas geltend machen möchte, die Voraussetzungen auch nachweisen muss. Folglich muss hier der Käufer nachweisen, dass der konkrete, beeinträchtigte Teil der Leistung einen erheblichen Teil dessen ausmacht, was er nach dem Vertrag erwartet hat und die Nichterfüllung folglich eine wesentliche Nichterfüllung darstellt.[556]

b. Vorhersehbarkeit

aa. Allgemeines

Die vom DCFR aufgeworfene dritte Frage, die im Rahmen der Wesentlichkeit gestellt werden muss, ist, ob eine Nichterfüllung für die nichterfüllende Partei vorhersehbar gewesen ist und die Partei diese Folge auch nicht hätte vorhersehen können. Wie der Wortlaut zunächst nahe legt, muss sich die Vorhersehbarkeit nur auf die Folgen der Vertragsverletzung beziehen, nicht auf die Vertragsverletzung selbst.[557]

bb. Bedeutung

(1) Exkurs: Meinungsstreit im CISG

Obwohl die Formulierung auf den ersten Blick eindeutig erscheint, ist das Element der Vorhersehbarkeit im CISG stark umstritten. Von Teilen der Literatur wird vertreten, dass die Vorhersehbarkeit, entgegen dem Wortlaut, keine eigenständige Bedeutung im Sinne einer Beschränkung hat, sondern dass es sich hierbei vielmehr um Auslegungsgrundsätze, zur Bestimmung der Schwere der Verletzung und der Bedeutung für den Käufer im Rahmen der Wesentlichkeit, handelt.[558] Begründet wird dies vor allem mit der Entwicklung der Regelung. Danach war die Vorhersehbarkeit ursprünglich als Hilfe zur Ermittlung der Bedeutung einzelner Vertragspflichten vorgesehen, habe sich aber im Laufe der CISG Verhandlungen gewandelt.[559] Der aus diesem Wandel resultierende doppelte Schutz sei nie gewollt gewesen und die Vorhersehbarkeit deshalb nur als Auslegungsregel anzuwenden. Da diese Ansicht gleichzeitig die oben geschilderte Meinung vertritt, dass rein subjektiv auf die vertraglichen Vereinbarungen abzustellen ist, ergibt sich, dass die Vorhersehbarkeit

---

556 So für das CISG auch die herrschende Meinung: *Schroeter* in: Schlechtriem/Schwenzer, Art. 25 Rn. 34 f.; *Magnus* in: Staudinger CISG, Art. 25. Rn. 31.

557 So auch Lorenz, AcP 212 (2012), 702 (746); für das CISG auch *Schroeter* in: Schlechtriem/Schwenzer, Art. 25 Rn. 26.

558 *Schroeter* in: Schlechtriem/Schwenzer, Art. 25 Rn. 11; *Saenger* in: Bamberger/Roth, Art. 25 Rn. 9; *Gsell* in: Honsell CISG, Art. 25 Rn. 24; Brunner, Art. 25 Rn. 9; unklar, aber wohl eher in diesem Sinne zu verstehen: *Gruber* in: MüKo-BGB, Art. 25 Rn. 17 f.

559 Zur Entwicklung *Schroeter* in: Schlechtriem/Schwenzer, Art. 25. Rn. 5.

nur dann eine Folge spielen kann, wenn die Parteien keine vertraglichen Vereinbarungen getroffen haben.[560]

Die gegenteilige Ansicht sieht in der Vorhersehbarkeit einen Entlastungsgrund bzw. einen „Filter“.[561] Argumentiert wird vor allem mit dem Wortlaut, der eindeutig von einer Entlastung spricht[562], sowie von der Rechtsfolgenseite.

(2) Problematik im GEK

Es gilt zu hinterfragen, ob sich die Problematik auf das GEK übertragen lässt. Zwar lässt sich auch im GEK die Bedeutung der Vorhersehbarkeit diskutieren, letztlich aber nur mit dem Ergebnis, dass die Vorhersehbarkeit im GEK als eine Einschränkung anzusehen ist. Dafür spricht – wie im CISG – der klare Wortlaut. Für das GEK fehlt es darüber hinaus an einer historischen Vorgeschichte, die Zweifel daran begründen könnte, weshalb eine vom Wortlaut abweichende Auslegung vorgenommen werden sollte. Im Ergebnis schränkt die Vorhersehbarkeit damit die Möglichkeit einer wesentlichen Nichterfüllung und somit auch die Möglichkeit gem. Art. 114 GEK wegen Nichterfüllung zu beenden, weiter ein. Für dieses Ergebnis sprechen auch die Beispiele, die im DCFR genannt werden.[563]

cc. Voraussetzungen

Voraussetzung für diese Entlastung des Schuldners ist also, dass dieser zum Zeitpunkt des Vertragsschlusses die Folgen der Nichterfüllung nicht voraussah und auch nicht voraussehen konnte. In einem ersten Schritt ist daher zu ermitteln, ob der Schuldner die Folgen der Nichterfüllung bei Vertragsschluss tatsächlich vorausgesehen hat. Ist das nicht der Fall oder lässt es sich nicht feststellen, muss ermittelt werden, ob der Schuldner die Folgen hätte voraussehen können. An dieser

---

560 *Schroeter* in: Schlechtriem/Schwenzer, Art. 25 Rn. 30 f.; *Benicke* in: MüKo-HGB, Art. 25 Rn. 14.

561 *Will* in: Bianca/Bonell, Art. 25 Anm. 2.2; *Benicke* in: MüKo-HGB, Art. 25 Rn. 14; *Posch/Kandut* in: Hoyer/Posch, S. 59 (65); Enderlein/Maskow/Strohbach, Art. 25 Bem. 4.1; OGH, Urt. v. 21.06.2005, Az.: 5Ob45/05m, IHR 2005, 195 (197); unklar *Magnus* in: Staudinger CISG, Art. 25 Rn. 14 f., der die Vorhersehbarkeit einerseits als Entlastung für den Schuldner ansieht, andererseits aber auch eine Interessenbewertung auf objektiver Grundlage hierin sieht.

562 „Eine [...] Vertragsverletzung ist wesentlich, [...] es sei denn, dass die vertragsbrüchige Partei diese Folge nicht vorausgesehen hat [...].“

563 DCFR Full Edition, Art. III. – 3:502 B.: Als Beispiel dient hier einerseits der Fall, dass ein Temperaturkontrollsystem in einen Weinkeller eingebaut werden soll. Fällt hier – durch falsche Installation – das Gerät aus, so muss dem Schuldner klar sein, dass durch die Temperaturschwankungen der Wein zu Schaden kommen kann und es liegt eine wesentliche Nichterfüllung vor. Auf der anderen Seite ist es nicht vorhersehbar und somit liegt keine wesentliche Nichterfüllung vor, wenn nach der Installation einer privaten Heizung, diese kaputt geht und dadurch wertvolle Pflanzen zugrunde gehen.

Stelle weicht das GEK in der Formulierung vom CISG ab. Das CISG stellt auf eine „vernünftige Person der gleichen Art" ab, gemeint ist damit, wie aus der Schweizer Formulierung noch deutlicher hervorgeht, ein hypothetischer Dritter, der in demselben Handelszweig tätig ist und eine gleiche Funktion innehat wie der Schuldner.[564]

Die vom GEK gewählte Formulierung „die nichterfüllende Partei [...] nicht vorausgesehen hat und auch nicht voraussehen konnte" ist im Gegensatz dazu eher unklar. Der Wortlaut deutet zunächst darauf hin, dass nicht auf einen objektivierten Dritten, sondern auf die Person des Schuldners abzustellen ist. Um festzustellen, wann der Schuldner die Folge einer Nichterfüllung allerdings voraussehen kann, muss auf den Schuldner unter Anwendung eines objektiven Maßstabs geblickt werden. Im Ergebnis wird man daher also auch im GEK fragen müssen, ob ein Dritter, der in demselben Zweig tätig ist und die gleiche Stellung innehat, die Folge hätte voraussehen können.

Klarheit schafft die Formulierung allerdings im Hinblick auf die Frage, ob Sonderwissen des Schuldners zugerechnet werden kann. Während die Frage im CISG umstritten ist[565], so ist im GEK klar, dass jegliches Sonderwissen zugerechnet werden kann, weil der Bezugspunkt hier der Schuldner selbst ist.

dd. Maßgeblicher Zeitpunkt

Eine weitere Abweichung vom CISG stellt die Formulierung „zum Zeitpunkt des Vertragsschlusses" dar. Auch hierbei handelt es sich um eine durchweg zu begrüßende Änderung, ist doch der für die Bestimmung der Voraussehbarkeit maßgebliche Zeitpunkt in Art. 25 CISG nicht geregelt und sorgt so für Streit.[566]

ee. Beweislast

Hinsichtlich der Beweislast bezüglich der Vorhersehbarkeit ließe sich vertreten, dass sie beim Schuldner liegt[567], auf der anderen Seite könnte aber auch der Gläubiger die Beweislast hierfür zu tragen haben.[568]

Für die zweitgenannte Ansicht spricht zunächst, dass der Käufer, also der Gläubiger, die Voraussetzungen für die Wesentlichkeit zu beweisen hat. Im Sinne einer geschlossenen Anwendung wäre es daher konsequent, wenn der Gläubiger damit auch die Beweislast für die Vorhersehbarkeit tragen muss. Dem widersprechen

564 *Will* in: Bianca/Bonell, Art. 25 Anm. 2.2.2.2.1; Holthausen, RiW 1990, 101 (105).

565 Siehe hierzu unter Teil 2.C.III.2.b.bb.

566 Siehe hierzu unter Teil 2.C.III.2.b.cc.

567 So die für das CISG herrschende Meinung: *Magnus* in: Staudinger CISG, Art. 25 Rn. 31; *Saenger* in: Bamberger/Roth, Art. 25 Rn. 12; Achilles, Art. 25 Rn. 16; *Aicher* in: Hoyer/Posch, S. 111 (133); *Will* in: Bianca/Bonell, Art. 25 Anm. 2.2.1 und 2.2.2.2.4; Freiburg, S. 54; Herber/Czerwenka, Art. 25 Rn. 10; Holthausen, RiW 1990, 101 (105); *Posch/Kandut* in: Hoyer/Posch, S. 59 (65).

568 Für das CISG eine Mindermeinung: Lurger, IHR 2001, 91 (92); *Schroeter* in: Schlechtriem/Schwenzer, Art. 25 Rn. 36; *Salger* in: Witz/Salger/Lorenz, Art. 25 Rn. 15.

allerdings ganz praktische Gründe. Zum einen liegt es bei Betrachtung des Wortlauts nahe, dass durch die Formulierung „es sei denn" eine Beweislastumkehr auf die vertragsbrüchige Partei gewollt ist.[569] Die Ansicht, der Gläubiger habe die Vorhersehbarkeit zu beweisen, lässt sich darüber hinaus auch nur dann sinnvoll aufrechterhalten, wenn man in obigem Meinungsstreit[570] der Sicht folgt, dass es sich bei der Vorhersehbarkeit nur um eine Auslegungsregel handelt. Da die Vorhersehbarkeit allerdings als Einschränkung anzusehen ist, muss damit auch konsequenterweise derjenige, dem die Entlastung zugutekäme, diese beweisen: der Schuldner. Auch gibt es im GEK – anders als im CISG[571] – keinen Anlass, aufgrund der Gesetzgebungshistorie von dem eindeutigen Wortlautargument abzuweichen, so dass im Ergebnis der Gläubiger, das heißt der Käufer, die Wesentlichkeit beweisen muss, der Schuldner – in diesem Fall der Verkäufer – muss dann beweisen, dass er die Folge der Nichterfüllung nicht vorhersehen konnte.

3. Nichterfüllung ist offensichtlich (Art. 87 Abs. 2 lit. b) GEK)

a. Allgemeines

Über die Regelung des Art. 87 Abs. 1 lit. a) GEK hinaus eröffnet Art. 87 Abs. 2 lit. b) GEK eine weitere Option, die zu einer wesentlichen Nichterfüllung führen kann. Eine wesentliche Nichterfüllung liegt vor, wenn eine der Parteien klar erkennen lässt, dass sich die andere Partei nicht auf die künftige Erfüllung verlassen kann. Die Regelung hat kein Pendant im CISG[572], entspricht aber inhaltlich Art. III. – 3:502 Abs. 2 lit. b) DCFR.

b. Voraussetzungen

Wie sich aus dem Zusammenspiel von Art. 87 Abs. 2 lit. b) GEK mit Art. 116 GEK ergibt, muss als ungeschriebene Voraussetzung eine Nichterfüllung i.S.d. Art. 87 Abs. 1 GEK vorliegen. Mangelt es hieran, so kann der Käufer den Vertrag nur nach Art. 116 GEK beenden.[573] Aus lit. a) ergibt sich wiederum, dass lit. b) nur dann eingreifen kann, wenn (i) die Nichterfüllung nicht bereits nach lit. a) als wesentlich einzustufen ist, die Nichterfüllung also entweder die Wesentlichkeitsschwelle nicht

---

569 So für das CISG auch *Will* in: Bianca/Bonell, Art. 25 Anm. 2.2.1.

570 Siehe hierzu unter Teil 2.B.III.2.b.bb(1).

571 Siehe zur Entwicklungsgeschichte des CISG in Bezug auf diesen Punkt: *Schroeter* in: Schlechtriem/Schwenzer, Art. 25 Rn. 36.

572 Gleichwohl wird auch für das CISG angenommen, dass im Rahmen von Art. 25 CISG eine wesentliche Vertragsverletzung vorliegen kann, wenn der Gläubiger durch sein Verhalten das Vertrauen in die konkrete Vertragsdurchführung beseitigt, siehe OLG Frankfurt, Urt. v. 17.09.1991, Az.: 5 U, 164/90, NJW 1992, 633 (634 f.); die Vorschrift ist funktionell außerdem mit Art. 71 CISG zu vergleichen (s. *Schmidt-Kessel* in: Schmidt-Kessel, S. 287 (295).

573 So auch *Schopper* in: Wendehorst/Zöchling-Jud, S. 107 (111).

überschreitet oder der Schuldner die Folge nicht vorhersehen konnte und (ii) die Nichterfüllung dennoch das Vertrauen des Gläubigers in die weitere Erfüllung so sehr erschüttert, dass er den Vertrag beenden kann (Art. 114 GEK).[574] Im Gegensatz zum DCFR[575] setzt das GEK nicht voraus, dass die Nichterfüllung vorsätzlich oder grob fahrlässig sein muss. Da die Regelung zur Wesentlichkeit ansonsten der des DCFR entspricht, ist hier nicht von einem Redaktionsversehen auszugehen und es kann nur angenommen werden, dass die Abweichung vom Gesetzgeber gewollt ist. Im Ergebnis führt dies – jedenfalls theoretisch – dazu, dass eine wesentliche Nichterfüllung nach Art. 87 Abs. 2 lit. b) GEK deutlich einfacher als nach dem DCFR gegeben sein kann.

aa. Erkennbarkeit der zukünftigen Unzuverlässigkeit

Aus dem Gesagten ergeben sich zwei Anschlussfragen. Zunächst ist zu klären, wann eine Nichterfüllung, die nicht unter lit. a) fällt, dazu führt, dass der Gläubiger den Eindruck gewinnen muss, dass er sich nicht auf die weitere Erfüllung durch den Schuldner verlassen kann. Die Beispiele, die das DCFR[576] nennt, sind der Händler A, der die Waren des B verkauft und diesem zusagt, dass er ausschließlich dessen Produkte verkaufen wird und der dennoch Anstalten unternimmt, auch als Händler für die Waren des C tätig zu sein. Auch wenn die Bemühungen, die Waren des C verkaufen zu dürfen, letztlich erfolglos bleiben, soll der Verstoß gegen die Exklusivitätsvereinbarung eine wesentliche Nichterfüllung i.S.d. Art. 87 Abs. 2 lit. b) GEK sein. Das zweite Beispiel ist der Agent A, der seine Rechnungen von P erstattet bekommt und der diesem gefälschte Rechnungen einreicht. Selbst bei nur unbedeutenden Abweichungen soll P das Agentenverhältnis nach Art. 87 Abs. 2 lit. b) GEK beenden dürfen. Die beiden Beispiele stellen ersichtlich auf das Merkmal der Vorsätzlichkeit ab, die im GEK gerade nicht aufgenommen wurde, so dass sie nur bedingt für das GEK gelte dürfen. Abstrakt muss es sich um eine Pflichtverletzung von solch einer Schwere handeln, die das Vertrauen für eine zukünftige Zusammenarbeit erschüttern lässt, die gleichzeitig aber noch nicht unter lit. a) fällt.[577] Es handelt sich also um eine Pflichtverletzung, die für sich genommen noch nicht die Schwere des lit. a) aufweist. Auch wenn ein Verschulden im Rahmen von Art. 87 Abs. 2 lit. b) GEK nicht erforderlich ist, so sind dennoch kaum Fälle denkbar, in denen die vertragsbrüchige Partei nur mit normaler Fahrlässigkeit handelt, sich auf der anderen Seite aber *klar* erkennen lässt, dass die andere Partei sich nicht mehr auf die Leistung verlassen kann.

---

574 Lorenz, AcP 212 (2012), 702 (746).

575 „A non-performance of a contractual obligation is fundamental if [...] **it is intentional or reckless** and gives the creditor reason to believe that the debtor's future performance cannot be relied on." (*Hervorhebung durch den Autor*).

576 DCFR Full Edition, Art. III. – 3:502 B.

577 *Schmidt-Kessel* in: Schmidt-Kessel Kommentar, Art. 87 Rn. 20.

bb. Künftige Erfüllung

Die Beispiele führen darüber hinaus direkt zur zweiten Anschlussfrage, was nämlich unter dem Begriff der künftigen Erfüllung zu verstehen ist. Denkbar wäre einerseits, dass hiermit die Erfüllung selbst, ergo im Falle einer Nichterfüllung, die Nacherfüllung gem. Art. 106 Abs. 1 lit. (a) i.V.m. Art. 110 GEK gemeint ist oder aber andererseits eine weitere Erfüllungshandlung zum Beispiel im Falle von Sukzessivlieferungsverträgen. Die genannten Beispiele lassen den zweitgenannten Fall vermuten.[578] Hierfür spricht auch, dass die Vorschrift, würde man der erstgenannten Ansicht folgen, die Hürde der Wesentlichkeit unangemessen aushöhlen würde: Der Käufer kann einen Vertrag nur dann beenden, wenn die Vertragswidrigkeit wesentlich[579] (oder im Falle von einem Verbraucher zumindest erheblich[580]) ist. Das heißt, dass der Käufer im Regelfall bei einer unwesentlichen Vertragswidrigkeit, auch bei Fehlschlagen der Heilung, nicht von seinem Beendigungsrecht Gebrauch machen kann, sondern auf andere Abhilfen verwiesen wird. Würde man allerdings der erstgenannten Ansicht folgen, würde bereits das voraussichtliche Fehlschlagen der Heilung aus der unwesentlichen Vertragswidrigkeit eine wesentliche gem. Art. 87 Abs. 2 lit. (b) GEK machen. Da dies nicht gewollt sein kann, muss es sich um eine weitere Erfüllungshandlung handeln.

c. Zeitpunkt

Für den Zeitpunkt, in dem die Nichterfüllung ersichtlich sein muss, ist auf die Kenntnis des Käufers davon, dass er sich auf die künftige Erfüllung des Verkäufers nicht verlassen kann, abzustellen.

d. Beweislast

Die Beweislast liegt auf Seiten des Gläubigers. Analog zur Frage der Wesentlichkeit und entsprechend den allgemeinen Regeln der Beweislast muss der Käufer hier nachweisen, dass eine an sich unwesentliche Nichterfüllung das Vertrauen in die weitere Erfüllung des Verkäufers so sehr erschüttert hat, dass hierdurch eine wesentliche Nichterfüllung i.S.v. Art. 87 Abs. 2 lit. b) GEK vorliegt mit der Folge, dass er gem. Art. 114 GEK sofort den Vertrag beenden kann.

IV. Fazit

Insgesamt lässt sich im Hinblick auf die Nichterfüllung feststellen, dass sich – trotz der auf den ersten Blick ungenauen Definition – der Anwendungsbereich der Nichterfüllung klar bestimmen lässt. Sowohl vertragliche als auch gesetzliche Haupt- und Nebenleistungspflichten sowie Schutzpflichten können im Falle ihrer

578 So auch Lorenz, AcP 212 (2012), 702 (746).

579 Siehe hierzu unter Teil 2.C.I.2.

580 Siehe hierzu unter Teil 2.C.I.4.

Nichteinhaltung zu einer Nichterfüllung führen. Die Regelbeispiele dienen im Sinne der Benutzerfreundlichkeit der Klarstellung, sind jedoch keineswegs abschließend und liefern auch kein Präjudiz dafür, dass etwa unter Art. 87 Abs. 1 lit. f) GEK keine Nebenleistungspflichten oder Schutzpflichten gefasst werden können. Um Auslegungsprobleme für die Praxis zu verhindern, bleibt zu wünschen, dass der Tatbestand des Art. 87 GEK künftig präziser gefasst wird. Mit einer solchen Präzisierung sollte klargestellt werden, dass auch die Nichteinhaltung von Schutzpflichten zur Nichterfüllung führen kann. Zur Verhinderung extremer Ausnahmefälle bleibt die Tatbestandsvoraussetzung der Wesentlichkeit. Diese sorgt dafür, dass nicht jede unbeachtliche Verletzung einer Schutzpflicht zur Rückabwicklung des gesamten Vertrags führt. Insofern fördert Art. 87 Abs. 1 GEK die Vertragserhaltung, auch wenn die Norm durchaus gesetzgeberisches Optimierungspotenzial aufweist. Neben einer klarstellenden Aussage zu Schutzpflichten, sollte auch Art. 87 Abs. 1 lit. f) GEK überarbeitet werden, da es eben nicht auf eine subjektive Aussage einer Partei ankommen kann, um zu einer Nichterfüllung zu gelangen, sondern vielmehr nur auf jede sonstige objektive Erfüllung, die nicht vertragsgemäß ist.

Im Vergleich der drei Gesetze untereinander ist der Anwendungsbereich weitestgehend identisch. Einzig im Bereich der Schutzpflichten geht das GEK (und auch das BGB) über den Anwendungsbereich des CISG hinaus. Dies stellt sowohl für Käufer als auch für Verkäufer eine Besserstellung dar. Angesichts dessen, dass der Verbraucherschutz ein wichtiges Ziel des europäischen Gesetzgebers war, ist diese Besserstellung durchaus folgerichtig. Dadurch, dass Art. 87 Abs. 1 GEK stark dem deutschen Recht ähnelt, sollte es jedenfalls zu keinen Akzeptanzproblemen kommen.

Die Untersuchung der Wesentlichkeitsschwelle in Art. 87 Abs. 2 GEK hat ergeben, dass sie, genau wie Art. 25 CISG, dazu geeignet ist, dafür Sorge zu tragen, dass nur schwere Nichterfüllungen zur Geltendmachung der „schweren" Abhilfen wie der Beendigung führen können. Insbesondere die sprachliche Nähe zum DCFR, vor allem aber zum CISG, führen dazu, dass auch für den deutschen Anwender, der eine Wesentlichkeitsschwelle nicht, bzw. nur in einem gänzlich anderem Umfang kennt[581], die Anwendung ohne größere Hürden möglich sein wird.

Aus dieser sprachlichen Nähe resultiert auch, dass Art. 87 Abs. 2 GEK in großen Teilen wie Art. 25 CISG auszulegen ist. Obwohl, wie erwähnt[582], auf Rechtsprechung und Literatur zum CISG nicht direkt zurückgegriffen werden kann, ist die Norm ein gutes Beispiel dafür, dass die richtigen Überlegungen, die zu Art. 25 CISG getätigt wurden, auch auf das GEK übertragen werden können. Gerade im Bereich der Wesentlichkeit gibt es keine Gründe, die dafür sprächen, dass Fälle der wesentlichen Nichtleistung grundsätzlich anders zu behandeln wären als im CISG, so dass die

581 Siehe hierzu unter Teil 2.C.II.2.d.

582 Siehe hierzu unter Teil 1.C.I.2.e.bb.

erörterten Fallbeispiele auch bei Anwendung des GEK prinzipiell so entschieden werden dürften.[583]

Die Erfahrungen mit dem CISG dürften vor allem dazu geführt haben, dass der Gesetzgeber an dieser entscheidenden Stelle des Gesetzes aus den Fehlern des CISG gelernt und sie für das GEK vermieden hat. Während so z.B. im CISG hochgradig umstritten ist, auf welchen Zeitpunkt für die Bestimmung der Vorhersehbarkeit abzustellen ist[584], ist diese Frage im GEK gesetzlich normiert. Im Hinblick auf das Merkmal der Vorhersehbarkeit ist, mangels einer Gesetzgebungsgeschichte, klar, dass es sich hierbei um einen Entlastungsgrund für den Verkäufer handelt.[585] Dies hat zur Folge, dass das Vorliegen einer wesentlichen Vertragsverletzung schwieriger zu beweisen sein wird und insofern an die Beendigung gem. Art. 114 GEK höhere Anforderungen gestellt werden als im CISG.

Die Vorteile, die die sprachliche Nähe in Art. 87 Abs. 2 lit. a) GEK zu Art. 25 CISG bringen, macht insbesondere folgender Umkehrschluss deutlich: Art. 87 Abs. 2 lit. b) GEK hat kein Pendant im CISG hat und ist als wenig gelungen zu bezeichnen. So ist völlig unklar, welche Fälle hiervon erfasst sein sollen. Da bereits Art. 87 Abs. 2 lit. a) GEK die relevanten Fälle mit Ausnahme vorsätzliche Handelns abbildet, scheint wenig Raum für die Anwendung von Art. 87 Abs. 2 lit. b) GEK zu bleiben. Hier wird wohl erst die gerichtliche Praxis für ein Mindestmaß an Klarheit sorgen können. Es bleibt für den Moment zu erwarten, dass es sich hierbei lediglich um eine Auffangregelung handelt, Art. 87 Abs. 2 lit. a) GEK jedoch die wesentlich bedeutsamere Rolle spielen wird.

C. Rechte bei Nichterfüllung bzw. Schlechterfüllung

I. Beendigung wegen Nichterfüllung bzw. Schlechterfüllung gem. Art. 114 GEK

1. *Allgemeines*

Die erste Möglichkeit für den Käufer einen Vertrag zu beenden, ist die Beendigung wegen Nichterfüllung nach Art. 114 GEK[586], der große Ähnlichkeiten mit Art. 49 Abs. 1 lit. a) CISG aufweist.[587] Der Hinweis auf Art. 8 GEK hat dabei keine tiefergehende Bedeutung, sondern soll nur noch einmal die Bedeutung von Art. 8 GEK als Umschaltnorm zwischen den Voraussetzungen und den Rechtsfolgen einer Beendigung verdeutlichen.[588] Ungeachtet Art. 114 Abs. 2 GEK gilt die Norm zunächst

583 Siehe hierzu unter Teil 2.B.III.2.a.aa(2).
584 Siehe hierzu unter Teil 2.B.III.2.b.dd.
585 Siehe hierzu unter Teil 2.B.III.2.b.bb(1).
586 Die Vorschrift geht zurück auf Art. III. – 3:502 DCFR Full Edition.
587 Loos/Schelhaas, ERPL 2013, 105 (126).
588 Siehe unter Teil 1.D.I.1 und Teil 5.A.I.1.

uneingeschränkt für Verbraucher- und Unternehmer-Käufer.[589] Für erstgenannte soll Abs. 2 nur eine zusätzliche Erleichterung bei unwesentlichen, aber erheblichen Mängeln bieten.[590]

2. *Voraussetzungen*

Art. 114 Abs. 1 GEK setzt Folgendes voraus: Es muss eine Nichterfüllung i.S.v. Art. 87 Abs. 1 GEK vorliegen, die als wesentlich nach Art. 87 Abs. 2 GEK zu bewerten ist.[591] Von entscheidender Bedeutung ist damit, abgesehen von den oben bereits geklärten allgemeinen Fragen zur Nichterfüllung und zur Wesentlichkeit, wann konkret eine Nichterfüllung vorliegt. Anhaltspunkte hierfür liefert Art. 87 Abs. 1 GEK, der einen nicht abschließenden Regelungskatalog enthält und der im Folgenden näher zu untersuchen sein wird.[592]

a. *Nichtlieferung oder verspätete Lieferung*

aa. Nichtlieferung

Art. 87 Abs. 1 lit. a) GEK zählt zunächst die Nichtlieferung oder verspäteten Lieferung von Waren auf. Die Nichtlieferung ihrerseits kann unterteilt werden in Fälle der Unmöglichkeit und Fälle von Erfüllungsverweigerung.

(1) Unmöglichkeit

Art. 87 Abs. 1 lit. a) GEK spricht lediglich von einer Nichtlieferung, der Begriff der Unmöglichkeit wird hier nicht erwähnt. Die Unmöglichkeit ist im GEK nicht ausdrücklich gesetzlich geregelt, es gibt auch keine Definition[593] hiervon, vielmehr wird sie lediglich in Art. 110 Abs. 3 lit. a) GEK als möglicher Ausschlussgrund für eine Erfüllung genannt. Unklar ist daher, welche Arten der Unmöglichkeit dem Käufer ein Recht zur Beendigung geben können.

---

589 Zweifelnd Feltkamp/Vanbossele, ERPL 2011, 873 (899).

590 Siehe hierzu ausführlich unter Teil 2.C.I.4.

591 Zu den Einschränkungen im Verbraucher-Kauf siehe unter Teil 2.C.I.4.

592 Da sich diese Arbeit auf das Beendigungsrecht aus Sicht des Käufers beschränkt, werden im Folgenden diejenigen Aspekte untersucht, die eine Nichterfüllung des Verkäufers darstellen (Art. 87 Abs. 1 lit. a), c) und f) GEK). Die Nichtzahlung oder verspätete Zahlung gem. Art. 87 Abs. 1 lit. e) GEK, die das Gegenstück zur Nichtleistung für den Käufer darstellt, kann daher nicht ausführlich behandelt werden. Da auch Aspekte zur Bereitstellung digitaler Inhalte im Rahmen dieser Arbeit keine besondere Erwähnung finden können, wird auch nicht näher auf Art. 87 Abs. 1 lit. b) und d) GEK eingegangen.

593 Zur Kritik an einer willkürlichen Auswahl von Definitionen allgemein *Schmidt-Kessel* in: Schmidt-Kessel Kommentar, Art. 2 GEK-VO Rn. 6 und *Wendehorst* in: Schulze, Art. 2 Rn. 61; ebenso bereits für den DCFR Eidenmüller/Faust/Grigoleit/Jansen/Wagner/Zimmermann, JZ 2008, 529 (547 ff.).

(a) Objektive Unmöglichkeit

Eine objektive Unmöglichkeit ist zunächst gegeben, wenn die Leistung von niemandem erbracht werden kann, die Leistung also allgemein unerfüllbar ist.[594] Wird zum Beispiel die einmalige Kaufsache vom Verkäufer zerstört, kann der Käufer die Ware somit nicht mehr erhalten, so dass die Beendigung und die daraus resultierende Rückabwicklung die sinnvollste Maßnahme ist. Die objektive Unmöglichkeit ist daher unzweifelhaft von Art. 110 Abs. 3 lit. a) GEK erfasst und muss richtigerweise auch ein Beendigungsrecht nach Art. 114 Abs. 1 GEK gewähren.[595] Dies muss sowohl für die nachträgliche als auch für die anfängliche Unmöglichkeit[596] gelten[597].

(b) Teilweise Unmöglichkeit

Weniger klar scheint die Situation hinsichtlich einer teilweisen Unmöglichkeit zu sein, das heißt für den Fall, dass nur hinsichtlich eines Teils der Ware Unmöglichkeit gegeben ist. Vereinzelt wird hierzu die Ansicht vertreten, dass eine teilweise Unmöglichkeit im GEK nicht geregelt sei.[598] Die Konsequenz wäre, dass der Käufer den Vertrag nie beenden könnte, wenn die Sache nicht vollständig untergegangen wäre. Dieses Ergebnis scheint nicht vertretbar. Richtig ist zwar, dass Art. 110 Abs. 3 lit. a) GEK anders als beispielsweise § 275 BGB die Erfüllung ausschließt, „wenn" eine Unmöglichkeit gegeben ist und nicht nur „soweit". Auf der anderen Seite heißt es aber bereits in Art. 87 Abs. 1 GEK „jegliches Ausbleiben der Erfüllung". Unter jeglichem Ausbleiben lässt sich auch das teilweise Ausbleiben verstehen. Da insofern eine grammatische Auslegung zu keinem eindeutigen Ergebnis führt, muss auf das Telos der Regelung zurückgegriffen werden.

Dabei zeigt sich, dass das GEK an verschiedenen Stellen von der grundsätzlichen Möglichkeit einer teilweisen Unmöglichkeit ausgeht. So lässt sich der Ausschluss in Art. 119 Abs. 2 GEK im Zusammenspiel mit Art. 114 Abs. 1 GEK nur dann sinnvoll erklären, wenn man zunächst annimmt, dass eine Teilleistung überhaupt vorkommen kann.[599] Darüber hinaus sollte nicht jede Teilunmöglichkeit zu einem vollständigen Beendigungsrecht führen. Für die Frage, welches Ausmaß eine Teilunmöglichkeit haben muss, damit ein Beendigungsrecht gerechtfertigt erscheint, gibt es aber gerade die Schwelle der Wesentlichkeit gem. Art. 87 Abs. 2 GEK und die Sonderregelung in Art. 117 GEK, die festlegt, wann der Käufer einen Vertrag vollständig oder nur teilweise beenden kann.[600] Zu dieser sinnvollen Differenzierung

---

594 So für das BGB: *Grüneberg* in: Palandt, § 275 Rn. 13 ff.

595 So auch Lorenz, AcP 212 (2012), 702 (759).

596 *Magnus* in: Staudinger CISG, Art. 4 Rn. 44 stellt insofern klar, dass das CISG auf von Anfang an unmögliche Verträge Anwendung findet und diese nicht für nichtig erklärt.

597 Unentschlossen in dieser Frage: Lorenz, AcP 212 (2012), 702 (759).

598 Lorenz, AcP 212 (2012), 702 (759).

599 Siehe zu Art. 119 GEK ausführlich unter Teil 3.A.I.

600 Siehe hierzu unter Teil 4.C.I.

kann man aber nur gelangen, wenn man eine teilweise Unmöglichkeit grundsätzlich als von Art. 114 Abs. 1 GEK umfasst annimmt.

(c) Vorrübergehende Unmöglichkeit

Zu differenzieren ist hingegen bei einer vorrübergehenden Unmöglichkeit, die nach dem deutschen Recht einen Unterfall der Unmöglichkeit darstellt. Denknotwendig setzt die vorrübergehende Unmöglichkeit voraus, dass sich das Erfüllungshindernis durch Zeitablauf beheben lässt. Es handelt sich daher um einen Unterfall der verspäteten Lieferung. Im Rahmen des GEK kann eine verspätete Lieferung ein Beendigungsrecht nach Art. 114 GEK Abs. 1 oder nach Art. 115 Abs. 1 GEK begründen. Entscheidend ist, ob die verspätete Lieferung wesentlich ist, z.B. bei einem Fixkauf.[601] Auch die vorrübergehende Unmöglichkeit sollte damit mangels gegenteiliger Anhaltspunkte im GEK wie eine verspätete Leistung bewertet werden.[602] Schwierigkeiten in der Anwendung können sich dadurch nur in jenem Umfang ergeben, wie sie die Abgrenzung zwischen Art. 114 Abs. 1 GEK und Art. 115 Abs. 1 GEK grundsätzlich verursacht.[603]

(d) Subjektive Unmöglichkeit

Zu klären ist ebenfalls, ob im GEK unter Unmöglichkeit auch die subjektive Unmöglichkeit zu verstehen ist. Der Wortlaut in Art. 110 Abs. 3 lit. a) GEK spricht lediglich davon, dass die Erfüllung der Leistung unmöglich sein müsste. Ob sie aber auch für jeden unmöglich sein muss oder eine Unmöglichkeit des Schuldners ausreicht (subjektive Unmöglichkeit), ist damit nicht gesagt. Abermals kann der Anwendungsbereich daher auch hier nur nach dem Sinn der Vorschrift ermittelt werden. Dabei sprechen die besseren Gründe klar für die Ausweitung des Anwendungsbereichs auch auf die subjektive Unmöglichkeit. So macht es für den Käufer keinen Unterschied, ob er eine einzigartige Ware nicht erhält, weil diese zum Beispiel zerstört worden ist oder ob er sie nur deshalb nicht erhält, weil der Verkäufer die Sache einem Dritten verkauft (und übereignet) hat und dieser nicht bereit ist dem Verkäufer wieder Eigentum zu verschaffen.[604] Die einzig sinnvolle Abhilfe in beiden Fällen ist die Beendigung. Ein Beendigungsrecht gem. Art. 114 Abs. 1 GEK muss daher auch im Falle einer subjektiven Unmöglichkeit gegeben sein.

601 Siehe hierzu unter Teil 2.C.I.2.a.bb.
602 Wohl ebenso *Zoll* in: Schulze, Art. 110 Rn. 12.
603 Für eine gesetzliche Präzision, wie von Lorenz, AcP 212 (2012), 702 (759) gefordert, gibt es daher keine Notwendigkeit.
604 Im Ergebnis ebenso *Zoll* in: Schulze, Art. 110 Rn. 11.

(e) Rechtliche Unmöglichkeit

Unklar[605] ist auch, ob die aus dem deutschen Recht bekannte rechtliche Unmöglichkeit im GEK unter den Begriff der Unmöglichkeit zu fassen ist.[606] Obwohl *Lorenz* hinsichtlich der Unklarheit zuzustimmen ist, muss die Frage hier nicht entschieden werden: leistet der Verkäufer nicht, weil er dazu rechtlich nicht in der Lage ist, so liegt zweifelsohne eine Nichtleistung vor, die den Käufer zur Beendigung nach Art. 114 Abs. 1 GEK berechtigt.

(2) Sonstige Nichterfüllung

Unter den Begriff der Nichtlieferung gem. Art. 87 Abs. 1 lit. a) GEK fallen darüber hinaus auch sonstige Fälle der Nichterfüllung. Dazu zählt zunächst der in Art. 110 Abs. 3 lit. b) GEK angesprochene Fall des unverhältnismäßigen Aufwands, der in seiner Bedeutung mit § 275 Abs. 2 BGB zu vergleichen ist. Gemeint sind all jene Fälle, in denen der Schuldner grundsätzlich noch leisten kann, Aufwand (des Schuldners) und Nutzen (des Gläubigers) aber in einem Missverhältnis stehen. Im Vergleich zum deutschen Recht (§ 275 Abs. 2 BGB) reicht im GEK bereits ein einfaches Missverhältnis. Da es im GEK keine eigenständige Regelung für die persönliche Unmöglichkeit (im Sinne von § 275 Abs. 3 BGB) gibt und aufgrund der Formulierung „aufwändig und kostspielig", muss die persönliche Unmöglichkeit ebenfalls unter den unverhältnismäßigen Aufwand fallen.[607]

Obwohl diese Konstellationen nicht vom Begriff der Unmöglichkeit gem. Art. 110 Abs. 3 lit. a) GEK erfasst, sondern eigenständig in lit. b) geregelt sind, führen sie richtigerweise trotzdem zu einer Nichterfüllung im Rahmen des Art. 114 Abs. 1 GEK. Art. 110 Abs. 3 GEK befreit den Verkäufer in beiden Konstellationen von seiner Leistungspflicht. Es ist daher nur konsequent dem Käufer die Möglichkeit zu geben, den Vertrag, dessen Durchführung nicht mehr stattfinden wird, zu beenden.

(3) Erfüllungsverweigerung

Von der Unmöglichkeit dem Grunde nach – nicht aber im Ergebnis – zu unterscheiden ist auch die Verweigerung des Verkäufers, den Vertrag zu erfüllen. Unter Art. 114 Abs. 1 GEK sind dabei nur jene Fälle zu subsumieren, in denen die Erfüllungsverweigerung nach Fälligkeit der geschuldeten Leistung erfolgt. Will der Käufer den Vertrag bereits vor Fälligkeit beenden, geht dies nur unter den Voraussetzungen des Art. 116 GEK.[608] Weigert sich der Verkäufer jedoch, die Waren zu liefern, dürfte stets die Wesentlichkeit zu bejahen sein. Dafür muss es sich allerdings um eine ernstliche und endgültige Verweigerung handeln, die der Käufer

---

605 So Lorenz, AcP 212 (2012), 702, (759).

606 Bejahend ohne weitere Begründung *Zöchling-Jud* in: Schmidt-Kessel Kommentar, Art. 110 Rn. 3.

607 Lorenz, AcP 212 (2012), 702 (761).

608 Siehe hierzu unter Teil 2.E.I.

als letztes Wort verstehen muss.[609] Dies ist gegeben, wenn der Käufer klar zum Ausdruck bringt, dass er nicht mehr leisten will oder wenn er sich auf unzutreffende Einwendungen bzw. Einreden beruft.[610] Nicht ausreichend ist hingegen, wenn der Verkäufer erklärt, nur vorrübergehend nicht leisten zu können.[611]

bb. Verspätete Lieferung

Nach Art. 114 Abs. 1 i.V.m. Art. 87 Abs. 1 lit. a) GEK kann auch jede verspätete Lieferung einen Beendigungsgrund darstellen. Die Vorschrift steht dadurch in einem Spannungsverhältnis zu Art. 115 GEK, der ebenfalls bei verspäteter Lieferung greift, allerdings das zusätzliche Erfordernis des erfolglosen Fristablaufs vorsieht. Fraglich ist daher, in welchem Verhältnis die beiden Normen zueinander stehen und wie die verspätete Lieferung in Art. 114 Abs. 1 GEK anzuwenden ist, um das Erfordernis der Fristsetzung nicht unbillig zu unterlaufen.

(1) Abgrenzung zu Art. 115 GEK

Im CISG, in dem die Vorschriften des Art. 49 Abs. 1 lit. a) und lit. b) vergleichbare Konstellationen regeln wie in Art. 114 Abs. 1 und Art. 115 Abs. 1 GEK, geht die herrschende Meinung davon aus, dass Art. 49 lit. a) und b) CISG in keinem Spezialitätenverhältnis stehen und daher nebeneinander anwendbar sind.[612] Die Verfasser des GEK haben sich an dieser Stelle allerdings für eine Abweichung vom UN-Kaufrecht entschieden: Aus der Formulierung „einer verspäteten Lieferung, die nicht als solche als wesentlich anzusehen ist“ wird deutlich, dass der Käufer entweder nur Rechte aus Art. 114 Abs. 1GEK oder aus Art. 115 Abs. 1 GEK geltend machen kann. Das einzige, entscheidende Abgrenzungskriterium zwischen beiden Normen ist das Merkmal der Wesentlichkeit. Ist eine Spätleistung also an sich wesentlich, so kann der Käufer sein Beendigungsanliegen im GEK nur auf Art. 114 Abs. 1 stützen. Ist es hingegen nicht wesentlich, so muss er zunächst eine Nachfrist setzen und kann erst nach deren Ablauf gem. Art. 115 Abs. 1 GEK zurücktreten. Ist sich der Käufer im Unklaren darüber, ob die Spätleistung wesentlich ist, wird er zunächst lieber eine Nachfrist setzen, um nach deren Ablauf sein Recht aus Art. 115 Abs. 1 GEK geltend machen. Die klare Abgrenzung ist letztlich zu begrüßen. Einen nennenswerten Vorteil hat das Nebeneinander im CISG nicht. Ist eine Spätleistung wesentlich, so wird der Käufer ohnehin auf Art. 49 Abs. 1 lit. a) CISG zurückgreifen. Darüber hinaus vermeidet das GEK so die unnötige Diskussion, die an dieser Stelle im CISG geführt wird, ob das Ablaufen eines Fristerfordernisses nach Art. 115 GEK dazu

609 So für das CISG auch Kiene, S. 198.

610 So zum CISG auch *Müller-Chen* in: Schlechtriem/Schwenzer, Art. 49 Rn.6.

611 So zum CISG: OLG Düsseldorf, Urt. v. 10.02.1994, Az.: 6 U 119/93, NJW-RR 1994, 506.

612 Siehe *Huber* in MüKo-BGB, Art. 49 Rn. 8; Enderlein, IPRax 1991, 313 (314 f.); anders aber AG Oldenburg in Holstein, Urt. v. 24.04.1990, Az.: 5 C 73/89, IPRax 1991, 336 (338).

führt, dass die Späterfüllung dann wesentlich wird, weshalb der Käufer den Vertrag nach Art. 114 Abs. 1 GEK beenden kann. Ein solches Verständnis ist im GEK nicht möglich. Eine wesentliche Nichterfüllung bleibt eine wesentliche Nichterfüllung, eine verspätete Erfüllung, die an sich unwesentlich ist, bleibt auch unwesentlich und berechtigt den Käufer daher nur zur Beendigung nach Art. 115 Abs. 1 GEK.[613]

(2) Anwendungsfälle der verspäteten Lieferung

Unter Art. 114 Abs. 1 GEK fallen somit nur solche Verspätungen, die als wesentliche Nichterfüllung zu werten sind. Die Frage, wann ein Verkäufer überhaupt liefern muss, ist an dieser Stelle noch nicht zu beantworten.[614] Aufgrund der Konzeption des GEK als Rechtsordnung für den grenzüberschreitenden Handel ist nämlich unabhängig vom Lieferzeitpunkt klar, dass nicht jede Verspätung eine wesentliche Nichterfüllung darstellen kann.[615] Es bedarf daher grundsätzlich eines über das gewöhnliche Interesse an Lieferung hinausgehenden Interesses, die Ware zu einem bestimmten Zeitpunkt zu erhalten, wie zum Beispiel bei Fixgeschäften.[616] Das GEK kennt dabei zwar keine Unterscheidung zwischen absoluten und relativen Fixgeschäften[617], eine solche ist aber auch nicht notwendig, weil das entscheidende Kriterium abermals die Wesentlichkeit ist. Verspätete Lieferungen bei Käufen, die nach deutschem Recht als absolute Fixgeschäfte zu klassifizieren sind, sind in aller Regel auch wesentlich, so dass der Käufer den Vertrag beenden kann. Bestellt also das deutsche (zukünftige) Ehepaar bei einem belgischen Bäcker eine Hochzeitstorte (unter Anwendung des GEK), so ist die Lieferung nach dem Hochzeitstag als wesentlich einzustufen, so dass eine Beendigung bereits nach Art. 114 Abs. 1 GEK in Betracht kommt. Bei relativen Fixgeschäften kommt es in gleichem Maße im GEK nur auf die Wesentlichkeit an. Bestellt das Paar für die Hochzeit 20 Flaschen Wein und werden diese erst nach der Hochzeit geliefert, so wird dies nach deutschem Recht als relatives Fixgeschäft klassifiziert, weil der Wein keinen besonderen Bezug zur Hochzeit hat und auch hinterher noch genutzt werden kann. Trinken die

613 So aber eine weitverbreitete Ansicht zum CISG, siehe *Huber* in: MüKo-BGB, Art. 47 Rn. 2; *Magnus* in: Staudinger CISG, Art. 49 Rn. 2; *Leser* in: Schlechtriem Einheitliches Kaufrecht, S. 225 (231); Lurger, IHR 2001, 91 (94); der teilweise bereits im GEK übernommen wird: *Schopper* in: Wendehorst/Zöchling-Jud, S. 107 (110); in der hier vertretenen Lesart zum CISG hingegen: Kiene, S. 180 und zum GEK *Zoll* in: Schulze, Art. 115 Rn. 1.

614 Siehe hierzu unter Teil 2.D.I.2.a.aa.

615 *Schopper* in: Wendehorst/Zöchling-Jud, S. 107 (110); so für das CISG auch *Benicke* in: MüKo-HGB, Art. 25 Rn. 20 f.; *Magnus* in: Staudinger CISG, Art. 49 Rn. 12; Lubbe, RabelsZ 68 (2004), 444 (451); Schmidt-Kessel, RiW 1996, 60 (63).

616 Lorenz, AcP 212 (2012), 702 (769); Walch, EUVR 2012, 136 (140); *Wendehorst* in: Schmidt-Kessel Kommentar, Art. 114 Rn. 6; für das CISG ebenso: *Müller-Chen* in: Schlechtriem/ Schwenzer, Art. 49 Rn. 5; *Magnus* in: Staudinger CISG, Art. 49 Rn. 10; Ferrari, IHR 2005, 1 (7 f.).

617 Ebenso zum CISG Kiene, S. 179.

beiden nun aber beispielsweise prinzipiell keinen Wein, so ist der Liefertermin für sie so wesentlich, dass das Interesse an der Leistung nach der Hochzeit nicht mehr gegeben ist, so dass auch hier Wesentlichkeit und damit ein Beendigungsrecht nach Art. 114 Abs. 1 GEK gegeben ist. Damit zeigt sich, dass das Merkmal der Wesentlichkeit der sehr viel bessere Gradmesser ist als nach absoluten und relativen Fixgeschäften zu unterscheiden.

b. Schlechtleistung

aa. Allgemeines

Art. 87 Abs. 1 lit. c) GEK listet als Nichterfüllung des Weiteren die Lieferung nicht vertragsgemäßer Waren, kurz eine Schlechterfüllung, auf. Ausgangsnorm für die Frage, wann eine Lieferung vertragsgemäß ist, ist Art. 99 GEK. Nach Abs. 1 ist eine Lieferung dann vertragsgemäß, wenn die Ware (i) in Menge, Qualität und Art (ii) und hinsichtlich des Behältnisses oder der Verpackung den Vereinbarungen des Vertrags entspricht bzw. (iii) mit dem vertraglich zugesagten Zubehör, Montageanleitungen oder sonstigen Anleitungen geliefert wurde. Abermals zeigt sich damit eine erhebliche Gemeinsamkeit mit dem CISG, bei dem in Art. 35 CISG, mit Ausnahme der Punkte in Art. 99 Abs. 1 lit. c) GEK, die gleichen Aspekte genannt sind.[618] Ähnlichkeit besteht auch mit Art. IV.A – 2:301 DCFR, der im Unterschied zum GEK allerdings negativ formuliert ist.[619]

bb. Sonderformen der Schlechtleistung

Inhaltlich muss für das GEK – vergleichbar mit dem CISG (Art. 35 Abs. 1 CISG)[620] und dem BGB (§ 434 Abs. 3; wobei hier die Zuviellieferung nicht explizit geregelt ist)[621] – gelten, dass nicht nur Qualitätsabweichungen eine Schlechtleistung darstellen, sondern auch Quantitätsabweichungen, also jede Zuviel- oder Zuwenig-Lieferung.[622]

Einen Gleichlauf mit CISG und BGB gibt es auch hinsichtlich der Lieferung eines aliuds.[623] In allen drei Gesetzen wird diese als Schlechtleistung bzw. als Mangel bewertet. In der Literatur zum CISG und zum BGB ist allerdings umstritten, wie mit der Lieferung eines sogenannten krassen aliuds umzugehen ist, also dem

---

618 Anders jedoch: *Remien* in: Schmidt-Kessel, S. 307 (318).

619 So auch Lorenz, AcP 212 (2012), 702 (725) und *Remien* in: Schmidt-Kessel Kommentar, Art. 99 Rn. 2.

620 Siehe hierzu *Schwenzer* in: Schlechtriem/Schwenzer, Art. 35 Rn. 8.

621 Siehe hierzu *Westermann* in: MüKo-BGB, § 434 Rn. 49.

622 *Zoll* in: Schulze, Art. 99 Rn. 10 ff.

623 Begrifflich ist zu Recht darauf hinzuweisen, dass ein aliud im BGB einem Mangel nur gleichsteht, also nicht als Mangel selbst anzusehen ist, während im CISG und im GEK ein aliud als tatsächliche Schlechtleistung angesehen wird (siehe z.B. *Weidenkaff* in: Palandt, § 434 Rn. 52). Im Ergebnis hat dies keine Auswirkungen, da die Rechtsfolgen in allen drei Gesetzen identisch sind.

Fall, dass jemand eine CD bestellt hat und einen Autoreifen geliefert bekommt.[624] Nach einer Mindermeinung in BGB und CISG soll es sich hierbei um einen Fall der Nichtlieferung handeln[625], die wohl herrschende Meinung in BGB und CISG geht, vorwiegend gestützt auf den Wortlaut, davon aus, dass auch dies ein Fall der Schlechtleistung ist.[626]

Für das GEK ist die Abgrenzung nicht nur dogmatischer Natur, sondern es entscheidet sich vielmehr, ob nur ein Anspruch nach Art. 115 Abs. 1 GEK oder je nach Schwere der Vertragsverletzung ein Anspruch aus Art. 114 Abs. 1 GEK in Betracht kommt. Im Ergebnis muss jedenfalls gelten, dass keine andere Interpretation möglich ist, als das jede Lieferung – und sei sie auch noch so abwegig und falsch – als Schlechtleistung und nicht als Nichtlieferung anzusehen ist.[627] Neben dem Wortlautargument („Art" der Sache meint eben gerade die Lieferung von etwas völlig Falschem), sind es vor allem praktische Erwägungen, die zu diesem Ergebnis führen: Dem Käufer ist es kaum zuzumuten, eine Grenze zwischen einem krassen aliud und einem solchen aliud zu ziehen, dass dann noch als Schlechtleistung zu qualifizieren wäre. Vielmehr ist jedes aliud als eine Schlechtleistung zu bewerten, der Käufer kann folglich die Beendigung nur nach Art. 114 Abs. 1 GEK verlangen. Die Voraussetzung der Wesentlichkeit dürfte dabei regelmäßig kein Problem sein, weil das Liefern einer falschen Ware wohl stets als wesentlich anzusehen sein wird.

cc. Subjektiver Vertragsmäßigkeitsbegriff

Das GEK ist grundsätzlich und in erster Linie auf einen subjektiven Vertragsmäßigkeitsbegriff[628] ausgerichtet.[629] Art. 99 Abs. 2 GEK bestimmt, dass die Lieferung auch den Anforderungen der Art. 100 bis 102 GEK entsprechen muss. Die Norm ist damit als Verbindung zu den Art. 100 ff. GEK anzusehen und ergänzt den subjektiven Vertragsmäßigkeitsbegriff um eine objektivierte Komponente. Auch hier ist

---

624 Siehe dazu auch in den jeweiligen Abschnitten zum BGB Teil 2.C.II.2.a.aa(1)(b)(aa) und zum CISG Teil 2.C.III.2.a.cc(1).

625 Für das BGB z.B. Canaris, S. XXIII; für das CISG *Bianca* in: Bianca/Bonell, Art. 35 Anm. 2.4; Neumeyer, RiW 1994, 99 (105); Secretariat Commentary, Art. 29 Bem. 3; zum BGB wird teilweise sogar vertreten, dass § 241a BGB die hierfür richtige Anspruchsgrundlage sei (Wrase/Müller-Helle, NJW 2002, 2537).

626 Für das BGB *Matusche-Beckmann* in: Staudinger BGB, § 434 Rn. 144; *Westermann* in: MüKo-BGB, § 434 Rn. 44 ff.; *Faust* in: Bamberger/Roth, § 434 Rn. 108; Brors, JR 2002, 133 ff.; Brüggemeier, WM 2002, 1376 (1378); für das CISG *Magnus* in: Staudinger CISG, Art. 35 Rn. 9; *Schwenzer* in: Schlechtriem/Schwenzer, Art. 35 Rn. 10; *Aicher* in: Hoyer/Posch, S. 111 (120); Daun, JuS 1997, 998 (999).

627 Im Ergebnis wohl ebenso *Zoll* in: Schulze, Art. 99 Rn. 21.

628 Siehe hierzu bereits die Expertengruppe CFR http://ec.europa.eu/justice/contract/files/ seventh-meeting_en.pdf, S. 3 (zuletzt abgerufen am 21.12.2014).

629 So auch die herrschende Meinung, siehe *Faust* in: Remien/Herrler/Limmer, Rn. 4; *Remien* in: Schmidt-Kessel, S. 307 (318); Lorenz, AcP 212 (2012), 702 (724); *Remien* in: Schmidt-Kessel Kommentar, Art. 99 Rn. 3.

allerdings zu beachten, dass die Anwendbarkeit der Art. 100 bis 102 GEK gemäß Art. 99 Abs. 2 GEK im Gegensatz zum DCFR, der eine kumulative Anwendung subjektiver und objektiver Komponenten voraussetzt[630], jedenfalls im Grundsatz, davon abhängig ist, dass die Parteien nichts Gegenteiliges vereinbart haben. Auch dies zeigt die besondere Bedeutung der subjektiven Vereinbarungen und entspricht damit Art. 1 Abs. 1 GEK, der den Vorrang der Parteivereinbarung festlegt.[631] Der Inhalt des Vertrags ist dabei im Zweifelsfall gem. Art. 58, 59 GEK auszulegen.[632]

dd. Vertragsmäßigkeit gem. Art. 100 GEK

(1) Vertragswidrige Lieferungen gem. Art. 100 GEK

Haben die Parteien vertraglich keine Vereinbarung getroffen, verweist Art. 99 Abs. 2 GEK zunächst auf Art. 100 GEK, der sieben Eigenschaften nennt, die, wenn sie nicht vorliegen, dazu führen, dass es sich um eine nicht vertragsgemäße Ware handelt und die – abgesehen von Art. 100 lit. f) GEK – so Art. IV.A. – 2:302 DCFR entsprechen.

(a) Bestimmter Zweck

(aa) Allgemeines

Nach Art. 100 lit. a) GEK müssen die Waren für jeden Zweck geeignet sein, der dem Verkäufer zum Zeitpunkt des Vertragsschlusses zur Kenntnis gebracht wurde, es sei denn, dass sich aus den Umständen ergibt, dass der Käufer nicht auf die Sachkenntnis und das Urteilsvermögen des Verkäufers vertraute oder vernünftigerweise nicht hätte vertrauen dürfen. Obwohl die Formulierung insgesamt eindeutig klingt, verbergen sich hinter ihr zahlreiche Probleme. Dogmatischer Natur ist dabei zunächst die Frage, ob es sich um ein objektives oder ein subjektives Kriterium handelt. Obwohl systematisch eher einem objektiven Kriterium zuzuordnen, kann lit. a) gleichwohl nicht als ein solches angesehen werden. Mangels deskriptiver Beschreibung kann der „bestimmte Zweck“ daher nur als subsidiäre Auslegungsmethode für die vertraglichen Vereinbarungen nach Art. 99 GEK angesehen werden.[633] Inhaltlich sind im Wesentlichen zwei Fragen zu klären: Welche Anforderungen sind an das Zur-Kenntnis-Bringen zu stellen und welche wiederum an den „bestimmten Verwendungszweck“.

---

630 Siehe Lorenz, AcP 212 (2012), 702 (724).

631 So auch *Faust* in: Remien/Herrler/Limmer, Rn. 23; für das CISG auch Kiene, S. 86.

632 Einen guten Überblick hierüber liefert *Maultzsch* in: Schmidt-Kessel Kommentar, Art. 58 ff.

633 Ähnlich, wenn auch weniger klar Lorenz, AcP 212 (2012), 702 (730).

(bb) Annäherung über den gewöhnlichen Zweck

Der zweiten Frage lässt sich mit einem Umkehrschluss gem. Art. 100 lit. b) GEK näher kommen. Heißt es dort[634], Waren, die für den „gewöhnlichen Zweck" gebraucht werden, so ist im Umkehrschluss anzunehmen, dass Verwendungszweck nach Art. 100 lit. a) GEK ein Verwendungszweck von „ungewöhnlicher" Natur ist. Der Verwendungszweck muss dabei nicht ungewöhnlich im gemeinen Wortsinn sein, er muss allerdings anders gelagert sein als das, wofür die breite Masse der Anwender die Sache benutzt. Als Beispiel wird zum CISG die Verwendung einer Maschine unter ungewöhnlichen klimatischen Bedingungen genannt[635], denkbar ist aber natürlich jede Verwendung, die nicht dem entspricht, wofür der Hersteller die Ware ursprünglich produziert hat bzw. eine darüber hinausgehende Nutzung. Handelt es sich bei der Ware zum Beispiel um einen Jeep, so ist die gewöhnliche Nutzung wohl im Fahren zu sehen, ein bestimmter Zweck im Sinne von Art. 100 lit. a) GEK wäre dann die Äußerung des Käufers, er benötige den Jeep, um damit an Wüstenrennen teilzunehmen.

(cc) Zur-Kenntnis-Bringen

Schwieriger ist die Frage zu klären, wann von einem Zur-Kenntnis-Bringen auszugehen ist. Der DCFR enthält keinen Hinweis darauf, wie die Vorschrift zu verstehen ist, Anhaltspunkte lassen sich aber Art. 35 Abs. 2 CISG entnehmen. Danach ist zunächst nicht erforderlich, dass der spezielle Verwendungszweck explizit vertraglich vereinbart wurde.[636] Das Zur-Kenntnis-Bringen ist begrifflich schon weniger als eine vertragliche Abrede.[637] Gleiches sollte auch für das GEK gelten.[638] Klar ist damit, dass das ausdrückliche Hinweisen des Käufers auf einen besonderen Verwendungszweck ausreichend ist, um dem Verkäufer eine Verwendung zur Kenntnis zu bringen.

Lorenz merkt an, dass durch ein Zur-Kenntnis-Bringen eines bestimmten Verwendungszwecks der „geschwätzige" Käufer privilegiert werde, weil er durch bloße Mitteilung vertragliche Maßstäbe setzen kann.[639] Dieser Hinweis ist grundsätzlich berechtigt, zum Problem würde die Situation aber nur dann, wenn es dem Verkäufer nicht möglich wäre, sich der dadurch entstehenden Einstandspflicht zu entziehen. Teilweise wird in der Literatur zu dieser Frage vertreten, dass es dem Verkäufer nicht möglich sei, den Käufer auf die Nicht-Eignung der Ware für den besonderen

---

634 Siehe unter Teil 2.C.I.2.b.dd(1)(b).

635 Schlechtriem, JZ 1999, 791 (795).

636 *Schwenzer* in: Schlechtriem/Schwenzer, Art. 35 Rn. 20.

637 So für das CISG: *Magnus* in: Staudinger CISG, Art. 35 Rn. 26 ff.; *Lüderitz/Schüßler-Langeheine* in: Soergel CISG, Art. 35 Rn. 12; *Schwenzer* in: Schlechtriem/Schwenzer, Art. 35 Rn. 20; Enderlein/Maskow/Strohbach, Art. 35 Bem. 11; a.A. *Welser* in: Doralt, S. 105 (109).

638 So auch: *Schopper* in: Wendehorst/Zöchling-Jud, S. 107 (121); *Faust* in: Remien/Herrler/Limmer, Rn. 7; Lorenz, AcP 212 (2012), 702 (725).

639 Lorenz, AcP 212 (2012), 702 (725); ähnlich *Zoll* in: Schulze, Art. 100 Rn. 4.

Verwendungszweck hinzuweisen und damit eine Einstandspflicht zu verhindern.[640] Begründet wird dies in erster Linie mit dem Wortlaut, der einen Widerspruch nicht zulasse. Nach anderer Ansicht ist das Problem über die Einschränkung[641] „außer wenn sich aus den Umständen ergibt, dass der Käufer nicht auf die Sachkenntnis und das Urteilsvermögen des Verkäufers vertraute oder vernünftigerweise nicht hätte vertrauen dürfen" zu lösen.[642] Zum CISG wird außerdem die Ansicht vertreten, dass der Verkäufer dem Käufer einfach widersprechen könne.[643]

Setzt man sich mit den verschiedenen Ansichten und den zugrunde liegenden Argumenten auseinander, so kann das Wortlaut-Argument zunächst nicht überzeugen. Es ist zwar richtig, dass die Vorschrift keinen entsprechenden Hinweis enthält, dem sich entnehmen ließe, dass der Verkäufer einer Mitteilung des Käufers widersprechen kann. Gleichwohl kann daraus im Umkehrschluss aber nicht geschlossen werden, dass es nicht möglich sein soll. Gegen diese Auffassung spricht auch nicht Art. 99 Abs. 3 GEK, dessen Ziel es gerade nicht ist, einen Widerspruch des Verkäufers gegen einseitige Bestimmungen zu verhindern.[644]

Tatsächlich wollte der Gesetzgeber in Art. 100 lit. a) GEK wohl kein einseitiges Bestimmungsrecht etablieren. Viel eher dürfte es darum gehen, auch in Art. 100 GEK zum Ausdruck zu bringen, dass vertragliche Abreden vorrangig zu berücksichtigen sind. Es geht also ausschließlich darum, dass den Parteien (gemeinsam) die Möglichkeit gegeben wird, zu vereinbaren, dass Gegenstände nicht nur für den gewöhnlichen, sondern auch für einen besonderen Verwendungszweck verwendet werden können. Der Begriff des Zur-Kenntnis-Bringens ist damit weniger als eine einseitige Bestimmung des Verwendungszwecks zu verstehen, sondern vielmehr als Bekenntnis zum subjektiven Begriff. Nachvollziehbar erscheint auch die Ansicht, wonach das Problem über die Einschränkung des letzten Halbsatzes zu lösen sei, da der Käufer – wenn er entgegen der Aussage des Verkäufers handelt – nicht mehr auf die Sachkunde des Verkäufers vertraut, sondern vielmehr seine eigene Sachkenntnis in den Vordergrund stellt.[645] Letztlich ist diese Konstruktion aber unnötig, weil der Verkäufer, wie oben geschildert, direkt widersprechen kann.

Fraglich ist darüber hinaus, wie mit einem konkludenten Zur-Kenntnis-Bringen umzugehen ist. Im CISG ist in Art. 35 Abs. 2 klar geregelt, dass das Zur-Kenntnis-Bringen „ausdrücklich oder auf andere Weise" erfolgen kann. Für das CISG ist damit

640 Lorenz, AcP 212 (2012), 702 (725).
641 Zur Einschränkung selbst siehe im Einzelnen unter Teil 2.C.I.2.b.dd(1)(a)(ee).
642 *Faust* in: Remien/Herrler/Limmer, Rn. 8.
643 *Schwenzer* in: Schlechtriem/Schwenzer, Art. 35 Rn. 21; *Lüderitz* in: Schlechtriem Einheitliches Kaufrecht, S. 179 (186); Enderlein/Maskow/Strohbach, Art. 35 Bem. 9.
644 Zum Anwendungsbereich des Art. 99 Abs. 3 GEK im Einzelnen siehe Teil 2.C.I.2.b.gg.
645 So *Faust* in: Remien/Herrler/Limmer, Rn. 8 und *Zoll* in: Schulze, Art. 100 Rn. 6.

anerkannt, dass auch eine konkludente Bekanntgabe genügt.[646] Ausreichend soll danach auch sein, wenn der Verkäufer den besonderen Verwendungszweck nicht erkannt hat, ihn aber hätte erkennen können.[647] Das GEK auf der anderen Seiten enthält keinen solch ausdrücklichen Hinweis, wonach das Zur-Kenntnis-Bringen auch auf andere Weise erfolgen kann. Soweit das Problem bisher in der Literatur zum GEK überhaupt behandelt wurde, wird lediglich darauf hingewiesen, dass ein konkludentes Hinweisen zu Problemen führen könnte.[648]

Eine grammatische Auslegung hilft in der Frage zunächst nicht weiter. Mangels tiefergehender Definitionen, kann zunächst nur – ähnlich wie im Falle des Art. 87 GEK[649] – festgehalten werden, dass der Begriff selbst unbeschränkt verwendet wird. Auch aus dem Fehlen eines expliziten Hinweises, der sich aus einer vergleichenden Betrachtung mit dem CISG ergibt, darf – ebenfalls vergleichbar der Situation in Art. 87 GEK – nicht geschlossen werden, dass ein konkludentes Zur-Kenntnis-Bringen ausgeschlossen ist. Vielmehr ist zu fragen, ob es Gründe dafür gibt, warum im GEK das Zur-Kenntnis-Bringen gegebenenfalls eingeschränkt sein könnte.

Gegen eine Beschränkung auf ein ausdrückliches Zur-Kenntnis-Bringen könnte zunächst der Gedanke sprechen, dass der Anwendungsbereich des GEK grundsätzlich möglichst weit gefasst sein soll. Darüber hinaus könnte man annehmen, es entspräche dem Verbraucherschutz, wenn der Käufer nicht nur ausdrücklich, sondern auch konkludent eine bestimmte Beschaffenheit festlegen kann. Letztlich sprechen aber die besseren Argumente dafür, unter Art. 100 lit. a) GEK nur ausdrücklich vereinbarte Beschaffenheitsvereinbarungen zu fassen. Zunächst erscheint es nicht nur willkürlich und ungerecht, den Verkäufer mit einer Einstandspflicht für etwas zu „bestrafen", das nicht explizit vereinbart wurde. Darüber hinaus ist es aber auch ein Irrglaube, dass der Verbraucher hierdurch besser geschützt sei. Tatsächlich dürfte es so sein, dass es für den Käufer nahezu unmöglich ist, eine konkludente Beschaffenheitsvereinbarung zu beweisen. Selbst wenn man, wie im CISG[650], annimmt, dass sogar ausreichend ist, wenn der Verkäufer die Beschaffenheitsvereinbarung nicht erkannt hat, tatsächlich aber hätte erkennen müssen, das heißt selbst wenn man die Beweislast auf Seiten des Verkäufers sieht, so ist dem Käufer damit kaum geholfen. Es bleibt die Schwierigkeit, zu beweisen, dass er überhaupt einen konkludenten Hinweis gegeben hat. Im Ergebnis ist der Käufer jedenfalls erheblichen Prozessrisiken ausgesetzt. Darüber hinaus ist nur schwer vorstellbar, wie ein konkludentes Zur-Kenntnis-Bringen im Fernabsatzgeschäft überhaupt funktionieren soll. Wenn,

---

646 *Schwenzer* in: Schlechtriem/Schwenzer, Art. 25 Rn. 21; LG München I, Urt. v. 27.02.2002, Az.: 5 HKO 3936/00, IHR 2003, 233 (234).

647 *Magnus* in: Staudinger CISG, Art. 35 Rn. 28; Karollus, S. 117; *Schwenzer* in: Schlechtriem/Schwenzer, Art. 35 Rn. 21; *Gruber* in: MüKo-BGB, Art. 35 Rn. 11; a.A. *Ferrari* in: Ferrari/Kieninger/Mankowski, Art. 35 Rn. 18; Enderlein/Maskow/Strohbach, Art. 35 Bem. 11; Reinhart, Art. 35 Rn. 6; Heilmann, S. 180.

648 So bei *Faust* in: Remien/Herrler/Limmer, Rn. 7.

649 Siehe hierzu unter Teil 2.B.II.1.b.aa.

650 *Schwenzer* in: Schlechtriem/Schwenzer, Art. 35 Rn. 21.

dann kann der Käufer in dieser Situation in einer Art „Besondere Bemerkungen"-Feld einen bestimmten Verwendungszweck angeben. Nimmt der Versandhändler das Angebot dann an, ist bereits von einer ausdrücklichen Vereinbarung auszugehen, nicht von einer konkludenten. Damit besteht bereits kein Bedarf dafür, dass der Käufer eine Beschaffenheitsvereinbarung auch konkludent mitteilen kann. Beschränkt man allerdings Art. 100 lit. a) GEK auf ausdrückliche Vereinbarungen, so gibt dies beiden Seiten Sicherheit, weil eindeutig feststeht ob und wenn ja auf welche Beschaffenheit man sich geeinigt hat.

Die gefundene Lösung erscheint letztlich billig und gerecht: Es kann von jedem Käufer, der eine Sache für etwas verwenden will, was nicht dem gewöhnlichem Zweck entspricht, erwartet werden, dass er mit dem Verkäufer spricht. Bleibt man bei dem oben dargestellten Beispiel der Verwendung einer Sache in einem ungewöhnlichen Klima, so erscheint bereits schwer vorstellbar, wie der Käufer dem Verkäufer diesen Umstand konkludent mitteilen möchte. Jedes Gespräch hierüber wäre wohl als ausdrückliche Vereinbarung zu werten. Eine Anwendbarkeit des Art. 100 lit. a) GEK für konkludente Bestimmungszweckvereinbarungen ist daher klar abzulehnen.

(dd) Zeitpunkt

Für den Zeitpunkt, zu dem der bestimmte Zweck – ausdrücklich – mitgeteilt werden muss, stellt das GEK auf den Vertragsschluss ab. Klar ist damit, dass jede Mitteilung des Käufers nach Vertragsschluss nicht ausreicht, um eine Beschaffenheitsvereinbarung zu begründen.[651] Der Verkäufer ist so vor nachträglichen Änderungen des Käufers geschützt. Unklar ist aber, ob der Verkäufer durch den Wortlaut auch vor Mitteilungen im Zuge der Vertragsverhandlungen, also vor Mitteilungen vor Vertragsschluss geschützt werden soll.[652] Im Ergebnis kann nur gelten, dass auch Mitteilungen vor Vertragsschluss zur Festlegung eines bestimmten Zwecks ausreichend sind. Es erscheint widersinnig, diese nicht zuzulassen. Unterhalten sich die Parteien beispielsweise im Vorfeld des Vertragsschlusses über die Geeignetheit einer Ware per E-Mail und bestätigt der Verkäufer dem Käufer dies, so erscheint es wenig sinnvoll, wenn der Vertrag dann beispielsweise über ein Online-Bestellformular abgeschlossen wird, in dem der Käufer nicht noch einmal explizit auf den Verwendungszweck hinweist bzw. oftmals gar nicht hinweisen kann. Dennoch müssen beide Parteien vernünftigerweise davon ausgehen, dass die Ware auch entsprechend der vorherigen Mitteilung des Käufers verwendet wird. Darüber hinaus erscheint es kaum vereinbar, auf der einen Seite anzunehmen, dass eine Vereinbarung nicht

---

651 So als selbstverständlich dargestellt von *Faust* in: Remien/Herrler/Limmer, Rn. 7; für das CISG ebenso *Schwenzer* in: Schlechtriem/Schwenzer, Art. 35 Rn. 22; *Magnus* in: Staudinger CISG, Art. 35 Rn. 30; Aue, S. 75 f.; Heilmann, S. 180; Hutter, S. 44 (so ebenso zum UNCITRAL-Übereinkommen).

652 So zum Beispiel *Faust* in: Remien/Herrler/Limmer, Rn. 7; zweifelnd Lorenz, AcP 212 (2012), 702 (725).

ausdrücklich im Vertrag festgelegt sein muss, andererseits aber zu sagen, dass sowohl vorherige als auch nachfolgende Absprachen unzureichend sind. Der im GEK genannte Zeitpunkt ist daher als letztmöglicher Zeitpunkt zu verstehen, Absprachen vorher müssen unproblematisch möglich sein.

(ee) Einschränkung gem. Art. 100 lit. a) a.E. GEK

Eingeschränkt wird die Bestimmung des Verwendungszwecks durch den letzten Halbsatz von Art. 100 lit. a) GEK. Danach muss die Sache nicht für den mitgeteilten besonderen Verwendungszweck geeignet sein, wenn sich aus den Umständen ergibt, dass der Käufer nicht auf die Sachkenntnis und das Urteilsvermögen des Verkäufers vertraute oder vernünftigerweise nicht hätte vertrauen dürfen. Dieser Wortlaut ist missverständlich. Gemeint ist nicht, dass der Käufer den Verkäufer nicht für sachkundig hält bzw. halten darf, sondern dass der Vertrag nicht im Vertrauen auf die Sachkunde des Verkäufers geschlossen wird.[653] Ein solches Vertrauen liegt vor, wenn der Verkäufer Experte für die Beschaffung von Waren für den vereinbarten Verwendungszweck ist.[654] Der Käufer darf auf die Sachkunde nicht vertrauen, wenn der Verkäufer unmissverständlich klar macht, dass er selber über keine Sachkunde verfüge.[655]

(b) Gewöhnlicher Zweck

Nach Art. 100 lit. b) GEK muss sich die Ware für Zwecke eignen, für die Waren der gleichen Art gewöhnlich verwendet werden. Es handelt sich hierbei um einen objektiven Anknüpfungspunkt.[656] Für das CISG umstritten ist die Frage, ob zum gewöhnlichen Gebrauch auch gehört, dass die Qualität der Waren durchschnittlich ist.[657] Aus dem Zusammenspiel mit Art. 99 Abs. 1 lit. a) GEK und vor dem Hintergrund, dass es sich überwiegend um Verbraucher-Käufe handelt, lässt sich für das GEK eindeutig sagen, dass ein solcher Qualitätsstandard einzuhalten ist.

(c) Ware entsprechend Probe und Muster

Weitere Voraussetzung für eine vertragsmäßige Ware ist gem. Art. 100 lit. c) GEK, dass die gelieferte Ware in ihren Eigenschaften dem entspricht, was der Verkäufer dem Käufer als Muster oder Probe vorgelegt hat. Ebenso wie beim gewöhnlichen Verwendungszweck, handelt es sich bei diesem Merkmal um ein ausschließlich objektives. Ausreichend ist bereits, dass der Verkäufer dem Käufer ein entsprechendes

---

653 *Faust* in: Remien/Herrler/Limmer, Rn. 7.

654 So für das CISG auch: *Schwenzer* in: Schlechtriem/Schwenzer, Art. 35 Rn. 23.

655 So für das CISG auch: *Magnus* in: Staudinger CISG, Art. 35 Rn. 33; *Schwenzer* in: Schlechtriem/Schwenzer, Art. 35 Rn. 23; *Bianca* in: Bianca/Bonell, Art. 35 Anm. 2.5.3.

656 So auch Lorenz, AcP 212 (2012), 702 (704).

657 Siehe zum Streit insgesamt *Schwenzer* in: Schlechtriem/Schwenzer, Art. 35 Rn. 15.

Muster vorgelegt hat, die Parteien müssen sich nicht weiter darüber einigen, dass die Ware dem Muster auch tatsächlich entsprechen soll. Dies ergibt sich bereits aus der Systematik des Art. 100 GEK, wonach lit. c) gegenüber lit. a) überflüssig wäre, wenn die Parteien die Beschaffenheit entsprechend dem Muster vereinbaren müssten.[658] Wird das Muster nur unverbindlich gezeigt, so ist lit. c) nicht einschlägig.[659] Während die Probe dabei die Gesamtheit aller Eigenschaften aufweisen muss, handelt es sich um ein Muster, wenn die Ware selbst nicht verfügbar ist, wobei das Muster alle, aber auch nur einzelne Eigenschaften aufweisen kann.[660]

(d) Verpackung

Die Ware muss gem. Art. 100 lit. d) GEK in einer für Waren dieser Art üblichen Weise oder, falls es eine solche Weise nicht gibt, in einer für die Erhaltung und den Schutz der Waren angemessenen Weise umschlossen und verpackt sein.[661] Auch hierbei handelt es sich um ein objektives Kriterium.

Schwierigkeiten bereiten kann das Merkmal der Üblichkeit. Zum CISG, in dem das Merkmal in gleicher Weise verwendet wird, sind die in der Branche üblichen Bräuche der Ausgangspunkt.[662] Auf Handelsgewohnheiten und Bräuche kann im GEK gerade nicht abgestellt werden, klar ist aber auch, dass es auch für das Endkundengeschäft „typische" Verpackungen gibt. Eine nähere Beschreibung ist an dieser Stelle nicht möglich, letztlich muss es sich um eine Einzelfallprüfung handeln. Beim Versand einer CD kann der Käufer daher beispielsweise eine andere Verpackung erwarten als bei der Bestellung von Fleisch oder frischem Obst aus dem Ausland oder beim Kauf einer Vase. *Faust* weist darauf hin, dass es falsch sei, die Verpackung generell unter die Vertragsmäßigkeit zu fassen.[663] Seiner Ansicht nach soll unterschieden werden nach dem Zweck der Verpackung. Liegt dieser in der bloßen Abwicklung eines sicheren Kaufs, so reichen Art. 100 lit. a) und b) GEK. Erhält der

---

658 So auch *Faust* in: Remien/Herrler/Limmer, Rn. 10; fürs CISG ebenso: *Benicke* in: MüKo-HGB, Art. 35 Rn. 14; *Schwenzer* in: Schlechtriem/Schwenzer, Art. 35 Rn. 24; a.A. *Magnus* in: Staudinger CISG, Art. 35 Rn. 36.

659 *Faust* in: Remien/Herrler/Limmer, Rn. 10; fürs CISG ebenso: *Benicke* in: MüKo-HGB, Art. 35 Rn. 15; *Schwenzer* in: Schlechtriem/Schwenzer, Art. 35 Rn. 26.

660 Für das CISG *Schwenzer* in: Schlechtriem/Schwenzer, Art. 35 Rn. 24.

661 *Zoll* in: Schulze, Art. 100 Rn. 10 lehnt die zweite Alternative mit der Begründung ab, dass auch die übliche Verpackung geeignet sein muss, die Ware auf dem Transportweg zu schützen. Obwohl dies natürlich richtig ist, dürfte sich nur dort eine übliche Verpackung herauskristallisiert haben, wo sie auch geeignet zum Schutz ist. Das ergänzende Kriterium will dem Verkäufer insofern nur die Möglichkeit geben von der üblichen Verpackung abzuweichen und legt ihm dann aber die Pflicht auf, die Ware entsprechend gut zu schützen.

662 So für das CISG ebenso *Schwenzer* in: Schlechtriem/Schwenzer, Art. 35 Rn. 29; zum UNCITRAL-Übereinkommen ebenso Hutter, S. 51.

663 *Faust* in: Remien/Herrler/Limmer, Rn. 11; anders wohl *Remien* in: Schmidt-Kessel Kommentar, Art. 100 Rn. 5, der hierin keine Probleme sieht.

Käufer die Ware beschädigt, greifen die zitierten Vorschriften, ist die Ware hingegen ordnungsgemäß, ist die beschädigte Verpackung für den Käufer ohne Belang. Geht der Zweck der Verpackung darüber hinaus – wie etwa zur Lagerung oder zum Weiterverkauf – so soll Art. 100 lit. d) GEK greifen.

Die Ansicht ist jedoch nicht mit dem Wortlaut der Vorschrift vereinbar[664]: Art. 100 lit. d) GEK gewährt kein Recht zur Beendigung aufgrund einer beschädigten Umverpackung, sondern lediglich aufgrund einer falschen Verpackung. Dies wirkt sich, je nach Konstellation, unterschiedlich aus: Erhält der Käufer z.B. kaputte Ware und die Verpackung ist beim Transport ebenfalls kaputt gegangen, so ist eine Vertragswidrigkeit nach Art. 100 lit. d) GEK zwar gegeben, sie ist allerdings unerheblich, da der Käufer Abhilfen ohnehin über Art. 100 lit. a) oder b) GEK geltend machen kann. Erhält der Käufer unversehrte Ware in einer beschädigten Verpackung, ist wiederum zu unterscheiden: Hat der Verkäufer eine typische Verpackung gewählt, kann die bloße Beschädigung der Verpackung über Art. 100 lit. d) GEK nicht sanktioniert werden. Hat der Verkäufer allerdings eine ungewöhnliche Verpackung gewählt, so könnte Art. 100 lit. d) GEK dem Käufer Abhilfen gewähren. Betrachtet man allerdings den Hauptanwendungsfall des GEK, so stellt sich die Frage, ob der Käufer diese Möglichkeit überhaupt je nutzen wird. Der Hauptanwendungsfall des GEK wird der Internetkauf sein. Wie am Anfang dieser Arbeit schon mehrfach angesprochen[665], ist die Hauptmotivation eines Käufers für einen Internetkauf der geringere Preis im Vergleich zum Kauf in einem Ladengeschäft oder die Verfügbarkeit.[666] Geht beim Versand also tatsächlich nur die Verpackung kaputt, fehlt schlicht der Anreiz, die Ware alleine aus diesem Grund wieder zurückzuschicken, da der Käufer genau das erhalten hat, was er wollte. Die Vorschrift ist also eher als Mahnung an den Verkäufer zu verstehen, die Sache ordentlich zu verpacken, damit es gar nicht erst zu einer Beschädigung der Ware kommen kann und der Käufer dadurch zu Abhilfen gedrängt wird.

Erhöht in einer abschließenden, dritten Konstellation die Verpackung den Wert der eigentlichen Ware, wie zum Beispiel bei Sammlergegenständen, die durch die Originalverpackung einen erheblich höheren Sammlerwert erhalten, so ist erneut zu unterscheiden: Geht diese Originalverpackung kaputt, so ist es nur recht und billig, wenn der Käufer die fehlende Vertragsmäßigkeit rügen kann. Geht allerdings nur die Umverpackung kaputt, so scheidet eine Rüge gem. Art. 100 lit. d) GEK wie in Konstellation eins beschrieben bereits von vorneherein aus. Eine einschränkende Auslegung dieser Vorschrift ist daher nicht erforderlich.

(e) Zubehör und Montageanleitung

Zusätzlich zu den bereits aus dem CISG im Wesentlichen bekannten Kriterien muss die Ware gem. Art. 100 lit. e) GEK mit solchem Zubehör, Montage- und anderen

---

664 So aber auch für das CISG: *Schwenzer* in: Schlechtriem/Schwenzer, Art. 35 Rn. 31.

665 Siehe hierzu unter Teil 1.D.IV.

666 Siehe unter Teil 1.D.IV mit Verweis auf Graf von Westphalen, ZiP 2011, 1985 (1990).

Anleitungen geliefert werden, deren Erhalt der Käufer erwarten kann. Es handelt sich hierbei um eine objektive Bedingung.[667] Abzugrenzen ist die Vorschrift von Art. 101 Abs. 1 lit. b) GEK. Während dort die unsachgemäße Montage durch einen Mangel in der Anleitung bereits eingetreten ist[668], kann der Käufer nach Art. 100 lit. e) GEK Abhilfen bereits dann geltend machen, wenn Zubehör fehlt oder die Montageanleitung fehlerhaft ist, ohne dass dies bereits irgendwelche Konsequenzen hatte.[669]

(f) Vorvertragliche Erklärungen

Als weitere objektive Eigenschaft listet Art. 100 lit. f) GEK diejenigen Eigenschaften und diejenige Tauglichkeit als Voraussetzung für die Vertragsmäßigkeit auf, die in einer vorvertraglichen Erklärung angegeben sind, welche gemäß Art. 69 GEK Teil der Vertragsbestimmungen ist.[670] Obwohl das DCFR insgesamt ein Pendant zu Art. 69 GEK enthält (Art. II. – 9:102 DCFR), gibt es keine Parallelvorschrift zu Art. 100 lit. f.) GEK, so dass das GEK an dieser Stelle nicht nur über das CISG, sondern auch über den DCFR hinausgeht.

(aa) Aussagen des Verkäufers und Werbung

Nach Art. 69 Abs. 1 GEK muss die Ware, um vertragsgemäß zu sein, dem entsprechen, was der Verkäufer oder eine Person, die im Auftrag des Unternehmers mit der Werbung oder Vermarktung befasst ist, vor Vertragsschluss gegenüber dem Verkäufer oder in einer öffentlichen Erklärung hinsichtlich der Eigenschaften gesagt hat.[671] Eine Ausnahme gilt dann, wenn entweder der Käufer gewusst hat oder hätte wissen müssen, dass die Erklärung falsch war bzw., dass er sich nicht auf die Bestimmung verlassen konnte, die Erklärung zum Zeitpunkt des Vertragsschlusses berichtigt war, oder seine Entscheidung gar nicht durch die Erklärung beeinflusst werden konnte. In der Parlaments-Fassung ist klargestellt worden, dass der Verkäufer die Beweislast für diese Ausnahmen trägt.

Wie das Beispiel im DCFR zur ersten Ausnahme zeigt[672], ist es völlig ausreichend, wenn der Verkäufer seine Aussage auf die gleiche Weise widerrufen hat, in der er sie gemacht hat – hat er sie gegenüber dem Käufer gemacht, muss er sie diesem gegenüber persönlich korrigieren, hat er sie in der Öffentlichkeit gemacht, reicht

---

667 Anders *Zoll* in: Schulze, Art. 100 Rn. 12.

668 Siehe hierzu im Detail unter Teil 2.C.I.2.b.ee.

669 Ebenso Lorenz, AcP 212 (2012), 702 (727) und *Faust* in: Remien/Herrler/Limmer, Rn. 13.

670 Ablehnend *Zoll* in: Schulze, Art. 100 Rn. 14 („superfluous").

671 Kritisch zur Gleichstellung von öffentlichen Erklärungen mit Erklärungen gegenüber dem Käufer *Wendehorst* in: Wendehorst/Zöchling-Jud, S. 87 (95).

672 Siehe DCFR Full Edition, Art. II. – 9:102.

es, wenn er die Aussage öffentlich korrigiert.[673] Die zweite Ausnahme weicht vom DCFR insofern ab, als das nach dem GEK nicht mehr darauf abzustellen ist, ob die Entscheidung beeinflusst wurde, sondern darauf, ob die Entscheidung durch die Aussage beeinflusst werden konnte. Es ist also zu fragen, ob die Aussage geeignet war, die Entscheidung des Käufers zu beeinflussen. Diese Abweichung vom DCFR ist im Hinblick auf die Beweislast zu begrüßen. Andernfalls müsste der Verkäufer subjektive Motive des Käufers beweisen.[674]

Art. 69 Abs. 1 GEK ist dabei hinsichtlich des Verkäufers von untergeordneter Bedeutung, die Aussagen des Verkäufers dürften meist schon gem. Art. 99 Abs. 1 GEK als Bestandteil des Vertrags anzusehen sein. Von deutlich größerer Bedeutung ist die Tatsache, dass auch Werbung bzw. Aussagen von Personen, die für die Werbung zuständig sind, als Aussagen des Verkäufers zählen, so dass der Käufer über diese Klausel erreichen kann, dass ein Produkt, welches nicht den in der Werbung zugesicherten Eigenschaften entspricht, als vertragswidrig einzustufen ist.

(bb) Aussagen Dritter

In der Verbraucher-Kauf-Konstellation gelten gem. Art. 69 Abs. 3 GEK[675] Aussagen eines Herstellers oder Aussagen, die von einer anderen Person abgegeben wurden, wie die Aussagen des Verkäufers, es sei denn, der Unternehmer kannte diese Erklärung bei Vertragsschluss nicht und hätte sie auch nicht kennen müssen. Auch an dieser Stelle ist im Entwurf des Parlaments klargestellt, dass die Beweislast für diese Unkenntnis beim Verkäufer liegt. Unklar ist zunächst die Person des Dritten. Während es sich in der deutschen Textfassung so liest, als könne hier jeder beliebige Dritte Aussagen treffen, die dem Verkäufer zuzurechnen sind[676], wird der eigentliche Zweck in der englischen Sprachfassung deutlich, in der es heißt: „a public statement made by or on behalf of a producer or other person in earlier links of the chain of transactions leading to the contract“. Dritter kann somit nur jede Person sein, die in der Lieferkette dem Verkäufer vorgeschaltet ist.

---

673 Anders *Faust* in: Remien/Herrler/Limmer, Rn. 15, der aus dem Vergleich mit Art. 2 Abs. 4 der Verbrauchsgüterkaufrichtlinie 1999 (zur Richtlinie siehe Fußnote 292) annimmt, dass der Verkäufer die Aussage immer gegenüber dem Käufer korrigieren muss.

674 Anders *Faust* in: Remien/Herrler/Limmer, Rn. 15, der für eine Auslegung entsprechend des Art. II. – 9:102 Abs. 2 lit. b) DCFR plädiert; zu den Diskussionen rund um die Vorschrift siehe auch die Expertengruppe CFR http://ec.europa.eu/justice/contract/files/third-meeting_en.pdf, S. 2 f. (zuletzt abgerufen am 21.12.2014).

675 Auch hier müsste es sich nunmehr korrekterweise um Abs. 2 handeln. Da die Nummerierung der Norm allerdings nicht angepasst wurde, handelt es sich weiterhin um Abs. 3.

676 So auch *Faust* in: Remien/Herrler/Limmer, Rn. 16; Lorenz, AcP 212 (2012), 702 (728); *Looschelders/Makowsky* in: Schmidt-Kessel Kommentar, Art. 69 Rn. 20.

Für den Verkäufer besteht damit – insbesondere auch vor dem Hintergrund der eigenen Beweislast – ein gewisses Risiko.[677] Gleichwohl sollte dieses nicht überbewertet werden. Dass etwa ein Großhändler bzw. Zwischenhändler überhaupt vom Käufer kontaktiert werden kann, dieser dann auch noch eine Aussage tätigt und jene Aussage letztlich auch noch unwahr ist, ist in Summe eher unwahrscheinlich. Das größere Risiko für den Verkäufer dürfte in Art. 69 Abs. 1 GEK im Hinblick auf Werbeaussagen liegen.

(g) Erwartungen des Käufers

Schwierigkeiten bereitet die Einordnung des letzten Merkmals der Vertragsmäßigkeit. Nach Art. 100 lit. g) GEK muss die Ware diejenigen Eigenschaften und diejenige Tauglichkeit besitzen, die der Käufer erwarten kann. Neu aufgenommen wurde der Hinweis, dass davon auch Aussehen und Mängelfreiheit umfasst sind. Teilweise wird angenommen, dass es sich um einen gemischt subjektiv-objektiven Begriff handelt, der Aspekte aus Art. 100 lit. a) und lit. b) GEK redundant vereint,[678] nach anderer Ansicht handelt es sich um einen Auffangtatbestand.[679]

Faust stellt fest, dass die Vorschrift im Falle einer Beschaffenheit greifen kann, die keinen Einfluss auf die Verwendbarkeit der Ware hat[680], so dass der Vorschrift keine bloße Redundanz vorgeworfen werden kann. Richtigerweise muss die Vorschrift wohl tatsächlich als Auffangvorschrift verstanden werden. Insbesondere die neu aufgenommenen Hinweise auf Aussehen und Mängelfreiheit sprechen hierfür und sind wohl als Klarstellung zu verstehen, dass diesem Merkmal eine eigene Bedeutung zukommen kann. Darüber hinaus ergibt sich dieses Verständnis aus den Kommentaren zum DCFR.[681] Die Schöpfer des DCFR waren sich durchaus bewusst, dass nicht jede Erwartung des Käufers einen Einfluss auf die Vertragsmäßigkeit haben darf. Wo hier die Grenze zu ziehen ist, ist dem DCFR nicht zu entnehmen, sondern bleibt den Gerichten vorbehalten. Als Anhaltspunkt kann danach nur das folgende Beispiel aus dem DCFR dienen[682]: Kauft der Käufer eine Yacht in der Erwartung, dass diese in einem bestimmten Land gebaut wurde und wurde der Kiel demgegenüber in einem anderen Land hergestellt, weshalb der Wert der Yacht niedriger ausfällt, so soll es sich hierbei um eine berechtigte Erwartung des Käufers handeln, die nicht erfüllt ist und weshalb die Ware nicht vertragsgemäß ist, obwohl das Boot an sich keinen Mangel aufweist.

Die Vorschrift ist als Auffangtatbestand zu akzeptieren. Es bleibt allerdings zu hoffen, dass Gerichte den Anwendungsbereich dieser Norm nur auf solche Fälle

---

677 Zu Recht auf dieses Risiko hinweisend *Faust* in: Remien/Herrler/Limmer, Rn. 16.

678 Lorenz, AcP 212 (2012), 702 (726).

679 *Faust* in: Remien/Herrler/Limmer, Rn. 17; *Schopper* in: Wendehorst/Zöchling-Jud, S. 107 (122).

680 *Faust* in: Remien/Herrler/Limmer, Rn. 17.

681 Siehe DCFR Full Edition, Art. IV.A. – 2:302.

682 Siehe DCFR Full Edition, Art. IV.A. – 2:302.

beschränken, in denen die Erwartungen des Käufers evident enttäuscht wurden.[683] Es ist für einen restriktiven Umgang zu plädieren[684], da die Merkmale in lit. a) – f) im Zusammenhang mit einem subjektiven Vertragsmäßigkeitsbegriff bereits ausreichen sollten, um einen Großteil der Fälle adäquat lösen zu können.

(2) Verhältnis der Kriterien des Art. 100 GEK untereinander

Das Verhältnis der Regelungen des Art. 100 GEK untereinander ist ebenfalls schwierig zu bewerten. Mangels einer vorgegebenen Hierarchie muss prinzipiell von einem kumulativen Verhältnis der Regelungen ausgegangen werden, das heißt die Ware muss (sofern im konkreten Fall einschlägig) alle Merkmale des Art. 100 GEK erfüllen.[685] Andernfalls ließe sich, ginge man von einem alternativen Verhältnis aus, beispielsweise auch nicht vernünftig erklären, warum es auf den gewöhnlichen oder bestimmten Zweck nicht mehr ankäme, sofern die Ware mit entsprechendem Zubehör und einer ordentlichen Montageanleitung geliefert wurde. Dennoch gibt es drei Konstellationen, die sich mit einem einfachen Verweis auf eine kumulative Anwendung nicht lösen lassen:

(a) Verhältnis von Art. 100 lit. a) zu Art. 100 lit. b) GEK

Zunächst ist fraglich, wie eine Ware zu bewerten ist, die zwar dem bestimmten Verwendungszweck des Käufers gem. Art. 100 lit. a) GEK entspricht, nicht aber dem gewöhnlichen Zweck nach Art. 100 lit. b) GEK. Die Ware in diesem Fall als nicht vertragsgemäß zu qualifizieren, erscheint mir widersinnig, da der Käufer die Ware letztlich genau dafür verwenden kann, wofür er sie verwenden möchte.[686] Im Ergebnis muss es daher im Verhältnis von Art. 100 lit. a) zu Art. 100 lit. b) GEK stets einen Vorrang zugunsten des bestimmten Zwecks geben.[687]

(b) Verhältnis von Art. 100 lit. a) zu Art. 100 lit. c) GEK

Ungeklärt ist auch das Verhältnis zwischen einem bestimmten Zweck nach Art. 100 lit. a) GEK und einer Eigenschaft entsprechend Probe gem. Art. 100 lit. c) GEK. Unproblematisch ist der Fall, wenn die später gelieferte Ware sowohl dem Muster entspricht als auch gleichzeitig dem bestimmten Verwendungszweck dient bzw. dienen kann. Schwieriger ist der Fall, bei dem das Muster für den bestimmten Zweck

---

683 So auch *Faust* in: Remien/Herrler/Limmer, Rn. 17.

684 Ähnlich *Schopper* in: Wendehorst/Zöchling-Jud, S. 107 (123), der für eine Abgrenzung nach berechtigten und unberechtigten Erwartungen plädiert.

685 Siehe *Faust* in: Remien/Herrler/Limmer, Rn. 5.

686 So aber *Faust* in: Remien/Herrler/Limmer, Rn. 5; für das CISG ebenso *Benicke* in: MüKo-HGB, Art. 35 Rn. 12; zum GEK unter Befürwortung einer Einzelfallprüfung: *Gsell* in: Schulte-Nölke/Zoll/Jansen/Schulze, S. 229 (236); zum CISG differenzierend *Magnus* in: Staudinger CISG, Art. 35 Rn. 26; zum BGB in der hier vertretenen Auffassung: Westermann, NJW 2002, 241 (243).

687 Ebenso im CISG: Schlechtriem, IPRax 2001, 161 (163).

nicht geeignet ist. Hat der Verkäufer dem Käufer ein Muster gezeigt und der Käufer festgestellt, dass sich die Ware nicht für seinen bestimmten Verwendungszweck eignet und vereinbaren die Parteien dennoch ausdrücklich die Geeignetheit für einen bestimmten Verwendungszweck, so hat Art. 100 lit. a) GEK vorzugehen und der Verkäufer muss für die fehlende Eignung einstehen.[688]

(c) Verhältnis von Art. 100 lit. b) zu Art. 100 lit. c) GEK

Sind die gelieferte Ware und eine Probe beide nicht für den gewöhnlichen Zweck geeignet, stellt sich die Frage, ob der Verkäufer sich mit Hinweis auf die Identität zwischen Ware und Probe vor einer Einstandspflicht schützen kann. Die Antwort muss, wie auch für das CISG[689], klar nein lauten. Die Eignung zur gewöhnlichen Nutzung muss vorgehen. Ist die gelieferte Ware sogar besser als das gezeigte Muster, so muss das gleiche gelten und Art. 100 lit. b) GEK auch hier den Vorrang genießen. Es wäre widersinnig, wenn der Käufer trotz Lieferung einer qualitativ „besseren" Ware den Vertrag beenden könnte, weil die Ware nicht dem qualitativ „schlechteren" Muster entspricht.

ee. Vertragsmäßigkeit gem. Art. 101 GEK (Sachgemäße Montage)

Gem. Art. 99 Abs. 2 GEK muss die Ware außerdem den Anforderungen an Art. 101 GEK genügen. Die Vorschrift gilt nur für Verbraucher-Käufe, ist nicht dispositiv (Art. 101 Abs. 2 GEK) und regelt zwei grundsätzliche Konstellationen: die Montage der Ware durch den Verkäufer (lit. a) und die Eigenmontage durch den Käufer (lit. b).

Nach Art. 101 Abs. 1 lit. a) GEK führt im Falle einer Montage durch den Verkäufer (oder unter seiner Aufsicht) jede unsachgemäße Montage dazu, dass die Ware selbst vertragswidrig ist.[690] Ohne diese Regelung wäre der Käufer auf die Abhilfen hinsichtlich verbundener Dienstleistungen beschränkt (Art. 155 ff. GEK).[691] Ist bestimmt, dass der Käufer die Montage übernimmt, so kann auch die eigene fehlerhafte Montage zur Vertragswidrigkeit führen, sofern sie auf eine fehlerhafte Montageanleitung zurückzuführen ist, Art. 101 Abs. 1 lit. b) GEK. Hier liegt die Vertragswidrigkeit also, im Gegensatz zu Art. 100 lit. e) GEK[692], in der fehlerhaften Montage selbst, nicht in der mangelhaften Anleitung. Gründe, die für eine Beschränkung auf Verbraucher-Käufe sprechen, sind nicht unbedingt zwingend, erscheinen

---

688 Anders für das CISG: *Schwenzer* in: Schlechtriem/Schwenzer, Art. 35 Rn. 25, der für eine Einzelfallprüfung plädiert; *Bianca* in: Bianca/Bonell, Art. 35 Anm. 2.6.1, die einen generellen Vorrang des Musters annimmt.

689 Zum CISG siehe OGH, Urt. v. 27.02.2003, Az.: 2 Ob 48/02a, IHR 2004, 25 (28); *Schwenzer* in: Schlechtriem/Schwenzer, Art. 35 Rn. 25.

690 So *Faust* in: Remien/Herrler/Limmer, Rn. 18; *Remien* in: Schmidt-Kessel, S. 307 (320).

691 Ausführlicher hierzu *Faust* in: Remien/Herrler/Limmer, Rn. 18 und Lorenz, AcP 212 (2012), 702 (729).

692 Siehe hierzu ausführlicher unter Teil 2.C.I.2.b.dd(1)(e).

jedoch zumindest nachvollziehbar[693]: Im Verhältnis Unternehmer – Unternehmer wird es sich oftmals um weiterveräußerbare Ware handeln. In den seltenen Fällen, in denen es sich um einen Endkunden-Kauf handelt, ist die Privilegierung des Verbrauchers in dessen Schutz zu sehen. Der Unternehmer-Käufer soll im Gegensatz dazu im Vergleich mit dem CISG nicht zusätzlich begünstigt werden.

ff. Vertragsmäßigkeit gem. Art. 102 GEK (Keine Rechte und Ansprüche Dritter)[694]

Gemäß Art. 99 Abs. 2 muss die Ware letztlich auch den Anforderungen an Art. 102 GEK genügen. Danach muss die Ware frei von Rechten oder nicht offensichtlich unbegründeten Ansprüchen Dritter sein. Nach Art. 102 Abs. 2 GEK muss die Ware außerdem frei von Rechten oder Ansprüchen aus geistigem Eigentum sein. Entgegen dem Wortlaut und obwohl die Formulierung in DCFR (Art. IV.A. – 2:305) und CISG (Art. 41) vergleichbar sind, ist weitestgehend anerkannt, dass das Wort „oder" in Abs. 1 ein Redaktionsversehen ist und die Möglichkeiten vielmehr kumulativ vorliegen müssen.[695] Dies ist nur logisch, führt man sich vor Augen, dass eine alternative Verknüpfung dem Käufer nicht hilft, weil dann z.B. die Ware zwar frei von behaupteten Ansprüchen Dritter ist, dafür aber ein Dritter ein Pfandrecht an der Sache haben könnte. Es ist zu bedauern, dass im aktuellen Parlamentsentwurf solche Fehler nicht berücksichtigt wurden, so dass angenommen werden muss, dass die Korrektur dieser Verknüpfung übersehen wurde.

(1) Keine Rechte Dritter

Die Vorschrift des Art. 102 Abs. 1 GEK enthält keine Beschränkung hinsichtlich der möglichen Rechte, die Dritte an der Ware haben können. Damit sind auch keine Argumente ersichtlich, warum sich die Rechte deutlich von jenen unterscheiden sollten, die unter dem CISG eine Vertragswidrigkeit begründen. Umfasst sein sollten daher absolute Rechte wie Pfandrechte oder Patente, aber auch obligatorische Rechte, die der Dritte gegen den Käufer innehat wie Rechte aus Miet- oder

---

693 Anders Lorenz, AcP 212 (2012), 702 (729); *Schopper* in: Wendehorst/Zöchling-Jud, S. 107 (120); *Faust* in: Remien/Herrler/Limmer, Rn. 18; *Remien* in: Schmidt-Kessel, S. 307 (320); *Remien* in: Schmidt-Kessel Kommentar, Art. 101 Rn. 2.

694 Die Problematik eines Rechtsmangels wird an dieser Stelle und in dieser Gliederungsebene diskutiert. Ausgangspunkt ist der Ansatz, dass Art. 99 Abs. 2 GEK statuiert, dass die Ware nur dann vertragsgemäß ist, wenn sie auch den Anforderungen von Art. 102 GEK nachkommt. Dabei ist der Rechtsmangel keine Unterform der Schlechtleistung, so dass die folgenden Ausführungen auch als separater Unterpunkt „Rechtsmangel" eine Gliederungsebene höher hätten diskutiert werden können (wie im CISG geschehen, da es dort keine Art. 99 Abs. 2 GEK entsprechende Verweisung gibt). Inhaltlich ändert sich aber nichts durch diese Entscheidung.

695 *Faust* in: Remien/Herrler/Limmer, Rn. 19; Lorenz, AcP 212 (2012), 702 (733).

Pachtverträgen. Gemeinsames Merkmal ist damit, dass der Dritte den Käufer in der Benutzung, Verwertung oder Verfügung beschränken kann.[696] Unklar ist die Situation im Hinblick auf das Eigentum. Während nach deutschem Recht das Eigentum eines Dritten keinen Rechtsmangel i.S.v. § 435 S. 1 BGB darstellt[697], ist dies im CISG der Fall.[698] Die besseren Gründe sprechen letztlich dafür, im Rahmen des GEK das Eigentumsrecht eines Dritten als Rechtsmangel anzunehmen. Zunächst ist die Situation im GEK vergleichbar mit jener im CISG, in welcher aufgrund der subsidiär anwendbaren nationalen Rechte für den Käufer nicht ohne weiteres klar ist, ob ein Dritter Eigentum erworben hat bzw. ob die Ware schon ursprünglich im Eigentum eines Dritten stand, so dass sich der Käufer im Rahmen eines Kaufvertrags nicht mit typischen Problemen des Verkäufers befassen müssen soll. Letztlich legt auch das Beispiel im DCFR[699] nahe, dass das Eigentum ein Paradebeispiel für einen Rechtsmangel sein soll. Für das GEK muss daher gelten, dass das Eigentumsrecht eines Dritten einen Rechtsmangel i.S.v. Art. 102 GEK begründet.[700]

(2) Keine offensichtlich unbegründeten Ansprüche Dritter

Die Ware muss außerdem frei von nicht offensichtlich unbegründeten Ansprüchen Dritter sein. Der DCFR, der an dieser Stelle dem GEK entspricht, stellt dazu klar, dass ein Anspruch im Gegensatz zu einem Recht die Geltendmachung einer Position basierend auf der Behauptung ein Recht zu haben, ist.[701] Die Anforderungen, die das GEK damit an die Ansprüche stellt, sind strenger als im CISG („Ware zu liefern, die frei von Rechten oder Ansprüchen Dritter ist"), gleichwohl weniger weitgehend als im DCFR („reasonably well founded claim" – gemeint ist wohl ein bei vernünftiger Würdigung gut begründeter Anspruch).[702] Der Hintergrund dürfte folgender sein: Ist nur ein offensichtlich unbegründeter Anspruch gegeben (sogenannte frivole Ansprüche), das heißt behauptet ein Dritter ins Blaue hinein, einen Anspruch zu haben, so kann dem Käufer zugemutet werden, diese Behauptung abzuwehren. Ist allerdings ein nicht offensichtlich unbegründeter Anspruch gegeben, ist es für den Verkäufer, der im Besitz der Sache ist bzw. war, wesentlich leichter, Ansprüche Dritter abzuwehren[703], weshalb die Ware richtigerweise als nicht vertragsmäßig anzusehen ist.

---

696 So für das CISG *Schwenzer* in: Schlechtriem/Schwenzer, Art. 41 Rn. 4.

697 Siehe hierzu unter Teil 2.C.II.2.a.aa(2).

698 Siehe hierzu unter Teil 2.C.III.2.c.bb(1).

699 DCFR Full Edition, Art. IV.A. – 2:306 B.

700 Im Ergebnis ebenso *Zoll* in: Schulze, Art. 102 Rn. 7.

701 DCFR Full Edition, Art. IV.A. – 2:306 B.

702 *Faust* in: Remien/Herrler/Limmer, Rn. 20.

703 Ähnlich Lorenz, AcP 212 (2012), 702 (734); für das CISG ebenso: *Schwenzer* in: Schlechtriem/Schwenzer, Art. 41 Rn. 9; zum GEK vertretend, dass der Verkäufer alle, das heißt auch frivole Ansprüche, abwehren soll *Faust* in: Remien/Herrler/Limmer, Rn. 20.

Schwierig ist die Frage zu beantworten, ab wann ein Anspruch als offensichtlich unbegründet anzusehen ist.[704] Das Problem existiert in ähnlicher Form im CISG, wo diskutiert wird, ob die Geltendmachung frivoler Ansprüche ausgeschlossen sein soll. Zur Abgrenzung zwischen frivolen Ansprüchen und „normalen" Ansprüchen werden zahlreiche Ansätze bzw. Kriterien genannt. So wird einerseits gesagt, den geltend gemachten Ansprüchen müsse eine gewisse Ernsthaftigkeit anhängen[705], dass eine ernsthafte und substantiierte Anspruchsstellung gegeben sein muss[706], andererseits, dass nur schlüssige Ansprüche zu einer vertragswidrigen Lieferung führen können.[707] Eine genaue Abgrenzung kann nur im Einzelfall erfolgen und macht das Instrument der Vertragsmäßigkeit daher schwierig zu handhaben. Dies gilt sowohl für das CISG als auch für das GEK. Im letztgenannten Fall ist dies besonders problematisch, da auf Seiten des Käufers überwiegend Verbraucher zu finden sein werden.

Es steht zu vermuten, dass ein Verbraucher in der Regel weder Prozesserfahrung hat, noch die Möglichkeiten, sich regelmäßig mit juristischen Auseinandersetzungen zu beschäftigen. Es gilt daher, den Verbraucher vor unnötigen Prozessen zu schützen. Ein möglichst weiter Schutz des Käufers lässt sich dadurch erreichen, dass sein Risiko in einen Prozess gedrängt zu werden, minimiert wird. Im Ergebnis muss daher für das GEK gelten, dass nur dann ein offensichtlich unbegründeter Anspruch (mit der Folge, dass die Ware als vertragsmäßig gilt) gegeben ist, wenn der Käufer nach einfacher Prüfung anhand eines laienhaften Maßstabes erkennt, dass der Anspruch des Dritten nicht gegeben sein kann. Dies wird bei der bloßen Behauptung eines Dritten, er habe einen Anspruch, noch anzunehmen sein. Sobald der Dritte allerdings irgendwelche Anhaltspunkte liefern kann, die einen Anspruch als begründet erscheinen lassen, ist dem Käufer die Auseinandersetzung nicht mehr zuzumuten, weshalb der Anspruch in diesem Fall bereits nicht mehr als frivol bezeichnet werden kann. Die Ware ist daher im Umkehrschluss auch nicht als vertragsgemäß anzusehen. Im Sinne einer einheitlichen Anwendung muss dies auch für einen Unternehmer-Käufer gelten.

(3) Rechte und Ansprüche Dritter aus geistigem Eigentum

(a) Voraussetzungen

Art. 102 Abs. 2 und 3 GEK regeln den Umgang mit Ansprüchen Dritter aus geistigem Eigentum. Die gesamte Norm ist gem. Art. 102 Abs. 5 GEK bei Beteiligung eines

---

704 Ohne Antwort auf diese Frage und letztlich für das Weglassen dieses Kriteriums plädierend *Faust* in: Remien/Herrler/Limmer, Rn. 20; Lorenz, AcP 212 (2012), 702 (734).

705 *Lüderitz/Schüßler-Langeheine* in: Soergel CISG, Art. 41 Rn. 7; Herber/Czerwenka, Art. 41 Rn. 6.

706 Heilmann, S. 660; *Niggemann* in: Hoyer/Posch, S. 77 (93).

707 Zhang, S. 77; Prager, S. 72.

Verbrauchers am Vertrag unabdingbar.[708] Abs. 2 schränkt Abs. 1 für Ansprüche aus geistigem Eigentum insofern ein, als dass Rechte oder Ansprüche aus geistigem Eigentum nur frei sein müssen von Rechten oder nicht offensichtlich unbegründeten Ansprüchen Dritter, die nach dem Recht des Staates bestehen, in dem die Waren genutzt werden oder in dem der Käufer seinen Geschäftssitz hat bzw., sofern der Käufer ein Verbraucher ist, dem Staat, in dem der Käufer seinen gewöhnlichen Aufenthalt hat und nur sofern der Verkäufer diese Rechte kannte oder hätte kennen müssen. Hierbei müssen sich die Parteien über den jeweiligen Anwenderstaat geeinigt haben, nicht ausreichend ist es – wie beispielsweise im CISG[709] – dass der Käufer die Verwendung in einem Staat nur in Betracht zieht.

Die im GEK gewählte Formulierung bietet den klaren Vorteil der Rechtssicherheit, weil für den Verkäufer auf den ersten Blick ersichtlich ist, hinsichtlich der Rechte welcher Staaten ihm eine Haftung droht.[710] Sie ist gleichwohl überraschend, da ein „in Betracht ziehen" käufer- und damit verbraucherfreundlicher gewesen wäre. Ob bewusste Entscheidung des Gesetzgebers oder nicht, letztlich ist die Regelung aber ein weiteres Beispiel dafür, dass das GEK nicht pauschal den Verbraucher besser stellen will, sondern durchaus um gerechte Abwägungen bemüht ist. Aus den gleichen Gründen erscheint auch Art. 102 Abs. 2 lit. b) GEK ungewöhnlich. Danach muss die Ware nur dann frei sein von Rechten bezüglich des geistigen Eigentums oder nicht offensichtlich unbegründeten Ansprüchen Dritter diesbezüglich, wenn der Verkäufer diese Rechte oder Ansprüche kannte oder hätte kennen müssen. Mit anderen Worten kann der Käufer keine Abhilfen geltend machen, wenn die Ware mit Rechten Dritter aufgrund geistigen Eigentums belastet ist, der Verkäufer hiervon aber nichts wusste.[711] *Faust* schlägt zwar richtigerweise vor, dass der Käufer, der das Bestehen eines solchen Rechts aus geistigem Eigentum fürchtet, sich durch eine individuelle Beschaffenheitsvereinbarung schützen kann[712], gleichwohl ist dieser Ansatz wenig praktikabel. In der überwiegenden Zahl der Fälle wird der Verbraucher wohl überhaupt nicht daran denken, dass ein solches Risiko bestehen könnte, geschweige denn es im Vorfeld mit dem Verkäufer ausräumen. Dazu kommt, dass es im Internethandel oftmals nur schwer möglich ist, solche individuellen Vereinbarungen zu treffen. Oftmals wird den Verbraucher wohl nicht mal sein Widerrufsrecht schützen, weil in den meisten Fällen die Frist abgelaufen sein dürfte, ehe der Käufer aufgrund der fehlenden Nutzungsberechtigung Probleme bekommen könnte.

Auch wenn die Vorschrift damit in überraschender Weise Verbraucherschutzaspekte außen vor lässt, erscheint sie nicht völlig unangemessen. Wenn der Verkäufer

708 Abermals gilt auch hier, dass es sich korrekterweise nach der Parlaments-Fassung um Abs. 4 handeln müsste, mangels Anpassung der Formatierung handelt es sich allerdings tatsächlich weiterhin um Abs. 5.

709 Siehe hierzu unter Teil 2.C.III.2.c.cc(3)(b).

710 Anders *Schwenzer* in: Schlechtriem/Schwenzer, Art. 42 Rn. 11, der die Änderung für grundlos strenger hält.

711 *Faust* in: Remien/Herrler/Limmer, Rn. 21.

712 *Faust* in: Remien/Herrler/Limmer, Rn. 21.

keine Kenntnis hatte und diese auch nicht haben musste, so entspricht es dem Zufall, wer in dem Moment, in dem Rechte Dritter geltend gemacht werden, im Besitz (bzw. Eigentum) der Sache ist. Da aber beide Parteien keine Kenntnis hatten (siehe zur Kenntnis des Käufers unter Abs. 3) und sich keine der Parteien „falsch" verhalten hat, ist auch keine der Parteien an sich schutzbedürftiger. Zusätzlich handelt es sich gerade um Rechte Dritter, die in dem Staat gegeben sind, in dem der Käufer seinen Sitz hat. Der Käufer ist also etwas „näher" an den Rechten dran. Es erscheint daher vertretbar, hier nicht den Käufer aus Verbraucherschutzaspekten zu privilegieren. Vielmehr tritt hier ein allgemeines Risiko zutage, dass jeder – Unternehmer wie Verbraucher – verklagt werden kann bzw. Ansprüchen ausgesetzt werden kann. Die Vorschrift ist damit abermals ein guter Beleg dafür, dass das GEK nicht willkürlich Verbraucher schützt.

(b) Beschränkungen

Der nachfolgende Art. 102 Abs. 3 GEK ist als Beschränkung von Abs. 2 zu verstehen. Nach Art. 102 Abs. 3 GEK kommt Abs. 2 dann nicht zur Anwendung, wenn der Käufer die Rechte oder Ansprüche aus geistigem Eigentum zum Zeitpunkt des Vertragsschlusses kannte oder hätte kennen müssen. Ausweislich des Wortlauts gilt die exakt gleiche Rechtsfolge für Unternehmer-Käufer (lit. a) und für Verbraucher-Käufer (lit. b). In der deutschen Sprachfassung stellt sich damit die Frage, warum keine einheitliche Regelung getroffen wurde. Die Antwort lässt sich abermals[713] nur in der englischen Version finden[714], in der es in lit. b) einschränkend lediglich heißt: „does not apply where the consumer knew of the rights or claims". Für den Verbraucher ist also grundsätzlich gerade nur Kenntnis schädlich, nicht fahrlässige Unkenntnis. Vollkommen verwirrend wird die Situation, da die französische Sprachfassung in diesem Fall der deutschen entspricht („avait ou pouvait être censé avoir connaissance"), so dass unklar erscheint, welchen Anwendungsbereich der Gesetzgeber letztlich schaffen wollte. Betrachtet man allerdings das Telos der Regelung – auch vor dem Hintergrund des neu gefassten Art. 104 GEK[715], der nunmehr auch eine Unterscheidung zwischen Verbraucher-Käufern und Unternehmer-Käufern für den Fall der fahrlässigen Unkenntnis vorsieht – muss angenommen werden, dass die englische Sprachfassung die richtige ist. Ansonsten lässt sich die doppelte Regelung in Art. 102 Abs. 3 lit. a) und lit. b) GEK nicht erklären.[716] Abermals muss damit aber auch bedauert werden, dass der Gesetzgeber im aktuellen Entwurf des

---

713 Siehe zu ähnlichen Problemen bereits unter Teil 1.B.II.1.d und Teil 2.C.I.2.b.dd(1)(f)(bb).

714 *Faust* in: Remien/Herrler/Limmer, Rn. 60, wobei es sich weniger um einen Übersetzungsfehler, als eher einen Übertragungs- bzw. Verständnisfehler handelt.

715 Siehe dazu unter Teil 2.C.I.2.b.hh(1).

716 Unabhängig hiervon hält *Zoll* in: Schulze, Art. 102 Rn. 19 die Vorschrift des Art. 102 Abs. 3 GEK für unschädlich aber unnötig.

Parlaments solch offensichtliche Fehler nicht bereits behoben hat und damit die Irritationen aufrechterhält.[717]

gg. Einschränkungen bei Verbraucherverträgen

(1) Allgemeines

Eine abweichende Vereinbarung von den Art. 100, 101 und 102 GEK[718] ist bei einem Verbraucher-Kaufvertrag gem. Art. 99 Abs. 3 GEK nur dann zulässig, wenn dem Verbraucher der besondere Umstand der Waren zum Zeitpunkt des Vertragsschlusses bekannt war und er die Waren bei Vertragsschluss als vertragsgemäß akzeptiert hat. Es handelt sich hierbei um eine bedeutende Abweichung vom grundsätzlich vorherrschenden subjektiven Vertragsmäßigkeitsbegriff[719], die wohl dem Verbraucherschutz geschuldet ist (vgl. § 475 BGB). Hintergrund der Norm dürfte die Notwendigkeit sein, den Verbraucher nicht nur dadurch zu schützen, dass der Verkäufer keine Haftungsbeschränkung genießen soll (Art. 108 GEK), sondern dass er das gleiche Ergebnis nicht durch die Vereinbarung einer negativen Beschaffenheitsvereinbarung erreichen kann.[720] Abs. 4 bestimmt wiederum, dass ein Abweichen von diesem Abs. 3 nicht zulässig ist. Die Vorschrift hat damit einen vergleichbaren Zweck wie eine „doppelte Schriftformklausel“[721] in Verträgen.[722]

Der Schutz des Käufers resultiert demnach aus der folgenden Überlegung: Ist dem Käufer der Zustand der Ware nicht bekannt, ist er insofern schutzbedürftig, dass er von falschen Erwartungen ausgehen könnte und er durch eine abweichende Vereinbarung seinen Schutz gem. Art. 108 GEK verlieren könnte. Ist dem Käufer der Zustand einer Ware aber bekannt, ist er nicht mehr schutzbedürftig, weil anzunehmen ist, dass er die ihm bekannten negativen Aspekte in den Kauf einpreisen wird.[723] Als bekannt muss der Zustand einer Ware immer dann angesehen werden, wenn der Käufer Informationen erhalten hat, die aus seiner Sicht glaubwürdig erscheinen.[724] Entscheidend ist ein Zusammenspiel aus Mitteilungen, die der Verkäufer macht, aber auch aus eigenen Erfahrungen, das heißt aus einer Besichtigung der

---

717 Auch Art. 102 Abs. 3 lit. a) GEK hat neben Art. 104 GEK einen Anwendungsbereich und ist keine bloße Doppelung. Zu den Unterschieden ausführlich unter Teil 2.C.I.2.b.hh(1).

718 Der zu Recht kritisierte (*Zoll* in: Schulze, Art. 99 Rn. 27) fehlerhafte Verweis auf Art. 103 GEK wurde im Parlamentsentwurf korrigiert.

719 *Faust* in: Remien/Herrler/Limmer, Rn. 23; Lorenz, AcP 212 (2012), 702 (731).

720 So mit guten Ausführungen zur funktionellen Ähnlichkeit der beiden Institute *Faust* in: Remien/Herrler/Limmer, Rn. 24 f.

721 Siehe allgemein zu doppelten Schriftformklauseln Lingemann/Gotham, NJW 2009, 268 (269 f.).

722 Anders *Zoll* in: Schmidt-Kessel Kommentar, Art. 99 Rn. 29 und Lorenz, AcP 212 (2012), 702 (731), die die Vorschrift schlicht für überflüssig halten.

723 *Faust* in: Remien/Herrler/Limmer, Rn. 28; a.A. Lorenz, AcP 212 (2012), 702 (732).

724 *Faust* in: Remien/Herrler/Limmer, Rn. 28.

Ware.[725] Obwohl diese Vorschrift die Vertragsfreiheit der Parteien einschränkt, ist der Eingriff nur moderat und daher zu begrüßen.

(2) Verhältnis von Art. 99 Abs. 3 zu Art. 100 GEK

In der Literatur wird bisweilen das Problem diskutiert, dass Art. 99 Abs. 3 GEK nur insoweit die Vertragsfreiheit einschränkt, als es um abweichende Vereinbarungen geht.[726] Da die Kriterien in Art. 100 GEK nicht alle objektiv seien, müsse auf den Vertragsinhalt und die begleitenden Umstände abgestellt werden. Durch die Konkretisierung der Kriterien bestehe allerdings die Gefahr, dass Art. 99 Abs. 3 GEK, leerlaufe.

Trotz der Tatsache, dass Kriterien von Art. 100 GEK teilweise subjektiver und teilweise objektiver Natur sind, erscheint Art. 99 Abs. 3 GEK sinnvoll anwendbar. Beispielhaft sei auf den von *Gsell* gebildeten Fall eines (Gebraucht-) Wagenkaufs verwiesen. *Faust* behauptet dazu, dass sich im Rahmen des Art. 100 lit. b) GEK das Merkmal nicht als „Auto mit defekten Bremsen" konkretisieren lässt.[727] Dieser Ansicht ist zunächst zuzustimmen, tatsächlich handelt es sich, wie oben festgestellt[728], bei Art. 100 lit. b) GEK um ein objektives Kriterium. Dies kann aber nicht dazu führen, dass der Verkäufer[729], bzw. der Käufer (in Übereinstimmung mit dem Käufer) die Art der Kaufsache festlegen kann.[730] Die Norm lässt sich vielmehr nur dann sinnvoll anwenden, wenn auf einen Sammelbegriff abgestellt wird. „Art" im Sinne des Art. 100 lit. b) GEK ist daher auch im Falle eines Gebrauchtwagenkaufs, selbst im Falle eines Bastlerfahrzeugs, schlicht „Auto". Natürlich kann sich ein Bastlerfahrzeug qualitativ nicht an einem Neuwagen messen lassen, genau deshalb kann der Verkäufer mit dem Käufer aber auch einzelvertraglich die negativen Beschaffenheitsvereinbarungen regeln, so dass der Verkäufer hinterher nicht fürchten muss, aufgrund von Art. 99 Abs. 2 i.V.m. Art. 100 lit. b) GEK in Haftung genommen zu werden.

Ausgehend davon, ist Art. 99 Abs. 3 GEK auch ohne Probleme anzuwenden. Zwar ist die Vereinbarung, dass ein Bastlerfahrzeug verkauft werden soll, eine Vereinbarung, die zum Nachteil des Käufers von Art. 100 lit. b) GEK abweicht. Genau hier liegt aber auch der Zweck von Art. 99 Abs. 3 GEK, der angemessen differenzieren kann: Hat der Käufer vorher das Auto gesehen oder hat ihm der Verkäufer vorher detailliert beschrieben, welche Schäden der Wagen aufweist, ist ihm also der Zustand bekannt, so kann die Vereinbarung wie von beiden Parteien gewünscht ohne

725 *Faust* in: Remien/Herrler/Limmer, Rn. 28.

726 *Faust* in: Remien/Herrler/Limmer, Rn. 30; *Gsell* in: Schulte-Nölke/Zoll/Jansen/Schulze, S. 229 (241).

727 *Faust* in: Remien/Herrler/Limmer, Rn. 30.

728 Siehe hierzu unter Teil 2.C.I.2.b.dd(1)(b).

729 So aber *Gsell* in: Schulte-Nölke/Zoll/Jansen/Schulze, S. 229 (242).

730 So aber *Faust* in: Remien/Herrler/Limmer, Rn. 30 der dies damit begründet, dass Art. 100 GEK im Lichte von Art. 99 Abs. 3 GEK ausgelegt werden müsse.

Einschränkung abgeschlossen werden. Lediglich in dem Fall, in dem der Verkäufer die Ware als Bastlerfahrzeug deklariert, ohne dass der Käufer weiß, was dahinter steckt, greift Art. 99 Abs. 3 GEK beschränkend ein, indem er einen solchen Vertrag zu Lasten des Verbrauchers unterbindet. Richtig ist zwar auch der Einwand von *Lorenz*, dass die Vorschrift es unmöglich macht, eine Ware mit möglichen, aber nicht näher zu bestimmenden Mängeln zu verkaufen, sondern dass Mängel im Rahmen von Art. 99 Abs. 3 GEK stets konkret zu benennen sind.[731] Hierzu gilt es allerdings zu beachten, dass das GEK nur unter Einbeziehung eines Unternehmers vereinbart werden kann, das heißt dass Käufe unter Privatpersonen bezüglich gebrauchter Gegenstände nicht dem GEK unterfallen können und sich das Problem damit nur für einen sehr geringen Anteil aller möglichen Käufe überhaupt stellt. Übrig bleiben Fälle von professionellem „Schrotthandel". Derart tätige Verkäufer werden in ihren Handlungsmöglichkeiten in der Tat eingeschränkt. Dies muss jedoch als vom Gesetzgeber bewusst gewählte Einschränkung zum Schutz des Verbrauchers gesehen werden.[732] Vor dem Ziel einen möglichst weiten Verbraucherschutz zu garantieren, erscheinen die Einschränkungen vertretbar.

Hinsichtlich der beiden subjektiven Elemente (also Art. 100 lit. a) und lit. g) GEK)[733] ist Folgendes zu beachten: Der bestimmte Zweck nach lit. a) ist nach dem hier vorherrschenden Verständnis prinzipiell kein „weniger", sondern ein „anders". Die Vereinbarung eines „bestimmten Zwecks" ist damit prinzipiell zunächst keine Vereinbarung zu Lasten des Verbrauchers, so dass Art. 99 Abs. 3 GEK gar nicht zum Tragen kommt. Hinsichtlich lit. g) muss auf den oben festgestellten[734] Anwendungsbereich abgestellt werden. Danach handelt es sich bei Art. 100 lit. g) GEK um einen restriktiv anzuwendenden Auffangtatbestand. Wirkliche Bedeutung kann dieser nur erlangen, wenn es um eine Beschaffenheit geht, die keinen Einfluss auf die Verwendbarkeit der Sache hat. Beispiele, für eine Vereinbarung zum Nachteil des Verbrauchers, die jedoch keinen Einfluss auf die Verwendbarkeit der Sache hat, lassen sich nur schwer finden. Denkbar ist möglicherweise, dass der Käufer eines Autos in der Erwartung, dass alle Modelle des Herstellers damit ausgestattet sind, annimmt, dass auch sein bestelltes Fahrzeug mit Fußmatten geliefert wird, was tatsächlich nicht der Fall ist. Dass der Käufer hier Abhilfen geltend machen kann, scheint falsch zu sein, muss an dieser Stelle aber auch nicht näher vertieft werden, weil jedenfalls die Abhilfe der Beendigung wegen der fehlenden Wesentlichkeit klar abzulehnen ist. Soweit im Bereich des Art. 100 lit. g) GEK Schwierigkeiten auftreten, basieren diese wohl nicht auf Art. 99 Abs. 3 GEK, sondern auf dem unglücklich gestalteten Art. 100 lit. g) GEK selbst.

---

731 Lorenz, AcP 212 (2012), 702 (732).

732 Ähnlich *Faust* in: Remien/Herrler/Limmer, Rn. 27 ff.

733 Siehe hierzu im Detail unter Teil 2.C.I.2.b.dd(1)(a) bzw. Teil 2.C.I.2.b.dd(1)(g).

734 Siehe unter Teil 2.C.I.2.b.dd(1)(g).

(3) Art. 99 Abs. 3 GEK im Hinblick auf das Verhältnis der Kriterien des Art. 100 GEK untereinander

Letztlich steht Art. 99 Abs. 3 GEK auch nicht im Widerspruch zu dem oben dargestellten Verhältnis der Elemente des Art. 100 GEK untereinander.[735] *Gsell* nennt das Beispiel, dass der Verkäufer dem Käufer ein defizitäres Muster zeigt, wonach die Ware für die gewöhnliche Nutzung nach Art. 100 lit. b) GEK nicht geeignet wäre. Käufer und Verkäufer einigen sich dennoch über einen Kauf, wobei die Ware nur dem Muster entsprechen soll. Wenn nun der Käufer nicht weiß, ob die spätere Lieferung dem Muster entspricht, müsse man *Gsell* folgend im Ergebnis dazu kommen, dass die Vereinbarung hinsichtlich der minderen Qualität des Musters i.S.v. Art. 100 lit. c) GEK wegen Art. 99 Abs. 3 GEK unzulässig ist, weshalb der Käufer dann die spätere Lieferung gem. Art. 100 lit. b) GEK als nicht für die gewöhnliche Nutzung geeignet rügen kann. Dieses Ergebnis ist richtig, die Konsequenz allerdings nicht problematisch, sondern geradezu notwendig.

Einigen sich Verkäufer und Käufer auf eine Lieferung entsprechend Muster, welches allerdings nicht zur gewöhnlichen Nutzung geeignet ist, gibt es drei Möglichkeiten: (i) Die Lieferung entspricht exakt dem Muster. Die Ware ist dann zwar für die gewöhnliche Nutzung nicht zu gebrauchen, dies ist aber für den Käufer in Ordnung (weil die Ware beispielsweise für eine bestimmte Nutzung, auf die es dem Käufer ausschließlich ankommt, geeignet ist), weshalb es keiner Abhilfen bedarf. (ii) Die Lieferung ist besser als das Muster und die Ware ist für die gewöhnliche Nutzung geeignet. In diesem Fall kann der Käufer keine Ansprüche aus Art. 100 lit. b) GEK geltend machen. Eine Geltendmachung aus Art. 100 lit. c) GEK scheidet in diesem Fall grundsätzlich aus.[736] Letztlich bleibt Konstellation (iii), wonach die gelieferte Ware nicht für die gewöhnliche Nutzung geeignet ist und gleichzeitig nicht dem Muster entspricht (also zum Beispiel ein anderes Defizit aufweist). In diesem Fall greift tatsächlich Art. 99 Abs. 3 GEK ein, da der Käufer die negative Abweichung nicht kannte. Diese Konsequenz ist allerdings richtig, da das GEK den Verbraucher immer dann schützen will, wenn er nicht weiß, worauf er sich einlässt. Genau dies ist aber der Fall, wenn er Ware enthält, die weder dem gezeigten Muster entspricht, noch für die gewöhnliche Nutzung geeignet ist. Damit stellt Art. 99 Abs. 3 GEK aber auch hinsichtlich des Verhältnisses der Normen von Art. 100 GEK untereinander kein Problem dar – die Normen lassen sich vernünftig nebeneinander anwenden.

hh. Ausschluss nach Art. 104 GEK

(1) Allgemeines

Eine weitere Einschränkung nimmt das GEK in Art. 104 vor. Danach haftet der Verkäufer dann nicht für die Vertragswidrigkeit der Waren, wenn der Käufer zum Zeitpunkt des Vertragsschlusses deren Vertragswidrigkeit kannte. Handelt es sich um

735 So aber *Gsell* in: Schulte-Nölke/Zoll/Jansen/Schulze, S. 229 (244).
736 Siehe hierzu bereits oben unter Teil 2.C.I.2.b.dd(2)(c).

einen Unternehmer-Kauf, reicht es bereits, wenn der Käufer die Vertragswidrigkeit hätte kennen müssen. Die Einschränkung gilt sowohl für normierte (z.B. Art. 100 GEK), als auch für vertragliche Vereinbarungen (Art. 99 GEK) hinsichtlich der Vertragsmäßigkeit[737] und sowohl für Rechts- als auch für Sachmängel. Aufgrund der Änderungen in der Parlaments-Fassung entspricht die Norm mittlerweile Art. 102 GEK hinsichtlich der Abstufungen zwischen Kenntnis und fahrlässiger Unkenntnis.

Inhaltlich ergeben sich abermals Unklarheiten aus dem Vergleich der Sprachfassungen. Während es im deutschen „kannte oder hätte kennen müssen" heißt, spricht die englische Fassung von „knew or could not have been unaware of the lack of conformity". Unter „hätte kennen müssen" wäre prinzipiell eine einfache Fahrlässigkeit zu verstehen.[738] Die Formulierung im Englischen entspricht allerdings wörtlich Art. 35 Abs. 3 CISG. Dessen deutsche Übersetzung ist „kannte oder darüber nicht in Unkenntnis sein konnte", wobei gemeinhin angenommen wird, dass damit mindestens grobe Fahrlässigkeit gemeint ist[739], teilweise sogar mehr.[740] Fraglich ist daher, ob das „kannte oder hätte kennen müssen" als einfache oder grobe Fahrlässigkeit zu verstehen ist. Die deutlich besseren Argumente sprechen für die grobe Fahrlässigkeit: Zum einen die Überlegung, dass die Unkenntnis nur im Verhältnis zwischen zwei Unternehmern relevant wird, in dem grundsätzlich keine der beiden Parteien schutzbedürftiger als die andere ist, weshalb nicht jede Fahrlässigkeit zum Ausschluss der Abhilfen führen sollte. Auch ein Vergleich mit Art. 102 Abs. 3 GEK spricht für dieses Ergebnis. Blickt man alleine auf die deutsche Sprachfassung, sieht es nach einer simplen Doppelung aus. Tatsächlich gibt es nach der englischen Sprachfassung aber einen Unterschied: Da Art. 104 GEK keinerlei Einschränkung erhält, gilt er nicht nur für Sachmängel, sondern auch für Rechtsmängel.[741] Hinsichtlich eines gewöhnlichen Rechtsmangels (wie hinsichtlich jeglichen Sachmangels) gilt danach, dass der Verkäufer nur bei grober Fahrlässigkeit haftet (folgt aus Art. 104 GEK), hinsichtlich Rechten und Ansprüchen aus geistigem Eigentum, dass jede Fahrlässigkeit ausreicht (folgt aus Art. 102 Abs. 2 GEK).[742]

(2) Arglist und Garantie

(a) Arglist

Die Formulierung des Art. 104 GEK ist sehr eng, der Wortlaut legt daher nahe, dass die Regelung auch dann greift, wenn der Verkäufer eine Garantie für die Vertragsgemäßheit abgegeben hat oder eine Vertragswidrigkeit arglistig

737 *Faust* in: Remien/Herrler/Limmer, Rn. 59.
738 *Faust* in: Remien/Herrler/Limmer, Rn. 58.
739 *Magnus* in: Staudinger CISG, Art. 35 Rn. 48; im Ergebnis so wohl auch *Benicke* in: MüKo-HGB, Art. 35 Rn. 38.
740 *Schwenzer* in: Schlechtriem/Schwenzer, Art. 35 Rn. 34.
741 Anders Lorenz, AcP 212 (2012), 702 (738).
742 *Faust* in: Remien/Herrler/Limmer, Rn. 61; a.A. Lorenz, AcP 212 (2012), 702 (735), der Art. 102 Abs. 3 GEK neben Art. 104 GEK für überflüssig hält.

verschwiegen hat.[743] Das GEK stimmt zwar an dieser Stelle mit dem CISG überein, die Situation scheint dennoch unangemessen: So kann der Verkäufer einen Mangel arglistig verschweigen und der (grob) fahrlässig handelnde Käufer könnte sein Beendigungsrecht hier dennoch nicht ausüben. Im CISG geht die herrschende Meinung daher davon aus, dass aufgrund des Grundsatzes von Treu und Glauben gem. Art. 7 i.V.m. Art. 40 CISG der Art. 35 Abs. 3 CISG auf Vorsatz beschränkt sein muss.[744]

Dies muss im GEK ebenso gelten, erst Recht, wenn man sich die oben genannten sprachlichen Unklarheiten vor Augen hält, die dazu führen, dass zum GEK sogar vertreten werden kann, dass im Rahmen von Art. 104 GEK bereits einfache Fahrlässigkeit ausreicht.[745] Zwar gilt dies nur im Verhältnis von Unternehmern untereinander, es gibt allerdings keine Anhaltspunkte dafür, dass der Gesetzgeber den Unternehmer-Käufer gegenüber dem BGB[746] und dem CISG[747] schlechter stellen wollte, so dass auch hier angenommen werden muss, dass der Verkäufer im Falle eigener Arglist nicht berechtigt ist, sich auf Art. 104 GEK zu berufen.

(b) Garantie

Ähnlich gelagert ist die Situation, in der der Verkäufer eine Beschaffenheitsgarantie abgibt und der Käufer (grob) fahrlässig nicht erkennt, dass die Ware diese Beschaffenheit nicht aufweist. Eine Parallele zum CISG ist an dieser Stelle nicht möglich, da eine Garantie nach UN-Kaufrecht als Vereinbarung gem. Art. 35 Abs. 1 CISG qualifiziert wird. Im GEK, wo eine Garantie ebenfalls als solche Vereinbarung angesehen werden kann, gibt es aber in Art. 104 GEK gerade keinen Ausschluss für Art. 99 Abs. 1 GEK, so dass es zu dem eingangs beschriebenen Konflikt kommen kann. Zum GEK wird daher vertreten, dass eine Garantie zu berücksichtigen sei, mit der Folge, dass der Verkäufer sich auf Art. 104 GEK nicht berufen dürfe.[748] Im Gegensatz zur Arglist erscheint eine entsprechende Forderung nicht angemessen. Nach der hier vertretenen Auffassung ist mindestens eine grob fahrlässige Unkenntnis erforderlich. In diesem Fall könnte der Verkäufer tatsächlich keine Kenntnis von einem Mangel haben, der Käufer jedoch steht an der Schwelle zur vorsätzlichen Unwissenheit. Die Konstellation erscheint nicht derart ungerecht, dass hier von einer wörtlichen Auslegung abzuweichen wäre. Im Ergebnis kann der Verkäufer sich daher auch dann auf Art. 104 GEK berufen, wenn er eine Beschaffenheitsgarantie übernommen hat.

---

743 *Faust* in: Remien/Herrler/Limmer, Rn. 62.

744 *Schwenzer* in: Schlechtriem/Schwenzer, Art. 35 Rn. 37; *Magnus* in: Staudinger CISG, Art. 35 Rn. 52; Achilles, Art. 35 Rn. 16; Karollus, S. 119; *Welser* in: Doralt, S. 105 (110); Heilmann, S. 211.

745 *Faust* in: Remien/Herrler/Limmer, Rn. 62.

746 Siehe hierzu unter Teil 2.C.II.2.a.aa(3).

747 Siehe hierzu unter Teil 2.C.III.2.a.cc(4).

748 *Faust* in: Remien/Herrler/Limmer, Rn. 64.

ii. Zeitpunkt der Vertragsmäßigkeit (Art. 105 GEK)

Nach Art. 105 GEK Abs. 1 muss die Ware im Zeitpunkt des Gefahrübergangs entsprechend der Vorschriften des 14. Kapitels vertragsmäßig sein. Gefahrübergang ist gem. Art. 143 Abs. 1 GEK im Normalfall der Zeitpunkt zu dem der Käufer die Waren angenommen hat.[749] Hinsichtlich Rechtsmängeln sollte darauf abgestellt werden, ob die anspruchsbegründenden Tatsachen zum Zeitpunkt des Gefahrübergangs bestanden haben, nicht ob die Ansprüche zu diesem Zeitpunkt geltend gemacht sind.[750] Die Regelung wird ergänzt durch eine Beweislastumkehr für Verbraucher (Art. 105 Abs. 2 GEK), eine Regelung für Vertragswidrigkeit bei der Montage (Art. 105 Abs. 3 GEK) und eine Sonderreglung für digitale Inhalte (Art. 105 Abs. 4 GEK). Art. 105 Abs. 5 GEK legt schließlich fest, dass von diesen Regelungen nicht zum Nachteil eines Verbrauchers abgewichen werden darf.

Da die Beweislast für die Vertragswidrigkeit ab dem Gefahrübergang beim Käufer liegt[751], gilt daher für Verbrauchergeschäfte gem. Art. 105 Abs. 2 GEK die auch aus dem BGB (§ 476 BGB) und dem DCFR (Art. IV.A. – 2:308 Abs. 2) bekannte Beweislastumkehr, wonach vermutet wird, dass eine Vertragswidrigkeit, die innerhalb von sechs Monaten nach Gefahrübergang auftritt, zum Zeitpunkt des Gefahrübergangs bestanden hat, es sei denn, dies ist mit der Art der Waren oder mit der Art der Vertragswidrigkeit unvereinbar.[752] Im Falle einer Montage bzw. Installation durch den Verkäufer wird der Zeitpunkt des Gefahrübergangs auf den Abschluss der Montage bzw. Installation verschoben, im Falle einer Montage durch den Käufer ist der entscheidende Zeitpunkt ebenfalls der Abschluss der Montage, wobei diese innerhalb einer angemessenen Zeit zu erfolgen hat (Art. 105 Abs. 3 GEK). Zwar wird kritisiert, dass dies dem Käufer grundlos die Rechte nehme[753], muss allerdings vor dem Hintergrund eines nötigen Rechtsfriedens als sachgerecht angesehen werden. Durch die weiche Formulierung der „angemessenen Zeit" kann sichergestellt werden, dass kurze Verzögerungen wie eine Krankheit, eine Urlaubsreise oder ähnliches berücksichtigt werden, das Hinauszögern des Zeitpunkts um mehrere Monate oder gar Jahre wird so aber wirksam unterbunden.

749 Ausführlich zum Gefahrübergang Lorenz, AcP 212 (2012), 702 (821 ff.).

750 Lorenz, AcP 212 (2012), 702 (734); ausführlich hierzu auch bezüglich des CISG: *Schwenzer* in: Schlechtriem/Schwenzer, Art. 41 Rn. 15.

751 Lorenz, AcP 212 (2012), 702 (723).

752 Es bestehen folglich auch die gleichen Probleme, mit denen sich der BGH vielfach auseinanderzusetzen hatte. Siehe beispielhaft BGH, Urt. v. 2.6.2004, Az.: VIII ZR 329/03, NJW 2004, 2299 ff. zur Reichweite der Vermutung, auf die hier nicht weiter eingegangen werden soll; insgesamt ablehnend *Remien* in: Schmidt-Kessel Kommentar, Art. 105 Rn. 3.

753 *Remien* in: Schmidt-Kessel, S. 307 (325).

c. *Sonstige behauptete Nichterfüllung*

Letztlich kann eine Nichterfüllung im Rahmen des Art. 114 GEK auch immer dann vorliegen, wenn eine sonstige behauptete Nichterfüllung gem. Art. 87 Abs. 1 lit. f) GEK gegeben ist. Wie oben gezeigt[754], ist die Formulierung unglücklich gewählt, gemeint ist letzten Endes nur jede Nichterfüllung, die über den Katalog des Art. 87 Abs. 1 lit. a – e) GEK hinausgeht. Unklar und – soweit ersichtlich – in der zu diesem Artikel erschienenen Literatur vernachlässigt, ist hingegen die Frage, was nun tatsächlich unter diese Vorschrift fallen kann. Wie gezeigt, kann es sich auch hierbei grundsätzlich um jede gesetzliche oder vertragliche Haupt-, Leistungs- oder Schutzpflicht handeln. Als gesetzliche Pflicht kommt daher zum Beispiel die Pflicht des Verkäufers zum Schutz des Integritätsinteresses des Käufers in Betracht.[755] Die Bandbreite an vertraglichen Pflichten ist demgegenüber grenzenlos. Möglich sind beispielsweise vertragliche Verschwiegenheitsverpflichtungen oder die Pflicht, eine Gegensicherheit zu stellen. Ob eine solche Verletzung im Einzelfall ein Beendigungsrecht gibt, ist letztlich eine Frage der Wesentlichkeit.

3. *Beweislast*

Sonderregelungen zur Beweislast sind in Art. 114 Abs. 1 GEK nicht ersichtlich, so dass es bei der grundsätzlichen Verteilung bleibt: Die Partei, der ein Vorbringen zugutekommt, muss die begründenden Tatsachen beweisen. Im Falle von Art. 114 Abs. 1 GEK ist das üblicherweise der Käufer.[756]

4. *Abweichungen wegen Abs. 2 (Verbraucher-Kauf)*

a. *Allgemeines*

Eine wesentliche Ausnahme von den soeben geschilderten Voraussetzungen statuiert Art. 114 Abs. 2 GEK. Danach kann der Käufer, wenn er Verbraucher ist, im Falle einer Schlechtleistung den Vertrag bereits beenden, wenn die Schlechtleistung erheblich ist. Die Situation ist demnach für Verbraucher folgende: Liefert der Verkäufer die Ware nicht, verspätet oder liegt eine sonstige behauptete Nichterfüllung im Sinne von Art. 87 Abs. 1 lit. f) GEK vor[757], so kann der Verbraucher-Käufer den Vertrag nur beenden, wenn die Nichterfüllung wesentlich ist. Liefert der Käufer

---

754 Siehe unter Teil 2.B.II.3.

755 Eine unter Art. 87 Abs. 1 lit. f) GEK fallende gesetzliche sonstige Nichterfüllung ist auch ein Verstoß gegen Art. 98 GEK, das heißt der Verzug des Käufers mit der Annahme der Ware, auf die hier aber nicht näher eingegangen werden soll, da in diesem Fall nur der Verkäufer eine Abhilfe geltend machen könnte.

756 Im Ergebnis ebenso Lorenz, AcP 212 (2012), 702 (769); zum CISG ebenso BGH, Urt. v. 03.04.1996, Az.: VIII ZR 51/95, NJW 1996, 2364 (2366).

757 Anders *Wendehorst* in: Schmidt-Kessel, S. 371 (377), die den Anwendungsbereich der wesentlichen Nichterfüllung gem. Art. 87 Abs. 1 GEK bei Verbraucherkäufen nur bei einer Nichtleistung als eröffnet ansieht.

hingegen schlecht, so muss die Schlechterfüllung an der Hürde der Unerheblichkeit gemessen werden.

b. Begriff der Unerheblichkeit

aa. Meinungsstand in der Literatur

Der Begriff der (Un-) Erheblichkeit ist weder im GEK noch in der GEK-VO legaldefiniert. Klar scheint zunächst nur eins: Aus der Tatsache, dass es nur für Verbraucher im Hinblick auf die Schlechtleistung (die den häufigsten Fall der Nichterfüllung ausmacht) eine Sonderreglung gibt, muss man schlussfolgern, dass die Erheblichkeit eine geringere Hürde ist als die Wesentlichkeit.[758] Unklar ist darüber hinaus aber, wie genau die Unerheblichkeit zu verstehen ist. Teilweise wird hierzu vertreten, dass sie mit der Geringfügigkeit der Verbrauchsgüterkaufrichtlinie 1999[759] gleichzusetzen sei.[760] Andere Stimmen verweisen auf die abweichende Terminologie und nehmen daher an, dass beides nicht gleichzusetzen sei.[761]

bb. Eigene kritische Würdigung

(1) Kein Gleichlauf von Geringfügigkeit und Unerheblichkeit

Richtig ist, dass die deutsche Version der Verbrauchsgüterkaufrichtlinie[762] den Begriff der „geringfügigen Vertragswidrigkeit" verwendet, während es im GEK „unerhebliche Vertragswidrigkeit" heißt. Die sprachlichen Differenzen bestehen im gleichen Umfang in der jeweiligen englischen Fassung mit „minor" (Verbrauchsgüterkaufrichtlinie 1999[763]) bzw. „insignificant" (GEK). Auch der DCFR benutzt den Begriff „minor", nicht „insignificant".[764]

Für einen Gleichlauf der Begriffe könnte zunächst ein Vergleich mit dem deutschen Recht sprechen. Denn während, wie soeben geschildert, die Verbrauchsgüterkaufrichtlinie 1999[765] von der Geringfügigkeit spricht, hat der deutsche Gesetzgeber in Umsetzung eben jener Richtlinie in § 323 Abs. 5 S. 2 BGB (und ebenso auch in

---

758 So auch *Schopper* in: Wendehorst/Zöchling-Jud, S. 107 (134); *Wendehorst* in: Schmidt-Kessel Kommentar, Art. 114 Rn. 6; *Zoll* in: Schulze, Art. 114 Rn. 7; ablehnend *Zöchling-Jud* in: Schmidt-Kessel, 327 (341).

759 Verbrauchsgüterkaufrichtlinie 1999, siehe Fußnote 292.

760 *Wendehorst* in: Schmidt-Kessel, S. 371 (377); unklar Wilhelm, IHR 2011, 225 (231).

761 *Zöchling-Jud* in: Schmidt-Kessel, S. 327 (341); siehe hierzu auch bereits die Diskussionen der Expertengruppe CFR http://ec.europa.eu/justice/contract/files/tenthmeeting_en.pdf, S. 3 (zuletzt abgerufen am 21.12.2014).

762 Siehe Fußnote 292.

763 Siehe Fußnote 292.

764 DCFR Full Edition, Art. IV.A. – 4:201; so auch *Zöchling-Jud* in: Schmidt-Kessel, S. 327 (341).

765 Siehe Fußnote 292.

§ 281 Abs. 1 S. 2 BGB) den Begriff der Unerheblichkeit gewählt.[766] Hieraus den Schluss zu ziehen, die Begriffe seien gleichzusetzen, wäre dennoch grob falsch. Der Gedankengang zeigt jedoch, dass die Begriffe für den deutschen Gesetzgeber eine gewisse Gleichheit darstellen. Die Tatsache, dass es, soweit ersichtlich, keine Überprüfung dieses Begriffs durch den EuGH gegeben hat, sondern dass vielmehr selbst der BGH davon ausgeht, dass die Norm europarechtskonform ist[767], spricht weiterhin dafür, dass auch in der deutschen Rechtswissenschaft davon ausgegangen wird, dass die Begriffe synonym verwendet werden können. So nachvollziehbar diese Überlegung auch sein mag, sie verleitet doch schnell zu einer Fehlannahme. Schon das Beispiel Österreichs zeigt, dass eben nicht im gesamten deutschsprachigen Raum der Europäischen Union von einem automatischen Gleichlauf der Begriffe ausgegangen werden kann. So wird im Rahmen der Wandlung gem. § 932 Abs. 4 ABGB weiterhin der Begriff der Geringfügigkeit verwendet. Selbst wenn man dies außer Betracht ließe, könnte man nicht die Abweichung in den englischsprachigen Fassungen begründen.

Im Ergebnis ist damit jedenfalls die Ansicht abzulehnen, dass die Unerheblichkeit mit der Geringfügigkeit aus der Verbrauchsgüterkaufrichtlinie 1999[768] ohne weiteres gleichzusetzen sei. Dem europäischen Gesetzgeber sind die von ihm verwendeten Begrifflichkeiten bekannt, wählt er also eine abweichende Formulierung, so muss davon ausgegangen werden, dass dies aus einem bestimmten Grund geschehen ist.

(2) Ziel der Unerheblichkeit

Damit bleibt nach wie vor unklar, wie der Begriff der Unerheblichkeit zu verwenden ist. Der entscheidende Ansatz ist die Bestimmung des Zwecks im Zusammenspiel mit den übrigen Abhilfen. Das Beispiel des BGB zeigt dabei, welch unterschiedliche Ziele eine Erheblichkeitsschwelle erfüllen kann. Nach dem § 459 Abs. 1 S. 2 BGB a.F. konnte der Vertrag bei unerheblichen Minderungen des Wertes oder der Tauglichkeit nicht gewandelt werden. Gleichzeitig handelte es sich dabei aber um einen Ausschluss sämtlicher Mängelrechte, weshalb die Schwelle von der ganz herrschenden Meinung sehr niedrig angesetzt wurde, um den Käufer nicht schutzlos zu stellen. Unter die Erheblichkeitsschwelle fielen danach nur allergeringfügigste Mängel, die von selbst verschwinden werden und mit ganz unerheblichem Aufwand schnell beseitigt werden konnten (Bagatellmängel).[769] Der § 323 Abs. 5 S. 2 BGB, der, wie geschildert, auf der Verbrauchsgüterkaufrichtlinie 1999[770] basiert, verfolgt demgegenüber ein anderes Ziel. Die Erheblichkeitsschwelle dient hier einzig dem

---

766 Zur Umsetzung der Verbrauchsgüterkaufrichtlinie 1999 (siehe Fußnote 292) im BGB im Rahmen der Schuldrechtsreform ausführlich siehe Zerres, RiW 2003, 746 ff.

767 BGH, Urt. v. 28.05.2014, Az.: VIII ZR 94/13, WM 2014, 1874 (1878).

768 Siehe Fußnote 292.

769 Siehe statt vieler KG, Urt. v. 23.02.1989, Az.: 12 U 2500/88, NJW-RR, 1989, 972.

770 Siehe Fußnote 292.

Ausschluss des Rücktrittsrechts, andere Mängelrechte wie die Minderung sind daneben grundsätzlich anwendbar.[771] Ziel der Norm ist es also einen angemessenen Ausgleich zwischen den Parteien zu schaffen. Gerade bei Mängeln, die pauschal gesehen als gering einzustufen sind, ist die Minderung das angemessenere Mittel. Die Vorschrift dient damit auch dem schon öfter im Rahmen dieser Arbeit angesprochenen Grundsatz der Vertragserhaltung.

Das Beispiel des BGB lässt sich sehr gut auf das GEK übertragen. Auch hier bleiben die übrigen Abhilfen weiterhin anwendbar, einzig die Beendigung wird im Falle eines unbedeutenden Mangels ausgeschlossen. Das GEK will also – und hier ist durchaus eine Parallele zur Verbrauchsgüterkaufrichtlinie 1999[772] zu sehen – verhindern, dass wegen Kleinigkeiten ein einmal geschlossener Vertrag beendet werden kann. Dies passt exakt in den auch ansonsten vorherrschenden Mechanismus, wie auch der Art. 115 Abs. 1 GEK zeigt.[773] Im Gegensatz zum BGB soll nicht jede Nichterfüllung, sondern nur eine Spätlieferung durch Setzen einer Frist zu einem Beendigungsrecht führen. Jede andere Art der Nichterfüllung muss entweder die Hürde der Wesentlichkeit oder gegebenenfalls die Hürde der Erheblichkeit passieren. Damit zeigt sich abermals, dass das GEK grundsätzlich darum bemüht ist, Verträge aufrechtzuerhalten.[774]

(3) Rechtsfolgenbetrachtung

Eine weitere Eingrenzung ergibt sich bei Betrachtung der Folgen, also bei Beantwortung der Frage, was dem Käufer bleibt, wenn die Beendigung ausgeschlossen ist. Kann der Käufer die Ware nicht zurückgeben, weil ihm die Beendigung aufgrund der Unerheblichkeit verwehrt bleibt, so kann er zwar den Kaufpreis zum Beispiel mindern bzw. Schadensersatz verlangen, die Ware muss er allerdings mit kleineren Mängeln behalten. Aus dieser Überlegung ergibt sich die folgende Abgrenzung: Ist dem Käufer zuzumuten, die Ware zu behalten, weil die Abweichung der tatsächlichen Leistung von der geschuldeten Leistung nur gering ist und der dadurch erlittene Schaden besser durch Minderung oder Schadensersatz abgegolten werden kann, so ist die Unerheblichkeit zu bejahen. Im Gegenzug ist die Nichterfüllung immer dann erheblich, wenn dem Käufer ein Behalten der mangelhaften Sache nicht zugemutet werden kann.[775] Unzumutbarkeit ist dabei stets anzunehmen, wenn der Käufer durch Minderung oder Schadensersatz für die Ware zwar schlussendlich einen angemessenen Preis gezahlt hätte, wenn er die Ware aber tatsächlich nicht für den Zweck nutzen kann, für den er die Ware angeschafft hat. Dabei wird man annehmen müssen, dass der Maßstab für die Beurteilung bei einem Verbraucher

---

771 *Ernst* in: MüKo-BGB, § 323 Rn. 247.
772 Siehe Fußnote 292.
773 Siehe hierzu unter Teil 2.D.I.
774 Siehe auch unter Teil 2.B.I.
775 Ähnlich für das BGB *Ernst* in: MüKo-BGB, § 323 Rn. 252; a.A. BGH, Urt. v. 28.05.2014, Az.: VIII ZR 94/13, NJW 2014, 3229 (3231).

eher niedrig anzusetzen ist. Auch einem Verbraucher wird es allerdings beispielsweise zuzumuten sein, die Ware mit lediglich wenigen oberflächlichen Beeinträchtigungen zu akzeptieren.

c. *Beweislast*

Im Gegensatz zu Art. 114 Abs. 1 GEK muss hier nicht auf die grundsätzliche Regel zur Beweislastverteilung zurückgegriffen werden, Anhaltspunkte lassen sich vielmehr dem Gesetzeswortlaut entnehmen. Das Gesetz arbeitet mit der Ausnahmetechnik („es sei denn"). Hieraus wird deutlich, dass nicht der Käufer, sondern der Verkäufer dem Käufer nachweisen muss, dass die Schlechtleistung unerheblich ist.[776]

5. *Fazit*

Betrachtet man zunächst die Beendigung nach Art. 114 Abs. 1 GEK für sich, so sticht zunächst dessen Einfachheit hervor. Die einzigen Voraussetzungen sind das Vorliegen einer Nichterfüllung und die Wesentlichkeit dieser Nichterfüllung. Wann eine Nichterfüllung vorliegt, bestimmt sich in erster Linie danach, welchen Pflichtenkatalog die Parteien vertraglich vereinbart haben. Das GEK betont mit dieser Entscheidung in Art. 99 Abs. 1 GEK die Bedeutung der Parteiautonomie. Erfreulich ist, dass sich mit den zur Verfügung stehenden Methoden die Merkmale des Art. 87 Abs. 1 und des Art. 100 GEK weitestgehend widerspruchsfrei auslegen bzw. bestimmen lassen, so dass eine hohe Benutzerfreundlichkeit konstatiert werden kann. Ohne auf Einzelheiten erneut eingehen zu müssen, ist zunächst festzuhalten, dass das GEK mit Ausnahme der vorrübergehenden Unmöglichkeit sämtliche anderen Formen der Unmöglichkeit erfasst. Hinsichtlich der Kriterien, die gegeben sein müssen, damit eine Ware als vertragsgemäß anzusehen ist, orientiert sich das GEK sehr prägnant am CISG. Eine etwas unrühmliche Ausnahme bildet dabei Art. 100 lit. g) GEK. Auch wenn dieser sich letztlich in das „Korsett" des Beendigungsrechts drücken lässt und auch ansonsten zu keinen unüberwindbaren Hürden führt[777], so stellt er doch eine Art Fremdkörper dar, sein Anwendungsbereich bleibt diffus. Es bleibt zu hoffen, dass er in der Praxis keine allzu große Rolle als Korrektur-Norm erfahren wird.

Von großer Bedeutung ist vor allem die Hürde der Wesentlichkeit. Art. 114 Abs. 1 GEK ist die einzige Abhilfe, die unter diesem Vorbehalt steht. Hierin ist sicherlich das oben bereits aufgeführte Ziel[778] des Gesetzgebers zu sehen, die Vertragsdurchführung zu stärken und das Beendigungsrecht (von dem Art. 114 Abs. 1 GEK das wesentliche ist) zur ultima ratio zu „degradieren". Zum CISG, in welchem die Situation sehr ähnlich ist, wird sogar vertreten, dass diese Art von Steuerungsfunktion

776 Im Ergebnis ebenso Lorenz, AcP 212 (2012), 702 (770); *Schopper* in: Wendehorst/Zöchling-Jud, S. 107 (135).
777 Siehe hierzu unter Teil 2.C.I.2.b.gg(3).
778 Siehe hierzu unter Teil 2.B.I.

dazu führt, dass ein Käufer von seinem Aufhebungsrecht seltener Gebrauch machen wird, weil er sich oftmals nicht sicher sein kann, ob eine Vertragswidrigkeit wirklich wesentlich ist und er, erklärte er die Aufhebung zu Unrecht, selbst eine wesentliche Vertragsverletzung begehen würde.[779] Geht man von der Richtigkeit dieser Prämisse aus, muss man sich fragen, ob es im GEK gewollt sein kann, dass ein Käufer – überwiegend ein Verbraucher – seine Rechte nicht ausübt. Und dies nicht, weil er diese Rechte nicht hat, sondern nur deshalb, weil er unsicher bzw. unerfahren ist.

Betrachtet man daher zunächst die Fälle der Nichtleistung i.S.v. Art. 87 Abs. 1 GEK, so zeigt sich, dass das Risiko, sich selbst einer Schadensersatzpflicht oder einem Beendigungsrecht ausgesetzt zu sehen, im Falle einer Spätleistung gering ist, weil hier der Weg über Art. 115 GEK genommen wird.[780] Auf der anderen Seite ist auch die Erklärung der Beendigung gem. Art. 114 Abs. 1 GEK für den Fall der Nichtleistung relativ risikoarm, weil das vollständige Ausbleiben der Leistung wohl automatisch auch wesentlich sein dürfte. Ein Risiko besteht damit aber vor allem für den Fall der Schlechtleistung. Genau an dieser Stelle greift nun Art. 114 Abs. 2 GEK ein, der kein Pendant im CISG findet, der aber vergleichbare Regelungen wie das BGB enthält und der damit dafür sorgt, dass das GEK im Hinblick auf den Verbraucherschutz mit den nationalen Rechten mithalten kann.

Indem nämlich in Art. 114 Abs. 2 GEK eine deutlich geringere Hürde aufgestellt wird als jene der Wesentlichkeit in Abs. 1, wird die Beendigung des Vertrags wegen eines Sachmangels durch den Käufer erleichtert. Zu kritisieren ist dabei natürlich, dass sich die Frage der Unerheblichkeit mangels Legaldefinition immer nur im Einzelfall feststellen lässt. Dabei gibt es jedoch klare Auslegungskriterien, die von Gerichten berücksichtigt werden können.[781] Es lässt sich festhalten, dass die Erheblichkeit unterhalb der Wesentlichkeit liegt, das heißt unterhalb der Schwelle, in der der Käufer einen erheblichen Teil dessen nicht erhält, was er nach dem Vertrag erwarten durfte. Auf der anderen Seite liegt die Unerheblichkeit aber doch deutlich oberhalb eines Bagatellmangels und ist erst dann überschritten, wenn dem Käufer nicht zugemutet werden kann, dass er eine mangelhafte Sache behalten muss. In der Praxis dürfte sich der Anwendungsbereich in weiten Teilen mit dem der Geringfügigkeit der Verbrauchsgüterkaufrichtlinie 1999[782] decken, dennoch ist es aus dogmatischen Gründen richtig und notwendig, die Begriffe getrennt zu behandeln. Die Konsequenz daraus ist allerdings auch, dass auf keine gefestigte Rechtsprechung zurückgegriffen werden kann. Es handelt sich dabei allerdings um ein dem GEK als neu geschaffenes Gesetz innewohnendes Problem, welches nicht dazu führen darf, die Begriffe unzulässigerweise zu vermischen. Für den Rechtsanwender kann

779 Kiene, S. 182.

780 Siehe dazu ausführlich unter Teil 2.D.I.

781 Insofern handelt es sich bei den gemachten Ausführungen auch um mehr als bloße Leerformeln, siehe Lorenz, AcP 212 (2012), 702 (770).

782 Siehe Fußnote 292.

die Rechtsprechung zur Verbrauchsgüterkaufrichtlinie 1999[783] trotzdem einen Anhaltspunkt darstellen.

Entscheidend dafür, zu verhindern, dass Verbraucher ihre Rechte aus Furcht vor möglichen Schadensersatzforderungen nicht geltend machen, ist aber vor allem die schon durch die Formulierung geprägte Beweislastumkehr, wonach der Verkäufer beweisen muss, dass der Mangel unerheblich war. Hierdurch wird es dem Käufer deutlich leichter gemacht, gegen eine Schlechtleistung vorzugehen, weil das Risiko, dass er in einem Prozess mit dem Einwand, der Mangel sei unerheblich, scheitert, deutlich sinkt. Für den Verbraucher ist die Situation damit im Ergebnis vergleichbar mit jener, der er sich im BGB ausgesetzt sieht.

Berechtigterweise ließe sich die Frage stellen, warum man die Regelung nicht für jeden Käufer, sondern nur für den Verbraucher-Käufer entsprechend ausgestaltet hat, bleibt doch für den Unternehmer-Käufer das Problem das gleiche wie im CISG. Die Antwort ist in der Konkurrenzsituation mit dem CISG zu sehen. Das GEK muss in diesem Bereich mit dem CISG konkurrieren und es gibt keinen Anlass, den Käufer im GEK grundlos besser zu stellen. Es erscheint daher nachvollziehbar, für Unternehmer-Käufe nicht mehr anzubieten, als es auch das CISG tut. Die damit weiterhin existierenden Probleme im Bereich der Unternehmer-Käufe sind zu verschmerzen. Die gewählte Lösung ist ein notwendiges Zugeständnis an die Verbraucher. Von seinem Ansatz, geschlossene Verträge weitestmöglich aufrechtzuerhalten, ist das GEK damit nur im notwendigen Rahmen abgerückt. Trotz der nicht zu vernachlässigenden Schwäche, dass der Begriff der Unerheblichkeit nicht legaldefiniert ist und obwohl es damit für Verbraucher und Unternehmer keinen einheitlichen Nichterfüllungstatbestand gibt, ist die Abweichung aufgrund von Art. 114 Abs. 2 GEK sachlich gerechtfertigt und notwendig.[784] Art. 114 GEK ist damit in seiner Gesamtheit gelungen.

II. Recht zum Rücktritt wegen nicht erbrachter Leistung (§ 323 BGB)

1. Allgemeines

Im Gegensatz zu Art. 106 GEK oder Art. 45 CISG kennt das BGB keine einheitliche Tatbestandsnorm für sämtliche Rechtsbehelfe.

Für den Fall der Schlechtleistung ist das Rücktrittsrecht (für den Kaufvertrag) in §§ 437 Nr. 2, 323 Abs. 1 BGB geregelt, das Rücktrittsrecht im Falle einer Nichtleistung folgt aus § 323 Abs. 1 BGB direkt.[785]

783 Siehe Fußnote 292.

784 Anders *Zöchling-Jud* in: Schmidt-Kessel, S. 327 (341); ähnlich Lorenz, AcP 212 (2012), 702 (770).

785 Dass § 323 BGB nicht nur für Kaufverträge, sondern für eine Vielzahl von Verträgen Anwendung findet, soll hier zu Vergleichszwecken außer Betracht bleiben.

aa. Gesetzliche Bestimmungen

Auch im BGB kommt ein Rücktrittsrecht grundsätzlich bei Vorliegen eines Verstoßes gegen vertragliche oder gegen gesetzliche Bestimmungen in Betracht. Dies zeigt das Beispiel der Nichtleistung sehr deutlich: Haben sich die Parteien auf eine vertragliche Fälligkeit geeinigt, so liegt bei Nichtleistung nach Fälligkeit ein Verstoß gegen vertragliche Bestimmungen vor, ist eine Fälligkeit nicht explizit genannt, so hilft auch hier nur der Rückgriff auf die gesetzliche Bestimmung nach § 271 Abs. 1 BGB (bzw. § 474 Abs. 3 BGB im Falle eines Verbrauchsgüterkaufs) und bei Nichtleistung liegt ein Verstoß gegen eine gesetzliche Bestimmung vor.

bb. Haupt-, Neben- und Schutzpflichten

Diskussionen gibt es im Hinblick auf die Frage, ob § 323 Abs. 1 BGB nur auf Hauptleistungspflichten Anwendung findet oder auch auf Nebenleistungspflichten oder Schutzpflichten.[786] Während im GEK eine Schutzpflichtverletzung von Art. 114 GEK umfasst ist[787], ist dies aufgrund von § 324 BGB, der den Rücktritt für Schutzpflichten im Sinne von § 241 Abs. 2 BGB regelt, nicht notwendig.

(1) Meinungsstand in der Literatur

In Bezug auf Nebenleistungspflichten geht eine Ansicht davon aus, dass § 323 Abs. 1 BGB nur bei Verletzung einer Hauptpflicht greift.[788] Begründet wird dies vor allem mit dem Zweck der Vorschrift, die auf Störungen im Synallagma reagieren will, so dass aufgrund einer Störung bei einer Leistung, die nicht im Gegenseitigkeitsverhältnis steht, kein Grund für die Beendigung des gesamten Vertrags gegeben sei. Die wohl herrschende Meinung nimmt hingegen an, dass § 323 Abs. 1 BGB einen Rücktritt grundsätzlich bei einer Verletzung jeder Haupt- oder Nebenleistungspflicht ermöglicht.[789] Argument hierfür ist in erster Linie der gesetzgeberische Wille, wonach es keine Einschränkungen geben soll.

(2) Eigene kritische Würdigung

Analog dem Ergebnis zum GEK[790], gibt es auch im Rahmen des BGB keinen Grund, das Rücktrittsrecht nicht auf Nebenleistungspflichten anzuwenden. Die Ausführungen zum GEK haben aber auch gezeigt, dass hinsichtlich der Schwere einer Pflichtverletzung zu unterscheiden ist. Insbesondere Nebenleistungspflichten können oftmals von so untergeordneter Natur sein, dass ein Rücktrittsrecht nicht angebracht

---

786 Zu den Begriffen siehe Teil 2.B.II.2.a.

787 Siehe hierzu unter Teil 2.C.I.2.c.

788 *Schwarze* in: Staudinger BGB, § 323 Rn. B9 ff.

789 *Gsell* in: Soergel BGB, § 323 Rn. 24 ff.; *Ernst* in: MüKo-BGB, § 323 Rn. 12; *Westermann* in: Erman, § 323 Rn. 5; *Stadler* in: Jauernig, § 323 Rn. 5a; *Grothe* in: Bamberger/Roth, § 323 Rn. 4.

790 Siehe hierzu unter Teil 2.B.II.2.b.

wäre. § 323 Abs. 5 S. 2 BGB bietet – wie im GEK der Wesentlichkeitsvorbehalt – eine gute Möglichkeit zu differenzieren. Nur eine Nebenpflichtverletzung von einigem Gewicht wird die Schwelle des § 323 Abs. 5 S. 2 BGB passieren, so dass auch bei Anwendbarkeit des Rücktrittsrechts auf Nebenleistungen eine uferlose Ausweitung dieses Rechts nicht eintreten kann. Im Falle der Nichtlieferung muss § 323 Abs. 5 S. 2 BGB analog angewendet werden[791], was aufgrund einer vergleichbaren Interessenlage und dem offensichtlichen Vorliegen einer Regelungslücke unproblematisch erscheint.

2. *Voraussetzungen*

a. *Nichtleistung oder Schlechtleistung*

Als Ausgangsnorm des Rücktritts ist § 323 BGB anzusehen, der in Abs. 1 ein Rücktrittsrecht für eine Schlecht- oder Nichtleistung gewährt. Modifizierend greift bei Kaufverträgen § 437 BGB ein, der Sonderregeln wie z.B. in § 440 BGB für anwendbar erklärt.[792] Das heißt, dass beim Kauf nur eine im Sinne von § 434 BGB oder § 435 BGB mangelhafte Sache eine nicht vertragsgemäße Leistung im Sinne von § 323 Abs. 1 BGB darstellt.[793] § 437 BGB stellt auf eine mangelhafte Sache ab, so dass klar ist, dass die Verknüpfung von § 437 Nr. 2 i.V.m. § 323 Abs. 1 BGB immer dann zu wählen ist, wenn es sich um eine Schlechtleistung handelt, während sich das Rücktrittsrecht im Falle einer Nichtleistung aus § 323 Abs. 1 BGB direkt ergibt. Schließlich regelt § 446 BGB, dass die Schlechtleistung im Zeitpunkt der Übergabe vorhanden oder angelegt sein muss.[794] Bereits an dieser Stelle sei auf Folgendes hingewiesen: Mangels einer Aufgliederung wie in Art. 114 und Art. 115 GEK gibt es keine Unterscheidung zwischen einer wesentlichen und einer unwesentlichen Nicht- bzw. Schlechtleistung. Die einzige Hürde im BGB ist § 323 Abs. 5 S. 2 BGB, wonach jegliche Verletzung nicht unerheblich sein darf. Schließlich gibt es auch ein einheitliches Fristsetzungserfordernis, so dass auch im Falle von Nichtleistungen, die nach dem GEK unter Art. 114 GEK fallen, vom Käufer eine Frist zu setzen ist (vorbehaltlich der einschlägigen Ausnahme hiervon[795]).

aa. Schlechtleistung

(1) Sachmangel

(a) Allgemeine Voraussetzungen

Entscheidende Voraussetzung sowohl für das Vorliegen eines Mangels, als auch im Rahmen von § 323 Abs. 1 BGB ist damit eine Schlechtleistung. Die Frage, wann eine

791 *Grüneberg* in: Palandt, § 323 Rn. 32; *Grothe* in: Bamberger/Roth, § 323 Rn. 40.
792 Siehe zu den Modifikationen *Ernst* in: MüKo-BGB, § 323 Rn. 16 ff.
793 *Schwarze* in: Staudinger BGB, § 323 Rn. A25.
794 Siehe dazu unter Teil 2.C.II.2.a.aa(1)(a).
795 Siehe hierzu unter Teil 2.C.II.2.c.

Schlechtleistung gegeben ist, wird damit immer an § 434 BGB gemessen. Danach kann ein Mangel vorliegen, wenn die Sache nicht die vereinbarte Beschaffenheit aufweist (§ 434 Abs. 1 S. 1 BGB), wenn die Sache sich nicht für die im Vertrag festgelegte Verwendung eignet (§ 434 Abs. 1 S. 2 Nr. 1 BGB) oder wenn sich die Sache nicht für die gewöhnliche Verwendung eignet (§ 434 Abs. 1 S. 2 Nr. 2 BGB).[796] Zeitpunkt für die Bestimmung eines Sachmangels ist der Gefahrübergang gem. §§ 446, 447 BGB. Die Systematik ist auf Art. 2 der Verbrauchsgüterkaufrichtlinie 1999[797] zurückzuführen und wurde vom Gesetzgeber überschießend, das heißt auch für andere Konstellationen als den Verbrauchsgüterlauf umgesetzt.[798] Die Folge hiervon ist, dass sich die Regelungen in Art. 99 und 100 GEK und § 434 BGB stark ähneln, der Verbraucher im GEK also einen vergleichbaren Schutz erfährt wie im BGB oder, umgekehrt gesprochen, Konstellationen, die bereits im GEK besprochen wurden, im BGB weitestgehend vergleichbar zu lösen sind. Das heißt, dass auch im BGB verstärkt von einer subjektiven Komponente ausgegangen wird.[799] Ausgangspunkt ist damit stets auch hier die Frage, was die Parteien im Vertrag geregelt haben, die Vorschrift des § 434 Abs. 1 S. 1 BGB entspricht somit inhaltlich Art. 99 Abs. 1 GEK, auch wenn diese Vorschrift in ihren Regelungen differenzierter als das BGB ist, welches pauschal auf die „vereinbarte Beschaffenheit" verweist.

Auch die zweite Möglichkeit, nach der ein Mangel vorliegen kann (§ 434 Abs. 1 S. 2 Nr. 1 BGB), das heißt, dass sich die Sache „nicht für die nach dem Vertrag vorausgesetzte Verwendung eignet", ist als rein subjektive Komponente zu verstehen. Gemeint ist eine vertragliche Abrede, wonach die Sache für einen speziellen Zweck eingesetzt werden kann, ohne dass die Beschaffenheit der Sache speziell geregelt wurde[800] bzw. dass sie über den gewöhnlichen Zweck hinaus noch für einen speziellen Zweck verwendet werden kann.[801] Ein mögliches Beispiel hierfür ist der Kauf eines Pferdes, das – über die gewöhnliche Verwendung „Reiten" hinaus – als Dressurpferd eingesetzt werden soll – ohne dass die Beschaffenheit „weißt kein hengstisches Verhalten auf" vereinbart wurde.[802] Die Vorschrift entspricht Art. 100 lit. a) GEK, die, wie oben festgestellt[803], ebenfalls ein subjektives Kriterium ist.

Auf objektiver Seite liegt gem. § 434 Abs. 1 S. 2 Nr. 2 BGB ein Mangel vor, wenn sich die Sache nicht für die gewöhnliche Verwendung eignet. Auch diese objektive

---

796 Vertiefende Ausführungen hierzu auch unter Teil 1.D.II.1.

797 Siehe hierzu unter Fußnote 292.

798 Zu den grundsätzlichen Schwierigkeiten bei der Auslegung überschießender Richtlinienumsetzung siehe unter Teil 1.C.II.3 mit weiteren Ausführungen hierzu: *Westermann* in: MüKo-BGB, § 434 Rn. 2.

799 Haas, BB 2001, 1313 (1314); *Westermann* in: MüKo-BGB, § 434 Rn. 6.

800 *Westermann* in: MüKo-BGB, § 434 Rn. 18.

801 *Faust* in: Bamberger/Roth, § 434 Rn. 49.

802 Beispiel frei nach BGH, Urteil v. 09.01.2008, Az.: VIII ZR 210/06, NJW 2008, 1371.

803 Siehe hierzu unter Teil 2.C.I.2.b.dd(1)(a).

Komponente findet sich im GEK in Art. 100 lit. b) GEK. Beispiele für die gewöhnliche Nutzung lassen sich in der Rechtsprechung zuhauf finden.[804]

(b) Aliud und Zuviel- bzw. Zuweniglieferung

(aa) Aliud

In § 434 Abs. 3 BGB ist der Fall der Lieferung eines aliuds geregelt. Dieser stellt keinen Sachmangel dar, ist diesem aber gleichgestellt.[805] Wie bereits im Abschnitt zum GEK dargestellt[806], gilt auch für das BGB, dass ein krasses aliud einen Mangel darstellt[807] und keine Nichtlieferung.[808] Die Argumente, die hierfür vorgebracht werden, sind identisch zu denen im GEK: Eine Abgrenzung ist kaum, wenn überhaupt, möglich und der Wortlaut gibt diese Interpretation schlicht nicht her. Auch hier widerspricht dies nicht den Interessen der Parteien, da der Käufer einen Anspruch auf Nacherfüllung, das heißt hier Nachlieferung hat, der in diesem Fall dem Anspruch auf Erfüllung in nichts nachsteht.[809]

(bb) Zuweniglieferung

Von § 434 Abs. 3 BGB umfasst ist eine Zuweniglieferung. So eindeutig, wie dies an sich ist, so leidenschaftlich wird in der deutschen Literatur diskutiert, ob dies auch für das allgemeine Leistungsstörungsrecht gilt, mithin, ob eine Zuweniglieferung sich an BGB 323 Abs. 5 S. 1 oder S. 2 messen lassen muss.[810] Das Argument, der § 323 Abs. 5 S. 1 BGB verlöre dadurch einen erheblichen Teil seines Anwendungsbereichs, kann nicht überzeugen, vielmehr sollte hier ein Einklang von Leistungsstörungsrecht und Kaufrecht angestrebt werden. Im Ergebnis gilt daher im gesamten Leistungsstörungsrecht eine Gleichstellung von Schlechtleistung und Zuweniglieferung, so dass auch auf eine Zuweniglieferung § 323 Abs. 5 S. 2 BGB Anwendung findet.[811]

---

804 Einen guten ersten Überblick liefert *Weidenkaff* in: Palandt, § 434 Rn. 60 ff.

805 *Weidenkaff* in: Palandt, § 434 Rn. 52.

806 Siehe hierzu unter Teil 2.C.I.2.b.bb.

807 So die ganz herrschende Meinung *Matusche-Beckmann* in: Staudinger BGB, § 434 Rn. 144; *Westermann* in: MüKo-BGB, § 434 Rn. 44 ff.; *Faust* in: Bamberger/Roth, § 434 Rn. 108; Brors, JR 2002, 133 ff.

808 So aber z.B. Canaris, S. XXIII.

809 Kiene, S. 116.

810 Für eine Ausweitung des § 434 BGB auf das allgemeine Leistungsstörungsrecht: *Schwarze* in: Staudinger BGB, § 323 Rn. A28; *Dedek* in: Henssler/von Westphalen, § 281 Rn. 57; *Faust* in: Huber/Faust, Kapitel 3 Rn. 164; *Grüneberg* in: Palandt, § 281 Rn. 38, 40; eher dazu tendierend: *Matusche-Beckmann* in: Staudinger BGB, § 434 Rn. 155; dagegen: Canaris, ZRP 2001, 329 (334 f.); Grigoleit/Riehm, ZGS 2002, 115 (117 ff.); Kindl, WM 2002, 1313 (1320 f.); Lorenz/Riehm, Rn. 219 und 496.

811 Hierzu im Einzelnen unter Teil 4.C.II.1.b.aa.

(cc) Zuviellieferung

Im BGB nicht geregelt ist hingegen der Fall der Zuviellieferung. Ein solches Erfordernis ergibt sich nicht aus Art. 2 der Verbrauchsgüterkaufrichtlinie 1999[812], wonach der Verkäufer nur dem „Kaufvertrag gemäße Güter“ zu liefern hat. Hieraus muss geschlussfolgert werden, dass die Ware nicht „anders“ oder „weniger“ sein darf, ein „mehr“ an Ware ist laut Richtlinie aber unproblematisch. Der deutsche Gesetzgeber hat keine Anstalten unternommen, diesen Fall zu regeln, auch ist das BGB autonom und ohne Rücksicht auf das CISG auszulegen.[813] Letztlich gibt es im BGB auch keine dem Art. 130 Abs. 4 GEK entsprechende Vorschrift, wodurch der Käufer durch eine unterlassene Rüge gefährdet wäre. Für das BGB gilt daher, dass eine Zuviellieferung über das Bereicherungsrecht und nicht über das Mängelrecht abzuwickeln ist.[814]

(c) Werbung und Aussagen Dritter

Ebenfalls als Mangel gilt im BGB gem. § 434 Abs. 1 S. 3 BGB, wenn die Ware nicht jene Eigenschaften aufweist, die in der Werbung oder von einem Dritten zugesagt worden sind.[815] Ein Mangel ist danach nicht gegeben, wenn der Verkäufer die Äußerung nicht kannte und auch nicht kennen musste, sie im Zeitpunkt des Vertragsschlusses in gleichwertiger Weise berichtigt war oder sie die Kaufentscheidung nicht beeinflussen konnte.

(d) Montagemangel

Montagemängel sind im BGB in § 434 Abs. 2 BGB geregelt. Ein Mangel liegt demgemäß vor, wenn eine unsachgemäße Montage stattgefunden hat (S. 1) bzw. sofern die Montageanleitung fehlerhaft ist und die Sache unabhängig davon nicht trotzdem fehlerfrei montiert worden ist (S. 2). Zu beachten ist dabei, dass nicht der Käufer den Mangel zu beweisen hat, sondern der Verkäufer beweisen muss, dass der Aufbau trotz der fehlerhaften Anleitung gelungen ist. Keine eigenständige Regelung gibt es im BGB für die Vollständigkeit von Zubehör und Montageanleitungen. Der Käufer kann sich im Zweifelsfall nur über den Weg der gewöhnliche Verwendung gem. § 434 Abs. 1 S. 2 Nr. 2 BGB behelfen. Dabei muss der Käufer allerdings jedes Mal nachweisen, dass das Zubehör zur gewöhnlichen Verwendung benötigt wird. Gerade bei Deko-Artikeln dürfte dies mitunter nur schwer möglich sein. Eine gänzlich fehlende Montageanleitung fällt im BGB ebenfalls unter § 434 Abs. 2 S. 2 BGB.[816] Im Unterschied zum GEK sind von § 434 Abs. 2 BGB auch Unternehmer-Käufer erfasst.

---

812 Siehe unter Fußnote 292.

813 *Matusche-Beckmann* in: Staudinger BGB, § 434 Rn. 155; a.A. Pfeiffer, ZGS 2002, 138 (139 f.).

814 Lettl, JuS 2002, 866 (870); *Matusche-Beckmann* in: Staudinger BGB, § 434 Rn. 153; *Westermann* in: MüKo-BGB, § 434 Rn. 49.

815 *Westermann* in: MüKo-BGB, § 434 Rn. 27 ff.

816 *Westermann* in: MüKo-BGB, § 434 Rn. 38.

(e) Kauf nach Probe oder Muster

Das BGB enthält keine explizite Regelung zum Kauf nach Vorlage einer Probe oder eines Musters[817] und dass, obwohl ein solcher Kauf in Art. 2 Abs. 2 lit. a) Verbrauchsgüterkaufrichtlinie 1999[818] explizit vorgesehen ist. Die herrschende Meinung geht gleichwohl zu Recht davon aus, dass die Richtlinie trotz des Fehlens dieser Art des Kaufes aufgrund von Art. 8 Abs. 2 Verbrauchsgüterkaufrichtlinie 1999[819] ordentlich umgesetzt wurde.[820] Nach einhelliger Meinung soll der Kauf nach Probe oder Muster im BGB von § 434 Abs. 1 S. 1 erfasst sein[821], also eine Beschaffenheitsvereinbarung darstellen und damit einem subjektiven Maßstab unterliegen. Daraus folgt, dass der Kauf auf Probe als subjektive Vereinbarung jeder objektiven Vereinbarung vorgeht, Zweifel im Vorrang der Vorschriften können sich damit nicht ergeben.

(f) Verpackungs- bzw. Umverpackungsmängel

Keine ausdrückliche Regelung enthält das BGB hinsichtlich einer Schlechtleistung der Verpackung. Nach Ansicht der herrschenden Meinung stellt die unsachgemäße Verpackung aber, wenn sie nur dem Schutz der Ware dient, keinen Mangel dar, sondern begründet einen Schadensersatzanspruch des Käufers.[822] Gehört die Verpackung zur Ausstattung, so stellt der Mangel der Verpackung einen Mangel der Sache dar[823], die Verpackung selbst ist nicht mangelhaft.

(2) Rechtsmangel

Einem Sachmangel gleichgestellt ist im BGB ein Rechtsmangel gem. § 435 BGB, das heißt auch ein Rechtsmangel gilt als Schlechtleistung im Sinne von § 323 Abs. 1 BGB und kann ein Rücktrittsrecht auslösen. Ein Rechtsmangel liegt gem. § 435 S. 1 BGB[824] vor, wenn das Recht nicht frei von Rechten Dritter bzw. mit anderen als den im Kaufvertrag genannten Rechten belastet ist.[825] Wie im Rahmen des Sachmangels, kommt es daher auch beim Rechtsmangel primär auf die vertraglichen Vereinbarungen an.[826] Es gilt auch für den Rechtsmangel der Zeitpunkt der Übergabe als

---

817 Siehe auch *Westermann* in: MüKo-BGB, § 434 Rn. 17.

818 Siehe zur Richtlinie unter Fußnote 292 .

819 Siehe hierzu auch unter Fußnote 292.

820 So *Matusche-Beckmann* in: Staudinger BGB, § 434 Rn. 45; zweifelnd Gsell, JZ 2001, 65 (66); a.A. Hoffmann, ZRP 2001, 347 (348).

821 Siehe BT-Drucks. 14/6040, S. 207; zustimmend *Westermann* in: MüKo-BGB, § 434 Rn. 17; *Matusche-Beckmann* in: Staudinger BGB, § 434 Rn. 45.

822 BGH, Urt. v. 19.09.1983, Az.: VIII ZR 321/81, WM 1983, 1155.

823 *Matusche-Beckmann* in: Staudinger BGB, § 434 Rn. 251 mwN.

824 § 435 S. 2 BGB bleibt im Rahmen dieser Arbeit außen vor, da Immobilien vom Anwendungsbereich des GEK nicht umfasst und daher für den Vergleich ohne Bedeutung sind.

825 Siehe dazu auch: Westermann, NJW 2002, 241 (246).

826 Kiene, S. 169.

entscheidender Beurteilungszeitpunkt. Mögliche Rechte, die ein Dritter an der Sache haben kann und die von § 435 BGB erfasst sind, entsprechen jenen zum GEK[827] aufgezählten Rechten, mit Ausnahme des Eigentums.[828] Während die Ware im GEK frei von Rechten Dritter und nicht offensichtlich unbegründeten Ansprüchen Dritter sein muss, stellt das BGB hier für den Käufer eine wesentlich höhere Hürde auf, da ein Rechtsmangel nur dann gegeben ist, wenn ein Dritter die Rechte auch geltend machen kann. Im Gegensatz zum GEK reicht alleine die Behauptung eines Rechts damit nicht aus.[829]

(3) Haftungsausschluss gem. § 442 BGB

Der Käufer kann einen Mangel dann nicht geltend machen, wenn er gem. § 442 BGB Kenntnis davon hatte. Bei grob fahrlässiger Unkenntnis kann der Käufer die Rechte nur geltend machen, wenn der Verkäufer den Mangel arglistig verschwiegen hat oder eine Beschaffenheitsgarantie übernommen hat. § 442 BGB gilt sowohl für einen Rechts- als auch für einen Sachmangel.[830] Die Vorschrift entspricht von ihrem Telos her Art. 104 GEK, der allerdings grundsätzlich nur im unternehmerischen Kaufgeschäft gilt. Inhaltlich sind beide Vorschriften weitestgehend deckungsgleich, da auch Art. 104 GEK sowohl für einen Rechts- als auch einen Sachmangel gilt und beide Vorschriften auf grobe Fahrlässigkeit abstellen.[831] Unterschiede bestehen, wie schon zum GEK aufgezeigt[832], im Bereich der Garantie. Während das BGB hier ein Berufen auf § 442 BGB für den Verkäufer nur dann zulässt, wenn der Käufer positive Kenntnis hat, mithin nicht im Fall der groben Fahrlässigkeit, reicht im GEK die grobe Fahrlässigkeit aus. Ein Gleichlauf kann allerdings in Fällen der Arglist angenommen werden.[833]

bb. Nichtleistung

Von § 323 Abs. 1 BGB ist darüber hinaus eine Nichtleistung erfasst. Wie bereits erwähnt[834], gilt für eine Nichtleistung nicht § 434 BGB, sondern direkt § 323 Abs. 1 BGB.

---

827 Siehe hierzu unter Teil 2.C.I.2.b.ff(1).

828 BGH Urt. v. 19.10.2007, Az.: V ZR 211/06, NJW 2007, 3777 (3779); *Weidenkaff* in: Palandt, § 435 Rn. 8.

829 Siehe hierzu unter Teil 2.C.I.2.b.ff(2).

830 *Weidenkaff* in: Palandt, § 442 Rn. 3.

831 Siehe unter Teil 2.C.I.2.b.hh(1).

832 Siehe hierzu unter Teil 2.C.I.2.b.hh(2)(b).

833 Siehe zur Herleitung der Anwendung auf Arglist im GEK unter Teil 2.C.I.2.b.hh(2)(a).

834 Siehe unter Teil 2.C.II.2.a.

(1) Verspätete Leistung

Der wohl häufigste Fall der Nichtleistung dürfte die verspätete Leistung sein. Voraussetzung für das Vorliegen einer solch verspäteten Leistung ist, neben der für alle Fälle des Rücktritts geltenden Gegenseitigkeit[835], eine fällige (ansonsten kommt nur ein Rücktritt nach § 323 Abs. 4 BGB in Betracht) und vor allem durchsetzbare Forderung.[836] Ein Hindernis für die Durchsetzbarkeit kann sich aus einer Einrede nach § 320 BGB oder aus einem geltend gemachten Zurückbehaltungsrecht nach § 273 BGB ergeben.[837] Die Leistung darf außerdem nicht nach § 275 BGB unmöglich sein.[838]

(2) Erfüllungsverweigerung

Neben der verspäteten Leistung kann der Käufer auch dann ein Rücktrittsrecht nach § 323 Abs. 1 BGB geltend machen, wenn der Verkäufer ernstlich und endgültig erklärt, dass er die Ware nicht liefern werde. Aus den strukturellen Unterschieden zwischen dem GEK und dem BGB ergibt sich, dass die Erfüllungsverweigerung im BGB kein Rücktrittsrecht gewährt, sondern dort allgemein unter den Begriff der Nichtleistung zu subsumieren ist und unter den Voraussetzungen des § 323 Abs. 2 Nr. 1 BGB eine Ausnahme von der Notwendigkeit zur Fristsetzung begründet.[839] Dabei sind auch im BGB hohe Hürden an die Erfüllungsverweigerung zu stellen. Der Käufer muss die Äußerung des Verkäufers als letztes Wort verstehen, so dass eine Meinungsänderung aussichtslos erscheint.[840]

(3) Unmöglichkeit

Während die Unmöglichkeit im GEK nicht eigenständig geregelt ist[841] und Art. 114 GEK unterfällt, sieht das BGB für alle Fälle des § 275 Abs. 1–3 BGB, also sowohl für die objektive, subjektive, anfängliche und nachträgliche Unmöglichkeit, ein eigenständiges Rücktrittsrecht nach § 326 Abs. 5 BGB vor.[842] Der Anspruch kann direkt oder, im Falle einer unbehebbaren Mankolieferung, das heißt einer unbewussten Teilleistung, über § 437 Nr. 2 BGB gegeben sein.[843] Parallel zum GEK ist auch hier ein nur vorrübergehendes Leistungshindernis als verspätete Leistung und nicht als Unmöglichkeit zu werten, mit der Konsequenz, dass in diesem Fall § 323 Abs. 1 BGB als richtige Anspruchsgrundlage zu wählen ist. Obwohl die Regelungen

---

835 *Ernst* in: MüKo-BGB, § 323 Rn. 7.

836 *Schwarze* in: Staudinger BGB, § 323 Rn. B1.

837 Siehe zu beidem ausführlicher: *Schwarze* in: Staudinger BGB, § 323 Rn. B28.

838 *Schwarze* in: Staudinger BGB, § 323 Rn. B1; zum Rücktritt im Falle einer Unmöglichkeit siehe auch unter Teil 2.F.II.1.

839 Siehe hierzu im Detail unter Teil 2.C.II.2.c.aa.

840 BGH, Urt. v. 18.01.1991, Az.: V ZR 315/89, NJW 1991, 1822 (1824); BGH, Urt. v. 22.10.1999, Az.: V ZR 401/98, NJW 2000, 506 (507).

841 Siehe unter Teil 2.C.I.2.a.aa(1).

842 Siehe hierzu unter Teil 2.F.II.

843 *Westermann* in: MüKo-BGB, § 437 Rn. 9.

insofern eindeutig sind, hält es die herrschende Meinung dennoch für zulässig, dass der Käufer auch im Falle der Unmöglichkeit ein Rücktrittsrecht nach § 323 Abs. 1 BGB geltend machen kann.[844] Hintergrund ist, dass der Käufer oftmals im Unklaren darüber ist, ob der Verkäufer schlicht spätleistet oder ob dem Verkäufer die Leistung unmöglich ist. In letztgenanntem Fall gehen die Leistungspflichten zwar bereits nach § 326 BGB unter, es ist insofern aber auch unschädlich, wenn der Käufer zusätzlich einen Anspruch nach § 323 Abs. 1 BGB geltend macht, um so Gewissheit zu erlangen, dass er jedenfalls nach Ablauf der gesetzten Frist vom Vertrag zurücktreten kann.

b. Frist zur Nacherfüllung

aa. Grundsätzliches

Entscheidendes Merkmal des § 323 Abs. 1 BGB ist die grundsätzlich für jede Form der Nichtleistung oder Schlechtleistung bestehende Pflicht, dem Verkäufer eine Frist zur Nacherfüllung zu setzen. Der Käufer erhält nur dann ein Rücktrittsrecht nach § 323 Abs. 1 BGB, wenn der Verkäufer die gesetzte Frist ohne Leistung verstreichen lässt.[845] Die Nachfristsetzung ist (zum Schutz des Schuldners vor einer nachträglichen Verkürzung der Frist) eine unwiderrufliche[846] Willenserklärung mit Gestaltungswirkung.[847] Ausnahmen hiervon sind nur nach § 323 Abs. 2 BGB, § 440 S. 1 BGB und § 376 Abs. 1 S. 1 HGB möglich. Die Nachfrist kann formfrei erklärt werden[848], aus Gründen der Beweisbarkeit ist eine schriftliche Fristsetzung empfehlenswert. Inhaltlich muss sie eine Aufforderung zur Leistungsbewirkung oder, im Falle der nicht vertragsgemäß erbrachten Leistung, zur Nacherfüllung innerhalb der Frist[849] sein, bei der keine Zweifel an der Rücktrittsabsicht aufkommen dürfen[850] und in der die Leistung klar[851] und richtig[852] bestimmt ist.

---

844 Vgl. *Grüneberg* in: Palandt, § 326 Rn. 18; *Ernst* in: MüKo-BGB, § 326 Rn. 108; *Schwarze* in: Staudinger BGB, § 326 Rn. F7.

845 *Schwarze* in: Staudinger BGB, § 323 Rn. B72.

846 RG, Urt. v. 09.12.1902, Az.: II 265/02, RGZ 53, 161 (167); *Schwarze* in: Staudinger BGB, § 323 Rn. B37; a.A. *Ernst* in: MüKo-BGB, § 323 Rn. 54.

847 BGH, Urt. v. 29.05.1991, Az.: VIII ZR 214/90, NJW 1991, 2552 (2553); BGH, Urt. v. 22.10.1999, Az.: V ZR 401/98, NJW 2000, 506 (507); *Ernst* in: MüKo-BGB, § 323 Rn. 56; a.A. Neuner, § 23 Rn. 2 und *Schwarze* in: Staudinger BGB, § 323 Rn. B36, die die Nachfristsetzung als geschäftsähnliche Handlung einstufen.

848 *Schwarze* in: Staudinger BGB, § 323 Rn. B45.

849 Siehe dazu auch im Regierungsentwurf, BT-Drucks. 14/6040, S. 138; *Schwarze* in: Staudinger BGB, § 323 Rn. B52.

850 *Ernst* in: MüKo-BGB, § 323 Rn. 62.

851 BGH, Urt. v. 22.10.1987, Az.: VII ZR 5/87, NJW 1988, 488 (489 f.).

852 So gilt eine Zuvielforderung nicht als wirksame Fristsetzung, *Ernst* in: MüKo-BGB, § 323 Rn. 64, eine Zuwenigforderung ist in diesem Zusammenhang aber unschädlich, siehe *Schwarze* in: Staudinger BGB, § 323 Rn. B58.

Die Frist muss außerdem angemessen sein. Dazu gehört zunächst, dass sie nach Eintritt der Fälligkeit gesetzt wird[853] und demgemäß auch erst nach Fälligkeit abläuft.[854] Was die angemessene Länge der Frist angeht, steht der Käufer in einem Spannungsverhältnis, dem Verkäufer die (Nach-)Erfüllung einerseits ermöglichen zu müssen und gleichzeitig zu versuchen, die Frist möglichst kurz zu halten.[855] Da dem Verkäufer nur eine zweite Chance zur (Nach-) Erfüllung eingeräumt werden muss, braucht die Frist jedenfalls nicht so lang zu sein wie die ursprüngliche Lieferzeit.[856] Die Frage, ob eine konkrete Frist angemessen ist, ist, wie im GEK[857], abhängig vom Einzelfall und hängt zum Beispiel von der Dringlichkeit, dem Verhalten beider Parteien, dem Umfang der Ware oder von einer persönlichen Vereinbarung ab.[858] Rein praktisch ist davon auszugehen, dass bereits wenige Tage ausreichen dürften.[859] Der Verkäufer muss eine zu kurze Frist nicht anmahnen[860], was die Situation für ihn wesentlich entspannt. Entschärft wird die Situation für den Käufer andererseits dadurch, dass eine zu kurz bemessene Frist eine angemessene Frist in Gang setzt.[861] Ausreichend ist laut BGH auch eine bestimmbare Frist wie „unverzüglich“ oder „schnellstens“.[862] Eine Verwirkung der Fristsetzung ist nicht möglich, wenn überhaupt kommt nur die Verwirkung des Rücktrittsrechts in Betracht.[863]

bb. Korrektur des § 323 Abs. 1 BGB im Verbraucher-Kauf

Zum § 323 Abs. 1 BGB wird bezüglich eines Sachmangels[864] die Frage diskutiert, ob es einer Korrektur der Vorschrift in der Konstellation des Verbrauchsgüterkaufs bedürfe. Hintergrund ist Art. 3 Abs. 5 Spiegelstrich 2 der Verbrauchsgüterkaufrichtlinie

---

853 *Stadler* in: Jauernig, § 323 Rn. 8.

854 BGH, Urt. v. 15.03.1996, Az.: V ZR 316/94, NJW 1996, 1814.

855 *Schwarze* in: Staudinger BGB, § 323 Rn. B59.

856 BGH, Urt. v. 10.02.1982, Az.: VIII ZR 27/81, NJW 1982, 1279 (1280); BGH, Urt. v. 21.06.1985, Az.: V ZR 134/84, NJW 1985, 2640 (2641); Koch, NJW 2010, 1636 (1637).

857 Siehe dazu unter Teil 2.D.I.2.b.aa.

858 *Schwarze* in: Staudinger BGB, § 323 Rn. B64.

859 Zwei Tage als ausreichend erachtend: OLG Köln, Urt. v. 15.09.1992, Az.: 22 U 78/92 II, NJW-RR 1993, 949; OLG Karlsruhe, Urt. v. 24.11.2011, Az.: 9 U 83/11, NJW-RR 2012, 504 (505).

860 *Schwarze* in: Staudinger BGB, § 323 Rn. B66; a.A. Wendt, AcP 92 (1902), 1 (192 f.), der ein Anmahnen für notwendig erachtet.

861 BGH, Urt. v. 21.06.1985, Az.: V ZR 134/84, NJW 1985, 2640.

862 BGH, Versäumnisurt. v. 12. 8. 2009, Az.: VIII ZR 254/08, NJW 2009, 3153 (3154).

863 *Schwarze* in: Staudinger BGB, § 323 Rn. B50.

864 Bei einer Nichtleistung oder einer Schlechtleistung aufgrund eines Rechtsmangels kann dieses Problem nicht auftreten, weil nur der Sachmangel vom Anwendungsbereich der Verbrauchsgüterkaufrichtlinie 1999 (siehe unter Fußnote 292) erfasst ist und es daher nur diesbezüglich zu einer abweichenden Anwendung des BGB kommen kann.

1999[865], wonach der Käufer zurücktreten kann, wenn eine angemessene Frist ablaufe. Ein Setzen einer solchen Frist ist ausdrücklich nicht erwähnt. Die ganz überwiegende Meinung erkennt diesen Unterschied an und damit auch, dass die Richtlinie nur ungenügend umgesetzt wurde.[866] Das Problem stellt sich grundsätzlich nur im Falle einer Schlechtleistung und auch nur dann, wenn dem Verkäufer bewusst ist, dass überhaupt ein Mangel vorliegt, mithin also erst nach einer Mitteilung durch den Käufer.[867] Das Problem tritt also immer nur dann auf, wenn diese Mitteilung nicht zugleich als Fristsetzung im Sinne von § 323 Abs. 1 BGB zu qualifizieren ist. Ist dies der Fall, so gibt es grundsätzlich zwei Möglichkeiten: eine richtlinienkonforme Anwendung, wobei diese dogmatisch anhand von § 440 S. 1 BGB oder gem. § 323 Abs. 2 Nr. 3 BGB begründet werden kann.[868] Der Weg über § 323 Abs. 2 Nr. 3 BGB ist dabei zu bevorzugen[869], denn dieser steht im Einklang mit den Anforderungen, die der BGH aufgestellt hat.[870] Eine gebrochene Auslegung liegt damit auch gerade nicht vor, weil die „besonderen Umstände" in § 323 Abs. 2 Nr. 3 dazu gedacht sind, um Situationen im Einzelfall abweichend beurteilen zu können, so dass eine abweichende Handhabung für Verbraucher und Unternehmer kein Problem darstellt.[871]

c. Entbehrlichkeit der Fristsetzung

Unabhängig von der Frage, ob ein Verbrauchsgüterkauf vorliegt, ist eine Fristsetzung in jedem Fall entbehrlich, wenn eine der Voraussetzungen des § 323 Abs. 2 BGB oder, sofern der Mangel in Form eines Sachmangels gegeben ist, des § 440 S. 1 BGB vorliegt. Die übrigen in den vorhergehenden Absätzen genannten Bedingungen müssen unverändert vorliegen.[872]

aa. Entbehrlichkeit gem. § 323 Abs. 2 Nr. 1 BGB

Der erste der vier Ausnahmefälle ist nach § 323 Abs. 2 Nr. 1 BGB die ernsthafte und endgültige Erfüllungsverweigerung des Verkäufers. Wie sich bereits aus der Systematik ergibt, gilt die Ausnahme des § 323 Abs. 2 Nr. 1 BGB nur in den Fällen

---

865 Siehe unter Fußnote 292.

866 *Ernst* in: MüKo-BGB, § 323 Rn. 51; *Gsell* in: Soergel BGB, § 323 Rn. 85; Unberath, ZEuP 2005, 5 (29); Mayer/Schürnbrand, JZ 2004, 545 (551 f.); Knütel, NJW 2001, 2519; Kiene, S. 120 ff.; a.A. *Saenger* in: Hk-BGB, § 437 Rn. 17; zweifelnd Westermann, JZ 2001, 530 (536 f.).

867 So auch *Ernst* in: MüKo-BGB, § 323 Rn. 51.

868 *Ernst* in: MüKo-BGB, § 323 Rn. 50; *Faust* in: Bamberger/Roth, § 437 Rn. 18; *Gsell* in: Soergel BGB, § 323 Rn. 85; Unberath, ZEuP 2005, 5 (29 ff.).

869 Siehe zu den Gründen Kiene, S. 123.

870 Siehe hierzu unter: BGH, Versäumnisurt. v. 12.08.2009, Az.: VIII ZR 254/08, NJW 2009, 3153 (3154).

871 *Ernst* in: MüKo-BGB, § 323 Rn. 51.

872 *Ernst* in: MüKo-BGB, § 323 Rn. 93.

der Verweigerung nach Eintritt der Fälligkeit[873], für die Verweigerung vor Fälligkeit greift § 323 Abs. 4 BGB.[874]

An die Erfüllungsverweigerung sind seit jeher sehr strenge Anforderungen gestellt. Wie bereits oben angedeutet[875], muss der Verkäufer klar zum Ausdruck bringen, dass er unter keinen Umständen mehr zu einer Erfüllung bereit ist.[876] Nicht ausreichend ist es daher, wenn nur Meinungsverschiedenheiten bestehen.[877] In der Praxis wird es gleichwohl eher selten vorkommen, dass der Verkäufer die Erfüllung explizit verweigert, viel öfter muss sein Verhalten so ausgelegt werden.[878] Als Erfüllungsverweigerung angesehen wird beharrliches Wiederholen der Verweigerung[879], der Versuch, nachträglich andere Bedingungen durchzusetzen[880], die Erklärung, die Sache anderweitig veräußert zu haben[881] oder die strikte Verweigerung der Nacherfüllung.[882] Hat der Verkäufer jedoch ein Recht darauf, die Leistung zu verweigern, so kann der Käufer auch bei ernsthafter und endgültiger Erfüllungsverweigerung nicht vom Vertrag zurücktreten.[883]

bb. Entbehrlichkeit gem. § 323 Abs. 2 Nr. 2 BGB

Die Ausnahme gem. § 323 Abs. 2 Nr. 2 BGB greift vor allem in Fällen des relativen Fixgeschäfts.[884] Ein solches liegt immer dann vor, wenn eine nachträgliche Erfüllung nicht mehr als ordnungsgemäße Leistung im Sinne des ursprünglichen Vertrags anzusehen wäre, das Geschäft also mit der Frist „stehen und fallen soll".[885] Entscheidend ist also eine fixe Frist, die der Verkäufer einzuhalten hat und das Wissen beider Parteien diesbezüglich.[886] In der Praxis wird man dies bei einer konkreten

---

873 *Gsell* in: Soergel BGB, § 323 Rn. 97; sehr kritisch, aber im Ergebnis ebenso: *Ernst* in: MüKo-BGB, § 323 Rn. 96 ff.

874 *Gsell* in: Soergel BGB, § 323 Rn. 97; siehe hierzu unter Teil 2.E.II.

875 Siehe unter Teil 2.C.II.2.a.bb(2).

876 BGH, Urt. v. 18.01.1991, Az.: V ZR 315/89, NJW 1991, 1822 (1824); BGH, Urt. v. 22.10.1999, Az.: V ZR 401/98, NJW 2000, 506 (507).

877 *Ernst* in: MüKo-BGB, § 323 Rn. 102.

878 *Schwarze* in: Staudinger BGB, § 323 Rn. B93.

879 BGH, Urt. v. 18.12.1985, Az.: VIII ZR 47/85, NJW 1986, 842; Huber, § 51 I 2.

880 BGH, Urt. v. 02.07.1968, Az.: VI ZR 207/66, MDR 1968, 915.

881 RG, Urt. v. 02.02.1922, Az.: VI 463/21, RGZ 104, 275 (278).

882 RG, Urt. v. 10.12.1935, Az.: VII 135/35, RGZ 149, 401 (403).

883 *Ernst* in: MüKo-BGB, § 323 Rn. 106.

884 *Ernst* in: MüKo-BGB, § 323 Rn. 113.

885 Statt vieler nur: BGH, Urt. v. 17.01.1990, Az.: VIII ZR 292/88, NJW 1990, 2065 (2067); a.A. in Bezug auf die Formulierung des „Stehen und Fallens" *Schwarze* in: Staudinger BGB, § 323 Rn. B101.

886 *Ernst* in: MüKo-BGB, § 323 Rn. 117.

Datumgsangabe annehmen müssen[887] oder beim Vorliegen bestimmter Klauseln wie „fix, genau, spätestens".[888]

Im Unterschied zum GEK, in dem sowohl ein absolutes als auch ein relatives Fixgeschäft je nach Vorliegen der Wesentlichkeit unter Art. 114 Abs. 1 GEK fallen kann[889], ist damit im BGB zu unterscheiden: Ein relatives Fixgeschäft kann über § 323 Abs. 1 BGB (mit der Erleichterung von § 323 Abs. 2 Nr. 2 BGB) geltend gemacht werden, ein absolutes Fixgeschäft gem. § 326 Abs. 5 BGB[890] – praktische Unterschiede folgen hieraus jedoch nicht.

cc. Entbehrlichkeit gem. § 323 Abs. 2 Nr. 3 BGB

Nach § 323 Abs. 2 Nr. 3 BGB ist eine Fristsetzung auch dann entbehrlich, wenn besondere Umstände vorliegen, die unter Abwägung beiderseitiger Interessen den sofortigen Rücktritt rechtfertigen. Von dieser Konstellation umfasst ist zunächst der bereits geschilderte Sachmangel im Verbrauchsgüterkauf.[891] Darüber hinaus ist der Interessenfortfall, der vor der Schuldrechtsmodernisierung in § 326 Abs. 2 BGB a.F. geregelt war, ein Hauptanwendungsfall des neuen § 323 Abs. 2 Nr. 3 BGB.[892] Voraussetzung dafür ist, dass das Interesse des Gläubigers entfallen sein muss[893] bzw. dass die Leistung für den Gläubiger nicht mehr zu verwenden ist.[894] Dabei muss aber, zum Schutz des Schuldners vor sachfremden Erwägungen des Käufers den Vertrag zu beenden, ein Zusammenhang zwischen der Nichtleistung und dem Interessenfortfall gegeben sein, mit anderen Worten, der Käufer darf das Interesse gerade nur deshalb verloren haben, weil der Verkäufer nicht geleistet hat.[895] Insgesamt sind – ebenso wie für die endgültige Erfüllungsverweigerung – auch an den Interessenfortfall sehr hohe Hürden zu stellen.[896] Im Gegensatz zur früheren Rechtslage kommt es, wie der Wortlaut klar vorgibt, außerdem auch auf die Interessen des Verkäufers an, die mit den Interessen des Käufers abgewogen werden müssen.[897] Nur bei einem Überwiegen der Interessen des Käufers kann auf die Nachfristsetzung verzichtet werden.

---

887 *Ernst* in: MüKo-BGB, § 323 Rn. 118.

888 BGH, Urt. v. 21.09.1966, Az.: 1 AZR 504/65, NJW 1967, 414 (415); OLG München, Urt. v. 11.07.1975, Az.: 19 U 2250/75, DB 1975, 1789.

889 Siehe hierzu unter Teil 2.C.I.2.a.bb(2).

890 Siehe hierzu unter Teil 2.F.II.

891 Siehe hierzu unter Teil 2.C.II.2.b.bb.

892 *Schwarze* in: Staudinger BGB, § 323 Rn. B109; *Ernst* in: MüKo-BGB, § 323 Rn. 124; OLG Brandenburg, Urt. v. 17.01.2008, Az.: 5 U 106/06, NotBZ 2008, 272.

893 BGH, Urt. v. 25.02.1971, Az.: VII ZR 102/69, NJW 1971, 798.

894 *Ernst* in: MüKo-BGB, § 323 Rn. 128.

895 *Schwarze* in: Staudinger BGB, § 323 Rn. B116 mwN.

896 BGH, Urt. v. 17.12.1996, Az.: X ZR 74/95, NJW-RR 1997, 622 (623 f.).

897 *Ernst* in: MüKo-BGB, § 323 Rn. 126; a.A. *Schwarze* in: Staudinger BGB, § 323 Rn. B114.

Neben dieser Konstellation ist § 323 Abs. 2 Nr. 3 BGB auch in anderen Fällen, in denen eine Fristsetzung sinnwidrig erscheint, anwendbar.[898] Dies ist namentlich der Fall, wenn erhebliche Schäden an den Rechtsgütern des Gläubigers einzutreten drohen oder bereits eingetreten sind[899] oder bei arglistigem Verhalten des Verkäufers.[900]

dd. Entbehrlichkeit gem. § 440 S. 1 BGB

Im Kaufrecht gibt es zusätzlich zu den für alle Verträge geltenden Regelungen des § 323 Abs. 2 BGB noch weitere Ausnahmevorschriften gem. § 440 S. 1 BGB. Aus der Stellung der Norm ergibt sich bereits, dass diese Ausnahme nur im Falle einer Schlechtleistung aufgrund eines Sach- oder Rechtsmangels zum Tragen kommen kann. Durch die Formulierung „auch dann nicht" wird außerdem deutlich, dass § 440 S. 1 BGB neben dem § 323 Abs. 2 BGB zur Anwendung kommt und sich die beiden Vorschriften nicht gegenseitig ausschließen.[901] Inhaltlich ist die Nachfrist dann entbehrlich, wenn der Verkäufer beide Arten der Nacherfüllung gem. § 439 Abs. 3 BGB verweigert, wenn die dem Käufer zustehende Art der Nacherfüllung fehlgeschlagen ist oder wenn die Art der Nacherfüllung dem Käufer unzumutbar ist.

(1) Verweigerung der Nacherfüllung

Verweigert der Verkäufer die Lieferung einer mangelfreien Sache und die Beseitigung des Mangels wegen Unverhältnismäßigkeit, so kann der Käufer auch ohne Nachfristsetzung den Rücktritt erklären. Der Verkäufer muss die Nacherfüllung tatsächlich verweigern, das Vorliegen der Voraussetzungen alleine reicht nicht.[902] Liegen die Voraussetzungen zwar vor, ist aber keiner der anderen Ausnahmetatbestände gegeben, so muss der Käufer dennoch zunächst eine Nachfrist setzen. Verweigert der Verkäufer allerdings eine oder beide Arten der Nacherfüllung zu Unrecht, so kann der Käufer ohne Fristsetzung und ohne Verweis auf die andere Art der Nacherfüllung direkt den Rücktritt geltend machen.[903]

---

898 *Ernst* in: MüKo-BGB, § 323 Rn. 127.

899 BGH, Urt. v. 22.06.2006, Az.: VIII ZR 1/05, NJW 2005, 3211 (3212).

900 BGH Urt. v. 08.12.2006, Az.: V ZR 249/05, NJW 2007, 835 (836 f.); BGH Urt. v. 09.01.2008, Az.: VIII ZR 210/06, NJW 2008, 1371 (1372); BGH, Urt. v. 20. 5. 2009, Az.: VIII ZR 247/06, NJW 2009, 2532 (2533); Rösler, AcP 207 (2007), 564 (590 f.); Looschelders, JA 2007, 673 (675 f.); Derleder/Sommer, JZ 2007, 338 (339 ff.); einschränkend Lorenz, NJW 2004, 26 f.; Gutzeit, NJW 2008, 1359 (1360).

901 *Matusche-Beckmann* in: Staudinger BGB, § 440 Rn. 1; *Grunewald* in: Erman, § 440 Rn. 1; *Faust* in: Bamberger/Roth, §§ 440 Rn. 4; *Westermann* in: MüKo-BGB, § 440 Rn. 1.

902 Bitter/Meidt, ZiP 2001, 2114 (2117); BT-Drucks. 14/6040, S. 234.

903 Jorden/Lehmann, JZ 2001, 952 (961); *Matusche-Beckmann* in: Staudinger BGB, § 440 Rn. 13.

(2) Fehlschlagen der Nacherfüllung

Die zweite Möglichkeit, nach der eine Fristsetzung gem. § 440 S. 1 BGB entbehrlich ist, ist das Fehlschlagen der Nacherfüllung. Hierunter ist die Art der Nacherfüllung zu verstehen, die der Käufer gem. § 439 Abs. 1 BGB gewählt und der Verkäufer nicht berechtigterweise verweigert hat.[904] Denkbar sind im Rahmen dieser Alternative beide Formen der Nacherfüllung (Reparatur und Nachlieferung). Im Falle einer Nachbesserung enthält § 440 S.2 BGB eine gesetzliche Vermutung, wonach eine Nachbesserung nach dem zweiten erfolglosen Versuch als fehlgeschlagen gilt. Aus der Tatsache, dass S. 2 nur eine Vermutung ist, folgt, dass der Verkäufer diese im Einzelfall entkräften kann[905] und dass die Nachbesserung auch schon nach dem ersten erfolglosen Versuch als fehlgeschlagen gelten kann.[906]

Eine solche Vermutung gibt es für die Nachlieferung nicht. Hier gilt nach der Rechtsprechung, dass ein Fehlschlagen bei objektiver oder subjektiver Unmöglichkeit, bei Unzulänglichkeit, unberechtigter Verweigerung, ungebührlicher Verzögerung oder dem misslungenen Versuch der Nachbesserung vorliegt.[907] Um ein Ausufern zu verhindern, wird allerdings überwiegend gefordert, dass auch ein Grund zu der Annahme bestehen müsse, dass eine nochmalige Ersatzlieferung wieder mangelhaft wäre.[908]

(3) Unzumutbarkeit der Nacherfüllung

Schließlich braucht der Käufer auch dann keine Nachfrist zu setzen, wenn dem Käufer die ihm zustehende Art der Nacherfüllung unzumutbar ist. Dabei ist einzig auf die Perspektive des Käufers abzustellen.[909] Eine Unzumutbarkeit ist gegeben bei erheblichen Unannehmlichkeiten des Käufers.[910] Solche können vorliegen bei einer nachhaltigen Störung des Vertrauensverhältnisses, z.B. im Falle von Arglist des Verkäufers[911], nach der Art des Mangels, z.B. wenn der Verkäufer den Mangel bestreitet[912] oder wenn die Mängel Ekel erregend waren.[913] Auch hier gilt jedoch, dass es auf die Umstände des Einzelfalls ankommt.

---

904 BT-Drucks. 14/6040, S. 234; BGH, Urt. v. 15. 11. 2006, Az.: VIII ZR 166/06, NJW 2007, 504 (505); *Matusche-Beckmann* in: Staudinger BGB, § 440 Rn. 16.

905 *Matusche-Beckmann* in: Staudinger BGB, § 440 Rn. 20.

906 *Westermann* in: MüKo-BGB, § 440 Rn. 10.

907 BGH, Urt. v. 21.02.1990, Az.: VIII ZR 216/89, NJW-RR 1990, 886 (888); BGH, Urt. v. 02.02.1994, Az.: VIII ZR 262/92, NJW 1994, 1004 (1005); BGH, Urt. v. 26. November 1984, Az.: VIII ZR 214/83, NJW 1985, 623 (630).

908 *Faust* in: Bamberger/Roth, § 440 Rn. 33.

909 *Matusche-Beckmann* in: Staudinger BGB, § 440 Rn. 24.

910 BT-Drucks. 14/6040, S. 232 f.

911 BGH Urt. v. 09.01.2008, Az.: VIII ZR 210/06, NJW 2008, 1371 (1372); *Faust* in: Bamberger/Roth, § 440 Rn. 37; Gruber, JbZivRWiss 2001, 187 (198).

912 Bitter/Meidt, ZiP 2001, 2114 (2117).

913 *Faust* in: Bamberger/Roth, § 440 Rn. 38; a.A. *Matusche-Beckmann* in: Staudinger BGB, § 440 Rn. 31.

ee. Exkurs: Entbehrlichkeit gem. § 376 Abs. 1 S. 1 HGB

Im Falle eines Unternehmer-Kaufs gibt § 376 Abs. 1 S. 1 HGB dem Käufer außerdem noch die Möglichkeit auf eine Fristsetzung im Falle eines relativen Fixgeschäfts zu verzichten.[914] Da es seit der Schuldrechtsreform für die reine Entbehrlichkeit der Fristsetzung keinen Unterschied mehr zwischen § 376 Abs. 1 S. 1 HGB und § 323 Abs. 2 Nr. 2 BGB gibt[915], kann insofern auf die oben getroffenen Ausführungen verwiesen werden.[916]

d. Unerheblichkeit gem. § 323 Abs. 5 S. 2 BGB

Ein Rücktritt ist, unabhängig von der Frage, ob eine Frist zur Nacherfüllung gesetzt werden muss, immer dann ausgeschlossen, wenn die Pflichtverletzung unerheblich i.S.v. § 323 Abs. 5 S. 2 BGB ist. Dabei ist die Norm so zu lesen, dass sie grundsätzlich nur für Sach- oder Rechtsmängel gilt. Obwohl auch eine verspätete Lieferung nicht „vertragsgemäß“ bewirkt ist, gilt § 323 Abs. 5 S. 2 BGB nicht für Spät- bzw. Nichtlieferung.[917] Die Vorschrift ist demnach die Grenze, ob eine Pflichtverletzung dem Käufer „nur“ das Mängelrecht der Minderung gewährt oder der Käufer zusätzlich vom Vertrag zurücktreten kann. Wie bereits bei der Herleitung des Begriffs der Unerheblichkeit in Art. 114 Abs. 2 GEK geschrieben[918], dient § 323 Abs. 5 S. 2 BGB, der auf der Verbrauchsgüterkaufrichtlinie 1999[919] basiert, dem Ziel, einen angemessenen Ausgleich zwischen den Parteien zu schaffen. Gerade bei Mängeln, die pauschal gesehen als gering einzustufen sind, ist die Minderung das angemessenere Mittel.[920] Auch diese Vorschrift dient damit dem Grundsatz der Vertragserhaltung. Damit wird zugleich aber auch deutlich, dass das Ziel nicht dem des § 459 Abs. 1 S. 2 BGB a.F. entspricht, wonach der Käufer bei Bagatellmängeln vollkommen rechtlos gestellt werden sollte.[921]

Entsprechend muss auch der Begriff der Unerheblichkeit anders als in § 459 Abs. 1 S. 2 BGB a.F. ausgelegt werden.[922] Um den Käufer nur in extremen Ausnahmefällen schutzlos zu stellen, war die Vorschrift des § 459 Abs. 1 S. 2 BGB a.F. so eng wie möglich auszulegen, ein Ausschluss kam nur bei eindeutigen Bagatellmängeln

---

914 *Grunewald* in: MüKo-HGB, § 376 Rn. 1.
915 *Grunewald* in: MüKo-HGB, § 376 Rn. 5.
916 Siehe hierzu unter Teil 2.C.II.2.c.bb.
917 *Ernst* in: MüKo-BGB, § 323 Rn. 243.
918 Siehe hierzu unter Teil 2.C.I.4.b.
919 Siehe Fußnote 292.
920 *Ernst* in: MüKo-BGB, § 323 Rn. 247; ähnlich Münch, Jura 2002, 361 (371).
921 *Schwarze* in: Staudinger BGB, § 323 Rn. C24.; a.A. Haas, BB 2001, 1313 (1316).
922 So aber: BGH, Beschl. v. 08.05.2007, Az.: VIII ZR 19/05, NJW 2007, 2111 (2112); *Dauner-Lieb/Dubovitskaya* in: NK-BGB, § 323 Rn. 38; *Faust* in: Bamberger/Roth, § 437 Rn. 26; Haas, BB 2001, 1313 (1316); a.A. BGH, Urt. v. 28.5.2014, Az.: VIII ZR 94/13, NJW 2014, 3229 (3231).

in Betracht.[923] Die Unerheblichkeit in § 323 Abs. 5 S. 2 BGB kann daher strenger ausgelegt werden, die Rechtsprechung zu § 459 Abs. 1 S. 2 BGB a.F. ist nur als Untergrenze anzusehen, das heißt dass all jene Fälle, die schon nach altem Recht zum Ausschluss geführt haben, nach neuem Recht auf jeden Fall ausgeschlossen sein müssen.[924]

Wie ebenfalls schon dargelegt, kann die Unerheblichkeit aber nicht mit der Wesentlichkeit i.S.v. Art. 87 Abs. 2 GEK bzw. Art. 25 CISG gleichgesetzt werden. Zwar basiert § 323 Abs. 5 S. 2 BGB auf der Verbrauchsgüterkaufrichtlinie 1999[925], die ihrerseits Anstöße im CISG hat.[926] Dennoch sprechen die Erwägungsgründe der Richtlinie, den Verbraucherschutz hoch halten zu wollen und die Systematik dagegen: Während im CISG – und dasselbe gilt auch für das GEK – die Wesentlichkeitsschwelle die einzige Hürde vor der Geltendmachung einer Beendigung bzw. einer Aufhebung ist, gibt es im BGB mit der Fristsetzung bereits ein anderes Hindernis. Kommt nun ein zusätzliches Hindernis wie die Unerheblichkeit hinzu, kann nicht derselbe Maßstab gelten wie bei der Wesentlichkeitsschwelle.[927]

Die Erheblichkeit gem. § 323 Abs. 5 S. 2 BGB lässt sich daher mehr mit der Erheblichkeit in Art. 114 Abs. 2 GEK vergleichen. Beide Normen verfolgen denselben Zweck: Nicht den Ausschluss sämtlicher Abhilfen, sondern nur den Ausschluss der Beendigung bzw. des Rücktritts im Falle von untergeordneten Mängeln. Konkret muss man im BGB den Mangel im Verhältnis zur vertraglich vereinbarten Leistung betrachten.[928] Eine Unerheblichkeit wird man daher immer dann annehmen können, wenn die Beeinträchtigung durch die mögliche Geltendmachung von Minderung und Schadensersatz hinreichend ausgeglichen ist.[929] Abzustellen ist auf den Zeitpunkt der Rücktrittserklärung.[930] Dabei sind insbesondere auch die Interessen des Schuldners zu berücksichtigen.[931] Obwohl der Käufer damit in einigen Fällen auf die Minderung verwiesen wird, ist eine weitere Aufweichung der Unerheblichkeits-

---

923 KG, Urt. v. 23.02.1989, Az.: 12 U 2500/88, NJW-RR, 1989, 972.

924 Kiene, S. 143.

925 Siehe unter Fußnote 292.

926 So zum Beispiel *Schmidt-Räntsch* in: FS Wenzel, S. 409 f.; Schwartze, ZEuP 2000, 544 (547).

927 Zu der gleichen Schlussfolgerung im Hinblick auf § 323 Abs. 5 S. 2 BGB und das CISG kommt Kiene, S. 140.

928 *Ernst* in: MüKo-BGB, § 323 Rn. 249.

929 *Ernst* in: MüKo-BGB, § 323 Rn. 251; nach anderer Ansicht ist stets zu fragen, ob der Käufer den Vertrag auch bei Kenntnis des Mangels und entsprechend niedrigerem Kaufpreis abgeschlossen hätte. Ist dies der Fall, so liegt eine Unerheblichkeit vor (siehe OLG Brandenburg, Urt. v. 21.02.2007, Az.: 4 U 121/06, NJW-RR 2007, 928 (929); Jud, JbZivRWiss 2001, 205 (223).

930 BGH, Urt. v. 05.11.2008, Az.: VIII ZR 166/07, NJW 2009, 508 (509); a.A. Kiene, S. 154.

931 *Ernst* in: MüKo-BGB, § 323 Rn. 251; *Grothe* in: Bamberger/Roth, § 323 Rn. 39 („beiderseitige Interessenabwägung"); *Schulze* in: Hk-BGB, § 323 Rn. 14; OLG Nürnberg, Urt. v. 21.03.2005, Az.: 8 U 2366/04, NJW 2005, 2019 (2020).

Grenze abzulehnen. Denn zusätzlich trägt der Verkäufer auch noch die Beweislast dafür, dass der Mangel unerheblich war[932], so dass die Situation für den Käufer verhältnismäßig günstig ist und dieser oft bereits deshalb von seinem Rücktrittsrecht Gebrauch machen kann, weil es dem Verkäufer unmöglich zu beweisen sein wird, dass die Beeinträchtigung durch die Minderung hinreichend kompensiert ist. Eine Unerheblichkeit kommt außerdem nicht in Betracht beim Vorliegen einer Garantie des Verkäufers[933] und wenn der Verkäufer dem Käufer einen Mangel arglistig verschwiegen hat.[934] Obwohl die Schwelle damit inhaltlich näher an einer Wesentlichkeitsschwelle liegt, orientiert sich die Praxis ausweislich der bisherigen Beispielsfälle[935] dazu, eher an der früheren Rechtsprechung zu Bagatellmängeln.

3. *Beweislast*

Der Käufer muss entsprechend der allgemeinen Regeln zur Beweislast beweisen, dass eine Nicht- bzw. Schlechtleistung vorliegt, er eine angemessene Frist gesetzt hat bzw. die Fristsetzung entbehrlich war.[936] Der Verkäufer muss folglich beweisen, dass er noch innerhalb der Nachfrist geleistet hat[937] und dass ein Mangel unerheblich im Sinne von § 323 Abs. 5 S. 2 BGB ist.[938]

III. Vertragsaufhebung (Art. 49 Abs. 1 lit. a) CISG)

1. *Allgemeines*

Das Recht zur Vertragsaufhebung ist in Art. 49 CISG geregelt. Die Vorschrift enthält zwei unterschiedliche Sachverhalte. Im Folgenden geht es zunächst um Art. 49 Abs. 1 lit. a) CISG, der das Gegenstück zu Art. 114 GEK darstellt. Das Gegenstück zu Art. 115 GEK, die Regelung in Art. 49 Abs. 1 lit. b) CISG soll im weiteren Verlauf erforscht werden.[939]

932 *Ernst* in: MüKo-BGB, § 323 Rn. 254; *Repgen* in: Baumgärtel/Laumen/Prütting, § 323 Rn. 18.

933 BT-Drucks. 14/6040, S. 223; *Faust* in: Bamberger/Roth, § 437 Rn. 26.

934 BGH, Urt. v. 24.03.2006, Az.: V ZR 173/05, NJW 2006, 1960 (1961).

935 So hat z.B. der BGH festgestellt, dass bei einem Autokauf ein Minderwert von einem Prozent unerheblich sei (siehe BGH, Urt. v. 12.03.2008, Az.: VIII ZR 253/05, NJW 2008, 1517 (1518 f.)), auf der anderen Seite die Lieferung des Autos mit einer anderen Farbe nicht von der Unerheblichkeitsschwelle erfasst sei (siehe BGH, Urt. v. 17.02.2010, Az.: VIII ZR 70/07, NJW-RR 2010, 1289 (1291)).

936 *Ernst* in: MüKo-BGB, § 323 Rn. 289; *Repgen* in: Baumgärtel/Laumen/Prütting, § 323 Rn. 11.

937 BGH, Urt. v. 29.01.1969, Az.: IV ZR 545/68, NJW 1969, 875; BGH, Urt. v. 14.04.1978, Az.: V ZR 10/77, BB 1978, 1232.

938 *Ernst* in: MüKo-BGB, § 323 Rn. 254; *Repgen* in: Baumgärtel/Laumen/Prütting, § 323 Rn. 18; *Gsell* in: Soergel BGB, § 323 Rn. 217.

939 Siehe hierzu unter Teil 2.D.III.

2. *Voraussetzungen*

a. *Nichterfüllung*

aa. Allgemeines

Ähnlich dem GEK ist Voraussetzung des Art. 49 Abs. 1 lit. a) CISG, dass eine Nichterfüllung gegeben ist, die als wesentlich einzustufen ist. Das Vorliegen einer Nichterfüllung ist dabei möglichst weit zu verstehen[940] und gilt bezüglich irgendeiner der vom Verkäufer vertraglich übernommenen Pflichten.[941] Zwischen der Verletzung einer Haupt- oder Nebenleistungspflicht wird nicht unterschieden.[942] In Betracht kommt damit grundsätzlich ein Aufhebungsrecht wegen einer Nichtleistung, worunter jede Form der Unmöglichkeit, der Erfüllungsverweigerung und der verspäteten Lieferung fällt, sowie der Schlechtleistung.

bb. Nichtleistung

(1) Nichtleistung

(a) Unmöglichkeit

Auch im CISG ist die Unmöglichkeit, wie im GEK und in Abweichung zum BGB, nicht ausdrücklich geregelt. Sie stellt aber, ebenfalls analog zum GEK, auch hier eine Nichtleistung und damit einen Aufhebungsgrund dar.[943] Nach der ganz herrschenden Meinung ist dabei nicht zwischen der objektiven und subjektiven, anfänglichen oder nachträglichen Unmöglichkeit zu unterscheiden.[944] Eine Abgrenzung ist allerdings ähnlich wie im GEK bei der vorrübergehenden Unmöglichkeit geboten. Sie wird im Regelfall an der Grenze der Wesentlichkeit scheitern und berechtigt damit nur dann zur Aufhebung, wenn der Käufer nach Art. 49 Abs. 1 lit. b) CISG eine Nacherfüllungsfrist setzt.[945] Eine Ausnahme hiervon ist nur dann zu machen, wenn der Käufer ein besonderes Interesse an der fristgemäßen Lieferung hat, das heißt beispielsweise bei Vorliegen eines Fixgeschäfts.[946] Es bleibt der Einzelfallprüfung vorbehalten, ob eine Wesentlichkeit anzunehmen ist oder nicht.[947] Erfasst ist allerdings die teilweise Unmöglichkeit. Liefert der Verkäufer also die Ware nur zum Teil und stellt diese

---

940 *Müller-Chen* in: Schlechtriem/Schwenzer, Art. 45 Rn. 5.

941 OLG München, Urt. v. 05.03.2008, Az.: 7 U 4969/06, CISG-online 1686.

942 *Magnus* in: Staudinger CISG, Art. 45 Rn. 10.

943 *Müller-Chen* in: Schlechtriem/Schwenzer, Art. 49 Rn. 6.

944 *Müller-Chen* in: Schlechtriem/Schwenzer, Art. 49 Rn. 6; Kiene, S. 200; a.A. *Saenger* in: Ferrari/Kieninger/Mankowski, Art. 49 Rn. 4; Düchs, S. 83 ff.; Trommler, S. 106 ff.

945 *Benicke* in: MüKo-HGB, Art. 25 Rn. 34.

946 *Müller-Chen* in: Schlechtriem/Schwenzer, Art. 49 Rn. 5; Ferrari, IHR 2005, 1 (7) f.; OLG Düsseldorf, Urt. v. 21.04.2004, Az.: I-15 U 88/03, IHR 2005, 24 (25); OLG Düsseldorf, Urt. v. 24.04.1997, Az.: 6 U 87/96, CISG-online 385; OLG München, Urt. v. 08.02.1995, Az.: 7 U 1720/94, CISG-online 143.

947 *Gruber* in: MüKo-BGB, Art. 25 Rn. 19.

Teillieferung für sich genommen eine wesentliche Nichtlieferung dar, so kann der Käufer, wie auch im GEK, nach Art. 49 Abs. 1 lit. a) CISG den Vertrag beenden. Auch hier ist allerdings die Sondervorschrift des Art. 51 CISG zu beachten.[948]

(b) Erfüllungsverweigerung

Verweigert der Verkäufer nach Fälligkeit (ansonsten ist Art. 72 Abs. 1 CISG anzuwenden[949]) die Leistung, obwohl ihm die Erbringung möglich wäre, entsteht prinzipiell ein Beendigungsrecht für den Käufer.[950] Die Verweigerung muss dafür selbst wesentlich sein, was allerdings prinzipiell immer der Fall sein sollte. Wie auch im GEK gilt der Grundsatz der Vertragserhaltung, weshalb an eine Verweigerung strenge Hürden zu stellen sind. So muss der Käufer die Erklärung des Verkäufers als letztes Wort verstehen,[951] was erst dann gegeben ist, wenn der Käufer klar zum Ausdruck bringt, dass er nicht mehr leisten will.[952] Ist die Verweigerung nicht wesentlich oder ist sich der Käufer unsicher, ob er die Erklärung als letztes Wort verstehen darf, so kann er den Weg über Art. 49 Abs. 1 lit. b) CISG wählen.[953]

(2) Verspätete Lieferung

Neben dem vollständigen Ausbleiben der Leistung kann auch eine verspätete Lieferung einen Grund zur Beendigung des Vertrags darstellen. Analog zum GEK stellt sich dabei auch im Rahmen des UN-Kaufrechts die Frage, in welcher Situation der Käufer nach Art. 49 Abs. 1 lit. a) CISG und in welcher nach lit. b) vorgehen muss.

(a) Abgrenzung zwischen Art. 49 Abs. 1 lit. a) und b) CISG

Auch im CISG ist der entscheidende Abgrenzungsfaktor zwischen Art. 49 Abs. 1 lit. a) und b) CISG die Frage, ob die Verspätung an sich eine wesentliche Vertragsverletzung darstellt.[954] Wie bereits erwähnt[955], findet sich an dieser Stelle aber einer der zentralen Unterschiede zwischen dem GEK und dem CISG. Während sich das Recht des Käufers im GEK nach hier vertretener Auffassung entweder aus Art. 114 Abs. 1 GEK oder aus Art. 115 Abs. 1 GEK ergibt, kann eine Verspätung der Lieferung im CISG sowohl nach Art. 49 Abs. 1 lit. a) CISG als auch nach Art. 49 Abs. 1 lit. b) CISG einen Anspruch gewähren.[956] Eine Abgrenzung erscheint daher weniger zwingend. Vielmehr ist im UN-Kaufrecht anerkannt, dass sogar eine an

948 Siehe hierzu unter Teil 4.C.III.
949 Kiene, S. 198.
950 OLG Karlsruhe, Urt. v. 19.12.2002, Az.: 19 U 8/02, IHR 2003, 125 (126); *Magnus* in: Staudinger CISG, Art. 49 Rn. 13.
951 So für das CISG auch Kiene, S. 198.
952 So zum CISG auch *Müller-Chen* in: Schlechtriem/Schwenzer, Art. 49 Rn.6.
953 Piltz, Rn. 5–259 und 5–287.
954 *Magnus* in: Staudinger CISG, Art. 49 Rn. 9 ff.
955 Siehe unter Teil 2.C.I.2.a.bb(1).
956 *Huber* in: MüKo-BGB, Art. 49 Rn. 8.

sich unwesentliche Verspätung, bei der der Käufer nach Art. 49 Abs. 1 lit. b) CISG vorgehen muss, durch Fristsetzung und anschließendes Ablaufen dieser Frist zu einer wesentlichen Nichterfüllung i.S.v. Art. 49 Abs. 1 lit. a) CISG wird und dem Käufer dann auch nach dieser Norm ein Recht zur Aufhebung gibt.[957] Auch wenn das Ergebnis wenig sinnvoll erscheint – gibt letztlich doch auch Art. 49 Abs. 1 lit. b) CISG dem Käufer ein „vollwertiges" Aufhebungsrecht[958] – so ist jedoch zu konstatieren, dass ein „Wechseln" der Aufhebungsgrundlage möglich ist, während dies im GEK ausgeschlossen ist.

(b) Anwendungsfälle

Art. 49 Abs. 1 lit. a) CISG erfasst (mit Ausnahme der gerade geschilderten Konstellation) somit nur wesentliche Verspätungen. Damit ist zunächst klar, dass das bloße Überschreiten des vereinbarten Liefertermins noch kein Fall von Art. 49 Abs. 1 lit. a) CISG ist.[959] Vielmehr bedarf es eines über das gewöhnliche Interesse an Lieferung hinausgehenden Interesses, die Ware zu einem bestimmten Zeitpunkt zu erhalten, mithin bei Fixgeschäften[960] oder Saisonartikeln.[961] Die herrschende Meinung lässt es außerdem ausreichen, wenn eine bestimmte Zeit verstrichen ist.[962] Letzteres zeigt erneut deutlich den dogmatischen Unterschied zwischen dem GEK und dem CISG. Im GEK kann eine an sich unwesentliche Verspätung nicht durch Ablauf einer bestimmten Zeit zu einer wesentlichen werden.

cc. Schlechtleistung

(1) Allgemeines

Einen weiteren Aufhebungsgrund stellt eine Vertragsverletzung in Form einer Schlechtleistung dar. Entsprechend dem GEK ist auch im CISG zu hinterfragen, was der Verkäufer zu leisten hat, um anschließend bestimmen zu können, ob er hiervon in negativer Weise abgewichen ist und ob somit eine Schlechtleistung vorliegt.[963] Ausgangsnorm im CISG ist Art. 35 Abs. 1, wonach die Lieferung dann frei von

---

957 Siehe *Huber* in: MüKo-BGB, Art. 47 Rn. 2; *Magnus* in: Staudinger CISG, Art. 49 Rn. 2; *Leser* in: Schlechtriem Einheitliches Kaufrecht, S. 225 (231); Lurger, IHR 2001, 91 (94).

958 In dieser Richtung Kiene, S. 180.

959 OLG Hamburg, Urt. v. 28.02.1997, Az.: 1 U 167/95, CISG-online 261; OLG Düsseldorf, Urt. v. 21.04.2004, Az.: I-15 U 88/03, CISG-online 915; OLG Hamm, Urt. v. 12.11.2001, Az.: 13 U 102/01, CISG-online 1430; *Gruber* in: MüKo-BGB, Art.25 Rn. 21; *Magnus* in: Staudinger CISG, Art. 49 Rn. 12.

960 *Müller-Chen* in: Schlechtriem/Schwenzer, Art. 49 Rn. 5; *Magnus* in: Staudinger CISG, Art. 49 Rn. 10; Ferrari, IHR 2005, 1 (7 f.).

961 OLG Düsseldorf, Urt. v. 24.04.1997, Az.: 6 U 87/96, CISG-online 385.

962 *Müller-Chen* in: Schlechtriem/Schwenzer, Art. 49 Rn. 5; *Gruber* in: MüKo-BGB, Art. 25 Rn. 21; LG Halle, Urt. v. 27.03.1998, Az.: 14 0 458/97, CISG-online 521.

963 *Müller-Chen* in: Schlechtriem/Schwenzer, Art. 45 Rn. 3.

Mängeln ist, wenn sie in Menge, Qualität und Art sowie hinsichtlich Behältnissen oder der Verpackung den Anforderungen des Vertrags entspricht. Auch das CISG geht von einem subjektiven Sachmängelbegriff aus.[964] Die Tatsache, dass das GEK sich am CISG orientiert hat, führt dazu, dass hier ähnliche Merkmale wie im GEK erfüllt sein müssen. Kein Pendant gibt es im CISG hingegen für Mängel in Bezug auf die Montageanleitung.[965] Erfasst sind grundsätzlich sowohl Qualitäts- als auch Quantitätsabweichungen in beide Richtungen.[966] Hinsichtlich der Quantität sind handelsübliche Abweichungen zu tolerieren.[967]

Qualitätsabweichungen betreffen alle tatsächlichen und rechtlichen Verhältnisse der Sache.[968] Wie auch die Zuviel-Lieferung stellt nicht nur die Lieferung schlechterer Qualität, sondern auch die Lieferung besserer Qualität eine Vertragswidrigkeit dar.[969] Beispiele für Mängel, die im CISG als Schlechtleistung anerkannt sind, sind die Herkunft der Ware aus einem anderen als dem vereinbarten Herkunftsland[970] oder das Nichteinhalten von vereinbarten Produktionsstandards.[971] Wie bereits in GEK[972] und BGB stellt auch die Lieferung eines (krassen) aliuds sinnvollerweise[973] und historisch begründet[974] eine Vertragswidrigkeit dar.[975]

(2) Vertragsmäßigkeit der Ware gem. Art. 35 Abs. 2 CISG

Neben die subjektive Komponente der Vertragsgemäßheit tritt subsidiär die Vorschrift des Art. 35 Abs. 2 CISG, die Vermutungsregeln hinsichtlich der Beschaffenheit vorgibt und die immer dann gilt, wenn die Parteien keine oder eine ungenaue Beschaffenheit vereinbart haben.[976] Im CISG ist das Verhältnis zwischen Abs. 1 und

---

964 *Schwenzer* in: Schlechtriem/Schwenzer, Art. 35 Rn. 6.
965 Siehe hierzu unter Teil 2.C.I.2.b.dd(1)(e).
966 *Schwenzer* in: Schlechtriem/Schwenzer, Art. 35 Rn. 8.
967 International Chamber of Commerce, Urt. v. August 1999, Az.: 9083, CISG-online 706.
968 *Schwenzer* in: Schlechtriem/Schwenzer, Art. 35 Rn. 9.
969 *Mullis* in: Huber/Mullis, S. 132.
970 BGH, Urt. v. 03.04.1996, Az.: VIII 51/95, CISG-Online 135.
971 *Schwenzer* in: Schlechtriem/Schwenzer, Art. 35 Rn. 9.
972 Siehe unter Teil 2.C.I.2.b.bb.
973 *Gruber* in: MüKo-BGB, Art. 35 Rn. 4; Karollus, S. 105; *Schwenzer* in: Schlechtriem/Schwenzer, Art. 35 Rn. 10.
974 Schlechtriem, Einheitliches UN-Kaufrecht, S. 56 f.
975 *Magnus* in: Staudinger CISG, Art. 35 Rn. 9; *Schwenzer* in: Schlechtriem/Schwenzer, Art. 35 Rn. 10; *Aicher* in: Hoyer/Posch, S. 111 (120); Daun, JuS 1997, 998 (999); Bittner, BB 1993, 2315 (2320); a.A. hinsichtlich der Einordnung des krassen aliuds als Nichtleistung *Bianca* in: Bianca/Bonell, Art. 35 Anm. 2.4; Neumeyer, RiW 1994, 99 (105); Secretariat Commentary, Art. 29 Bem. 3.
976 OGH, Urt. v. 27.02.2003, Az.: 2Ob48/02a, CISG-online 794; *Magnus* in Staudinger CISG, Art. 35 Rn. 10 und 17.

Abs. 2 umstritten[977], klar ist jedoch, dass ein Ausschluss von Abs. 2 immer dann anzunehmen ist, wenn die Parteien sich über die Beschaffenheit geeinigt haben und eine Abweichung von Abs. 2 vorliegt. Auf der anderen Seite ist allerdings auch klar, dass ein Ausschluss immer nur bezüglich der tatsächlich vereinbarten Eigenschaft gilt, im Übrigen gilt Abs. 2 parallel.[978]

(a) Gewöhnlicher Verwendungszweck

Gemäß Art. 35 Abs. 2 lit. a) CISG muss sich die Ware für Zwecke eignen, für die Waren der gleichen Art gewöhnlich gebraucht werden. Die Formulierung entspricht der, die auch das GEK übernommen hat.[979] Die Ware muss eine angemessene[980] bzw. durchschnittliche[981] Qualität aufweisen und zur kaufmännischen Verwendung, das heißt zum Weiterverkauf geeignet sein.[982] Entscheidendes Kriterium ist stets die objektive Verkehrsanschauung.[983] Obwohl nicht explizit angeordnet, ist auch für das CISG weitestgehend anerkannt, dass das Fehlen einer Betriebs-, Gebrauchs-[984] oder Montageanleitung[985] nach Art. 35 Abs. 2 lit. a) CISG dazu führen, dass die Sache nicht zum gewöhnlichen Gebrauch geeignet ist.

Im UN-Kaufrecht wesentlich bedeutsamer als im GEK ist die Frage, welcher Maßstab hinsichtlich eines gewöhnlichen Verwendungszwecks gilt. Bei Anwendbarkeit des CISG innerhalb der EU ist die Frage von untergeordneter Bedeutung, weil dort heutzutage weitestgehend gleiche Standards gelten. Umstrittener ist die Frage bei Verträgen mit Parteien in Drittstaaten. Diesbezüglich wird einerseits vertreten, es

977 *Schwenzer* in: Schlechtriem/Schwenzer, Art. 35 Rn. 12.

978 *Schwenzer* in: Schlechtriem/Schwenzer, Art. 35 Rn. 12.

979 Siehe unter Teil 2.C.I.2.b.dd(1)(b).

980 Niederländisches Schiedsgericht, Entsch. v. 15.10.2002, Az.: 2319, CISG-Online 780 („reasonable quality").

981 Die Frage der Durchschnittlichkeit ist für das CISG umstritten, eine explizite Klausel gibt es diesbezüglich nicht. Allerdings deutet jüngere Rechtsprechung auf eine Einigung hinsichtlich der „angemessenen Qualität" hin. Für eine angemessene Qualität beispielsweise (LG Berlin, Urt. v. 15.09.1994, Az.: 52 S 247/94, CISG-online 399) gegen eine angemessene Qualität und bloße Verkaufbarkeit (*Cehave N.V.v. Bremer Handelsgesellschaft m.b.H.*, Court of Appeal, Urt. v. 16.07.1975, Q.B. 1976, 44 (61 ff.).

982 BGH, Versäumnisurt. v. 02.03.2005, Az.: VIII ZR 67/04, NJW-RR 2005, 1218 (1219); High Court of New Zealand (Auckland), Urt. v. 31.03.03, Az.: CP 395 SD 01, CISG-Online 833; Kantonsgericht Glarus, Urt. v. 06.11.08, Az.: ZG.2008.00116, CISG-Online 1996.

983 *Schwenzer* in: Schlechtriem/Schwenzer, Art. 35 Rn. 14.

984 Piltz, Rn. 5–46; *Kröll* in: Kröll/Mistelis/Viscasillas, Art. 35 Rn. 102; konkludent auch BGH, Urt. v. 04.12.1996, Az.: VIII ZR 306/95, NJW-RR 1997, 690 (691).

985 *Schwenzer* in: Schlechtriem/Schwenzer, Art. 35 Rn. 14.

komme auf die gewöhnliche Verwendung im Verkäuferstaat[986], andererseits auf jene im Käuferstaat[987] an. Vermittelnd wird teilweise auch vertreten, dass es eine Frage des Einzelfalls sei.[988] Im Rahmen der letztgenannten Ansicht wird weiter vorgebracht, dass es insbesondere Sache des Käufers sei, den Verkäufer darauf hinzuweisen, wenn es in seinem Staat höhere Anforderungen gibt. Dem lässt sich allerdings leicht entgegen halten, dass auch der Verkäufer dem Käufer hätte mitteilen können, wie die Standards in seinem Land sind.[989] Weder auf Seiten des Käufers noch auf Seiten des Verkäufers kann vorausgesetzt werden, dass die jeweils andere Partei umfassende Kenntnis davon hat, dass unterschiedliche Standards herrschen. Damit ist auch schnell klar, dass – trotz der möglichen Argumente für beide Seiten – es nicht angemessen erscheint, die Haftung völlig auf die Käufer- oder auf die Verkäuferseite zu verlagern.

Klar ist zunächst nach allen Ansichten, dass gemeinsame Mindeststandards, die in beiden Staaten herrschen, einzuhalten sind.[990] Im Rahmen dieser Arbeit soll zu Vergleichszwecken der herrschenden, vermittelnden Ansicht gefolgt werden, da diese flexibel auf besondere Konstellationen eingehen kann.[991]

(b) Bestimmter Verwendungszweck

Nach Art. 35 Abs. 2 lit. b) CISG müssen die Waren für jeden Zweck geeignet sein, der dem Verkäufer zum Zeitpunkt des Vertragsschlusses zur Kenntnis gebracht wurde, es sei denn, dass sich aus den Umständen ergibt, dass der Käufer nicht auf die Sachkenntnis und das Urteilsvermögen des Verkäufers vertraute oder vernünftigerweise nicht hätte vertrauen dürfen. Wie bereits im Rahmen des GEK ausgeführt[992], ist ein besonderer Verwendungszweck in Abgrenzung zum gewöhnlichen Verwendungszweck zu verstehen – ein Beispiel hierfür ist erneut die Benutzung der Ware in außergewöhnlichen klimatischen Verhältnissen.[993]

Der Verwendungszweck muss dem Verkäufer zur Kenntnis gebracht worden sein, eine vertragliche Fixierung ist nach herrschender Meinung nicht erforderlich.[994] Das

986 OLG Hamm, Urt. v. 30.11.2010, Az.: I-19 U 147/09, CISG-Online 2217; *Bianca* in: Bianca/Bonell, Art. 35 Anm. 2.5.1; Enderlein/Maskow/Strohbach, Art. 35 Bem. 8; Piltz, Rn. 5–48; *Salger* in: Witz/Salger/Lorenz, Art. 35 Rn. 9.

987 *Schlechtriem* in: Galston/Smit, S. 20; *Magnus* in: Staudinger CISG, Art. 35 Rn. 21; Otto, MDR 1992, 533 (534).

988 *Schwenzer* in: Schlechtriem/Schwenzer, Art. 35 Rn. 16; Heilmann, S. 185; Koch, IHR 2009, 233 (236) (primär vertragliche Vereinbarung; im Zweifelsfall das Verwenderland).

989 *Schwenzer* in: Schlechtriem/Schwenzer, Art. 35 Rn. 16.

990 *Schwenzer* in: Schlechtriem/Schwenzer, Art. 35 Rn. 16.

991 Zur Situation bei öffentlich-rechtlichen Vorgaben siehe ausführlich *Schwenzer* in: Schlechtriem/Schwenzer, Art. 35 Rn. 17 f.

992 Siehe unter Teil 2.C.I.2.b.dd(1)(a)(bb).

993 Schlechtriem, JZ 1999, 794 (795).

994 *Schwenzer* in: Schlechtriem/Schwenzer, Art. 35 Rn. 20.

Zur-Kenntnis-Bringen kann ausdrücklich oder konkludent („auf andere Weise") erfolgen[995] und der Verkäufer muss widersprechen, sofern er keine Einstandspflicht nach Art. 35 Abs. 2 lit. b) CISG übernehmen kann oder will.[996] Eine Haftung entsteht auch dann, wenn der Verkäufer den Verwendungszweck nicht erkannt hat, ihn nach verständiger Würdigung aber hätte erkennen können.[997]

In zeitlicher Hinsicht ist das Zur-Kenntnis-Bringen bis zum Vertragsschluss erforderlich, eine spätere Mitteilung über den Verwendungszweck führt nicht zur Vereinbarung eines bestimmten Zwecks i.S.v. Art. 35 Abs. 2 lit. b) CISG.[998] Im Umkehrschluss heißt dies aber auch nur, dass der Vertragsschluss die letztmögliche Situation ist, eine vorherige Mitteilung ist jederzeit möglich.[999]

Zuletzt darf sich nicht aus den Umständen ergeben, dass der Käufer nicht auf die Sachkenntnis und das Urteilsvermögen des Verkäufers vertraute oder vernünftigerweise nicht hätte vertrauen dürfen. Ein solches Vertrauen liegt vor, wenn der Verkäufer Experte für die Beschaffung von Waren für den vereinbarten Verwendungszweck ist.[1000] Der Käufer darf auf der anderen Seite auf die Sachkunde nicht vertrauen, wenn der Verkäufer unmissverständlich klar macht, dass er selber über keine Sachkunde verfügt.[1001]

(c) Ware entsprechend Probe oder Muster

Die Voraussetzungen von Art. 35 Abs. 2 lit. c) CISG entsprechen denen, die bereits oben[1002] zum GEK dargestellt wurden: Die Ware muss dem entsprechen, was der Verkäufer dem Käufer als (verbindliches)[1003] Muster oder Probe vorgelegt hat, wobei eine vertragliche (ausdrückliche oder konkludente) Vereinbarung nicht erforderlich ist.[1004]

---

995 LG München I, Urt. v. 27.02.2002, Az.: 5HK O 3936/00, IHR 2003, 233 (234); *Schwenzer* in: Schlechtriem/Schwenzer, Art. 35 Rn. 21.

996 *Lüderitz* in: Schlechtriem Einheitliches Kaufrecht, S. 179 (186).

997 *Magnus* in: Staudinger CISG, Art. 35 Rn. 28; Karollus, S. 117; *Schwenzer* in: Schlechtriem/Schwenzer, Art. 35 Rn. 21; *Gruber* in: MüKo-BGB, Art. 35 Rn. 11; a.A. *Ferrari* in: Ferrari/Kieninger/Mankowski, Art. 35 Rn. 18; Enderlein/Maskow/Strohbach, Art. 35 Bem. 11; Reinhart, Art. 35 Rn. 6; Heilmann, S. 180.

998 *Magnus* in: Staudinger CISG, Art. 35 Rn. 12; *Schwenzer* in: Schlechtriem/Schwenzer, Art. 35 Rn. 22 mwN.

999 Siehe auch zur Situation im GEK unter Teil 2.C.I.2.b.dd(1)(a)(dd).

1000 *Schwenzer* in: Schlechtriem/Schwenzer, Art. 35 Rn. 23.

1001 *Magnus* in: Staudinger CISG, Art. 35 Rn. 33; *Schwenzer* in: Schlechtriem/Schwenzer, Art. 35 Rn. 23; *Bianca* in: Bianca/Bonell, Art. 35 Anm. 2.5.3.

1002 Siehe (insbesondere auch zur Abgrenzung von Probe und Muster) Teil 2.C.I.2.b.dd(1)(c).

1003 *Schwenzer* in: Schlechtriem/Schwenzer, Art. 35 Rn. 26.

1004 *Benicke* in: MüKo-HGB, Art. 35 Rn. 14; *Schwenzer* in: Schlechtriem/Schwenzer, Art. 35 Rn. 24; a.A. *Magnus* in: Staudinger CISG, Art. 35 Rn. 36.

(d) Übliche oder angemessene Verpackung

Die Ware muss letztlich auch in der für Waren gleicher Art üblichen Weise verpackt sein oder, falls es eine solche Weise nicht gibt, in einer für die Erhaltung und den Schutz der Ware angemessenen Weise verpackt sein, Art. 35 Abs. 2 lit. d) CISG. Genau wie zum GEK ausgeführt[1005], dient lit. d) nicht der Haftung des Verkäufers für die Beschädigung einer bloßen Umverpackung, sondern nur für den Fall, dass die Verpackung Bestandteil der Ware ist.[1006]

Ausgangspunkt sind die in der Branche üblichen Bräuche.[1007] Wie auch bei der gewöhnlichen Verwendung, führt das Merkmal der Üblichkeit zu Schwierigkeiten hinsichtlich des Bezugspunktes. So gibt es auch an dieser Stelle Diskussionen, ob man auf den Sitz einer der Parteien hinsichtlich der üblichen Verpackung abstellen soll.[1008] Weitestgehend anerkannt ist allerdings, dass es auf die gewöhnlichen Verpackungen im internationalen Handelsverkehr ankommt.[1009] Beispiele können neben der eigentlichen Verpackung auch Umverpackungen wie Container[1010] oder Aufschriften mit Transportanweisungen sein.[1011] Gibt es keinen internationalen Handelsbrauch, so muss die Ware subsidiär angemessen verpackt sein. Dabei sind vor allem die Art der Waren, die Transportart und die Länge der Strecke zu berücksichtigen.[1012]

(3) Verhältnis von Art. 35 Abs. 2 lit. a) – d) CISG zueinander

Kommt Art. 35 Abs. 2 CISG grundsätzlich zur Anwendung, so kann es im Einzelfall notwendig sein, das Verhältnis der Vorschriften zueinander zu bestimmen. Wie im GEK ist dabei grundsätzlich von einem kumulativen Verhältnis der vier Fälle auszugehen.[1013] Stehen die Vermutungsregelungen in einem Widerspruch zueinander, so ist auf der zweiten Stufe auf den Willen der Parteien oder – sofern sich dieser nicht erkennen lässt – auf die übrigen Umstände abzustellen.[1014] Der Regelfall dürfte wie folgt lauten: Gibt es einen bestimmten und einen gewöhnlichen Verwendungszweck, so ist dem bestimmten Verwendungszweck gem. Art. 35 Abs. 2

1005 Siehe hierzu unter Teil 2.C.I.2.b.dd(1)(d).

1006 *Magnus* in: Staudinger CISG, Art. 35 Rn. 44; *Schwenzer* in: Schlechtriem/Schwenzer, Art. 35 Rn.31; ähnlich Piltz, Rn. 5–36 ff.

1007 *Schwenzer* in: Schlechtriem/Schwenzer, Art. 35 Rn. 29; zum UNCITRAL-Übereinkommen ebenso Hutter, S. 51.

1008 Für die Anwendbarkeit des Rechts des Staats, in dem der Verkäufer seinen Sitz hat, OLG Saarbrücken, Urt. v. 17.01.2007, Az.: 5 U 426/96–54, CISG-Online 1642.

1009 *Magnus* in: Staudinger CISG, Art. 35 Rn. 42.

1010 *Ferrari* in: Ferrari/Kieninger/Mankowski, Art. 35 Rn. 23.

1011 *Schwenzer* in: Schlechtriem/Schwenzer, Art. 35 Rn. 29.

1012 *Schwenzer* in: Schlechtriem/Schwenzer, Art. 35 Rn. 31.

1013 *Magnus* in: Staudinger CISG, Art. 35 Rn. 10; *Schwenzer* in: Schlechtriem/Schwenzer, Art. 35 Rn. 12.

1014 *Schwenzer* in: Schlechtriem/Schwenzer, Art. 35 Rn. 12.

lit. b) CISG der Vorrang zu gewähren.[1015] Bei einem Widerspruch zwischen dem bestimmten Verwendungszweck und der Probe plädiert die herrschende Meinung für eine Ermittlung des Vorrangs im Einzelfall anhand des Vertrags.[1016] Im Verhältnis von Art. 35 lit. a) zu lit. c) CISG erhält die gewöhnliche Verwendung immer dann Vorrang, wenn die Ware besser als das Muster ist oder weder Ware noch Muster dem gewöhnlichen Verwendungszweck entsprechen.[1017] Art. 35 Abs. 2 lit. d) CISG hingegen steht widerspruchsfrei zu den übrigen drei Alternativen.

(4) Kenntnis oder vorwerfbare Unkenntnis

Der Verkäufer haftet für eine Vertragswidrigkeit gem. Art. 35 Abs. 3 CISG dann nicht, wenn der Käufer den Mangel kannte oder darüber nicht in Unkenntnis sein konnte. Die Vorschrift liefert nur einen Ausschlussgrund für Fälle des Abs. 2, eine analoge Anwendung auf Abs. 1 kommt nach Ansicht der herrschenden Meinung nicht in Betracht.[1018] Keine praktische Anwendung dürfte die Vorschrift auf Fälle des Art. 35 Abs. 2 lit. c) CISG finden, da die Ware auch dann vertragsgemäß ist, wenn der Käufer zwar einen Mangel kannte, die Ware aber der Probe entspricht.[1019] Der Käufer muss den konkreten Mangel kennen, Kenntnis eines anderen Mangels ist nicht ausreichend.[1020] Nicht in Unkenntnis sein können entspricht grober Fahrlässigkeit.[1021]

1015 Schlechtriem, IPRax 2001, 161 (163); Koch, IHR 2009, 233 (235).

1016 So zum Beispiel *Schwenzer* in: Schlechtriem/Schwenzer, Art. 35 Rn. 25; *Magnus* in: Staudinger CISG, Art. 35 Rn. 39. Der Hinweis von *Ferrari* in: Ferrari/Kieninger/Mankowski, Art. 35 Rn. 22, wonach dies ein Anwendungsfall von Art. 35 Abs. 1 CISG ist, ist allerdings nicht völlig von der Hand zu weisen. Wenn sich anhand des Vertrags klar erkennen lässt, was die Parteien vereinbart haben, so dürfte es in den seltensten Fällen noch zu der Situation kommen, in der man eine Abwägung zwischen Art. 35 Abs. 2 lit. a) und c) CISG vornehmen muss. Insofern ist es richtig, dass *Bianca* in: Bianca/Bonell, Art. 35 Anm. 2.6.1 eine Entscheidung trifft, auch wenn der Vorrang des Musters aus den unter Teil 2.C.I.2.b.dd(2)(c) geschilderten Gründen nicht richtig erscheint.

1017 OGH, Urt. v. 27.02.2003, Az.: 2 Ob 48/02a, IHR 2004, 25 (28).

1018 *Benicke* in: MüKo-HGB, Art. 35 Rn. 22; *Schwenzer* in: Schlechtriem/Schwenzer, Art. 35 Rn. 38; *Bianca* in: Bianca/Bonell, Art. 35 Anm. 2.9.2; *Lüderitz/Schüßler-Langeheine* in: Soergel CISG, Art. 35 Rn. 8; Karollus, S. 119; Loewe, S. 56; differenzierend *Magnus* in: Staudinger CISG, Art. 35 Rn. 50 ff., a.A. Enderlein/Maskow/Strohbach, Art. 35 Bem. 19; Herber/Czerwenka, Art. 35 Rn. 11.

1019 *Schwenzer* in: Schlechtriem/Schwenzer, Art. 35 Rn. 39; LG München I, Urt. v. 27.02.2002, Az.: 5HK O 3936/00, IHR 2003, 233 (234).

1020 Federal Court of Australia, Urt. v. 20.04.2011, Az.: VID 1080 of 2010, CISG-Online 2219.

1021 So für die herrschende Meinung: *Magnus* in: Staudinger CISG, Art. 35 Rn. 48; *Gruber* in: MüKo-BGB, Art. 35 Rn. 36; *Saenger* in: Bamberger/Roth, Art. 35 Rn. 11; *Ferrari* in: Ferrari/Kieninger/Mankowski, Art. 35 Rn. 29; Herber/Czerwenka, Art. 35 Rn. 10; Karollus, S. 119; Achilles, Art. 35 Rn. 16; Heilmann, S. 208; für mehr

Obwohl vom Wortlaut nicht erfasst, ist eine Garantie im Zusammenhang mit Art. 35 Abs. 3 CISG unproblematisch. Wenn also der Verkäufer eine Garantie für eine Eigenschaft abgibt und der Käufer fahrlässig in Unkenntnis von dem Fehlen dieser Eigenschaft ist, so handelt es sich bei der Garantie um eine Vereinbarung im Sinne von Art. 35 Abs. 1 CISG, so dass der Verkäufer sich nicht auf Art. 35 Abs. 3 CISG berufen kann, während ihm dies im GEK möglich wäre.[1022] Ähnlich wie im GEK[1023] kann der Verkäufer sich allerdings nicht auf Art. 35 Abs. 3 GEK berufen, wenn er einen Mangel arglistig verschwiegen hat.[1024]

(5) Beweislast

Die Beweislast folgt abermals den allgemeinen Beweislastregeln. Hinsichtlich Abs. 1 muss der Käufer bei Geltendmachung eines Mangels also beweisen, dass die Ware nicht den Anforderungen des Vertrags gerecht wird, will der Verkäufer den Kaufpreis einfordern muss er beweisen, dass die Ware vertragsgemäß war.[1025] Der Verkäufer ist ebenfalls beweisbelastet, wenn der Käufer die Ware bei Erhalt zurückweist.[1026] Im Hinblick auf Abs. 2 muss der Käufer den bestimmten Gebrauchszweck[1027] und einen Kauf nach Probe[1028] beweisen. Der Verkäufer muss die Kenntnis oder die Vorwerfbarkeit der Unkenntnis gem. Abs. 3 beweisen.[1029]

(6) Zeitpunkt (Art. 36 Abs. 1 CISG)

Die Vertragsmäßigkeit der Ware muss gem. Art. 36 Abs. 1 CISG im Zeitpunkt des Gefahrübergangs bestehen. Dieser Zeitpunkt ist entweder von den Parteien bestimmt, ergibt sich aus Handelsbräuchen oder kann subsidiär anhand von Art. 67 bis 69 CISG ermittelt werden.[1030] Auch für Mängel, die erst nach Gefahrübergang

---

als grobe Fahrlässigkeit plädiert *Schwenzer* in: Schlechtriem/Schwenzer, Art. 35 Rn. 34; Huber, RabelsZ 43 (1979), 413 (479), Aue, S. 84 f.

1022 Siehe hierzu unter Teil 2.C.I.2.b.hh(2)(b).

1023 Siehe hierzu unter Teil 2.C.I.2.b.hh(2)(a).

1024 *Schwenzer* in: Schlechtriem/Schwenzer, Art. 35 Rn. 37; *Magnus* in: Staudinger CISG, Art. 35 Rn. 52; Achilles, Art. 35 Rn. 16; Karollus, S. 119; *Welser* in: Doralt, S. 105 (110); Heilmann, S. 211.

1025 So zum Beispiel Schweizer Bundesgericht, Urt. v. 13.11.2003, Az.: 4C.198/2003, IHR 2004, 215 (218) mit weiterführenden allgemeinen Ausführungen zur Beweislast, a.A. Mohs, IHR 2004, 219 (220), wonach immer der Käufer beweispflichtig ist.

1026 Schweizer Bundesgericht, Urt. v. 07.07.2004, Az.: 4C.144/2004, CISG-Online 848; BGH, Urt. v. 09.01.2002, Az.: VIII ZR 304/00, CISG-Online 651, der hierin allerdings eine vertraglich (konkludent) vereinbarte Übernahme der Beweislast und keinen gesetzlichen Anwendungsfall sieht; *Schwenzer* in: Schlechtriem/Schwenzer, Art. 35 Rn. 52.

1027 OLG Schleswig-Holstein, Urt. v. 22.08.2002, Az.: 11 U 40/01, CISG-Online 710.

1028 Hutter, S. 49; *Schwenzer* in: Schlechtriem/Schwenzer, Art. 35 Rn. 53.

1029 Aue, S. 81; *Schwenzer* in: Schlechtriem/Schwenzer, Art. 35 Rn. 54.

1030 *Schwenzer* in: Schlechtriem/Schwenzer, Art. 36 Rn. 3.

eintreten, die hier aber bereits angelegt waren, haftet der Verkäufer.[1031] Liegen keine vertraglichen Abreden zum Gefahrübergang vor, muss differenziert werden: Liegt ein Versendungskauf vor, so geht die Gefahr auf den Käufer über, sobald der erste Transporteur die Ware erhalten hat (Art. 67 Abs. 1 CISG), den Fall reisender Waren regelt Art. 68 CISG. Eine solche Gefahrtragungsregel ist geeignet, Streit darüber zu vermeiden, wann ein Mangel während des Transports entstanden ist.[1032] Liegen beide Konstellationen nicht vor, greift die Auffangregel des Art. 69 CISG.

Die Regeln weichen teils deutlich von dem ab, was aus BGB oder GEK bekannt ist, spiegeln letztlich aber nur die Vielzahl der Kaufmöglichkeiten unter Handelsleuten wider, während im vergleichsweise statischen Verbraucher-Kauf simplere Regeln ausreichen. Vor dieser Prämisse ist auch Art. 36 Abs. 2 CISG zu sehen: Während die Regelung im BGB (§446 BGB) beispielsweise lediglich aus einem Absatz besteht, der einzig den Zeitpunkt des Gefahrübergangs regelt (die Regelungen der § 474 ff. BGB einmal außen vorgelassen), kennt das GEK zahlreiche ergänzende Absätze hinsichtlich weiterer Vermutungsregeln und begleitender Verbraucher-Schutzvorschriften. Das CISG im Gegensatz dazu, regelt einerseits die Haftung des Verkäufers auch für den Fall, dass ein Mangel nach Gefahrübergang aufgrund einer Pflichtverletzung des Verkäufers eintritt – vor allem aber regelt es die sogenannten Haltbarkeitsgarantien.[1033] Der Verkäufer haftet somit auch dafür, dass die Waren für eine bestimmte Zeit für ihren gewöhnlichen (oder bestimmten) Zweck geeignet bleiben, wobei der Mangel nicht auf einen unsachgemäßen Gebrauch oder Lagerung durch den Käufer zurückzuführen sein darf.[1034] Welchen Zeitraum die Waren überstehen müssen, hängt vom jeweiligen Produkt ab.[1035]

dd. Sonstige Nichterfüllung

Neben einer Nicht- oder Schlechtleistung in Bezug auf eine Hauptleistungspflicht, kann es auch zu einer Verletzung einer Nebenleistungs- oder einer Schutzpflicht kommen.[1036] Dies ergibt sich aus dem insoweit eindeutigen Wortlaut „einer [...] nach dem Vertrag oder diesem Übereinkommen obliegenden Pflicht", der klarstellt, dass eben gerade auch Neben- und Schutzpflichten erfasst sind, sofern solche im Gesetzeswortlaut angelegt sind.[1037]

1031 BGH, Urt. v.. 02.03.05, Az.: VIII ZR 67/04, CISG-Online 999.

1032 *Huber* in: MüKo-BGB, Art. 68 Rn. 7.

1033 *Schwenzer* in: Schlechtriem/Schwenzer, Art. 36 Rn. 7.

1034 *Bianca* in: Bianca/Bonell, Art. 36 Anm. 2.4; *Schwenzer* in: Schlechtriem/Schwenzer, Art. 36 Rn. 7.

1035 Siehe hierzu ausführlich *Schwenzer* in: Schlechtriem/Schwenzer Art. 36 Rn. 10.

1036 *Müller-Chen* in: Schlechtriem/Schwenzer, Art. 45 Rn. 3.

1037 Siehe hierzu für das GEK auch unter Teil 2.B.II.1 und Teil 2.B.II.2.

b. Wesentlichkeit

Die zweite Voraussetzung neben der Nichterfüllung bzw. Vertragsverletzung ist die Wesentlichkeit der Pflichtverletzung gem. Art. 25 CISG. Wesentlichkeit ist dem Wortlaut nach dann gegeben, wenn die Pflichtverletzung für die andere Partei solchen Nachteil zur Folge hat, dass ihr im Wesentlichen entgeht, was sie nach dem Vertrag hätte erwarten dürfen, es sei denn, dass die vertragsbrüchige Partei diese Folge nicht vorausgesehen hat und eine vernünftige Person der gleichen Art diese Folge unter den gleichen Umständen auch nicht vorausgesehen hätte.

aa. Erwartungen des Käufers

Zunächst muss dem Käufer also etwas entgehen, was er nach dem Vertrag erwarten durfte. Die Frage, was die Parteien von dem Vertrag erwarten dürfen, richtet sich nach dem Wesen und den konkreten Vereinbarungen des Vertrags.[1038] Es muss für den Käufer ein Nachteil von gewissem Ausmaß entstehen. Zur Diskussion, ob auf subjektive Elemente abzustellen ist oder der Nachteil objektiv zu bestimmen ist, siehe unter Teil 2.B.III.2.a.aa(1)(a). Überzeugender erscheint es auch hier, auf das Ausmaß der Folgen abzustellen und die Beeinträchtigung aus einem Zusammenspiel zwischen den Vereinbarungen und dem objektiven Maß der Beeinträchtigung zu beurteilen.[1039] Von Art. 25 CISG ist, obwohl es an einer ausdrücklichen Formulierung wie im GEK mangelt, ebenfalls der Fall erfasst, dass der Verkäufer klar erkennen lässt, dass sich der Käufer auf die Erfüllung nicht verlassen kann.[1040]

bb. Keine Vorhersehbarkeit

Neben dem wesentlichen Nachteil darf weder die vertragsbrüchige Partei diese Folge vorausgesehen haben noch hätte es einer vernünftige Person unter den gleichen Umständen möglich sein dürfen, die Folge vorherzusehen. Die Bedeutung der Vorhersehbarkeit ist im CISG stark umstritten. Vertreten wird einerseits, dass es sich um einen subjektiven Entlastungsgrund für den Verkäufer handelt[1041], auf der anderen Seite[1042] wird angenommen, dass es sich lediglich um eine Auslegungsregel handelt.[1043] Der Streit kann im Rahmen dieser Arbeit nicht entschieden werden,

---

1038 OGH, Urt. v. 21.06.2005, Az.: 5Ob45/05m, CISG-Online 1047; BGH, Urt. v. 03.04.1996, Az.: VIII 51/95, CISG-Online 135.

1039 *Benicke* in: MüKo-HGB, Art. 25 Rn. 8; *Gsell* in: Honsell CISG; Art. 25 Rn. 22; OGH, Urt. v. 21.06.2005, Az.: 5Ob45/05m, IHR 2005, 195 (196);

1040 OLG Frankfurt, Urt. v. 17.09.1991, Az.: 5 U, 164/90, NJW 1992, 633 (634 f.).

1041 *Will* in: Bianca/Bonell, Art. 25 Anm. 2.2; *Benicke* in: MüKo-HGB, Art. 25 Rn. 14; *Posch/Kandut* in: Hoyer/Posch, S. 59 (65); Enderlein/Maskow/Strohbach, Art. 25 Bem. 4.1; unklar *Magnus* in: Staudinger CISG, Art. 25 Rn. 14 f.

1042 *Schroeter* in: Schlechtriem/Schwenzer, Art. 25 Rn. 27; *Saenger* in: Bamberger/Roth, Art. 25 Rn. 9; *Gsell* in: Honsell CISG, Art. 25 Rn. 24; Brunner, Art. 25 Rn. 9; unklar: *Gruber* in: MüKo-BGB, Art. 25 Rn. 17 f.

1043 Zum Streit siehe auch unter Teil 2.B.III.2.b.bb(1).

klar ist jedoch, dass es sich um eine Einschränkung für den Käufer handelt. In einem ersten Schritt ist jedenfalls zu ermitteln, ob der Verkäufer die Folgen der Nichterfüllung tatsächlich vorausgesehen hat. Hat der Verkäufer die Folgen nicht vorausgesehen (oder lässt es sich nicht beweisen, was in der Praxis das größere Problem sein dürfte), so muss ermittelt werden, ob ein hypothetischer Dritter aus demselben Handelszweig, es hätte erkennen können.[1044] Dabei ist allerdings nach Ansicht der herrschenden Meinung Sonderwissen zuzurechnen.[1045]

cc. Nacherfüllung des Verkäufers

Aus dem Zusammenspiel mit Art. 48 CISG ergibt sich, dass auch die Nacherfüllung im Rahmen der Wesentlichkeit zu berücksichtigen ist. Zur Abwägung gehört somit auch die Bereitschaft des Verkäufers, ohne unzumutbare Verzögerung nachzuerfüllen.[1046] Ist der Mangel nicht aus anderen Gründen objektiv schwerwiegend[1047] und ist eine Bereitschaft zur Nacherfüllung gegeben, so entgeht dem Käufer nicht im Wesentlichen, was er nach dem Vertrag erwarten darf, so dass keine Wesentlichkeit gegeben ist[1048] und der Käufer sein Beendigungsrecht aus Art. 49 Abs. 1 lit. a) CISG nicht ausüben kann.[1049]

dd. Zeitpunkt

Im Gegensatz zum GEK ist im CISG der Zeitpunkt, auf den abzustellen ist, mangels ausdrücklicher Regelung unklar. Die herrschende Meinung geht davon aus, dass auf den Zeitpunkt des Vertragsschlusses abzustellen ist.[1050]

1044 Siehe zur Herleitung bereits unter Teil 2.B.III.2.b.cc.

1045 Siehe *Magnus* in: Staudinger CISG, Art. 25 Rn. 14; *Will* in: Bianca/Bonell, Art. 25 Anm. 2.2.2.2.4; Enderlein/Maskow/Strohbach, Art. 25 Bem. 4.2.; nach anderer Ansicht ist ein Zurechnen nicht möglich, weil als „Grenze" auf die Kenntnisse eines objektiven Dritten abgestellt werden muss, der das Sonderwissen ja nicht hat (siehe Koch, IHR 2005, 65 (67)).

1046 OLG Koblenz, Urt. v. 31.01.1997, Az.: 2 U 31/96, CISG-Online 256.

1047 *Magnus* in: Staudinger CISG, Art. 48 Rn. 30 f.; *Müller-Chen* in: Schlechtriem/Schwenzer, Art. 48 Rn. 15.

1048 *Müller-Chen* in: Schlechtriem/Schwenzer, Art. 48 Rn. 15.

1049 *Müller-Chen* in: Schlechtriem/Schwenzer, Art. 48 Rn. 15; *Magnus* in: Staudinger CISG, Art. 48 Rn. 30 f.; *Benicke* in: MüKo-HGB, Art. 48 Rn. 10; *Huber* in: MüKo-BGB, Art. 48 Rn. 10.

1050 *Schroeter* in: Schlechtriem/Schwenzer, Art. 25 Rn. 33; *Magnus* in: Staudinger CISG, Art. 25 Rn. 19; *Gruber* in: MüKo-BGB, Art. 25 Rn. 42 f.; *Gsell* in: Honsell CISG, Art. 25 Rn. 26; Brunner, Art. 25 Rn. 10; Achilles, Art. 25 Rn. 14; Herber/Czerwenka, Art. 25 Rn. 9; Holthausen, RiW 1990, 101 (105); nach a.A. ist auf den Zeitpunkt der Vertragsverletzung abzustellen (Neumeyer, RiW 1994, 99 (105); *Lüderitz/Budzikiewicz* in: Soergel CISG, Art. 25 Rn. 4), sind nachträgliche Informationen zu berücksichtigen (*Will* in: Bianca/Bonell, Art. 25 Anm. 2.2.2.2.5; Honnold/Flechtner, Rn. 183; *Posch/Kandut* in: Hoyer/Posch, S. 59 (65 f.); Reinhart, Art. 25 Rn. 9;

ee. Beweislast

Auch die Frage der Beweislast ist im CISG stark umstritten. Die Mehrdeutigkeit ist als Folge des obigen Streits zu verstehen, wie die Vorhersehbarkeit zu qualifizieren ist. Vertreten wird somit auf der einen Seite, dass der Verkäufer die Voraussetzungen zu beweisen hat[1051], sofern man annimmt, es handele sich um eine Entlastungsregel, bzw. dass der Käufer die Tatsache zu beweisen hat, sofern man der Ansicht folgt, dass es sich bloß um eine Auslegungsregel handelt.[1052] Auch hier kann im Rahmen dieser Arbeit kein ausführlicher Meinungsstreit geführt werden. Die Diskussion selber zeigt allerdings, dass das CISG nicht unbedingt einfacher anzuwenden ist als das GEK und dass das GEK damit auch im Bereich des Unternehmer-Kaufs zu einem interessanten, weil klarer anzuwendenden, Recht werden kann.

ff. Anwendungsbeispiele

Beispielsfälle für wesentliche Vertragsverletzungen sind somit die Nichtleistung der verkauften Ware[1053], eine ernsthafte und endgültige Erfüllungsverweigerung[1054], eine verspätete Lieferung im Fixgeschäft[1055] und die Lieferung unter der Bedingung eines erhöhten Kaufpreises.[1056]

c. Rechtsmangel gem. Art. 41 CISG

aa. Allgemeines

Eine Nichterfüllung kann auch in der Lieferung von Ware, die nach Art. 41 CISG mit Rechtsmängeln behaftet ist, gegeben sein.[1057] Ein Recht zur Vertragsaufhebung nach

Botzenhardt, S. 255.) bzw. soll nach der Art der verletzten Pflicht differenziert werde (*Benicke* in: MüKo-HGB, Art. 25 Rn. 16 ff.).

1051 So die herrschende Meinung: *Magnus* in: Staudinger CISG, Art. 25 Rn. 31; *Saenger* in: Bamberger/Roth, Art. 25 Rn. 12; Achilles, Art. 25 Rn. 16; *Aicher* in: Hoyer/Posch, S. 111 (133); *Will* in: Bianca/Bonell, Art. 25 Anm. 2.2.1 und 2.2.2.2.4; Freiburg, S. 54; Herber/Czerwenka, Art. 25 Rn. 10; Holthausen, RiW 1990, 101 (105); *Posch/Kandut* in: Hoyer/Posch, S. 59 (65).

1052 Lurger, IHR 2001, 91 (92); *Schroeter* in: Schlechtriem/Schwenzer, Art. 25 Rn. 34; *Salger* in: Witz/Salger/Lorenz, Art. 25 Rn. 15.

1053 Zum CISG siehe ICC International Court of Arbitration, Urt. v. 01.03.1999, Az.: 9978/1999, CISG-online 708; wegen Unmöglichkeit LG Freiburg, Urt. v. 22.08.2002, Az.: 8 O 75/02, IHR 2003, 22 (23); bei anderweitigem zwischenzeitlichen Verkauf OLG Celle, Urt. v. 24.05.1995, Az.: 20 U 76/94, CISG-online 152.

1054 OLG München Urt. v. 15.09.2005, Az.: 7 U 2959/04, IHR 2005, 70 (71).

1055 Für das CISG OLG Düsseldorf, Urt. v. 24.04.1997, Az.: 6 U 87/96, CISG-online 385; OLG Hamm, Urt. v. 12.11.2001, Az.: 13 U 102/01, CISG-online 1430; *Benicke* in: MüKo-HGB, Art. 25 Rn. 19.

1056 Für das CISG Schiedsgericht Hamburger freundschaftliche Arbitrage, Schiedsspruch vom 29.12.1998, NJW-RR 1990, 780 (782).

1057 *Magnus* in: Staudinger CISG, Art. 45 Rn. 31.

Art. 49 Abs. 1 lit. a) CISG entsteht, wenn der Rechtsmangel als wesentliche Vertragsverletzung zu klassifizieren ist.[1058] Da der Rechtsmangel eher einer Schlechtleistung als einer Nichtleistung gleicht, folgt gleichzeitig, dass ein Aufhebungsrecht über Art. 49 Abs. 1 lit. b) CISG von vorneherein nicht in Betracht kommt.[1059] Nach Art. 41 S. 1 CISG hat der Verkäufer Ware zu liefern, die frei von Rechten oder Ansprüchen Dritter ist, es sei denn, dass der Käufer eingewilligt hat, die mit einem solchen Recht oder Anspruch behaftete Ware anzunehmen. Satz 2 verweist hinsichtlich der Ansprüche aus geistigem Eigentum auf Art. 42 CISG. Wie zum GEK ausgeführt, müssen die Voraussetzungen trotz des missverständlichen Wortlauts kumulativ und nicht alternativ vorliegen.[1060]

bb. Voraussetzungen

(1) Frei von Rechten Dritter

Die Sache ist gem. Art. 41 CISG nur dann ohne Rechtsmangel, wenn sie frei von Rechten Dritter ist. Umfasst sind dabei zunächst absolute Rechte wie das Eigentum, Pfandrechte oder Patente, aber auch obligatorische Rechte, die der Dritte gegen den Käufer innehat wie Rechte aus Miet- oder Pachtverträgen.[1061] Öffentlich-rechtliche Verfügungsbeschränkungen wie die Beschlagnahme sind davon allerdings nicht umfasst, da der Begriff nur privatrechtliche Ansprüche meint.[1062] Sehr wohl erfasst davon sind hingegen Steuern und Zölle.[1063] Die Haftung des Verkäufers gilt grundsätzlich verschuldensunabhängig.[1064]

1058 *Schwenzer* in: Schlechtriem/Schwenzer, Art. 41 Rn. 21; *Magnus* in: Staudinger CISG, Art. 41 Rn. 24; *Gruber* in: MüKo-BGB, Art. 41 Rn. 24; anders: Honnold/Flechtner, Rn. 266, der differenziert; a.A. Secretariat Commentary, Art. 39 Bem. 7 f., der annimmt, dass eine Ware auch dann vertragsgemäß ist, wenn sie frei von Sach-, aber mit Rechtsmängeln behaftet ist, weshalb eine Vertragsaufhebung aufgrund eines Rechtsmangels nicht in Betracht kommt.

1059 *Schwenzer* in: Schlechtriem/Schwenzer, Art. 41 Rn. 21; *Müller-Chen* in: Schlechtriem/Schwenzer, Art. 49 Rn. 15; Metzger, RabelsZ 73 (2009), 842 (850).

1060 Siehe hierzu unter Teil 2.C.I.2.b.ff.

1061 *Schwenzer* in: Schlechtriem/Schwenzer, Art. 41 Rn. 3 f.; *Magnus* in: Staudinger CISG, Art. 41 Rn. 10; a.A. Secretariat Commentary, Art. 39 Bem. 5.

1062 *Magnus* in: Staudinger CISG, Art. 41 Rn. 13; *Ferrari* in: Ferrari/Kieninger/Mankowski, Art. 41 Rn. 3f.; *Gruber* in: MüKo-BGB, Art. 41 Rn. 13; a.A. Enderlein/Maskow/Strohbach, Art. 41 Bem. 2; differenzierend: *Schwenzer* in: Schlechtriem/Schwenzer, Art. 41 Rn. 5 f.

1063 *Schwenzer* in: Schlechtriem/Schwenzer, Art. 41 Rn. 7; *Benicke* in: MüKo-HGB, Art. 41 Rn. 4; a.A. *Magnus* in: Staudinger CISG, Art. 41 Rn. 14; *Gruber* in: MüKo-BGB, Art. 41 Rn. 14.

1064 *Magnus* in: Staudinger CISG, Art. 41 Rn. 7.

(2) Frei von Ansprüchen Dritter

Ebenso wie im GEK muss auch im CISG die Ware frei von Ansprüchen Dritter (und auch eigenen Ansprüchen des Verkäufers[1065]) geliefert werden. Wie bereits festgestellt, ist die Hürde zur Geltendmachung von Rechtsbehelfen, geringer als im GEK.[1066] Ob diese offensichtlich unbegründet oder begründet sind oder tatsächlich bestehen, ist dabei unerheblich.[1067] Hintergrund ist die Überlegung, dass der Verkäufer im Regelfall Ansprüche Dritter besser abwehren kann, weshalb ihm diese Aufgabe überlassen bleibt.[1068] Nach wohl herrschender Meinung gilt dies auch – in Abgrenzung zum GEK – für frivole Ansprüche.[1069] Die Ware gilt dann aber doch als vertragsgemäß, wenn der Käufer von Rechten oder Ansprüchen Dritter wusste und hierin eingewilligt hat. Das Einwilligen ist dabei als eindeutiges Mehr im Vergleich zur bloßen Kenntnis zu verstehen[1070], kann aber dennoch konkludent[1071] und schon im Zeitpunkt des Vertragsabschlusses[1072] erklärt werden.

cc. Geistiges Eigentum

Gem. Art. 41 S. 2 CISG i.V.m. Art. 42 Abs. 1 CISG muss der Verkäufer Ware liefern, die frei von Eigentumsrechten Dritter oder Ansprüchen Dritter ist, welche sich auf geistiges Eigentum beziehen, sofern der Verkäufer diese Rechte bei Vertragsschluss kannte oder hätte kennen müssen und sofern das geistige Eigentum auf dem Recht des Staates beruht, in dem die Ware weiterverkauft wird oder in dem sie in anderer Weise verwendet wird (sofern die Parteien sich in beiden Fällen bei Vertragsschluss darüber einig waren) oder (in allen anderen Fällen) auf dem Recht des Staates beruht, in dem der Käufer seine Niederlassung hat. Die Vorschrift zeigt somit, dass für Rechte (und Ansprüche) Dritter, die auf geistigem Eigentum beruhen, eine Reihe von Einschränkungen gelten. Nicht so eindeutig wie bei Art. 41 CISG und wesentlich unklarer als im GEK gibt ein Verstoß gegen Art. 42 CISG, vorbehaltlich der Wesentlichkeit, ein Recht zur Aufhebung.[1073]

1065 *Magnus* in: Staudinger CISG, Art. 41 Rn. 18a.

1066 Siehe hierzu unter Teil 2.C.I.2.b.ff(2).

1067 *Schwenzer* in: Schlechtriem/Schwenzer, Art. 41 Rn. 9; *Magnus* in: Staudinger CISG, Art. 41 Rn. 15.

1068 *Schwenzer* in: Schlechtriem/Schwenzer, Art. 41 Rn. 9.

1069 *Schwenzer* in: Schlechtriem/Schwenzer, Art. 41 Rn. 10; *Magnus* in: Staudinger CISG, Art. 41 Rn. 16 f.; *Benicke* in: MüKo-HGB, Art. 41 Rn. 7 f.; *Gruber* in: MüKo-BGB, Art. 41 Rn. 8; *Saenger* in: Bamberger/Roth, Art. 41 Rn. 5; Honnold/Flechtner, Rn. 266; a.A. Herber/Czerwenka, Art. 41 Rn. 6; Achilles Art. 41 Rn. 3; Enderlein/Maskow/Strohbach, Art. 41 Bem. 4; Prager, S. 72.

1070 *Schwenzer* in: Schlechtriem/Schwenzer, Art. 41 Rn. 17.

1071 *Magnus* in: Staudinger CISG, Art. 41 Rn. 22; *Gruber* in: MüKo-BGB, Art. 41 Rn.19; *Benicke* in: MüKo-HGB, Art. 41 Rn. 12; Metzger, RabelsZ 73 (2009), 842 (847).

1072 *Schwenzer* in: Schlechtriem/Schwenzer, Art. 41 Rn. 18.

1073 Insoweit relativ eindeutig *Gruber* in: MüKo-BGB, Art. 42 Rn. 27; offen hingegen *Schwenzer* in: Schlechtriem/Schwenzer, Art. 42 Rn. 25 f.; unklar, ob *Magnus* in:

(1) Rechte Dritter aus geistigem Eigentum

Gemein mit Art. 41 S. 1 CISG (und den entsprechenden Regelungen im GEK) ist zunächst, dass wieder bezüglich Rechten und Ansprüchen unterschieden wird. Die Rechte betreffend das geistige Eigentum lassen sich zunächst weiter aufgliedern in Urheberrechte und gewerbliches Eigentum.[1074] Beispiele hierfür sind Urheberrechte an Literaturschöpfungen, Musik, Wissenschaft, aber auch Patent-, Marken- Geschmacks- oder Gebrauchsmusterrechte.[1075] Obwohl nicht vom Begriff des geistigen Eigentums umfasst[1076], wendet die herrschende Meinung Art. 42 CISG entsprechend auf Persönlichkeits- und Namensrechte an.[1077]

(2) Ansprüche Dritter aus geistigem Eigentum

Ebenfalls (zunächst) ohne Unterschied muss die Ware auch frei von Ansprüchen Dritter im Hinblick auf geistiges Eigentum sein. Wie bei Art. 41 Abs. 1 CISG ist die Behauptung eines solchen Rechts ausreichend, auf das tatsächliche Bestehen dieses Rechts kommt es nicht an.[1078] An dieser Stelle besteht wie bei Art. 41 CISG eine Abweichung zum GEK, wonach der Verkäufer nicht für offensichtlich unbegründete Ansprüche Dritter haften muss.

(3) Einschränkungen

Während sich, wie gerade gesehen, bezüglich der Voraussetzungen an die Rechte und Ansprüche Dritter keine Abweichungen zu Art. 41 CISG ergeben, liegt der wesentliche Unterschied für die verschiedenen Regelungen in den nun folgenden Einschränkungen, die die Haftung des Verkäufers begrenzen. So muss dieser nur für Rechte haften, die er kannte, bzw. über die er nicht in Unkenntnis hätte sein dürfen und er haftet nur begrenzt auf Schutzrechte bestimmter Staaten.

Staudinger CISG, Art. 42 Rn. 32 einen generellen Ausschluss der Aufhebung annimmt.

1074 *Schwenzer* in: Schlechtriem/Schwenzer, Art. 42 Rn. 4.

1075 Statt vieler, siehe *Schwenzer* in: Schlechtriem/Schwenzer, Art. 42 Rn. 4 mwN.

1076 *Schwenzer* in: Schlechtriem/Schwenzer, Art. 42 Rn. 5.

1077 *Schwenzer* in: Schlechtriem/Schwenzer, Art. 42 Rn. 5; *Gruber* in: MüKo-BGB, Art. 42 Rn. 7; *Benicke* in: MüKo-HGB, Art. 42 Rn. 3; *Salger* in: Witz/Salger/Lorenz, Art. 42 Rn. 4; Metzger, RabelsZ 73 (2009), 842 (863 f.); a.A. Langenecker, S. 88; anders *Magnus* in: Staudinger CISG, Art. 42 Rn. 12; *Saenger* in: Bamberger/Roth, Art. 42 Rn. 5; Brunner, Art. 42 Rn. 4, die die Vorschrift sogar für direkt anwendbar halten.

1078 Schweizer Bundesgericht, Urt. v. 17.04.2012, Az.: 4A_591/2011, CISG-Online 2346; OGH, Urt. v. 12.09.2006, Az.: 10Ob122/05x, CISG-Online 1364; *Benicke* in: MüKo-HGB, Art. 42 Rn. 4; *Gruber* in: MüKo-BGB, Art. 42 Rn. 8; *Magnus* in: Staudinger CISG, Art. 42 Rn. 13; *Schwenzer* in: Schlechtriem/Schwenzer, Art. 42 Rn. 6; a.A. *Bucher* in: Bucher, S. 13 (30 f.).

(a) Kenntnis oder Vorwerfbarkeit der Unkenntnis

Nach Art. 42 Abs. 1 CISG haftet der Verkäufer nur für Eigentumsrechte oder Ansprüche dies betreffend, die er kannte oder bezüglich derer er nicht in Unkenntnis sein konnte. Wenig problematisch ist naturgemäß die Frage, wann Kenntnis vorliegt, umstritten ist in der Literatur jedoch die Frage, wann der Verkäufer nicht in Unkenntnis hätte sein dürfen. Hierzu wird auf der einen Seite vertreten, der Verkäufer habe eine allgemeine Nachforschungspflicht und hafte bereits dann, wenn ein Recht besteht[1079], auf der anderen Seite, dass nur dann eine Haftung gegeben sei, wenn der Verkäufer ein Recht arglistig verschweigt[1080] oder grob fahrlässig in Unkenntnis darüber ist.[1081] Vermittelnd wird vertreten, dass es auf den Einzelfall ankommt, ob der Verkäufer sich erkundigen muss[1082] oder dass alleine nach wirtschaftlichen Gesichtspunkten zu unterscheiden sei, wen die Pflicht zur Erkundigung treffe.[1083] Die wohl herrschende Meinung geht davon aus, dass der Verkäufer bezüglich registrierter Schutzrechte eine Erkundigungspflicht hat, im Übrigen nicht, so dass bezüglich aller nicht registrierten Rechte auch keine Haftung wegen einer Unkenntnis in Betracht kommt.[1084] Ein Meinungsstreit kann im Rahmen dieser Arbeit nicht geführt werden, betrachtet man allerdings die natürliche Risikoverteilung und die jeweiligen Fähigkeiten der Parteien, eine Schutzrechtsverletzung aufzuklären, so erscheint es angemessen (ansonsten liefe die Haftung weitestgehend leer) aber auch ausreichend (weitergehende Pflichten kann der Verkäufer nur schwerlich erfüllen), dem Verkäufer eine Erkundigungspflicht nur bezüglich der registrierten Schutzpflichten aufzuerlegen, so dass hier der herrschenden Meinung gefolgt werden kann.

(b) Räumliche Einschränkung

Eine weitere entscheidende Einschränkung liegt für den Verkäufer in der Beschränkung seiner Haftung auf bestimmte Staaten. Die Haftung ist demnach in erster Linie auf Schutzrechte des Staates beschränkt, in dem die Ware weiterverkauft oder verwendet werden soll.[1085] Die Haftung erstreckt sich bereits dann auf einen Staat, sobald von den Parteien in Betracht gezogen wurde, die Ware in jenem Staat zu verwenden. Entgegen des Wortlauts sind die Möglichkeiten des Weiterverkaufs und der

---

1079 Benedick, Rn. 391 ff.; *Janal* in: FS Kritzer, S. 213 ff.

1080 Huber, RabelsZ 43 (1979), 413 (503).

1081 Herber Einführung, S. 27; Shinn, 2 Minnesota Journal of Global Trade 1993, 115 (126 f.) („close to gross negligence"); *Mullis* in: Huber/Mullis, S. 176.

1082 Rauda/Etier, 4 Vindobona Journal of International Commercial Law and Arbitration 2000, 30 (45 ff.); Langenecker, S. 191 ff.

1083 Metzger, RabelsZ 73 (2009), 842 (852 f.).

1084 *Schwenzer* in: Schlechtriem/Schwenzer, Art. 42 Rn. 14; *Magnus* in: Staudinger CISG, Art. 42 Rn. 22; Herber/Czerwenka, Art. 42 Rn. 5; Enderlein/Maskow/Strohbach, Art. 42 Bem. 4; *Niggemann* in: Hoyer/Posch, S. 77 (93); Piltz, Rn. 5–132; ausgehend von dieser Ansicht weiter differenzierend: *Benicke* in: MüKo-HGB, Art. 42 Rn. 15 f.

1085 *Schwenzer* in: Schlechtriem/Schwenzer, Art. 42 Rn. 10.

Verwendung kumulativ zu verstehen. Der Verkäufer kann also sowohl im Hinblick auf Schutzrechte in unterschiedlichen Weiterverkaufs- und Verwendungsstaaten[1086], als auch hinsichtlich einer Mehrzahl von Verwendungsstaaten haften müssen.[1087] Ein „in Betracht ziehen“ ist dann anzunehmen, wenn der Verkäufer den Staat aus den Umständen des Geschäfts erkennen kann, eine ausdrückliche Vereinbarung ist nicht notwendig.[1088] Wie bereits erwähnt[1089], ist die Schwelle hier niedriger als im GEK. Nur subsidiär ist gem. Art. 42 Abs. 1 lit. b) CISG auf den Staat, in dem der Käufer seine Niederlassung gem. Art. 10 CISG hat, abzustellen.[1090]

(4) Ausschluss gem. Art. 42 Abs. 2 CISG

Die Sache gilt dann als frei von Eigentumsrechten Dritter und diesbezüglicher Ansprüche, wenn gem. Art. 42 Abs. 2 CISG der Käufer entweder (i) das Recht oder den Anspruch bei Vertragsschluss kannte oder nicht in Unkenntnis hierüber sein konnte oder wenn der Verkäufer (ii) sich nach technischen Zeichnungen, Entwürfen, Formeln oder sonstigen Angaben gerichtet hat, die der Käufer zur Verfügung gestellt hat. Wie bereits in Abs. 1 – mit umgekehrten Vorzeichen – ist auch hier die Kenntnis unproblematisch. Nimmt man bezüglich des Kennen-Müssens des Verkäufers an, dass diesen eine Erkundigungspflicht hinsichtlich publizierter Schutzrechte trifft, so ist es nur konsequent, dass den Käufer nach Ansicht der herrschenden Meinung keine solche Erkundigungspflicht trifft.[1091] Eine Erkundigungspflicht für den Käufer im Hinblick auf publizierte Rechte gilt allerdings, wenn er sich vertraglich verpflichtet hat, sich um die Schutzrechte zu kümmern.[1092]

Handelt der Verkäufer auf „Anweisung“ des Käufers, indem er dessen Zeichnungen, Entwürfen etc. folgt, so liegt kein Verstoß des Verkäufers vor, da es an einem Verschulden fehlt.[1093] Erforderlich ist dafür auf der anderen Seite, dass die entsprechenden Vorgaben exakt genug sind und der Verkäufer nicht die „Wahl“ hatte, ein

---

1086 Metzger, RabelsZ 73 (2009), 842 (858).

1087 OGH, Urt. v. 12.09.2006, Az.: 10Ob122/05x, CISG-Online 1364; *Magnus* in: Staudinger CISG, Art. 42 Rn. 19; *Schwenzer* in: Schlechtriem/Schwenzer, Art. 42 Rn. 10; Huber, RabelsZ 43 (1979), 413 (502); *Janal* in: FS Kritzer, S. 220.

1088 OGH, Urt. v. 12.09.2006, Az.: 10Ob122/05x, CISG-Online 1364; *Schwenzer* in: Schlechtriem/Schwenzer, Art. 42 Rn. 11; a.A. Metzger, RabelsZ 73 (2009), 842 (858), der fordert, dass eindeutige Hinweise im Vertrag angelegt sein müssen.

1089 Siehe hierzu unter Teil 2.C.I.2.b.ff(3)(a).

1090 *Schwenzer* in: Schlechtriem/Schwenzer, Art. 42 Rn. 12.

1091 *Schwenzer* in: Schlechtriem/Schwenzer, Art. 42 Rn. 17; *Magnus* in: Staudinger CISG, Art. 42 Rn. 26; Herber/Czerwenka, Art. 42 Rn. 6; Enderlein/Maskow/Strohbach, Art. 42 Bem. 9; *Salger* in: Witz/Salger/Lorenz, Art. 42 Rn. 8; *Kröll* in: Kröll/Mistelis/Viscasillas, Art. 42 Rn. 38; a.A. Benedick, Rn. 403 ff.

1092 *Schwenzer* in: Schlechtriem/Schwenzer, Art. 42 Rn. 17.

1093 *Schwenzer* in: Schlechtriem/Schwenzer, Art. 42 Rn. 19.

schutzrechtsfreies Produkt liefern zu können.[1094] Erkennt der Verkäufer allerdings in einer Vorlage einen Rechtsverstoß, so ist er dazu verpflichtet, den Käufer hierauf hinzuweisen, ansonsten kann er sich nicht auf Art. 42 Abs. 2 lit. b) CISG berufen.[1095]

dd. Beweislast

Es gelten die allgemeinen Beweislastregeln, so dass der Käufer seinen Schaden sowie die Geltendmachung von Rechten durch Dritte gem. Art. 41 oder Art. 42 CISG beweisen muss.[1096] Der Käufer muss in Bezug auf Art. 42 CISG (entsprechend der allgemeinen Beweislastregeln) auch die Kenntnis bzw. die vorwerfbare Unkenntnis des Verkäufers beweisen.[1097] Im Falle von Art. 42 Abs. 1 lit. a) CISG muss der Käufer ebenfalls das „in Betracht ziehen" eines Staates beweisen[1098], der Verkäufer muss entsprechend die entlastenden Tatsachen des Abs. 2 beweisen.[1099]

ee. Zeitpunkt

Maßgeblicher Zeitpunkt für die Bestimmung der Rechte oder Ansprüche Dritter ist sowohl bei Art. 41 als auch bei Art. 42 CISG die Lieferung der Ware, bei behaupteten Ansprüchen auch später, auf den Zeitpunkt des Vertragsschlusses kommt es jedenfalls nicht an, weil der Verkäufer Dritt-Rechte noch ablösen kann.[1100]

IV. Vergleichendes Fazit

1. Vergleich von Art. 114 GEK und Art. 49 Abs. 1 lit. a) CISG

Ein Vergleich der bedeutsamsten Beendigungs-Anspruchsgrundlagen von GEK, BGB und CISG, also Art. 114 GEK, § 323 Abs. 1 BGB und Art. 49 Abs. 1 lit. a) CISG, zeigt zunächst die zahlreichen Gemeinsamkeiten zwischen dem GEK und dem CISG. Diese basieren im Wesentlichen darauf, dass sich der Gesetzgeber bei Entstehung des GEK am CISG als ein sich seit Jahrzehnten bewährtes staatenübergreifende Kaufrechtsgesetz orientiert hat.

1094 *Magnus* in: Staudinger CISG, Art. 42 Rn. 29; Prager, S. 177; anders Wolff, S. 78 und Langenecker, S. 233 ff., die auf den Einzelfall abstellen.

1095 Hierzu und zur daraus resultierenden Frage, welche Rechte der Verkäufer selbst geltend machen kann, wenn er sehenden Auges eine Schutzrechtsverletzung begehen soll, *Schwenzer* in: Schlechtriem/Schwenzer, Art. 42 Rn. 21.

1096 *Schwenzer* in: Schlechtriem/Schwenzer, Art. 41 Rn. 29.

1097 Schweizer Bundesgericht, Urt. v. 17.04.2012, Az.: 4A_591/2011, CISG-Online 2346; OGH, Urt. v. 12.09.2006, Az.: 10Ob122/05x, CISG-Online 1364.

1098 *Schwenzer* in: Schlechtriem/Schwenzer, Art. 42 Rn. 29.

1099 *Schwenzer* in: Schlechtriem/Schwenzer, Art. 42 Rn. 29; *Kröll* in: Kröll/Mistelis/Viscasillas, Art. 42 Rn. 57.

1100 *Magnus* in: Staudinger CISG, Art. 41 Rn. 19 f. und Art. 42 Rn. 25; *Schwenzer* in: Schlechtriem/Schwenzer, Art. 41 Rn 15 und Art. 42 Rn. 8.

Die Gemeinsamkeiten beginnen schon bei wesentlichen Tatbestandsmerkmalen – Art. 114 Abs. 1 GEK und Art. 49 Abs. 1 lit. a) CISG verlangen lediglich eine wesentliche Vertragsverletzung als Voraussetzung für eine Beendigung – und setzen sich innerhalb der Norm im Detail fort. Beispielhaft sei hier der Anwendungsbereich genannt, der sich in beiden Gesetzen grundsätzlich auf Fälle der Nichtleistung (inklusive Unmöglichkeit) und der Schlechtleistung erstreckt. Auch die Voraussetzungen für eine Schlechtleistung (Art. 100 GEK und Art. 35 CISG) führen zu den gleichen Ergebnissen[1101] und letztlich sind es auch dieselben Merkmale, die aus einer Nichtleistung eine wesentliche Nichtleistung machen. Dass das GEK dabei mit Art. 87 Abs. 2 lit. b) GEK ein zusätzliches Merkmal geschaffen hat, mag damit zusammenhängen, dass der Gesetzgeber ein möglichst benutzerfreundliches Gesetz schaffen wollte. Letztlich hat dies aber keine nennenswerten Auswirkungen, weil auch all jene Fälle, die im GEK hierunter fallen, im CISG von Art. 25 erfasst sind.[1102]

Größere Abweichungen sind vor allem dort zu finden, wo sich Unterschiede beim (regulären) Anwenderkreis ergeben. So zeigt sich beispielsweise, dass die Regeln zum Gefahrübergang in Art. 36 Abs. 1 CISG teilweise deutlich von jenen des GEK abweichen, bzw. wesentlich detaillierter geregelt sind. Gleiches gilt weitestgehend[1103] auch für die Voraussetzungen, unter denen ein Verkäufer nicht für Rechte oder Ansprüche aus fremdem geistigen Eigentum haften muss (Art. 41 Abs. 1 und 2 CISG). Diese Unterschiede lassen indes nicht den Schluss zu, dass diesbezüglich eines der beiden Gesetze einen Konstruktionsfehler aufweist. Im Gegenteil, beide Gesetze, bilden lediglich die Realität ab. Im GEK gibt es schlicht kein Bedürfnis für solch verästelte Regelungen, so dass hierauf verzichtet wurde.

Ganz ähnlich ist die Regelung des Art. 114 Abs. 2 GEK zu sehen, der kein Pendant im CISG hat. Es handelt sich hierbei zwar um eine essentielle Abweichung (näheres dazu sogleich), die Abweichung ist aber ebenfalls auf die Haupt-Anwender zurückzuführen. Das GEK, das sich in erster Linie an Verbraucher-Käufer richtet, muss auf der einen Seite mit nationalen Gesetzen konkurrieren und auf der anderen Seite nicht nennenswert hinter der Verbraucherrechterichtlinie 2011[1104] zurück bleiben, will es sich im Forum der Märkte durchsetzen. Das CISG sieht sich dieser Notwendigkeit nicht ausgesetzt. Es zeigt sich im Gegenteil sogar sehr deutlich, dass überall dort, wo keine Unterschiede im Anwenderkreis bestehen (Unternehmer-Kauf) das GEK und das CISG gleichartige Voraussetzungen aufstellen.[1105]

1101 Zu einigen Abweichungen im Detail siehe unter Teil 2.C.I.2.b.dd bzw. Teil 2.C.III.2.a.cc(2).

1102 Siehe hierzu unter Teil 2.C.III.2.b.aa.

1103 *Schwenzer* in: Schlechtriem/Schwenzer, Art. 42 Rn. 11 kritisiert zu Recht, dass sich eine Haftung für den Verkäufer nach dem CISG schneller ergeben kann („in Betracht gezogen“) als nach dem GEK („entsprechend dem Vertrag“).

1104 Siehe Fußnote 175.

1105 Gleiches gilt hinsichtlich einer Regelung für eine Vertragswidrigkeit, die aus einer unsachgemäßen Montage entsteht (siehe Art. 101 GEK). Das GEK erklärt die Norm

Damit bleiben im Wesentlichen zwei Unterschiede, die sich nicht nur mit einem unterschiedlichen Adressatenkreis erklären lassen und die insofern zu tatsächlichen Abweichungen bei der jeweiligen Gesetzesanwendung führen. Es handelt sich dabei zum einen im Bereich der Rechtsmängel um die Anforderungen, die an eine mangelfreie Sache gestellt werden (Art. 102 GEK und Art. 41 CISG) und zum anderen um den Fall der verspäteten Lieferung. In letzterem Fall ist im GEK stets anhand der Wesentlichkeit zu entscheiden, ob ein Käufer ein Recht gem. Art. 114 Abs. 1 GEK oder Art. 115 Abs. 1 GEK geltend machen kann. Demgegenüber hat der Käufer im CISG die Möglichkeit, zwischen den beiden Anspruchsgrundlagen des Art. 49 Abs. 1 lit. a) und b) CISG zu wechseln. Allerdings stellt diese Wahlmöglichkeit den Käufer nicht wesentlich besser als bei Anwendung des GEK. Unabhängig davon, ob der Käufer im GEK den Weg über Art. 114 Abs. 1 GEK oder Art. 115 Abs. 1 GEK gehen muss, es bleibt – abgesehen von der Fristsetzung – ein „vollwertiger" Beendigungsgrund. Insofern zeigt sich letztlich, dass der Käufer in beiden Gesetzen das gleiche Ziel, nämlich die Beendigung, erreichen kann.

Nicht so einfach erklären lassen sich die Abweichungen im Bereich der Rechtsmängel, konkret bei Ansprüchen, die von Dritten geltend gemacht werden. Während der Käufer im CISG nur dann eine Ware annehmen muss, wenn diese vollkommen frei von Rechten und Ansprüchen Dritter ist, muss der Käufer im GEK eine Ware bereits dann annehmen, wenn sie lediglich mit offensichtlich unbegründeten Ansprüchen eines Dritten belastet ist. Wie bereits oben geschildert[1106], lässt sich dieser Unterschied zwar grundsätzlich begründen und der Käufer sollte auch in der Praxis mit solchen Ansprüchen nicht allzu stark belastet werden. Warum man diesen, wenn auch geringen, Aufwand aber einem Verbraucher zumutet (GEK), einem Unternehmer-Käufer gleichzeitig zugesteht, dass dieser sich nie mit Ansprüchen Dritter auseinander setzen soll (CISG), ist nicht erklärbar. Es handelt sich dabei dennoch insgesamt um eine Konstellation, die im Endkundengeschäft von untergeordneter Bedeutung sein dürfte, so dass sich trotzdem grob zusammenfassend sagen lässt, dass die Anwendung von Art. 114 GEK und Art. 49 Abs. 1 lit. a) CISG meist zu dem gleichen Ergebnis führen wird und sich Änderungen nur dort nennenswert auswirken, wo eine Abweichung aufgrund des Benutzerkreises begründet ist.

2. Vergleich von Art. 114 GEK und Art. 49 Abs. 1 lit. a) CISG mit § 323 Abs. 1 BGB

Vergleicht man nun Art. 114 GEK und Art. 49 Abs. 1 lit. a) CISG, die im Wesentlichen übereinstimmen, auf der einen Seite und § 323 Abs. 1 BGB auf der anderen Seite, treten hingegen größere Unterschiede zutage. Zwar haben alle drei Normen gemein, dass Fälle der Schlechtleistung und der verspäteten Leistung einheitlich zu

---

nur für Verbraucher-Käufer anwendbar und schafft damit ebenfalls wieder einen Gleichlauf mit dem CISG, in dem es keine entsprechende Regelung gibt.

1106 Siehe hierzu unter Teil 2.C.I.2.b.ff(2).

einem Beendigungsrecht führen. Unterschiede ergeben sich aber bereits bei der Erfüllungsverweigerung (nach Fälligkeit), die, anders als im GEK und im CISG, wo sie dem Käufer ein Recht zur Beendigung gem. Art. 114 Abs. 1 GEK bzw. zur Aufhebung gem. Art. 49 Abs. 1 lit. a) CISG geben, im BGB kein eigenständiges Rücktrittsrecht gewährt, sondern nur zu einem Verzicht auf das Setzen einer Nachfrist führt (§ 323 Abs. 2 Nr. 1 BGB). Demgegenüber ist allen Gesetzen gemein, dass das vorübergehende Leistungshindernis nur als verspätete Leistung zu werten ist. Insofern sind die Unterschiede aufgrund der durchaus vorhandenen Gemeinsamkeiten von eher untergeordneter Natur.

Von wesentlicher Bedeutung ist das Merkmal der Nachfristsetzung. Während sowohl das GEK als auch das CISG eine Nachfristsetzung nur für Fälle der verspäteten Lieferung kennen[1107], eine Beendigung bzw. Aufhebung ansonsten aber nur vom Vorliegen der Wesentlichkeit abhängt, gilt für das BGB, dass jegliches Rücktrittsrecht – im Grundsatz – vom Setzen einer Nachfrist abhängt. Hiervon ausgehend gilt es zu untersuchen, welches der beiden Systeme (GEK und CISG einerseits, BGB andererseits) für den Käufer die größeren Vorteile bietet.

Zu einem Gleichlauf führen die Gesetze im Bereich der verspäteten Leistung – hier sehen sowohl das GEK (Art. 115) als auch das BGB (§ 323 Abs. 1) und das CISG (Art. 49 Abs. 1 lit. b)) im Grundsatz, das heißt sofern keine Ausnahmen einschlägig sind oder wenn die verspätete Leistung ausnahmsweise als wesentlich anzusehen ist, vor, dass der Käufer dem Verkäufer eine Frist setzen muss. Im Bereich der Schlechtleistung muss jedoch nach Schwere des Mangels unterschieden werden. Einzeln zu bewerten sind all solche Mängel, die nach GEK und CISG als wesentlich einzustufen sind[1108] (im Folgenden insgesamt *wesentliche Mängel*), Mängel, die unerheblich im Sinne von § 323 Abs. 5 S. 2 BGB und Art. 114 Abs. 2 GEK[1109] sind (*unerhebliche Mängel*) und all jene Mängel, die dazwischen anzusiedeln sind (*unwesentliche, aber erhebliche Mängel*).

Ein unerheblicher Mangel führt zunächst dazu, dass ein Beendigungsrecht weder nach BGB (§ 323 Abs. 5 S. 2 BGB) noch nach GEK und CISG (Art. 114 Abs. 1 GEK und Art. 49 Abs. 1 lit. a) CISG) gegeben ist. Selbst für Verbraucher-Käufer ist nach Art. 114 Abs. 2 GEK kein Beendigungsrecht gegeben. Beim Vorliegen eines wesentlichen Mangels scheinen GEK und CISG den Käufer im Vergleich zum BGB leicht zu privilegieren: Nach allen Gesetzen ist ein Beendigungsrecht gegeben, während der Käufer im GEK und CISG den Vertrag aber sofort für beendet erklären kann, muss der Käufer im BGB, auch wenn die Vertragsverletzung noch so schwer ist – vorbehaltlich einer Ausnahme hiervon – zunächst eine Nachfrist setzen.

Diese scheinbare Privilegierung relativiert sich jedoch sehr schnell, wenn man die Fälle der wesentlichen Vertragsverletzung detaillierter betrachtet: Handelt es

1107 Siehe hierzu unter Teil 2.C.I.2.a.bb und Teil 2.C.III.2.a.bb(2).

1108 Siehe hierzu unter Teil 2.B.III und Teil 2.C.III.2.b.

1109 Zur Abgrenzung bzw. genauen Bestimmung der Unerheblichkeit siehe unter Teil 2.C.I.4.b.

sich um einen – nach deutschem Verständnis – unbehebbaren Mangel, kann der Käufer in GEK und CISG den Vertrag sofort beenden. Er kann nach BGB aber ebenso nach § 326 Abs. 5 BGB vorgehen, so dass auch für das BGB keine Wartezeit anfällt.[1110] Liegt hingegen ein behebbarer Mangel vor, ist es zwar richtig, dass – vorbehaltlich anderer Ausnahmetatbestände – im BGB eine Frist zu setzen ist. Auch im GEK kann der Verkäufer in diesem Fall grundsätzlich nach Art. 109 GEK Heilung anbieten[1111] und auch im CISG kann die Bereitschaft des Verkäufers zur Nacherfüllung das sofortige Aufhebungsrecht des Käufers nach Art. 49 Abs. 1 lit. a) CISG insofern verhindern, dass nach Ansicht der herrschenden Meinung, die Wesentlichkeit entfällt.[1112] Selbst die Tatsache, dass das Heilungsrecht nicht gegenüber einem Verbraucher ausgeübt werden kann (bzw. nur im Falle eines Spezifikationskaufs) ist von untergeordneter Bedeutung, da für den Verbraucher-Käufer ohnehin der Sonderfall des Art. 114 Abs. 2 GEK gilt (hierzu sogleich).

Damit bleibt hinsichtlich eines wesentlichen Mangels Folgendes festzuhalten: Richtig ist zwar, dass es je nach Gesetz zu Unterschieden kommen kann, die dazu führen, dass Ausnahmen in Bezug auf das Heilungsrecht[1113] oder die Entbehrlichkeit einer Fristsetzung nach § 323 Abs. 2 BGB[1114] einschlägig sind, bzw. die die Wesentlichkeit im CISG im Einzelfall trotz Vorliegen eines Nacherfüllungsbegehrens[1115] vorliegen lassen. Entgegen des ersten Eindrucks ist es jedoch eher der Regelfall, dass alle Gesetze zu gleichen Ergebnissen kommen und damit nicht nur beim unerheblichen Mangel, sondern auch beim wesentlichen Mangel im Normalfall keine Unterschiede und somit auch keine Vorteile in einem der Gesetze auszumachen sind.

Eine Ausnahme bildet insofern lediglich der unwesentliche, aber erhebliche Mangel, der im BGB (unter Einhaltung einer Fristsetzung) zu einem Rücktrittsrecht führt, während dies weder im GEK noch im CISG vorgesehen ist. Hier gilt es allerdings zu beachten, dass sich erst in der Praxis zeigen muss, wo genau die Grenze zwischen der Wesentlichkeit im GEK und der Unerheblichkeit nach BGB verlaufen wird, ehe sich zeigt, ob überhaupt eine nennenswerte Zahl von Fällen von dieser Ausnahmekonstellation erfasst ist. Selbst wenn es zu einer Abweichung kommt, ist diese auf das noch vorherrschende (und von § 459 Abs. 1 S. 2 BGB a.F. geprägte) Verständnis von § 323 Abs. 5 S. 2 BGB zurückzuführen[1116] und insofern eher eine Schwäche des deutschen Verständnisses als des GEK.

In Bezug auf die gerade angesprochene Tatsache, dass der Verkäufer gegenüber einem Verbraucher-Käufer keine Heilung anbieten kann[1117], ist abschließend noch auf die Sonderregel des Art. 114 Abs. 2 GEK zu blicken. Danach kann der Käufer

1110 Siehe hierzu unter Teil 2.F.II.
1111 Siehe hierzu unter Teil 1.D.I.2.
1112 Siehe hierzu unter Teil 2.C.III.2.b.cc.
1113 Siehe hierzu unter Teil 2.F.II.
1114 Siehe hierzu unter Teil 2.C.II.2.c.
1115 Siehe hierzu unter Teil 2.C.III.2.b.cc.
1116 Siehe hierzu unter Teil 2.C.II.2.d.
1117 Siehe hierzu unter Teil 1.D.I.2.b.

einen Vertrag bereits dann beenden, wenn ein erheblicher Mangel vorliegt, ohne dass der Verkäufer hier eine Heilung anbieten kann. Im BGB ist hierzu allerdings auf die richtlinienkonforme Auslegung von § 323 Abs. 1 BGB[1118] zu verweisen, die im Ergebnis ebenfalls dazu führt, dass eine Frist zwar abgelaufen sein muss, das Setzen dieser Frist aber auch im BGB entbehrlich ist. Damit besteht zwar faktisch noch ein Unterschied, da der Käufer die Beendigung im GEK sofort erklären kann, während im BGB zumindest eine Frist verstrichen sein muss. Beachtet man allerdings, dass auch ein Käufer im GEK wohl in der Regel eine kurze Frist verstreichen lassen wird, ehe er eine Beendigung erklärt, dürfte es sich hier eher um einen Vorteil von wenigen Tagen handeln.

Im Ergebnis lässt sich damit festhalten, dass es sowohl im Verbraucher-Kauf als auch im Unternehmer-Kauf bei genauerer Betrachtung eine hohe Anzahl an Übereinstimmungen gibt und entgegen dem ersten Eindruck im Regelfall alle Gesetze zu den gleichen Ergebnissen führen werden. Eine Ausnahme zu Gunsten des BGB könnte sich ergeben, je weiter sich in der Praxis der Unterschied zwischen Unerheblichkeit des § 323 Abs. 5 S. 2 BGB und der Wesentlichkeit des Art. 114 Abs. 1 GEK herausstellt. Zu Gunsten eines Verbraucher-Käufers lässt sich für das GEK die zuletzt dargestellte Konstellation bzgl. Art. 114 Abs. 2 GEK anführen.

Ein Blick auf die Details der Beendigungsvoraussetzungen in den drei Gesetzen zeigt wenig Unterschiede, vor allem aber zahlreiche Gemeinsamkeiten. So sind im Bereich der Schlechtleistung Anwendungsfälle des Art. 100 lit. e) GEK auch im CISG über Art. 35 Abs. 2 lit. a) CISG erfasst. Das Fehlen eines Pendants zu Art. 100 lit. g) GEK ist, wie schon mehrfach erwähnt[1119], nicht zu kritisieren, sondern führt im Zweifelsfall zu mehr Klarheit. Aber auch die Unterschiede sind im Ergebnis eher von marginaler Bedeutung: Der besondere Verwendungszweck gem. Art. 35 Abs. 2 lit. b) CISG lässt sich zwar im Gegensatz zum GEK konkludent vereinbaren und es zeigen sich Unterschiede im Vorrang zwischen den Merkmalen des Kaufs auf Probe und des vereinbarten Verwendungszwecks.[1120] In der Praxis dürfte dies aber nur in den allerseltensten Fällen zu unterschiedlichen Entscheidungen führen. Im Vergleich zwischen Art. 100 GEK und § 434 BGB zeigt sich vor allem, dass es immer wieder die Verbrauchsgüterkaufrichtlinie 1999[1121] ist, die für einen starken Gleichlauf sorgt. Daher sind zum Beispiel Fälle eines krassen aliuds, der Zuweniglieferung oder Aussagen von Dritten bzw. Werbung gleich zu behandeln. Enthält die Verbrauchsgüterkaufrichtlinie 1999[1122] keine Regelung, wie beispielsweise im Falle der Zuviellieferung, kommt es, fast schon konsequenterweise, zu einer Abweichung: während die Zuviellieferung im GEK eine Vertragswidrigkeit begründet, ist dies im BGB nicht der Fall.

1118 Siehe hierzu unter Teil 2.C.II.2.b.bb.

1119 Siehe hierzu unter Teil 2.C.I.5.

1120 Siehe hierzu unter Teil 2.C.I.2.b.dd(2) bzw. Teil 2.C.III.2.a.cc(3).

1121 Siehe unter Fußnote 292.

1122 Siehe unter Fußnote 292.

Weitere Abweichungen resultieren oftmals aus einer unsauberen oder überschießenden Umsetzung der Richtlinie durch den deutschen Gesetzgeber. So findet sich zwar in § 434 Abs. 2 BGB eine Regelung, die im Wesentlichen[1123] jener des Art. 100 lit. e) i.V.m. Art. 101 GEK entspricht. In beiden Fällen wird geregelt, dass eine (korrekte) Montageanleitung beizuliegen habe und dass es einer Schlechtleistung gleichsteht, wenn die Sache falsch montiert wird bzw. im Falle einer Eigenmontage die Montageanleitung fehlerhaft war. Im Unterschied zum GEK hat der deutsche Gesetzgeber § 434 Abs. 2 BGB allerdings überschießend, das heißt auch für Unternehmer-Käufer geregelt, so dass auch dieser Käufertypus im BGB von den Vorschriften zur Montage profitieren kann, was im GEK nicht möglich ist. Die gleiche Situation gilt bezüglich § 442 BGB, der eine Umsetzung von Art. 2 Abs. 3 der Verbrauchsgüterkaufrichtlinie 1999[1124] ist[1125] und Art. 104 GEK. Während der Verkäufer im deutschen Recht sowohl einem Unternehmer- als auch einem Verbraucher-Käufer diesen Haftungsausschluss entgegen halten kann, kann er dies im GEK nur gegenüber einem Unternehmer-Käufer.

Andererseits fehlt es im BGB beispielsweise trotz entsprechender Vorgabe in Art. 2 Abs. 2 lit. a) Verbrauchsgüterkaufrichtlinie 1999[1126] an einer expliziten Regelung zum Kauf nach Vorlage einer Probe oder eines Musters.[1127]Auch wenn, wie geschildert[1128], ein solcher Kauf von § 434 Abs. 1 S. 1 BGB erfasst ist, ergibt sich aus den unterschiedlichen Anknüpfungen (im GEK ist es ein objektives Kriterium, im BGB ein subjektives) eine unterschiedliche Bewertung. So dürfte es für den Käufer von Vorteil sein, wenn er den Zustand der Probe nicht erst als gewollt vereinbaren muss (so im BGB), sondern er bereits mit Vorzeigen der Probe objektiv zum Maßstab wird (so im GEK). Letztlich ist es aber vor allem das Verhältnis zu den anderen Regelungen von Art. 100 GEK, die dazu führen, dass der Käufer im GEK besser gestellt ist als im BGB. Während dort die Probe als vereinbarte Beschaffenheit stets der einzige Anknüpfungspunkt bleibt, bietet die zusätzliche Anknüpfung an Art. 100 lit. a) und b) GEK die Möglichkeit, den Verbraucher besser zu schützen. Denn ist ein anderer Verwendungszweck vereinbart, so geht dieser der Probe vor, ist ein solcher nicht vereinbart, aber entspricht sowohl Lieferung als auch Probe nicht dem gewöhnlichen Zweck, so liegt im GEK eine Schlechtleistung vor, im BGB hingegen kein Sachmangel.

Wenige Unterschiede dürften sich zwischen BGB und GEK im Hinblick auf Vertragswidrigkeiten der Verpackung ergeben. Zunächst ist konsequent zwischen

---

1123 Kleinere Abweichungen ergeben sich vor allem in der Beweislast: Während im BGB („es sei denn") der Verkäufer zu beweisen hat, dass der Aufbau trotz der fehlerhaften Anleitung gelungen ist, ist die fehlerhafte Installation im GEK Anspruchsvoraussetzung, so dass der Käufer sie zu beweisen hat.

1124 Siehe zur Richtlinie unter Fußnote 292 .

1125 *Westermann* in: MüKo-BGB, § 442 Rn. 2.

1126 Siehe zur Richtlinie unter Fußnote 292 .

1127 Siehe auch *Westermann* in: MüKo-BGB, § 434 Rn. 17.

1128 Siehe hierzu unter Teil 2.C.II.2.a.aa(1)(e).

Verpackung und Umverpackung zu unterscheiden. Wie im BGB ist auch im GEK in den meisten Fällen eine zerstörte Umverpackung unerheblich. Eine defekte Verpackung wiederum, die wertmindernd wirkt, weil es sich beispielsweise um ein Sammlerstück handelt, fällt im GEK unter Art. 100 lit. d), im BGB würde sie von § 434 Abs. 1 S. 2 Nr. 2 erfasst werden, auch hier gibt es mitunter auf der Rechtsfolgenseite keine Abweichungen. Lediglich in der einen Konstellation, in der der Verkäufer bei Anwendbarkeit des GEK eine untypische Umverpackung gewählt hat, die Umverpackung kaputt gegangen, die Ware jedoch unbeschädigt geblieben ist, hat der Käufer im GEK weitergehende Rechte als im BGB. Der Anwendungsbereich dieser Vorschrift ist in der Praxis aber nur von marginaler Bedeutung, so dass dies kein schwerwiegender Nachteil im BGB wäre.

Aufgrund der oben geschilderten Unsicherheiten[1129] ist es durchweg positiv zu bewerten, dass es im BGB kein dem Art. 100 lit. g) GEK entsprechendes Gegenstück gibt. Der exemplarisch aufgezeigte Fall der Yacht, die in der Erwartung, in einem bestimmen Land gefertigt zu werden, gekauft wird[1130], dürfte im BGB als Beschaffenheitsvereinbarung gem. § 434 Abs. 1 S. 1 BGB zu klassifizieren sein. Eigenschaften im Sinne dieser Vorschrift beschränken sich, anders als im GEK, nicht auf Eigenschaften, die die Nutzbarkeit betreffen, sondern umfassen alle Beziehungen einer Sache zur Umwelt, die Einfluss auf die Wertschätzung der Sache haben.[1131] Ist der Herstellungsort diskutiert worden, so fällt er unter die Vorschrift, bleibt es bei einer Vorstellung des Käufers, so ist diese im BGB nicht geschützt. Das BGB genießt hier den Vorteil der Rechtssicherheit. Überhöhte Erwartungen des Käufers werden konsequent nicht geschützt.

Kurz erwähnt sei an dieser Stelle auch der Fall des Rechtsmangels. Das Vorliegen eines solchen ist im BGB an wesentlich strengere Voraussetzungen geknüpft als im GEK: Während es im GEK ausreichend ist, dass die Ware frei von (Rechten Dritter und) nicht offensichtlich unbegründeten Ansprüchen Dritter sein muss, bejaht das BGB einen Rechtsmangel erst dann, wenn ein Dritter die Rechte auch geltend machen kann. Im Gegensatz zum GEK reicht allein die Behauptung eines solchen Rechts damit nicht aus.[1132]

Folgendes lässt sich damit festhalten: Zwischen dem GEK und dem BGB gibt es bedeutsame strukturelle Unterschiede. Hieraus kann allerdings nicht gefolgert werden, dass der Käufer im GEK schlechter stehen würde als dies im BGB der Fall ist. Es besteht vielmehr ein weitestgehend gleichwertiger Schutz, insgesamt ist der Käufer im Zweifelsfall im GEK sogar leicht besser geschützt. Insbesondere die geringen Unterschiede nur in Detailfragen führen letztlich dazu, dass ein wesentlicher Teil der Fälle gleich behandelt wird. Zwar gibt es keinen vollständigen Gleichlauf

1129 Siehe hierzu unter Teil 2.C.I.2.b.dd(1)(g).

1130 Siehe hierzu unter Teil 2.C.I.2.b.dd(1)(g).

1131 Siehe BGH, Urt. v. 08.12.1988, Az.: VII ZR 83/88, NJW 1989, 1793; BGH, Urt. v. 19.12.1980, Az.: V ZR 185/79, NJW 1981, 864.

1132 Siehe hierzu unter Teil 2.C.II.2.a.aa(2) im Vergleich zu Teil 2.C.I.2.b.ff(2).

beider Gesetze, dies war aber auch nicht zu erwarten. Entscheidend ist jedenfalls, dass das GEK keine groben Ungerechtigkeiten aufweist, die zu Lasten des Käufers gehen und dieser nicht zu befürchten braucht – zumindest im Hinblick auf Art. 114 GEK – schlechter zu stehen als im BGB. Auch im Vergleich zum CISG lassen sich enorme Gemeinsamkeiten feststellen. Der Gesetzgeber des GEK hat sich dem CISG mit Bedacht angenähert und überall dort, wo Anpassungen aufgrund der Besonderheit des Verbraucherschutzes notwendig waren, diese vorgenommen (siehe Art. 114 Abs. 2 GEK). Im Übrigen gilt in großen Teilen ein Gleichlauf zwischen GEK und CISG, da sich diese Regelungen im CISG seit Jahrzehnten bewährt haben und es daher nur folgerichtig ist, im GEK hierauf zurückzugreifen. Art. 114 GEK ist insofern eine gelungene Vorschrift und dürfte durchaus praxistauglich sein.

D. Rechte bei verspäteter Erfüllung

I. Beendigung wegen verspäteter Erfüllung gem. Art. 115 Abs. 1 GEK

1. Allgemeines

Das zweite Recht zur Beendigung, das das GEK dem Käufer an die Hand gibt, ist die Beendigung wegen verspäteter Erfüllung gem. Art. 115 Abs. 1 GEK.[1133] Danach kann der Käufer im Falle einer verspäteten Lieferung, die nicht als solche als wesentlich anzusehen ist, den Vertrag beenden, wenn er dem Verkäufer in einer Mitteilung eine angemessene Nachfrist zur Erfüllung setzt und der Verkäufer nicht innerhalb dieser Frist erfüllt.

2. Voraussetzungen

a. Unwesentliche verspätete Lieferung

aa. Ausgangssituation

Entscheidende Voraussetzung ist damit, dass eine verspätete Lieferung vorliegt, die nicht als solche als wesentlich anzusehen ist.[1134] Wann eine Lieferung als verspätet anzusehen ist, hängt entscheidend von der Parteiabrede ab. Ist keine Zeit für die Lieferung vereinbart, so gilt im Zweifel nach Art. 95 Abs. 1 GEK, dass die Waren

---

1133 Die Vorschrift hat ihre Grundzüge in Art. III. – 3:503 DCFR, der allerdings im Vergleich zum GEK deutlich kürzer ausfällt, keine Vermutungsregelung wie in Art. 115 Abs. 2 GEK enthält, dafür auf der anderen Seite aber klarstellt, dass eine zu kurze Frist in eine angemessene umgedeutet werden muss.

1134 Ebenso Expertengruppe CFR http://ec.europa.eu/justice/contract/files/tenth-meeting_en.pdf, S. 3 (zuletzt abgerufen am 21.12.2014); a.A. Feltkamp/Vanbossele, ERPL 2011, 873 (901).

innerhalb einer angemessenen Frist geliefert werden müssen. Die Formulierung in der Kommissions-Fassung sah noch eine „unverzügliche Frist“ vor und führte zu starker Kritik, vor allem weil dieser Begriff nicht definiert war.[1135] Weiter wurde vor allem moniert, dass sich aus der 30-Tages-Frist des Abs. 2 eine Vermutungsregel dahingehend ausprägen dürfte, dass der Verkäufer immer dann noch unverzüglich handele, wenn er innerhalb von 30 Tagen liefere[1136] und der Verbraucher so in Einzelfällen benachteiligt sein könnte.[1137] Inwiefern die Neuformulierung hier Klarheit gebracht hat, darf bezweifelt werden. Zwar kann hinsichtlich der Angemessenheit nun auf Art. 5 Abs. 1 GEK verwiesen werden. Dessen Erklärung, dass „angemessen“ ist, was objektiv unter Berücksichtigung der Art und des Zwecks des Vertrags, der Umstände des Einzelfalls und der Gebräuche und Gepflogenheiten der jeweiligen Gewerbe oder Berufe zu bestimmen ist, bringt letztlich aber auch kein Mehr an Klarheit.[1138] Auch in der ursprünglichen Formulierung sollte klar geworden sein, dass der Verkäufer immer innerhalb einer angemessenen Frist liefern muss und dass diese Frist für Verbraucher unabhängig vom Produkt auf keinen Fall länger als 30 Tage sein darf.[1139] Letztlich ist Verfügbarkeit und Lieferzeit im Online-Handel ein nicht zu unterschätzendes Verkaufs- und Werbeargument, so dass nicht zu befürchten ist, dass Verkäufer die Ware künstlich zurückhalten, sondern dass im Normalfall deutlich schneller als innerhalb von 30 Tagen geliefert wird.[1140] Für Unternehmer-Käufer heißt dies konsequenterweise aber auch, dass eine angemessene Frist – z.B. bei der Bestellung eines Firmenjets – länger sein kann, die 30 Tage können hier kein Maßstab sein.

Für Art. 115 Abs. 1 GEK bedeutet dies auch, dass sich ein Fristablauf nur je nach Einzelfall beurteilen lässt. Faktisch wird man wohl davon ausgehen dürfen, dass ein durchschnittlich organisiertes Unternehmen ein Massenprodukt innerhalb von fünf – sechs Werktagen verschicken kann, so dass bereits nach einer Woche von einer verspäteten Leistung gesprochen werden kann. Haben sich Käufer und Verkäufer aber auf keine Zeit geeinigt, so ist ein Verbraucher-Käufer dennoch gut beraten, wenn er die 30-Tages-Frist des Art. 95 Abs. 2 GEK abwartet. Andernfalls macht er sich womöglich schadensersatzpflichtig. Hinsichtlich der Frage, wann eine an sich nicht wesentliche verspätete Lieferung gegeben ist, sei auf die Abgrenzung unter Teil 2.C.I.2.a.bb(1) verwiesen.

1135 Zur Kritik hieran allgemein Lorenz, AcP 202 (2012), 702 (721).

1136 *Remien* in: Schmidt-Kessel, S. 307 (315); Lorenz, AcP 212 (2012), 702 (721); *Zoll* in: Schulze, Art. 95 Rn. 11 f.

1137 *Remien* in: Schmidt-Kessel Kommentar, Art. 95 Rn. 2.

1138 Ähnlich *Müller-Graff* in: Schmidt-Kessel Kommentar, Art. 5 Rn. 1 ff.

1139 Diese Möglichkeit andeutend: *Remien* in: Schmidt-Kessel, S. 307 (315).

1140 Gleichwohl es mit § 474 Abs. 3 BGB eine Parallelregelung in Deutschland gibt, lassen sich hier aufgrund der Tatsache, dass diese erst im Juni 2014 in Kraft getreten ist, noch keine belastbaren Ergebnisse ableiten. Bisher sind allerdings auch noch keine Berichte über nennenswerte Verzögerungen bekannt geworden.

bb. Anwendung auf Schlechtleistung

Vom Wortlaut her greift Art. 115 Abs. 1 GEK damit also nur bei einer Spätleistung[1141], in allen anderen in Art. 87 Abs. 1 GEK genannten Fällen einer Nichterfüllung[1142] greift Art. 115 Abs. 1 GEK nicht. Fraglich ist, ob man hiervon zugunsten einer Schlechtleistung eine Ausnahme machen muss. So wird im CISG beispielsweise der Fall diskutiert, dass eine Vertragswidrigkeit im Falle eines Versendungskaufs oder bei einer Hohlschuld bereits vor Übergabe oder Transport vom Käufer bemerkt und die Ware daher zurückgewiesen werde.[1143] Es soll sich hierbei um eine Nichtlieferung und nicht um eine Schlechtleistung handeln, weshalb Art. 49 Abs. 1 lit. b) CISG – das Pendant zu Art. 115 Abs. 1 GEK – Anwendung finden soll.[1144]

Eine solche Ausweitung des Anwendungsbereichs auch auf die Schlechtleistung erscheint trotz des an sich sehr eindeutigen Wortlauts, der nur von verspäteter Leistung spricht, sinnvoll. Anwendungsfälle für diese teleologische Reduktion dürften vor allem darin zu sehen sein, dass ein Käufer die gleiche Ware zweimal bestellt und sie ihm bereits einmal mit einem Mangel behaftet geliefert wird, während die zweite Lieferung noch aussteht.

Das GEK weist im Grundsatz eine Abhilfen-Struktur auf, in der der Käufer bei Vorliegen der entsprechenden Voraussetzungen alternativ sämtliche Abhilfen geltend machen kann.[1145] Als Konsequenz daraus sollen nach dem Willen des Gesetzgebers, Beendigungstatbestände tendenziell eher restriktiv angewendet werden. Eine Schlechtleistung kann nur dann zu einer Beendigung führen, wenn sie wesentlich ist – eine Nichtleistung auch dann, wenn sie nicht wesentlich ist. Der strukturelle Unterschied liegt in der Abgrenzung, ob ein Leistungsaustausch stattgefunden hat oder nicht. Hat er stattgefunden, ist die Rückabwicklung mit einem gewissen Aufwand verbunden, der dem Gesetzgeber nur dann angemessen erscheint, wenn die Wesentlichkeitsschwelle überschritten ist. Hat aber noch kein Leistungsaustausch stattgefunden, ist die Beendigung mit keinem weiteren Aufwand verbunden, so dass eine Beendigung auch bei einer unwesentlichen Nichtleistung möglich ist. Hat also, um im Beispiel zu bleiben, der Käufer die zweite Lieferung noch nicht erhalten, ist die Beendigung ohne größeren Aufwand möglich. Dem Käufer hier das Beendigungsrecht aus formellen Gründen zu nehmen und ihn auf andere Rechtsbehelfe, wie die Minderung, zu verweisen, wäre daher unangemessen.[1146]

1141 Teilweise wird die Formulierung als zu unpräzise kritisiert, siehe Lorenz, AcP 212 (2012), 702 (769), letztlich wird aber auch aus der vorliegenden Formulierung klar, dass ein Beendigungsrecht nach Art. 114 GEK nur dann besteht, wenn die Lieferung *noch* gar nicht erfolgt ist und nicht nur verspätet beim Käufer ankam.

1142 Siehe hierzu unter Teil 2.C.I.2.

1143 So zu finden bei *Müller-Chen* in: Schlechtriem/Schwenzer, Art. 49 Rn. 17.

1144 Siehe zu Art. 49 Abs. 1 lit. b) CISG ausführlich unter Teil 2.D.III.

1145 Siehe hierzu unter Teil 1.D.I.2.

1146 Wohl anders *Wendehorst* in: Schmidt-Kessel, S. 371 (378).

Tritt also die oben geschilderte Konstellation ein und liegt ein Mangel vor, der an sich unwesentlich ist (ansonsten könnte der Käufer ohnehin über Art. 114 Abs. 1 GEK vorgehen), so könnte der Käufer die zweite Lieferung mit Verweis auf Art. 115 Abs. 1 GEK zurückweisen.

b. Setzen einer Nachfrist

aa. Ausgangssituation

Weitere Voraussetzung des Art. 115 Abs. 1 GEK ist das Setzen und das Ablaufen einer angemessenen Nachfrist, innerhalb derer der Verkäufer nicht leistet. Während rein tatsächlich festgestellt werden kann, ob eine Leistung erfolgt ist oder nicht, birgt die Frage, wann eine Nachfrist angemessen ist, eine Reihe von Problemen. Das Gesetz erklärt sich hierzu nicht, gibt aber insofern eine Auslegungsregel vor, als dass in Abs. 2 festgelegt ist, dass eine Nachfrist als angemessen gilt, der der Verkäufer nicht unverzüglich widerspricht. Scheinbar wäre danach jede auch noch so kurze Frist angemessen, solange der Verkäufer dieser nicht widerspricht. Im Extremfall könnte der Käufer eine so kurze Frist setzen, dass diese abläuft, ehe der Verkäufer überhaupt die Möglichkeit hätte, der Fristsetzung zu widersprechen. Daher muss auch über den Wortlaut von Art. 115 Abs. 2 GEK gelten, dass das willkürliche Setzen einer extrem kurzen Frist niemals angemessen sein kann und als von Treu und Glauben ausgeschlossen angesehen werden muss.[1147]

Damit ist allerdings fraglich, was noch als angemessen anzusehen ist. Am praktikabelsten dürfte es im Rahmen von Art. 115 GEK sein, wenn man die Fristen in einem engen Zusammenhang betrachtet. Berücksichtigt man, dass der Verkäufer bereits die ursprünglich vereinbarte Leistungszeit hatte, innerhalb derer er hätte leisten können und dass ihm insofern hier eine zweite Chance eingeräumt wird, erscheint es angemessen, eine kürzere als die ursprüngliche Lieferzeit anzusetzen. Dabei muss natürlich berücksichtigt werden, dass der Verkäufer genug Zeit erhält, eine an sich fertige Leistung zu erbringen.[1148] Ebenfalls zu berücksichtigen sind Postlaufzeiten oder ähnliches.

Ebenfalls keinen Hinweis enthält das GEK zu der Frage, wie der Begriff der Unverzüglichkeit zu verstehen ist. Klar scheint zunächst nur, dass eine 30-Tages-Frist wie in Art. 95 Abs. 2 GEK an dieser Stelle völlig impraktikabel wäre. Es muss sich daher wohl eher um ein Verständnis wie im deutschen Recht handeln, wonach der Verkäufer der gesetzten Frist ohne schuldhaftes Zögern (§ 121 BGB) widersprechen muss. Je nach Kommunikationsart ist daher anzunehmen, dass ein unverzügliches Widersprechen nur dann noch zu bejahen ist, wenn der Verkäufer dies innerhalb von einem oder zwei Werktagen tut.

1147 In Grundsätzen genauso *Wendehorst* in: Schmidt-Kessel, S. 371 (378).

1148 Siehe zu dem vergleichbaren Ergebnis im BGB unter Teil 2.C.II.2.b.aa.

bb. Reaktionen des Verkäufers

(1) Vorschlagen einer Gegenfrist

Ein Vergleich mit dem CISG zeigt, dass dort die Situation eintreten kann, dass der Verkäufer erklärt, er werde nicht innerhalb der vom Käufer gesetzten, aber innerhalb einer länger andauernden Frist leisten.[1149] Das Recht hierzu ergibt sich aus Art. 48 Abs. 2 und 3 CISG und bringt den Käufer in die Situation, dass dieser der Gegenfrist wiederum unverzüglich widersprechen muss. Eine entsprechende Reaktionsmöglichkeit muss dem Verkäufer im GEK jedoch klar untersagt sein. Zunächst fehlt es an einer Art. 48 Abs. 2 und 3 CISG entsprechenden Vorschrift. Darüber hinaus ist auch die Konstellation nicht vergleichbar. Während sich im CISG im Regelfall gleich starke Partner gegenüber stehen, ist der Käufer im GEK, zumindest im Verbraucher-Kauf, in einer schwächeren Position, so dass dieser nicht von einem Verkäufer zu weiteren Schritten, wie einer unverzüglichen Reaktion, gezwungen werden darf. Anhaltspunkte dafür, die Norm in einem Unternehmer-Kauf anders anzuwenden, sind nicht ersichtlich, so dass hier im Interesse einer einheitlichen Anwendung insgesamt davon ausgegangen werden muss, dass das Setzen einer Gegenfrist im GEK ohne Wirkung ist. Für den Verkäufer heißt dies, dass er die vom Käufer gesetzte Frist – sofern sie entsprechend der obigen Ausführungen angemessen ist – zu befolgen hat. Tut er dies nicht, entsteht das Beendigungsrecht für den Käufer und eine spätere Lieferung kann hieran auch nichts ändern.

(2) Einlegen eines berechtigten Widerspruchs i.S.v. Art.115 Abs. 2 GEK

Sofern die vom Käufer gesetzte Frist tatsächlich als unangemessen anzusehen ist und sofern der Verkäufer unverzüglich widerspricht, stellt sich die Frage, ob der Käufer dem Verkäufer erneut eine – diesmal angemessene – Frist setzen muss oder ob die gesetzte Frist gesetzlich auf ein angemessenes Maß ausgeweitet wird. Betrachtet man das Telos einer Fristsetzung, so geht es in erster Linie darum, dem Schuldner vor Augen zu führen, dass eine Leistung noch nicht (vollständig) erbracht ist, ihm Zeit zu geben zu leisten und letztlich darum, ihn zu warnen, dass, im Falle einer Nichtleistung, Konsequenzen folgen werden. Auch eine an sich nicht angemessene Frist erfüllt diese Voraussetzungen: Der Verkäufer ist gewarnt und kann mit der Leistung beginnen. Der Leistungserfolg scheitert an der zu kurzen Frist. Damit wird aber auch deutlich, dass es grundsätzlich keinen Grund gibt, warum der Käufer noch einmal tätig werden muss und eine vollständig neue, angemessene Frist setzen muss, da es ausreichend ist, wenn man die Frist auf eine angemessene Länge ausdehnt.[1150] Ein solches Verständnis scheint auch von Art. III. – 3:503 Abs. 2 DCFR getragen. Die Regelung sieht explizit vor, dass der Käufer nach dem Setzen

---

1149 Siehe hierzu *Müller-Chen* in: Schlechtriem/Schwenzer, Art. 48 Rn. 30 und Art. 49 Rn. 21.

1150 A.A. *Schopper* in: Wendehorst/Zöchling-Jud, S. 107 (137) und *Zoll* in: Schulze, Art. 115 Rn. 8, wonach eine neue Frist zu setzen ist.

einer unangemessen kurzen Frist den Vertrag erst dann beenden darf, wenn eine angemessene Zeit seit der Erklärung der Beendigung vergangen ist. Die Regelung sieht ausdrücklich nicht vor, dass der Käufer eine neue Frist setzen muss.

(3) Verweigerung des Verkäufers

Unklar ist auch die Situation, in der der Verkäufer nach einer Nachfristsetzung erklärt, er werde nicht innerhalb der Frist an den Käufer leisten.[1151] Während für das CISG in Art. 49 Abs. 1 lit. b) 2. Alt klar geregelt ist, dass der Käufer in diesem Fall direkt von seinem Aufhebungsrecht Gebrauch machen darf[1152], schweigt das GEK an dieser Stelle, so dass unklar ist, ob der Käufer den Fristablauf abwarten muss oder ob er direkt die Beendigung des Vertrags erklären darf. Für ein Verstreichenlassen-müssen der Frist spricht der Wortlaut, wonach der Käufer erst dann den Vertrag beenden kann, wenn der Verkäufer nicht innerhalb der Frist geleistet hat. Letztlich würde es sich hierbei aber einerseits um bloße Förmelei handeln, die den Käufer je nach Produkt und Länge einer angemessenen Frist einige Tage bis Wochen kostet, auf der anderen Seite würde es den Verkäufer aber auch in unbilliger Weise bevorteilen. Im Regelfall muss der Käufer für die Ware in Vorleistung treten, so dass der Verkäufer in der Zeit, in der die Frist noch läuft und der Käufer die Beendigungsfolgen nicht herbeiführen könnte, mit dem Geld des Käufers arbeiten könnte. Im Ergebnis kann es daher nicht sein, dass der Käufer auf den Fristablauf warten muss, wenn der Verkäufer zuvor seine Leistungsunwilligkeit erklärt hat.

(4) Leistung innerhalb der Frist

Der Verkäufer hat außerdem die Möglichkeit, die Leistung innerhalb der Frist nachzuholen. Fristwahrend ist dabei allerdings nur solch eine Leistung, die frei von Bedingungen ist.[1153] Fraglich ist auch, wie die Situation zu bewerten ist, wenn der Verkäufer zwar innerhalb der Frist leistet, die Ware aber einen Mangel aufweist, mithin also eine Schlechtleistung vorliegt. Setzt man das oben Gesagte konsequent um, so muss auch eine Schlechtleistung zunächst als Leistung im Sinne der Frist angesehen werden. Letztlich handelt es sich hierbei im Ergebnis um eine klassische Schlechtleistung und nicht um eine Spätleistung. Ob der Käufer also vom Vertrag zurücktreten kann, misst sich dann erst an Art. 114 GEK und hängt davon ab, ob der Mangel wesentlich ist. Es handelt sich hierbei auch gerade nicht um bloße Förmelei, sondern es geht ganz entscheidend darum, eine Umgehung von Art. 114 GEK zu gewährleisten.

1151 Verweigert der Verkäufer die Leistung von vorneherein, so dürfte diese Nichtleistung stets wesentlich sein und der Käufer hat direkt ein Beendigungsrecht nach Art. 114 Abs. 1 GEK.

1152 Siehe hierzu fürs CISG *Müller-Chen* in: Schlechtriem/Schwenzer, Art. 49 Rn. 20.

1153 Im CISG genauso, siehe Schweizer Bundesgericht, Urt. v. 20.12.2006, Az.: 4C.314/2006, CISG-online 1426; OLG Celle, Urt. v. 24.05.1995, Az.: 20 U 76/94, CISG-online 152.

(5) Verstreichen lassen der Frist

Lässt der Verkäufer die Frist hingegen verstreichen, so hat der Käufer das Recht den Vertrag zu beenden. Mit Ablauf der Frist endet der Vertrag allerdings nicht automatisch, sondern dem Käufer wird nur ein Recht gegeben, dass dieser ausüben kann.[1154] Eine Ausnahme hiervon regelt Art. 115 Abs. 3 GEK, der klarstellend regelt, dass der Käufer gleichzeitig eine Nachfrist setzen und die Beendigung, bedingt auf das Nichterfüllen innerhalb der Frist, erklären kann, so dass in diesem Fall eine automatische Beendigung eintritt.

3. Beweislast

Die Beweislast, innerhalb der Lieferfrist geleistet zu haben, trägt – entsprechend der üblichen Regeln der Beweislast – der Verkäufer. Gründe hiervon abzuweichen, sind nicht ersichtlich.[1155]

4. Fazit

Die Vorschrift hat insgesamt einen sehr eingeschränkten und, was ausnahmslos zu begrüßen ist, sehr klar abgegrenzten Anwendungsbereich. Dies gilt vor allem vor dem Hintergrund, dass Art. 115 Abs. 1 GEK nicht unter dem Vorbehalt der Wesentlichkeit steht und somit entgegen dem Grundsatz der Vertragserhaltung einfacher geltend zu machen ist. Die Vorschrift ist daher zu Recht begrenzt auf Fälle der Spätleistung und darf auf keinen Fall auch für Fälle der Schlechtleistung gelten.[1156] Die Regelungen zur Unverzüglichkeit selbst bergen einige auslegungsbedürftige Begriffe und sind dadurch auf der einen Seite zwar weniger anwendungsfreundlich, dafür auf der anderen Seite aber sehr flexibel. Sie geben insgesamt die Möglichkeit, zu praktikablen Lösungen zu kommen. Art. 115 Abs. 1 GEK ist daher insgesamt ebenfalls sehr zu begrüßen und scheint für die Praxis handhabbar zu sein.

II. Rechte bei verspäteter Erfüllung nach dem BGB

Aus den Ausführungen zu § 323 Abs. 1 BGB[1157] ergibt sich, dass das System des BGB mit dem des GEK nicht vollständig übereinstimmt. So kann im Rahmen von § 323 Abs. 1 BGB nicht zwischen Schlecht- und Nichtleistung, zwischen wesentlicher und unwesentlicher Verletzung und auch nicht zwischen Schlechtleistungen mit und ohne Fristsetzungserfordernis unterschieden werden. Folglich gibt es weder ein einheitliches Pendant zu Art. 114 GEK noch zu Art. 115 GEK. Fälle der Spätleistung

---

1154 Zur Beendigungsmitteilung ausführlich unter Teil 4.

1155 Zur Beweislastverteilung im CISG siehe: *Hepting/Müller* in: Baumgärtel/Laumen/Hepting, Art. 49 Rn. 8; Müller, S. 134.

1156 Siehe hierzu unter Teil 2.D.I.2.a.bb.

1157 Siehe hierzu unter Teil 2.C.II.

werden im BGB damit einheitlich gem. § 323 Abs. 1 gelöst. Weitere Ausführungen zu § 323 Abs. 1 BGB sind an dieser Stelle nicht erforderlich.

III. Vertragsaufhebung gem. Art. 49 Abs. 1 lit. b) CISG

1. Allgemeines

Neben der Aufhebung aufgrund einer wesentlichen Vertragsverletzung nach Art. 49 Abs. 1 lit. a) CISG kennt das UN-Kaufrecht, genau wie das GEK, die Möglichkeit der Aufhebung aufgrund nicht zeitgemäßer Lieferung nach Art. 49 Abs. 1 lit. b) CISG. Auch hier kann der Käufer dem Verkäufer eine angemessene Nachfrist setzen und nach deren Ablauf den Vertrag beenden.

2. Voraussetzungen

a. Nicht zeitgemäße Lieferung

Zunächst muss der Verkäufer nicht zeitgemäß geleistet haben. Welcher Zeitraum dabei als nicht zeitgemäß anzusehen ist, regelt Art. 33 CISG. Deutlicher noch als im GEK stellt Art. 33 lit. a) CISG klar, dass in erster Linie auf die vertragliche Abrede abzustellen ist. Als Zeitpunkt im Sinne dieser Norm gilt die Vereinbarung eines konkreten Zeitpunktes oder eines unbestimmten Zeitpunktes, der anhand eines objektiv bestimmbaren Ereignisses präzisiert werden kann.[1158] Subsidiär hat der Verkäufer, wenn ein Zeitraum im Vertrag bestimmt (oder bestimmbar) ist und sich aus dem Vertrag ergibt, dass nicht der Käufer den genauen Moment innerhalb dieses Zeitpunkts bestimmen darf, an einem Tag seiner Wahl innerhalb dieses Zeitraums zu leisten. Auch ein solcher Zeitraum kann anhand des Kalenders oder anhand eines objektiv bestimmbaren Ereignisses festgelegt sein.[1159] Ist kein Anfangstermin bestimmt, kann der Verkäufer sofort leisten, er muss es aber spätestens zum Ende des Zeitraums tun. Gibt es einen Anfangs- und einen Endzeitpunkt, muss die Leistung dazwischen erfolgen.[1160] Der Unterschied zwischen Art. 33 lit. a) und b) CISG wird an folgendem Beispiel deutlich: Ist vereinbart, dass innerhalb einer Woche ab Pfingsten zu leisten ist, liegt ein Fall gem. lit. b) vor, soll dagegen am 7. Tag nach Pfingsten geliefert werden, ein Fall von lit. a).[1161] Das gleiche gilt für den Fall, dass die Bestimmung des genauen Lieferzeitpunkts vertraglich oder nach Auslegung der Umstände dem Käufer zugestanden wurde.[1162]

1158 *Widmer Lüchinger* in: Schlechtriem/Schwenzer, Art. 33 Rn. 7.

1159 *Widmer Lüchinger* in: Schlechtriem/Schwenzer, Art. 33 Rn. 8.

1160 Honnold/Flechtner, Rn. 319.

1161 Beispiel frei nach *Widmer Lüchinger* in: Schlechtriem/Schwenzer, Art. 33 Rn. 7.

1162 Siehe zu den Details: *Widmer Lüchinger* in: Schlechtriem/Schwenzer, Art. 33 Rn. 10 f.

Ist letztendlich kein Zeitpunkt bestimmt oder eine unverbindliche Frist vereinbart[1163], so greift wiederum subsidiär Art. 33 lit. c) CISG ein, wonach der Verkäufer innerhalb einer angemessenen Frist zu leisten hat. Was als angemessen anzusehen ist, ist letztlich ebenso unklar wie im GEK.[1164] Auch hier ist auf den Einzelfall abzustellen,[1165] das heißt, es sind die beiderseitigen Interessen gegeneinander abzuwägen, wobei jeweils nur zu berücksichtigen ist, was auch der Gegenseite tatsächlich bekannt war oder hätte bekannt sein müssen.[1166] Entscheidendes Kriterium wird damit oftmals sein, ob es sich um Waren handelt, die erst noch hergestellt werden müssen[1167], wobei im Einzelfall sogar angenommen wird, dass auch sofortige Lieferung angemessen sein kann.[1168]

b. Exkurs: Schlechtleistung

Obwohl die Vorschrift des Art. 49 Abs. 1 lit. b) CISG vom Wortlaut her nur auf verspätete Leistungen anzuwenden ist, wird angenommen, dass die Vorschrift auch für den Fall gilt, dass der Mangel im Falle eines Versendungskaufs bereits vor dem Transport auffällt und der Käufer die Ware daraufhin zurückweist.[1169]

c. Ablaufen der Frist bzw. Erklärung der Nichterfüllung

Liegt eine nicht fristgemäße Leistung vor, so muss der Käufer dem Verkäufer eine Nachfrist i.S.v. Art. 47 CISG setzen. Um als Fristsetzung anerkannt zu werden, ist zunächst erforderlich, dass der Käufer den Verkäufer unter Nennung eines bestimmten (oder zumindest bestimmbaren) Datums zur Leistung auffordert.[1170] Was die Angemessenheit selbst angeht, muss abermals auf den Einzelfall abgestellt werden. Als Kriterien haben sich dabei in der Rechtsprechung das Interesse des Käufers an zeitnaher Lieferung[1171], die Ursache der Nichtlieferung[1172], die ursprüngliche Lieferzeit sowie der Umfang und die Art der Lieferung[1173] herauskristallisiert. Entscheidend

---

1163 *Widmer Lüchinger* in: Schlechtriem/Schwenzer, Art. 33 Rn. 14.
1164 Siehe hierzu unter Teil 2.D.I.2.b.aa.
1165 *Magnus* in: Staudinger CISG, Art. 33 Rn. 22.
1166 OLG Rostock, Urt. v. 15.09.2003, Az.: 3 U 19/03, CISG-Online 920.
1167 *Widmer Lüchinger* in: Schlechtriem/Schwenzer, Art. 33 Rn. 17.
1168 Piltz, Rn. 4–56; *Lüderitz/Schüßler-Langeheine* in: Soergel CISG, Art. 33 Rn. 8.
1169 So bei *Müller-Chen* in: Schlechtriem/Schwenzer, Art. 49 Rn. 17; eine Bewertung dieser Ansicht kann im Rahmen dieser Arbeit nicht erfolgen, eine Übertragung auf das GEK ist jedenfalls entschieden abzulehnen, siehe hierzu unter Teil 2.D.I.2.a.bb.
1170 *Müller-Chen* in: Schlechtriem/Schwenzer, Art. 47 Rn. 4 f.
1171 OLG Naumburg, Urt. v. 27.04.1999, Az.: 9 U 146/98, CISG-Online 512.
1172 *Müller-Chen* in: Schlechtriem/Schwenzer, Art. 47 Rn. 6.
1173 *Müller-Chen* in: Schlechtriem/Schwenzer, Art. 47 Rn. 6.

ist, dass die Frist lange genug ist, damit der Verkäufer die Nachbesserung auch tatsächlich vornehmen kann.[1174]

d. Reaktionen des Verkäufers

Auch im CISG stellt sich im Anschluss an das Setzen der Frist die Frage, wie der Verkäufer hierauf reagieren kann. Explizit geregelt und daher – im Gegensatz zum GEK[1175] – anerkannt ist das Setzen einer längeren Gegenfrist.[1176] Widerspricht der Käufer in der Folge nicht, so kann er die Aufhebung des Vertrags erst dann erklären, wenn die neu gesetzte Frist des Verkäufers wirkungslos verstrichen ist. Der Verkäufer kann als zweite Möglichkeit erklären, dass er nicht oder nicht innerhalb der Frist leisten werde, was den Käufer zur sofortigen Geltendmachung seines Aufhebungsrechts ermächtigt (Art. 49 Abs. 1 lit. b) 2. Alt. CISG).[1177] Verweigert der Verkäufer die Leistung bereits bevor ihm der Käufer eine Nachfrist gesetzt hat, liegt der klassische Fall der wesentlichen Vertragsverletzung vor, so dass der Käufer gem. Art. 49 Abs. 1 lit. a) CISG die Aufhebung verlangen kann.[1178] Ist eine gesetzte Nachfrist, entsprechend der oben genannten Grundsätze objektiv zu kurz, muss der Verkäufer – mangels einer Fiktion wie in Art. 115 Abs. 2 GEK – der Frist auch nicht ausdrücklich widersprechen. Genau wie im GEK ist allerdings unklar, was die Folge einer unangemessenen Frist ist. Auch hier wird einerseits vertreten, der Käufer müsse eine gänzlich neue Frist setzen, um im Anschluss daran die Aufhebung erklären zu können.[1179] Die herrschende Meinung nimmt hingegen an, dass eine zu kurze Frist dennoch eine angemessene Frist in Gang setzt und der Käufer, sofern er die tatsächlich angemessene Frist abwartet, im Anschluss auch die Aufhebung erklären kann.[1180] Handelt der Verkäufer letztlich gar nicht, erwirbt der Käufer mit Ablauf der Frist das Recht, die Aufhebung zu erklären.

3. Beweislast

Der Verkäufer muss beweisen, dass er geleistet hat.[1181] Hat der Käufer dem Verkäufer eine Pflicht zur Leistung innerhalb einer bestimmten Frist gesetzt, so muss

1174 *Lüderitz/Schüßler-Langeheine* in: Soergel CISG, Art. 47 Rn. 3; Honsell, SJZ 1992, 345 (352 f.).

1175 Siehe hierzu unter Teil 2.D.I.2.b.bb(1).

1176 *Müller-Chen* in: Schlechtriem/Schwenzer, Art. 48 Rn. 30 und Art. 49 Rn. 21.

1177 *Müller-Chen* in: Schlechtriem/Schwenzer, Art. 49 Rn. 20.

1178 *Müller-Chen* in: Schlechtriem/Schwenzer, Art. 49 Rn. 15.

1179 *Schnyder/Straub* in: Honsell CISG, Art. 47 Rn. 24; Friehe, IHR 2010, 230 (236).

1180 *Benicke* in: MüKo-HGB, Art. 47 Rn. 7; *Magnus* in: Staudinger CISG, Art. 47 Rn. 20; *Müller-Chen* in: Schlechtriem/Schwenzer, Art. 47 Rn. 9; differenzierend *Huber* in: MüKo-BGB, Art. 47 Rn. 13.

1181 *Hepting/Müller* in: Baumgärtel/Laumen/Hepting, Art. 49 Rn. 1.

er nur beweisen, dass er die Mitteilung mit geeigneten Mitteln abgesendet hat[1182], den Verkäufer trifft die Beweislast dafür, dass er innerhalb der Frist geleistet hat.[1183]

IV. Vergleichendes Fazit

Ein Vergleich von Art. 115 Abs. 1 GEK mit Art. 49 Abs. 1 lit. b) CISG fällt ähnlich aus wie derjenige zwischen Art. 114 Abs. 1 GEK und Art. 49 Abs. 1 lit. a) CISG. Abermals ist dies der Tatsache geschuldet, dass das CISG dem GEK in großen Teilen als Vorbild dient. So wie bei Art. 114 Abs. 1 GEK und Art. 49 Abs. 1 lit. a) CISG auch, lassen sich nahezu alle Unterschiede mit der jeweiligen Konstellation (Verbraucher-Kauf bzw. Unternehmer-Kauf) erklären. Die Frage, wann eine Leistung fällig wird, ist beispielsweise in Art. 33 CISG detaillierter geregelt als in Art. 95 CISG. Hintergrund ist, wie bereits zu Art. 36 Abs. 1 CISG und Art. 100 GEK in Bezug auf den Gefahrübergang angemerkt[1184], dass der Handel zwischen Kaufleuten einer anderen Lebenswirklichkeit folgt, als das weniger komplexe Endkundengeschäft, das im GEK in erster Linie abgebildet wird. Auch hier gilt, dass die Regelungen zur Lieferzeit in Art. 95 GEK völlig ausreichend sind.

Genauso verhält es sich auch mit den Handlungsmöglichkeiten des Verkäufers. Während sich für das CISG gut begründen lässt, dass der Verkäufer durch das Setzen einer längeren Nachfrist ein weiteres „Angebot“ machen kann, welches der Käufer annehmen kann, wäre eine analoge Anwendung für das GEK nicht sachdienlich. Hier muss ein Verbraucher-Käufer davor geschützt werden, sich aus Unwissenheit seiner Rechte zu begeben. Dass dadurch im Einzelfall im GEK auch ein Unternehmer-Käufer besser als im CISG gestellt sein kann, ist im Rahmen einer einheitlichen Anwendung des GEK zu akzeptieren und stellt letztlich eine geringe Abweichung dar, die für den Käufer sogar einen Anreiz bilden kann, das GEK als anwendbares Recht zu wählen. Bedauerlich ist allerdings, dass dem GEK eine explizite Regelung zur Verweigerung der Leistung, wie im CISG vorhanden, fehlt. Auch wenn sich nach der hier vertretenen Lösung keine Abweichungen ergeben, besteht für den Käufer doch die latente Gefahr, dass ein Gericht dies anders sieht und ein Käufer, der nach Verweigerung der Leistung, aber vor Ablauf der selbst gesetzten Frist die Beendigung erklärt, einen finanziellen Nachteil in Form von Schadensersatz erleidet.

Zum gleichen Ergebnis kommen GEK und CISG auch hinsichtlich der Frage nach der Anwendbarkeit der Vorschrift auf die Schlechtleistung. Weniger die Gemeinsamkeiten im Anwendungsbereich sind hier von Bedeutung, als vielmehr die strukturellen Erwägungen, die in beiden Gesetzen die gleichen sind und daher zu einer parallelen Anwendung führen.[1185]

1182 *Hepting/Müller* in: Baumgärtel/Laumen/Hepting, Art. 49 Rn. 6.

1183 *Hepting/Müller* in: Baumgärtel/Laumen/Hepting, Art. 49 Rn. 8; *Müller-Chen* in: Schlechtriem/Schwenzer, Art. 49 Rn. 20; Müller, S. 134.

1184 Siehe hierzu unter Teil 2.C.IV.1.

1185 Siehe unter Teil 2.D.I.2.a.bb.

Abweichungen können sich hinsichtlich der tatsächlichen Länge einer angemessenen Frist ergeben. Solche Unterschiede sind jedoch systemimmanent: Was im Unternehmer-Kauf noch bzw. nicht mehr angemessen sein kann, muss nicht für den Verbraucher-Kauf gelten. Da allerdings beide Gesetze auf eine angemessene Frist abstellen und auch die 30-Tages-Frist des Art. 95 Abs. 2 GEK nur für Verbraucher gilt, können beide Gesetze ähnlich flexibel auf jedwede Konstellation reagieren. Von einer inhaltlichen Abweichung kann daher nicht gesprochen werden. Die Ergebnisse dürften auch im Einzelfall sehr ähnlich ausfallen. Ein Vergleich mit dem BGB indes ist weder möglich noch sinnvoll, da das BGB kein passendes Pendant enthält.

E. Rechte bei voraussichtlicher Nichterfüllung

I. Beendigung wegen voraussichtlicher Nichterfüllung gem. Art. 116 GEK

1. *Allgemeines*

Die dritte und bislang am wenigsten beleuchtete[1186] Möglichkeit des Käufers einen Vertrag zu beenden, ist die Beendigung wegen voraussichtlicher Nichterfüllung nach Art. 116 GEK. Die Vorschrift ähnelt § 323 Abs. 4 BGB bzw. Art. 72 CISG sowie Art. III. – 3:504 DCFR und rundet die Beendigung wegen wesentlicher Nichterfüllung und wegen verspäteter Erfüllung ab.

2. *Voraussetzungen*

a. *Keine Fälligkeit*

Entscheidende Voraussetzung und Abgrenzungskriterium zu Art. 114 und Art. 115 GEK ist, dass noch keine Fälligkeit gegeben sein darf und dementsprechend auch noch keine Leistung (des Verkäufers) erfolgt ist. Art. 116 GEK ist damit vergleichbar mit dem US-amerikanischen *anticipatory breach*.[1187] Hinsichtlich der Frage, ob die künftige Vertragsverletzung erst nach Vertragsschluss entstehen darf, zeigt ein Vergleich mit dem CISG, in dem es eine vergleichbare Regelung gibt[1188], dass dort überwiegend von einem entsprechenden Verständnis ausgegangen wird.[1189]

1186 So finden sich beispielsweise nur wenige Sätze bei *Wendehorst* in: Schmidt-Kessel, S. 371 (378) oder Lorenz, AcP 212 (2012), 702 (770 f.) und gar keine Aussagen bei *Faust* in: Remien/Herrler/Limmer, Rn. 44 ff.; etwas ausführlicher hingegen *Schopper* in: Wendehorst/Zöchling-Jud, S. 107 (136 ff.).

1187 Siehe *Fountoulakis* in: Schlechtriem/Schwenzer, Art. 72 Rn. 6; zum anticipatory breach an sich: Treitel, S. 379 ff.; Stoll, RabelsZ 52 (1988), 617 (620); *Leser* in: FS Rheinstein, S. 643 (651 f.).

1188 Siehe hierzu unter Teil 2.E.III.

1189 Siehe dazu *Fountoulakis* in: Schlechtriem/Schwenzer, Art. 72 Rn. 16.

Im Hinblick auf die Vertragsgemäßheit der Ware ergibt sich aus Art. 104 GEK (der sein Pendant im CISG in Art. 35 Abs. 3 hat), dass ein Unternehmer dann nicht für eine vertragswidrige Lieferung haftet, wenn im Falle eines Unternehmer-Kaufs der Käufer die Vertragswidrigkeit kannte, grob fahrlässig in Unkenntnis hierüber ist oder, im Falle eines Verbraucher-Kaufs, der Käufer den Mangel tatsächlich nicht kannte. Überträgt man diesen Rechtsgedanken auf die eingangs gestellte Frage, zeigt sich, dass für den Zeitpunkt ab Vertragsschluss jedenfalls prinzipiell eine Anwendung von Art. 116 GEK in Betracht kommt. Gleichwohl kann der Zeitpunkt des Vertragsschlusses aber keine strikte Voraussetzung sein. Zwar führt nach Anwendung des Rechtsgedankens des Art. 104 GEK das Vorliegen einer (zukünftigen) Vertragswidrigkeit dazu, dass der Käufer sich nicht auf Art. 116 GEK berufen kann, wenn er die Vertragswidrigkeit kannte bzw. er sie, im Falle eines Unternehmer-Käufers, hätte kennen müssen (und dies grob fahrlässig nicht tat). Sofern er den Mangel aber nicht kannte (und dies auch nicht musste), kann auch ein bereits vor Vertragsschluss vorliegender Mangel, der nach Vertragsschluss als Vertragswidrigkeit zu bewerten ist, dazu führen, dass der Käufer den Vertrag (bei Vorliegen der übrigen Voraussetzungen) nach Art. 116 GEK beenden kann.

Obwohl Art. 104 GEK nur für eine Vertragswidrigkeit gilt, muss im Rahmen von Art. 116 GEK der Rechtsgedanke des Art. 104 GEK in analoger Anwendung auch für ein wesentliches zeitliches Hindernis gelten, so dass sich der Käufer nicht auf Art. 116 GEK berufen kann, wenn er um dieses zeitliche Hindernis wusste oder (im Falle des Unternehmer-Käufers) hätte wissen müssen, er gleichzeitig von Art. 116 GEK aber Gebrauch machen kann, wenn das zeitliche Hindernis schon vor Vertragsschluss bestand, der Käufer hiervon aber keine Kenntnis hatte (und sie auch nicht haben musste).

b. Verkäufererklärung oder anderweitige Offensichtlichkeit

aa. Grundsatz

Weitere Voraussetzung ist entweder, dass der Verkäufer erklärt, dass er nicht erfüllen werde oder anderweitig offensichtlich ist, dass Nichterfüllung eintreten wird. Die Erfüllungsverweigerung muss nicht – und wird in der Regel auch nicht – wörtlich erklärt werden, konkludentes Handeln ist ausreichend. Beispiele, die, zumindest im CISG, als Erklärung der Erfüllungsverweigerung angesehen wurden, sind willkürliches Aussetzen der Lieferung[1190] sowie das Abhängigmachen der Leistung von weiteren (vorher nicht vereinbarten) Forderungen.[1191] Abgesehen von dieser Erklärung, die im Zweifelsfall auszulegen ist, erscheint diese Variante wenig problematisch.

1190 Schiedsgericht der Handelskammer Zürich, Schiedsurt. v. 31.5.1996, Az.: ZHK 273/95, CISG-online 1291.

1191 *Magellan International Corporation v. Salzgitter Handel GmbH*, U.S. District Court, N.D. of Illinois, Urt. v. 07.12.1999, Az.: 99 C 5153, CISG-online 439.

Schwieriger ist die Situation bei der „anderweitigen Offensichtlichkeit“, ein Begriff, der im GEK nicht definiert ist. Klar erscheint nur, dass durch die Offensichtlichkeit relativ hohe Hürden an die Wahrscheinlichkeit eines Erfolgseintritts gesetzt werden. Wie genau sie zu bestimmen ist, ist unklar. So wird zum BGB und zum CISG (die die Begriffe ebenso kennen) unter anderem vertreten, dass eine an Sicherheit grenzende Wahrscheinlichkeit vorliegen muss[1192], teilweise aber auch, dass sichere Wahrscheinlichkeit gegeben sein muss[1193], die Wahrscheinlichkeit klar auf der Hand liegen muss[1194], nahezu sicher sein muss[1195] oder nur dass eine sehr nahe liegende Wahrscheinlichkeit ausreichend ist, die allgemein einleuchtet.[1196] So differenziert die Meinungen in der Theorie auch wirken, bedarf es für die praktische Anwendung vor allem einer klaren Vorgabe, die vor einer zu uferloser Anwendung schützt. In klassischen und eindeutigen Beispielsfällen, das heißt zum Beispiel bei der Zerstörung einer Sache vor Fälligkeit oder sofern die Sache gar nicht hergestellt werden kann, werden keine Zweifel aufkommen. In weniger eindeutigen Fällen ist allerdings anderweitige Offensichtlichkeit nur bei Vorliegen von an Sicherheit grenzender Wahrscheinlichkeit anzunehmen. Ein Aufweichen dieses Maßstabs würde andernfalls das Ziel der Vertragsdurchführung gefährden. Es muss der Regelfall bleiben, dass dem Verkäufer zumindest die Erfüllung möglich sein muss, ehe der Käufer Abhilfen geltend machen kann. Folglich muss die Beendigung wegen einer voraussichtlichen Nichterfüllung begrenzt bleiben auf eindeutige Fälle oder solche, die dem möglichst nah kommen.

bb. Keine Anzeige an den Verkäufer

Das GEK stellt darüber hinaus keine Anforderungen an den Käufer, dem Verkäufer eine Beendigung wegen voraussichtlicher Nichterfüllung anzuzeigen. Uneingeschränkt nachvollziehbar ist es, dass der Käufer den Vertrag beenden kann, wenn der Verkäufer erklärt, dass er nicht mehr leisten werde. Es handelt sich um einen klaren Pflichtverstoß[1197], so dass es reine Förmelei wäre, müsste der Käufer den Fälligkeitstermin abwarten, ehe er seine Rechte aus Art. 114 oder Art. 115 GEK geltend machen kann.[1198] In allen anderen Fällen, in denen die voraussichtliche Nichterfüllung aber nur anderweitig offensichtlich ist, erscheint es sinnvoll, eine ähnliche Regelung wie in Art. 72 Abs. 2 CISG aufzunehmen, das heißt eine Regelung,

---

1192 *Grüneberg* in: Palandt, § 323 Rn. 23.

1193 *Brunner/Hurni* in: Honsell CISG, Art. 72 Rn. 4; *Magnus* in: Staudinger CISG, Art. 72 Rn. 9.

1194 *Huber* in: MüKo-BGB, Art. 72 Rn. 7.

1195 *Mankowski* in: MüKo-HGB, Art. 72 Rn. 5.

1196 *Fountoulakis* in: Schlechtriem/Schwenzer, Art. 72 Rn. 15.; *Bennett* in: Bianca/Bonell, Art. 72 Anm. 2.2 („be clear“); LG Berlin, Urt. v. 30.09.1992, Az.: 99 O 123/92, CISG-online 70.

1197 *Leser* in: FS Rheinstein, S. 643 (651).

1198 So auch Lorenz, AcP 212 (2012), 702 (771).

nach der der Käufer dem Verkäufer die geplante Beendigung anzeigen müsste. Die Vermutung liegt nahe, dass man diese Pflicht nicht aufgenommen hat, weil man dem Verkäufer auf der anderen Seite kein Recht einräumen wollte, hinreichend Gewähr für die Erfüllung zu geben (bzw. ausreichend Sicherheit zu leisten, wie der Schweizer Wortlaut sagt). So wenig Sinn dies auch im Verhältnis Unternehmer – Verbraucher gemacht hätte – schließlich will der Verbraucher hier Produkte erwerben und sich nicht mit der Verwertung von Sicherheiten beschäftigen – so sehr wäre dennoch im Falle eines Unternehmer-Kaufs eine dem CISG entsprechende Anzeige angebracht gewesen. In Unternehmer-Kauf-Konstellationen hätte das Gesetz zumindest eine einfache Anzeige an den Verkäufer vorsehen können. Wie bereits mehrfach erwähnt[1199], ist die Beendigung ein „scharfes Schwert", das nur als ultima ratio eingesetzt werden sollte und vom Gesetzgeber auch so konzipiert worden ist. Jedes Mittel, eine Beendigung abzuwenden, sollte daher im Prinzip ausgeschöpft werden. Natürlich dürfen die Hürden für einen Verbraucher nicht zu hoch gelegt werden, aber in der hier vorliegenden Konstellation, das heißt in einer Situation, in der der Verbraucher noch keine Ware erhalten hat, weil die Fälligkeit noch gar nicht gegeben ist, wäre es angemessener, wenn der Käufer den Verkäufer darüber informieren müsste, dass er beabsichtigt, den Vertrag nach Art. 116 GEK zu beenden. So hätte der Verkäufer die Möglichkeit gehabt, noch zu reagieren und würde nicht vor vollendete Tatsachen gestellt.

c. *Rechtfertigung der Beendigung*

Als letzte Voraussetzung muss die Nichterfüllung schließlich die Beendigung des Vertrags rechtfertigen. Auffällig ist, dass das GEK hier deutlich vom CISG abweicht, welches auf eine wesentliche Vertragsverletzung als Anknüpfungspunkt abstellt. Was auf den ersten Blick ungewöhnlich erscheint, schließlich verwendet das GEK den Begriff der wesentlichen Nichterfüllung nicht nur, sondern bietet eine gute Definition hierfür an, lässt sich wie folgt erklären: Geht man wieder von dem Grundsatz aus, dass das GEK grundsätzlich um Vertragsfestigkeit bemüht ist, so gibt es streng genommen nur zwei Dinge, die die Beendigung des Vertrags rechtfertigen würden: Das Vorliegen eines Beendigungsgrundes nach Art. 114 Abs. 1 oder Abs. 2 GEK sowie nach Art. 115 GEK. Während aber im Rahmen von Art. 114 Abs. 1 GEK das Vorliegen einer wesentlichen Vertragsverletzung erforderlich ist, ist dies weder bei Art. 114 Abs. 2 GEK noch bei Art. 115 Abs. 1 GEK der Fall. Will man aber auch die offensichtliche Nichterfüllung einer unwesentlichen aber erheblichen Schlechtlieferung oder einer Spätleistung erfassen, so kann nicht auf die Wesentlichkeit abgestellt werden, sondern muss auf die Rechtfertigung zurückgegriffen werden.[1200] Eine Beendigung ist, zusammenfassend, immer dann begründet, wenn die Voraussetzungen von Art. 114 Abs. 1, Art. 114 Abs. 2 oder Art. 115 Abs. 1 GEK vorliegen, die Leistung aber noch nicht fällig ist.

1199 Siehe hierzu unter Teil 1.D.IV.
1200 A.A. *Zoll* in: Schulze, Art. 116 Rn. 5.

3. *Beweislast*

Die Beweislast folgt auch im Rahmen von Art. 116 GEK den gewöhnlichen Regeln, so dass hier der Käufer, die Beweislast trägt.

4. *Fazit*

Auch das Beendigungsrecht nach Art. 116 GEK ist von der Idee her grundsätzlich positiv aufzunehmen, kann jedoch nicht in allen Aspekten überzeugen.[1201] Während die vermutlich offensichtlichste Abweichung vom CISG, das Nichtabstellen auf die Wesentlichkeit, einen guten Grund hat, ist zu kritisieren, dass der Käufer dem Verkäufer keine Anzeige machen muss, worin dieser, im Falle einer „anderweitigen Offensichtlichkeit", die Ausübung des Beendigungsrechts ankündigen müsste. Warum der Gesetzgeber ein solches Erfordernis nicht aufgenommen hat, bleibt Spekulation. Möglich wäre, dass er den Käufer schlicht nicht mit einer zusätzlichen Pflicht belasten wollte, wobei es schwerfällt hierin eine ernstliche Last zu sehen. Im Gegenteil: Eine solche „forcierte Kommunikation"[1202] wäre zum Erhalt des Vertrags wünschenswert. Wäre dem Käufer dieses zusätzliche Schreiben dann tatsächlich zu viel Aufwand, so bliebe ihm letztlich nur das Warten auf den Eintritt der Fälligkeit. Wäre dieser Zeitpunkt gegeben, so genügte es, ein Schreiben mit der Rücktrittserklärung auf den Weg zu bringen. In diesem Sinne könnte gelten: Wer – auch als Verbraucher – etwas haben möchte (in diesem Fall den zeitlichen Vorteil), der muss auch etwas dafür tun (eine Anzeige abschicken). Im Übrigen ist jedoch zu konstatieren, dass die Regelung insgesamt gelungen ist und insbesondere geeignet ist, unnötige Förmelei zu verhindern.

II. Recht zum Rücktritt nach § 323 Abs. 4 BGB

1. *Allgemeines*

War das Prinzip des antizipierten Vertragsbruchs im deutschen Recht schon lange im Rahmen der positiven Vertragsverletzung (pvv) anerkannt[1203], ist es seit der Einführung des Schuldrechtsmodernisierungsgesetzes zum 01. Januar 2002 auch positiv kodifiziert.[1204] Es handelt sich bei § 323 Abs. 4 BGB, wie im GEK, um ein selbständiges Recht, das einen Rücktritt aufgrund einer sicher prognostizierbaren Pflichtverletzung ermöglicht[1205], so dass bereits das offensichtliche Eintreten einer Pflichtverletzung gem. § 323 Abs. 1 BGB als Rücktrittsgrund ausreicht.

1201 So aber Lorenz, AcP 212 (2012), 702 (771); bejahend auch *Wendehorst* in: Schmidt-Kessel Kommentar, Art. 116 Rn. 1.

1202 Der Begriff entstammt *Fountoulakis* in: Schlechtriem/Schwenzer, Art. 72 Rn. 17.

1203 Jaensch, NJW 2003, 3613 mwN.

1204 *Ernst* in: MüKo-BGB, § 323 Rn. 98.

1205 *Ernst* in: MüKo-BGB, § 323 Rn. 134.

2. *Voraussetzungen*

a. *Allgemeine Voraussetzungen*

Erste, wenn auch unausgesprochene Voraussetzung ist, dass noch keine Fälligkeit gegeben ist.[1206] Ist sie eingetreten, greift nur das Recht aus § 323 Abs. 1 BGB. Einzige geschriebene Voraussetzung daneben ist, dass offensichtlich sein muss, dass die Voraussetzungen des Rücktritts eintreten werden. Das BGB kennt damit augenscheinlich nur einen Anwendungsfall – den auch im GEK in ähnlicher Form existierenden – Fall der Offensichtlichkeit. Ein Pendant zur Erfüllungsverweigerung gibt es nicht. Schon auf den ersten Blick wird allerdings deutlich, dass die Erfüllungsverweigerung nur ein Unterfall der Offensichtlichkeit ist, der somit nicht nur erfasst ist, sondern sogar den Hauptanwendungsfall darstellt.[1207] Daneben greift die Norm bei Fällen, in denen der Schuldner zwar leisten will, es aber nicht kann.[1208]

b. *Offensichtlichkeit*

Hinsichtlich der Offensichtlichkeit gilt es zum BGB im Wesentlichen zwei Fragen zu klären. So ist einerseits unklar, hinsichtlich welcher Voraussetzungen eine offensichtliche Nichterfüllung vorliegen muss, unklar ist des Weiteren auch, ob bzw. unter welchen Voraussetzungen eine Offensichtlichkeit gegeben ist.

aa. Grad der Sicherheit

Wie bereits zum GEK dargestellt, handelt es sich bei der Voraussetzung der Offensichtlichkeit um eine Prognoseentscheidung, bei der der Grad an Sicherheit jedoch umstritten ist.[1209] Berücksichtigt man, dass sowohl das GEK als auch das BGB an dieser Stelle wesentlich vom CISG inspiriert sind und dass folglich auch das zum GEK Gesagte[1210] hier angewendet werden kann, so muss auch für das BGB gelten, dass eine Offensichtlichkeit nur dann gegeben ist, wenn ein Rücktrittsrecht mit an Sicherheit grenzender Wahrscheinlichkeit eintreten wird.

bb. Anknüpfungspunkt der Offensichtlichkeit

In der deutschen Literatur ist umstritten, auf welche Voraussetzungen des Rücktrittsrechts sich die Offensichtlichkeit beziehen muss. So wird einerseits vertreten, dass ausschließlich das Vorliegen einer Nicht- bzw. Schlechterfüllung selbst offensichtlich sein muss[1211], andererseits wird vertreten, dass auch offensichtlich sein muss, dass die Nachfristsetzung erfolglos bleiben wird bzw. dass die Frist nach § 323

1206 *Ernst* in: MüKo-BGB, § 323 Rn. 134.
1207 *Ernst* in: MüKo-BGB, § 323 Rn. 134
1208 So *Ernst* in: MüKo-BGB, § 323 Rn. 139 ff.
1209 *Ernst* in: MüKo-BGB, § 323 Rn. 136.
1210 Siehe hierzu unter Teil 2.E.I.2.b.aa.
1211 So *Ernst* in: MüKo-BGB, § 323 Rn. 135.

Abs. 2 BGB entbehrlich sein wird.[1212] Geht man davon aus, dass Offensichtlichkeit erst dann gegeben ist, wenn an Sicherheit grenzende Wahrscheinlichkeit vorliegt, kommt man wohl in einem Großteil der Fälle dazu, dass diese Offensichtlichkeit erst dann gegeben ist, wenn auch bereits eine Fristsetzung nach § 323 Abs. 2 BGB entbehrlich ist. Dogmatisch überzeugt jedoch die zweitgenannte Ansicht: Der Regelfall des § 323 Abs. 1 BGB bringt die Einschätzung des Gesetzgebers zum Ausdruck, dass eine bloße Verspätung ohne Hinzutreten weiterer Umstände nicht zum Rücktritt berechtigen soll. Daraus folgt, dass für den Fall der drohenden Nichterfüllung die bloße Verspätung erst recht nicht ausreichen kann und somit auch der erfolglose Ablauf einer Nachfrist (bzw. das Vorliegen eines Entbehrlichkeitsgrundes) offensichtlich sein muss.[1213]

c. *Unerheblichkeit des § 323 Abs. 5 S. 2 BGB*

Ohne dass § 323 Abs. 4 BGB explizit darauf Bezug nimmt, ist weitere Voraussetzung außerdem, dass der Mangel, aufgrund dessen der Käufer von dem Vertrag nach § 323 Abs. 4 BGB zurücktreten würde, nicht unerheblich ist.[1214] Besteht die drohende Nichterfüllung nur hinsichtlich eines unerheblichen Teils, kann der Käufer nur hinsichtlich dieses Teils den Rücktritt nach § 323 Abs. 4 BGB erklären.[1215]

3. *Beweislast*

Die Beweislast folgt auch im BGB den gewöhnlichen Regeln, so dass der Käufer die Beweislast trägt.

III. Vertragsaufhebung nach Art. 72 Abs. 1 CISG

1. *Allgemeines*

Im 1. Abschnitt von Kapitel V des CISG sind die Rechte bei drohenden Pflichtverletzungen geregelt. Wie im GEK und im BGB gibt es dabei mit Art. 72 Abs. 1 CISG das Recht zur Vertragsaufhebung bei antizipierter, das heißt voraussichtlicher Vertragsverletzung. Die Vorschrift dient dem Effizienzgedanken und soll dafür sorgen, dass der Verkäufer die Dispositionsfreiheit über die Waren zurückerlangt und diese zeitnah anderweitig verkaufen kann.[1216]

1212 *Schwarze* in: Staudinger BGB, § 323 Rn. B161.
1213 *Schwarze* in: Staudinger BGB, § 323 Rn. B161.
1214 *Schwarze* in: Staudinger BGB, § 323 Rn. B173.
1215 *Schwarze* in: Staudinger BGB, § 323 Rn. B173.
1216 *Fountoulakis* in: Schlechtriem/Schwenzer, Art. 72 Rn. 5; allgemein zur befreienden Wirkung des Rücktritts *Leser* in: FS Wolf, S. 373 (374 f.).

2. *Voraussetzungen*

a. *Zukünftige wesentliche Vertragsverletzung*

Grundvoraussetzung ist, dass eine Pflicht des Vertrags voraussichtlich nicht erfüllt wird, das heißt dass die Pflicht an sich noch nicht fällig ist, diese Pflichtverletzung aber erst nach Vertragsschluss entstanden ist.[1217] Ist sie bereits fällig, ist eine Aufhebung nur über Art. 49 CISG möglich. Im Gegensatz zu Art. 71 CISG (der konsequenterweise auch nur ein Zurückbehaltungsrecht gewährt[1218]) muss die drohende Vertragsverletzung außerdem wesentlich sein. Die Frage, wann eine Vertragsverletzung als wesentlich anzusehen ist, richtet sich nach Art. 25 CISG.[1219] Beispielhaft genannt sei nur die Sorge, der Verkäufer werde mangelhafte Ware liefern, wenn er in der Vergangenheit bereits mangelhafte Ware geliefert hat.[1220]

b. *Offensichtlichkeit*

Genau wie im GEK und im BGB kommt es für die Anwendbarkeit von Art. 72 CISG auf die Offensichtlichkeit an. Hinsichtlich der vertretenen Auffassungen kann auf die Ausführungen zum GEK verwiesen werden.[1221] Die wohl herrschende Meinung zum CISG legt hier mit der „sehr nahe liegenden Wahrscheinlichkeit, die allgemein einleuchtet“ einen niedrigeren Maßstab als im GEK an.[1222]

c. *Anzeigepflicht (Art. 72 Abs. 2 CISG) bzw. Verweigerung der Leistung (Art. 72 Abs. 3 CISG)*

Hinsichtlich der zusätzlichen Voraussetzung der Anzeigepflicht sind zwei Konstellationen zu unterscheiden: Beruht die Offensichtlichkeit der zukünftigen Vertragsverletzung darauf, dass der Verkäufer erklärt hat, dass er nicht mehr leisten werde, so müssen nur die oben genannten Voraussetzungen vorliegen und ein Recht zur Aufhebung nach Art. 72 Abs. 1 CISG ist gegeben (siehe Art. 72 Abs. 3 CISG). In allen übrigen Fällen muss Art. 72 Abs. 2 CISG berücksichtigt werden, so dass gegebenenfalls eine vorherige Anzeige an den Verkäufer zu erfolgen hat.

1217 *Fountoulakis* in: Schlechtriem/Schwenzer, Art. 72 Rn. 16.

1218 *Fountoulakis* in: Schlechtriem/Schwenzer, Art. 72 Rn. 10.

1219 Siehe hierzu unter Teil 2.C.III.2.b.

1220 Netherlands Arbitration Court, Schiedsurt. v. 15.10.2002, Az.: 2319, CISG-online 740 (zur Frage, ob ein Zurückbehaltungsrecht gem. Art. 71 CISG besteht).

1221 Siehe unter Teil 2.E.I.2.b.aa.

1222 *Fountoulakis* in: Schlechtriem/Schwenzer, Art. 72 Rn. 15.; *Lüderitz/Dettmeier* in: Soergel CISG, Art. 72 Rn. 6 („vernünftige Person darf keinen Zweifel hegen“); *Brunner/Hurni* in: Honsell CISG, Art. 72 Rn. 4 („sehr hohe [...] Wahrscheinlichkeit“); *Bennett* in: Bianca/Bonell, Art. 72 Anm. 2.2 („be clear“); LG Berlin, Urt. v. 30.09.1992, Az.: 99 O 123/92, CISG-online 70.

aa. Pflicht zur Anzeige

(1) Inhalt der Anzeige

Nach Art. 72 Abs. 2 CISG muss der Käufer dem Verkäufer, sofern es die Zeit erlaubt und es nach den Umständen vernünftig ist, die Aufhebung anzeigen, damit der Verkäufer die Möglichkeit hat, ausreichende Gewähr für die Erfüllung seiner Pflichten zu stellen. Diese „forcierte Kommunikation" dient damit dem Prinzip des Vertragserhalts.[1223] An die Anzeige selbst sind keine Anforderungen im Hinblick auf Form oder Zeitpunkt zu stellen.[1224] Entscheidend ist vielmehr, dass der Schuldner aus ihr klar erkennen kann, was der Anlass für die Aufhebung ist.[1225] Eine Frist kann, muss aber nicht enthalten sein.[1226] Nennt der Käufer keine explizite Frist, hat der Verkäufer unabhängig davon aber natürlich einen angemessenen Zeitraum, in dem er die Sicherheiten stellen kann.[1227] Wie lang diese Frist ist, hängt vom Einzelfall ab.[1228] Eine unzureichende Anzeige kann der Käufer jederzeit nachbessern, der Verkäufer auf der anderen Seite kann einer Aufhebung, die auf Art. 72 CISG basiert, die Unangemessenheit der Anzeige jedoch nur dann entgegenhalten, wenn er den Käufer darauf aufmerksam gemacht hat, dass die Anzeige nicht hinreichend klar formuliert ist.[1229]

(2) Zumutbarkeit

Eine Anzeige ist immer dann nicht erforderlich, wenn dies zeitlich nicht möglich ist. Auf „vernünftige Umstände" kommt es hingegen nicht an. Es handelt sich insoweit um eine unglücklich formulierte Übersetzung. Aus dem englischen, maßgeblichen Text wird jedoch deutlich, dass es einzig auf die Zeit als Kriterium ankommt und nur die Anzeige selbst „vernünftig" sein muss, wobei das englische *reasonable* eher mit „nachvollziehbar" zu übersetzen wäre und sich daher auf die Anzeige selbst bezieht.[1230]

Bei der Beurteilung, ob die Zeit eine Anzeige erlaubt, sind in jedem Fall sehr strenge Maßstäbe anzulegen.[1231] Aufgrund der heute gegebenen technologischen Möglichkeiten, erscheint so gut wie kein Fall denkbar, in dem eine vorherige

1223 *Fountoulakis* in: Schlechtriem/Schwenzer, Art. 72 Rn. 17.

1224 *Fountoulakis* in: Schlechtriem/Schwenzer, Art. 72 Rn. 21.

1225 *Saenger* in: Ferrari/Kieninger/Mankowski, Art. 72 Rn. 5; *Magnus* in: Staudinger CISG, Art. 72 Rn. 24; *Fountoulakis* in: Schlechtriem/Schwenzer, Art. 72 Rn. 22; *Saenger* in: Bamberger/Roth, Art. 72 Rn. 5; *Mankowski* in: MüKo-HGB, Art. 72 Rn. 14.

1226 *Mankowski* in: MüKo-HGB, Art. 72 Rn. 14.

1227 *Fountoulakis* in: Schlechtriem/Schwenzer, Art. 72 Rn. 26.

1228 *Fountoulakis* in: Schlechtriem/Schwenzer, Art. 72 Rn. 26.

1229 *Fountoulakis* in: Schlechtriem/Schwenzer, Art. 72 Rn. 27.

1230 Zur Diskussion in Deutschland allgemein: *Fountoulakis* in: Schlechtriem/Schwenzer, Art. 72 Rn. 23.

1231 *Fountoulakis* in: Schlechtriem/Schwenzer, Art. 72 Rn. 27.

zeitliche Anzeige nicht zumutbar wäre.[1232] Die Anzeige ist daher – überspitzt formuliert – in jedem Fall notwendig.

(3) Rechtsfolge

Die Folge einer an sich zeitlich zumutbaren und vernünftigen, aber unterlassenen Anzeige, ist umstritten. Nach einer Ansicht ist das Unterlassen keine Wirksamkeitsvoraussetzung der Kündigung an sich, sondern führt nur zu einer Schadensersatzpflicht des Käufers dem Verkäufer gegenüber.[1233] Die wohl herrschende Gegenmeinung geht hingegen davon aus, dass ein Rücktrittsrecht nach Art. 72 Abs. 1 CISG nicht entsteht, sofern eine Anzeige nach Abs. 2 zumutbar gewesen wäre, aber dennoch nicht erfolgt ist.[1234] Betrachtet man die Systematik, so erscheint letztgenannte Ansicht überzeugend: Das Ziel, den Vertrag zu erhalten, kann nur erreicht werden, wenn dem Verkäufer die Chance zur Leistung eingeräumt wird und dieses Recht wiederum kann nur dann wirksam durchgesetzt werden, wenn aus der mangelnden Information auch Konsequenzen resultieren.

(4) Keine hinreichende Gewähr

Weitere Voraussetzung für ein Aufhebungsrecht nach Art. 72 Abs. 1 CISG ist schließlich, dass der Verkäufer keine hinreichende Gewähr geben kann. Gemeint ist, dass der Verkäufer ausreichend Sicherheiten stellen muss, wobei damit nicht ausschließlich Kreditsicherheiten wie Pfandrechte, Sicherungseigentum etc. gemeint sind, sondern sämtliche Mittel, die dem Käufer Gewähr dafür bieten, dass der Vertrag erfüllt wird.[1235] Denkbar sind zum Beispiel die Zusage eines Dritten, zu liefern, Bürgschaften Dritter oder der Nachweis, dass Rohstoffe bzw. Zwischenprodukte bezogen werden können.[1236]

Die Sicherheit muss ausreichend sein, was nicht aus Sicht des Käufers, sondern nach objektivem Maßstab zu beurteilen ist.[1237] Demnach ist die Sicherheit ausreichend, wenn der Käufer bei objektiver Betrachtung sicher sein kann, dass er die versprochene

---

1232 *Bennett* in: Bianca/Bonell, Art. 72 Anm. 3.3; Enderlein/Maskow/Strohbach, Art. 72 Bem. 5.

1233 *Magnus* in: Staudinger CISG, Art. 72 Rn. 28; *Lüderitz/Dettmeier* in: Soergel CISG, Art. 72 Rn. 14; Enderlein/Maskow/Strohbach, Art. 72 Bem. 6 und 7; *Lorenz* in: Witz/Salger/Lorenz, Art. 72 Rn. 18.

1234 *Saenger* in: Bamberger/Roth, Art. 72 Rn. 6; *Fountoulakis* in: Schlechtriem/Schwenzer, Art. 72 Rn. 19; *Achilles* in: Ensthaler, GK-HGB, Art. 72 CISG Rn. 6; *Saenger* in: Ferrari/Kieninger/Mankowski, Art. 72 Rn. 6.

1235 *Fountoulakis* in: Schlechtriem/Schwenzer, Art. 71 Rn. 44; Herber/Czerwenka, Art. 71 Rn. 14.

1236 Enderlein/Maskow/Strohbach, Art. 72 Bem. 8; *Fountoulakis* in: Schlechtriem/Schwenzer, Art. 71 Rn. 44; Art. 72 Rn. 29.

1237 *Fountoulakis* in: Schlechtriem/Schwenzer, Art. 72 Rn. 30.

Leistung oder den Gegenwert erhalten wird.[1238] Voraussetzung dafür ist auch, dass die Sicherheit tatsächlich gestellt wird, das bloße Anbieten reicht für gewöhnlich nicht aus.[1239] Stellt der Verkäufer die Sicherheit aber, so entfällt der Anspruch des Käufers auf Aufhebung, stellt er sie trotz Anzeige des Käufers nicht, kann dieser die Aufhebung erklären. *Fountoulakis* will dem Käufer jedoch im Falle einer nicht ausreichenden oder nicht in angemessener Zeit erfolgenden Sicherheitenstellung nicht sofort das Aufhebungsrecht gewähren, sondern fordert, dass der Verkäufer die Gelegenheit erhalten müsse, innerhalb einer angemessenen Frist noch eine (weitere) angemessene Sicherheit stellen zu können.[1240] Diese Forderung ist jedoch abzulehnen. Zu berücksichtigen ist, dass der Verkäufer ohnehin schon eine angemessene Frist erhalten hat, um Sicherheiten zu stellen, so dass kein Grund ersichtlich ist, warum er eine weitere Frist erhalten soll. Damit muss gelten, dass jeder Fall der Nichtstellung von angemessenen Sicherheiten zu einem Rücktrittsrecht des Käufers führt.

bb. Anforderungen an Art. 72 Abs. 3 CISG

Hat der Verkäufer erklärt, dass er seine Verpflichtungen nicht erfüllen wird, kann der Käufer ohne Anzeige i.S.v. Art. 72 Abs. 2 CISG die Aufhebung erklären. Auch im Rahmen von Art. 72 CISG gilt, dass die Erklärung ernstlich und ausdrücklich erfolgen muss, also das „letzte Wort" sein muss.[1241] Diese Erklärung kann ausdrücklich oder konkludent erfolgen.[1242]

3. *Beweislast*

Nach den allgemeinen Grundsätzen hat der Käufer die Voraussetzungen des Rechts zur Aufhebung nach Art. 72 CISG zu beweisen (inkl. der Anzeige gem. Abs. 2 bzw. der Erfüllungsverweigerung gem. Abs. 3), der Verkäufer hingegen hat zu beweisen, dass er ausreichende Sicherheit gestellt hat.[1243]

1238 *Magnus* in: Staudinger CISG, Art. 71 Rn. 49.

1239 *Magnus* in: Staudinger CISG, Art. 71 Rn. 50; *Bennett* in: Bianca/Bonell, Art. 71 Anm. 3.4; *Mankowski* in: MüKo-HGB, Art. 71 Rn. 32; a.A. Herber/Czerwenka, Art. 71 Rn. 14, die ein Angebot für ausreichend erachtet; anders auch *Fountoulakis* in: Schlechtriem/Schwenzer, Art. 71 Rn. 46, die in Ausnahmefällen bei makellosem Renommee des Verkäufers auch die bloße Zusage ausreichen lassen will.

1240 *Fountoulakis* in: Schlechtriem/Schwenzer, Art. 72 Rn. 31.

1241 *Magnus* in: Staudinger CISG, Art. 72 Rn. 27; *Fountoulakis* in: Schlechtriem/Schwenzer, Art. 72 Rn. 35.

1242 *Fountoulakis* in: Schlechtriem/Schwenzer, Art. 72 Rn. 35; konkludent ebenso: CIETAC China International Economic & Trade Arbitration Commission, Schiedsurt. v. 29.03.1996, Az.: CISG/1996/15, CISG-online 2279; a.A. wonach die Erklärung ausdrücklich erfolgen muss: *Magnus* in: Staudinger CISG, Art. 72 Rn. 27; Herber/Czerwenka, Art. 72 Rn. 6; *Mankowski* in: MüKo-HGB, Art. 72 Rn. 18.

1243 *Magnus* in: Staudinger CISG, Art. 72 Rn. 30; *Fountoulakis* in: Schlechtriem/Schwenzer, Art. 72 Rn. 42; *Saenger* in: Bamberger/Roth, Art. 72 Rn. 13; *Huber* in: MüKo-BGB, Art. 72 Rn. 18.

IV. Fazit

Auch bei der Beendigung wegen voraussichtlicher Nichterfüllung weisen alle Gesetze eine erhebliche Übereinstimmung auf. Allen Gesetzen gemein ist zunächst, dass sie als wesentliche Voraussetzung die Offensichtlichkeit der Nichterfüllung haben. Dass das GEK zusätzlich den Fall erfasst, in dem der Verkäufer erklärt, dass er nicht leisten werde, ist dabei bei näherer Betrachtung von untergeordneter Bedeutung, da es sich streng genommen nur um einen Unterfall der Offensichtlichkeit handelt. Kleinere Abweichungen ergeben sich hinsichtlich des Begriffs der Offensichtlichkeit selbst. Während GEK und BGB diese (nach herrschender Auffassung) erst dann bejahen, wenn die Nichterfüllung mit an Sicherheit grenzender Wahrscheinlichkeit gegeben ist, reicht im CISG nach Ansicht der herrschenden Meinung bereits eine sehr nahe liegende Wahrscheinlichkeit, die allgemein einleuchtet. Gleichwohl, auch hierbei handelt es sich um keinen gravierenden Unterschied, abweichende Ergebnisse dürften sich wohl nur in den seltensten Fällen ergeben.

Insbesondere die Voraussetzung der „Rechtfertigung“ im GEK im Vergleich zur „Wesentlichkeitsschwelle“ des CISG und der „Unerheblichkeit“ im BGB sind ein schönes Beispiel dafür, wie es das GEK schafft, je nach Konstellation, angemessene Voraussetzungen vorzugeben. Der Begriff der Rechtfertigung dient dabei als Weiche. Wie geschildert, ist vom Begriff der Rechtfertigung sowohl die in Art. 114 Abs. 1 GEK angelegte Wesentlichkeit als auch die in Art. 114 Abs. 2 GEK genannte Unerheblichkeit umfasst.[1244] Befindet sich das GEK also in Konkurrenz zum BGB, das heißt handelt es sich um einen Verbraucher-Kauf, ist die Beendigung des Vertrages gem. Art. 116 GEK bereits dann gerechtfertigt, wenn eine erhebliche Vertragswidrigkeit gegeben ist – genau wie im BGB, wo die Schwelle des § 323 Abs. 5 S.2 zumindest sehr ähnliche Hürden darstellt.[1245] Befindet sich das GEK gedanklich allerdings in einer Konkurrenzsituation zum CISG, mithin in einem Unternehmer-Kauf, ist eine Rechtfertigung erst dann gegeben, wenn die Vertragsverletzung wesentlich im Sinne von Art. 114 Abs. 1 GEK ist. Auch hier ist also ein Gleichlauf mit dem CISG gegeben, das ebenfalls auf die Wesentlichkeit setzt.

Die Tatsache, dass insofern ein vergleichbarer Rahmen geschaffen worden ist, macht es umso weniger nachvollziehbar, warum das GEK die weiteren Voraussetzungen nicht vorsieht. Denn während das CISG auf einer Art zweiten Stufe verlangt, dass der Käufer dem Verkäufer seine Aufhebungsabsichte anzeigen muss, fehlen diese Voraussetzungen im GEK. Für die Abweichungen gibt es oftmals gute Gründe: Das Stellen von Sicherheiten ist im Handel unter Kaufleuten sicherlich ein probates Mittel, im Endkundengeschäft übers Internet aber schlicht nicht zu bewerkstelligen. Bedauerlich ist dennoch, dass das GEK in diesem Bereich nicht schlicht weiter differenziert und zumindest dem Unternehmer-Käufer hier eine vergleichbare Pflicht zur Anzeige auferlegt. Ebenso wäre für den Verbraucher-Käufer zumindest eine

1244 Siehe hierzu unter Teil 2.E.I.2.c.

1245 Siehe hierzu unter Teil 2.C.II.2.d.

bloße Anzeige möglich gewesen, die dem Verkäufer die drohende Geltendmachung eines Rechtsbehelfs vor Augen hätte führen können und im Einzelfall damit zur Vertragsdurchführung hätte führen können.

Abermals zeigt sich somit, dass die Unterschiede eher im Detail zu finden sind. Aufgrund der fehlenden Pflicht für den Käufer eine Anzeige an den Verkäufer zu machen, ist das GEK aus Sicht des Unternehmer-Käufers (gegenüber dem CISG) leicht zu favorisieren. Für den Verbraucher-Käufer kommen GEK und BGB zu gleichen Ergebnissen. Obwohl es die Anforderungen für den Käufer im GEK zusätzlich erhöht hätte, muss für das GEK kritisiert werden, dass keine Anzeigepflicht des Käufers dem Verkäufer gegenüber aufgenommen wurde.

F. Sonstige Rücktritts- bzw. Aufhebungsgründe

Das GEK kennt insgesamt drei mögliche Aufhebungsgründe, die in den letzten Kapiteln ausführlich vorgestellt und verglichen wurden. Der Vollständigkeit halber sollen im Folgenden, in der gebotenen Kürze, Rücktrittstatbestände aufgeführt werden, die es im BGB gibt, die allerdings kein direktes Pendant im GEK haben. Anschließend soll untersucht werden, ob ein Fehlen im GEK ein Manko darstellt bzw. warum es einer solchen Vorschrift im GEK nicht bedarf.

I. Rücktritt gem. § 324 BGB

1. Darstellung des § 324 BGB

a. Allgemeines

Während § 323 Abs. 1 die Voraussetzungen für einen Rücktritt im Hinblick auf eine Leistungspflicht betrifft, regelt § 324 BGB die Verletzung von Schutzpflichten i.S.v. § 241 Abs. 2 BGB. Dem Käufer wird damit eine Lösungsmöglichkeit für den Fall an die Hand gegeben, in dem es dem Käufer nicht mehr zumutbar ist, die Leistung des Käufers entgegenzunehmen.[1246] Die Leistungspflicht ist völlig davon losgelöst, das heißt ein Rücktritt nach § 324 BGB ist auch dann möglich, wenn der Verkäufer die Leistung an sich völlig zufriedenstellend erbringt. Es geht bei § 324 BGB ausschließlich um das Verhältnis der Personen zueinander.[1247] Im Gegensatz zu § 323 BGB dient § 324 BGB nicht als Mittel, den Verkäufer zur Erfüllung zu bewegen, sondern stellt lediglich ein Mittel zur Beendigung des Vertragsverhältnisses dar.[1248]

1246 *Ernst* in: MüKo-BGB, § 324 Rn. 1.
1247 *Ernst* in: MüKo-BGB, § 324 Rn. 1.
1248 *Ernst* in: MüKo-BGB, § 324 Rn. 1.

b. Voraussetzungen

Zunächst bedarf es im Rahmen von § 324 BGB einer Schutzpflicht i.S.v. § 241 Abs. 2 BGB[1249], die vom Verkäufer verletzt worden sein muss. Wenn auch dem Wortlaut nicht mehr[1250] zu entnehmen, so ist doch herrschende Meinung, dass sich aus der Kausalität mit der Unzumutbarkeit ergibt, dass die Pflichtverletzung von einer erheblichen Schwere sein muss.[1251]

Die einzig weitere Voraussetzung ist das Vorliegen eben dieser Unzumutbarkeit. Hierbei handelt es sich um eine negative Prognose darüber, dass bei Erbringung der Leistung ein Schaden droht.[1252] Diese Einzelfallabwägung muss unter Berücksichtigung der beiderseitigen Interessen und des Kaufgegenstandes gefällt werden.[1253] Insgesamt sind dabei an die Frage, ob eine Unzumutbarkeit gegeben ist, sehr strenge Anforderungen zu stellen.[1254] Zum einen gilt es zu berücksichtigen, dass die Verletzung von Schutzpflichten bereits Schadensersatzpflichten auslöst, weshalb nur in extremen Ausnahmefällen ein zusätzlicher Rücktritt gegeben sein kann.[1255] Zum anderen wird man im Kaufrecht bei Anwendung der oben genannten Kriterien zu dem Ergebnis kommen, dass gerade im Kauf, der typischerweise auf das einmalige Austauschen von Ware und Geld gerichtet ist, kaum jemals eine so tiefe Beziehung zwischen den Parteien entstehen kann, dass die Abwägung zu dem Ergebnis käme, dass eine Unzumutbarkeit gegeben ist. Für den Kauf bleibt damit festzuhalten, dass § 324 BGB nur in absoluten Ausnahmefällen einen Anwendungsspielraum hat.

c. Beweislast

Die Beweislast trifft den Gläubiger, das heißt der Käufer muss sowohl die Verletzung der Schutzpflicht als auch die Unzumutbarkeit beweisen.[1256]

2. Konsequenz des Fehlens einer vergleichbaren Regelung im GEK

Wie *Ernst*[1257] zutreffend feststellt, hätte das BGB wohl auch ohne eine diesbezügliche Vorschrift auskommen können, denn die Vorschrift betrifft letztlich wenige,

---

1249 Auf nähere Ausführungen hierzu muss aufgrund der Fülle von Einzelfällen, die unter diese Norm fallen, verzichtet werden. Gute Ausführungen hierzu finden sich z.B. bei *Schwarze* in: Staudinger BGB, § 324 Rn. 26 ff. Praktischstes Beispiele dürfte der Fall der Zerstörung sonstigen Eigentums des Käufers im Falle einer Lieferung des Verkäufers sein.

1250 Anders noch im Regierungsentwurf § 324, siehe BT-Drucks. 14/6040, S. 141 f.; *Schwarze* in: Staudinger BGB, § 324 Rn. 8.

1251 *Ernst* in: MüKo-BGB, § 324 Rn. 6.

1252 *Schwarze* in: Staudinger BGB, § 324 Rn. 38; a.A. *Ernst* in: MüKo-BGB, § 324 Rn. 8.

1253 *Ernst* in: MüKo-BGB, § 324 Rn. 7.

1254 *Schwarze* in: Staudinger BGB, § 324 Rn. 38.

1255 *Ernst* in: MüKo-BGB, § 324 Rn. 7.

1256 *Schwarze* in: Staudinger BGB, § 324 Rn. 69.

1257 *Ernst* in: MüKo-BGB, § 324 Rn. 5.

sehr extreme Sonderfälle. Sie aufzunehmen ist für die betroffenen Extremfälle aber durchaus richtig. Sie steht außerdem im BGB im Allgemeinen Schuldrecht, ist also für eine Vielzahl von Vertragstypen geschaffen und nicht speziell auf das Kaufrecht zugeschnitten. So dürfte es im Kaufrecht typischerweise gar nicht zu einer Konstellation kommen, in der § 324 BGB einschlägig ist, weil der Verkäufer nur in Ausnahmefällen auf die schutzwürdigen Interessen des Käufers einwirken kann.

Im Rahmen des GEK hat sich der Gesetzgeber dafür entschieden, die Schutzpflichten unter die Leistungspflicht des Art. 114 GEK zu fassen.[1258] Dies zeigt zum einen, dass es einer eigenständigen Regelung nicht zwingend bedarf, zeigt aber vor allem auch, dass eine Parallelvorschrift im GEK streng genommen nicht fehlt, sondern nur anders verortet ist. Insbesondere auch die deutsche Entstehungsgeschichte zeigt, dass der für das GEK gewählte Weg – trotz aller bestehenden strukturellen Unterschiede[1259] – durchaus sinnvoll sein kann. So hat auch die Bundesregierung während der Schaffung des § 324 BGB vorgeschlagen den Anwendungsbereich des § 324 BGB in § 323 BGB mit aufzunehmen. Die Formulierung „nicht vertragsgemäß“ hätte dann, genau wie es heute im GEK der Fall ist, auch Schutzpflichten umfasst.[1260] Schlussendlich bestätigt dies zunächst die oben vertretene Auffassung, dass auch Schutzpflichten vom Begriff der Nichterfüllung erfasst sein müssen, will man verhindern, dass das GEK hinter dem BGB zurückbleibt.[1261] Darüber hinaus zeigt es aber auch, dass die Wahl des GEK für den Käufer keine Schlechterstellung bedeutet, da hinsichtlich einer Schutzpflichtverletzung ein Gleichlauf mit dem GEK gewährleistet ist.

II. Rücktritt gem. 326 Abs. 5 BGB

1. *Darstellung des § 326 Abs. 5 BGB*

a. *Allgemeines*

Im deutschen Recht nimmt darüber hinaus auch das Rücktrittsrecht in Fällen von Unmöglichkeit eine Sonderstellung ein. Für ein separates Rücktrittsrecht gibt es scheinbar keine Notwendigkeit[1262]: So kann der Käufer im Falle einer Unmöglichkeit der Leistung des Verkäufers seine eigene Leistung einfach zurückhalten, § 326 Abs. 1 BGB. Hat der Käufer die Ware per Vorkasse bezahlt, so kann er gem. § 326 Abs. 4 BGB das Geld bereits zurückverlangen, eines Rückgewährschuldverhältnisses bedarf es dafür nicht. Letztlich gibt es drei Aspekte, die die Bedeutung der Norm aufzeigen. Zunächst gibt sie dem Gläubiger die Möglichkeit § 326 Abs. 1 und 4 BGB außer Acht zu lassen und die gesamte Vertragsbeziehung zu beenden, was

1258 Siehe hierzu ausführlich unter Teil 2.B.II.2.c.
1259 Siehe hierzu *Schwarze* in: Staudinger BGB, § 324 Rn. 12.
1260 BT-Drucks. 14/6857, S. 57 und 50; *Schwarze* in Staudinger BGB, § 324 Rn. 7.
1261 Siehe hierzu unter Teil 2.B.II.2.c.
1262 Siehe *Schwarze* in: Staudinger BGB, § 326 Rn. F1.

insbesondere im Falle einer Teilunmöglichkeit die einzige Möglichkeit darstellt.[1263] Darüber hinaus gibt § 326 Abs. 5 BGB dem Käufer die Möglichkeit – unter Setzung einer Frist – vom Vertrag zurückzutreten, wobei dahinstehen kann, ob eine Unmöglichkeit vorliegt oder nicht.[1264] Zuletzt soll auf diese Weise sichergestellt werden, dass nicht nur die Hauptleistungspflichten nach Abs. 1 suspendiert werden, sondern dass auch sämtliche (nicht im Synallagma stehenden) untergeordneten Pflichten erlöschen.[1265]

b. Voraussetzungen

Einzige Voraussetzung des § 326 Abs. 5 BGB ist das Vorliegen einer Unmöglichkeit nach § 275 Abs. 1 bis 3 BGB.[1266] Zwar ist § 326 Abs. 5 BGB dogmatisch als Rechtsgrundverweisung auf § 323 BGB zu verstehen[1267], beachtet man allerdings, dass das Fristerfordernis (logischerweise) von § 326 Abs. 5 BGB aufgehoben wird, so bleiben keine weiteren Voraussetzungen übrig. Einzig § 323 Abs. 5 und 6 BGB können in diesem Fall noch von Bedeutung werden. Im Rahmen der Unmöglichkeit ist es unerheblich ob es sich um eine objektive oder um eine subjektive bzw. um eine anfängliche oder nachträgliche Unmöglichkeit handelt und auf welchem Absatz des § 275 BGB die Unmöglichkeit beruht.[1268] Auf die Konstellationen der Unmöglichkeit kann im Rahmen dieser Arbeit nicht näher eingegangen werden[1269], besonders hingewiesen werden soll jedoch auf das absolute Fixgeschäft, also ein solches Geschäft, bei dem die Leistungszeit einen solchen Stellenwert einnimmt, dass nach ihrem Ablauf die Leistung überhaupt nicht mehr erbracht werden kann.[1270] Im Unterschied zum GEK muss im BGB differenziert werden. Das relative Fixgeschäft ist in § 323 Abs. 2 BGB geregelt und gibt dem Käufer nach Ablauf der Frist im Zweifelsfall die Möglichkeit, vom Vertrag ohne das Erfordernis einer Fristsetzung zurückzutreten.[1271] Im Gegenzug dazu stellt das Ablaufen der Frist beim absoluten Fixgeschäft eine Unmöglichkeit dar. Will der Käufer also von einem absoluten Fixgeschäft zurücktreten, kann er dies nur über § 326 Abs. 5 BGB tun.

c. Beweislast

Grundsätzlich gilt auch im Falle des § 326 Abs. 5 BGB, dass der Gläubiger, also hier der Käufer, nach den allgemeinen Regeln der Beweislast sämtliche Voraussetzungen

---

1263 *Ernst* in: MüKo-BGB, § 326 Rn. 107; *Schwarze* in: Staudinger BGB, § 326 Rn. F1.
1264 *Ernst* in: MüKo-BGB, § 326 Rn. 108; *Schwarze* in: Staudinger BGB, § 326 Rn. F1.
1265 *Ernst* in: MüKo-BGB, § 326 Rn. 108.
1266 *Ernst* in: MüKo-BGB, § 326 Rn. 109.
1267 So *Ernst* in: MüKo-BGB, § 326 Rn. 109.
1268 *Schwarze* in: Staudinger BGB, § 326 Rn. F1.
1269 Einführend zur Unmöglichkeit Wieser, MDR 2002, 858 ff.; ausführliche Anmerkungen finden sich z.B. bei Freitag, NJW 2014, 113 ff.
1270 *Ernst* in: MüKo-BGB, § 275 Rn. 47.
1271 Siehe hierzu auch unter Teil 2.C.II.2.c.bb.

des Rücktrittsrechts zu beweisen hat. Damit hat der Käufer auch die Voraussetzungen der Unmöglichkeit darzulegen.[1272]

2. *Konsequenz des Fehlens einer vergleichbaren Regelung im GEK*

§ 326 Abs. 5 BGB schließt eine Lücke für Fälle der Unmöglichkeit und damit unter anderem auch für das absolute Fixgeschäft. Wie häufig ein Käufer allerdings tatsächlich von diesem Kündigungsrecht Gebrauch machen wird, ist fraglich. Auf der einen Seite erhält der Käufer, wenn er selbst noch nicht geleistet hat, ein Zurückbehaltungsrecht über § 326 Abs. 1 BGB.[1273] Sofern er nicht leisten muss, dürfte es für ihn in den meisten Fällen keinen Grund geben, neben seiner suspendierten Hauptleistungspflicht auch sämtliche Nebenpflichten zu beenden. Hat er bereits geleistet, kann er das Geleistete auch über § 326 Abs. 4 BGB zurückverlangen. Auch das Argument, der Käufer müsse sich aufgrund des § 326 Abs. 5 BGB für den Fall der Unmöglichkeit „keine Gedanken" machen, kann nur bedingt überzeugen. Letztlich ist es immer mit dem Zusatz verbunden, dass er vorsichtshalber eine Frist gem. § 323 Abs. 1 BGB setzen muss.[1274] Ein Rücktritt nach § 323 Abs. 1 BGB ist aber sowieso möglich, da jede Unmöglichkeit auch eine Nichtleistung darstellt. § 326 Abs. 5 BGB gewährt dem Käufer damit nur für den Fall, dass er sich sicher sein kann, dass die Voraussetzungen von § 275 Abs. 1–3 BGB vorliegen, den Vorteil, dass er den Rücktritt erklären kann, ohne eine Nachfrist setzen zu müssen.

Eine vergleichbare Vorschrift gibt es im GEK zwar nicht, wie gerade gezeigt, wird sie aber auch nicht benötigt, weil die Fälle der Unmöglichkeit ebenfalls bereits in Art. 114 Abs. 1 GEK geregelt sind. Eine Bewertung der beiden Rechtssysteme vorzunehmen, ist nicht notwendig, die Probleme und Diskussionen rund um § 326 Abs. 5 BGB zeigen jedoch abermals, dass ein einheitlicher Beendigungstatbestand kein Nachteil sein muss.

G. Fazit

Nach eingehender Untersuchung sämtlicher Beendigungstatbestände lässt sich folgendes festhalten: Aus Sicht eines deutschen Gesetzesanwenders weist das GEK eine dem BGB und dem CISG sehr ähnliche Grundstruktur auf, die Unterschiede beschränken sich weitestgehend auf Detailfragen. Hauptgrund hierfür dürfte sein, dass das GEK einerseits, vor allem im Unternehmer-Kauf, starke Anleihen im CISG genommen hat. Das aktuelle BGB ist zudem aufgrund der Umsetzung zahlreicher EU-Richtlinien – insbesondere im Verbraucherbereich – sehr stark vom europäischen Gesetzgeber geprägt, so dass vieles, was im GEK vorgesehen ist, in gleicher oder ähnlicher Form bereits über den Weg einer EU-Richtlinie, Eingang in das

1272 *Schwarze* in: Staudinger BGB, § 326 Rn. F45.
1273 Siehe hierzu ausführlich auch unter Teil 2.F.II.1.a.
1274 Siehe beispielsweise bei *Grüneberg* in: Palandt, § 326 Rn. 18.

BGB gefunden hat. Insbesondere die Beendigungsmöglichkeiten für Verbraucher sind in wesentlichen Teilen mit dem BGB vergleichbar und führen dazu, dass ein Verbraucher – unabhängig davon, ob der Kaufvertrag dem GEK oder dem BGB unterstellt wird – sicher sein kann, dass ihm die aus Deutschland bekannten Rechte zur Verfügung stehen.

Abgesehen von Unterschieden im Detail, ist es im Wesentlichen das System der Nachfristsetzung im BGB, welches sich deutlich vom GEK und CISG unterscheidet. Selbst zeigt sich jedoch, dass, obwohl es sich durchaus um eine wesentliche Abweichung handelt, alle drei Gesetze zu sehr ähnlichen Ergebnissen führen.[1275]

Trotz dieser Abweichung und aufgrund der vielen Gemeinsamkeiten sind die Beendigungsgründe in allen drei Gesetzen insgesamt umfassend, angemessen und auf Ausgleich bedacht. Ein ganz wesentliches Ergebnis des Vergleichs der Beendigungstatbestände in den drei Gesetzen ist, dass ein deutscher Käufer im GEK nicht benachteiligt sein wird. Dies kann auch dazu dienen, beim deutschen Anwender für Rechtssicherheit zu sorgen. Auch wenn dies nicht Thema dieser Arbeit ist, so sei an dieser Stelle angemerkt, dass auch der Verkäufer die Anwendung des GEK (bezogen auf die Beendigungsgründe) nicht zu fürchten braucht. Selbst das Fehlen von Gegenstücken zu Normen wie § 324 oder § 326 Abs. 5 BGB ist nur auf den ersten Blick ein Unterschied. Tatsächlich ist dies aber nur ein scheinbares Problem, da das GEK lediglich eine andere dogmatische Lösung gefunden hat und die Beendigung wegen Unmöglichkeit nicht gesondert – so wie im BGB – geregelt hat, sondern im Rahmen der zentralen Norm für Beendigungsgründe (Art. 114 Abs. 1 GEK).

Sicherlich gibt es Aspekte, die in den drei Gesetzen unterschiedlich beurteilt werden und diese Unterschiede können auch bei gerichtlichen Entscheidungen – je nach angewendetem Recht – zu unterschiedlichen Ergebnissen führen. Genannt seien hier nur beispielhaft Streitigkeiten, die im Zusammenhang mit Ansprüchen Dritter (Rechtsmangel) stehen oder der Kauf auf Probe. Hierzu gehören auch die bereits erwähnten geringen strukturellen Unterschiede, sei es zwischen § 323 Abs. 1 BGB und Art. 114 Abs. 1 GEK oder zwischen Art. 115 Abs. 1 GEK und Art. 49 Abs. 1 lit. b) CISG. Dennoch und es ist wichtig, dies an dieser Stelle zu betonen, handelt es sich dabei um Einzelfälle. Insbesondere die insgesamt gelungene Unterscheidung zwischen Unternehmer-Kauf, auf die im GEK nur Art. 114 Abs. 1 GEK anwendbar ist, und Verbraucher-Kauf, für die zusätzlich Art. 114 Abs. 2 GEK im Bereich der Schlechtleistung erleichterte Voraussetzungen aufstellt[1276], führen dazu, dass in beiden Bereichen eine sehr hohe Vergleichbarkeit mit CISG respektive BGB besteht. Eine überwiegend einheitliche Rechtsanwendung der drei Gesetze sollte die Folge sein.

1275 Siehe hierzu unter Teil 2.C.IV.2.

1276 Siehe hierzu unter Teil 2.C.I.4.

Teil 3. Ausschlussgründe

Liegt für den Käufer ein Beendigungsgrund vor, so bedeutet dies nicht automatisch, dass der Vertrag beendet ist, sondern nur, dass der Käufer das Recht hat, diesen Vertrag zu beenden. Beendigung tritt erst dann ein, wenn der Käufer dem Verkäufer mitteilt, dass er sein Recht ausübt.[1277] Der Käufer kann sein Recht allerdings nicht ausüben, wenn dem Ausschlussgründe entgegenstehen. Im folgenden Abschnitt werden die jeweiligen Ausschlussgründe der drei Gesetze dargestellt und verglichen. Unterschieden wird dabei zwischen „primären“ Ausschlussgründen, also solchen, die in unmittelbarem Zusammenhang mit den Beendigungsgründen stehen und nur für die Beendigung gelten, Ausschlussgründen, die für alle Abhilfen gelten und an eine fehlende Mängelanzeige geknüpft sind und Ausschlussgründen, die es entweder im BGB oder im CISG, nicht aber im GEK gibt.

A. Primäre Ausschlussgründe

I. Verlust des Beendigungsrechts gem. Art. 119 GEK

1. Allgemeines

Gem. Art. 119 GEK verliert der Käufer sein Beendigungsrecht, wenn er es nicht rechtzeitig genug (das heißt innerhalb von zwei Monaten) ausübt.[1278] Die Norm ist zurückzuführen auf Art. III. – 3:508 DCFR, hat mit dieser Vorschrift allerdings nicht mehr viel gemein. Teilweise wird angenommen, die Vorschrift diene damit dem Schutz der Verkäuferinteressen, in dem verhindert werden soll, dass der Verkäufer Aufwendungen zur Erfüllung tätigt, die von vorneherein unnötig sind, weil sie wegen einer später erklärten Beendigung hinfällig werden.[1279] Obwohl dies tatsächlich eintreten kann, handelt es sich hierbei um kein schützenswertes Interesse. Der Verkäufer muss nur exakt jene Aufwendungen tätigen, zu denen er sich vertraglich verpflichtet hat. Hätte er sich von Anfang an vertragsgemäß verhalten, entstünde für den Käufer bereits kein Beendigungsrecht nach den Art. 114 bis 116 GEK, so dass es letztlich ein selbstverschuldetes Risiko ist. Ziel von Art. 119 GEK kann daher die Schaffung von Rechtsfrieden sein – ähnlich einer Verjährungsvorschrift.

1277 Siehe hierzu unter Teil 4.

1278 Auch Art. 106 Abs. 5 GEK kann dazu führen, dass der Käufer ein Beendigungsrecht nicht ausüben kann. Da es sich aber streng genommen um keine Beschränkung der Beendigungsgründe, sondern um ein allgemeines Prinzip für sämtliche Abhilfen handelt, wird es auch dort, siehe Teil 1.D.I.3, besprochen.

1279 So Lorenz, AcP 212 (2012), 702 (772).

2. *Voraussetzungen*

a. *Entstehen des Rechts und Kenntnis von der Nichterfüllung*

Der Käufer verliert sein Recht zur Beendigung gem. Art. 119 Abs. 1 GEK, wenn er die Beendigung nicht innerhalb einer Frist von zwei Monaten[1280] ab Entstehung des Rechts oder ab dem Zeitpunkt, zu dem der Käufer von der Nichterfüllung Kenntnis erlangt hat – je nachdem welches Ergebnis später eingetreten ist – erklärt hat. Im Gegensatz zum Entwurf der Kommission[1281] gilt dies uneingeschränkt sowohl für Unternehmer-Käufer als auch für Verbraucher-Käufer. Der europäische Gesetzgeber hat damit auf die massive Kritik[1282] reagiert. In der Tat war es nie angemessen, einem Verbraucher-Käufer eine unbegrenzte Frist zu gewähren. Das Beispiel der Verbraucherrechterichtlinie 2011[1283] zeigt, dass es Verbrauchern sowohl zuzumuten ist und sie außerdem bereits dran gewöhnt sind, Rechte innerhalb bestimmter Fristen geltend machen zu müssen. In Verbindung mit der klaren und auch relativ langen Frist[1284], ist diese Änderung uneingeschränkt zu begrüßen. Im Sinne des Verbraucherschutzes ist es auch, dass bei einem Verbraucher-Käufer nur auf Kenntnis abgestellt wird, während ein Unternehmer-Käufer sein Recht bereits dann verlieren kann, wenn er Kenntnis hätte haben müssen (siehe Art. 119 Abs. 1 a.E. GEK).

aa. Kenntniserlangung vor Entstehung des Rechts

Kritisiert wird im Rahmen von Art. 119 GEK vor allem, dass nicht zu erkennen sei, wann die Kenntniserlangung tatsächlich einmal vor der Entstehung des Rechts liegen könnte.[1285] Selbst wenn die Kritik berechtigt wäre und das Recht immer vor der Kenntnis des Käufers entstehen würde[1286], wäre die Vorschrift uneingeschränkt praktikabel, weil sich zumindest in jedem Fall feststellen ließe, wann der Fristlauf beginnt. Die Kritik ist aber vor allem deswegen nicht gerechtfertigt, weil es Fälle gibt, in denen die Kenntniserlangung vor der Entstehung des Rechts liegt: Ein solcher Fall ist im Rahmen von Art. 114 GEK nicht denkbar, da das Recht hier stets vor Kenntniserlangung entsteht. Da Art. 119 Abs. 1 GEK aber auch für Art. 115 Abs. 1 GEK gilt, ist der Fall hier zu verorten: Dort muss der Käufer zwangsweise Kenntnis davon erlangen, dass der Verkäufer ursprünglich nicht (fristgerecht) erfüllt hat, weil er ihm sonst keine Frist zur Nacherfüllung setzen kann. Das Recht zur Beendigung entsteht im Falle von Art. 115 Abs. 1 GEK mit Ablauf der Nachfrist,

---

1280 Im Kommissionsentwurf noch: „angemessenen Frist“.

1281 In diesem war der Anwendungsbereich von Art. 119 GEK für Verbraucher komplett ausgenommen.

1282 *Wendehorst* in: Schmidt-Kessel, S. 371 (382 f.); Lorenz, AcP 212 (2012), 702 (775).

1283 Siehe zur Richtlinie unter Fußnote 175.

1284 Siehe hierzu ausführlicher unter Teil 3.A.I.2.b.

1285 *Schopper* in: Wendehorst/Zöchling-Jud, S. 107 (138).

1286 So *Schopper* in: Wendehorst/Zöchling-Jud, S. 107 (138); *Wendehorst* in: Schmidt-Kessel, S. 371 (382).

Voraussetzung ist, dass der Verkäufer nicht erfüllt hat. Damit erhält der Käufer aber wenigstens eine juristische Sekunde bevor die Frist abgelaufen ist Kenntnis von der Nichterfüllung.[1287] Der Fall der Nichtlieferung ist zwar durch Art. 119 Abs. 2 GEK ausgenommen[1288], im Falle der Teilnichtleistung kann es allerdings vorkommen, dass die Kenntniserlangung vor Entstehung des Rechts liegt. Auch wenn die Kritik damit formal widerlegt ist, ist ihr zuzugestehen, dass es in jedem Fall ausreichend gewesen wäre, wenn das Gesetz nur auf Kenntnis oder Kennen-Müssen abgestellt hätte.[1289]

bb. Kenntniserlangung im Falle der voraussichtlichen Nichterfüllung

Ein nicht nur dogmatisches Problem zeigt sich allerdings im Rahmen von Art. 116 GEK. Hier ist der Käufer insofern in einer misslichen Situation, als dass das Recht zur Beendigung zwangsweise bereits vor Fälligkeit der Leistung entsteht. Dem Käufer muss also bereits vor Fälligkeit zwingend Kenntnis bzw. Kennen-Müssen von der Nichterfüllung unterstellt werden, weil das Recht nach Art. 116 GEK nur dann entsteht, wenn der Käufer positive Kenntnis davon hat, dass keine Erfüllung erfolgen wird. Der Käufer könnte also gezwungen sein, aufgrund von Art. 119 GEK das Recht zur Beendigung nach Art. 116 GEK auszuüben, obwohl er womöglich noch auf die Erfüllung hofft. Die Lösung wird darin gesehen, die Kenntnis in diesem Fall erst auf den Zeitpunkt der Fälligkeit nach hinten zu verlagern.[1290] Dieses Vorgehen scheint dogmatisch jedoch unsauber, weil es den Voraussetzungen für das Entstehen des Art. 116 GEK widerspricht. Das Problem dürfte allerdings durch die Neufassung auch weitestgehend gelöst sein. Während die ursprüngliche Formulierung („angemessene Frist") zu Schwierigkeiten hätte führen können, sollte die neu eingeführte fixe Frist von zwei Monaten das Problem lösen können. Ein verständiger Käufer wird kaum länger als zwei Monate darauf hoffen dürfen, dass der Verkäufer – entgegen dessen eindeutiger Aussage – doch noch leisten werde. Damit sollte rein praktisch ein Fall, in dem die 2-Monats-Frist vor Fälligkeit abläuft ausgeschlossen sein. In dem extrem seltenen Fall, in dem sich die Parteien auf einen Fälligkeitszeitpunkt geeinigt haben, in dem die Frist doch abgelaufen wäre, muss die Frist dahingehend ausgelegt werden, dass sie frühestens am Fälligkeitszeitpunkt abläuft.[1291]

b. Ablauf einer 2-Monats-Frist

Während eine „angemessene" Frist, die auch nur für Unternehmer-Käufer galt, eher im Bereich von wenigen Tagen anzusiedeln gewesen wäre[1292], hat der Gesetzgeber

---

1287 Ebenso jetzt wohl auch *Wendehorst* in: Schmidt-Kessel Kommentar, Art. 119 Rn. 7.
1288 Siehe hierzu ausführlich unter Teil 3.A.I.3.
1289 So im Ergebnis auch Lorenz, AcP 212 (2012), 702 (774).
1290 So *Wendehorst* in: Schmidt-Kessel, S. 371 (382).
1291 So zur ursprünglichen Regelung *Wendehorst* in: Schmidt-Kessel, S. 371 (382).
1292 Es hätte sich angeboten die Angemessenheit der Frist anhand des Einzelfalls zu bewerten, wobei z.B. Nacherfüllungsfristen i.S.v. Art. 115 GEK oder Lieferfristen im Sinne von Art. 114 GEK bzw. ein Zeitraum bis zur Fälligkeit (plus Sicherheits-

sich in der Parlaments-Fassung für eine absolute Frist entschieden. Diese Frist erscheint insbesondere für Unternehmer-Käufer ungewöhnlich lang, lässt sich allerdings damit erklären, dass sie nun auch auf Verbraucher Anwendung findet. Die Frist selber hat mit den typischen Problemen zu kämpfen, die starre Fristen generell mit sich bringen[1293], dürfte allerdings insbesondere im GEK, welches von Anwendern genutzt wird, die aus unterschiedlichsten Rechtssystemen kommen, zu einer erhöhten Benutzerfreundlichkeit führen und ist daher insgesamt zu begrüßen.

Aus Sicht des Verkäufers wäre es hilfreich gewesen, wenn eine Regelung entsprechend Art. 48 Abs. 2, 3 CISG geschaffen worden wäre, wonach ein Verkäufer den Käufer zur Abgabe einer Erklärung (ob er den Vertrag beenden bzw. aufheben werde) auffordern könnte. Eine entsprechende Regelung für Verbraucher würde diese allerdings ihrer Bedenkzeit unangemessen berauben. Im Sinne einer einheitlichen Anwendung (und vor dem Hintergrund, dass ein Großteil der Anwendungsfälle im Verbraucher-Kauf liegen wird) erscheint es akzeptabel, dass sich der Gesetzgeber gegen eine analoge Regelung auch nur für Unternehmer entschieden hat.

3. *Ausschluss von Art. 119 GEK*

Während Art. 119 GEK in der Kommissions-Fassung nach Art. 119 Abs. 2 GEK einen Ausschluss der gesamten Norm für Verbraucher vorsah, gilt die Ausschlussfrist des Art. 119 Abs. 1 GEK nach der Parlaments-Fassung nun sowohl für Verbraucher- als auch für Unternehmer-Käufer einheitlich. Eine Ausnahme hiervon besteht, wenn überhaupt keine Leistung erbracht wurde (Art. 119 Abs. 2 GEK). Der Ausschluss ist richtig und konsequent.[1294] Entgegen anderweitiger Auffassung kann es keine Rolle spielen, ob der Verkäufer noch nacherfüllen wird[1295], da der Käufer dies nie beweisen könnte. Wie bereits erwähnt, kann es auch nicht darum gehen, den Verkäufer vor ungerechtfertigten Kosten zu schützen.[1296] Entscheidend ist einzig, dass die Norm von der Rechtsfolgenseite her betrachtet sinnvoll und konsequent ist. In allen Konstellationen, in denen der Käufer irgendetwas erhalten hat – und sei es auch nur eine mangelhafte Ware, das heißt im Falle einer Schlechtleistung oder einer teilweisen Leistung – kommen neben der Beendigung ein Paket von Abhilfen wie Schadensersatz, Nachbesserung oder Minderung in Betracht. Mangels einer Art. 48 Abs. 2, 3 CISG entsprechenden Regelung ist es sinnvoll, den Käufer zumindest unter einen gewissen Zeitdruck zu setzen und nach Ablauf der Frist den Zustand der Rechtssicherheit zu erzeugen. Schließlich hat der Käufer, selbst im Falle des Verlusts seines Beendigungsrechts nach Art. 119 GEK, weitere Rechte, die ihn gleich gut oder

zuschlag) im Fall von Art. 116 GEK als Berechnungsgrundlage hätten genutzt werden können.

1293 Siehe dazu ausführlicher unter Teil 3.A.IV.

1294 Anders aber *Wendehorst* in: Schmidt-Kessel, S. 371 (382 f.); Lorenz, AcP 212 (2012), 702 (775).

1295 So aber *Wendehorst* in: Schmidt-Kessel, S. 371 (382 f.).

1296 So aber Lorenz, AcP 212 (2012), 702 (775).

zumindest ausreichend entschädigen können. Im Falle einer Nichtleistung gibt es für den Käufer kein anderes (sinnvolles) Instrument als die Beendigung, weil er nur daran interessiert sein kann, den Kaufpreis zurückzuerhalten. In diesem Fall will das GEK folglich den Käufer nicht der Gefahr aussetzen, die einzig sinnvolle Abhilfe zu verlieren, weil er eine Frist versäumt.

4. Fazit

Die Vorschrift ist insgesamt und im Zusammenhang mit den restlichen Vorschriften des GEK konsequent und sinnvoll. Wichtiges Motiv des GEK ist, dies kann nicht oft genug betont werden, die Vertragsdurchführung zu stärken.[1297] In diesem Kontext ist Art. 119 GEK zu sehen: Wann immer die Möglichkeit besteht, sollen die Parteien eine andere Abhilfe wählen als die Beendigung. Der Käufer wird mit dieser Vorschrift unter einen gewissen Zeitdruck gesetzt zu entscheiden, ob er ein Beendigungsrecht ausüben will und so einen nicht gewollten Schwebezustand möglichst schnell zu beenden. Das konkrete Benennen der Frist ist dabei der Anwendung förderlich, neuerliche Diskussionen über die Angemessenheit sind nicht zu erwarten. Außerordentlich zu begrüßen ist, dass der Ausschlussgrund mittlerweile auch für Verbraucher gilt, ein guter Grund dies auf Unternehmer-Käufer zu beschränken war nie ersichtlich. Die Länge von zwei Monaten muss als Kompromiss gesehen werden zwischen Verbraucherschutzinteressen auf der einen Seite und dem Interesse, Unsicherheiten schnellstmöglich zu beenden, auf der anderen Seite. Dabei handelt es sich zwar aus deutscher Sicht um ein unbekanntes Hindernis bei der Geltendmachung von Beendigungsrechten, auf das sich Käufer zunächst einzustellen haben. Die Frist erscheint gleichwohl lang genug, um Käufern ihre Rechte nicht unangemessen abzuschneiden. Zu bedenken ist, dass sonstige Abhilfen auch nach Ablauf dieser Frist weiter geltend gemacht werden können, so dass Verbraucher hierdurch nicht schutzlos gestellt würden, sondern nur die stärkste aller Abhilfen zeitlich begrenzt wird. Insbesondere vor dem Hintergrund, dass es für Verbraucher im GEK kein striktes „Recht zur zweiten Andienung“ gibt, ist die Frist insgesamt zu begrüßen. Richtig in diesem Zusammenhang ist aber auch, dass überall dort, wo keine andere Abhilfe sinnvollerweise in Betracht kommt, ein Unterdrucksetzen bzw. Wegnehmen der Abhilfe Beendigung keinen Sinn macht, so dass auch die Ausnahme in Art. 119 Abs. 2 GEK als sinnvoll zu bewerten ist.

1297 Siehe hierzu u.a. KOM (2011) 635, Erwägungsgrund 32.

II. Verlust des Rücktrittsrechts nach § 323 Abs. 6 BGB

1. Darstellung des § 323 Abs. 6 BGB

a. Allgemeines

Auch das BGB gewährt dem Käufer das Rücktrittsrecht nicht vorbehaltlos. Ausgangspunkt im BGB ist dabei der Gedanke, dass ein Rücktritt grundsätzlich auch dann zulässig ist, wenn die Nicht- oder Schlechtleistung nicht vom Schuldner, das heißt in der Regel dem Verkäufer, zu vertreten ist.[1298] Um Ungerechtigkeiten zu vermeiden, soll daher dann kein Rücktritt möglich sein, wenn der Gläubiger (Käufer) für den Umstand, auf dem das Rücktrittsrecht beruht, verantwortlich ist.

Die Vorschrift selbst ist, obwohl im § 323 BGB angesiedelt, nicht nur auf Fälle des § 323 Abs. 1 BGB beschränkt. Sie muss nach herrschender Ansicht auch auf den § 326 Abs. 5 BGB angewandt werden, um zu verhindern, dass der Gläubiger die Regelungen des § 326 Abs. 1 und 2 BGB durch einen Rücktritt nach § 326 Abs. 5 BGB aushebelt.[1299] Auf § 324 BGB findet die Vorschrift jedoch mangels vergleichbarer Fallgestaltung keine Anwendung.[1300] § 324 BGB findet damit zwar uneingeschränkt Geltung, in Fällen, in denen der Käufer eine weit überwiegende oder alleinige Verantwortung trägt, muss dies allerdings im Rahmen der Unzumutbarkeit berücksichtigt werden.[1301]

b. Voraussetzungen

aa. Vertretenmüssen des Käufers

Der Käufer kann sein Kündigungsrecht gem. § 323 Abs. 6 Var. 1 BGB dann nicht ausüben, wenn er für den Umstand, der ihn zum Rücktritt berechtigt allein oder weit überwiegend verantwortlich ist. Dabei kann der Käufer entweder für die ursprünglich bestehende Nicht- oder Schlechtleistung verantwortlich sein oder, sofern der Käufer dem Verkäufer gem. Abs. 1 eine Nachfrist setzen muss, dafür, dass dem Verkäufer die Nacherfüllung nicht gelingt.[1302] In Abgrenzung zu § 275 BGB darf das Einwirken des Käufers allerdings nicht dazu führen, dass die Leistung unmöglich wird, sondern nur dazu, dass der Verkäufer sie verspätet bewirken kann.[1303] Andernfalls kommt § 326 Abs. 5 BGB zur Anwendung. Während die alleinige Verantwortlichkeit relativ eindeutig festzustellen ist, ist die weit überwiegende Verantwortlichkeit schwieriger zu bestimmen. Nach der Gesetzesbegründung soll eine weit überwiegende Verantwortlichkeit dann gegeben sein, wenn bei einem Schadensersatzanspruch statt der Leistung ein Mitverschulden gem. § 254 BGB nicht

---

1298 *Ernst* in: MüKo-BGB, § 323 Rn. 268 und Rn. 2.

1299 *Schwarze* in: Staudinger BGB, § 326 Rn. F5 ff.

1300 BT-Drucks. 14/7052, S. 193; *Schwarze* in: Staudinger BGB, § 324 Rn. 9.

1301 BT-Drucks. 14/7052, S. 193.

1302 *Ernst* in: MüKo-BGB, § 323 Rn. 269.

1303 *Ernst* in: MüKo-BGB, § 323 Rn. 269.

nur zu einer Anspruchskürzung, sondern zu einem vollständigen Ausschluss führen würde, mithin ein Gleichklang zwischen beiden Ansprüchen gegeben wäre.[1304]

bb. Annahmeverzug

Ein Rücktritt ist auch dann ausgeschlossen, wenn der Käufer sich zum Zeitpunkt des Eintritts des zum Rücktritt berechtigenden Ereignisses im Annahmeverzug befindet (§ 323 Abs. 6 Alt. 2 BGB). Denknotwendig kann diese Variante immer nur im Falle einer Schlechtleistung zur Anwendung gelangen.[1305] Liegt eine Nichtleistung vor, ist ein Fall des Schuldnerverzugs gegeben, der einen Annahmeverzug unmöglich macht.

c. Beweislast

Nach den allgemeinen Regeln der Beweislast muss der Verkäufer hier sämtliche Voraussetzungen beweisen, da es sich um eine für ihn positive Einrede handelt.[1306]

III. Verlust des Rechts zur Vertragsaufhebung nach Art. 49 Abs. 2 CISG

1. Allgemeines

Im Gegensatz zum GEK, das hinsichtlich des Verlusts des jeweiligen Beendigungsrechts weitestgehend einheitliche Voraussetzungen vorsieht, ist der Verlust des Aufhebungsrechts im GEK differenzierter ausgestaltet. So muss einerseits unterschieden werden, ob der Verkäufer die Ware überhaupt schon geliefert hat, darüber hinaus aber auch hinsichtlich der Art der Vertragsverletzung, bei der es unterschiedliche Anknüpfungspunkte für den Fristbeginn gibt, unterschieden werden.

2. Voraussetzungen

a. Nichtlieferung

Hat der Verkäufer die Ware überhaupt nicht geliefert, ist das Mittel der Vertragsaufhebung der sinnvollste Rechtsbehelf, weil der Vertrag so oftmals ohne weitere Abwicklungsschwierigkeiten endet und der Käufer sich anderweitig nach Ware umsehen kann. Daher folgt aus einem Umkehrschluss zu Art. 49 Abs. 2 lit. a) und lit. b) CISG, dass ein Verlust nach Art. 49 Abs. 2 CISG nicht eintreten kann, wenn der Verkäufer gar nicht geleistet hat.[1307] Im Gegensatz zum GEK hat der Verkäufer

---

1304 BT-Drucks. 14/6040, S. 187; *Schwarze* in: Staudinger BGB, § 323 Rn. E7.

1305 So muss wohl auch der Hinweis von *Ernst* in: MüKo-BGB, § 323 Rn. 276 verstanden werden.

1306 *Schwarze* in: Staudinger BGB, § 323 Rn. E9.

1307 *Müller-Chen* in: Schlechtriem/Schwenzer, Art. 49 Rn. 27; *Magnus* in: Staudinger CISG, Art. 49 Rn. 30; Herber/Czerwenka, Art. 49 Rn. 14; *Schnyder/Straub* in:

hier sogar die Möglichkeit, dem Käufer gem. Art. 48 Abs. 2 und 3 CISG seine Leistungsbereitschaft anzuzeigen und so für Klarheit zu sorgen, so dass es, anders als im GEK, nicht zu einem Wartezustand kommen kann.[1308] Die einzige zeitliche Grenze im Falle der Nichtlieferung, die hier allerdings nicht näher zu untersuchen ist, kann eine mögliche Verwirkung der Rechte (ähnlich wie im BGB) sein.[1309]

b. Vertragsverletzung nach Lieferung

aa. Spätleistung

Sobald der Verkäufer die Ware geliefert hat, muss der Käufer gem. Art. 49 Abs. 2 CISG die Aufhebung innerhalb einer angemessenen Frist erklären, will er sein Aufhebungsrecht nicht verlieren. Unterschiedlich angeknüpft ist je nach Art der Vertragsverletzung, der Fristbeginn. Im Falle einer Spätleistung, wobei unerheblich ist, ob die Spätleistung auf einer wesentlichen Vertragsverletzung beruht oder darauf, dass eine vom Käufer nach Art. 47 Abs. 1 CISG gesetzte Nachfrist abgelaufen ist, mit anderen Worten, unabhängig davon, ob die Spätleistung auf Art. 49 Abs. 1 lit. a) oder lit. b) CISG beruht, greift für einen möglichen Ausschluss Art. 49 Abs. 2 lit. a) CISG ein.[1310] Danach beginnt die angemessene Frist zu laufen, sobald der Käufer von der Lieferung erfahren hat, das heißt sobald er Kenntnis davon erlangt hat, dass der Verkäufer die Ware verschickt oder er die Ware tatsächlich schon erhalten hat.[1311] Im Hinblick auf die Angemessenheit der Frist selbst ist allgemeiner Konsens in der Literatur, dass diese eher kurz zu bemessen ist, weil der Käufer bei einer verspäteten Lieferung schnell erkennen kann, ob eine Vertragsverletzung vorliegt und daher nur wenig Zeit braucht, sich zu überlegen, ob er die Ware noch verwenden kann oder nicht.[1312]

Honsell CISG, Art. 49 Rn. 39; a.A. Huber, RabelsZ 43 (1979), 413 (475 f.); BGH, Urt. v. 15.02.1995, Az.: VIII ZR 18/94, IPRax 1996, 195 (196).

1308 *Müller-Chen* in: Schlechtriem/Schwenzer, Art. 49 Rn. 27.

1309 *Müller-Chen* in: Schlechtriem/Schwenzer, Art. 49 Rn. 27.

1310 *Magnus* in: Staudinger CISG, Art. 49 Rn. 34; *Müller-Chen* in: Schlechtriem/Schwenzer, Art. 49 Rn. 28; a.A. Loewe, S. 72.

1311 *Magnus* in: Staudinger CISG, Art. 49 Rn. 35; *Müller-Chen* in: Schlechtriem/Schwenzer, Art. 49 Rn. 30; *Huber* in: MüKo-BGB, Art. 49 Rn. 61.

1312 *Magnus* in: Staudinger CISG, Art. 49 Rn. 36; *Müller-Chen* in: Schlechtriem/Schwenzer, Art. 49 Rn. 29; Enderlein/Maskow/Strohbach, Art. 49 Bem. 7; *Huber* in: MüKo-BGB, Art. 49 Rn. 62; *Salger* in: Witz/Salger/Lorenz, Art. 49 Rn. 6; für eine unverzügliche Frist: *Saenger* in: Bamberger/Roth, Art. 49 Rn. 13; für eine Frist von zwei bis drei Tagen *Schnyder/Straub* in: Honsell CISG, Art. 49 Rn. 43; a.A. Brunner, Art. 49 Rn. 12 (maximal sechs bis sieben Wochen); Kappus, RiW 1992, 528 (532) (ein bis zwei Monate).

bb. Schlechtlieferung bzw. sonstige Form der Nichterfüllung

Alle übrigen Formen der Vertragsverletzung – insbesondere natürlich die Lieferung einer mangelbehafteten Sache – sind von dem Ausschlussgrund des Art. 49 Abs. 2 lit. b) CISG erfasst. Wie auch im Fall der Spätleistung gibt das Gesetz dem Käufer vor, die Aufhebung innerhalb einer angemessenen Frist zu erklären. Voraussetzung ist zunächst, dass die Lieferung bereits erfolgt ist und dass es sich um eine wesentliche Vertragsverletzung handelt.[1313]

Die Frage der Angemessenheit ist abermals nach den Umständen des Einzelfalls zu beurteilen[1314], wobei die ganz herrschende Meinung in dieser Konstellation annimmt, dass die Frist länger als im Falle von Art. 49 Abs. 2 lit. a) CISG sein kann.[1315] Welche konkreten Fristen angemessen sind, variiert dabei sehr stark und ist abhängig von der konkreten Konstellation.[1316]

(1) Kenntnis als Auslöser für den Fristbeginn

Für den Fristbeginn kennt Art. 49 Abs. 2 lit. b) CISG drei unterschiedliche Anknüpfungen. Der wohl häufigste Anwendungsfall ist nach Art. 49 Abs. 2 lit. b) i) CISG der Zeitpunkt, in dem der Käufer von der Vertragsverletzung Kenntnis erlangt hat oder hätte erlangen müssen. Für das Kennen-Müssen darf sich der Käufer „nicht sorglos über konkrete Anhaltspunkte (...) hinwegsetzen, die auf die wesentliche Vertragsverletzung [...] hinweisen."[1317] Kenntnis hat der Käufer allerdings erst dann erlangt, wenn er das gesamte Ausmaß der Vertragsverletzung kennt und folglich einschätzen kann, ob eine wesentliche Vertragsverletzung vorliegt.[1318]

1313 *Müller-Chen* in: Schlechtriem/Schwenzer, Art. 49 Rn. 30; *Magnus* in: Staudinger CISG, Art. 49 Rn. 37.

1314 *Müller-Chen* in: Schlechtriem/Schwenzer, Art. 49 Rn. 30.

1315 *Magnus* in: Staudinger CISG, Art. 49 Rn. 28; *Benicke* in: MüKo-HGB, Art. 49 Rn. 24; *Huber* in: MüKo-BGB, Art. 49 Rn. 64; *Müller-Chen* in: Schlechtriem/Schwenzer, Art. 49 Rn. 31; a.A. OLG Köln, Urt. v. 22.02.1994, Az.: 22 U 202/93; RiW 1994, 927 (973) wonach die Aufhebung zusammen mit der Rüge erklärt werden muss.

1316 Angemessen waren laut entsprechenden Gerichtsurteilen: 22 Tage (OLG Hamburg, Urt. v. 26.11.1999, Az.: 1 U 31/99, IHR 2001, 19 (21)), ein bis zwei Monate (BG, Urt. v. 18.05.2009, Az.: 4 A 68/2009, IHR 2010, 27 (30)) oder sogar drei Monate (LG Freiburg, Urt. v. 22.08.2002, Az.: 8 O 75/02, IHR 2003, 22 (23)); nicht mehr angemessen auf der anderen Seite aber bereits zwei Monate (OLG Frankfurt, Urt. v. 20.04.1994, Az.: 13 U 51/93, RiW 1994, 593 (595)), vier Monaten (OLG München, Urt. v. 02.03.1994, Az.: 7 U 4419/93, RiW 1994, 595 (596)); auf jeden Fall nach Ablauf von fünf Monaten (BGH, Urt. v. 15.02.1995, VIII ZR 18/94, NJW 1995, 2101 (2102)) bis hin zu 18 Monaten (Cour de Cassation, Urt. v. 08.11.2011, Az.: 10–24691, CISG-online 2310); weitere Fristen auch bei Magnus, ZEuP 2002, 523 (538).

1317 *Müller-Chen* in: Schlechtriem/Schwenzer, Art. 49 Rn. 34.

1318 *Müller-Chen* in: Schlechtriem/Schwenzer, Art. 49 Rn. 34.

(2) Fristbeginn im Falle von Mitteilungen

Darüber hinaus gibt es in Art. 49 Abs. 2 lit. b) ii) und iii) CISG zwei Sonderfälle für den Fall, dass der Käufer bzw. beide Parteien zwar Kenntnis von der wesentlichen Vertragsverletzung erlangt hat bzw. haben, statt einer Aufhebungserklärung aber eine der beiden Parteien die Gegenseite zur Leistung bzw. zur Annahme der Leistung aufgefordert hat.

(a) Mitteilung des Käufer gem. Art. 47 Abs. 1 CISG

Die erste Konstellation (Art. 49 Abs. 2 lit. b) ii) CISG) betrifft dabei den Fall, dass der Käufer den Mangel erkannt hat und dem Verkäufer daraufhin eine Nachfrist zur Nachlieferung bzw. Nachbesserung gem. Art. 47 Abs. 1 CISG gesetzt hat. Reagiert der Verkäufer hierauf nicht und läuft dadurch eigentlich die Frist nach Art. 49 Abs. 2 lit. b) i) CISG ab, so kann der Käufer sein Aufhebungsrecht dennoch innerhalb einer angemessenen Frist ab dem Ablauf der Frist zur Nacherfüllung (bzw. ab Mitteilung des Verkäufers, dass er nicht leisten werde) geltend machen. Die Vorschrift soll in erster Linie den Käufer schützen, der dem Verkäufer noch eine Chance zur zweiten Andienung gewährt.[1319] Nicht erfasst ist hingegen der Fall, dass der Käufer es innerhalb der gem. Art. 49 Abs. 2 lit. b) i) CISG laufenden Frist versäumt, entweder Nacherfüllung zu verlangen oder die Aufhebung zu erklären.[1320]

(b) Mitteilung des Verkäufers gem. Art. 48 Abs. 2 CISG

Die zweite Konstellation (Art. 49 Abs. 2 lit. b) iii) CISG) betrifft die Parallelsituation, in der der Verkäufer den Käufer gem. Art. 48 Abs. 2 CISG aufgefordert hat, sich zu erklären, ob er die Leistung annehmen will. Erklärt der Käufer, dass er die Leistung nicht mehr annehmen werde oder hat er sich nicht erklärt, der Verkäufer dann aber doch nicht innerhalb der von ihm gebotenen Frist geleistet, so beginnt die angemessene Frist in diesem Moment zu laufen.[1321]

3. *Beweislast*

Die Beweislast in Art. 49 Abs. 2 lit. a) CISG hinsichtlich des Ablaufs der angemessenen Frist trifft entsprechend den allgemeinen Beweislastregeln den Verkäufer, der Käufer muss beweisen, dass die Erklärung der Vertragsaufhebung rechtzeitig

---

1319 *Müller-Chen* in: Schlechtriem/Schwenzer, Art. 49 Rn. 36; *Magnus* in: Staudinger CISG, Art. 49 Rn. 42; *Schnyder/Straub* in: Honsell CISG, Art. 49 Rn. 85; a.A. Enderlein/Maskow/Strohbach, Art. 49 Bem. 10 f.; Piltz, Rn. 5–316; *Lüderitz/Schüßler-Langeheine* in: Soergel, Art. 49 Rn. 16.

1320 *Müller-Chen* in: Schlechtriem/Schwenzer, Art. 49 Rn. 37.

1321 Siehe hierzu auch mit weiteren Fallgestaltungen *Müller-Chen* in: Schlechtriem/Schwenzer, Art. 49 Rn. 37.

abgeschickt wurde.[1322] Die Beweislast für Kenntnis bzw. Kennen-Müssen gem. Art. 49 Abs. 2 lit. b) i) CISG trifft den Verkäufer.[1323] Im Falle von Art. 49 Abs. 2 lit. b) ii) CISG trägt der Verkäufer die Beweislast dafür, dass der Käufer die Nachfrist gesetzt und er innerhalb der Frist geleistet hat.[1324] Der Verkäufer hat im Fall von Art. 49 Abs. 2 lit. b) iii) CISG zu beweisen, dass der Käufer sein Recht zur Aufhebung verloren hat, weil er das Angebot abgelehnt hat.[1325]

IV. Vergleichendes Fazit

Wie bereits bei den Beendigungsgründen, bei denen CISG und GEK teilweise einen anderen Weg gewählt haben als das BGB (Fristsetzungserfordernis für alle Fälle der Nicht-, bzw. Schlechtleistung[1326]), ist auch im Zusammenhang mit jenen Normen, die den Verlust eines Beendigungsrechts regeln, auffällig, dass es vor allem zwischen GEK und CISG auf der einen und dem BGB auf der anderen Seite eine unterschiedliche Schwertpunktsetzung gibt, was die jeweiligen Ausschlussgründe angeht. Während das GEK und das CISG in den jeweiligen Beendigungs- bzw. Aufhebungsabschnitten durch eine zeitliche Begrenzung den Rechtsfrieden herstellen wollen, ist das BGB im Zusammenhang mit dem Kündigungsrecht auf einen Ausgleich zwischen den Parteien bedacht, indem es das Verschulden berücksichtigt.

Die Unterschiede zwischen GEK und CISG liegen folglich eher in den Details. So kennt das CISG zwar, im Gegensatz zum GEK, unterschiedliche Regelungen für die Schlecht -, Spät-, und Nichtleistung, Abweichungen ergeben sich dabei aber ausschließlich beim Anknüpfungszeitpunkt für den Fristbeginn. Nachvollziehbar und vor dem Hintergrund des Verbraucherschutzes auch begründet ist auch die unterschiedliche Behandlung von Verbraucher-Käufer und Unternehmer-Käufer im GEK: Während das CISG als Fristbeginn für Unternehmer Kenntnis und vorwerfbare Unkenntnis annimmt, kann ein Verbraucher-Käufer im GEK seine Rechte nur bei Kenntnis verlieren.

Größere Unterschiede gibt es hingegen bezüglich der Frist. War ursprünglich noch ein Gleichlauf zwischen GEK und CISG zu verzeichnen, hat der europäische Gesetzgeber auf die diesbezügliche Kritik reagiert[1327] und sich nun für die starre 2-Monats-Frist entschieden. Neben der allgemeinen Frage, ob eine „angemessene“

1322 *Müller-Chen* in: Schlechtriem/Schwenzer, Art. 49 Rn. 28; *Hepting/Müller* in: Baumgärtel/Laumen/Hepting, Art. 49 Rn. 9 ff.

1323 *Müller-Chen* in: Schlechtriem/Schwenzer, Art. 49 Rn. 34; *Hepting/Müller* in: Baumgärtel/Laumen/Hepting, Art. 49 Rn. 11.

1324 *Müller-Chen* in: Schlechtriem/Schwenzer, Art. 49 Rn. 39; *Hepting/Müller* in: Baumgärtel/Laumen/Hepting, Art. 49 Rn. 20 ff.

1325 *Hepting/Müller* in: Baumgärtel/Laumen/Hepting, Art. 49 Rn. 25.

1326 Siehe hierzu unter Teil 2.C.II.

1327 Siehe z.B. *Wendehorst* in: Schmidt-Kessel, S. 371 (382 f.); Lorenz, AcP 212 (2012), 702 (775).

Frist nicht grundsätzlich vorzuziehen ist[1328], weil sie mehr Flexibilität gibt, um auf den Einzelfall einzugehen, ist vor allem auch die tatsächliche Länge zu bewerten. Im Falle einer Nichtleistung ist die 2-Monats-Frist des GEK verglichen mit der im CISG deutlich länger („unverzüglich", „innerhalb von zwei bis drei Tagen"). Während sich dies bei einem Verbraucher-Kauf mit dem Schutzgedanken gut begründen lässt und angesichts dessen sogar eher kurz erscheint, wirkt die 2-Monats-Frist im Kauf zwischen Unternehmern unangemessen lang. Weshalb das GEK sich hier für eine einheitliche Frist entschieden hat, ist daher wenig nachvollziehbar, insbesondere da die Frist aufgrund des eindeutigen Wortlautes auch strikt einzuhalten ist. Es ist daher zunächst festzustellen, dass Art. 119 GEK dem Unternehmer-Käufer in diesem Bereich einen wesentlichen Vorteil gegenüber dem CISG bietet. Für den Fall der Schlechtleistung ist die Situation allerdings völlig konträr. Vergleicht man hier die 2-Monats-Frist des GEK mit den entsprechenden Fristen im CISG, so zeigt sich, dass im CISG Fristen zwischen einem und vier Monaten akzeptiert wurden.[1329] Während die Situation damit für Unternehmer-Käufer ähnlich der im CISG ist, erscheint sie für einen Verbraucher-Käufer recht niedrig bemessen, gerade weil solche Fristen aus Verbraucherschutzgründen oftmals wesentlich länger sind.

Während die Frist von zwei Monaten separat für das GEK betrachtet daher durchaus angemessen erscheint und aus Gründen der Rechtssicherheit praktikabler als eine „angemessene" Frist ist[1330], zeigt sich an dieser Stelle, dass die Nachteile einer solch starren Frist doch überwiegen, weil die Frist, zusammen mit der Änderung hin zur Anwendbarkeit des Ausschlusses auch für Verbraucher, für beide Konstellationen nicht richtig passt, gleichwohl keinen Spielraum für Einzelfälle lässt. Die Frist wird sich in der Praxis dennoch bewähren. Echte Probleme für den Käufer werden wohl nicht entstehen, zumal für den Verbraucher hinsichtlich des Fristbeginns nur auf das Kennen-Müssen abgestellt wird, die tatsächliche Frist also noch länger sein kann. Ob die mittlerweile in Art. 119 GEK eingeführte Frist von zwei Monaten nach einem Vergleich mit BGB und CISG tatsächlich auch „angemessen" ist, darf bezweifelt werden.

Blickt man vergleichend auf die Regelung im BGB, muss zunächst festgestellt werden, dass diese in der Literatur einige Kritik erfahren hat. Sie wird zwar als unschädlich, aber auch überflüssig angesehen.[1331] Dem muss widersprochen werden, da die Kritik übersieht, dass die Vorschrift keinen so engen Anwendungsbereich hat wie angenommen.[1332] Vor allem aber ist zu betonen, dass das BGB ohne diese Regelung im Vergleich zu den anderen Gesetzen eine Lücke aufweisen würde, da

---

1328 Siehe diesbezüglich im Allgemeinen auch schon die Expertengruppe CFR (http://ec.europa.eu/justice/contract/files/synthesis_eg_13_-15_apri_2011.pdf, S. 1 (zuletzt abgerufen am 21.12.2014).

1329 Magnus, ZEuP 2002, 523 (538).

1330 Siehe hierzu unter Teil 3.A.I.2.b.

1331 *Ernst* in: MüKo-BGB, § 323 Rn. 268.

1332 Siehe hierzu unter Teil 3.A.II.1.a.

auch das GEK (in Art. 106 Abs. 5[1333]) und das CISG (in Art. 80[1334]) im allgemeinen Teil, der für alle Abhilfen gilt, eine vergleichbare, wenn auch nicht ganz so prominent platzierte, Vorschrift enthalten.

Festzuhalten ist damit, dass in GEK und CISG sowohl das eigene Verschulden als auch ein Fristablauf – mehr oder weniger prominent – explizit zum Ausschluss von Beendigungsgründen führen können. Im BGB hingegen ist explizit nur das eigene Verschulden geregelt. Zwar ist für das BGB möglich und auch anerkannt, dass eine verspätete Geltendmachung über die Einrede der Verwirkung geltend gemacht werden kann, gleichwohl handelt es sich hierbei eben nicht um eine ausdrückliche Regelung, sondern lediglich um die Verweisung auf ein allgemeines Rechtsprinzip. Das Bestehen einer konkreten Frist ist ein deutliches Plus im Vergleich zu dem Verweis auf die Verwirkung. Es kann nämlich davon ausgegangen werden, dass es für den jeweiligen Richter die Rechtsanwendung erleichtert, sich auf eine konkrete gesetzliche Vorgabe (z.B. eine eindeutig bestimmte Frist) zu stützen, als einen Anspruch allein mit dem Verweis auf Verwirkung abzulehnen.

Abschließend lässt sich damit konstatieren, dass die Unterschiede zwischen GEK und CISG von den jeweiligen Konstellation (Verbraucher-Kauf oder Unternehmer-Kauf) abhängig sind. Trotz allem handelt es sich dabei eher um graduelle Abweichungen: Die Voraussetzungen sind weitestgehend gleich, einzig die konkreten Fristen können je nach Gesetz länger bzw. kürzer sein. Da aber die Frist im GEK mit zwei Monaten durchaus ausreichend ist, benachteiligt das GEK den Käufer nicht wirklich im Vergleich zum CISG. Richtig ist zwar, dass der Käufer im GEK im Unterschied zum BGB mit einer Frist konfrontiert ist, die ihm in dieser Form aus dem deutschen Mängelgewährleistungsrecht nicht bekannt ist, dennoch erscheint das grundsätzliche Motiv des Rechtsfriedens geeignet, den Käufer mit einer solchen Frist zu „belasten". Die Fristlänge selbst gibt ebenfalls keinen Grund, unangemessene Ergebnisse zu befürchten, scheint sie doch auch im Vergleich mit dem BGB ausreichend lang, dass Käufer nicht unangemessen schnell bzw. häufig die ihnen zustehenden Beendigungsrechte verlieren.

B. Unterbleiben der Mängelanzeige

I. Ausschluss der Beendigungsrechte gem. Art. 122 GEK

1. Allgemeines

Neben der Möglichkeit, das Beendigungsrecht nach Art. 119 GEK zu verlieren, kann ein Unternehmer-Käufer ein Beendigungsrecht auch gem. Art. 122 GEK verlieren, wenn er dem Verkäufer nicht innerhalb einer angemessenen Frist mitteilt, inwiefern die Leistung nicht vertragsgemäß erbracht wurde. Die Norm ist auf Art. IV.A. – 4:302 DCFR zurückzuführen, Abs. 5 entspricht Art. IV.A. – 4:303 DCFR und Abs. 6 letztlich

1333 Siehe hierzu unter Teil 1.D.I.3.
1334 Siehe hierzu unter Teil 1.D.III.1.

Art. IV.A. – 4:304 DCFR. Die hier gewählte Regelung begünstigt den Verkäufer, der hierdurch die Möglichkeit erhalten soll, sich frühzeitig auf Streitigkeiten einzustellen, gegebenenfalls Beweise zu sichern und bei seinen eigenen Lieferanten weitere Ansprüche anmelden zu können.[1335] Sie dient auf der anderen Seite aber auch dem Rechtsfrieden und der Stärkung der Vertragsdurchführung. Durch den Entwurf des Parlaments wurde, vermutlich analog Art. 44 CISG, ergänzt, dass der Käufer immer dann zumindest die Rechte der Minderung und des Schadensersatzes ausüben kann, wenn er eine fehlende Mitteilung ausreichend entschuldigen kann.

2. *Voraussetzungen*

a. *Allgemeines*

Art. 122 GEK gilt, wie bereits erwähnt, nur für einen Unternehmer-Käufer. Darüber hinaus ist erforderlich, dass der Käufer die Vertragswidrigkeit der Leistung rügt.

aa. Anwendbarkeit auf Rechtsmängel

Bisher wurde in der Literatur, soweit ersichtlich, nicht diskutiert, ob von Art. 122 GEK nur Sach- oder auch Rechtsmängel erfasst sein sollen. Der Wortlaut „inwieweit die Leistung nicht vertragsgemäß erbracht wurde" muss allerdings so verstanden werden, dass auch ein Rechtsmangel anzuzeigen ist: Die Vertragsmäßigkeit der Ware ergibt sich aus Art. 99 GEK.[1336] Art. 99 Abs. 2 GEK stellt dabei ausdrücklich klar, dass zur Vertragsmäßigkeit der Ware auch die Übereinstimmung mit Art. 102 GEK gehört, der wiederum in Abs. 1 postuliert, dass die Ware frei von Ansprüchen und Rechten Dritter sein muss, mithin also frei von Rechtsmängeln. Art. 122 Abs. 4 GEK enthält sogar einen direkten Verweis auf Art. 102 GEK. Sofern Art. 122 Abs. 1 GEK also von vertragsgemäßer Leistung spricht, müssen auch Rechtsmängel umfasst sein.

Inwiefern das sachgerecht ist, kann allerdings hinterfragt werden: Zu § 377 HGB wird überwiegend vertreten, dass Rechtsmängel nicht erfasst sind, Hauptargument ist dabei, dass eine Untersuchungspflicht wie sie § 377 HGB begründet, nicht geeignet sei, um Rechtsmängel ausfindig zu machen, so dass im Umkehrschluss auch keine Rügepflicht (bzw. Rügeobligenheit) dafür begründet werden kann.[1337] Analog kann man demnach auch in Frage stellen, ob die Untersuchungspflicht in Art. 121 GEK geeignet ist, um einen Rechtsmangel aufzuspüren. Im Ergebnis kann diese Ansicht jedoch nicht überzeugen. Richtig ist zwar, dass eine gewöhnliche Untersuchung eher einen Sach- als einen Rechtsmangel zutage fördern wird. Letztendlich wird der Käufer aber nicht über Gebühr belastet, da von ihm nur das erwartet wird, was üblicherweise zu leisten ist. Durch die Beschränkung auf das Wissen bzw. Kennen-Müssen ist sichergestellt, dass der Käufer seine Rechte nicht verliert,

---

1335 *Wiese* in: Schmidt-Kessel, S. 401.
1336 Siehe hierzu unter Teil 2.C.I.2.b.aa.
1337 Siehe hierzu unter Teil 3.B.II.2.a.

wenn er den Rechtsmangel nicht bei einer gewöhnlichen Untersuchung erkennen kann. Insofern ist also ein Gleichlauf mit Art. 43 CISG gegeben. Dazu passt auch, dass Art. 122 Abs. 4 GEK ausdrücklich regelt, dass im Hinblick auf Rechtsmängel die absolute Ausschlussfrist von zwei Jahren nicht greift.[1338] Auch insofern entspricht das GEK damit der Regelung, die das CISG vorgibt.

bb. Arten der Schlechtleistung

Art. 122 Abs. 1 GEK gilt nicht für eine Spätleistung, sondern nur für eine Schlechtleistung, wobei durch den Verweis auf die Vertragswidrigkeit abermals klargestellt ist, dass es hinsichtlich des Anwendungsbereichs auf Art. 99 GEK ankommt, so dass nicht nur jeder klassische Mangel, sondern auch jede Quantitätsabweichung in beide Richtungen sowie die Lieferung eines aliuds erfasst sind (Art. 99 Abs. 1 lit. a) GEK). Gerügt werden muss außerdem die Lieferung in einer unangemessenen Verpackung (Art. 99 Abs. 1 lit. b) GEK), das Fehlen von Zubehör sowie eine unbrauchbare Montageanleitung (Art. 99 Abs. 1 lit. c) GEK).[1339]

b. Spezifizierung

Der Käufer muss dem Verkäufer mitteilen, inwiefern die Leistung nicht vertragsgemäß erbracht worden ist. Die Formulierung wird kritisiert, weil unklar sei, welche Informationen der Käufer genau mitteilen muss.[1340] Die englische Sprachfassung spricht von „the nature of the lack of conformity“ und entspricht damit dem Gegenstück in der englischen Fassung des CISG. Während die englische Sprachfassung des CISG dafür kritisiert wird, dass sie nicht so präzise sei wie die deutsche (nicht-amtliche) Übersetzung[1341], ist es im GEK nun die deutsche Sprachfassung, die weniger präzise geraten ist. Aus der Übereinstimmung des englischen Wortlauts wird jedoch deutlich, dass keine über das CISG hinausgehende Information erforderlich wird, das heißt, dass insbesondere auch keine näheren Angaben zum Grund bzw. zur Einordnung des Mangels vorzunehmen sind. Es geht im Ergebnis vielmehr darum, dass der Käufer dem Verkäufer den Mangel hinreichend präzise benennt.[1342] In erster Linie soll damit verhindert werden, dass der Käufer die Ware zusammen mit allgemeinen Beanstandungen zurückschickt.[1343] Mehr noch als im CISG kann im GEK, welches auf Fernkommunikation ausgelegt ist, erwartet werden, dass der Verkäufer im Zweifel nachfragt, sollte der Mangel nicht hinreichend klar beschrieben sein.[1344]

1338 Siehe zur Ausschlussfrist insgesamt unter Teil 3.B.I.2.d.
1339 Siehe zur Vertragswidrigkeit im Einzelnen unter Teil 2.C.I.2.b.dd.
1340 Kritisch z.B. *Wiese* in: Schmidt-Kessel, S. 401 (411).
1341 So z.B. *Magnus* in: Staudinger CISG; Art. 39 Rn. 21.
1342 So im Ergebnis wohl auch *Wiese* in: Schmidt-Kessel, S. 401 (411).
1343 So auch für das CISG *Schwenzer* in: Schlechtriem/Schwenzer, Art. 39 Rn. 7; *Magnus* in: Staudinger CISG, Art. 39 Rn. 21.
1344 Ebenso für das CISG *Schwenzer* in: Schlechtriem/Schwenzer, Art. 39 Rn. 7.

c. *Rügefrist*

aa. Angemessenheit

Der Käufer muss die Vertragswidrigkeit innerhalb einer angemessenen Frist rügen. Die Frage, welche Frist dabei angemessen ist, muss anhand des Einzelfalls beantwortet werden. Das GEK stellt keine präziseren Angaben auf, aus Art. 5 GEK ergibt sich lediglich, dass, wie im CISG, auch Gebräuche und Gepflogenheiten des jeweiligen Geschäfts zu berücksichtigen sind. Da Art. 122 GEK nur für Käufe zwischen Unternehmern gilt, wird man sich wohl auch im GEK an dem orientieren, was zum CISG entschieden wurde.[1345] Wesentliche Faktoren für die Frage der Angemessenheit dürften daher auch im GEK die Verderblichkeit der Ware[1346] oder die Frage, ob es sich um Saison- oder Dauerware handelt[1347], werden.

Für das CISG nimmt die herrschende Meinung an, dass eine Gesamtfrist (Untersuchungs- und Rügefrist) bei einem offenen Mangel von durchschnittlich einem Monat noch angemessen sei.[1348] Eine ähnliche Frist erscheint auch für das GEK angemessen. Mit Lieferung der Ware beginnt zunächst eine 14-tägige Untersuchungsfrist für den Käufer, Art. 121 Abs. 1 GEK. Die Rügefrist beginnt im Regelfall[1349] spätestens mit Ablauf dieser 14 Tage, so dass dem Käufer eine Frist von mindestens weiteren 14 Tagen für die Mitteilung zur Verfügung steht. Im Einzelfall, namentlich wenn der Käufer die Ware sofort untersucht, kann sich die Rügefrist sogar auf knapp einen Monat verlängern. Eine noch großzügigere Frist scheint unangemessen, eine wesentlich kürzere Frist aber selbst vor dem Hintergrund moderner Kommunikation nicht angemessen, da dem Käufer zugebilligt werden muss, dass dieser nach Entdeckung eines Mangels eine gewisse Bedenkzeit braucht, um zu entscheiden, ob er die Beendigung erklären möchte oder ob eine andere Abhilfe sinnvoller wäre.[1350]

bb. Fristbeginn

Die Frist beginnt gem. Art. 122 Abs. 1 Unterabs. 2 GEK ab dem Zeitpunkt, in dem die Waren geliefert worden sind oder der Käufer die Vertragswidrigkeit festgestellt hat oder hätte feststellen müssen, je nachdem, welches Ereignis später eingetreten ist. Hinsichtlich Lieferung wird man, ähnlich wie im deutschen Recht, davon ausgehen müssen, dass damit der tatsächliche Realakt der Übergabe der Waren bzw. die Übergabe der Waren an den Spediteur gemeint ist. Auch die Kenntnis lässt sich

---

1345 Siehe hierzu unter Teil 3.B.III.1.b.aa(2).

1346 So zum CISG LG München I, Urt. v. 18.05.2009, Az.: 28 O 20906/06, IHR 2010, 150 (151).

1347 So zum CISG LG München II, Urt. v. 20.02.2002, Az.: 10 O 5423/01, IHR 2003, 24 (25).

1348 So zum CISG *Gruber* in: MüKo-BGB, Art. 39 Rn. 34; *Benicke* in: MüKo-HGB, Art. 39 Rn. 9; *Schwenzer* in: Schlechtriem/Schwenzer, Art. 39 Rn. 17.

1349 Zu den Details der unterschiedlichen Anknüpfung siehe Teil 3.B.I.2.c.bb.

1350 Anders wohl *Wiese* in: Schmidt-Kessel, S. 401 (414), der zumindest andeutet, dass eine Frist von einem Monat heute nicht mehr zeitgemäß sei.

eindeutig feststellen, als der Moment, indem sich der Käufer über die Vertragswidrigkeit so sicher ist, dass er Mängelrechte ausüben wird.[1351]

Schon schwieriger ist die Frage zu beantworten, wann der Käufer Kenntnis von der Vertragswidrigkeit hätte haben müssen. Bei einem offenen Mangel, das heißt bei einem solchen Mangel, der bei einer Untersuchung erkennbar war, muss die Frist immer dann zu laufen beginnen, wenn eine Untersuchungsfrist abläuft, da zu unterstellen ist, dass der Käufer den Mangel im Rahmen einer ordentlichen Untersuchung auch erkannt hätte. Rein praktisch wird man bei einem offenen Mangel aufgrund der 14-tägigen Untersuchungsfrist in Art. 121 Abs. 1 GEK also davon ausgehen müssen, dass die Frist für das Kennen-Müssen 14 Tage nach Lieferung der Ware beginnt, eine tatsächliche Kenntnis kann aber bereits früher gegeben sein. Bei einem versteckten Mangel wird man hinsichtlich des Wissens ebenfalls auf die tatsächliche Kenntnis abstellen können. Sobald der Mangel entdeckt wird, liegt also Kenntnis beim Käufer vor. Ungleich schwieriger ist die Frage zu beantworten, ob in diesen Fällen auch ein Kennen-Müssen denkbar ist. Die Tatsache, dass es um einen versteckten Mangel geht, bedeutet, dass er bei einer ordentlichen Untersuchung nicht erkennbar war. Selbst Kenntnis kann bei einem versteckten Mangel immer nur dann eintreten, wenn der Käufer durch Zufall darauf aufmerksam wird oder darauf hingewiesen wird. Kennen-Müssen kann in diesem Fall nur insofern einschlägig sein, als dass der Käufer einem Hinweis des Verkäufers zuwider die Augen vor einer möglichen Vertragswidrigkeit verschließt und so den versteckten Mangel nicht erkennt, den er hätte erkennen können. Eine eigenständige nachträgliche Untersuchung ist jedenfalls nicht erforderlich.[1352]

Zu Verständnisschwierigkeiten führt vor allem der letzte Halbsatz „je nachdem, welches Ereignis später eingetreten ist."[1353] Klar scheint zunächst zu sein, dass der Gesetzgeber hier nur zwei alternative Anknüpfungspunkte setzen will: Entweder die tatsächliche Lieferung oder Kenntnis bzw. Kennen-Müssen. Es wäre, trotz des unglücklichen Wortlauts (alle Varianten sind mit einer alternativen Verknüpfung versehen, obwohl Kenntnis und Kennen-Müssen kumulativ verknüpft sein müssten), wider jeder Logik, wenn auf den späteren Zeitpunkt von Kenntnis und Kennen-Müssen abzustellen wäre, weil die Voraussetzung des Kennen-Müssens dann als Fristbeginn nie in Betracht käme.[1354]

Darüber hinaus erscheint es vor dem Hintergrund der Beschränkung auf Fernabsatzgeschäfte abwegig, dass Kenntnis bezüglich eines Mangels bereits vor Lieferung der Ware erfolgen kann. Bereits aus diesem Grund hätte vermutlich das Abstellen auf Kenntnis bzw. Kennen-Müssen gereicht. Letztlich zeigt die von *Wiese*

1351 So zum CISG *Magnus* in: Staudinger CISG, Art. 39 Rn. 32.

1352 So auch zum CISG *Gruber* in: MüKo-BGB, Art. 39 Rn. 30 f.

1353 Siehe zur Diskussion hierzu *Wiese* in: Schmidt-Kessel, S. 401 (412).

1354 Siehe hierzu auch *Wiese* in: Schmidt-Kessel, S. 401 (412) und *Wiese* in: Schmidt-Kessel Kommentar, Art. 122 Rn. 26.

geschilderte Konstellation[1355] aber, dass der hier gewählte Weg seine Berechtigung hat. Bestellt der Käufer Waren regelmäßig und erkennt er bei einer ersten Lieferung, dass ein Mangel an der gesamten Gattung gegeben ist, würde dies bei einer einfachen Anknüpfung an die Kenntnis dazu führen, dass der Käufer gezwungen wäre, die Beendigung zu erklären, bevor er die Ware einer zweiten Lieferung überhaupt erhalten hat. Der Käufer müsste so das Risiko eingehen, einen Vertrag zu beenden, bei dem er womöglich doch eine mangelfreie Sache erhalten hätte. Abgesehen von den praktischen Schwierigkeiten für den Käufer, zu erkennen, ob nur einzelne Chargen oder die gesamte Produktgruppe den Mangel aufweist, würde der Käufer in diesem Fall somit zu Unrecht mit dem Risiko des Rechtsverlusts konfrontiert. Indem das GEK zusätzlich auf die Lieferung abstellt, ist sichergestellt, dass der Käufer jede Ware individuell prüfen kann. Art. 122 Abs. 1 Unterabs. 2 GEK ist daher, zusammenfassend, so zu verstehen, dass die Frist immer erst dann zu laufen beginnt, wenn kumulativ sowohl Lieferung als auch Kenntnis bzw. Kennen-Müssen gegeben ist.

d. Kein Ausschluss der Mängelrechte gem. Art. 122 Abs. 2 GEK

aa. Allgemeines

Art. 122 Abs. 2 GEK enthält eine absolute Ausschlussfrist von zwei Jahren für Abhilfen, die inhaltlich an Art. 39 Abs. 2 CISG angelehnt ist. Eine Rückausnahme gilt für Rechtsmängel (Art. 122 Abs. 4 GEK), so dass auch diesbezüglich ein Gleichlauf mit dem CISG entsteht.[1356] Hintergrund für solch eine absolute Ausschlussfrist ist abermals der Rechtsfrieden, da der Verkäufer, sofern kein Rechtsmangel vorliegt, nach zwei Jahren davon ausgehen kann, dass er mit der Geltendmachung von Rechten durch den Käufer nicht mehr zu rechnen hat.[1357] Die Vorschrift ist vor allem für versteckte Mängel von Bedeutung und greift, trotz der Änderung in Abs. 1, auch hinsichtlich der Minderung und des Schadensersatzes: Selbst bei Vorliegen einer ausreichenden Entschuldigung verliert der Käufer diese Rechte nach zwei Jahren.[1358] Im Unterschied zum Fristbeginn nach Art. 122 Abs. 1 Unterabs. 2 GEK beginnt die Frist für den 2-Jahres-Ausschluss mit Übergabe der Sache. Der Zeitpunkt ist also objektiv zu bestimmen, so dass es hinsichtlich dieser absoluten Frist zu keinen Diskussionen kommen sollte.

bb. Vereinbarung einer bestimmten Frist

Haben die Parteien darüber hinaus vereinbart, dass die Waren einen bestimmten oder ihren gewöhnlichen Zweck über einen festgelegten Zeitraum erfüllen müssen,

---

1355 *Wiese* in: Schmidt-Kessel, S. 401 (412).

1356 Siehe zum CISG ausführlich unter Teil 3.B.III.2.

1357 Siehe *Wiese* in: Schmidt-Kessel, S. 401 (415); für das CISG ebenso: *Benicke* in: MüKo-HGB, Art. 39 Rn. 15a.

1358 So ebenso zum CISG: OLG Linz, Urt. v. 24.09.2007, Az.: 1 R 77/07k, IHR 2008, 28 (30); OGH Wien, Urt. v. 19.12.2007, Az.: 9 Ob75/07f, IHR 2008, 106 (108).

verliert der Käufer gem. Art. 122 Abs. 3 GEK sein Beendigungsrecht erst, wenn die vereinbarte Frist abgelaufen ist. Obwohl missverständlich, ist damit wohl gemeint, dass sowohl im Falle der Vereinbarung eines bestimmten Zwecks aber auch bei Geltung des gewöhnlichen Zwecks die Frist nach Abs. 2 immer dann nicht abläuft, wenn die Parteien eine längere Frist vereinbart haben.[1359] Klarheit bringen an dieser Stelle auch nicht die englische[1360] oder die französische[1361] Sprachfassung, die ebenso missverständlich formuliert sind.[1362]

e. *Keine Rügepflicht bei Quantitätsmangel*

In Abweichung vom CISG aber in Übereinstimmung mit dem DCFR[1363] statuiert Art. 122 Abs. 5 GEK eine Befreiung von der Rügeobligenheit für negative Quantitätsmängel, sofern der Käufer Grund zu der Annahme hat, dass die noch ausstehenden Lieferungen noch erfolgen werden. Die Regelung ist insofern sinnvoll, weil der Verkäufer bei einer Minderlieferung stets wissen muss, dass noch Ware zu liefern ist, so dass eine Mitteilung obsolet ist.[1364] Die Vorschrift ist dennoch nur von untergeordneter Bedeutung, da sich der Verkäufer gem. Abs. 6 nicht auf Art. 122 GEK berufen darf, wenn die Vertragswidrigkeit auf Tatsachen beruht, die er kannte oder hätte kennen müssen und die er dem Käufer nicht offen gelegt hat. Jeder Fall der nicht offengelegten Minderlieferung wird automatisch von Art. 122 Abs. 6 GEK erfasst.[1365] Da gleichzeitig kein Fall vorstellbar ist, in dem der Verkäufer dem Käufer mitgeteilt hat, dass er zu wenig geleistet habe und auch nicht mehr leisten werde und der Käufer dennoch glauben darf, dass die Lieferung erfolgen wird, ist die Vorschrift des Art. 122 Abs. 5 GEK jedenfalls in der Praxis tendenziell unbedeutend.[1366]

1359 So im Ergebnis auch *Wiese* in: Schmidt-Kessel, S. 401 (415).

1360 *„Where the parties have agreed that the goods must remain fit for a particular purpose or for the ordinary purpose during a fixed period of time, the period for giving notice under paragraph 2 does not expire before the end of the agreed period."*

1361 *„Lorsque les parties ont convenu que les biens devaient demeurer aptes à une finalité particulière ou à leur finalité ordinaire pendant une durée déterminée, le délai de notification prévu au paragraphe 2 n'expire pas avant le terme de la durée convenue."*

1362 Anders aber *Wiese* in: Schmidt-Kessel, S. 401 (415), der die französische und die englische Sprachfassung an dieser Stelle für deutlich besser formuliert hält.

1363 Art. IV.A. – 4:303 DCFR Full Edition.

1364 Art. IV.A. – 4:303 Comment B DCFR Full Edition.

1365 Zur Frage der Offenlegung im Rahmen von Art. 122 Abs. 6 GEK insgesamt unter Teil 3.B.I.2.f.bb.

1366 *Wiese* in: Schmidt-Kessel, S. 401 (416 f.); *Wiese* in: Schmidt-Kessel Kommentar, Art. 122 Rn. 34.

f. Erhaltung der Abhilfen bei Bösgläubigkeit

aa. Anforderungen an die Kenntnis des Verkäufers

Gem. Art. 122 Abs. 6 ist der Verkäufer dann nicht berechtigt, sich auf Art. 122 GEK zu berufen, wenn die Vertragswidrigkeit auf Tatsachen beruht, die er kannte oder hätte kennen müssen und die er dem Käufer nicht offen gelegt hat.[1367] Auffällig ist dabei vor allem, dass das GEK von „hätte kennen müssen“ spricht, eine Formulierung, die üblicherweise mit einfacher Fahrlässigkeit gleichgesetzt wird. Das CISG („nicht in Unkenntnis sein konnte“) und auch das BGB („arglistig verschwiegen“) stellen hier mit grober Fahrlässigkeit bzw. Arglist wesentlich niedrigere Hürden als das GEK auf. Der DCFR, der für die Bösgläubigkeit ebenfalls auf einfache Fahrlässigkeit abstellt, begründet dies damit, dass jeder Verkäufer mindestens ein Minimum an Fachwissen haben sollte und zu erwarten ist, dass ein Mangel erkannt werden kann.[1368] Die diesem Ansatz zugrunde liegende Aussage ist durchaus schlüssig, in der Tat sollte der Verkäufer ein Mindestmaß an Sachkunde besitzen. Daraus aber zwingend gestiegene Anforderungen an den Verkäufer anzulegen, erscheint bedenklich. Das deutsche Recht mit seiner Arglist geht von der Prämisse aus, dass grundsätzlich jeder Mangel zu melden ist und der Käufer für ein Versäumnis hiervon nur dann „bestraft“ wird, wenn der Verkäufer untechnisch gesprochen „gegen den Käufer arbeitet“. Nach dem HGB liegt also das Hauptaugenmerk auf dem Käufer, der dafür Sorge zu tragen hat, dass die Waren, die er erwirbt, in ordnungsgemäßem Zustand sind. Auch das CISG ist im Grunde so konzipiert, auch wenn die Anforderungen etwas zugunsten des Käufers gelockert sind. Warum das GEK, das in Art. 122 GEK denselben Personenkreis anspricht wie HGB und CISG, die Regelung deutlich zugunsten des Käufers aufweicht, erschließt sich nicht.

bb. Ausschluss bei mitgeteilten Mängeln

Ein Ausschluss nach Abs. 6 kommt außerdem immer nur dann in Betracht, wenn der Verkäufer dem Käufer den Mangel nicht mitgeteilt hat. Mit Ausnahme einer Minderlieferung[1369] muss der Käufer daher auch solche Mängel anzeigen, die der Verkäufer ihm vorher mitgeteilt hat. Diese Art von Förmelei, die teilweise auch kritisiert wird[1370], entspricht letztlich der Regelung im CISG. Da die Mängelanzeige formlos erfolgen kann, wird man in der Praxis eine Diskussion über einen Mangel als Anzeige ansehen können. Dass tatsächlich nach einer Mitteilung durch den Verkäufer noch eine separate Anzeige erforderlich ist, wird daher wohl nur in solchen Fällen vorkommen, in denen der Verkäufer lediglich den Verdacht geäußert hat,

---

1367 Obwohl vom Wortlaut her nicht eindeutig, sollte selbstverständlich sein, dass der Verkäufer sich auch nicht auf die Untersuchungspflicht gem. Art. 121 GEK berufen darf, siehe *Wiese* in: Schmidt-Kessel, S. 401 (421).

1368 Art. IV.A. – 4:304 Comment B DCFR Full Edition.

1369 Siehe hierzu unter Teil 3.B.I.2.e.

1370 Siehe *Wiese* in: Schmidt-Kessel, S. 401 (419).

dass ein Mangel vorliegen könne und der Käufer aufgrund einer anschließenden Kontrolle feststellt, dass ein solcher Mangel tatsächlich gegeben ist.[1371]

cc. Zeitpunkt der Kenntnis

Die Bösgläubigkeit ist zum Zeitpunkt des Ablaufens der Rügefrist zu bestimmen.[1372]

3. Beweislast

Die Beweislast für den Zugang der Erklärung liegt gem. Art. 10 Abs. 3 GEK beim Käufer. Es handelt sich hierbei um eine Abweichung vom CISG, die nicht gerechtfertigt ist, weil der Käufer im Falle einer Mängelanzeige überhaupt nur tätig werden muss, da der Verkäufer einen Fehler begangen hat.[1373] Im Übrigen gelten die allgemeinen Regeln der Beweislast, das heißt der Käufer muss beweisen, dass er die Frist des Abs. 1 eingehalten hat, der Verkäufer im Umkehrschluss muss beweisen, dass die Frist des Art. 122 Abs. 1 Unterabs. 2 GEK bzw. Abs. 2 abgelaufen ist.

4. Fazit

Der Verlust eines Beendigungsrechts für den Fall der unterbliebenen Mängelrüge ist bei Käufen unter Unternehmern keine Seltenheit.[1374] Insofern ist es nicht überraschend, dass das Grundkonstrukt im GEK jenem in CISG und BGB ähnelt. Inhaltlich hat die Norm einen recht großen Anwendungsbereich. Sie gilt daher nicht nur für Schlechtleistungen aufgrund eines Sachmangels, sondern auch bei Vorliegen eines Rechtsmangels. Es hat sich gezeigt, dass dies angemessen ist. Letztlich wird vom Verkäufer nur erwartet, dass er die Ware untersucht. Kann er dabei einen Rechtsmangel nicht feststellen, liegt mitunter kein Fall des Kennen-Müssens vor, so dass der Käufer auch sein Beendigungsrecht nicht nach Art. 122 Abs. 1 GEK verlieren kann. Ist der Rechtsmangel erkennbar, so ist es nur angemessen, dass dieser wie ein Sachmangel behandelt wird und im Falle einer unterbliebenen oder ungenauen Untersuchung zu einer Beschneidung der Käuferrechte führt.

Eher positiv zu bewerten ist auch, dass das GEK dem Käufer hier eine „angemessene Frist“ zur Reaktion setzt. Die Diskussion zu Art. 119 GEK hat gezeigt, dass eine starre Frist zwar im ersten Moment zu einer vereinfachten Anwendung führen,

---

1371 Zum CISG *Magnus* in: Staudinger CISG, Art. 40 Rn. 10; Herber/Czerwenka, Art. 40 Rn. 3; *Schwenzer* in: Schlechtriem/Schwenzer, Art. 40 Rn. 7.

1372 Zum CISG siehe *Schwenzer* in: Schlechtriem/Schwenzer, Art. 40 Rn. 8; *Benicke* in: MüKo-HGB, Art. 40 Rn. 4; *Gruber* in: MüKo-BGB, Art. 40 Rn. 8; *Lüderitz/Schüßler-Langeheine* in: Soergel CISG, Art. 40 Rn. 2; a.A. *Ferrari* in: Ferrari/Kieninger/Mankowski, Art. 40 Rn. 6 (Beginn der Untersuchungsfrist); für das GEK zustimmend *Wiese* in: Schmidt-Kessel, S. 401 (421).

1373 *Wiese* in: Schmidt-Kessel, S. 401 (416).

1374 Siehe zu den Regelungen im CISG unter Teil 3.B.III und im BGB bzw. HGB unter Teil 3.B.II.

insgesamt aber nie angemessen auf Einzelfälle reagieren kann. Es ist daher richtig, dass zumindest im Rahmen dieser Norm, die für Verbraucher keine Bedeutung hat und innerhalb derer Aspekte wie eine vereinfachte Anwendung keine Rolle spielen sollten, weiter mit flexiblen Fristen gearbeitet wird. Sinnvoll ist in diesem Zusammenhang auch Abs. 2, der insofern für den Rechtsfrieden von wesentlicher Bedeutung ist, als dass er klarstellt, dass der Käufer spätestens nach Ablauf von zwei Jahren nicht mehr das Recht hat, sich auf eine Vertragswidrigkeit zu berufen. Konsequent ist in diesem Zusammenhang auch Art. 122 Abs. 3 GEK: Einigen sich die Parteien darauf, dass eine Sache länger als zwei Jahre für den gewöhnlichen oder bestimmten Zweck geeignet sein muss, ist es nur angemessen, wenn der Käufer sich auch nach Ablauf von zwei Jahren noch auf eine Rechtswidrigkeit berufen kann. Zu kritisieren ist in diesem Zusammenhang die Verständlichkeit der entsprechenden Regelung, gleiches muss auch hinsichtlich der Anknüpfung für den Fristbeginn gelten. Auch Art. 122 Abs. 5 GEK, der für sich gesehen absolut sinnvoll ist, ist im Zusammenspiel mit Art. 122 Abs. 6 GEK unnötig, da jeder Fall des Abs. 5 automatisch auch Abs. 6 unterfallen wird. Der Regelung zugute zu halten ist, dass sie an sich unmissverständlich ist und zu keinerlei falscher Anwendung führen sollte.

Nicht zu erklären ist Art. 122 Abs. 6 GEK selbst. Richtig ist zwar, dass dem Verkäufer kein Ausschluss der Mängelrechte des Käufers zugutekommen darf, wenn er sich selbst vorsätzlich vertragswidrig verhält, also z.B. arglistig gegen den Käufer arbeitet. Die Tatsache, dass hier aber bereits eine fahrlässige Unkenntnis des Verkäufers ausreicht, damit der Käufer sein Beendigungsrecht doch behält, ist unangemessen.[1375] Es kann zu der absurden Situation kommen, dass der Käufer Kenntnis von einem Mangel hat, diesen aber, aus Vergesslichkeit oder Vorsatz nicht anzeigt und er seine Mängelrechte dennoch nach gut zwei Jahren noch geltend machen kann, weil der Verkäufer vor dem Versand der Ware einen Mangel hätte erkennen können, von dem Mangel aber tatsächlich nie positive Kenntnis erlangt hat. Kann der Käufer den Vertrag auf dieser Grundlage nach fast zwei Jahren noch beenden, bedeutet dies eine unangemessene Bevorzugung, die im Übrigen auch dem Gebot der Vertragsdurchführung völlig zuwider läuft.

Insgesamt lässt sich damit festhalten, dass eine Regelung wie sie Art. 122 GEK vorsieht, im Grundsatz üblich und richtig ist. Auch werden die unbestimmten Fristen in der Praxis nicht zu größeren Problemen führen. Im Detail allerdings muss die Regelung scharf kritisiert werden, weil sie es nicht schafft für einen angemessenen Ausgleich zu sorgen. Es bleibt daher zu hoffen, dass der europäische Gesetzgeber im Laufe des weiteren Gesetzgebungsverfahrens hier noch einmal tätig wird.

1375 Ebenso *Wiese* in: Schmidt-Kessel, S. 401 (419), der die Rügeobligenheit daher sogar als „oftmals stumpfes Schwert“ betrachtet.

II. Exkurs: Rügeobligenheit gem. § 377 HGB

1. *Allgemeines*

Das BGB kennt grundsätzlich keine Ausschlussfristen im Hinblick auf Mängelrechte. Da das GEK und auch das CISG jedoch eine vergleichbare Regelung beinhalten[1376], soll zur besseren Vergleichbarkeit hier das (gesamte) deutsche Recht berücksichtigt werden, so dass zu Vergleichszwecken auch die Rügeobliegenheit beachtet wird, die § 377 HGB dem Käufer eines Handelskaufs auferlegt. Die Norm berührt die allgemeinen Mängelrechte nicht, sondern regelt – wie im GEK und im CISG – einzig den Fall, dass eine Rüge nicht rechtzeitig erfolgt ist.[1377]

2. *Voraussetzungen*

a. *Allgemeines*

§ 377 HGB ist grundsätzlich nur auf beidseitige Handelskäufe anwendbar, also auf solche Verträge, die von zwei Kaufleuten geschlossen werden, wobei der Käufer auch Scheinkaufmann sein kann.[1378] Eine Rügeobligenheit besteht – im Gegensatz zu GEK[1379] und CISG[1380] – nur bei Sachmängeln.[1381] Gerechtfertigt wird diese Ansicht einerseits damit, dass sich durch das Schulrechtsmodernisierungsgesetz nichts ändern sollte[1382], anderseits damit, dass die Untersuchungspflicht in § 377 HGB gar nicht geeignet sei einen Rechtsmangel zu erkennen.[1383] Inhaltlich muss die Rüge hinreichend bestimmt sein, weshalb sie Art und Umfang des Mangels erkennen lassen, jeden Mangel einzeln auflisten und dem Verkäufer somit die Möglichkeit eröffnen muss, zu erkennen, wo und wie er konkret nachbessern kann.[1384] Nicht ausreichend ist eine allgemeine Beanstandung wie „derselbe Mist wieder geliefert“[1385], oder „nicht vertragsgemäß“.[1386] Eine besondere Form ist nicht einzuhalten.[1387]

1376 Siehe hierzu unter Teil 3.B.I bzw. Teil 3.B.III.

1377 *Hopt* in: Baumbach/Hopt, § 377 Rn. 1.

1378 *Brüggemann* in: Staub, § 377 Rn. 17; *Grunewald* in: MüKo-HGB, § 377 Rn. 10; *Hopt* in: Baumbach/Hopt, § 377 Rn. 3.

1379 Siehe hierzu unter Teil 3.B.I.2.a.aa.

1380 Siehe hierzu unter Teil 3.B.III.2.

1381 *Grunewald* in: MüKo-HGB, § 377 Rn. 53; *Roth* in: Koller/Kindler/Roth/Morck, § 377 Rn. 3; *Müller* in: Ebenroth/Boujong/Joost/Strohn, § 377 Rn. 62; a.A. *Hopt* in: Baumbach/Hopt, § 377 Rn. 12; Canaris Handelsrecht § 29 Rn. 52.

1382 *Müller* in: Ebenroth/Boujong/Joost/Strohn, § 377 Rn. 62.

1383 *Grunewald* in: MüKo-HGB, § 377 Rn. 53.

1384 *Roth* in: Koller/Kindler/Roth/Morck, § 377 Rn. 12.

1385 OLG Düsseldorf, Urt. v. 19.01.2001, Az.: 22 U 99/00, NJW-RR 2001, 821 (822).

1386 *Grunewald* in: MüKo-HGB, § 377 Rn. 66.

1387 *Roth* in: Koller/Kindler/Roth/Morck, § 377 Rn. 13; *Hopt* in: Baumbach/Hopt, § 377 Rn. 43.

b. Angemessene Frist

Der Käufer muss dem Verkäufer den Mangel unverzüglich innerhalb einer angemessenen Frist nachdem er den Mangel bemerkt hat oder hätte bemerken müssen, angezeigt haben. Für die rechtzeitige Geltendmachung laufen also zwei Fristen, eine Untersuchungsfrist und eine Rügefrist.[1388] Beginn der Untersuchungsfrist ist die Ablieferung. Der Begriff ist wie in § 438 Abs. 2 BGB zu verstehen[1389] und ist der Realakt, in dem der Käufer anstelle des Verkäufers bei objektiver Betrachtung die Verfügungsmöglichkeit über die Sache erhält und in die Lage gelangt, die Ware tatsächlich zu untersuchen.[1390] Die Rüge muss dann grundsätzlich unverzüglich, das heißt ohne schuldhaftes Zögern i.S.v. § 121 BGB, erfolgen.[1391] Hinsichtlich des Fristbeginns wird unterschieden: Handelt es sich um einen offenen Mangel, das heißt um einen solchen, der ohne Untersuchung oder bei ordnungsgemäßer Untersuchung erkennbar war, ist der Mangel unverzüglich anzuzeigen, sobald der Käufer Kenntnis davon erlangt.[1392] In der Regel kann dabei erwartet werden, dass ein Mangel innerhalb von ein bis zwei Tagen mitgeteilt wird.[1393] Liegt hingegen ein verdeckter Mangel vor, also ein solcher, der auch bei ordnungsgemäßer Untersuchung nicht zu erkennen war, so beginnt die Untersuchungsfrist erst mit der Entdeckung des Mangels, die Rügefrist hingegen beginnt in diesem Moment zu laufen.[1394] Nach der Entdeckung muss der Käufer die Anzeige des Mangels dann unverzüglich erklären.[1395]

Sowohl bei einem offenen als auch bei einem verdeckten Mangel führt die nicht rechtzeitige Anzeige zu einer Genehmigung der Ware in deren konkretem Zustand, das heißt bezüglich des erkannten Mangels besteht ein Verlust der aus dem BGB erwachsenen Mängelrechte.[1396] Nicht erkannte Mängel bzw. noch nicht erkennbare

1388 *Koch* in: Oetker, § 377 Rn. 35.

1389 *Faust* in: Bamberger/Roth, § 438 Rn. 30; *Grunewald* in: MüKo-HGB, § 377 Rn. 17; *Roth* in: Koller/Kindler/Roth/Morck, § 377 Rn. 6a; BGH, Urt. v. 30. Januar 1985, Az.: VIII ZR 238/83, NJW 1985, 1333 (1334) (noch zu § 477 BGB a.F.).

1390 BGH, Urt. v. 30. Januar 1985, Az.: VIII ZR 238/83, NJW 1985, 1333 (1334); OLG Köln, Urt. v. 06.03.1998, Az.: 19 U 185–97, NJW-RR 1999, 565 (566).

1391 BGH, Urt. v. 30. Januar 1985, Az.: VIII ZR 238/83, NJW 1985, 1333 (1334).

1392 *Hopt* in: Baumbach/Hopt, § 377 Rn. 35.

1393 OLG Koblenz, Urt. v. 24.06.2004, Az.: 2 U 39/04, NJW-RR 2004, 1553.

1394 Im HGB, in dem im Gegensatz zum GEK und dem CISG nicht auf das Kennen bzw. Kennen-Müssen abgestellt wird, sondern auf einen tatsächlich objektiven Anknüpfungspunkt, wird sich somit eines Tricks beholfen um die Frist nicht bereits weit vor Entdeckung eines Mangels in Gang zu setzen und den Käufer dadurch seiner Rechte zu berauben. Im Ergebnis beginnt die Frist somit bei verdeckten Mängeln in allen drei Rechtsordnungen im selben Moment zu laufen.

1395 *Hopt* in: Baumbach/Hopt, § 377 Rn. 39.

1396 BGH, Urt. v. 30. Januar 1985, Az.: VIII ZR 238/83, NJW 1985, 1333 (1334); BGH, Urt. v. 08.11.1979, Az.: III ZR 115/78, NJW 1980, 782 (784); *Roth* in: Koller/Kindler/Roth/Morck, § 377 Rn. 20; *Hopt* in: Baumbach/Hopt, § 377 Rn. 45.

Mängel bleiben davon jedoch unberührt und können weiter geltend gemacht werden.[1397] Für sie gilt bei Entdeckung eine erneute Rügefrist.

c. *Ausschluss gem. § 377 Abs. 5 HGB*

Der Käufer kann sich trotz unterlassener Rüge auf seine Mängelrechte berufen, wenn der Verkäufer den Mangel arglistig verschwiegen hat, arglistig Eigenschaften vorgetäuscht hat, die nicht vorhanden sind[1398] oder das Fehlen einer zugesicherten Eigenschaft arglistig verschwiegen hat.[1399] Er handelt arglistig, wenn er dem Käufer einen Mangel nicht mitgeteilt hat, obwohl er dazu nach Treu und Glauben verpflichtet war.[1400] Bloße Kenntnis oder Kennen-müssen ist nicht ausreichend.[1401]

3. *Beweislast*

Grundsätzlich trägt der Verkäufer die Beweislast dafür, dass ein beidseitiges Handelsgeschäft gegeben ist[1402] und dass die Ablieferung der Ware erfolgt ist.[1403] Der Käufer trägt hingegen die Beweislast dafür, dass eine unverzügliche Untersuchung erfolgt ist[1404], dass er einen Mangel nicht erkennen konnte (das heißt dass ein verdeckter Mangel vorlag)[1405] und dass er rechtzeitig gerügt hat.[1406]

III. Unterlassen der Mängelrüge nach UN-Kaufrecht

1. *Sachmängel gem. Art. 39 CISG*

a. *Allgemeines*

Der Käufer verliert im CISG sein Aufhebungsrecht, wenn er dem Verkäufer einen Mangel nicht rechtzeitig angezeigt hat, Art. 39 Abs. 1 CISG. Die Vorschrift, die zu einer der wichtigsten des UN-Kaufrechts gehört[1407], ist kein spezieller Ausschlussgrund für Aufhebungen, sondern ein Ausschlussgrund für sämtliche Rechtsbehel-

1397 OLG Köln, Urt. v. 14.07.1995, Az.: 19 U 293/94, NJW 1996, 1683.
1398 BGH, Urt. v. 08.11.1979, Az.: III ZR 115/78, NJW 1980, 782 (784).
1399 *Roth* in: Koller/Kindler/Roth/Morck, § 377 Rn. 28.
1400 Zu den Voraussetzungen der Arglist BGH, Urt. v. 25.09.1985, Az.: VIII ZR 175/84, NJW 1986, 316 (317).
1401 BGH, Urt. v. 24.01.1990, Az.: VIII ZR 22/89, NJW 1990, 1290 (1292).
1402 BGH, Urt. v. 11.10.1195, Az.: VIII ZR 151/94, NJW 1995, 3381 (3382).
1403 BGH, Urt. v. 30. Januar 1985, Az.: VIII ZR 238/83, NJW 1985, 1333 (1335).
1404 OLG Köln, Urt. v. 06.05.1994, Az.: 19 U 241/93, NJW-RR 1995, 28 (29); OLG Karlsruhe, Urt. v. 05.11.2008, Az.: 7 U 15/08, NZG 2009, 395 (396).
1405 *Hopt* in: Baumbach/Hopt, § 377 Rn. 26 und 55.
1406 BGH, Urt. v. 13. Mai 1987, Az.: VIII ZR 137/86, NJW 1987, 2235 (2236).
1407 *Magnus* in: Staudinger CISG, Art. 39 Rn. 1.

fe.[1408] Nach Art. 39 Abs. 2 CISG verliert der Käufer sein Aufhebungsrecht in jedem Fall nach Ablauf von zwei Jahren nach Übergabe der Ware, sofern der Verkäufer keine Garantie übernommen hat.

b. Ausschluss nach Art. 39 Abs. 1 CISG

aa. Voraussetzungen

(1) Allgemeines

Art. 39 Abs. 1 CISG gilt nur hinsichtlich einer Schlechtleistung, das heißt eine Spätleistung oder sonstige Mängel muss der Käufer nicht gem. Art. 39 Abs. 1 CISG rügen.[1409] Dazu zählt sowohl die Lieferung eines (krassen[1410]) aliuds[1411], als auch jede Quantitätsabweichung, selbst wenn diese bereits aus Lieferscheinen ersichtlich ist.[1412] Die Rüge muss den Mangel bzw. die einzelnen Mängel[1413] klar benennen, wobei die Anforderungen nach allgemeiner Ansicht nicht zu eng zu fassen sind.[1414] Nicht ausreichend sind jedoch „allgemein gehaltene Beanstandungen" bzw. „Äußerungen der Unzufriedenheit".[1415] Ist dem Verkäufer allerdings unklar, worin der

---

1408 Art. 44 CISG gibt dem Käufer allerdings immerhin das Recht den Kaufpreis zu mindern, bzw. Schadensersatz (kein entgangener Gewinn) verlangen zu können, wenn er eine vernünftige Entschuldigung hat, warum er den Mangel nicht angezeigt hat. Das Aufhebungsrecht erlangt der Käufer aber selbst bei einem vernünftigen Entschuldigungsgrund nicht mehr zurück (so Kiene, S. 235).

1409 *Magnus* in: Staudinger CISG, Art. 39 Rn. 10.

1410 *Magnus* in: Staudinger CISG, Art. 39 Rn. 11.

1411 OLG Celle, Urt. v. 10.03.2004, Az.: 7 U 147/03, IHR 2004, 106 (108); OLG Düsseldorf, Urt. v. 21.04.2004, Az.: I-15 U 222/02, CISG-online 914.

1412 OLG Rostock, Urt. v. 25.09.2002, Az.: 6 U 126/00, IHR 2003, 19 f.; *Schwenzer* in: Schlechtriem/Schwenzer, Art. 35 Rn. 8.

1413 Bundesgericht der Schweiz, Urt. v. 13.11.2003, 4C.198/2003, IHR 2004, 215 (219); Obergericht des Kantons Zug, Urt. v. 24.03.1998, Az.: OG 1996/02, CISG-online 897; *Magnus* in: Staudinger CISG, Art. 39 Rn. 22; *Schwenzer* in: Schlechtriem/Schwenzer, Art. 39 Rn. 10; *Benicke* in: MüKo-HGB, Art. 39 Rn. 3.

1414 *Magnus* in: Staudinger CISG, Art. 39 Rn. 5; *Schwenzer* in: Schlechtriem/Schwenzer, Art. 39 Rn. 7; *Gruber* in: MüKo-BGB, Art. 39 Rn. 9; Ferrari, RabelsZ 68 (2004), 473 (488).

1415 *Schwenzer* in: Schlechtriem/Schwenzer, Art. 39 Rn. 7; so ebenso: *Magnus* in: Staudinger CISG, Art. 39 Rn. 21; Karollus, S. 126; Herber/Czerwenka, Art. 39 Rn. 7; *Lüderitz/Schüßler-Langeheine* in: Soergel CISG, Art. 39 Rn. 8; a.A. Kantonsgericht, Urt. v. 21.02.2005, C1 04 162, IHR 2006, 155 (157) („Ware funktioniert nicht" ist ausreichend); Beispiele für nicht ausreichende Rügen sind die Formulierungen: Ware miserabel (OLG Saarbrücken, Urt. v. 03.06.1998, Az.: 1 U 703–97–143, NJW-RR 1999, 780), mangelhafte Ware (Handelsgericht des Kantons Zürich, Urt. v. 21.09.1998, Az.: HG 960527, CISG-online 416), Ware von minderer Qualität (LG Hannover, Urt. 01.12.1993, Az.: 22 O 107/93, CISG-online 244), zweite Wahl (OLG Oldenburg, Urt. v. 28.04.2000, Az.: 13 U 5/00, IHR 2001, 159), schlechte Verarbeitung

Mangel liegen soll, so ist heutzutage zu erwarten, dass er nachfragt – das bloße Verweisen auf die fehlende Substantiierung reicht nicht.[1416]

(2) Rügefrist

Der Käufer muss dem Verkäufer den Mangel innerhalb einer angemessenen Frist nach dem Zeitpunkt, indem er den Mangel bemerkt hat oder hätte bemerken müssen, angezeigt haben. Für die rechtzeitige Geltendmachung laufen also, wie im HGB, zwei Fristen, zum einen die Untersuchungsfrist, zum anderen die Rügefrist.[1417] Die Angemessenheit ist abermals anhand des Einzelfalls[1418] und unter Berücksichtigung von Handelsbräuchen und Gepflogenheiten[1419] zu bestimmen. Wesentliche Faktoren sind dabei, ob es sich um verderbliche Waren[1420] handelt oder z.B. dauerhafte Ware oder Saisonware[1421], aber auch die Art des Rechtsbehelfs.[1422] So muss der Käufer, will er eine Aufhebung geltend machen, schneller reagieren als wenn er nur den Kaufpreis mindern oder Schadensersatz verlangen möchte.[1423] Die Frist ist auf jeden Fall länger als die „unverzügliche“ Frist in § 377 HGB[1424], in der Praxis wird mittlerweile meist von einer Frist von einem Monat ausgegangen.[1425]

Hinsichtlich des Beginns stellt Art. 39 Abs. 1 CISG auf Kenntnis oder Kennen-Müssen des Mangels ab. Bei positiver Kenntnis beginnt die Rügefrist sofort zu laufen, unabhängig davon, ob die Untersuchungsfrist noch läuft.[1426] Da das CISG keine verschiedenen Anknüpfungspunkte wie in Art. 122 Abs. 1 Unterabs. 1 GEK kennt, kann dies im Einzelfall dazu führen, dass der Käufer die Ware schon vor der

---

und Passform (LG München I, Urt. v. 03.07.1989, Az.: 17 HKO 3726/89, IPRax 1990, 316 (317)), die Ware wird reklamiert (LG Saarbrücken, Urt. v. 02.07.2002, Az.: 8 O 49/02, IHR 2003, 27), Ware entspricht nicht unseren Vorgaben (OLG München, Urt. v. 09.07.1997, Az.: 7 U 2070/97, CISG-online 282).

1416 *Schwenzer* in: Schlechtriem/Schwenzer, Art. 39 Rn. 7.

1417 *Schwenzer* in: Schlechtriem/Schwenzer, Art. 39 Rn. 15.

1418 *Andersen* in: FS Schwenzer, S. 33 ff.; *Schwenzer* in: Schlechtriem/Schwenzer, Art. 39 Rn. 16.

1419 LG München I, Urt. v. 18.05.2009, Az.: 28 O 20906/06, IHR 2010, 150 (151).

1420 LG München I, Urt. v. 18.05.2009, Az.: 28 O 20906/06, IHR 2010, 150 (151).

1421 LG München II, Urt. v. 20.02.2002, Az.: 10 O 5423/01, IHR 2003, 24 (25).

1422 *Magnus* in: Staudinger CISG, Art. 39 Rn. 48; *Schwenzer* in: Schlechtriem/Schwenzer, Art. 39 Rn. 16; a.A. *Salger* in: Witz/Salger/Lorenz, Art. 39 Rn. 6; Enderlein/Maskow/Strohbach, Art. 39 Bem. 3.

1423 *Kröll* in: Kröll/Mistelis/Viscasillas, Art. 39 Rn. 89; *Schwenzer* in: Schlechtriem/Schwenzer, Art. 39 Rn. 16.

1424 Siehe hierzu auch unter Teil 3.B.II.2.b.

1425 *Gruber* in: MüKo-BGB, Art. 39 Rn. 34; *Benicke* in: MüKo-HGB, Art. 39 Rn. 9; *Schwenzer* in: Schlechtriem/Schwenzer, Art. 39 Rn. 17; BGH, Urt. v. 03.11.1999, Az.: VIII ZR 287/98, NJW-RR 2000, 1361 (1362).

1426 *Schwenzer* in: Schlechtriem/Schwenzer, Art. 39 Rn. 19; *Gruber* in: MüKo-BGB, Art. 39 Rn. 25 f.

Lieferung rügen muss, um seine Mängelrechte nicht zu verlieren.[1427] Im Hinblick auf das Erkennen-Müssen wird differenziert: War der Mangel im Rahmen einer Untersuchung erkennbar, so beginnt die Rügefrist mit Ablauf einer kurzen[1428] Untersuchungsfrist[1429], war der Mangel in diesem Umfang nicht zu erkennen, beginnt die Frist erst zu laufen, wenn der Käufer den Mangel auch tatsächlich erkannt hat, eine zusätzliche Untersuchungsobligenheit trifft den Käufer nicht.[1430] Sie endet in diesem Fall spätestens nach zwei Jahren (s. Art. 39 Abs. 2 CISG).[1431]

(3) Keine Bösgläubigkeit

Der Verkäufer darf im Zeitpunkt des Ablaufs der Rügefrist[1432] keine Kenntnis vom Aufhebungsgrund haben, auf die sich eine Mängelrüge beziehen würde bzw. darf nicht unberechtigterweise darüber in Unkenntnis sein (Art. 40 CISG). Ist er es doch, kann er dem Käufer eine verspätete Rüge nicht entgegen halten.

c. Ausschluss nach Art. 39 Abs. 2 CISG

Daneben gibt es in Art. 39 Abs. 2 CISG eine absolute Ausschlussfrist von zwei Jahren ab dem Zeitpunkt der tatsächlichen Übergabe, das heißt ab dem Moment der physischen Aushändigung.[1433] Der Käufer kann damit nach Ablauf dieser Frist keinerlei Rechtsbehelfe mehr geltend machen, unabhängig davon, ob Fristen im Rahmen von Art. 39 Abs. 1 CISG noch laufen und auch davon, ob der Käufer eine vernünftige Entschuldigung i.S.v. Art. 44 CISG dafür hatte, dass eine Anzeige bisher unterblieben ist.[1434] Die 2-Jahres-Frist gilt dann nicht, wenn der Verkäufer eine Garantiefrist übernommen hat.

d. Beweislast

Der Käufer trägt die Beweislast für die Frage, ob er die Anzeige ordnungsgemäß abgeschickt hat und im Falle von Art. 39 Abs. 2 CISG auch dafür, dass er die Anzeige innerhalb der 2-Jahres-Frist verschickt hat.[1435]

1427 So z.B. BGH, Urt. v. 25.03.1992, Az.: VIII ZR 64/91, RiW 1992, 584 schon zum EKG.

1428 *Gruber* in: MüKo-BGB, Art. 39 Rn. 27.

1429 *Schwenzer* in: Schlechtriem/Schwenzer, Art. 39 Rn. 20.

1430 *Gruber* in: MüKo-BGB, Art. 39 Rn. 30 f.; BGH, Urt. v. 03.11.1999, Az.: VIII ZR 287/98, NJW-RR 2000, 1361 (1362).

1431 OGH Wien, Beschl. v. 19.05.1999, Az.: 9 Ob 13/99 y, CISG-online 484.

1432 So *Schwenzer* in: Schlechtriem/Schwenzer, Art. 40 Rn. 8; *Benicke* in: MüKo-HGB, Art. 40 Rn. 4; *Gruber* in: MüKo-BGB, Art. 40 Rn. 8; *Lüderitz/Schüßler-Langeheine* in: Soergel CISG, Art. 40 Rn. 2; a.A. *Ferrari* in: Ferrari/Kieninger/Mankowski, Art. 40 Rn. 6 (Beginn der Untersuchungsfrist).

1433 OLG Linz, Urt. v. 24.09.2007, Az.: 1 R 77/07k, IHR 2008, 28 (30).

1434 OLG Linz, Urt. v. 24.09.2007, Az.: 1 R 77/07k, IHR 2008, 28 (30); OGH Wien, Urt. v. 19.12.2007, Az.: 9 Ob75/07f, IHR 2008, 106 (108).

1435 *Schwenzer* in: Schlechtriem/Schwenzer, Art. 39 Rn. 37 f.; a.A. Antweiler, S. 135.

2. *Rechtsmangel gem. Art. 43 CISG*

Ansprüche aus einem Rechtsmangel gem. Art. 41 CISG bzw. bei einem Verstoß gegen ein Recht aus geistigem Eigentum gem. Art. 42 CISG kann der Käufer nur dann geltend machen, wenn er dem Verkäufer das Recht innerhalb einer angemessen Pflicht nach Kenntniserlangung oder nachdem er Kenntnis hätte erlangen müssen, angezeigt hat. Die Regelung entspricht Art. 39 Abs. 1 CISG hinsichtlich Sachmängeln[1436], so dass weitestgehend auf die oben gemachten Ausführungen zurückgegriffen werden kann.

So gilt, dass auch bei einem Rechtsmangel die Vertragswidrigkeit konkret benannt werden muss, auch hier kann heutzutage allerdings eine Rückfrage des Verkäufers erwartet werden, sofern die Anzeige zu wenig spezifiziert ist.[1437] Ebenso ist die Angemessenheit der Frist anhand des Einzelfalls zu beurteilen und läuft nach herrschender Meinung in der Regel ebenfalls einen Monat.[1438] Hinsichtlich des Fristbeginns kann erneut auf die obigen Ausführungen verwiesen werden.[1439]

Im Gegensatz zu Sachmängeln gibt es bei Rechtsmängeln allerdings keine absolute Ausschlussfrist von zwei Jahren entsprechend Art. 39 Abs. 2 CISG. Hintergrund dürfte die Tatsache sein, dass Rechtsmängel oftmals schwerer zu erkennen sind als Sachmängel und ein vollständiger Ausschluss daher unangebracht wäre.[1440] Ebenfalls leicht unterschiedlich gestaltet sich die Bösgläubigkeit des Verkäufers. Während dem Verkäufer bei einem Sachmangel auch vorwerfbare Unkenntnis schadet, muss er hier positive Kenntnis von dem Grund haben, wobei der konkrete Anspruch bzw. das konkrete Recht eines Dritten bekannt sein muss.[1441] Der Käufer trägt die Beweislast für das rechtzeitige Absenden der Anzeige und die Kenntnis des Verkäufers.[1442]

IV. Fazit

Ein abschließender Vergleich der Mängelanzeige in den drei Rechtsordnungen zeigt deutliche Abweichungen. Gemein haben alle Gesetze im Grundsatz zwar (mit einer Ausnahme, hierzu sogleich), dass sie nur für Unternehmer-Käufer gelten. Auch die Zielsetzung, nämlich die Stärkung der Vertragsdurchführung, ist in allen Gesetzen die gleiche. Trotzdem lassen sich bei den einzelnen Regelungen in den Gesetzen

---

1436 *Schwenzer* in: Schlechtriem/Schwenzer, Art. 43 Rn. 2.

1437 *Schwenzer* in: Schlechtriem/Schwenzer, Art. 43 Rn. 2.

1438 *Gruber* in: MüKo-BGB, Art. 43 Rn. 15; *Kröll* in: Kröll/Mistelis/Viscasillas, Art. 43 Rn. 20; *Schwenzer* in: Schlechtriem/Schwenzer, Art. 43 Rn. 2; BGH, Urt. v. 11.01.2006, Az.: VIII ZR 268/04, IHR 2006, 82 (84) wonach zwei Monate jedenfalls zu lang sind.

1439 Siehe hierzu unter Teil 3.B.III.1.b.aa(2).

1440 *Schwenzer* in: Schlechtriem/Schwenzer, Art. 43 Rn. 6.

1441 *Magnus* in: Staudinger CISG, Art. 43 Rn. 31; *Saenger* in: Bamberger/Roth, Art. 43 Rn. 8; *Schwenzer* in: Schlechtriem/Schwenzer, Art. 43 Rn. 10.

1442 *Schwenzer* in: Schlechtriem/Schwenzer, Art. 43 Rn. 12.

deutliche Unterschiede feststellen, die letztlich dazu führen, dass je nach Gesetz die Vertragsdurchführung gestärkt oder eine Beendigung erleichtert wird.

Bezüglich des Anwendungsbereichs fällt auf, dass das BGB im Unterschied zu GEK und CISG nicht für Rechts-, sondern lediglich für Sachmängel gilt. Das für das HGB vorgebrachte Argument, die Untersuchung der Ware sei nicht geeignet, um Rechtsmängel aufzufinden, erscheint dabei nur bei oberflächlicher Betrachtung überzeugend. Sicherlich lässt sich ein Sachmangel gewöhnlich leichter durch eine bloße Inspizierung entdecken, aber schon der Fall eines aufgedruckten Warenschutz-Zeichens, das dem Käufer bekannt ist, zeigt, dass selbst die Untersuchung ausreichend sein kann, um einen Rechtsmangel zu entdecken. Der Käufer auf der anderen Seite ist nicht pauschal schlechter gestellt, weil nur solche Rechtsmängel erfasst werden, die er im Rahmen einer gewöhnlichen Untersuchung hätte erkennen können. Das HGB stellt somit für den Käufer eine an sich sachlich nicht gerechtfertigte Besserstellung im Vergleich zu GEK und CISG dar.

Diese Besserstellung relativiert sich aber bereits dadurch, dass der Käufer in GEK und in CISG die Ware lediglich in angemessener Frist untersuchen muss, im HGB jedoch unverzüglich. Obwohl es sich letztlich in allen drei Fällen um unbestimmte Rechtsbegriffe handelt, so ist doch allgemein anerkannt, dass die Unverzüglichkeit, also das Handeln ohne schuldhaftes Zögern, kürzer ist als eine angemessene Frist. Dass der Käufer im GEK und im CISG die Ware zunächst für wenige Tage liegen lassen kann und sie erst dann untersuchen muss, würde im HGB zum Verlust der Mängelrechte führen. Ein Blick auf die in der Rechtsprechung mittlerweile anerkannten Fristen zum CISG (Gesamtrügefrist von einem Monat) und zum HGB (Rüge innerhalb von ein bis zwei Tagen) zeigt diese Diskrepanz deutlich. Auch im GEK wird man sich eher am CISG orientieren[1443], so dass den Käufer nach HGB, in zeitlicher Hinsicht, die strengsten Anforderungen treffen.

Ein ganz wesentlicher Unterschied zwischen den Gesetzen ist der Umfang der „Rückausnahme“. So schließen zwar alle Gesetze aus, dass sich der Verkäufer auf eine versäumte Rüge berufen darf, wenn er Kenntnis vom Mangel hatte. Die Anforderungen an den Grad der Kenntnis unterscheiden sich allerdings enorm: Während das HGB fordert, dass der Verkäufer arglistig gehandelt haben muss, ist es im CISG bereits ausreichend, wenn der Verkäufer Kenntnis oder grob fahrlässige Unkenntnis des Mangels hatte. Im GEK hingegen kann sich der Verkäufer bereits dann nicht auf eine versäumte Rüge berufen, wenn er den Mangel fahrlässig nicht kannte. Während der Verkäufer im HGB also vorsätzlich gegen den Käufer arbeiten muss, ehe er seine Rechte verliert, reicht im GEK bereits eine ungenaue Untersuchung der Ware, damit der Käufer seine Rechte doch geltend machen kann. Wie bereits erwähnt[1444], gibt es für diese Besserstellung keine Rechtfertigung und es bleibt zu hoffen, dass der Gesetzgeber hier nachbessern wird. Auf Basis der gegenwärtigen Fassungen der Gesetze muss jedoch festgehalten werden, dass der Unternehmer-Käufer im GEK

1443 Siehe hierzu die Ausführungen unter Teil 3.B.I.2.c.aa.

1444 Siehe hierzu unter Teil 3.B.I.4.

seine erworbene Ware zwar auch auf Rechtsmängel untersuchen muss (so wie er es auch aus dem CISG kennt), dafür aber auf der anderen Seite eine wesentlich längere Frist zur Untersuchung und Rüge eines Mangels als im BGB hat. Hinzu kommt, dass der Verkäufer sich häufig nicht auf eine verspätete Rüge berufen kann, weil er selbst die Ware besser hätte untersuchen müssen. Für den Unternehmer-Käufer kann es daher durchaus von Vorteil sein, den Vertrag dem GEK zu unterstellen.

Hinsichtlich eines Verbraucher-Käufers soll auf eine Besonderheit hingewiesen werden: Keine Mängelrüge wird von ihm gem. Art. 122 GEK bzw. § 377 HGB verlangt. Im Gegensatz dazu gibt es im CISG eine Unterscheidung zwischen privaten und geschäftlichen Käufen nicht. Das heißt, sofern ein Privatkauf doch ausnahmsweise dem CISG unterfällt, trifft den Verbraucher-Käufer eine Rügepflicht, die ihm sonst nirgendwo auferlegt würde.[1445] Der Verbraucher, der sich dieser Pflicht oftmals nicht bewusst sein dürfte, läuft damit Gefahr sämtliche Rechtsbehelfe, insbesondere auch die Aufhebung, zu verlieren, wenn er seiner Rügepflicht nicht nachkäme. Sofern man angesichts der schwierigen Voraussetzungen, unter denen ein Privatkauf überhaupt dem CISG unterfällt[1446], überhaupt von einer Wahl sprechen kann, sollte der Verbraucher-Käufer das GEK dem CISG daher vorziehen. Andernfalls droht dem Käufer mit dem Verlust sämtlicher Rechtsbehelfe ein sogenanntes „Worst-Case-Szenario".

Zusammenfassend lässt sich hinsichtlich der Mängelrügen sagen, dass das GEK aus Sicht des Käufers deutlich zu präferieren ist. Für einen Verbraucher-Käufer kann eine Anwendbarkeit ausgeschlossen werden. Ist Art. 122 GEK anwendbar, das heißt handelt es sich um einen Kauf unter Unternehmern, so bietet das GEK dem Käufer die günstigsten Regelungen aller drei Gesetze.

C. Ausschlussgründe ohne direktes Pendant im GEK

I. Verlust nach § 352 BGB

1. Darstellung des § 352 BGB

a. Allgemeines

Neben § 323 Abs. 6 BGB gibt es im deutschen Recht eine weitere Möglichkeit des Verlusts der Rechte. Es handelt sich um den Sonderfall des § 352 BGB, der allerdings für einen Käufer in der Praxis in den seltensten Fällen zu einem Verlust führen kann, weshalb die Vorschrift hier nur in gebotener Kürze vorgestellt werden soll.

Hintergrund der Vorschrift ist der Folgende: Kann der Schuldner gegen die Forderung des Gläubigers aufrechnen und leistet deswegen nicht, so geht er davon aus, dass der Gläubiger wegen der Nichtleistung nicht vom Vertrag zurücktreten

1445 Ebenso im Hinblick auf die Abweichung zwischen BGB und CISG *Magnus* in: Staudinger CISG, Art. 39 Rn. 13.

1446 Siehe hierzu Teil 1.B.III.3.

werde.[1447] § 352 BGB gibt dem Schuldner daher die Möglichkeit, den Zustand herbeizuführen, der vor der Rücktrittserklärung galt[1448] und stellt damit eine Ausnahme von dem Grundsatz dar, dass ein ausgeübtes Gestaltungsrecht nicht mehr unwirksam werden kann.[1449] Betrachtet man allerdings, dass in der Praxis nur mit einer Geldforderung aufgerechnet werden kann[1450], so zeigt sich, dass die Vorschrift nie zu Ungunsten des Käufers zum Tragen kommen kann. In einer gewöhnlichen Kauf-Fallgestaltung ist der Verkäufer nur Schuldner bezüglich der Ware. das heißt er könnte auch nur mit einer gleichwertigen Warenforderung aufrechnen, was rein tatsächlich nicht passieren wird. Liegen die Voraussetzungen dennoch vor (siehe unten), so ist der Rücktritt gem. § 352 BGB unwirksam und die Forderung des Gläubigers gegen den Schuldner gilt gem. § 389 BGB als erloschen.[1451]

b. Voraussetzungen

Voraussetzung ist, dass ein Rücktrittsrecht wegen Nichterfüllung vorliegt. Dabei ist der Begriff der Nichterfüllung als jede Form der nicht oder nicht vertragsgemäßen Erfüllung entsprechend § 323 Abs. 1 BGB[1452], § 326 Abs. 5 oder § 324 BGB zu verstehen. Ausgenommen sind allerdings Nebenleistungspflichten.[1453] Die Aufrechnungslage für den Schuldner muss außerdem im Zeitpunkt des Rücktritts bestanden haben.[1454] Letztlich muss der Schuldner den Rücktritt unverzüglich, das heißt ohne schuldhaftes Zögern nach Ausübung des Rücktrittsrechts, erklären.

c. Beweislast

Es gilt die klassische Beweislastverteilung, wonach der Schuldner die Voraussetzungen des Vorliegens einer Aufrechnungslage beweisen muss. Er muss außerdem beweisen, dass er die Aufrechnung unverzüglich erklärt hat.[1455]

2. Konsequenz des Fehlens einer vergleichbaren Regelung im GEK

Die Bedeutung des § 352 BGB ist in der Praxis sehr gering, für den Käufer wird sie in der Praxis nie zu einem Ausschluss seiner Rechte führen. Dementsprechend ist es zwar richtig, dass die Vorschrift ersatzlos im GEK fehlt, für den Käufer hätte

---

1447 BT-Drucks. 14/6040, S. 198.

1448 *Gaier* in: MüKo-BGB, § 352 Rn. 1.

1449 *Kaiser* in: Staudinger BGB, § 352 Rn. 1.

1450 *Kaiser* in: Staudinger BGB, § 352 Rn. 1.

1451 *Kaiser* in: Staudinger BGB, § 352 Rn. 7.

1452 *Gaier* in: MüKo-BGB, § 352 Rn. 2; *Kaiser* in: Staudinger BGB, § 352 Rn. 4.

1453 *Kaiser* in: Staudinger BGB, § 352 Rn. 4; *a.A. Stadler* in: Jauernig, § 352 Rn. 1 (nur „Schutzpflichten").

1454 *Grüneberg* in: Palandt, § 352 Rn. 1; *Gaier* in: MüKo-BGB, § 352 Rn. 3; *Kaiser* in: Staudinger BGB, § 352 Rn. 5; *Lobinger* in: Soergel BGB, § 352 Rn. 3.

1455 *Faust* in: jurisPK, § 352 Rn. 6.

eine Parallelvorschrift im GEK aber keinerlei Auswirkungen. Dementsprechend ist festzuhalten, dass das Fehlen der Vorschrift (aus der Sicht des Käufers) weder für Käufer noch Verkäufer zu einer Änderung der Lage führt.

II. Verlust des Rechts zur Vertragsaufhebung wegen Unmöglichkeit der Rückgabe im ursprünglichen Zustand nach Art. 82 Abs. 1 CISG

1. Darstellung des Art. 82 Abs. 1 CISG

a. Allgemeines

Neben der Regelung in Art. 49 Abs. 2 CISG gibt es auch im CISG eine weitere Sondervorschrift, die inhaltlich an die Rechtsfolgen anknüpft. Danach verliert der Käufer sein Aufhebungsrecht, wenn es ihm unmöglich ist, die Ware im Wesentlichen in dem Zustand zurückzugeben, in der er sie erhalten hat (Art. 82 Abs. 1 CISG).

b. Voraussetzungen

aa. Allgemeine Voraussetzungen

Ein Ausschluss liegt unter zwei Voraussetzungen vor: Zum einen muss die Rückgabe der Ware unmöglich geworden ist. Dabei kommt es nur auf tatsächliche Hindernisse wie Zerstörung, Untergang oder Beschädigung an, eine Form von wirtschaftlicher Unmöglichkeit gibt es im Rahmen von Art. 82 Abs. 1 CISG nicht.[1456] Zum anderen muss es dem Käufer unmöglich sein, die Ware im Wesentlichen im Originalzustand zurückzugeben. Kleine, unwesentliche Verschlechterungen führen nicht zu einem Verlust des Aufhebungsrechts[1457], ausgenommen sind auch objektiv wertsteigernde Veränderungen[1458] und wertmindernde Veränderungen, die unbedeutend erscheinen wie eine kurzfristige Nutzung.[1459] Umstritten ist die Frage, ob sich die Unmöglichkeit der Rückgabe zum Zeitpunkt der Aufhebungserklärung[1460] oder zum Zeitpunkt der

1456 *Fountoulakis* in: Schlechtriem/Schwenzer, Art. 82 Rn. 5; *Tallon* in: Bianca/Bonell, Art. 82 Anm. 1.1; Hellwege, S. 578 f.

1457 Enderlein/Maskow/Strohbach, Art. 82 Bem. 2.1; *Fountoulakis* in: Schlechtriem/Schwenzer, Art. 82 Rn. 6.

1458 *Magnus* in: Staudinger CISG, Art. 82 Rn. 8; *Benicke* in: MüKo-HGB, Art. 82 Rn. 3; *Ferrari* in: Ferrari/Kieninger/Mankowski, Art. 82 Rn. 6; a.A. *Fountoulakis* in: Schlechtriem/Schwenzer, Art. 82 Rn. 6, der auf die Umstände des Einzelfalls abstellen will.

1459 OLG Oldenburg, Urt. v. 01.02.1995, Az.: 11 U 64/94, CISG-Online 253; Brunner, Art. 82 Rn. 5.

1460 *Fountoulakis* in: Schlechtriem/Schwenzer, Art. 82 Rn. 7; *Magnus* in: Staudinger CISG, Art. 82 Rn. 10; *Saenger* in: Bamberger/Roth, Art. 82 Rn. 3a; *Weber* in: Honsell CISG, Art. 82 Rn. 5.

tatsächlichen Rücksendung der Ware bestimmt.[1461] Das Ergebnis kann allerdings dahinstehen, da sich die Ansichten lediglich in der Frage unterscheiden, wer die zerstörte bzw. beschädigte Sache zu entsorgen hat.[1462]

bb. Rückausnahme in Abs. 2

Weitere Voraussetzung für den Verlust eines Aufhebungsrechts ist, dass keine der Ausnahmen in Art. 82 Abs. 2 CISG einschlägig sein darf. Der Käufer kann immer dann doch den Vertrag aufheben, wenn die Unmöglichkeit nicht auf einer Handlung oder Unterlassung seinerseits beruht (Art. 82 Abs. 2 lit. a) CISG), wenn die Ware infolge der in Art. 38 CISG vorgesehenen Untersuchung untergegangen oder verschlechtert worden ist (Art. 82 Abs. 2 lit. b) CISG) oder wenn der Käufer die Ware ganz oder teilweise im normalen Geschäftsverkehr weiterverkauft oder der normalen Verwendung entsprechend verbraucht oder verändert hat, bevor er die Vertragswidrigkeit entdeckt hat oder hätte entdecken müssen (Art. 82 Abs. 2 lit. c) CISG).

(1) Handlungen des Käufers

Nach Art. 82 Abs. 2 lit. a) CISG haftet der Verkäufer für alle Risiken, die aus der mangelhaften Beschaffenheit der Sache oder der mangelhaften Lieferung der Sache resultieren.[1463] Darunter fällt der weiterfressende Mangel[1464], eine Beschlagnahme der Ware aufgrund Sach- oder Rechtsmangels[1465], Lieferung zur falschen Zeit oder am falschen Ort[1466] sowie – aufgrund der negativen Formulierung – jegliche Verschlechterung aufgrund von Zufall oder höherer Gewalt.[1467] Schwieriger zu beantworten ist die Frage, welche Art von Handlung des Käufers zu einem Ausschluss führt und welche von der Ausnahmeregelung in Abs. 2 ausgenommen sind. Im Ergebnis muss sich das Handeln des Käufers an lit. c) orientieren, so dass ein Handeln im gewöhnlichen Geschäftsbetrieb vor Kenntniserlangung hinsichtlich eines Mangels von der Ausnahme in Abs. 2 erfasst ist. Erlangt der Käufer Kenntnis von dem Mangel, so trifft ihn eine besondere Schutzpflicht, verschlechtert sich die Ware nun aufgrund seiner Handlungen, haftet er.[1468]

1461 *Benicke* in: MüKo-HGB, Art. 82 Rn. 5.

1462 *Benicke* in: MüKo-HGB, Art. 82 Rn. 5.

1463 *Magnus* in: Staudinger CISG, Art. 82 Rn. 18, 22; *Weber* in: Honsell CISG, Art. 82 Rn. 17; *Fountoulakis* in: Schlechtriem/Schwenzer, Art. 82 Rn. 13.

1464 Schlechtriem/Schroeter Rn. 767.

1465 Hof's – Gravenhage, Urt. v. 23.04.2003, Az.: 99/474, IHR 2004, 119; LG Freiburg, Urt. v. 22.08.2002, Az.: 8 O 75/02, IHR 2003, 22 (23).

1466 *Lüderitz/Dettmeier* in: Soergel CISG, Art. 82 Rn. 6.

1467 *Magnus* in: Staudinger CISG, Art. 82 Rn. 21; *Weber* in: Honsell CISG, Art. 82 Rn. 18; *Fountoulakis* in: Schlechtriem/Schwenzer, Art. 82 Rn. 14.

1468 *Benicke* in: MüKo-HGB, Art. 82 Rn. 9 f.

(2) Untersuchung der Ware

Eine Verschlechterung, die zwar durch eine Handlung des Käufers entstanden ist, die aber Folge davon ist, dass der Käufer die Ware gem. Art. 38 CISG untersuchen musste, führt ebenfalls nicht zu einem Ausschluss des Aufhebungsrechts. Dafür muss die Untersuchung mit angemessenen Mitteln stattfinden, andernfalls greift Art. 82 Abs. 1 CISG und der Käufer kann die Aufhebung nicht erklären.[1469] Von Bedeutung ist die Ausnahme weniger im Falle gelieferter Endprodukte, sondern vielmehr in solchen Konstellationen, in denen die Untersuchung nur durch einen Eingriff in die Substanz[1470] der Ware oder durch Verarbeitung[1471] möglich ist.

(3) Weiterverkauf, Verarbeitung, etc.

Ein Ausschluss erfolgt auch immer dann nicht, wenn der Käufer die Ware im gewöhnlichen Geschäftsbetrieb weiterverkauft oder verwendet hat, bevor er den Mangel entdeckt hat. Das Verwendungsrisiko liegt damit beim Verkäufer.[1472] Unter Verbrauch ist die teilweise oder vollständige Vernichtung der Substanz zu verstehen, wobei die Grenze der Wesentlichkeit aus Art. 82 Abs. 1 CISG auch hier zu berücksichtigen ist.[1473] Hinsichtlich des Gebrauchs wird im CISG unterschieden: Bestimmungsgemäßer Gebrauch ist bei fehlender Kenntnis nie ein Ausschlussgrund, nicht bestimmungsgemäßer Gebrauch hingegen führt zu einem Ausschluss, sofern die Bagatellgrenze des Abs. 1 überschritten ist.[1474] Ob die Weiterveräußerung im gewöhnlichen Geschäftsbetrieb erfolgte, bestimmt sich am Verhalten einer vernünftigen Person.[1475] Hiervon nicht erfasst sein kann der Verkauf von Ware zu Schrottpreisen, selbst wenn aufgrund der Mangelhaftigkeit der Ware kein höherer Preis zu erzielen war.[1476] Es erscheint nicht möglich, dass der Verkäufer auf der einen Seite zwar einen geringeren Preis akzeptiert, weil er weiß, dass kein höherer Preis zu erzielen sei, auf der anderen Seite aber nicht weiß und nicht wissen muss, dass ein Mangel vorliegt. Sicherlich zu akzeptieren sind hingegen übliche Rabatte.

1469 *Huber* in: MüKo-BGB, Art. 82 Rn. 17; *Fountoulakis* in: Schlechtriem/Schwenzer, Art. 82 Rn. 18.

1470 *Fountoulakis* in: Schlechtriem/Schwenzer, Art. 82 Rn. 18.

1471 BGH, Urt. v. 25.06.1997, Az.: VIII ZR 300/96. NJW 1997, 3311 (3312).

1472 *Benicke* in: MüKo-HGB, Art. 82 Rn. 13.

1473 *Fountoulakis* in: Schlechtriem/Schwenzer, Art. 82 Rn. 20.

1474 *Benicke* in: MüKo-HGB, Art. 82 Rn. 14.

1475 *Benicke* in: MüKo-HGB, Art. 82 Rn. 17.

1476 Anders aber *Fountoulakis* in: Schlechtriem/Schwenzer, Art. 82 Rn. 22a.

c. *Beweislast*

Macht der Verkäufer geltend, dass der Käufer sein Aufhebungsrecht nicht mehr ausüben dürfe, so hat er die Voraussetzungen des Art. 82 CISG zu beweisen, umgekehrt muss der Käufer das Vorliegen der Rückausnahmen beweisen.[1477]

2. *Fazit und Konsequenz des Fehlens einer vergleichbaren Regelung im GEK*

Betrachtet man die Vorschrift zunächst alleine im Kontext des UN-Kaufrechts, zeigt sich, dass sie – entgegen des ersten Eindrucks – keineswegs dazu führt, dass eine Aufhebung im Regelfall ausgeschlossen ist, sondern dass im Gegenteil die Ausnahme durch die tatsächlich statuierten Einschränkungen eher die Regel ist.[1478] Die Norm an sich sorgt für einen Ausgleich, die jeweilige Haftung orientiert sich eng daran, welcher Partei ein Verschulden anzulasten ist und in welchem Stadium es zu einer Vertragsverletzung gekommen ist. Im Vergleich mit dem GEK zeigt sich allerdings auch, dass eine ähnliche Vorschrift zu Recht nicht im GEK aufgenommen wurde und demnach dort auch nicht fehlt. Beiden Rechtsordnungen liegt ein vollkommen anderes Konzept zugrunde.[1479] Während das CISG auf dem aus „dem römischen Recht stammenden Prinzip der unversehrten Rückgabe der Leistung"[1480] fußt, kennt das GEK – wie im Übrigen auch das reformierte BGB – die Möglichkeit des Wertersatzes, so dass es keines Grundes bedarf, die Rückgabefähigkeit der Ware zur Voraussetzung der Beendigung zu machen.[1481]

D. Fazit

Während das Fazit zu den Beendigungsgründen zu dem Ergebnis kam, dass es zwischen GEK, CISG und BGB nur geringe Unterschiede gibt[1482], muss es bezüglich der Ausschlussgründe differenzierter ausfallen. Zwar weisen auf den ersten Blick alle Gesetze deutliche Gemeinsamkeiten auf, wie die Tatsache, dass – abgesehen von den zuletzt genannten Ausnahmen, für die es im GEK kein Pendant gibt – alle Gesetze allgemeine Ausschlussgründe kennen und darüber hinaus dem Unternehmer-Käufer seine Rechte für den Fall absprechen, dass dieser einen Mangel nicht rechtzeitig geltend macht. Jedoch kann dies nicht die Unterschiede aufwiegen, die zwischen den Gesetzen bestehen.

1477 *Fountoulakis* in: Schlechtriem/Schwenzer, Art. 82 Rn. 31; *Magnus* in: Staudinger CISG, Art. 82 Rn. 31 f.; *Saenger* in: Bamberger/Roth, Art. 82 Rn. 9; *Huber* in: MüKo-BGB, Art. 82 Rn. 21; *Lüderitz/Dettmeier* in: Soergel CISG, Art. 82 Rn. 12.

1478 *Fountoulakis* in: Schlechtriem/Schwenzer, Art. 82 Rn. 10.

1479 Siehe hierzu ausführlich unter Teil 5.

1480 *Fountoulakis* in: Schlechtriem/Schwenzer, Art. 82 Rn. 2.

1481 *Fountoulakis* in: Schlechtriem/Schwenzer, Art. 82 Rn. 2.

1482 Siehe hierzu unter Teil 2.G.

Auffällig ist hierbei zunächst, dass in GEK (mit Art. 119 und Art. 106 Abs. 5 (hinsichtlich aller Abhilfen)) und CISG (mit Art. 49 Abs. 2 und Art. 80 (hinsichtlich aller Abhilfen)) die Ausschlussgründe etwas umfassender geregelt sind als im BGB, wo jedenfalls hinsichtlich eines Fristablaufs nur mit dem allgemeinen Rechtsgedanken der Verwirkung gearbeitet werden kann.[1483] Trotz dieses „Mankos“ ist zu erwarten, dass alle Gesetze im Regelfall zu den gleichen Ergebnissen führen sollten.

Anders sieht die Situation der GEK-Regelung zum Ausbleiben einer Mängelanzeige aus, die daher deutlich zu kritisieren ist. Während sich unterschiedliche Antworten auf die Frage, ob auch Rechtsmängel angezeigt werden müssen oder nur Sachmängel, nur in den wenigsten Fällen auf das Ergebnis auswirken dürften, sind die unterschiedlichen Voraussetzungen in den „Rückausnahmen“ geeignet, in einer Vielzahl von Fällen zu abweichenden und sogar ungerechten Ergebnissen zu kommen. Dass der Käufer im GEK oftmals besser gestellt ist als im CISG und im BGB, weil er sein Recht bereits dann nicht verliert, wenn der Verkäufer den Mangel fahrlässig nicht kannte, ist nicht zu erklären.[1484]

Es zeigt sich damit, dass das GEK im Bereich der Ausschlussgründe nicht nur Verbesserungsbedarf aufweist, sondern vor allem auch, dass es sehr käuferfreundlich ausgestaltet ist. Selbst vermeintliche Nachteile, wie die Tatsache, dass die starre Frist von zwei Monaten in Art. 119 GEK nur bedingt brauchbar ist[1485], führen allerdings zu keinen negativen Konsequenzen, weil, um im Beispiel zu bleiben, die Frist objektiv zumindest lang genug sein dürfte. Der Abschnitt über die Ausschlussgründe wäre daher aus (subjektiver) Käufersicht durchweg zu begrüßen. Andererseits muss in diesem Zusammenhang eines berücksichtigt werden: die hier aufgezeigten Gesichtspunkte der Käuferprivilegierung sind nicht nur objektiv unangemessen, sondern können auch dazu führen, dass Verkäufer sich weigern, dass GEK überhaupt anzuwenden. Bei aller einseitiger „Begeisterung“, sollte daher auch dem Käufer an einer gerechteren Lösung gelegen sein, damit das GEK überhaupt zur Anwendung kommt, so dass er auch tatsächlich von den Regelungen des GEK profitieren kann. Die Normen sind damit insgesamt als mangelhaft zu kritisieren und es bleibt zu hoffen, dass hier Nachbesserungen stattfinden werden.

1483 Siehe hierzu unter Teil 3.A.IV.
1484 Siehe hierzu ausführlich unter Teil 3.A.IV.
1485 Siehe hierzu unter Teil 3.A.I.4.

Teil 4. Mitteilungen und Umfang

Steht fest, dass dem Käufer ein Beendigungsrecht zusteht und dass der Verkäufer dem keinen Ausschlussgrund entgegen halten kann, so kann der Käufer dieses Recht ausüben. Das folgende Kapitel soll die Beendigungserklärung untersuchen, wobei zunächst zu hinterfragen ist, welcher Rechtsnatur die jeweiligen Erklärungen sind. Anschließend sollen die Wirksamkeitsvoraussetzungen dargestellt und damit zusammenhängende Sonderfragen dargestellt, verglichen und bewertet werden. Im Anschluss soll der Umfang einer Beendigung untersucht werden, das heißt der Frage nachgegangen werden, wie die Gesetze mit Teilleistungen verfahren.

A. Rechtsnatur der Mitteilung

I. Beendigungserklärung gem. Art. 118 GEK

Die Ausübung des Beendigungsrechts ist in Art. 118 GEK geregelt. Es handelt sich hierbei um eine Mitteilung i.S.v. Art. 10 GEK, die als Gestaltungsrecht ausgestaltet ist.[1486] Zu Recht wird für das CISG, bei dem die ganz herrschende Meinung ebenfalls annimmt, dass die Erklärung ein Gestaltungsrecht sei[1487], kritisiert, dass diese Einordnung oftmals zu stark vom deutschen Recht beeinflusst sei.[1488] Die Gefahr, mangels eigener tiefgreifender Dogmatik des GEK auf Bekanntes und Bewährtes aus dem nationalen Recht zurückzugreifen, ist hoch. Dennoch ist die Situation in GEK und CISG nicht vollständig vergleichbar. Während Art. 26 CISG regelt, dass eine Aufhebungsmitteilung nur dann wirksam ist, wenn sie dem Verkäufer auch zugeht, das heißt nur eine Regelung zur Wirksamkeit enthält, regelt Art. 118 GEK – ähnlich wie § 349 BGB – dass die Beendigung durch Erklärung ausgeübt wird. Art. 118 GEK ordnet damit die gestaltende Wirkung explizit an. Womöglich ist die Regelung für all solche Rechtskreise gedacht, denen ein Gestaltungsrecht nicht so nahe steht wie dem deutschen Recht.[1489] Somit gibt es berechtigte Gründe anzunehmen, dass die Beendigungserklärung nach GEK als Gestaltungsrecht konzipiert ist.

II. Rücktrittserklärung gem. § 349 BGB

Die Rechtsnatur der Rücktrittserklärung im BGB gem. § 349 ist dogmatisch unumstritten. Nach allgemeiner Auffassung handelt es sich um ein Gestaltungsrecht

1486 Lorenz, AcP 212 (2012), 702 (776).
1487 Siehe hierzu unter Teil 4.A.III.
1488 Kiene, S. 267.
1489 Z.B. Frankreich, siehe dazu weitere Ausführungen auch bei Lorenz, AcP 212 (2012), 702 (776).

und eine einseitige, empfangsbedürftige Willenserklärung, auf die die Regeln über Willenserklärungen Anwendung finden.[1490]

III. Aufhebungserklärung gem. Art. 26 CISG

Im CISG mangelt es an einer vertieften dogmatischen Einordnung der Aufhebungsmitteilung. Die herrschende Meinung versteht, wie oben schon angedeutet, die Aufhebungserklärung dennoch als Gestaltungserklärung.[1491] Obwohl vergleichbare Ansätze wie im GEK fehlen, wird im CISG die Aufhebungsmitteilung, mangels alternativer Erklärungsansätze, im Rahmen dieser Arbeit als Gestaltungsrecht angesehen.

B. Ausübung des Rechts durch Abgabe der Erklärung

I. Beendigungserklärung gem. Art. 118 GEK

1. Allgemeines

Die Beendigung wird im GEK durch Erklärung ausgeübt. Art. 118 GEK[1492], der diese Erklärung inhaltlich regelt, verweist durch die Verwendung des Begriffs „Mitteilung“ hinsichtlich sämtlicher Voraussetzungen und Rechtsfolgen auf Art. 10 GEK, der seinerseits an die Regelung im DCFR[1493] angelehnt ist. Für Irritationen mag in diesem Zusammenhang Art. 12 GEK sorgen, der laut seiner Überschrift „Regelungen für einseitige Erklärungen“ enthält, so dass man auf die Idee kommen könnte, die Beendigungserklärung als einseitige Erklärung unterfalle Art. 12 GEK und nicht Art. 10 GEK. Die Normen bestehen allerdings nebeneinander: Art. 10 GEK regelt zunächst die Anforderungen an jede Art von Mitteilungen, Art. 12 GEK darüber hinaus nur, wie einseitige Erklärungen zu verstehen sind, mithin nicht die Wirksamkeit, sondern den Inhalt der Erklärungen.[1494]

1490 Statt vieler, siehe nur: *Gaier* in: MüKo-BGB, § 349 Rn. 1; *Grüneberg* in: Palandt, § 349 Rn. 1; *Kaiser* in: Staudinger BGB, § 349 Rn. 1; *Röthel* in: Erman, § 349 Rn. 1 f.; Gsell, JZ 2004, 643 (648); BGH, Urt. v. 13.11.1998, Az.: V ZR 386–97, NJW 1999, 352 (353).

1491 *Huber* in: MüKo-BGB, Art. 49 Rn. 14; *Fountoulakis* in: Schlechtriem/Schwenzer, Art. 26 Rn. 5; *Saenger* in: Bamberger/Roth, Art. 26 Rn. 1; Kappus, RiW 1992, 528 (532); LG Frankfurt, Urt. v. 16.09.1991, Az.: 3/11 O 3/91; RiW 1991, 952 (953).

1492 Die Norm geht in wesentlichen Teilen zurück auf Art. III. – 3:507 DCFR Full Edition. Dessen 2. Absatz (automatische Beendigung, wenn der Käufer die Mitteilung direkt mit einer Beendigungserklärung verknüpft) findet sich vom Regelungsgehalt in Art. 109 Abs. 3 GEK.

1493 Art. I. – 1:109 DCFR Full Edition.

1494 *Müller-Graff* in: Schmidt-Kessel, S. 51 (77); *Müller-Graff* in: Schmidt-Kessel Kommentar, Art. 12 Rn. 1.

2. Voraussetzungen

Die Beendigung wird gegenüber dem Vertragspartner, das heißt dem Verkäufer, abgegeben. Art. 6 GEK statuiert, dass eine Erklärung immer dann formfrei abgegeben werden kann, wenn das GEK selbst keine strengere Form vorsieht, Art. 10 Abs. 2 GEK sagt darüber hinaus explizit, dass eine Mitteilung auf jede nach den Umständen angemessene Art abgegeben werden kann. Ein Widerspruch zwischen den Begriffen Mitteilung und Erklärung ist nicht gegeben, Art. 10 Abs. 1 GEK selbst legt dar, dass Mitteilung grundsätzlich den Begriff der Erklärung umfasst. Da weder in Art. 118 GEK noch in den Art. 114 bis 116 GEK Anforderungen an die Form aufgestellt werden, kann die Erklärung also gem. Art. 6 GEK formfrei erfolgen. Anzeichen dafür, dass eine konkludente Mitteilung nicht angemessen sein könnte, sind nicht zu erkennen. Denkbar sind somit Beendigungserklärungen in schriftlicher und mündlicher Form, aber auch solche per E-Mail sowie konkludente Erklärungen.[1495]

Das GEK enthält keine konkreten Anforderungen an eine konkludent erklärte Beendigung. Die im Zusammenhang mit einer konkludenten Mitteilung auftretenden Probleme werden allerdings voraussichtlich denen des BGB und des CISG entsprechen. In erster Linie ist daher kritisch zu prüfen, ob eine konkludente Erklärung den Willen zur Beendigung hinreichend deutlich macht.[1496] Das bloße Zurücksenden der Ware dürfte daher im GEK nicht als Beendigungserklärung zu werten sein. Dies muss selbst für einen Verbraucher-Kauf gelten. Während man zwar aus Verbraucherschutzgesichtspunkten dazu tendieren könnte, ein entsprechendes Rücksenden als Erklärung zu werten, zeigt die Verbraucherrechterichtlinie 2011[1497] deutlich, dass bereits beim Widerruf eines Fernabsatzvertrags, an dem ein Verbraucher beteiligt ist, ein einfaches Zurücksenden nicht mehr ausreichen soll. Eine europarechts-harmonische Auslegung des GEK muss daher erst recht zu diesem Ergebnis kommen, beachtet man vor allem, dass eine solche Beendigung oftmals noch sehr viel später als ein Widerruf ausgeübt werden kann.

Bisher nicht diskutiert worden ist auch die Frage, ob die Beendigungserklärung als Gestaltungsrecht bedingungsfeindlich ist oder nicht. Berücksichtigt man den Sinn der unter deutschem Recht entwickelten Bedingungsfeindlichkeit, so ergibt sich, dass dies auch im GEK gelten muss. Der Zweck der Bedingungsfeindlichkeit liegt im Schutz des Erklärungsempfängers, der nicht in die Situation einer ungeklärten Rechtslage gedrängt werden soll.[1498] Es sind keine Gründe ersichtlich, warum der Verkäufer im GEK diesem Risiko ausgesetzt sein sollte. Ausnahmen sollten

---

1495 Ebenso für das CISG: *Benicke* in: MüKo-HGB, Art. 26 Rn. 5; Enderlein, IPRax 1991, 313 (315); Krebs, S. 25 f.; zögerlich, im Ergebnis aber wohl auch zustimmend *Magnus* in: Staudinger CISG, Art. 26 Rn. 6; a.A. Herber/Czerwenka, Art. 26 Rn. 3; Karollus, S. 151; zweifelnd, ob konkludente Aufhebungen möglich sind: Schmidt-Kessel, RiW 1996, 60 (62).

1496 So auch für das CISG *Müller-Chen* in: Schlechtriem/Schwenzer, Art. 49 Rn. 24.

1497 Siehe zur Richtlinie unter Fußnote 175.

1498 So zum BGB *Gaier* in: MüKo-BGB, § 349 Rn. 2.

immer dort zulässig sein, wo der Verkäufer keines Schutzes bedarf, also bei solchen Bedingungen, deren Eintritt nur vom Verkäufer selbst abhängt.[1499]

3. Wirksamkeit und Risiko der Übermittlung

Art. 10 Abs. 3 und 4 GEK entsprechen weitestgehend der Vorlage des DCFR (Art. I. – 1:109 Abs. 3 und 4 DCFR) und regeln die Frage, wann eine (Aufhebungs-) Erklärung als zugegangen gilt. Gem. Art. 10 Abs. 3 GEK wird eine Erklärung immer dann wirksam, wenn sie dem Empfänger zugeht, es sei denn die Erklärung selbst benennt einen späteren Zeitpunkt. Das GEK folgt damit im Grundsatz dem Zugangsprinzip. Abs. 4 regelt darauf aufbauend, wann je nach Art der Kommunikation von einem Zugang ausgegangen werden kann. Dabei ist der Begriff des „Übermittelns" unsauber gewählt, gemeint ist der Zugang.[1500] Es bleibt zu bedauern, dass der Gesetzgeber die Begrifflichkeiten im Entwurf des Parlaments nicht angepasst hat.

Wie in ähnlicher Form bereits von Art. 87 GEK bekannt[1501], gibt Abs. 4 vier Möglichkeiten vor, nach denen ein Zugang erfolgen kann: Zugang der Erklärung beim Empfänger (lit. a)), Zugang der Erklärung am Geschäftssitz oder dem gewöhnlichen Aufenthaltsort (lit. b)), im Falle einer Beendigungserklärung per E-Mail, der Abruf der E-Mail vom Empfänger (lit. c)) und, in allen übrigen Fällen, der Zeitpunkt, in dem der unverzügliche Abruf durch den Empfänger erwartet werden kann (lit. d)). Der Zugang gilt als erfolgt, wenn eine der vier Möglichkeiten erfüllt ist. Dabei wird eine tatsächliche Kenntnisnahme lediglich in der letztgenannten Variante vorausgesetzt. Aufgrund der anderen Anknüpfungsmöglichkeiten ist daher in aller Regel der bloße Zugang entscheidend.[1502] Trotz Verwendung des Zugangsprinzips stellen BGB und GEK unterschiedliche Anforderungen an den Zugang.[1503]

4. Widerruf der Beendigungserklärung

In der einschlägigen Literatur bislang – soweit ersichtlich – nicht diskutiert ist die Frage, inwiefern eine abgegebene Beendigungserklärung durch den Käufer noch widerrufen werden kann. Eindeutig geregelt und aus dem deutschen Recht bekannt ist der Fall, dass der Widerruf der Beendigungserklärung den Verkäufer vor oder gleichzeitig mit der Beendigungserklärung erreicht (Art. 10 Abs. 5 GEK). Dabei führt die Anwendung von Abs. 3 und 4 dazu, dass eine Beendigungserklärung per Post in

---

1499 Ebenso im BGB, siehe BGH, Urt. v. 21.03.1986, Az.: V ZR 23/85, NJW 1986, 2245 (2246); *Kaiser* in: Staudinger BGB, § 349 Rn. 35 f.

1500 *Müller-Graff* in: Schmidt-Kessel, S. 51 (77); *Müller-Graff* in: Schmidt-Kessel Kommentar, Art. 10 Rn. 9.

1501 Beide Normen zeigen mit ihrer Vielzahl an Varianten, dass das GEK um eine möglichst einfache Anwendbarkeit bemüht ist, siehe hierzu auch unter Teil 2.B.II.

1502 Wie hier *Schulte-Nölke* in: Schulze, Art. 10 Rn. 6 und 8; a.A. *Müller-Graff* in: Schmidt-Kessel Kommentar, Art. 10 Rn. 10.

1503 Siehe hierzu auch Looschelders, AcP 212 (2012), 581 (603).

der Regel widerrufen werden kann. Der Käufer hat die Möglichkeit, diese Erklärung ebenfalls per Post, aber auch telefonisch, per Fax oder per E-Mail zu widerrufen, ehe der Brief dem Verkäufer zugeht.[1504] Anders jedoch, wenn der Käufer die Beendigung per E-Mail erklärt: Da diese, wie geschildert, als zugegangen gilt, sobald sie auf dem Mail-Server des Verkäufers eingegangen ist und dies rein tatsächlich innerhalb weniger Sekunden der Fall ist, ist ein Widerruf einer per E-Mail übermittelten Beendigungserklärung zwar in der Theorie, nie aber in der Praxis möglich. Wird für das CISG teilweise sogar vertreten, über diesen begrenzten Anwendungsbereich hinaus sei ein Widerruf immer dann möglich, solange der Verkäufer im Vertrauen auf die Erklärung noch keine Dispositionen getroffen hat[1505], ist dies für das GEK klar abzulehnen. Dafür spricht zum einen die Einordung als Gestaltungsrecht, die allerdings, wie geschildert[1506], nicht überstrapaziert werden sollte. Entscheidend ist eher, dass das GEK, anders als das CISG, keine Regelungslücke aufweist, so dass es bereits an der Grundvoraussetzung für eine analoge Anwendung des Gesetzes mangelt. Das GEK nennt in Art. 10 Abs. 5 GEK klare Voraussetzungen, wann ein Widerruf möglich ist. Eine Ausweitung auf ähnliche Fälle ist nicht möglich.

5. *Beweislast*

Die Beweislast folgt dem allgemeinen Grundsatz, wonach der Käufer als Begünstigter beweisen muss, dass dem Verkäufer die Erklärung zugegangen ist. Ihm reicht im Zweifelsfall der Nachweis, dass eine Mail auf dem Server des Verkäufers eingegangen ist oder dass ein Einschreiben zugegangen ist. Erleichtert wird die Prozessführung dadurch, dass der Käufer keine Kenntnisnahme beweisen muss.

II. Erklärung des Rücktritts gem. § 349 BGB

1. *Voraussetzungen*

Auch im BGB wird die Kündigung erst durch eine Erklärung im Sinne von § 349 BGB gegenüber dem Vertragspartner[1507], das heißt in den meisten Fällen gegenüber dem Verkäufer, ausgeübt. Sie kann grundsätzlich direkt oder konkludent erklärt werden.[1508] Dabei sind die Anforderungen an eine konkludente Rücktrittserklärung geringer als im GEK.[1509] So ist nach ganz herrschender Meinung sowohl eine

1504 So auch für das BGB *Singer/Benedict* in: Staudinger BGB, § 130 Rn. 103; Medicus Rn. 299.
1505 Siehe hierzu unter Teil 4.B.III.3.
1506 Siehe hierzu unter Teil 4.A.I.
1507 *Gaier* in: MüKo-BGB, § 349 Rn. 6.
1508 *Grüneberg* in: Palandt, § 349 Rn. 1; *Gaier* in: MüKo-BGB, § 349 Rn. 1; *Kaiser* in: Staudinger BGB, § 349 Rn. 25 ff.
1509 Siehe hierzu unter Teil 4.B.I.2.

Erklärung durch Rücksenden der Ware als auch durch Einreichen einer Klage möglich.[1510] Ausreichend ist sogar, wenn eine Rücktrittserklärung nachträglich entsprechend umgedeutet werden kann.[1511] Ob die Rechtsprechung zum kommentarlosen Rücksenden der Ware vor dem Hintergrund des aufgrund der Verbraucherrechterichtlinie 2011[1512] geänderten § 355 BGB aufrechterhalten wird, muss bezweifelt werden. Mittelfristig dürfte daher wie im GEK das simple Zurücksenden der Ware nicht mehr ausreichen. Im deutschen Recht unstreitig ist hingegen die Tatsache, dass die Erklärung als Gestaltungsrecht bedingungsfeindlich ist.[1513] Eine Ausnahme ist zulässig bei aufschiebend bedingten Rücktrittserklärungen und überall dort, wo der Verkäufer keines Schutzes bedarf, also bei Bedingungen, deren Eintritt vom ihm abhängen.[1514]

2. *Wirksamkeit und Risiko der Übermittlung*

Für das deutsche Recht statuiert § 130 Abs. 1 S. 1 BGB das Zugangsprinzip, das heißt die Rücktrittserklärung wird wirksam, wenn sie dem Verkäufer zugegangen ist, nicht bereits mit dessen Absenden.[1515] Dabei kommt es im deutschen Recht darauf an, dass der Verkäufer unter normalen Verhältnissen die Möglichkeit hat, vom Inhalt der Erklärung Kenntnis zu nehmen[1516], im Vergleich zum GEK tritt die Wirksamkeit daher z.B. nicht an Feiertagen oder außerhalb der Geschäftszeiten ein.

3. *Widerruf*

Ein Widerruf der Rücktrittserklärung ist im BGB grundsätzlich nicht möglich. Hierfür spricht in erster Linie die Dogmatik, nach der ein Gestaltungsrecht nicht widerrufen werden kann.[1517] Eine Ausnahme gilt, wie im GEK, gem. § 130 Abs. 1 S. 2

1510 *Gaier* in: MüKo-BGB, § 349 Rn. 1; *Lobinger* in: Soergel BGB, § 349 Rn. 1 (keine Aussage hinsichtlich des einfachen Zurücksendens); *Hager* in: NK-BGB, § 349 Rn. 1; OLG Hamm, Urt. v. 01.12.1986, Az.: 5 U 107/86, NJW 1987, 2089 (2090).

1511 BGH, Urt. v. 10.03.2010, Az.: VIII ZR 182/08, NJW 2010, 2503 (2505).

1512 Siehe zur Richtlinie unter Fußnote 175.

1513 *Gaier* in: MüKo-BGB, § 349 Rn. 2.

1514 BGH, Urt. v. 21.03.1986, Az.: V ZR 23/85, NJW 1986, 2245 (2246); *Gaier* in: MüKo-BGB, § 349 Rn. 2; *Kaiser* in: Staudinger BGB, § 349 Rn. 36.

1515 *Einsele* in: MüKo-BGB, § 130 Rn. 11 f.

1516 BGH, Urt. v. 13.02.1980, Az.: VIII ZR 5/79, NJW 1980, 990; BGH, Urt. v. 21.01.2004, Az.: XII ZR 214/00, NJW 2004, 1320; BGH, Beschl. v. 21.06.2011, Az.: II ZB 15/10, NJW-RR 2011, 1184 (1185).

1517 *Gaier* in: MüKo-BGB, § 349 Rn. 3; *Ellenberger* in: Palandt, Überblick vor § 104 Rn. 17; *Dauner-Lieb/Dubovitskaya* in: NK-BGB, § 323 Rn. 22; ähnlich *Grothe* in: Bamberger/Roth, § 346 Rn. 6, der darauf hinweist, dass auch im BGB ein bedingter Widerruf zulässig ist, sofern die Bedingung vom Verhalten des Rücktrittsempfängers abhängt.

BGB im Falle der gleichzeitigen oder vorzeitigen Rücknahme der Kündigungserklärung[1518] und bei kombinierter Geltendmachung von Schadensersatz und Rücktritt.[1519]

4. *Beweislast*

Der Käufer als Begünstigter muss beweisen, dass dem Verkäufer die Erklärung zugegangen ist.[1520] Der Käufer muss, im Gegensatz zum GEK, auch beweisen, dass der Verkäufer die Möglichkeit zur tatsächlichen Kenntnisnahme hatte.

III. Aufhebungserklärung gem. Art. 26 CISG

1. *Voraussetzungen*

Auch im CISG muss die Beendigung zunächst erklärt werden, ehe das Recht als ausgeübt anzusehen ist. Dabei kann der Käufer, ebenso wie in GEK und BGB, die Aufhebung ausdrücklich oder durch konkludentes Handeln erklären.[1521] Es muss jedoch der Wille, den Vertrag zu beenden, hinreichend deutlich werden[1522], eine konkludente Aufhebungserklärung durch Rücksenden der Ware ist nicht möglich, weil hierdurch nicht ausreichend deutlich wird, welchen Rechtsbehelf der Käufer damit wählen will.[1523] Demgegenüber noch ausreichend sind allerdings Aussagen wie „genug ist genug“ oder „das Maß ist voll“.[1524] Die herrschende Meinung in Rechtsprechung und Literatur hält eine Aufhebungserklärung durch Klageerhebung ebenfalls für zulässig.[1525] Obwohl dogmatisch zu hinterfragen[1526], ist auch die Aufhebungserklärung nach allgemeiner Auffassung bedingungsfeindlich, so dass sie nur von Potestativbedingungen abhängig gemacht werden darf.[1527]

1518 *Einsele* in: MüKo-BGB, § 130 Rn. 40.

1519 Gsell, JZ 2004, 643 (648); *Gaier* in: MüKo-BGB, § 349 Rn. 4; a.A. *Kaiser* in: Staudinger BGB, Vor § 346 Rn. 58.

1520 *Kaiser* in: Staudinger BGB, § 349 Rn. 69 f.

1521 *Benicke* in: MüKo-HGB, Art. 26 Rn. 5; *Gruber* in: MüKo-BGB, Art. 26 Rn. 4; *Saenger* in: Bamberger/Roth, Art. 26 Rn. 3; *Magnus* in: Staudinger CISG, Art. 26 Rn. 6; *Fountoulakis* in: Schlechtriem/Schwenzer, Art. 26 Rn. 7; mit Einschränkungen *Salger* in: Witz/Salger/Lorenz, Art. 26 Rn. 8; *Achilles* in: Ensthaler, GK-HGB, Art. 26 CISG Rn. 2; a.A. Enderlein/Maskow/Strohbach, Art. 26 Bem. 1.2; Butler, IHR 2003, 208 (209); Herber/Czerwenka, Art. 26 Rn. 3.

1522 *Benicke* in: MüKo-HGB, Art. 26 Rn. 2; LG München I, Urt. v. 20.03.1995, Az.: 10 HKO 23750/94, IPRax 1996, 31 (32).

1523 LG Frankfurt, Urt. v. 16.09.1991, Az.: 3/11 O 3/91; RiW 1991, 952 (953); *Fountoulakis* in: Schlechtriem/Schwenzer, Art. 26 Rn. 8; a.A. *Müller-Chen* in: Schlechtriem/Schwenzer, Art. 49 Rn. 24.

1524 *Fountoulakis* in: Schlechtriem/Schwenzer, Art. 26 Rn. 8.

1525 *Magnus* in: Staudinger CISG, Art. 49 Rn. 24; Piltz, NJW 2003, 2056 (2063); OGH, Urt. v. 05.07.2001, Az.: 6 Ob 117/01a, IHR 2002, 73 (74).; a.A. Kiene, S. 269 f.

1526 Siehe hierzu Teil 4.A.III.

1527 *Benicke* in: MüKo-HGB, Art. 26 Rn. 6; *Magnus* in: Staudinger CISG, Art. 26 Rn. 9.

2. *Wirksamkeit und Risiko der Übermittlung*

Im Gegensatz zu GEK und BGB folgt die Aufhebungserklärung nach CISG dem anglo-amerikanischen Prinzips der Absendetheorie, wonach der Verkäufer (als Erklärungsempfänger) das Verlust- oder Verspätungsrisiko der Erklärung trägt (Art. 27 CISG).[1528] Begründet ist dieser Unterschied vor allem darin, dass der Verkäufer hier durch ein eigenes Fehlverhalten die Ursache für die notwendige Handlung des Käufers gesetzt hat und folglich auch für Probleme auf dem Transportweg aufkommen soll.[1529] Keine Aussage trifft Art. 27 CISG allerdings zu der Frage, wann die Wirksamkeit der Erklärung eintritt. Die Frage ist dementsprechend stark diskutiert, wobei einerseits vertreten wird, dass die Erklärung erst mit Zugang wirksam sei[1530], andererseits (so die wohl herrschende Meinung), dass bereits mit Absenden der Erklärung die Wirksamkeit eintritt.[1531] Für letztgenannte Ansicht spricht vor allem die Dogmatik: Im Falle von Zugangsproblemen lässt sich der Zeitpunkt des Zugangs nur unzureichend bestimmen, ein hypothetischer Zugang ist hier nur unbefriedigend, somit schafft das Abstellen auf das Absenden der Erklärung Rechtssicherheit.[1532] Gegen das Argument, es trete eine Rechtswirkung ein, bevor der Verkäufer Kenntnis davon hat, lässt sich außerdem einwenden, dass die Rechtsfolge nur daraus resultiert, dass der Verkäufer selbst sich falsch verhalten hat. Negative Konsequenzen folgen für ihn aus dem früheren Wirksamkeitszeitpunkt ohnehin nicht.[1533]

3. *Widerruf*

Das CISG enthält keinerlei normierte Regelung, inwiefern ein Widerruf einer einmal abgegebenen Aufhebungserklärung möglich ist. Insbesondere vor dem Hintergrund der umstrittenen Ansichten zum Zeitpunkt der Wirksamkeit ist daher für das CISG unklar, ob und wenn ja bis zu welchem Zeitpunkt ein Widerruf möglich ist. So wird teilweise vertreten, dass ein Widerruf im CISG nicht in Betracht kommt. Hauptargument hierfür ist die dogmatische Einordnung als Gestaltungsrecht.[1534] Die Gegenansicht nimmt an, dass eine Regelungslücke vorliege, die es autonom auszulegen gilt. Aus Art. 16 Abs. 2 lit. b) und Art. 29 Abs. 2 S. 2 CISG ergebe sich

---

1528 *Fountoulakis* in: Schlechtriem/Schwenzer, Art. 26 Rn. 11.

1529 *Schroeter* in: Schlechtriem/Schwenzer, Art. 27 Rn. 1; *Saenger* in: Bamberger/Roth, Art. 27 Rn. 1.

1530 *Saenger* in: Bamberger/Roth, Art. 26 Rn. 5; *Gruber* in: MüKo-BGB, Art. 27 Rn. 17; *Weber* in: Honsell CISG, Art. 81 Rn. 3; Achilles, Art. 26 Rn. 1; *Salger* in: Witz/Salger/Lorenz, Art. 26 Rn. 12.

1531 *Benicke* in: MüKo-HGB, Art. 26 Rn. 10; *Schroeter* in: Schlechtriem/Schwenzer, Art. 27 Rn. 13; *Magnus* in: Staudinger CISG, Art. 26 Rn. 10; Enderlein/Maskow/Strohbach, Art. 27 Bem. 1.1; *Lüderitz/Budzikiewicz* in: Soergel CISG, Art. 26 Rn. 2.

1532 *Magnus* in: Staudinger CISG, Art. 27 Rn. 24.

1533 *Benicke* in: MüKo-HGB, Art. 27 Rn. 14.

1534 *Lüderitz/Budzikiewicz* in: Soergel CISG, Art. 26 Rn. 4; *Gruber* in: MüKo-BGB, Art. 26 Rn. 10; Vahle, ZVerglRWiss 98 (1999), 54 (58).

dabei, dass ein Erklärungsempfänger nur dann geschützt werden müsse, wenn dieser im Vertrauen auf eine Erklärung bereits tätig geworden ist.[1535] Mit anderen Worten ist ein Widerruf nach dieser Ansicht nicht nur möglich, wenn er zeitgleich mit der eigentlichen Erklärung zugeht, sondern sogar noch nach Zugang, sofern der Verkäufer auf die Erklärung nicht vertraut hat. Im Rahmen dieser Arbeit ist für das CISG der letztgenannten Ansicht zu folgen: Der bloße Verweis auf ein im deutschen Recht bekanntes Institut (Gestaltungsrecht) mit der Folge, dass nationale Prinzipien wie die Unwiderruflichkeit übertragen werden, kann nicht überzeugen. Vielmehr gilt es die Regelungslücke, die das CISG in den Art. 26, 27 CISG aufweist, auszufüllen, so dass davon auszugehen ist, dass im CISG ein Widerruf der Aufhebungserklärung immer dann möglich ist, sofern der Verkäufer auf die Erklärung noch nicht vertraut hat.

4. *Beweislast*

Der Käufer trägt die Beweislast dafür, dass er die Erklärung abgegeben hat[1536] und dafür, dass der Verkäufer noch nicht auf eine Aufhebungserklärung vertraut hat.[1537]

IV. Fazit

Im Hinblick auf die jeweilige Erklärung zur Lösung vom Vertrag gibt es in allen drei Gesetzen zahlreiche Gemeinsamkeiten, die Unterschiede liegen abermals eher im Detail. Bezüglich der Voraussetzungen, die an die Erklärungen gestellt werden, ist zunächst festzustellen, dass diese grundsätzlich formfrei, ausdrücklich, aber auch konkludent abgegeben werden können.

Zu unterschiedlichen Ergebnissen können die Gesetze führen, sofern ein Käufer eine Beendigung konkludent erklärt. Die Anforderungen, die das BGB an einen Käufer stellt, sind dabei deutlich weniger streng als in GEK und CISG. Aufgrund der jüngst umgesetzten Verbraucherrechterichtlinie 2011[1538] ist allerdings zu erwarten, dass deutsche Gerichte auch hier zu einer Abkehr der bisherigen Rechtsprechung kommen. In diesem Fall ist vermuten, dass zum Zeitpunkt des Inkrafttretens des GEK auch für das BGB gilt, dass das bloße Zurückschicken nicht ausreichend ist, so dass die derzeitigen gesetzlichen Unterschiede künftig marginalisiert werden dürften. Es bliebe sodann bei kleineren Abweichungen, wie beispielsweise der Möglichkeit, den Rücktritt durch Erhebung der Klage zu erklären, die den Käufer im BGB besser stellen würden, die sich in der Praxis aber nicht allzu stark auswirken, weil zumindest ein Verbraucher-Käufer für gewöhnlich eine Hemmschwelle davor hat

---

1535 *Schroeter* in: Schlechtriem/Schwenzer, Art. 27 Rn. 14; *Benicke* in: MüKo-HGB, Art. 27 Rn. 17; Krebs, S. 29.

1536 *Gruber* in: MüKo-BGB, Art. 26 Rn. 12; *Fountoulakis* in: Schlechtriem/Schwenzer, Art. 26 Rn. 17; *Saenger* in: Bamberger/Roth, Art. 26 Rn. 9.

1537 *Schroeter* in: Schlechtriem/Schwenzer, Art. 27 Rn. 14.

1538 Zur Richtlinie siehe Fußnote 175.

Gerichte einzuschalten, so dass er ohnehin meist den direkten Weg der Erklärung wählen wird.

Im Hinblick auf die Wirksamkeit der Erklärung und das Übermittlungsrisiko zeigt sich, dass das GEK konzeptionell zwischen dem CISG und dem BGB angesiedelt ist. Das CISG auf der einen Seite überträgt mit dem Konzept des Absendeprinzips, vorbehaltlich einer geeigneten Übermittlung, sämtliche Verantwortung auf den Empfänger. Die Regelung ist am käuferfreundlichsten, kann der Käufer sich doch sicher sein, dass die Vertragsaufhebung bereits dann eintritt, sobald er die Erklärung abschickt. Dass damit ein Gestaltungsrecht seine Wirkung entfaltet, bevor der Verkäufer Kenntnis davon erlangt hat, mutet zwar sonderbar an, ist aber als Zugeständnis für ein Mehr an Rechtssicherheit zu sehen und relativiert sich zudem dadurch, dass der Käufer nur deshalb zu dieser Art von Erklärung gedrängt wird, weil ein Fehlverhalten des Verkäufers vorliegt. Das BGB auf der anderen Seite folgt der strengen Empfängertheorie, indem die Wirksamkeit nicht mit Eingang der Mitteilung beim Verkäufer eintritt, sondern erst dann, wenn dieser gewöhnlicherweise Kenntnis von der Mitteilung hätte erlangen können. Das BGB umgeht damit zwar das Problem des Eintritts eines Gestaltungsrechts vor Kenntniserlangung des Verkäufers, ist dafür aber gleichzeitig käuferunfreundlich, weil es dem Käufer sämtliche Risiken des Transports, wie Verlust oder Verspätung aufbürdet. Bedenkt man wiederum, dass der Käufer nur aufgrund des Fehlverhaltens des Verkäufers handelt, so erscheint diese Risikoverteilung unangemessen.

Auch im GEK bleibt das Übermittlungsrisiko beim Käufer. Dies ist im GEK ebenso problematisch wie im BGB, weil auch hier der Käufer ungewollt dazu gedrängt wird, eine Erklärung abgeben zu müssen. Da der Käufer im GEK überwiegend ein Verbraucher sein wird, bedürfte er an sich eines höheren Schutzes. Das GEK kommt dem Käufer durch den weitestgehenden Verzicht auf die tatsächliche Kenntnisnahme aber an einer entscheidenden Stelle entgegen: Während sich nämlich der objektive Zugang oftmals noch beweisen lässt, ist die Frage der Möglichkeit der Kenntnisnahme für den Käufer in der Regel nicht nachweisbar. Insbesondere im Falle einer Beendigung per E-Mail, die im Rahmen des GEK wohl die Hauptkommunikationsquelle sein wird, muss der Käufer nur nachweisen, dass die E-Mail auf dem Server des Verkäufers eingegangen ist. Ob dieser davon tatsächlich Kenntnis erlangt hat oder ob die E-Mail als Spam vom System aussortiert wurde, liegt – im Gegensatz zum BGB – im Risikobereich des Verkäufers. Damit ist die Risikoverteilung im GEK aus Sicht des Käufers nicht nur günstiger, sondern der Zeitpunkt ist auch objektiv bestimmbar. Unabhängig von Büroöffnungszeiten, Feiertagen oder ähnlichem kann anhand einer Zustellungsmitteilung, sei es in elektronischer oder in postalischer Form, klar nachgewiesen werden, wann exakt ein Zugang der Beendigungserklärung erfolgt ist. Das GEK nimmt in den Konzepten in CISG und BGB zur Risikoverteilung bei Beendigungserklärungen durch den Käufer daher eine vermittelnde Position ein.

Vergleicht man die Möglichkeiten eines Widerrufs, weisen GEK und BGB konsequente Regelungen auf: In beiden Gesetzen kann eine Erklärung nur vor bzw. mit Zugang der Beendigungs- bzw. Rücktrittserklärung widerrufen werden. Hieraus folgt, dass ein Widerruf für den Käufer im Falle der Beendigung per E-Mail im BGB sogar dann noch möglich ist, wenn die E-Mail zwar bereits empfangen wurde, der Verkäufer aber noch nicht die Möglichkeit zur gewöhnlichen Kenntnisnahme hatte. Im GEK ist im Gegensatz dazu bereits mit Eingang der Mail auf dem Server des Verkäufers ein Widerruf ausgeschlossen. In der Praxis führt dies dazu, dass ein Widerruf im GEK, jedenfalls bei einer Kommunikation per E-Mail, nahezu unmöglich ist. Das CISG dagegen überrascht: hätte man annehmen können, dass ein Widerruf bereits mit Abschicken der Aufhebungserklärung ausgeschlossen wird, so ist, jedenfalls nach Ansicht der herrschenden Meinung, ein Widerruf solange möglich, bis der Verkäufer sich auf die Erklärung eingestellt und gegebenenfalls bereits Dispositionen getroffen hat. Ein Widerruf ist damit faktisch sogar länger als im BGB und im GEK möglich.

Abschließend lässt sich Folgendes festhalten: Die Erklärung zur Ausübung eines Beendigungsrechts ist in aller Regel eine reine Formalie, so dass diesbezügliche Unterschiede in den Gesetzen nicht überbewertet werden sollten. Dennoch lässt sich dogmatisch feststellen, dass der Vergleich im Hinblick auf Wirksamkeit und Übermittlungsrisiko gezeigt hat, dass die Situation im CISG für den Käufer am günstigsten ist, da eine einmal abgegebene Erklärung bereits mit Abschicken Wirksamkeit erlangt und der Käufer diese dennoch relativ lange widerrufen kann. Im Vergleich zwischen dem BGB und dem GEK ist das GEK käuferfreundlicher, da der Widerruf einer Beendigungserklärung – zumindest in der Praxis – weniger bedeutsam ist als die Vorteile, die das GEK dem Käufer im Hinblick auf die Beweisbarkeit des Zugangs bietet.[1539] Für einen Unternehmer-Käufer sind die Voraussetzungen im CISG am günstigsten. Ein Verbraucher-Käufer, der die Anwendbarkeit des CISG im Regelfall nicht vereinbaren kann, findet jedoch im GEK eine etwas günstigere Situation als im BGB vor. Die Regelungen zur Beendigungserklärung sind damit insgesamt eher positiv zu bewerten und stellen für einen Verbraucher-Käufer keine zusätzliche Hürde dar.

C. Umfang des Beendigungsrechts

I. Umfang des Beendigungsrechts gem. Art. 117 GEK

1. Allgemeines

Neben dem Regelfall der Schlecht- bzw. Späterfüllung im Hinblick auf eine einzige Kaufsache, kann die Situation eintreten, dass der Verkäufer von einer Mehrheit an Waren nur einen Teil liefert (Teilleistung) oder er zwar sämtliche bestellte Ware liefert, davon aber nur ein Teil vertragsgemäß und ein anderer vertragswidrig ist (Teilschlechtleistung). Die Frage, wie diese beiden Konstellation handzuhaben sind,

1539 Kritisch hingegen: *Müller-Graff* in: Schmidt-Kessel, S. 51 (77).

wird im GEK in Art. 117 geregelt.[1540] Die Norm ist negativ formuliert und wirkt daher wie ein Ausschlussgrund, da er das Recht zur Beendigung insofern „einschränkt", als dass der Käufer bei Vorliegen der Voraussetzungen des Art. 117 GEK nicht ohne Weiteres den Vertrag vollständig beenden kann. Tatsächlich ist die Norm jedoch so zu verstehen, dass der Käufer ein Beendigungsrecht unter erleichterten Voraussetzungen erhält. Ein anderes Verständnis würde insbesondere bei der Beweislast zu absurden Ergebnissen führen.[1541] Auffällig ist, dass die Norm, im Vergleich zu den übrigen Vorschriften des 5. Abschnitts, unklar formuliert ist und damit eine Anwendung gerade für Verbraucher erheblich erschwert. Umso beachtlicher ist auch, dass an der Norm durch den Entwurf des Parlaments, trotz zahlreicher Kritik[1542], keinerlei Änderungen vorgenommen wurden.

2. Teilbeendigung des Vertrags

a. Vorliegen einer Teilleistung

Der Käufer kann den Vertrag begrenzt nur auf den vertragswidrigen Teil beenden, wenn die Voraussetzungen des Art. 117 Abs. 1 GEK vorliegen. Entscheidend ist dabei zunächst, dass die vertraglichen Verpflichtungen des Verkäufers in selbständigen Teilleistungen zu erfüllen oder auf andere Weise teilbar sind. Bereits hier zeigen sich erste Auslegungsunklarheiten. Anhaltspunkte lassen sich dabei dem DCFR entnehmen, der ebenfalls von *„obligations [that][...] are to be performed in separate parts or are otherwise divisible"* spricht.[1543] Entgegen dem allgemeinen Verständnis legt die Kommentierung zum DCFR nahe[1544], dass gerade jener Fall, in denen der Käufer nicht nur einen Gegenstand ordert, sondern eine Mehrzahl gleichartiger oder verschiedener Sachen, das heißt solche Konstellationen, in denen der Verkäufer jede Sache einzeln auch an verschiedene Abnehmer verkaufen könnte, unter den Begriff „in anderer Weise teilbar" fallen soll.[1545] Danach sind mit selbständigen Teilleistungen nur Ratenleistungen oder Leistungen, die in mehreren unabhängigen Teilen erfolgen, gemeint. Anderweitig teilbare Leistungen sind demnach all solche Leistungen, die in einer einzelnen Leistung erfolgen, bei der aber die Waren an sich teilbar sind, also beispielsweise die einheitliche Lieferung von drei unterschiedlichen Hosen oder einer Hose und einer Jacke. Dieses Verständnis mag auf den ersten Blick ungewöhnlich erscheinen. Beachtet man allerdings, dass das gegenteilige Verständnis, wonach die Lieferung mehrerer Sachen in einer Lieferung unter den Begriff der Teilleistung fallen würde, dazu führt, dass die zweite Alternative leer

1540 Die Norm orientiert sich an Art. III. – 3:506 DCFR Full Edition, weist allerdings zahlreiche Unterschiede auf.

1541 Siehe hierzu unter Teil 4.C.I.4.

1542 Siehe stellvertretend *Wendehorst* in: Schmidt-Kessel, S. 371 (387 und 385 f.).

1543 Art. III. – 3:506 Abs. 2 DCFR Full Edition.

1544 Art. III. – 3:506 Comments DCFR Full Edition.

1545 Anders aber *Zoll* in: Schulze, Art. 117 Rn. 4; für das CISG ebenso *Müller-Chen* in: Schlechtriem/Schwenzer, Art. 51 Rn. 2.

läuft[1546], muss auch für das GEK die dem DCFR entstammende Aufteilung in eine oder mehrere Lieferungen gelten.

b. Zuordnung eines Preises

aa. Allgemeines

Weitere Voraussetzung ist, dass der Teilleistung ein Preis zugeordnet werden kann. Da dieses Kriterium über den DCFR hinausgeht, ist ein Zurückgreifen hier nicht möglich. Hinsichtlich des Merkmals wird kritisch vorgebracht, dass unklar sei, ob damit vertraglich ausgewiesene Teilpreise gemeint sind oder ob es um eine kalkulatorische Berechnung geht, die gleichwohl in jedem Fall möglich ist.[1547] Wie sich aus Art. 117 Abs. 3 GEK ergibt, kann es sich richtigerweise nur um einen Teilpreis handeln, der vertraglich bestimmt oder zumindest bestimmbar ist. Aus dieser Norm folgt, dass der Gesetzgeber davon ausgeht, dass es Konstellationen gibt, in denen einer Teilleistung kein Preis zugeordnet werden kann. Bricht man rein rechnerisch aber jede Teilmenge auf eine Teilsumme runter, so kann es keine Fälle geben, in denen eine Teilleistung nicht berechnet werden kann.[1548] Wie sich aus dem Wortlaut eindeutig ergibt, müssen diese Teilsummen nicht vorab vertraglich vereinbart sein, ausreichend ist vielmehr, dass sie sich überhaupt bestimmen lassen.[1549]

Dass diese Voraussetzung auch durchaus einen Geltungsbereich hat und kein zwingender Reflex der Teilbarkeit ist, zeigt folgendes Beispiel: Ein Gleichlauf von Teilbarkeit der Leistung und Berechenbarkeit dieses Anteils ergibt sich zunächst dann, wenn der Käufer mehrere Stücke der gleichen Ware oder unterschiedliche Waren ordert, also zum Beispiel, wenn er drei Hosen derselben Art oder eine Hose und ein Hemd bestellt (Fall a)). Einigen sich Verkäufer und Käufer nun aber über den Kauf von drei Hosen und einem Hemd und auf einen Kaufpreis der unter der Summe der Einzelpreise liegt (Fall b)), so ist unklar, ob jede Ware im Verhältnis günstiger wurde oder ob eine Ware alleine günstiger wurde (*„Kaufe drei, bekomme eins Umsonst“* Modell). Mithin ist es, jedenfalls ohne weitere Parteivereinbarung, nicht möglich, den Einzelpreis der Waren zu berechnen, obwohl teilbare Leistungen vorliegen.

bb. Teleologische Reduktion

Ein Blick auf die Folgen dieser Einteilung offenbart nun allerdings ein merkwürdiges Ergebnis: Zunächst ist es bei Vorliegen der weiteren Voraussetzungen so, dass der Käufer in Fall a) den Kaufvertrag hinsichtlich des nicht oder schlecht gelieferten Teils beenden kann. In Fall b) wird dem Käufer die Teilbeendigung verwehrt, er kann also den Vertrag nur insgesamt beenden, wenn die entsprechenden

1546 So *Zoll* in: Schulze, Art. 117 Rn. 4.
1547 Lorenz, AcP 212 (2012), 702 (771).
1548 Diese Tatsache gleichwohl eingestehend Lorenz, AcP 212 (2012), 702 (771).
1549 Anders wohl Lorenz, AcP 212 (2012), 702 (771).

Voraussetzungen vorliegen[1550] oder den Vertrag überhaupt nicht beenden. Er ist damit zwar nicht schutzlos gestellt, da er andere Abhilfen, wie z.B. die Minderung, geltend machen kann. Für den Fall der Nichtlieferung ergeben sich dabei zunächst auch keinerlei Abweichungen, da in beiden Fällen ein Teil der Ware nicht geliefert wird und ein geringerer Kaufpreis gezahlt werden muss. Die Diskussion, welche Summe auf die fehlende Ware entfällt, wird nur von der Beendigung in die Minderung verlagert. Im Falle einer Schlechtleistung, die an sich nicht wesentlich ist, so dass eine Beendigung des gesamten Vertrags nicht möglich ist, zeigt sich aber ein gravierender Unterschied: Der Käufer muss in Fall b) nämlich die mängelbehaftete Hose behalten und zahlt dafür einen geringeren Kaufpreis, während er sie in Fall a) durch Teilbeendigung zurückgeben kann. Die gewählten Regelungen führen in diesem Teilanwendungsbereich zu einer unterschiedlichen Rechtsfolge. Dabei dient die Einschränkung zwar grundsätzlich dem Schutz des Vertrags, dennoch muss hinterfragt werden, ob es sich um eine gewollte Folge handelt, da es unangemessen erscheint, dass sich die Rechtsfolge für den Käufer danach richtet, ob er einen Rabatt aushandelt oder ob er den vollen Kaufpreis zahlt. Es stellt sich daher die Frage, ob Art. 117 Abs. 1 GEK in dieser Hinsicht teleologisch reduziert werden kann und soll. Die Antwort auf beide Fragen muss ja lauten. Die Abgrenzung, ob ein Preis zugeordnet werden kann ist nicht das geeignete Merkmal um unterschiedliche Rechtsfolgen zwischen Nicht- und Schlechtleistung zu begründen. Im Ergebnis muss die Vorschrift daher teleologisch reduziert wie folgt gelesen werden: „[...] So kann der Käufer, wenn ein Beendigungsgrund nach diesem Abschnitt besteht, den Vertrag nur in Bezug auf diesen Teil beenden", das Merkmal des Preises ist also zu ignorieren.

c. *Vorliegen eines Beendigungsgrundes*

Schließlich muss ein Beendigungsgrund nach den Art. 114 GEK bis 116 GEK vorliegen. Aus der Formulierung „für einen Teil" ergibt sich, dass sich der Beendigungsgrund nur auf den vertragswidrigen Teil beziehen muss, da Art. 117 Abs. 2 Var. 2 GEK und Art. 117 Abs. 3 GEK ansonsten keinen Anwendungsbereich hätten.[1551]

1550 Siehe hierzu unter Teil 4.C.I.3.

1551 Dahinter steckt die folgende Überlegung: Ginge man im Rahmen von Art. 117 Abs. 1 GEK immer davon aus, dass ein „vollwertiges" Beendigungsrecht gem. Art. 114 ff. GEK, das heißt also ein Beendigungsgrund im Hinblick auf die Ware insgesamt vorliegen muss, weil vor der Frage, welchen Umfang ein Recht hat, denknotwendig die Frage stehen muss, ob es überhaupt ein solches Recht gibt, so würde zwar Art. 117 Abs. 1 GEK Sinn ergeben, weil er für diesen Fall eine Beschränkung der Rechte des Käufers auf den defekten Teil gäbe und somit der Vertragserhaltung dienen würde. Art. 117 Abs. 3 GEK wäre damit aber nicht mehr als eine Klarstellung, weil auch ohne Abs. 3 immer dann eine vollständige Beendigung in Betracht käme, wenn die Leistung sich nicht teilen lässt bzw. sich Teilpreise nicht feststellen ließen, weil dann im Rahmen der Art. 114 ff. GEK normal geprüft würde, ob die jeweilige Vertragswidrigkeit an sich ein Beendigungsrecht für den gesamten Vertrag gäbe. Darüber hinaus würde Art. 117 Abs. 2 Var. 2 GEK

Damit gilt Art. 117 GEK sowohl den Fall der Teilnichtleistung als auch den Fall der Teilschlechtleistung, also alle Fälle von Art. 114 ff. GEK, wozu auch Rechtsmängel gehören.

d. Folgen

Sind alle Voraussetzungen erfüllt, so beschränkt Art. 117 Abs. 1 GEK den Käufer insofern, als dass der Vertrag dann nur im Hinblick auf den vertragswidrig nicht erfüllten Teilbereich beendet werden kann.

3. Aufhebung des gesamten Vertrags

a. Abgrenzung zwischen Art. 117 Abs. 2 und Abs. 3 GEK

Dem Käufer kann auch bei Vorliegen einer Teilnichtleistung bzw. Teilschlechtleistung daran gelegen sein, den gesamten Kaufvertrag zu beenden. Welche Voraussetzungen dafür vorliegen müssen, regeln Art. 117 Abs. 2 und 3 GEK. Die Absätze schließen sich hinsichtlich ihrer Unklarheiten nahtlos an Art. 117 Abs. 1 GEK an und sind daher ebenfalls in ihrer Gesamtheit zu kritisieren. Auffällig ist insbesondere, dass das Verhältnis der Normen untereinander nur schwer zu ermitteln ist.[1552] Bei näherer Betrachtung zeigt sich allerdings, dass beide Absätze, trotz zum Teil identischer Voraussetzungen und identischer Folgen, unterschiedliche Konstellationen regeln[1553]: Während Art. 117 Abs. 2 GEK für Fälle gilt, in denen Abs. 1 grundsätzlich einschlägig ist, aber aus anderen Gründen nicht zur Anwendung gelangen soll, regelt Art. 117 Abs. 3 GEK den Fall, dass die Voraussetzungen des Abs. 1 gar nicht erst vorliegen, das heißt dass es nicht möglich ist, die Leistung in Einzelteile aufzugliedern oder dass es nicht möglich ist, einem einzelnen Teil einen Preis zuzuordnen (wobei letztes Merkmal, wie erwähnt[1554], zu ignorieren ist).

b. Beendigung des gesamten Vertrags bei Fehlen der Voraussetzungen von Art. 117 Abs. 1 GEK

Art. 117 Abs. 3 GEK lässt eine Gesamtbeendigung auch bei Vorliegen nur einer Teilleistung bzw. Teilschlechtleistung zunächst dann zu, wenn die Voraussetzungen nach Abs. 1 nicht einschlägig sind, das heißt wenn die vertraglichen Verpflichtungen

---

die Beschränkung in Abs. 1 vollständig aufheben, weil dann bereits mit Vorliegen des „vollwertigen Beendigungsrechts“ als Voraussetzung für Abs. 1 die Nichterfüllung auch immer die Beendigung des gesamten Vertrags i.S.v. Abs. 2 rechtfertigen würde und der Käufer somit ein simples Wahlrecht hätte, ob er i.S.v. Abs. 1 nur hinsichtlich eines Teils die Beendigung oder ob er lieber gleich die Gesamtbeendigung erklärt.

1552 So auch Lorenz, AcP 212 (2012), 702 (771).

1553 A.A. *Zoll* in: Schulze, Art. 117 Rn. 7, der die Vorschrift des Abs. 3 für redundant hält.

1554 Siehe hierzu unter Teil 4.C.I.2.b.bb.

unteilbar sind. Einzige Voraussetzung ist, dass die Nichterfüllung die Beendigung des gesamten Vertrags rechtfertigen würde. Die Formulierung des „Rechtfertigens“ ist dabei identisch mit der Wortwahl im Rahmen von Art. 116 GEK. Genau wie dort[1555], so ist auch hier schlicht gemeint, dass die Voraussetzungen der Art. 114 GEK ff. vorliegen müssen. Im Ergebnis statuiert Abs. 3 damit Folgendes: Sofern die Voraussetzungen von Abs. 1 nicht vorliegen, muss die Tatsache, die zu einer Beendigung führen soll, nicht nur im Hinblick auf den Teilbereich ausreichend sein, um den Vertrag beenden zu dürfen, sondern so schwerwiegend sein, dass aufgrund der Vertragswidrigkeit sogar der gesamte Vertrag beendet werden könnte.

c. *Beendigung des gesamten Vertrags bei Vorliegen der Voraussetzungen von Art. 117 Abs. 1 GEK*

Ausschließlich Art. 117 Abs. 2 GEK regelt damit den Fall der „echten“ vollständigen Beendigung bei Teilleistung bzw. Teilschlechtleistung. Danach gilt Abs. 1 dann nicht (mit der Konsequenz, dass eine vollständige Beendigung möglich ist), wenn vom Käufer nicht erwartet werden kann, dass er die Leistung der anderen Teile annimmt (Var. 1) oder die Nichterfüllung die Beendigung des gesamten Vertrags rechtfertigt (Var. 2).

aa. Teilannahme kann vom Käufer nicht erwartet werden (Art. 117 Abs. 2 Var. 1 GEK)

Der Käufer kann den Vertrag insgesamt bei Vorliegen nur einer Teilleistung bzw. Teilschlechtleistung beenden, wenn gem. Art. 117 Abs. 2 Var. 1 GEK von ihm nicht erwartet werden kann, dass er die Leistung der übrigen („anderen“) Teile annimmt. Diese Konstellation wird teilweise als bedenklich kritisiert, weil damit nur ein weiterer offener Tatbestand geschaffen wurde und ihr wird vorgeworfen, dass sie sich besser an Art. 51 CISG und einem Abstellen auf die Wesentlichkeit orientiert hätte.[1556] In beiden Punkten ist dieser Kritik zu widersprechen: Will man eine Teilbeendigung auch in Fällen des Art. 114 Abs. 2 GEK und des Art. 115 Abs. 1 GEK ermöglichen, ist ein Abstellen auf die Wesentlichkeit nicht möglich ohne zusätzliche, erschwerende Hürden zu schaffen. Inhaltlich zeigt gerade das Beispiel des deutschen Rechts, dass die Erwartungen des Käufers nicht zwingend ein offener Tatbestand sein müssen. Was nämlich vom Käufer nicht erwartet werden kann, entspricht dem aus dem § 323 Abs. 5 BGB bekannten Prinzip des Interesses des Gläubigers.[1557] Für die Frage, wann dem Käufer nicht zugemutet werden kann, dass er die übrigen Teile der Lieferung annimmt, lohnt sich daher ein Blick ins deutsche Recht. Dort wird vertreten, dass das Interesse des Käufers objektiv gesehen nicht vorhanden

---

1555 Siehe hierzu unter Teil 2.E.I.2.c.
1556 So Lorenz, AcP 212 (2012), 702 (771).
1557 Grädler/Köchel, GPR 2012, 106 (113).

ist, wenn er mit dem Erhalt einer Teilleistung, auch bei geminderter Gegenleistung, seine durch den Vertrag verfolgten Ziele auch nicht teilweise erreichen kann.[1558]

Diese Sicht lässt sich widerspruchslos für das GEK adaptieren und dementsprechend muss man hierfür annehmen, dass einem Käufer immer dann nicht zugemutet werden kann, die übrigen Leistungen anzunehmen, wenn er damit seine vertraglichen Ziele nicht mehr erreichen kann. Die Feststellung, wann dies der Fall ist, muss objektiv stattfinden und kann nicht der Feststellung des Käufers unterliegen. In welchen Einzelfällen man dies im Rahmen des GEK annehmen muss, bleibt der Rechtsprechung überlassen. Abstrakt gesehen dürfte sich ein entsprechendes Interesse relativ einfach feststellen lassen, wenn die Parteien sich hierüber geeinigt haben. Dass es in anderen Fällen deutlich schwieriger wird, das Interesse zu beweisen, ist eine Frage der Beweislast und kann nicht dazu führen, dass die Norm grundsätzlich anders auszulegen wäre.

bb. Voraussetzungen für vollständige Beendigung liegen vor (Art. 117 Abs. 2 Var. 2 GEK)

Während die 2. Alternative zunächst wie eine Dopplung der Voraussetzungen von Abs. 3 scheint und dies bezogen auf die Voraussetzungen und Folgen auch ist, so handelt es sich dennoch nicht um eine redundante Regelung, weil die Vorschrift in einer anderen Grundkonstellation gilt. So erweitert Art. 117 Abs. 2 Var. 2 GEK das Beendigungsrecht für den Käufer. Liegen alle Voraussetzungen nach Abs. 1 vor, kann er den Vertrag eigentlich nur hinsichtlich des vertragswidrigen Teils beenden. Ist aber zusätzlich zu diesen Voraussetzungen die Nichterfüllung auch geeignet, die Gesamtbeendigung zu rechtfertigen, so gibt Art. 117 Abs. 2 Var. 2 GEK dem Käufer eine Art „Wahlrecht", ob er den Vertrag teilweise oder insgesamt beenden will.

Der Regelung ist eine gewisse Konsequenz nicht abzusprechen, weil durch die zusätzliche Voraussetzung der Rechtfertigung abermals sichergestellt ist, dass eine Beendigung (bei einer vollständigen Schlecht- bzw. Nichtleistung) gem. Art. 114 ff. GEK möglich wäre. Trotz dieser inneren Stringenz ist diese Variante rechtspolitisch abzulehnen, weil sie dem Bestreben nach Vertragserhaltung zuwiderläuft. Sofern nämlich die Leistungsteile voneinander klar abzugrenzen sind (was Voraussetzung für die Anwendbarkeit von Art. 117 Abs. 1 und 2 GEK ist) und sofern es auch nicht unbillig für den Käufer ist, dass er die übrigen Teile behalten muss (ansonsten griffe bereits Var. 1 des Abs. 2), ist kein Grund ersichtlich, warum man dem Käufer dennoch das Privileg gewähren will, dass er den gesamten Vertrag beenden kann. Abermals ist Art. 117 GEK an dieser Stelle daher zu kritisieren und es wäre wünschenswert, wenn der Gesetzgeber an dieser Stelle doch noch einmal aktiv würde.

1558 BGH, Urt. v. 07.03.1990, Az.: VIII ZR 56/89, NJW 1990, 3011 (3013).

4. *Beweislast*

Obwohl der Wortlaut vermuten lässt, dass es sich bei Abs. 1 um eine Beschränkung der Art. 114 bis 117 GEK handelt, so dass die Anwendbarkeit des Art. 117 Abs. 1 GEK für den Verkäufer von Vorteil ist, mit der Folge, dass der Verkäufer entsprechend der allgemeinen Grundsätze die Voraussetzungen von Art. 117 Abs. 1 GEK beweisen muss, liegt die Beweislast beim Käufer. Andernfalls würde dies zu einer absurden Situation führen: Ist eine Beendigung aufgrund von Art. 114 GEK denkbar, die Schlechtleistung jedoch nur im Hinblick auf die Teilleistung wesentlich, im Hinblick auf die Gesamtleistung jedoch nicht, so käme für den Käufer nur eine Teilbeendigung in Betracht. Liegen dazu noch die Voraussetzungen nach Art. 117 Abs. 1 GEK vor, so stünde ihm dieses Recht auch zu. Absurd wäre es nun, wenn der Verkäufer dieses Recht dadurch beseitigen könnte, dass er den Beweis dafür schuldig bliebe, dass die Voraussetzungen gem. Abs. 1 vorliegen, so dass der Käufer weder sein Teilbeendigungsrecht nach Abs. 1 beweisen könnte und ihm für ein Gesamtbeendigungsrecht gem. Abs. 2 oder 3 die Voraussetzungen fehlten. Unstreitig muss der Käufer auch beweisen, dass von ihm nicht erwartet werden kann, dass er eine Leistung annimmt bzw. dass die Nichterfüllung die Beendigung des gesamten Vertrags rechtfertigt.

II. Rücktritt bei Teillieferung bzw. Teilschlechtlieferung gem. § 323 Abs. 5 BGB

1. *Rücktritt bei Vorliegen einer Teillieferung*

a. *Teilrücktritt gem. § 323 Abs. 5 S. 1 BGB*

Wenig problematisch ist zunächst der Fall des Teilrücktritts. Zwar nennt § 323 Abs. 5 S. 1 BGB explizit nur die Voraussetzungen für den Gesamtrücktritt im Falle einer Teillieferung, im Umkehrschluss ergibt sich daraus allerdings, dass ein Teilrücktritt keine besonderen Voraussetzungen verlangt, das heißt dass dieser unter den gewöhnlichen Voraussetzungen[1559] gem. § 323 Abs. 1, 2 BGB möglich ist.[1560] Einzige Voraussetzung darüber hinaus ist, dass sowohl die Leistung[1561] als auch die Gegenleistung[1562] technisch, rechtlich und nach dem Willen der Parteien teilbar ist. Insbesondere die Teilbarkeit der Gegenleistung ist dabei im Kaufrecht kein Problem, da es sich immer um eine solche in Geld handelt, andernfalls wäre es ein Tausch.

1559 Siehe hierzu Teil 2.C.II.

1560 *Ernst* in: MüKo-BGB, § 323 Rn. 203.

1561 *Schwarze* in: Staudinger BGB, § 323 Rn. B137; BGH, Urt. v. 07.03.1990, Az.: VIII ZR 56/89, NJW 1990, 3011 (3013); BGH, Urt. v. 27.06.1990, Az.: VIII ZR 72/89, NJW-RR 1990, 1462 (1464).

1562 *Schwarze* in: Staudinger BGB, § 323 Rn. B137; *Grüneberg* in: Palandt, § 323 Rn. 25; *Ernst* in: MüKo-BGB, § 323 Rn. 202; BGH, Urt. v. 16.10.2009, Az.: V ZR 203/08, NJW 2010, 146 (147).

b. Rücktritt vom gesamten Vertrag

aa. Anwendbarkeit des Mängelgewährleistungsrechts (§ 434 Abs. 3 BGB) auf die Vorschriften des Allgemeinen Leistungsstörungsrechts

Die Voraussetzungen für einen Rücktritt bei Vorliegen einer Teilleistung sind im BGB in § 323 Abs. 5 BGB geregelt. Im Gegensatz zu anderweitigen Verträgen, stellt sich dabei im Kaufrecht allerdings die Frage, wie die mängelrechtlichen Sondervorschriften der § 434 ff. BGB mit dieser Norm zusammenwirken. Von Bedeutung ist im konkreten Fall die peius-Regelung des § 434 Abs. 3 BGB, wonach es einem Sachmangel gleichsteht, wenn der Verkäufer eine zu geringe Menge liefert.[1563] Die Frage stellt sich immer nur dann, wenn der Käufer die Teillieferung erkennbar als schuldgemäße Leistung angenommen hat, er also davon ausgegangen ist, dass der Verkäufer mit der Leistung seinen gesamten Verpflichtungen nachgekommen ist.[1564] Unstreitig nach § 323 Abs. 5 S. 1 BGB[1565] werden Fälle von Ratenlieferungen beurteilt, sofern eine der Raten nicht geliefert wird[1566] oder solche, in denen die Parteien nach Lieferung eines Teils der Ware übereinstimmend davon ausgehen, dass es sich dabei nur um einen Teil der versprochenen Ware handelt.[1567]

In allen anderen Fällen wird einerseits vertreten, dass die Vorschrift des § 434 Abs. 3 BGB im Falle einer Teilleistung zur Anwendung kommen muss, mit der Folge, dass bei Vorliegen einer Teilleistung der Käufer nur die Unerheblichkeitsschwelle in § 323 Abs. 5 S. 2 BGB beachten muss und ansonsten ohne Nachweis des fehlenden Interesses gem. § 323 Abs. 5 S. 1 BGB jederzeit den kompletten Vertrag beenden kann.[1568] Die gegenteilige Auffassung sieht eine Anwendbarkeit von § 434 Abs. 3 BGB nur für den Tatbestand, nicht für die Rechtsfolgen, wozu § 323 BGB gezählt wird, so dass die Möglichkeit des Rücktritts bei Vorliegen einer Teilleistung ebenfalls anhand von § 323 Abs. 5 S. 1 BGB zu bewerten ist.[1569] Letztlich ist die erstgenannte Ansicht überzeugender. So greift das Argument der Gegenseite, der Anwendungsbereich von § 323 Abs. 5 S. 1 BGB würde ansonsten zu sehr beschnitten[1570], nicht, da

1563 Siehe hierzu vertiefend Thier, AcP 203 (2003), 399 ff.

1564 Siehe hierzu *Schwarze* in: Staudinger BGB, § 323 Rn. A26; *Ernst* in: MüKo-BGB, § 323 Rn. 218.

1565 Siehe hierzu unter Teil 4.C.II.1.b.cc.

1566 *Ernst* in: MüKo-BGB, § 323 Rn. 217.

1567 *Ernst* in: MüKo-BGB, § 323 Rn. 218; *Schwarze* in: Staudinger BGB, § 323 Rn. A26.

1568 *Schwarze* in: Staudinger BGB, § 323 Rn. A28; *Faust* in: Bamberger/Roth, § 434 Rn. 115; *Grunewald* in: Erman, § 434 Rn. 63; *Gsell* in: Soergel BGB, § 323 Rn. 202 ff.; *Ernst* in: MüKo-BGB, § 323 Rn. 218; so ist wohl auch die Gesetzesbegründung zu verstehen: BT-Drucks. 14/6040, S. 187.

1569 Heiderhoff/Skamel, JZ 2006, 383 (387); Windel, Jura 2003, 793 (794 f.); Canaris, ZRP 2001, 329 (334 f.); Grigoleit/Riehm, ZGS 2002, 115 (122); Thier, AcP 203 (2003), 399 (403 ff.).

1570 Canaris, ZRP 2001, 329 (334 f.); Grigoleit/Riehm, ZGS 2002, 115 (117).

von Art. 2 Abs. 1 der Verbrauchsgüterkaufrichtlinie 1999[1571] nach ganz überwiegender Ansicht auch die Minderlieferung erfasst ist.[1572] Einzige Bedingung der Richtlinie ist, dass die Vertragswidrigkeit nicht geringfügig ist. Der deutsche Gesetzgeber hat die Richtlinie daher entsprechend in § 323 Abs. 5 S. 2 BGB hinreichend umgesetzt, für eine Anwendbarkeit von § 323 Abs. 5 S. 1 besteht kein Bedarf. Damit könnte die Regelung des § 323 Abs. 5 S. 1 BGB zwar auf solche Käufe Anwendung finden, die nicht als Verbrauchsgüterkauf einzuordnen sind. Dagegen spricht allerdings nicht nur, dass eine gespaltene Auslegung vermieden werden sollte[1573], sondern auch, dass der Gesetzgeber die Regelung in § 434 Abs. 3 BGB bewusst nicht auf Verbraucher-Käufe beschränkt hat und es keine Anhaltspunkte in der Gesetzesbegründung gibt, wonach § 434 Abs. 3 BGB auf Teilleistungen keine Anwendung finden soll.[1574] Im Ergebnis gilt also, dass – sofern der Käufer die Ware als vertragsgemäß akzeptiert hat – sich die Rechtsfolge nur nach § 323 Abs. 1 i.V.m. § 323 Abs. 5 S. 2 BGB regelt.[1575]

bb. Rücktritt im Falle der Annahme der Leistung als schuldgemäße Leistung

Hat der Käufer die Ware als vertragsgemäß angenommen, so handelt es sich gem. § 434 Abs. 3 BGB um eine Schlechtleistung. Auf diese Schlechtleistung findet das bereits weiter oben Gesagte entsprechend Anwendung.[1576] Der Rücktritt vom gesamten Vertrag bei Vorliegen einer Teilleistung richtet sich somit nach denselben Regeln wie der Rücktritt im Falle einer Nicht- oder Schlechtleistung. Es gelten somit die § 323 Abs. 1 und 2 BGB[1577], wobei der Käufer auch die Grenze der Unerheblichkeit gem. § 323 Abs. 5 S. 2 BGB zu beachten hat.[1578]

cc. Rücktritt im Falle der Annahme der Leistung als Teilleistung

Nimmt der Käufer die Ware explizit als Teil der Leistung an oder waren von vorneherein Ratenlieferung vereinbart (und fehlt eine Rate), so kommt neben den §§ 323 Abs. 1 und 2 BGB auch § 323 Abs. 5 S. 1 BGB zur Anwendung. Als Folge davon darf der Käufer vom Vertrag nur dann zurücktreten, wenn er an der Teilleistung kein Interesse mehr hat. Dabei reicht für den Käufer nicht irgendein fremdes Interesse aus, sondern es muss sich gerade um das im Vertrag zum Ausdruck kommende

1571 Siehe unter Fußnote 292.
1572 *Pfeiffer* in: NK-BGB, Art. 2 Kauf-RL Rn. 5; Schwartze, ZEuP 2000, 544 (555); Schnyder/Straub, ZEuP 1996, 8 (45); a.A. Kircher, ZRP 1997, 290 (291); Grigoleit/Riehm, ZGS 2002, 115 (121).
1573 Siehe zur gespaltenen Auslegung auch unter Teil 1.C.II.3.
1574 So auch Kiene, S. 118.
1575 Siehe hierzu unter Teil 4.C.II.1.b.bb.
1576 Siehe hierzu ausführlich unter Teil 2.C.II.
1577 Siehe unter Teil 2.C.II.2 ff.
1578 Siehe hierzu unter Teil 2.C.II.2.d.

Interesse handeln.[1579] Dieses ist dabei objektiv gesehen nicht vorhanden, wenn der Käufer mit dem Erhalt einer Teilleistung, auch bei geminderter Gegenleistung, seine durch den Vertrag verfolgten Ziele auch nicht teilweise erreichen kann.[1580] Weitere Voraussetzungen, wie die Ankündigung im Rahmen der Nachfristsetzung, dass der Käufer bei Nichtleistung auch vom ganzen Vertrag zurücktreten werde, sind nicht mit der aktuell geltenden Vorschrift von § 323 BGB vereinbar.[1581] Sind die Voraussetzungen des § 323 Abs. 5 S. 1 BGB erfüllt, hat der Käufer ein „Wahlrecht". Er kann vom Vertrag insgesamt zurücktreten, möglich ist auch, dass er nur einen Teilrücktritt erklärt.[1582]

2. Rücktritt bei Teilschlechtlieferung

a. Teilrücktritt gem. § 323 Abs. 5 S. 1 BGB

Die Konstellation des Teilrücktritts bei Teilschlechtleistung ist im BGB, im Gegensatz zu GEK und CISG, umstritten. Insbesondere geht der Gesetzgeber mit Verweis auf die Unmöglichkeit, eine Teil- von einer Gesamtschlechtleistung abgrenzen zu können, davon aus, dass ein Teilrücktritt bei Teilschlechtleistung nicht möglich sei.[1583] In der Literatur hingegen wird davon ausgegangen, dass auch in dieser Konstellation ein Teilrücktritt möglich ist.[1584] Tatsächlich kann die Einschätzung des Gesetzgebers hier nicht überzeugen. Auch wenn Schwierigkeiten in der Abgrenzung nicht zu leugnen sind, so können sie keine Rechtfertigung dafür sein, dass dem Käufer ein Recht bereits theoretisch nicht zugestanden wird. Wirtschaftlich ist es hingegen viel überzeugender, dass der Käufer, wenn er denn möchte, einen Teil der Ware auch bei einer Teilschlechtlieferung behalten kann.[1585] Inhaltlich gelten dann dieselben Anforderungen, die der Käufer bei einem Teilrücktritt bei Teilnichterfüllung erfüllen muss, das heißt er muss sich nur an § 323 Abs. 1, 2 und § 323 Abs. 5 S. 2 BGB orientieren, § 323 Abs. 5 S. 1 BGB stellt keine weitere Hürde auf.[1586]

b. Rücktritt vom gesamten Vertrag

Auch hinsichtlich des Gesamtrücktritts bei Vorliegen einer Teilschlechtleistung ist umstritten, welche Regelungen gelten. Die Gesetzesbegründung sieht vor, dass es

---

1579 *Ernst* in: MüKo-BGB, § 323 Rn. 205; differenzierend Grigoleit/Riehm, ZGS 2002, 115 (118).

1580 BGH, Urt. v. 07.03.1990, Az.: VIII ZR 56/89, NJW 1990, 3011 (3013).

1581 *Schwarze* in: Staudinger BGB, § 323 Rn. B146.

1582 *Ernst* in: MüKo-BGB, § 323 Rn. 212.

1583 BT-Drucks. 14/6040, S. 186 f.

1584 *Ernst* in: MüKo-BGB, § 323 Rn. 267; Lorenz, NJW 2003, 3097 (3099); konkludent Grigoleit/Riehm, ZGS 2002, 115 (120 f.), die einen Totalrücktritt bejahen und dabei voraussetzen, dass ein Teilrücktritt möglich sein muss.

1585 Kiene, S. 213.

1586 Siehe hierzu unter Teil 4.C.II.1.a.

neben §§ 323 Abs. 1 und 2 BGB nur auf die Unerheblichkeit gem. § 323 Abs. 5 S. 2 BGB ankommt.[1587] Daneben wird vertreten, dass es nur auf § 323 Abs. 5 S. 1 BGB ankomme und § 323 Abs. 5 S. 2 BGB in dieser Konstellation nicht zu berücksichtigen sei.[1588] Die ganz überwiegende Meinung geht gleichwohl davon aus, dass sowohl § 323 Abs. 5 S.1 als auch § 323 Abs. 5 S. 2 BGB zur Anwendung gelangen, so dass zunächst zu eruieren ist, ob der Mangel am betroffenen Teil nicht unerheblich ist und, sofern dies der Fall ist, ob der Käufer kein Interesse an der übrigen Teilleistung hat.[1589]

3. *Beweislast*

Die Beweislast dafür, dass er kein Interesse an einer Teilleistung gem. § 323 Abs. 5 S. 1 BGB hat, trägt grundsätzlich der Käufer[1590], die Beweislast für § 323 Abs. 5 S. 2 BGB trägt, wie erwähnt[1591], grundsätzlich der Verkäufer.[1592]

III. Teilweise Nichterfüllung gem. Art. 51 CISG

1. *Abgrenzung Art. 51 CISG von Art. 73 CISG*

Im UN-Kaufrecht gibt es zwei Normen, die sich mit den Folgen von Teillieferungen befassen: Art. 51 CISG und Art. 73 CISG. Dabei ist Art. 73 CISG im Vergleich zu Art. 51 CISG lex specialis[1593] und wird über Abs. 1 abgegrenzt. Art. 73 CISG ist nur bei Vorliegen eines Sukzessivlieferungsvertrags einschlägig.[1594] „Gewöhnliche" Fälle der Teillieferung und der Teilschlechtlieferung sind in Art. 51 CISG geregelt, der – insbesondere im Vergleich zum GEK – klar und präzis formuliert ist.

1587 BT-Drucks, 14/6040, S. 187.

1588 Heiderhoff/Skamel, JZ 2006, 383 (387 ff.); wobei ein Ausschluss von § 323 Abs. 5 S. 2 BGB nicht gefordert wird, sondern die Norm schlicht nicht als einschlägig diskutiert wird.

1589 *Ernst* in: MüKo-BGB, § 323 Rn. 267; *Grüneberg* in: Palandt, § 323 Rn. 27; *Canaris* in: FS Georgiades, S. 92; Lorenz, NJW 2003, 3097 (3099).

1590 *Gsell* in: Soergel BGB, § 323 Rn. 243.

1591 Siehe zu § 323 Abs. 5 S. 2 und der dortigen Beweislast unter Teil 2.C.II.2.d.

1592 *Ernst* in: MüKo-BGB, § 323 Rn. 254.

1593 So *Magnus* in: Staudinger CISG, Art. 73 Rn. 1 und Art. 51 Rn. 6; *Lüderitz/Schüßler-Langeheine* in: Soergel CISG, Art. 51 Rn. 1; Lohs/Nolting, ZVerglRWiss 1998, 4 (17); a.A. *Bennett* in: Bianca/Bonell, Art. 73 Anm. 3.2; Herber/Czerwenka, Art. 73 Rn. 9; Enderlein/Maskow/Strohbach, Art. 73 Bem. 3.

1594 Wie eingangs bereits erwähnt, kennt das GEK keine Sondervorschriften, die die Begründung eines Beendigungsrechts bei Sukzessivlieferungsverträgen regeln, so dass sich eine vertiefende Bearbeitung von Sukzessivlieferungsverträgen nicht anbietet und daher im Rahmen dieser Arbeit auch auf Art. 73 CISG nicht gesondert eingegangen werden kann. Die Regelungen in Art. 172 Abs. 3 GEK regeln nur einen kleinen Teilaspekt der Rechtsfolge.

2. *Teilbeendigung gem. Art. 51 Abs. 1 CISG*

Die Teilbeendigung bei Vorliegen einer Teillieferung oder einer Teilschlechtlieferung ist in Art. 51 Abs. 1 CISG geregelt. Entscheidende Voraussetzung ist dabei, dass die Lieferung teilbar ist.[1595] Teilbarkeit ist gegeben, wenn die Ware physisch und wirtschaftlich selbständig ist und an mehrere Käufer verkauft werden könnte.[1596] Die Ware kann gleichartig aber auch ungleichartig sein[1597], nicht allerdings eine aus Einzelteilen zusammengesetzte Sache, bei der Einzelteile fehlen.[1598] Der Käufer muss die Teillieferung bzw. Teilschlechtlieferung gem. Art. 39 CISG rügen, ansonsten verliert er seine Rechtsbehelfe gem. Art. 51 CISG.[1599] Zugleich ist der Käufer nach allgemeiner Auffassung zur Annahme jeglicher Teilleistung verpflichtet.[1600]

Darüber hinaus muss eine Teilleistung oder eine Teilschlechtleistung vorliegen. Ob und wann eine Teilleistung bzw. eine Teilschlechtleistung vorliegt, entspricht der Situation bei Vorliegen einer Nichtleistung[1601] bzw. einer Schlechtleistung.[1602] Eine Teilleistung wird von der überwiegenden Meinung[1603] einerseits als Vertragswidrigkeit i.S.v. Art. 35 CISG, gleichzeitig aber auch als eine Nichtlieferung gewertet, so dass auf die Teilnichtlieferung grundsätzlich (auch) Art. 49 Abs. 1 lit. b) CISG Anwendung findet. Der Käufer kann bei einer Teilleistung somit eine Nachfrist im Sinne des Art. 49 Abs. 1 lit. b) CISG setzen und bei deren fruchtlosem Verstreichen nach eben dieser Norm die Aufhebung erklären. Ist die Teillieferung als solche eine wesentliche Vertragsverletzung, kann der Käufer die Aufhebung gem. Art. 49 Abs. 1 lit. a) CISG erklären.[1604] Bei Vorliegen einer Teilschlechtleistung kann der Käufer entsprechend dem bereits Erwähnten den Vertrag nach Art. 49 Abs. 1 lit. a) CISG nur dann aufheben, wenn die Teilschlechtleistung wesentlich ist.[1605] Eine Teilschlecht-

1595 *Müller-Chen* in: Schlechtriem/Schwenzer, Art. 51 Rn. 2.

1596 *Müller-Chen* in: Schlechtriem/Schwenzer, Art. 51 Rn. 2; *Magnus* in: Staudinger CISG, Art. 51 Rn. 4; *Lüderitz/Schüßler-Langeheine* in: Soergel CISG, Art. 51 Rn. 2; *Saenger* in: Bamberger/Roth, Art. 51 Rn. 2; ähnlich: OGH, Urt. v. 31.08.2010, Az.: 4 Ob 98/10f, IHR 2011, 85 (87) (Teilbarkeit ergibt sich aus der Natur der Sache).

1597 *Müller-Chen* in: Schlechtriem/Schwenzer, Art. 51 Rn. 2.

1598 *Magnus* in: Staudinger CISG, Art. 51 Rn. 4; *Müller-Chen* in: Schlechtriem/Schwenzer, Art. 51 Rn. 2; *Schnyder/Straub* in: Honsell CISG, Art. 51 Rn. 10.

1599 *Müller-Chen* in: Schlechtriem/Schwenzer, Art. 51 Rn. 8.

1600 *Müller-Chen* in: Schlechtriem/Schwenzer, Art. 51 Rn. 4; *Lüderitz/Schüßler-Langeheine* in: Soergel CISG, Art. 51 Rn. 1; *Saenger* in: Bamberger/Roth, Art. 51 Rn. 3; eine Ausnahme hiervon gilt nur dann, wenn die Teillieferung selbst eine wesentliche Vertragsverletzung ist: siehe *Huber* in: MüKo-BGB, Art. 51 Rn. 14; *Magnus* in: Staudinger CISG, Art. 51 Rn. 11.

1601 Siehe hierzu unter Teil 2.C.III.2.a.bb.

1602 Siehe hierzu unter Teil 2.C.III.2.a.cc.

1603 *Müller-Chen* in: Schlechtriem/Schwenzer, Art. 51 Rn. 8; *Benicke* in: MüKo-HGB, Art. 51 Rn. 4 f.; *Huber* in: MüKo-BGB, Art. 51 Rn. 8.

1604 *Müller-Chen* in: Schlechtriem/Schwenzer, Art. 51 Rn. 6.

1605 *Müller-Chen* in: Schlechtriem/Schwenzer, Art. 51 Rn. 7.

leistung kann dabei auch bezüglich eines Rechtsmangels gegeben sein, auf den Art. 51 Abs. 1 i.V.m. Art. 49 Abs. 1 lit. a) CISG analog anzuwenden ist.[1606]

3. *Gesamtaufhebung*

Neben den Voraussetzungen, die bereits für Art. 51 Abs. 1 CISG vorliegen müssen, das heißt der Teilbarkeit der Leistung, einer rechtzeitigen Rüge sowie dem Vorliegen einer Teillieferung bzw. einer Teilschlechtlieferung, ist für die Aufhebung des gesamten Vertrags (bei Vorliegen nur einer Teillieferung bzw. einer Teilschlechtlieferung) gem. Art. 51 Abs. 2 CISG erforderlich, dass die nicht vertragsgemäße Lieferung eine wesentliche Vertragsverletzung im Hinblick auf den gesamten Vertrag darstellt.[1607]

Liegt somit eine Teillieferung vor, kann der Käufer den Vertrag nicht beenden, wenn ihm die Teillieferung nur ein Recht gem. Art. 49 Abs. 1 lit. b) CISG gewährt. Im Falle einer Teillieferung kommt eine Gesamtaufhebung daher eher bei Bestellung verschiedenartiger Ware in Betracht, bei gleichartigen Waren dürfte es dem Käufer in der Regel möglich sein, die Teillieferung zu verwenden, so dass eine Wesentlichkeit in den meisten Fällen ausscheiden dürfte.[1608] Keine Besonderheiten sind bei der Teilschlechtlieferung zu beachten: Sofern die Vertragswidrigkeit wesentlich im Hinblick auf den gesamten Vertrag und nicht nur den mangelhaften Vertragsteil ist, kann der Käufer gem. Art. 51 Abs. 1 CISG den Vertrag beenden. Auch im CISG kann der Käufer bei Vorliegen der Voraussetzungen nach Art. 51 Abs. 2 CISG (sowohl bei Teil- als auch bei Teilschlechtlieferung) jederzeit nur die Teilaufhebung gem. Art. 51 Abs. 1 CISG erklären[1609], das heißt das CISG gewährt dem Käufer nur ein weitergehendes Recht und legt ihm keine Aufhebungspflicht auf.

4. *Beweislast*

Die Frage der Beweislast folgt den allgemeinen Grundsätzen, so dass in der Regel der Käufer beweisen muss, dass die Voraussetzungen gem. Art. 51 Abs. 1 CISG sowie im Falle von Abs. 2 eine Wesentlichkeit gegeben ist.[1610]

1606 *Magnus* in: Staudinger CISG, Art. 51 Rn. 4, 7; Freiburg, S. 164; Piltz, Rn. 5–269; *Bach* in: Kröll/Mistelis/Viscasillas, Art. 51 Rn. 22; a.A. *Huber* in: MüKo-BGB, Art. 51 Rn. 17.

1607 Honnold/Flechtner, Rn. 317; *Müller-Chen* in: Schlechtriem/Schwenzer, Art. 51 Rn. 9.

1608 *Müller-Chen* in: Schlechtriem/Schwenzer, Art. 51 Rn. 10 f.

1609 Karollus, S. 160; Kiene, S. 207; Jan, S. 199; Hutter, S. 145.

1610 *Hepting/Müller* in: Baumgärtel/Laumen/Prütting, Art. 51 Rn. 1 f.

IV. Fazit

Die Untersuchung von GEK, BGB und CISG im Hinblick auf den Umfang des Beendigungsrechts zeigt, dass alle Gesetze das gleiche Ziel verfolgen. Liegt, untechnisch gesprochen, ein „Problem“ nicht hinsichtlich der ganzen Ware vor, sondern nur bezogen auf einen Teil, so soll der Käufer den Vertrag grundsätzlich auch nur hinsichtlich dieses Teils beenden dürfen. Erst bei Erreichen einer gewissen Schwelle bezüglich des Umfangs der Vertragsverletzung soll der Käufer den Vertrag auch insgesamt beenden dürfen. Da alle Gesetze das gleiche Ziel zur Teil- bzw. Gesamtbeendigung des Vertrags verfolgen, unterscheiden sich die Rechtsfolgen nicht großartig. Allerdings beschreiten die drei Gesetze jeweils eigene Wege, so dass sich in der Anwendbarkeit der Regeln erhebliche Diskrepanzen und in den Details nennenswerte Unterschiede zeigen.

Die Gesetze unterscheiden sich zunächst vor allem in den Voraussetzungen hinsichtlich einer Teilbeendigung. Am übersichtlichsten ist dabei das CISG: Ist die Teilbarkeit gegeben und liegt ein Fall der Teilleistung bzw. der Teilschlechtleistung vor, so gelten die Aufhebungsvoraussetzungen nur für denjenigen Teil, der mangelhaft ist. Eine Teilaufhebung ist bei einer Teilnichtleistung dann möglich, wenn der Käufer eine Frist gem. Art. 49 Abs. 1 lit. b) CISG gesetzt hat und diese abgelaufen ist bzw. in allen anderen Fällen, wenn die Vertragswidrigkeit im Hinblick auf diesen Teil wesentlich war, Art. 49 Abs. 1 lit. a) CISG.

Im BGB ist ein Teilrücktritt immer möglich und es sind lediglich die allgemeinen Voraussetzungen des § 323 Abs. 1 und 2 BGB sowie des § 323 Abs. 5 S. 2 BGB zu erfüllen. Im Gegensatz zum CISG ist die Schwelle der Erheblichkeit geringer, die Voraussetzungen für einen Teilrücktritt damit nicht so hoch wie für eine Teilaufhebung. Dies ist allerdings keine Besonderheit des Umfangs, sondern spiegelt die Regelungen wider, die bei Vorliegen einer „Gesamt-Vertragswidrigkeit“ gelten.[1611]

Aus Sicht des Anwenders ist entscheidend, dass auch das GEK hiervon keine Ausnahme darstellt: Das GEK geht von den Voraussetzungen des Art. 114 bis 116 GEK aus und ordnet an, dass diese Rechte bei Vorliegen von Teilbarkeit nur bezüglich des vertragswidrigen Teils gelten. Umso unverständlicher und deshalb umso kritikwürdiger ist, dass die Voraussetzungen, die das GEK aufstellt, um zu dieser Rechtsfolge zu kommen, teilweise unpräzise formuliert sind und ein nicht unerhebliches Risiko für den Anwender entstehen lassen. Unklar bleibt insbesondere das Merkmal der „Zurechenbarkeit eines Preises“. Ob auch ein Gericht zur hier vertretenen Auffassung hinsichtlich einer teleologischen Reduktion dieses Merkmals und damit zu einem Gleichlauf der oben geschilderten Fälle a) und b) kommen würde, ist ungewiss.[1612]

Im Hinblick auf die Gesamtaufhebung kann abermals insbesondere das CISG durch Klarheit punkten. Eine Gesamtaufhebung kommt immer dann in Betracht,

1611 Siehe hierzu unter Teil 2.C.II.2.d.
1612 Siehe hierzu unter Teil 4.C.I.2.b.bb.

wenn die Vertragswidrigkeit eine Aufhebung des ganzen Vertrags rechtfertigt. Die Regelung ist in sich schlüssig, an objektiven Maßstäben orientiert und nachvollziehbar: immer wenn der Käufer einen Teil der Ware noch verwenden kann, soll er den Vertrag nur hinsichtlich des „unbrauchbaren" Teils aufheben. Gibt es keinen verwendbaren Teil, kann der Vertrag insgesamt aufgehoben werden. Das BGB folgt einer etwas anderen Grundkonzeption, die allerdings, aufgrund der Neuregelung des Mängelgewährleistungsrechts, in weiten Teilen modifiziert und damit dem CISG angenähert ist. Die Vorschrift des § 323 Abs. 5 S. 1 BGB, die als eine Art Ausgangsregelung zu verstehen ist, gelangt bei Vorliegen einer Teillieferung nur dann zur Anwendung, sofern der Käufer die Ware als Teilleistung angenommen hat. Insofern ist das Interesse des Käufers ausschlaggebend. Im Ergebnis ähneln sich BGB und CISG in diesem Bereich, da auch das Interesse des Käufers an objektiven Kriterien zu bestimmen ist und sich damit in der Praxis keine allzu große Abweichung zu der Wesentlichkeit im CISG ergibt. Denn immer dann, wenn es dem Käufer objektiv nicht zugemutet werden kann, dass er die Ware behalten muss, dürfte auch ein wesentlicher Mangel gegeben sein, so dass auch die Aufhebung gem. Art. 51 Abs.2 CISG möglich ist. In dem weit überwiegenden Anteil der Fälle findet § 323 Abs. 5 S. 1 BGB aber erst gar keine Anwendung, so dass die einzige Grenze zwischen Teil- und Gesamtrücktritt die Unerheblichkeit gem. § 323 Abs. 5 S. 2 BGB ist. Auch wenn es sich hierbei längst nicht mehr um eine Bagatellgrenze handelt[1613], ist die Schwelle dennoch deutlich niedriger anzusetzen als jene der Wesentlichkeit, so dass der Gesamtrücktritt bei Vorliegen einer Teilleistung bzw. Teilschlechtleistung leichter möglich ist als eine Gesamtaufhebung nach CISG.

Lässt man Art. 117 Abs. 3 GEK, der streng genommen nur regelt, dass bei Nichtvorliegen einer Teilbarkeit die Vorschriften der Art. 114 bis 116 GEK wie gewohnt zur Anwendung kommen[1614], außen vor, verfolgt das GEK in Art. 117 Abs. 2 GEK auf den ersten Blick eine Konzeption, die beide Aspekte aufgreift – sowohl denjenigen, dass eine Vertragswidrigkeit auch in der Gesamtbetrachtung eine gewisse Schwere erreichen muss, als auch den Aspekt, dass das Interesse des Käufers zu berücksichtigen ist. Die Gesamtaufhebung ist gem. Art. 117 Abs. 2 GEK nämlich dann möglich, wenn a) vom Käufer nicht erwartet werden kann, dass er die Teilleistung annimmt oder b) die Nichterfüllung die Beendigung des gesamten Vertrags rechtfertigt. Die erstgenannte Möglichkeit entspricht der Regelung des § 323 Abs. 5 S. 1 BGB, Var. b) setzt zwar aufgrund von Art. 115 Abs. 1 GEK[1615] keine Wesentlichkeit voraus, ist aber eine Erheblichkeitsschwelle wie sie ebenso das CISG mit der Wesentlichkeit begründet. Die Hürde ist im Ergebnis wohl leicht niedriger als im CISG. Die oben geäußerte Kritik[1616], der Käufer würde durch die Kombination beider Konzepte privilegiert, ist aufrechtzuerhalten, rechtsvergleichend aber ein Stück weit zu relativieren. Berück-

1613 Siehe hierzu unter Teil 2.C.II.2.d.
1614 Siehe hierzu unter Teil 4.C.I.3.a.
1615 Siehe hierzu unter Teil 4.C.I.2.b.
1616 Siehe hierzu unter Teil 4.C.I.3.c.bb.

sichtigt man nämlich, dass sich die Wesentlichkeit und das Interesse des Käufers in einem Großteil der Fälle überlagern, ist der Vorteil des Käufers eher theoretischer Natur. Gleichwohl wäre es wegen dieses Gleichlaufs ausreichend gewesen, wenn sich der Käufer nur auf eines der beiden Merkmale hätte berufen können.

Im Ergebnis kann festgehalten werden, dass eine Gesamtbeendigung des Vertrags bei Vorliegen nur einer Teilleistung bzw. Teilschlechtleistung für den Käufer im GEK nicht schwerer, womöglich sogar leichter als im BGB und im CISG zu erreichen ist. Im Hinblick auf die Teilbeendigung ist das GEK vor allem von den doch etwas diffusen und unsystematischen Voraussetzungen in Art. 117 Abs. 1 GEK geprägt. Da für den Käufer bei Abschluss eines Kaufvertrags unmöglich vorherzusehen ist, ob und wenn ja in welchem Umfang eine Bestellung vertragswidrig sein wird, besteht die Befürchtung, dass Anwender vom Abschluss eines Vertrags unter dem GEK abgehalten werden könnten. Dass es aufgrund dieser Ungereimtheiten zu einer abweichenden Beurteilung sich ähnelnder Sachverhalte kommt, ist nicht der Regelfall, nach hier vertretener Auslegung sogar ausgeschlossen. Die Unsicherheit, dass Gerichte dies anders sehen könnten, ist allerdings gegeben, so dass der Gesetzgeber in diesem Bereich durch Definitionen und Klarstellungen nachbessern sollte, um zu einem Mehr an Rechtssicherheit beizutragen.

Teil 5. Rechtsfolgen

Das Bestehen eines Beendigungsrechts ist für den Käufer oftmals von enormer Bedeutung, entscheidender jedoch ist die Frage, welche Folgen er aus diesem Recht herleiten kann. Das nachfolgende Kapitel soll daher die Rechtsfolgen der Beendigung in GEK (Art. 172 ff.), BGB (§ 349 ff.) und CISG (Art. 81 ff.) näher beleuchten. Dabei kommt es, wie auch bei der Frage der Ausübung des Rechts durch Erklärung[1617], zunächst darauf an, wie das entstehende Verhältnis rechtlich zu qualifizieren ist. Im Anschluss werden die Grundkonzepte sowie diverse Sonderfragen beantwortet.

A. Rechtsnatur des entstehenden Verhältnisses

I. GEK

1. Rückgewährschuldverhältnis gem. Art. 8 GEK

Das GEK regelt die Frage der Art des Rechtsverhältnisses an prominenter Stelle bereits in Art. 8 GEK. Die Norm fungiert als Umschaltnorm zwischen den Beendigungsgründen in Art. 114 ff. GEK und den Rechtsfolgen in Art. 172 ff. GEK.[1618] Über den Grund für die Einordnung von Art. 8 GEK an dieser Stelle wird heftig diskutiert[1619], die womöglich richtige Erklärung dürfte darin liegen, dass Art. 8 Abs. 1 GEK definierenden Charakter hat und die Verfasser die Norm damit in der Nähe der Definitionen platzieren wollten.[1620]

Sieht man von diesem Kuriosum ab, enthält Art. 8 Abs. 1 i.V.m. Art. 8 Abs. 3 GEK ein – im Vergleich zum CISG – klares Bekenntnis[1621], dass durch Erklärung der Beendigung der Vertrag in ein Rückgewährschuldverhältnis verwandelt wird.[1622] Die Verpflichtungen beider Parteien erlöschen ex nunc. Bestehen bleiben hingegen auch nach Eintritt der Beendigung solche Regelungen, die sich aus einer Vertragsbestimmung über die Streitbeilegung oder einer anderen Vertragsbestimmung, die auch nach einer Beendigung des Vertrags anzuwenden ist, ergeben. Erhalten bleiben

1617 Siehe hierzu unter Teil 4.A.

1618 *Wendehorst* in: Schmidt-Kessel, S. 371 (372); *Wendehorst* in: Schmidt-Kessel Kommentar, Art. 8 Rn. 2.

1619 Siehe zum Beispiel *Müller-Graff* in: Schmidt-Kessel, S. 51 (83); *Schauer* in: Wendehorst/Zöchling-Jud, S. 43 (62); *Wendehorst* in: Schmidt-Kessel, S. 371 (372).

1620 *Wendehorst* in: Schmidt-Kessel, S. 371 (372); *Wendehorst* in: Schmidt-Kessel Kommentar, Art. 8 Rn. 2.

1621 So bereits in Art. III. – 3:509 DCFR Full Edition.

1622 So auch *Wendehorst* in: Schmidt-Kessel, S. 371 (373); *Wendehorst* in: Schmidt-Kessel Kommentar, Art. 8 Rn. 3; *Zoll* in: Schulze, Art. 8 Rn. 1; Lorenz, AcP 212 (2012), 702 (776 f.).

damit Vereinbarungen über Schiedsklauseln[1623], Gerichtsstandsvereinbarungen oder Verschwiegenheitspflichten. Aufgrund ihrer Klarheit und Einfachheit – auch für Anwender aus Rechtsordnungen, die ein solches System nicht kennen – ist dies eine Regelung, die insgesamt zu begrüßen ist, ist sie doch einerseits praktisch gut anwendbar und verhindert sie andererseits Diskussionen wie im CISG.[1624]

2. *Teilweise Aufrechterhaltung von Zahlungen*

Neben vertraglichen Regelungen, die eine Beendigung bewusst überdauern sollen, bleiben gem. Art. 8 Abs. 2 S. 1 GEK ebenfalls Zahlungen und Schadensersatzleistungen wegen Nichterfüllung erhalten, wenn diese bereits vor der Beendigung bestanden haben. Gem. Satz 2 kann der Käufer bei einer Beendigung wegen Nichterfüllung (gem. Art. 87 GEK) auch einen durch die Beendigung entstehenden Nichterfüllungsschaden geltend machen. Beide Regelungen sind nachvollziehbar, sinnvoll und daher ebenfalls zu bejahen.[1625]

Alle in der Literatur darüber hinausgehenden Versuche aus Art. 8 Abs. 2 GEK im Zusammenspiel mit Art. 172 Abs. 3 bzw. Art. 117 GEK einen Wertungswiderspruch zu kreieren, erscheinen willkürlich.[1626] So ist der Wortlaut in Art. 8 Abs. 2 GEK eindeutig, die Norm regelt Schadenersatzzahlungen oder Zahlungen im Sinne von Verzugszinsen.[1627] Auch Art. 172 Abs. 3 GEK ist insofern eindeutig, als dass die Norm regelt, dass erfolgte und (beidseitig) abgeschlossene Ratenverträge nicht rückabgewickelt werden sollen.[1628] Aus dem Zusammenspiel beider Normen ergibt sich jedoch kein Anhaltspunkt dafür, dass gem. Art. 8 Abs. 2 GEK auch Hauptleistungspflichten aufrechterhalten bleiben könnten. Art. 8 Abs. 1 GEK ist insofern eindeutig, als dass sämtliche Leistungspflichten beendet werden. Letztlich spielt auch Art. 117 GEK in diesem Zusammenhang keine Rolle, der wiederum sehr klar nur solche Fälle regelt, bei denen es um Teilleistungen geht, bei denen gerade kein Sukzessivlieferungsvertrag gegeben ist. Man mag kritisieren, dass dies nicht eindeutig geschrieben steht[1629], letztlich ergibt es sich jedoch als Folge der Anwendung des Gesetzes. Es ist daher letztlich auch nicht erforderlich, die Vorschrift des Art. 172 Abs. 3 GEK zu ignorieren[1630] – alle Vorschriften können nebeneinander bestehen.

1623 *Schauer* in: Wendehorst/Zöchling-Jud, S. 43 (62).

1624 Siehe stellvertretend für die Ansichten zum Abwicklungsverhältnis *Benicke* in: MüKo-HGB, Art. 81 Rn. 10 und auf der anderen Seite für jene Vertreter, die in Art. 81 CISG eine ex tunc Vernichtung des Vertrags sehen *Tallon* in: Bianca/Bonell, Art. 81 Anm. 2.5.

1625 *Wendehorst* in: Schmidt-Kessel, S. 371 (373).

1626 So z.B. bei *Wendehorst* in: Schmidt-Kessel, S. 371 (373 f) und *Wendehorst* in: Schmidt-Kessel Kommentar, Art. 8 Rn. 7.

1627 *Wendehorst* in: Schmidt-Kessel, S. 371 (373).

1628 Siehe auch unter Teil 5.B.I.1.

1629 *Wendehorst* in: Schmidt-Kessel, S. 371 (374).

1630 Genau hierfür plädiert aber *Wendehorst* in: Schmidt-Kessel, S. 371 (375).

II. BGB

Auch im BGB ist das entstehende Verhältnis zwischen Käufer und Verkäufer nach erklärtem Rücktritt eindeutig und unumstritten gem. § 346 Abs. 1 BGB ein Rückgewährschuldverhältnis bei dem die beiderseitigen Pflichten ex nunc erlöschen[1631] und die Parteien im Grundsatz die jeweils erhaltenen Leistungen herauszugeben haben.[1632] Wie im GEK, kann der Käufer im BGB aufgrund von § 325 BGB auch nach der Erklärung des Rücktritts noch Schadensersatzansprüche wegen der Verletzung vertraglicher Pflichten geltend machen.[1633]

Hinsichtlich vertraglicher Abreden, die auch über einen Rücktritt hinaus bestehen können bzw. sollen, wie z.B. Gerichtsstandsvereinbarungen, schweigt sich das BGB aus. Soweit ersichtlich, wird dieser Aspekt in der juristischen Literatur auch nicht ernsthaft diskutiert. Nach ganz herrschender Meinung wird jedoch der Vertrag durch den Rücktritt nicht aufgehoben, sondern nur dergestalt verändert, dass die primären Leistungspflichten entfallen.[1634] Daraus folgt im Umkehrschluss, dass all solche Pflichten, wie Verschwiegenheitspflichten oder Schiedsklauseln, fortwirken. Hierfür spricht auch § 346 Abs. 2 S. 1 Nr. 1 BGB, der als Grundlage für den Wertersatz ebenfalls die vertraglich festgelegte Bezahlung voraussetzt und damit zum Ausdruck bringt, dass der Vertrag nach dem Rücktritt nicht als „gegenstandslos“ betrachtet werden kann, sondern dass die dort getroffenen Regelungen fortwirken.[1635]

III. CISG

Ähnlich wie im GEK, statuiert auch Art. 81 Abs. 1 S. 1 CISG zunächst, dass die Aufhebung die Vertragsparteien von der Erfüllung ihrer Vertragspflichten befreit. Die Formulierung ist weniger klar als im GEK[1636], so dass die Rechtsnatur umstritten ist. So wird einerseits vertreten, dass ein Abwicklungsverhältnis, gleich dem GEK und dem BGB, entsteht[1637], andererseits, dass die Aufhebung ex tunc den Vertrag

---

1631 BGH, Urt. v. 28. 11. 2007, Az.: VIII ZR 16/07, NJW 2008, 911 f.

1632 *Gaier* in: MüKo-BGB, Vor § 346 Rn. 35; *Grüneberg* in: Palandt, Einführung vor § 346 Rn. 6; *Kaiser* in: Staudinger BGB, § 346 Rn. 2; BT-Drucks. 14/6040, S. 193; BGH, Urt. v. 10.07.1998, Az.: V ZR 360–96, NJW 1998, 3268 f.; a.A. *Lobinger* in: Soergel BGB, § 346 Rn. 18 ff.

1633 *Gaier* in: MüKo-BGB, Vor § 346 Rn. 37; siehe hierzu auch vertiefend Gsell, JZ 2004, 643 ff.; Schulze/Ebers, JuS 2004, 366 (368 f.).

1634 *Gaier* in: MüKo-BGB, Vor § 346 Rn. 35; Büdenbender, JuS 1998, 38 (41); BGH, Urt. v. 21.01.1994, Az.: V ZR 238/92, NJW 1994, 1161 (1162).

1635 *Kaiser* in: Staudinger BGB, § 346 Rn. 69.

1636 Siehe hierzu unter Teil 5.A.I.1.

1637 *Fountoulakis* in: Schlechtriem/Schwenzer, Art. 81 Rn. 7 ff.; *Magnus* in: Staudinger CISG, Vorbemerkung zu Art. 81 ff. Rn. 2; *Benicke* in: MüKo-HGB, Art. 81 Rn. 10; *Saenger* in: Bamberger/Roth, Art. 81 Rn. 3 f.; *Salger* in: Witz/Salger/Lorenz, Art. 81 Rn. 2; *Lüderitz/Dettmeier* in: Soergel CISG, Art. 81 Rn. 1; *Weber* in: Honsell CISG,

vernichtet.[1638] Ähnlich wie im Fall der Rücktrittserklärung[1639], wird kritisch darauf hingewiesen, dass die Ansichten in beiden Fällen stark von dem geprägt sind, was national bekannt ist.[1640] Dabei zeigen allerdings die Vorschriften des Art. 81 Abs. 1 S. 2 CISG und die Tatsache, dass vertragliche Pflichten auch nach der Aufhebung noch zu einem Schadensersatz gem. Art. 74 CISG führen können, dass der erstgenannten Ansicht zu folgen ist. Pflichten, die nach einer ex tunc Aufhebung nie bestanden haben, können auch nicht fortwirken bzw. keinen Schadensersatzanspruch auslösen. Dogmatisch wäre es daher nicht möglich, die entsprechenden Pflichten anders zu begründen.[1641] Trotz nationaler Vorprägung muss daher auch für das CISG gelten, dass durch die Aufhebung ein Rückgewährschuldverhältnis entsteht.

Die übrigen Regelungen in Art. 81 Abs. 1 S. 1 und 2 CISG sind ähnlich dem GEK. Zunächst bleiben bereits entstandene Schadensersatzpflichten erhalten. Außerdem bleiben ebenfalls solche Regelungen in Kraft, die typischerweise gerade für das Ende eines Vertrags gedacht sind, also Regelungen wie Gerichtsstandsvereinbarungen, Schiedsklauseln, nachvertragliche Schutz- und Verschwiegenheitspflichten.[1642] Art. 81 Abs. 2 CISG regelt schließlich die Art und Weise der Rückabwicklung.[1643]

B. Primärer Rückgewähranspruch

I. Rückgewähr alles Erlangten gem. Art. 172 GEK

1. Allgemeines

Primäre Rechtsfolge einer erklärten Beendigung ist im GEK gem. Art. 172 Abs. 1 die Rückgabe des Erlangten in natura. Die Regelung geht zurück auf Art. III. – 3:510 DCFR, bleibt allerdings weit hinter dieser zurück.[1644] Sie hat außerdem, wie das gesamte 17. Kapitel, im Entwurf des Parlaments einige, teilweise massive Änderungen erfahren.[1645] So wurde zum einen die Ungültigkeit bzw. Unverbindlichkeit ergänzt, als auch klargestellt, dass Art. 172 Abs. 1 GEK nicht nur für die Anfechtung gem. Art. 114 bis Art. 116 GEK, sondern auch für die Teilbeendigung i.S.v. Art. 117 Abs. 1

Vorbem. 81–84 Rn. 10; *Ferrari* in: Ferrari/Kieninger/Mankowski, Art. 81 Rn. 9; Herber/Czerwenka, Art. 81 Rn. 7; Piltz, Rn. 5–318.

1638 *Tallon* in: Bianca/Bonell, Art. 81 Anm. 2.5; Honnold/Flechtner, Rn. 440.1 ff.; Dong, 7 Vindobona Journal of International Commercial Law and Arbitration 2003, 233 (239).

1639 Siehe hierzu unter Teil 4.A.III.

1640 Siehe zu dieser Kritik Kiene, S. 282.

1641 Siehe dazu ausführlich *Fountoulakis* in: Schlechtriem/Schwenzer, Art. 81 Rn. 6 ff.

1642 *Fountoulakis* in: Schlechtriem/Schwenzer, Art. 81 Rn. 6 ff.

1643 Siehe hierzu ausführlicher unter Teil 5.B.III.

1644 *Wendehorst* in: Schmidt-Kessel Kommentar, Art. 172 Rn. 4.

1645 Auf die Vorschriften, die im Hinblick auf digitale Inhalte ergänzt wurden, insbesondere auf Art. 172a GEK, kann im Rahmen dieser Arbeit nicht näher eingegangen werden.

GEK gilt. Art. 172 GEK gilt damit nun nicht nur für die Beendigung, sondern auch für eine Anfechtung und eine sonstige Ungültigkeit und setzt damit gleiche Rechtsfolgen für all diese Konstellationen.[1646]

Zurückzugewähren sind im GEK nicht nur Ware bzw. Kaufpreis, sondern auch sämtliche Früchte, die aus der Sache gezogen wurden, wobei Art. 172 Abs. 2 GEK, der Art. III. – 3:510 Abs. 5 DCFR entspricht, klarstellt, dass davon sämtliche Sach- und Rechtsfrüchte erfasst sind.[1647] Eine Definition enthält das GEK für Früchte nicht. Aus dem Vergleich mit Art. 174 GEK, der die Herausgabe von Nutzungen regelt, ergibt sich allerdings, dass Nutzungen im GEK gerade keine Früchte sind.[1648] Es kann sich somit nur um solche Erträge handeln, die der Käufer als Sachprodukte[1649] oder zum Beispiel aus der Vermietung der Ware erwirtschaftet hat.[1650] Art. 172 Abs. 3 GEK stellt außerdem einen Spezialfall für Ratenlieferungsverträge dar.

Von sämtlichen Normen des 17. Kapitels darf vor Abgabe der Beendigungserklärung nicht zu Lasten eines Verbraucher-Käufers abgewichen werden. Erklärt eine der Parteien allerdings die Beendigung, steht es den Parteien frei, abweichende Vereinbarungen z.B. zum Rückgabeort, der -zeit oder dem Verwendungsersatz zu treffen. Die Regelung ist somit ein Kompromiss zwischen Verbraucherschutz und Dispositivität und entspricht im Übrigen auch bereits der aus § 475 BGB bekannten Technik.

2. Kosten der Rückgewähr

Wurde im Rahmen von Art. 172 GEK zu Recht kritisiert, dass sich das Gesetz zu typischen Problemfragen ausschweigt[1651], hat die Parlaments-Fassung hier deutliche Besserung gebracht. So regelt insbesondere Art. 172 Abs. 2b GEK, dass die Kosten der Rückgabe der Empfänger, das heißt der Käufer trägt. Die Regelung ist an sich nachvollziehbar, im Vergleich mit dem BGB[1652] nicht ungewöhnlich und entspricht (trotz bestehender Unterschiede zwischen Beendigung und Widerruf) ebenfalls der

1646 Zur Kritik, die so vermutlich nicht aufrechterhalten bleiben dürfte, bezüglich des Versäumnisses, auch die Widerrufsfolgen an dieser Stelle zu regeln *Koch* in: Wendehorst/Zöchling-Jud, S. 225 (242).

1647 Die Rückgabepflicht auf den bösgläubigen Käufer beschränkend Sirena, ERPL 2011, 977 (997).

1648 Entgegen dem, was aus dem BGB gem. § 100 BGB bekannt ist, siehe auch Mörsdorf/Brinkmann, GPR 2013, 190 (193).

1649 *Lehmann* in: Schulze, Art. 172 Rn. 48.

1650 *Wendehorst* in: Schmidt-Kessel, S. 371 (397); *Lehmann* in: Schulze, Art. 172 Rn. 49.

1651 Siehe hierzu bei *Wendehorst* in: Schmidt-Kessel, S. 371 (393 f.) und Looschelders, AcP 212 (2012), 581 (674); Mörsdorf/Brinkmann, GPR 2013, 190 (192); kritisch auch bezüglich der Neuregelung *Wendehorst* in: Schmidt-Kessel Kommentar, Art. 172 Rn. 5.

1652 Siehe hierzu unter Teil 5.B.II.2.

Verbraucherrechterichtlinie 2011[1653], so dass ein weitestgehender Gleichlauf auch mit dem Widerrufsrecht gegeben ist. Obgleich dieser Gleichlauf mit dem Widerrufsrecht rechtspolitisch unangebracht erscheinen mag (im Rahmen des Widerrufs geht es um die Rücksendung von vertragsgemäß gelieferter Ware, während es im Rahmen der Beendigung um die Rücksendung von vertragswidrig gelieferter Ware geht), sind die Vorgaben des Gesetzgebers an dieser Stelle eindeutig.

Es stellt sich allerdings die Frage, wie mit solchen Kosten umzugehen ist, die nur mittelbar aus der Rücksendung resultieren, also beispielsweise Ausbaukosten.[1654] Im Unterschied zur Verbraucherrechterichtlinie 2011[1655], wo eindeutig von „unmittelbaren Kosten der Rücksendung" die Rede ist, hat der Käufer hier „die Kosten" zu tragen. Die Kosten dem Käufer aufzuerlegen widerspräche außerdem der Entscheidung des EuGH in den Rechtssachen Putz/Weber[1656], in der der EuGH festgehalten hat, dass der Ausbau einer mangelhaften Sache im Rahmen einer Nachlieferung vom Verkäufer zu zahlen sei. Mit Verweis auf dieses Urteil ließe sich vertreten, dass auch im Rahmen der Beendigung aufgrund einer Schlechtleistung die Kosten für einen Ausbau vom Verkäufer zu tragen sind. Es stellt sich daher abermals[1657] die Frage, ob das GEK eine bewusste Abkehr von den Grundsätzen des EuGH-Urteils darstellt (obgleich dieses natürlich nicht zur Beendigung bzw. zum Rücktritt, sondern zum Widerruf ergangen ist).

Ein solches Verständnis lässt sich allerdings nicht mit dem insofern klaren und eindeutigen Wortlaut des Abs. 2b vereinbaren. Ob eine teleologische Reduktion der Norm möglich ist, ist angesichts fehlender Stellungnahmen des Gesetzgebers schwer zu beurteilen. Berücksichtigt man allerdings, dass der Gesetzgeber im GEK bereits hinsichtlich der absoluten Unverhältnismäßigkeit eine Abweichung von der Entscheidung des EuGH in der Rechtssache Putz/Weber statuiert hat[1658], er diesbezüglich im Entwurf des Parlaments auch keinerlei Änderungen vorgenommen hat und nun in jener Parlaments-Fassung über zwei Jahre nach der Entscheidung des EuGH zu Putz/Weber eine eindeutige Kostentragungsregelung gefunden hat und beachtet man vor allem die zeitlich jüngere Verbraucherrechterichtlinie 2011[1659], in der eine Einschränkung auf die unmittelbaren Kosten gerade enthalten ist, so erscheint eine teleologische Reduktion nicht vertretbar. Der Käufer hat also im Fall der Beendigung auch mittelbare Kosten zu tragen.

1653 Art. 14 Abs. 1 Unterabs. 2 S. 1 der Verbraucherrechterichtlinie 2011, siehe dazu unter Fußnote 175.

1654 Ohne Antwort auf diese Frage *Wendehorst* in: Remien/Herrler/Limmer, S. 189 (197); *Wendehorst* in: Schmidt-Kessel Kommentar, Art. 172 Rn. 4.

1655 Siehe hierzu unter Fußnote 175.

1656 EUGH Urt. v. 16.06.2011, Rs. C-65/09 und C-87/09, NJW 2011, 2269 ff.

1657 Siehe auch unter Teil 1.D.I.5.a.

1658 Siehe hierzu Teil 1.D.I.5.a.

1659 Siehe hierzu unter Fußnote 175.

3. *Zeitpunkt der Rückgewähr*

Darüber hinaus regelt das GEK nunmehr eindeutig, dass eine Rückabwicklung unverzüglich, spätestens aber innerhalb von 14 Tagen, zu erfolgen hat (Art. 172 Abs. 2a GEK). Unklar ist an dieser Stelle, wie der Begriff der Unverzüglichkeit zu verstehen ist. Auch hier bietet sich allerdings ein Verständnis ähnlich dem BGB an, das heißt dass die Rückabwicklung ohne schuldhaftes Zögern erfolgen soll. Zu beachten ist, dass sich die Vorschrift – obwohl in Art. 172 GEK untergebracht – nicht alleine auf die Rückabwicklung, also auf die tatsächliche Rückgabe bezieht, sondern für sämtliche Vorschriften des 17. Kapitels gilt, welches unter der Überschrift „Rückabwicklung" steht. Auch Wertersatz (Art. 173 GEK), Nutzungsvergütung (Art. 174 GEK) und – anders als im BGB[1660] – auch Aufwendungsersatz (Art. 175 GEK) haben damit unverzüglich zu erfolgen. Dies folgt aus Art. 172 Abs. 2c GEK, der das Zurückbehaltungsrecht explizit auf die Rückgabe beschränkt, so dass im Umkehrschluss gelten muss, dass der zeitliche Rahmen für das gesamte Kapitel gelten soll.

Für Verbraucher postuliert Art. 172 Abs. 2a S. 2 GEK insofern eine Erleichterung, als dass diese die Rücksendung der Ware nur innerhalb von 14 Tagen einleiten müssen. Geregelt werden soll damit vermutlich, dass die Ware eben gerade noch nicht beim Verkäufer angekommen sein muss, sondern nur, dass der Versand eingeleitet sein muss.[1661] Der Wortlaut lässt allerdings auch den Schluss zu, dass die 14-Tages-Frist, innerhalb der die notwendigen Schritte eingeleitet sein müssen, als Auslegungsregel für die Unverzüglichkeit zu verstehen ist.[1662] Obwohl auch dem Verbraucher-Käufer ein unverzügliches Handeln oftmals schneller als innerhalb von 14 Tagen zuzumuten wäre, wird sich der Zeitraum von zwei Wochen in der Praxis als Normalfall durchsetzen, auf einen Streit wegen weniger Tage wird sich wohl kein Verkäufer ernsthaft einlassen.

4. *Zurückbehaltungsrecht*

Die Rückgewähr muss immer dann nicht unverzüglich erfolgen, wenn eine der Parteien ein Zurückbehaltungsrecht gem. Art. 172 Abs. 2c GEK geltend machen kann. Ein solches Zurückbehaltungsrecht besteht immer dann, wenn die jeweilige Partei ein legitimes Interesse daran hat, die Sache nicht zurückzugeben. Als Beispiel dient der Fall, dass diese Partei das Vorliegen einer Vertragswidrigkeit beweisen muss. Wie aus der Formulierung „etwa" deutlich wird, handelt es sich dabei allerdings nur um ein Beispiel, so dass grundsätzlich auch andere Gründe, wie z.B. die Weigerung des Käufers, sein Erlangtes zurückzugeben, ausreichend sein können. Aus

1660 Siehe hierzu unter Teil 5.D.II.2.b.

1661 So in Umsetzung der Verbraucherrechterichtlinie 2011 (siehe hierzu unter Fußnote 181) z.B. auch § 355 Abs. 3 S. 3 BGB.

1662 § 355 BGB im Gegensatz dazu spricht nur von einer unverzüglichen Rücksendung, wodurch sich das rechtzeitige Absenden auf diese Frist und nicht auf die längstmögliche 14-Tages-Frist bezieht.

der Formulierung „Verpflichtung zur Rückgabe“ ergibt sich allerdings auch, dass der Käufer ein Zurückbehaltungsrecht nur im Hinblick auf diesen Art. 172 GEK geltend machen kann, eine Anwendbarkeit auf die Art. 173 ff. GEK scheidet aus.

5. *Rückgewähr Zug-um-Zug*

Ebenfalls deutlich kritisiert wurde das Fehlen einer Regelung zur Klarstellung der Gegenseitigkeit der Rückgewährpflichten.[1663] Das BGB (§ 348 S. 1), das CISG (Art. 81 Abs. 2 S. 2) und auch der DCFR (Art. III. – 3:510) enthalten ausdrückliche Regelungen, nach denen die Pflichten aus dem Rückgewährverhältnis Zug-um-Zug zu erfüllen sind. Warum das GEK im Vergleich zum DCFR auf solch eine Regelung verzichtet, ist nicht ersichtlich.[1664] Selbst wenn auch noch nach der Parlaments-Fassung eine deutliche Klarstellung wünschenswert bleibt, macht das GEK nun aber zumindest in Ansätzen deutlich, dass inhaltlich keine Abweichung von den oben genannten Regelungswerken gewollt war und auch die Rückgewährpflichten im GEK im Gegenseitigkeitsverhältnis stehen. Auch ohne einen Rückgriff auf Art. 113 GEK[1665] lässt sich zunächst für die Primärpflichten aus Art. 172 Abs. 1 GEK aus dem Regel-Ausnahme-Verhältnis von Art. 172 Abs. 2a und 2c GEK klar ablesen, dass die gegenseitigen Rückgewährpflichten in der Regel Zug-um-Zug unverzüglich zu erfüllen sind (Art. 172 Abs. 2a GEK) und nur ausnahmsweise (Art. 172 Abs. 2c GEK) bei einem legitimen Interesse ein Abweichen hiervon zugunsten des Käufers möglich ist. Unklar bleibt bedauerlicherweise, ob die Vorschrift auf die Art. 173 ff. GEK anzuwenden ist. Aus dem klaren Wortlaut von Art. 172 Abs. 2c) GEK muss gefolgert werden, dass der Rückschluss unmittelbar nur hinsichtlich der Rückgewährpflicht gezogen werden kann. Mangels eigenständiger Regelung für die Pflichten aus Art. 173 ff. GEK erscheint es allerdings angebracht den Rechtsgedanken des Art. 172 Abs. 2c) GEK auch auf die dort genannten Pflichten zum Wertersatz, zur Nutzungsvergütung, Aufwendungsersatz und zum Schadensersatz analog zur Anwendung zu bringen. Sofern sich Zahlungsverpflichtungen hierunter also nicht ohnehin bereits im Wege der Aufrechnung begleichen lassen (die Aufrechnung erfolgt hierbei nach deutschem Recht[1666]), sind auch diese Zug-um-Zug zu begleichen.

6. *Schadensersatzpflicht*

a. *Allgemeines und Anwendungsbereich*

Ebenfalls neu eingefügt ist Art. 172 Abs. 2d GEK, wonach eine der Parteien bei Nichterfüllung der Rückgabe- bzw. Rückzahlungspflicht gegenüber der anderen Partei einen Schadensersatzanspruch gem. der Art. 159 bis Art. 163 GEK geltend

1663 *Koch* in: Wendehorst/Zöchling-Jud, S. 225 (243); Looschelders, AcP 212 (2012), 581 (674); *Lehmann* in: Schulze, Art. 172 Rn. 38 ff.

1664 Fragend ebenfalls Looschelders, AcP 212 (2012), 581 (674).

1665 So noch vorgenommen von Looschelders, AcP 212 (2012), 581 (674).

1666 Siehe hierzu ausdrücklich KOM (2011) 635, Erwägungsgrund 27.

machen kann. Es handelt sich also typischerweise um einen Anspruch für den Fall, dass der Käufer eine Unmöglichkeit der rückzugewährenden Sache herbeiführt, nachdem der Anspruch zur Rückgewähr gem. Art. 172 Abs. 1 GEK entstanden ist oder der Käufer die Sache nur in einem qualitativ schlechteren Zustand zurückgeben kann, als dies bei ordnungsgemäßer Nutzung möglich wäre.[1667] Art. 172 Abs. 2d GEK verweist auf eine Rückgabe- bzw. Rückzahlungspflicht entsprechend diesem Kapitel. Unklar ist, ob mit dieser Formulierung nur die Pflichten aus Art. 172 Abs. 1 erfasst sein sollen oder ob die Vorschrift beispielsweise auch für den Wertersatz nach Art. 173 GEK gelten soll. Die Systematik, das heißt, dass die Schadensersatzpflicht in Art. 172 geregelt ist und die sprachliche Unterscheidung zwischen Rückzahlung und Wertersatz, erwecken den Anschein, dass Art. 172 Abs. 2d) GEK gerade nicht für den Wertersatz gelten soll. Inhaltlich erscheint dies gleichwohl nicht angebracht, so dass die Betonung von Art. 172 Abs. 2d) GEK auf „nach diesem Kapitel" liegen sollte. Sachlich sind jedenfalls keine Unterschiede zwischen einer Rückzahlungspflicht und einer Pflicht zur Zahlung von Wertersatz zu erkennen. Andernfalls ließe sich auch nicht erklären, wieso die Nichterfüllung der Rückgabe einen Schadensersatzanspruch auslösen kann, die Nichterfüllung der Leistung des „Surrogats" jedoch nicht.[1668]

b. Umfang

Ähnlich der Situation im BGB[1669] stellt sich allerdings auch im GEK die Frage, in welchem Zeitpunkt es zu der Nichterfüllung der Rückgabe- bzw. Rückzahlungspflicht kommt. Zu unterscheiden ist dabei zwischen Phase 1, dem Zeitpunkt in dem der Schuldner weder Kenntnis über den Beendigungsgrund hat, noch in fahrlässiger Unkenntnis ist, Phase 2, in der der Schuldner den Grund kennt oder kennen musste, die Beendigung aber noch nicht erklärt ist und Phase 3, die beginnt, nachdem der Gläubiger die Beendigung erklärt hat.[1670]

Unstreitig ist, dass ein Schadensersatz nach Art. 172 Abs. 2d GEK in Phase 1 ausscheidet, weil der Schuldner hier die Sache als Eigentümer so verwenden darf, wie er möchte. Genauso eindeutig ist, dass in Phase 3 ein Schadensersatzanspruch einschlägig ist. Die Frage, ob ein Anspruch in Phase 2 bestehen kann, wird im BGB entsprechend kontrovers diskutiert. Dabei wird zum Teil vertreten, dass § 346 Abs. 4 BGB dem Schuldner einen Schadensersatzanspruch gewährt, weil eine Pflichtverletzung vor Erklärung des Rücktritts gesetzt worden sei[1671], teilweise wird vertreten,

---

1667 So zum BGB *Gaier* in: MüKo-BGB, § 346 Rn. 65 f.

1668 So auch für das BGB: *Kaiser* in: Staudinger BGB, § 346 Rn. 282.

1669 Siehe hierzu bei *Gaier* in: MüKo-BGB, § 346 Rn. 60 f.

1670 Die Phasen entsprechen *Gaier* in: MüKo-BGB, § 346 Rn. 60 f.

1671 *Grüneberg* in: Palandt, § 346 Rn. 15; *Roth* in: FS Canaris, S. 1142; teilweise mit leicht abgewandelten Argumenten: *Hager* in: FS Musielak, S. 195 (199) (ein Rückgewährverhältnis besteht schon vor der Rücktrittserklärung); *Lobinger* in: Soergel BGB, § 346 Rn. 168 (die Rückgewährpflicht entstehe rückwirkend).

dass sich der Anspruch ergebe, weil die Situation der „culpa in contrahendo" ähnele[1672], teilweise, dass der Anspruch nicht auf § 346 Abs. 4 BGB beruhe, sondern als Verletzung der vorgreiflichen Rücksichtnahmepflicht einen Anspruch aus §§ 280 Abs. 1, 241 Abs. 2 BGB begründe.[1673] Des Weiteren ist umstritten, ob nur positive Kenntnis ausreichend ist[1674] oder ob ein Anspruch bereits bei fahrlässiger Unkenntnis besteht.[1675]

Bei dem Versuch die Argumente auf das GEK zu übertragen, fällt auf, dass es zunächst an vorvertraglichen Pflichten vergleichbar der culpa in contrahendo fehlt. Auch Rücksichtnahmepflichten für die Situation, in der dem Schuldner ein Beendigungsrecht bekannt ist, vergleichbar Art. 86 Abs. 1 CISG oder eben § 241 Abs. 2 BGB fehlen im GEK, so dass Zweifel aufkommen müssen, ob man auch für das GEK zu einem Ergebnis wie im BGB kommen kann. Entscheidend dagegen spricht (jedenfalls für das GEK) vor allem der klare Wortlaut des Art. 172 Abs. 2d GEK, der nur die Nichterfüllung der Rückgabepflichten bzw. Rückzahlungspflichten nennt. Solch eine Pflicht kann allerdings erst mit Erklärung der Beendigung entstehen. Selbst bei Kenntnis eines Grundes besteht noch kein Rückgewährschuldverhältnis, dessen Pflicht der Schuldner verletzen kann.[1676] Daraus ergibt sich, dass ein Schadensersatzanspruch aus Art. 172 Abs. 2d GEK nur gegeben ist, wenn die Beendigung bereits erklärt worden ist.

7. Ort der Rückgewähr

Einzige von den Kritikern bemängelte und weiterhin nicht geregelte Frage ist nach gegenwärtigem Stand jene nach dem Erfüllungsort der Rückgewährpflichten. Wie im CISG[1677], in dem es an einer vergleichbaren Regelung ebenfalls mangelt, lässt sich auch im GEK mit einer analogen Anwendung der Vorschriften zum Leistungsort arbeiten.[1678] So sieht Art. 93 Abs. 1 lit. (b) (ii) GEK im Regelfall und vorbehaltlich einer anderweitigen Parteivereinbarung vor, dass die Lieferung der Ware am Geschäftssitz des Verkäufers zu erbringen ist. Wechseln im Rückgewährverhältnis die Verpflichtungen der Parteien hinsichtlich Zahlung von Geld und Verschaffung von Ware, so muss im Fall der Rückgewähr auch der Leistungsort wechseln, so dass hier für den Regelfall der Beendigung gelten muss, dass als Leistungsort hinsichtlich der

1672 *Gaier* in: MüKo-BGB, § 346 Rn. 61; Gaier, WM 2002, 1 (12); *Heinrichs* in: FS Schmidt, S. 159 (167 f.).

1673 *Kaiser* in: Staudinger BGB, § 346 Rn. 225 f.

1674 *Kaiser* in: Staudinger BGB, § 346 Rn. 229; *Lobinger* in: Soergel BGB, § 346 Rn. 169 f.; Kohler, JZ 2002, 1127 (1132 f.); Bockholdt, AcP 206 (2006), 769 (795 f.); *Roth* in: FS Canaris S. 1142.

1675 *Gaier* in: MüKo-BGB, § 346 Rn. 61; *Stadler* in: Jauernig, § 346 Rn. 9 (weiß oder wissen muss); *Grüneberg* in: Palandt, § 346 Rn. 16 ff.; *Röthel* in: Erman, § 346 Rn. 43.

1676 So auch für das BGB *Kaiser* in: Staudinger BGB, § 346 Rn. 225 f.

1677 Siehe hierzu unter Teil 5.B.III.3.

1678 *Lehmann* in: Schulze, Art. 172 Rn. 42.

Rückgabe der Ware der Sitz bzw. gewöhnliche Aufenthaltsort des Käufers anzunehmen ist.[1679] Für Verbraucher würde sich dieser Logik folgend zwar gem. Art. 93 Abs. 1 (a) GEK ergeben, dass der Leistungsort beim Verkäufer wäre. Da hieraus allerdings keine abweichende Beurteilung der Kosten gem. Art. 172 Abs. 2b GEK resultiert, gilt, dass die Regelung in Art. 93 Abs. 1 (a) GEK dem Verbraucher dienen soll und ihn im Umkehrschluss daher nicht belasten soll, so dass auch für Verbraucher der Leistungsort der Rückgewähr der Ware am gewöhnlichen Aufenthaltsort des Verbrauchers ist.[1680] Der Leistungsort für die Rückgewähr des Kaufpreises ist entsprechend in jedem Fall beim Verkäufer.

8. Beweislast

Mangels gegenteiliger Angaben gelten die allgemeinen Beweisregeln, wonach der jeweilige Rückgewährgläubiger das Vorliegen der Voraussetzungen zu beweisen hat.

II. Rückgewähr der empfangenen Leistungen gem. § 346 Abs. 1 1. Alt BGB

1. Allgemeines

Wie im GEK, ist auch im BGB die primäre Rechtsfolge eines Rücktritts gem. § 346 Abs. 1 S. 1 1. Alt BGB die Rückgewähr der empfangenen Leistungen. Der Käufer muss also im Regelfall die gelieferte Ware, der Verkäufer den Kaufpreis zurückerstatten. Dabei fungiert § 346 BGB weitestgehend als Generalnorm für einen Großteil der Aspekte, die im Rahmen einer Rücktrittsfolge zu beachten sind und ordnet so beispielsweise zusätzlich die Herausgabe von gezogenen Nutzungen an.[1681] § 346 Abs. 2 regelt dahingehend die sekundäre Rechtsfolge, den Wertersatz, der wiederum von § 346 Abs. 3 BGB eingeschränkt wird.[1682] Ähnlich wie im GEK enthält § 346 Abs. 4 abschließend eine Regelung zum Schadensersatz für den Fall der Verletzung einer Pflicht aus Abs. 1. Die Norm wird außerdem flankiert von Sonderregeln zur Zug-um-Zug-Erfüllung (§ 348 BGB), zum Nutzungs- bzw. Verwendungsersatz (§ 347 BGB) und zu Mehrpersonenverhältnissen (§ 351 BGB).[1683]

1679 Siehe Looschelders, AcP 212 (2012), 581 (674), a.A. *Lehmann* in: Schulze, Art. 172 Rn. 42 f.

1680 Ähnlich Looschelders, AcP 212 (2012), 581 (674).

1681 Siehe hierzu ausführlich unter Teil 5.D.I.2.b.

1682 Siehe hierzu ausführlich unter Teil 5.C.II.

1683 Eine entsprechende Vorschrift ist im GEK nicht enthalten. Aus KOM (2011) 635, Erwägungsgrund 27 wird jedoch deutlich, dass hinsichtlich einer Schuldner- bzw. Gläubigermehrheit auf nationale Gesetze zurückgegriffen werden muss, das heißt, dass § 351 BGB auch bei Fällen, in denen das BGB als subsidiäres Recht zur Anwendung gelangt, zu berücksichtigen ist.

2. Kosten der Rückgewähr

Die Kosten der Rückgewähr trägt prinzipiell der Rückgewährschuldner, das heißt der Käufer[1684], da es sich bei der Rückgabe um eine aktive Handlung, nicht um die passive Duldung der Wegnahme handelt.[1685] Eine Kostentragungspflicht besteht für den Käufer nach herrschender Meinung selbst in Fällen des Rücktritts aufgrund eines Sachmangels gem. § 439 Abs. 1 BGB.[1686] Der Verkäufer als Schuldner muss allerdings immer dann doch die Kosten tragen, wenn dies vertraglich vereinbart ist oder wenn sich der Leistungsort für die Rückgewähr beim Käufer befindet, der Verkäufer also den Rücktransport zu bezahlen hat.[1687] Da nach Ansicht der herrschenden Meinung der gewöhnliche Leistungsort allerdings beim Schuldner, also dem Käufer, liegt[1688], führt dies in der Praxis dazu, dass eben doch – entgegen dem eingangs geschilderten Grundsatz – der Verkäufer die Kosten zu tragen hat. Nach allgemeiner Auffassung trägt allerdings der Käufer, wie im GEK, die Kosten für den Ausbau einer Kaufsache.[1689] Das Urteil zur Rechtssache Putz/Weber[1690] lässt sich nicht auf das Rücktrittsrecht übertragen, außerdem basiert das Urteil gerade auf § 439 Abs. 1 BGB und nicht auf § 346 BGB.[1691] Ein Anspruch zum Ausbau der Ware besteht somit nicht, folglich kann sich hieraus auch kein Anspruch zur Übernahme der Kosten ergeben.

3. Ort der Rückgewähr

Der Ort der Rückgewähr ist mangels ausdrücklicher Regelung im BGB höchst umstritten. Klar ist zunächst, dass sich der Erfüllungsort grundsätzlich nach §§ 269, 270 BGB richtet, das heißt, dass eine vertragliche Regelung grundsätzlich vorgeht.[1692] Mangelt es jedoch an solch einer, ist die Festlegung des Bestimmungsortes umstritten, wobei überwiegend zwischen gesetzlichen und vertraglichen Rücktrittsrechten unterschieden wird[1693]: Nach herrschender Ansicht liegt der Erfüllungsort

1684 *Kaiser* in: Staudinger BGB, § 346 Rn. 82; *Gaier* in: MüKo-BGB, § 346 Rn. 18; *Lobinger* in: Soergel BGB, § 346 Rn. 36 und 42; *Grothe* in: Bamberger/Roth, § 346 Rn. 31.

1685 *Lobinger* in: Soergel BGB, § 346 Rn. 36.

1686 *Kaiser* in: Staudinger BGB, § 346 Rn. 82; *Lobinger* in: Soergel BGB, § 346 Rn. 43; a.A. *Gaier* in: MüKo-BGB, § 346 Rn. 18; *Köhler* in: FS Heinrichs, S. 367 (372 ff.) noch zur alten Rechtslage.

1687 *Gaier* in: MüKo-BGB, § 346 Rn. 18.

1688 Siehe hierzu sogleich unter Teil 5.B.II.3.

1689 *Kaiser* in: Staudinger BGB, § 346 Rn. 82.

1690 EuGH, Urt. v. 16.06.2011, Az.: C-65/09 und C-87/09, NJW 2011, 2269 ff.

1691 *Lobinger* in: Soergel BGB, § 346 Rn. 43 f.

1692 *Lobinger* in: Soergel BGB, § 346 Rn. 36; *Gaier* in: MüKo-BGB, § 346 Rn. 31; *Kaiser* in: Staudinger BGB, § 346 Rn. 85.

1693 Für einen einheitlichen Erfüllungsort sowohl bei gesetzlichen als auch vertraglichen Rücktrittsrechten plädieren *Kaiser* in: Staudinger BGB, § 346 Rn. 84 und *Gaier* in: MüKo-BGB, § 346 Rn. 31.

für gesetzliche Rücktrittsrechte unabhängig von einem Verschulden am gewöhnlichen Belegenheitsort der Sache[1694] bzw. dort, wo der Käufer die Herausgabe anbietet.[1695] Dieser Erfüllungsort gilt für die beidseitige Rückgewähr.[1696] Nach anderer Meinung ist der Erfüllungsort für gesetzliche Rücktrittsrechte am gewöhnlichen Aufenthaltsort bzw. Geschäftssitz des jeweiligen Rücktrittsberechtigten, das heißt tritt der Käufer wegen eines Mangels oder ähnlichem zurück, ist Erfüllungsort der gewöhnliche Belegenheitsort der Sache, tritt der Verkäufer wegen eines Zahlungsverzugs zurück, ist der Erfüllungsort an dessen Geschäfts- bzw. Wohnsitz.[1697] Für vertragliche Rücktrittsrechte geht die herrschende Meinung davon aus, dass der Erfüllungsort der Rückgewähr dem ursprünglichen Leistungsort der Primärpflichten entspricht.[1698] Teilweise wird hingegen auch vertreten, dass der Erfüllungsort stets der Belegenheitsort der Sache sei[1699], wobei teilweise danach differenziert wird, ob das vertragliche Rücktrittsrecht auf Mängel beschränkt ist oder im Belieben des Käufers steht.[1700]

Ein ausführlicher Meinungsstreit kann im Rahmen dieser Arbeit nicht erfolgen, zu Vergleichszwecken wird der Ansicht der herrschenden Meinung gefolgt. Somit gilt, dass es für ein vertragliches Rücktrittsrecht auf den nach § 269 BGB zu bestimmenden Leistungsort der primären Leistungspflicht ankommt, für ein gesetzliches Rücktrittsrecht ist der Leistungsort der Rückgewährpflicht der Ort, an dem sich die Sache bestimmungsgemäß befindet.

4. *Zeitpunkt der Rückgewähr*

Im Gegensatz zum GEK gibt es im BGB keine Vorschrift, die explizit regelt, innerhalb welchen Zeitraums eine Rückgewährpflicht zu erfüllen ist. Mangels konkreter Regelungen heißt dies aber auch, dass eine Pflicht mit Entstehung fällig wird. Im konkreten Fall sind die jeweiligen Leistungen gem. § 346 Abs. 1 BGB also mit

---

1694 BGH, Urt. V. 09.03.1983, Az.: VIII ZR 11/82, NJW 1983, 1479 (1480); OLG Saarbrücken, Beschl. v. 06.01.2005, Az.: 5 W 306/04, NJW 2005, 906 (907); OLG Stuttgart, Urt. v. 23.10.1998, Az.: 2 U 89–98, NJW-RR 1999, 1576 (1577); *Gaier* in: MüKo-BGB, § 346 Rn. 31; *Grüneberg* in: Palandt, § 269 Rn. 16; *Grothe* in Bamberger/Roth, § 346 Rn. 16; *Bittner* in: Staudinger BGB, § 269 Rn. 28 f.; *Wolf* in: Soergel BGB, § 269 Rn. 30; Arnold, Jura 2002, 154 (156).

1695 *Lobinger* in: Soergel BGB, § 346 Rn. 41.

1696 *Grüneberg* in: Palandt, § 269 Rn. 16.

1697 *Röthel* in: Erman, § 346 Rn. 5; Stöber, NJW 2006, 2661 (2665); Muscheler, AcP 187 (1987), 343 (387); Döhmel, S. 136 f.

1698 OLG Karlsruhe, Urt. v. 11.03.1970, Az.: 5 U 120/69, MDR 1970, 587 (588); OLG Hamm, Urt. v. 14.09.1981, Az.: 2 U 43/81, MDR 1982, 141; *Grüneberg* in: Palandt, § 269 Rn. 16; *Bittner* in: Staudinger BGB, § 269 Rn. 28 f.; *Stadler* in: Jauernig, § 269 Rn. 8.

1699 *Röthel* in: Erman, § 346 Rn. 5.

1700 *Grothe* in: Bamberger/Roth, § 346 Rn. 16; *Lobinger* in: Soergel BGB, § 346 Rn. 38; *Faust* in: jurisPK, § 346 Rn. 32.

Erklärung des Rücktritts fällig[1701] und müssen mitunter unverzüglich herausgegeben werden. Abweichend hiervon wird der Anspruch auf Verwendungsersatz erst fällig, wenn die Ware zurückgegeben bzw. Wertersatz geleistet wird.[1702]

5. *Zurückbehaltungsrecht und Zug-um-Zug-Verhältnis*

§ 348 S. 1 BGB regelt, dass die Verpflichtungen, die sich im BGB aus einem Rückgewährverhältnis ergeben, zueinander in einem Zug-um-Zug-Verhältnis stehen. Dies gilt eindeutig nicht nur für die sich aus § 346 Abs. 1 BGB ergebenden Ansprüche, sondern auch zweifelsfrei für Aufwendungs- oder Verwendungsersatz, eine Nutzungsentschädigung oder den Schadensersatzanspruch gem. § 346 Abs. 4 BGB.[1703] Nach § 348 S. 2 i.V.m. § 320 BGB haben beide Parteien außerdem ein Zurückbehaltungsrecht.

6. *Schadensersatzpflicht*

Ähnlich dem GEK kann der Rückgewährgläubiger (unabhängig von einer Schuldfrage[1704]), üblicherweise also der Verkäufer, auch im BGB gem. § 346 Abs. 4 Schadensersatz verlangen, sofern der Schuldner (Käufer) eine Pflicht aus Abs. 1 verletzt. Die Vorschrift verweist auf die allgemeinen Schadensersatzregelungen gem. §§ 280 bis 283 BGB. Wie bereits zum GEK dargestellt, ist umstritten, ob und ab wann eine solche Schadensersatzpflicht entsteht.[1705] Mit der herrschenden Meinung ist anzunehmen, dass ein Schadensersatzanspruch ausscheidet, sofern der Käufer weder Kenntnis vom Rücktrittsgrund hat, noch diesen kennen musste (Phase 1), dass ansonsten aber ab Kenntnis bzw. Kennen-Müssen ein Schadensersatzanspruch gegeben ist (Phase 2 und 3). Der Schadensersatzanspruch gem. § 346 Abs. 4 BGB ist danach einschlägig, (i) wenn der Käufer eine Verschlechterung der Ware herbeiführt, die über die normale Nutzung hinausgeht[1706], wobei der Käufer die Ware in Phase 2 noch normal weiterbenutzen darf[1707], (ii) wenn der Käufer die Sache in

---

1701 *Kaiser* in: Staudinger BGB, § 346 Rn. 292.

1702 Siehe hierzu unter Teil 5.D.II.2.b.

1703 *Gaier* in: MüKo-BGB, § 348 Rn. 1.

1704 *Gaier* in: MüKo-BGB, § 346 Rn. 63.

1705 Siehe hierzu ausführlich unter Teil 5.B.I.6.b.

1706 *Gaier* in: MüKo-BGB, § 346 Rn. 65; dazu auch BGH, Urt. v. 16.10.1991, Az.: VIII ZR 140/90, NJW 1992, 170 (171).

1707 *Kaiser* in: Staudinger BGB, § 346 Rn. 231; *Gaier* in: MüKo-BGB, § 346 Rn. 65; Gaier, WM 2002, 1 (12).

Phase 2 oder Phase 3 zerstört oder aus sonstigen Gründen[1708] gar nicht mehr leisten kann[1709] sowie (iii) wenn ein Verzug der Rückgabepflichten in Phase 3 vorliegt.[1710]

7. Beweislast

Die Beweislast für das Vorliegen der Rückgewährvoraussetzungen trägt der jeweilige Gläubiger. Die Voraussetzungen, die zum Ausschluss des Wertersatzanspruchs gem. § 346 Abs. 3 BGB führen, hat der Schuldner, zumeist der Käufer, zu beweisen.[1711]

III. Rückgabe des Geleisteten nach Art. 81 Abs. 2 S. 1 CISG

1. Allgemeines

Während das BGB die wesentlichen Fragen, die sich rund um die Rechtsfolgen eines Rücktritts stellen, detailliert regelt und auch das GEK seit dem Parlamentsentwurf zahlreiche Detailfragen klärt, präsentiert sich das CISG in diesem Bereich sehr reduziert und bietet eine Lösung nur für wenige Fragen. Ausgangspunkt ist, wie in den übrigen Gesetzen, die Pflicht zur Rückgewähr des Geleisteten. Gem. Art. 81 Abs. 2 S. 1 CISG können die Parteien, sofern sie den Vertrag ganz oder teilweise erfüllt haben, das jeweils Geleistete von der anderen Partei zurückverlangen. Anders als im BGB („soweit", § 346 Abs. 1 BGB) und anders als im GEK gilt die Vorschrift gem. Art. 82 Abs. 1 CISG allerdings nur für den Fall, dass die Ware noch unverändert und unbeschädigt beim Käufer vorhanden ist.[1712] Ist die Ware nicht mehr im Originalzustand vorhanden, greifen die Vorschriften der Art. 82 bis Art. 84 CISG. Im Gegensatz zu Art. 172 Abs. 2d GEK bzw. § 346 Abs. 4 BGB gibt es im Rahmen des Rechtsfolgenrechts auch keine separate Anordnung eines Anspruchs auf Schadensersatz für Pflichtverletzungen im Zusammenhang mit der Rückgewähr. Art. 83 CISG stellt in diesem Zusammenhang nur klar, dass die Parteien neben der Aufhebung alle übrigen Rechtsbehelfe geltend machen können.

1708 So z.B. bei ungenügender Sicherung gegen Diebstahl (*Röthel* in: Erman, § 346 Rn. 42); bei unzureichendem Schutz vor Witterung (*Kaiser* in: Staudinger BGB, § 346 Rn. 233) oder bei Weiterveräußerung, (*Grüneberg* in: Palandt, § 346 Rn. 16), Verarbeitung oder Verbrauch (*Kaiser* in: Staudinger BGB, § 346 Rn. 232).

1709 *Gaier* in: MüKo-BGB, § 346 Rn. 66; vertiefend zum Schadensersatzrecht Canaris JZ 2001, 499 (512).

1710 *Gaier* in: MüKo-BGB, § 346 Rn. 67; a.A. *Lobinger* in: Soergel BGB, § 346 Rn. 181, wonach bereits in Phase 2 ein Verzug zum Schadensersatz führen kann.

1711 *Gaier* in: MüKo-BGB, § 346 Rn. 69.

1712 Zur Beschränkung des CISG allgemein *Fountoulakis* in: Schlechtriem/Schwenzer, Art. 81 Rn. 18.

2. *Kosten der Rückgewähr*

Eine explizite Regelung zur Kostentragung enthält das CISG nicht. Nach allgemeiner Auffassung soll jedoch die Partei, die die Aufhebung verursacht hat, ihre Kosten selber tragen, die Gegenpartei ihre Kosten als Teil des Schadensersatzes ersetzt bekommen.[1713] Scheidet ein Schadensersatzanspruch nach Art. 79 Abs. 1 und 2 CISG aus, tragen die Parteien ihre Kosten jeweils selber.[1714]

3. *Ort der Rückgewähr*

Ebenfalls keine Regelung enthält das CISG hinsichtlich des Orts der Rückgewähr. Wie auch im GEK[1715], kann die Lücke allerdings intern geschlossen werden.[1716] Ausgangspunkt sind die vertraglichen Absprachen zur Primärleistung. Die Rückgabe hat dann spiegelbildlich zu erfolgen.[1717] Hinsichtlich Ware und Kaufpreis ist demnach, vorbehaltlich anderweitiger Absprachen, in der Regel die Niederlassung des Käufers der Leistungsort.[1718]

4. *Zeitpunkt der Rückgewähr*

Auch hinsichtlich einer Frist zur Rückgewähr muss im CISG, mangels ausdrücklicher Regelungen, auf eine interne Lösung zurückgegriffen werden.[1719] Dabei wird überwiegend vorgeschlagen, sich hinsichtlich einer Rückgabefrist an vertraglich vereinbarten Terminen oder Fristen zu orientieren. Die Frist muss in jedem Fall

---

1713 *Fountoulakis* in: Schlechtriem/Schwenzer, Art. 81 Rn. 28; *Benicke* in: MüKo-HGB, Art. 81 Rn. 7; *Magnus* in: Staudinger CISG, Art. 81 Rn. 17; *Saenger* in: Bamberger/Roth, Art. 81 Rn. 7; nicht ganz so eindeutig, aber im Ergebnis zustimmend *Lüderitz/Dettmeier* in: Soergel CISG, Art. 81 Rn. 2.

1714 *Fountoulakis* in: Schlechtriem/Schwenzer, Art. 81 Rn. 28; *Benicke* in: MüKo-HGB, Art. 81 Rn. 7; *Magnus* in: Staudinger CISG, Art. 81 Rn. 17.

1715 Siehe hierzu unter Teil 5.B.I.7.

1716 *Leser* in: Schlechtriem Einheitliches Kaufrecht, S. 225 (242); *Fountoulakis* in: Schlechtriem/Schwenzer, Art. 81 Rn. 23; a.A. *Ferrari* in: Ferrari/Kieninger/Mankowski, Art. 81 Rn. 22.

1717 *Fountoulakis* in: Schlechtriem/Schwenzer, Art. 81 Rn. 23; *Magnus* in: Staudinger CISG, Art. 81 Rn. 19; *Lüderitz/Dettmeier* in: Soergel CISG, Art. 81 Rn. 10; *Huber* in: MüKo-BGB, Art. 81 Rn. 15; OGH Wien, Urt. v. 29.06.1999, Az.: 1 Ob 74/99 k, CISG-online 483; LG Gießen, Urt. v. 17.12.2002, Az.: 6 O 23/02, IHR 2003, 276 f.; a.A. *Ferrari* in: Ferrari/Kieninger/Mankowski, Art. 81 Rn. 22; BGH, Urt. v. 22. Oktober 1980, Az.: VIII ZR 264/79, NJW 1981, 1158 noch zum EKG.

1718 Mit weiteren Ausführungen: *Fountoulakis* in: Schlechtriem/Schwenzer, Art. 81 Rn. 24 ff.

1719 *Fountoulakis* in: Schlechtriem/Schwenzer, Art. 81 Rn. 29; *Magnus* in: Staudinger CISG, Art. 81 Rn. 17a; Handelsgericht des Kantons Zürich, Urt. v. 24.10.2003, Az.: HG010395/U/zs, CISG-online 857.

angemessen sein, wobei sich diese Angemessenheit an der Art der Ware und den sonstigen Umständen orientiert.[1720]

5. *Zurückbehaltungsrecht und Rückgewähr Zug-um-Zug*

Demgegenüber eindeutig geregelt ist im CISG, dass das Geleistete Zug-um-Zug rückzugewähren ist, Art. 81 Abs. 2 S. 2 CISG. Nicht explizit formuliert, aber konkludent enthalten, ist damit für beide Parteien ein Zurückbehaltungsrecht, das solange gilt, bis sich die andere Partei zur Rückgewähr bereit erklärt.[1721] Hat nur eine von beiden Seiten bereits geleistet und fehlt es somit an dem „Druckmittel" der Zug-um-Zug-Leistung, so kann die rückleistungsbereite Partei einen Schadensersatzanspruch für den Fall der Verzögerung geltend machen.[1722] Nach Ansicht der herrschenden Meinung folgt aus Art. 81 Abs. 2 S. 2 CISG auch das Recht, Forderungen aus demselben, dem CISG unterworfenen Vertrag gegeneinander aufrechnen zu können.[1723]

6. *Beweislast*

Der jeweilige Rückgewährgläubiger muss beweisen, dass die Voraussetzungen der Rückgewähr gegeben sind.[1724]

C. Sekundäre Pflicht zur Zahlung

I. Zahlung des Geldwertes gem. Art. 173 GEK

1. *Allgemeines*

Ist das Erbringen der Rückgabe gem. Art. 172 GEK nicht möglich, so ordnet das GEK als sekundäre Rechtsfolge die Erstattung in Form einer Geldleistung an (Art. 173 Abs. 1 S.1 GEK). Diese Vorschrift basiert grob auf Art. III. – 3:512 DCFR, lässt sich

---

1720 *Fountoulakis* in: Schlechtriem/Schwenzer, Art. 81 Rn. 29.

1721 *Fountoulakis* in: Schlechtriem/Schwenzer, Art. 81 Rn. 20; *Magnus* in: Staudinger CISG, Art. 81 Rn. 14; *Huber* in: MüKo-BGB, Art. 81 Rn. 12.

1722 *Bridge* in: Kröll/Mistelis/Viscasillas, Art. 81 Rn. 22; *Fountoulakis* in: Schlechtriem/Schwenzer, Art. 81 Rn. 20.

1723 *Fountoulakis* in: Schlechtriem/Schwenzer, Art. 81 Rn. 21; *Magnus* in: Staudinger CISG, Art. 81 Rn. 15; *Weber* in: Honsell CISG, Art. 81 Rn. 19; Brunner, Art. 81 Rn. 6; OLG Hamburg, Urt. v. 26.09.1999, Az.: 1 U 31/99, IHR 2001, 19 (22); a.A. wonach eine Aufrechnung nur bei Rückgriff auf nationale Regelungen möglich ist: *Ferrari* in: Ferrari/Kieninger/Mankowski, Art. 81 Rn. 20; *Huber* in: MüKo-BGB, Art. 81 Rn. 13; Handelsgericht des Kantons St. Gallen, Urt. v. 03.12.2002, Az.: HG.1999.82-HGK, CISG-online 727; LG Mönchengladbach, Urt. v. 15.07.2003, Az.: 7 O 221/02, IHR 2003, 229 (230).

1724 *Fountoulakis* in: Schlechtriem/Schwenzer, Art. 81 Rn. 30.

mit diesem allerdings kaum mehr vergleichen[1725] und bezieht sich seit dem Entwurf des Parlaments nicht mehr auf digitale Inhalte, da diese in Art. 172a GEK eine eigenständige Regelung erfahren haben. Die Unmöglichkeit der Rückgabe muss dabei anhand von objektiven Kriterien bestimmt werden.[1726] Neben der Ersatzpflicht gibt es für den Käufer gem. Art. 173 Abs. 1 S. 2 GEK die Möglichkeit, Geldersatz statt Rückgabe zu wählen, wenn die Rückgabe zwar möglich, aber nur mit unverhältnismäßig hohem finanziellem oder sonstigem Aufwand verbunden wäre und soweit dadurch nicht die Eigentumsrechte der anderen Partei verletzt werden.

2. *Unmöglichkeit der Rückgabe*

Die Vorschrift hat in der Literatur bisher vor allem hinsichtlich zwei Aspekten starke Kritik erfahren: Zum einen wird bemängelt, dass es ausweislich des Wortlauts nur dann zu einer Zahlung des Geldwertes kommen könne, wenn die Sache vollkommen zerstört worden sei, während in allen anderen Fällen eine Rückgabe der Sache vorgesehen sei[1727] und zum anderen, dass die Zahlung von Wertersatz auch dann angeordnet sei, wenn die Sache zwar untergehe, dies aber gerade auf den Mangel zurückzuführen sei und damit im Risikobereich des Verkäufers liege.[1728]

a. Wertersatz nur bei vollständiger Zerstörung

Im Hinblick auf die Rückgabe einer beschädigten, aber nicht zerstörten Sache liest sich die Vorschrift des Art. 173 Abs. 1 S. 1 GEK zunächst eindeutig: Wertersatz kommt nur dann in Betracht, wenn die Sache nicht zurückgegeben werden kann. Aus Abs. 2, der eine Grundregel zur Feststellung des tatsächlichen Wertersatzes enthält[1729], die auch für den Fall der Beschädigung gilt, ergibt sich aber, dass Abs. 1 S. 1 missverständlich formuliert ist: Eine Beschädigung im Sinne von Abs. 2 ist gerade nicht mit einer Zerstörung, das heißt einem Untergang gleichzusetzen. Wenn der Verkäufer aber einen Wertersatz für eine beschädigte Sache erhalten kann, dann muss folglich Abs. 1 ähnlich der Vorschrift im BGB „soweit" zu lesen sein, so dass Wertersatz auch im Falle einer Beschädigung einschlägig sein kann.[1730] Damit ist ein Rückgriff auf Art. 176 GEK nicht notwendig und aus der direkten internen Auslegung der Vorschrift lässt sich ableiten, dass Art. 173 Abs. 1 GEK – entgegen dem scheinbar klaren Wortlaut – einen erweiterten Anwendungsbereich hat.[1731] Die Regelung führt vor allem für Verkäufer zu einer befriedigenden Situation, weil

1725 *Lehmann* in: Schulze, Art. 173 Rn. 11 f.
1726 So auch schon zum DCFR Laimer, ZEuP 2012, 47 (55).
1727 *Wendehorst* in: Remien/Herrler/Limmer, S. 189 (198); Looschelders, AcP 212 (2012), 581 (674).
1728 *Wendehorst* in: Remien/Herrler/Limmer, S. 189 (198); Looschelders, AcP 212 (2012), 581 (674).
1729 Zur Berechnung siehe unter Teil 5.C.I.4.
1730 Ähnlich Mörsdorf/Brinkmann, GPR 2013, 190 (198).
1731 a.A. *Lehmann* in: Schulze, Art. 173 Rn. 23.

diese keinen Wertverlust (vorbehaltlich der konkreten Berechnung gem. Abs. 2) erleiden und gleichzeitig nicht auf die Vorschrift des Art. 176 GEK angewiesen sind, bei der Restunsicherheiten bestünden, ob Gerichte zu einer entsprechenden Anwendung kämen.

b. Wertersatz bei Zerstörung der Sache durch den Verkäufer

Anders gelagert ist die Situation im zweitgenannten Fall. Mangels eines Pendants zu § 346 Abs. 3 BGB kennt das GEK keine Rückausnahme für den Fall, dass die Zerstörung auf den Verkäufer selbst zurückzuführen ist. Auch hier ordnet der starre Wortlaut („kann das Erlangte nicht zurückgegeben werden") die Zahlung des Wertersatzes an, selbst wenn die Ware gerade deshalb untergegangen ist, weil ein Mangel angelegt war. Der Käufer würde damit die Haftung für etwas übernehmen, was typischerweise dem Risikobereich des Verkäufers zuzuordnen ist. Insbesondere, da es sich beim Käufer überwiegend um Verbraucher handeln wird, ist dieses Ergebnis unangemessen.[1732] Mangels alternativer Auslegungsmöglichkeiten muss an dieser Stelle jedoch dem eindeutigen Wortlaut gefolgt werden. Auch eine teleologische Reduktion scheitert bereits am Fehlen einer planwidrigen Regelungslücke: Der Gesetzgeber hat eine Regel zur Rückausnahme zwar nicht aufgenommen, er hat allerdings mit Art. 176 GEK einen Korrekturansatz eingebaut.[1733] Die beschriebene Konstellation muss damit als ein Paradebeispiel für Art. 176 GEK angesehen werden, der konkret so anzuwenden ist, dass hier eine Rückausnahme anzunehmen ist, mit der Folge, dass der Käufer keinen Wertersatz leisten muss, wenn die Vertragswidrigkeit bereits bei Übergang angelegt war. Da ein solches Ergebnis allerdings nicht positiv kodifiziert ist, birgt der Gesetzeskomplex an dieser Stelle ein erhebliches Unsicherheitsrisiko für den Käufer.

3. Unverhältnismäßigkeit der Rückgabe

Wäre die Rückgabe gem. Art. 172 Abs. 1 GEK zwar möglich, ist sie aber mit unverhältnismäßig hohem Aufwand verbunden, so kann der Käufer gem. Art. 173 Abs. 1 S. 2 GEK auch freiwillig die Zahlung des Geldersatzes wählen. Für den Käufer stellt dies zunächst eine Besserstellung dar, die dem deutschen § 313 Abs. 1 und 3 BGB ähnelt (wirtschaftliche Unmöglichkeit). Zweck der Vorschrift ist die Gleichstellung der Rückgewähr mit der (Haupt-) Leistung, das heißt dem Käufer soll die gleiche Möglichkeit zur Verweigerung gegeben werden, die der Verkäufer auch bei seiner Leistung geltend machen könnte.[1734] Der letzte Halbsatz hinsichtlich der vorgehenden Eigentumsrechte ist dabei wohl zumindest aus deutscher Sicht

1732 Siehe *Wendehorst* in: Remien/Herrler/Limmer, S. 189 (198).
1733 Zu Art. 176 GEK siehe detailliert unter Teil 5.E.I.
1734 Looschelders, AcP 212 (2012), 581 (678).

nur deklaratorischer Natur.[1735] Wurde der Vertrag an sich erfüllt, so ist der Käufer erst einmal Eigentümer geworden, so dass ein entsprechendes Eigentumsrecht des Verkäufers hier nicht entgegenstehen kann. Hat der Verkäufer allerdings Ansprüche aus Vindikation, so gehen diese vor, das GEK als schuldrechtliches Instrument kann hier überhaupt keine anderweitige Rechtsfolge anordnen. Der letzte Halbsatz soll diese Selbstverständlichkeit, womöglich für Nutzer anderer Rechtsordnungen, nur klarstellen.

4. Berechnung des Geldwertes

In 173 Abs. 2 GEK liefert der Gesetzesentwurf Angaben zur Bestimmung des Geldwertes. Demnach ist der Geldwert einer Ware jener Wert, den sie zum Zeitpunkt der Fälligkeit der Zahlung dieses Geldwerts gehabt hätte, wenn sie beim Empfänger verblieben wäre, ohne bis dahin untergegangen oder beschädigt worden zu sein. Der Wortlaut ist abermals missglückt.[1736] Da Art. 173 Abs. 1 GEK nicht nur den Fall der Unmöglichkeit, sondern auch jenen der Unverhältnismäßigkeit regelt, ist anzunehmen, dass die Vorschrift des Art. 173 Abs. 2 GEK auch (über den Wortlaut hinaus) für die Unverhältnismäßigkeit gelten muss. Ein solches Ergebnis muss daher im Wege der analogen Anwendung erzielt werden, da es ansonsten ersichtlich an einer entsprechenden Berechnung für diesen Fall mangeln würde.

Inhaltlich statuiert das GEK als Berechnungsgrundlage quasi den Zeitwert der Ware, der zu ersetzen ist und der anhand objektiver Kriterien zu bestimmen ist.[1737] Die Regelung stellt den Käufer somit so, wie er zu dem Zeitpunkt wirtschaftlich auch gerade steht. Auch im Falle des Fortbestands des Vertrags hätte er von jeglicher Wertsteigerung profitiert, so wie er auch einen Verlust erlitten hätte.[1738] Mögliche Verluste des Verkäufers, die zwischen Leistung und Zahlung des Wertersatzes eingetreten sind, lassen sich theoretisch durch die Zahlung von Nutzungen abfedern, in der Praxis wird wohl der Verkäufer oftmals keinerlei Entschädigung erhalten, weil der Käufer keinen Nutzungsersatz zu zahlen hat.[1739] Anhaltspunkte zur tatsächlichen Berechnung des jeweiligen Geldwertes enthält das GEK keine. Im internationalen Vergleich handelt es sich dabei jedoch um ein gängiges Problem. So muss auch die Regelung im BGB erst durch Urteile oder Literaturmeinungen mit Leben gefüllt

---

1735 Die Kritik von *Koch* in: Wendehorst/Zöchling-Jud, S. 225 (245) ist daher nicht falsch, die Bewertung erscheint jedoch zu harsch; a.A. *Lehmann* in: Schulze, Art. 173 Rn. 29 f.

1736 *Koch* in: Wendehorst/Zöchling-Jud, S. 225 (245); nicht nachvollziehbar ist der weitere Vorwurf *Kochs*, es mangele an einer Regelung für den Fall der Beschädigung.

1737 Looschelders, AcP 212 (2012), 581 (678), anders noch im DCFR, siehe Laimer, ZEuP 2012, 47 (58).

1738 Looschelders, AcP 212 (2012), 581 (678 f.).

1739 Siehe hierzu unter Teil 5.D.I.1.b.

werden.[1740] Für das GEK wird es sich anbieten, den Wertersatz konkret anhand von Waren der gleichen Art und Güte am Wohnsitz des Käufers zu berechnen.[1741] Zu begrüßen ist, dass das GEK mit dem Zeitpunkt der Rückzahlung einen konkreten Zeitpunkt vorgibt, so dass sich Diskussionen wie im BGB, wo es an einem gesetzlichen Zeitpunkt mangelt, erübrigen.[1742]

5. Keine Herausgabe des Surrogats

Im aktuellen Parlamentsentwurf nicht mehr enthalten ist die Herausgabe des Surrogats gem. Art. 173 Abs. 5 GEK. Die Norm ist, soweit ersichtlich, ersatzlos entfallen. Unklar ist, ob dies aufgrund der massiven Kritik geschehen ist.[1743] Es stellt sich jedoch die Frage, was der Verkäufer herausverlangen kann, wenn der Käufer die Sache wiederum weiterverkauft hat. Mangels nun existenter Sonderregelung muss auf die allgemeinen Regelungen der Art. 173 Abs. 1 und 2 GEK zurückgegriffen werden. Da der Käufer die Sache in natura nicht mehr zurückgeben kann, muss er Wertersatz entsprechend Art. 173 Abs. 1 GEK leisten. Ein möglicher Gewinn, den der Käufer durch den Weiterverkauf erwirtschaftet hat, verbleibt also in jedem Fall bei ihm[1744], auch ein möglicher Verlust schützt ihn dann allerdings nicht vor einem eventuell höheren Wertersatzanspruch.[1745]

6. Beweislast

Der Schuldner trägt die Beweislast dafür, dass die Rückgabe in natura nicht möglich ist. Der Gläubiger, in der Regel also der Käufer, trägt die Beweislast dafür, dass die Rückgabe nur mit unverhältnismäßig hohem finanziellem oder sonstigem Aufwand möglich wäre. Der Verkäufer müsste einen Eingriff in seine Eigentumsrechte beweisen.

1740 Fehl geht insofern die Kritik von *Koch* in: Wendehorst/Zöchling-Jud, S. 225 (245), der bemängelt, dass es keinerlei Aussage zu der Frage gebe, wie der Geldwert zu bestimmen ist. Auch ohne explizite Hinweise ist die Regelung präzise genug um zum hier genannten Ergebnis zu kommen – eine andere Berechnungsmethode gibt es nicht.

1741 Im Ergebnis wohl genauso *Lehmann* in: Schulze, Art. 173 Rn. 36 f.

1742 Zur Diskussion im BGB siehe unter Teil 5.C.II.4.

1743 Zur Kritik als „Fremdkörper" der Vorschrift im GEK, siehe unter anderem *Wendehorst* in: Schmidt-Kessel, S. 371 (396); *Koch* in: Wendehorst/Zöchling-Jud, S. 225 (245).

1744 Ablehnend Sirena, ERPL 2011, 977 (983 ff.).

1745 Auf die übrigen Absätze von Art. 173 GEK kann im Rahmen dieser Arbeit nicht detailliert eingegangen werden. Art. 173 Abs. 3 enthält eine Sondervorschrift für verbundene Dienstleistungen, Art. 173 Abs. 4, 6 und 6a GEK enthalten Sondervorschriften für den Kauf von digitalen Waren. Vertiefend hierzu beispielsweise Looschelders, AcP 212 (2012), 581 (679 ff.) oder *Wendehorst* in: Schmidt-Kessel, S. 371 (395 f.).

II. Zahlung von Wertersatz gem. § 346 Abs. 2 BGB

1. Allgemeines

Das BGB kennt prinzipiell drei Konstellationen, in denen die Parteien Wertersatz zu leisten haben. Gem. § 346 Abs. 2 S. 1 BGB ist immer dann Wertersatz zu leisten, wenn die Rückgewähr bzw. die Herausgabe der Sache nach der Natur des Erlangten ausgeschlossen ist (Var. 1), der Schuldner den empfangenen Gegenstand verbraucht, veräußert, belastet, verarbeitet oder umgestaltet hat (Var. 2) oder der empfangene Gegenstand sich verschlechtert hat oder untergegangen ist (Var. 3). Dabei wird überwiegend angenommen, dass es sich bei § 346 Abs. 2 S. 1 Var. 1 BGB um eine Primärpflicht handelt und folglich auch die Anknüpfung „statt Rückgewähr" falsch sei.[1746] Dem zugrunde liegt die Überlegung, dass § 346 BGB auch auf Dienstverträge und weitere Vertragstypen Anwendung findet und hier eine Rückgabe überhaupt nicht in Betracht kommt.[1747] Für das reine Kaufrecht spielt die Wertersatzpflicht gem. § 346 Abs. 2 S. 1 Var. 1 BGB somit keine Rolle. Die übrigen beiden Varianten sollen die Verteilung des Risikos bei Zufall gerechter als noch in der alten Fassung des BGB aufteilen.[1748] Auch wenn sprachlich nicht eindeutig zu erkennen, so dienen die Varianten außerdem nur als Regelbeispiele, die Fälle des § 346 Abs. 2 S. 1 BGB sind daher nicht abschließend.[1749] Durch die Formulierung „soweit" wird außerdem klargestellt, dass eine Wertersatzpflicht auch teilweise entstehen kann, wenn die zurückzugewährende Sache teilweise beschädigt oder untergegangen ist.[1750]

2. Wertersatz bei Verbrauch, Veräußerung, Belastung, Verarbeitung oder Umgestaltung (§ 346 Abs. 2 S. 1 2. Var. BGB)

Wertersatz wird nach § 346 Abs. 2 S. 1 2. Var. BGB zunächst fällig, soweit die Sache verbraucht, veräußert, belastet, verarbeitet oder umgestaltet wurde. Begrifflich meint der Verbrauch die bestimmungsgemäße Ausnutzung der Sache[1751], eine Veräußerung bzw. Belastung liegt bei Abschluss eines entsprechenden dinglichen Rechtsgeschäfts vor[1752], ausnahmsweise auch bei entsprechend bindenden schuldrechtlichen Vereinbarungen.[1753] Verarbeitung und Umgestaltung sind entsprechend

---

1746 Kaiser, JZ 2001, 1057 (1059); Gaier, WM 2002, 1 (4); a.A. *Lobinger* in: Soergel BGB, § 346 Rn. 66.

1747 *Gaier* in: MüKo-BGB, § 346 Rn. 20.

1748 *Gaier* in: MüKo-BGB, § 346 Rn. 36.

1749 BGH, Urt. v. 20.02.2008, Az.: VIII ZR 334/06, NJW 2008, 2028 (2030); BGH, Urt. v. 10.10.2008, Az.: V ZR 131/07, NJW 2009, 63 (64); *Gaier* in: MüKo-BGB, § 346 Rn. 37.

1750 *Kaiser* in: Staudinger BGB, § 346 Rn. 132; *Gaier* in: MüKo-BGB, § 346 Rn. 46.

1751 *Faust* in: jurisPK, § 346 Rn. 44; *Gaier* in: MüKo-BGB, § 346 Rn. 38.

1752 *Hager* in: NK-BGB, § 346 Rn. 37; *Gaier* in: MüKo-BGB, § 346 Rn. 39.

1753 *Grüneberg* in: Palandt, § 346 Rn. 8a; *Lobinger* in: Soergel BGB, § 346 Rn. 75; *Gaier* in: MüKo-BGB, § 346 Rn. 39; a.A. *Kaiser* in: Staudinger BGB, § 346 Rn. 140 (es handele sich um einen Fall des § 346 Abs. 2 S. 1 Nr. 3 BGB).

den Begriffen in § 950 BGB zu verstehen.[1754] Nach allgemeiner Auffassung kommt ein Wertersatzanspruch bezüglich einer Veräußerung, Belastung, Verarbeitung oder Umgestaltung aber nur in Betracht, wenn es dem Schuldner nicht möglich ist, die Ware zurückzuerwerben bzw. die Belastung zu beseitigen oder ihm dies entsprechend § 275 Abs. 2 BGB nicht zuzumuten ist.[1755]

3. Wertersatz bei Verschlechterung oder Untergang (§ 346 Abs. 2 S. 1 3. Var. BGB)

Wertersatz ist gem. § 346 Abs. 2 S. 1 3. Var. BGB zu leisten, soweit der empfangene Gegenstand sich verschlechtert hat oder die Sache untergegangen ist. Untergang ist die vollständige Zerstörung der Sache[1756], Verschlechterung jede „nachteilige Veränderung der Sachsubstanz" bzw. „Beeinträchtigung der Funktionstauglichkeit".[1757] § 346 Abs. 2 S. 1 Var. 3 a.E. BGB stellt klar, dass die bestimmungsgemäße Ingebrauchnahme keine Verschlechterung in diesem Sinne darstellt. Dies folgt aus der Tatsache, dass der Verkäufer hierfür bereits gem. § 346 Abs. 1 BGB einen Nutzungsersatz erhält[1758], führt aber auch dazu, dass eine übermäßige Nutzung zu einer Wertersatzpflicht nach Var. 3 führt.[1759]

4. Berechnung des Wertersatzes

Ausgangspunkt für die Berechnung jedes Wertersatzes ist zunächst § 346 Abs. 2 S. 2 BGB, wonach die vertraglich vereinbarte Gegenleistung zugrunde zulegen ist. In der einschlägigen Literatur wird zahlreich kritisiert, dass das Gesetz auf den Vertrag abstellt, obwohl dieser durch die Erklärung des Rücktritts gerade aufgelöst wurde[1760], die Regelung ist insofern jedoch eindeutig und zu berücksichtigen. Zu berechnen ist der Wertersatz nach herrschender Meinung in dem Zeitpunkt, in dem der Anspruch auf Wertersatz entsteht.[1761] Hat der Käufer bereits geleistet, muss er also den vollen Kaufpreis zurückerstatten. Der Kaufpreis ist nicht nur zugrunde zulegen, sondern

---

1754 *Lobinger* in: Soergel BGB, § 346 Rn. 77.

1755 *Grothe* in: Bamberger/Roth, § 346 Rn. 41; *Grüneberg* in: Palandt, § 346 Rn. 8a; Arnold, Jura 2002, 154 (157); Schwab, JuS 2002, 630 (632 f.); a.A. *Gaier* in: MüKo-BGB, § 346 Rn. 39 f.

1756 *Gaier* in: MüKo-BGB, § 346 Rn. 41; *Lobinger* in: Soergel BGB, § 346 Rn. 84; *Grüneberg* in: Palandt, § 346 Rn. 9.

1757 *Gaier* in: MüKo-BGB, § 346 Rn. 41.

1758 Siehe zum Nutzungsersatz gem. § 346 Abs. 1 BGB unter Teil 5.D.I.2.b.

1759 *Gaier* in: MüKo-BGB, § 346 Rn. 41; BT-Drucks. 14/6040, S. 196.

1760 Kaiser, JZ 2001, 1057 (1059); Gaier, WM 2002, 1 (9); a.A. *Lobinger* in: Soergel BGB, § 346 Rn. 92.

1761 *Gaier* in: MüKo-BGB, § 346 Rn. 44; *Kaiser* in: Staudinger BGB, § 346 Rn. 168; *Röthel* in: Erman, § 346 Rn. 15; für den Zeitpunkt der Leistung: *Grothe* in: Bamberger/Roth, § 346 Rn. 46; *Faust* in: jurisPK, § 346 Rn. 80; für den Zeitpunkt der letzten mündlichen Gerichtsverhandlung: *Lobinger* in: Soergel BGB, § 346 Rn. 101.

in diesem Fall maßgeblich.[1762] Ist allerdings ein Fall der Schlechtleistung gegeben, kann der Wertersatz nicht dem vollen Kaufpreis für den Fall einer mangelfreien Sache entsprechen.[1763] Hier ist, vergleichbar § 441 Abs. 3 BGB, von einer geminderten Gegenleistungspflicht auszugehen.[1764]

5. *Ausnahmen von der Wertersatzpflicht gem. § 346 Abs. 3 BGB*

a. *Entdeckung des Mangels erst bei Verarbeitung oder Umgestaltung (§ 346 Abs. 3 S. 1 Nr. 1 BGB)*

Eine Wertersatzpflicht besteht entgegen § 346 Abs. 2 BGB für den Käufer immer dann nicht, wenn eine der Varianten des § 346 Abs. 3 BGB einschlägig ist. So entfällt sie gem. § 346 Abs. 3 S. 1 Nr. 1 BGB, wenn sich der zum Rücktritt berechtigende Mangel erst während der Verarbeitung oder Umgestaltung des Gegenstandes gezeigt hat. Obwohl von der Formulierung her nicht beschränkt, gilt die Ausnahme für Fälle des § 346 Abs. 2 S. 1 Nr. 2 BGB[1765] und nach herrschender Ansicht nicht nur für die Verarbeitung oder Umgestaltung, sondern auch für eine Vermischung[1766] oder den Fall, dass der Mangel erst bei ordnungsgemäßem Gebrauch festgestellt wird.[1767] Diese Ausnahme gilt für Schuldner sowie für Gläubiger, praktisch bedeutsam ist sie allerdings nur für den Käufer.[1768] Dieser kann sich nur dann nicht darauf berufen, wenn er die Sache in Kenntnis des Mangels verarbeitet, umgestaltet bzw. vermischt oder gebraucht hat, fahrlässige Unkenntnis schadet ihm nicht.[1769]

1762 *Gaier* in: MüKo-BGB, § 346 Rn. 21.

1763 BGH, Urt. v. 19.11.2008, Az.: VIII ZR 311/07, NJW 2009, 1068 (1070); *Gaier* in: MüKo-BGB, § 346 Rn. 45.

1764 BGH, Urt. v. 14.07.2011, Az.: VII ZR 113/10, NJW 2011, 3085 (3086); *Kaiser* in: Staudinger BGB, § 346 Rn. 161; *Gaier* in: MüKo-BGB, § 346 Rn. 45; Schwab/Wippler, JuS 2004, 404 (406); Arnold, Jura 2002, 154 (157); Reischl, JuS 2003, 667; a.A. Kohler, JZ 2002, 682 (691); *Lobinger* in: Soergel BGB, § 346 Rn. 96 ff. (objektiver Wert der mangelhaften Sache); Lorenz/Riehm, Rn. 425 (Vergütung wird absolut gemindert); *Grüneberg* in: Palandt, § 346 Rn. 10 (vereinbarte Vergütung abzüglich Gewinnanteil des Rücktrittsgegners).

1765 *Gaier* in: MüKo-BGB, § 346 Rn. 49; *Kaiser* in: Staudinger BGB, § 346 Rn. 172.

1766 *Gaier* in: MüKo-BGB, § 346 Rn. 49.

1767 *Kaiser* in: Staudinger BGB, § 346 Rn. 175; *Gaier* in: MüKo-BGB, § 346 Rn. 49; *Faust* in: jurisPK, § 346 Rn. 47.

1768 Ähnlich *Gaier* in: MüKo-BGB, § 346 Rn. 49, der hier von Rücktrittsberechtigten spricht, tatsächlich aber Beispiele nennt, in denen sich jeweils nur der Käufer auf die Ausnahme berufen kann.

1769 *Kaiser* in: Staudinger BGB, § 346 Rn. 177; *Grüneberg* in: Palandt, § 346 Rn: 11; *Röthel* in: Erman, § 346 Rn. 20; *Faust* in: jurisPK, § 346 Rn. 47; a.A. *Gaier* in: MüKo-BGB, § 346 Rn. 50; *Lobinger* in: Soergel BGB, § 346 Rn. 111.

b. Verschulden des Gläubigers (§ 346 Abs. 3 S. 1 Nr. 2 BGB)

Eine Pflicht zum Wertersatz entfällt außerdem, soweit der Gläubiger die Verschlechterung oder den Untergang zu vertreten hat oder der Schaden bei ihm gleichfalls eingetreten wäre (§ 346 Abs. 3 S. 1 Nr. 2 BGB). Der Käufer muss also immer dann keinen Wertersatz leisten, wenn der Verkäufer für eine Verschlechterung bzw. den Untergang verantwortlich ist oder wenn die Sache aufgrund höherer Gewalt, also beispielsweise eines Zufalls, untergeht.[1770] Nach Ansicht der herrschenden Meinung spiegelt sich der Rechtsgedanke des § 326 BGB in dieser Regelung wieder[1771], so dass danach zu differenzieren ist, ob der Verkäufer weit überwiegend verantwortlich ist oder nicht. Ein solches überwiegendes Verschulden ist gegeben, wenn der Gegenstand aufgrund eines bei Gefahrübergang vorliegenden Sachmangels untergeht bzw. sich verschlechtert.[1772]

c. Untergang trotz Einhaltens der eigenverantwortlichen Sorgfalt (§ 346 Abs. 3 S. 1 Nr. 3 BGB)

Schließlich muss der Käufer auch immer dann keinen Wertersatz leisten, wenn im Falle eines gesetzlichen Rücktrittsrechts die Verschlechterung oder der Untergang beim Berechtigten eingetreten ist, obwohl dieser diejenige Sorgfalt beachtet hat, die er in eigenen Angelegenheiten anzuwenden pflegt (§ 346 Abs. 3 S. 1 Nr. 3 BGB). Die Vorschrift ist als Ausnahme zu § 346 Abs. 2 S. 1 Nr. 3 zu verstehen, eine analoge Anwendung auf § 346 Abs. 2 S. 1 Nr. 2 BGB scheidet aus.[1773] Sie gilt sowohl im Falle eines Rücktritts aufgrund des Verschuldens von Käufer und Verkäufer[1774] und auch bei Geltendmachung eines vertraglichen Rücktrittsrechts, sofern gleichzeitig ein gesetzliches Rücktrittsrecht gegeben ist, welches von den vertraglichen Regelungen nur konkretisiert oder angepasst wird.[1775] Ähnlich wie im Falle des § 346 Abs. 3 S. 1 Nr. 2 BGB soll die Vorschrift nach allgemeiner Auffassung auch über die

---

1770 *Gaier* in: MüKo-BGB, § 346 Rn. 52; Schwab, JuS 2002, 630 (634), a.A. Arnold, Jura 2002, 154 (156).

1771 *Gaier* in: MüKo-BGB, § 346 Rn. 51; *Lobinger* in: Soergel BGB, § 346 Rn. 113.

1772 *Gaier* in: MüKo-BGB, § 346 Rn. 51; *Grothe* in: Bamberger/Roth, § 346 Rn. 22; *Lobinger* in: Soergel BGB, § 346 Rn. 113; Motsch, JR 2002, 221 (224).

1773 *Kaiser* in: Staudinger BGB, § 346 Rn. 190.

1774 *Grüneberg* in: Palandt, § 346 Rn. 13; *Röthel* in: Erman, § 346 Rn. 28; *Lobinger* in: Soergel BGB, § 346 Rn. 144; Annuss, JA 2006, 184 (188); Forst, ZGS 2011, 107 (109); a.A. wonach die Ausnahme nur zur Anwendung gelangt, wenn der Verkäufer den Rücktritt zu verschulden hat, siehe *Gaier* in: MüKo-BGB, § 346 Rn. 54; Kohler, JZ 2001, 325 (332); Kamanabrou, NJW 2003, 30 (31); differenzierend Derleder, NJW 2005, 2481 (2484 f.).

1775 *Kaiser* in: Staudinger BGB, § 346 Rn. 208; *Gaier* in: MüKo-BGB, § 346 Rn. 54; *Röthel* in: Erman, § 346 Rn. 27; Annuss, JA 2006, 184 (188); Forst, ZGS 2011, 107 (108).

Verschlechterung oder den Untergang hinaus für Fälle des Untergangs wie Veräußerung, Verbrauch und Belastung gelten.[1776]

Umstritten ist der Verweis auf die eigenverantwortliche Sorgfalt. Allgemein anerkannt ist, dass der Käufer keinen Wertersatz leisten muss, wenn er handelt, bevor er Kenntnis vom Rücktrittsgrund erlangt hat, bzw. diese hätte erlangen müssen.[1777] Die Pflicht zum Wertersatz besteht auf der anderen Seite nach allgemeiner Auffassung auf jeden Fall, wenn der Käufer grob fahrlässig handelt.[1778] Darüber hinaus ist die weitere Einordnung jedoch umstritten. Nach einer Ansicht ist die Vorschrift entsprechend § 277 BGB zu verstehen.[1779] Die herrschende Meinung[1780] greift auf das aus § 254 BGB bekannte Prinzip des Verschuldens gegen sich selbst zurück, wonach gerade jene Sorgfalt nicht eingehalten wird, die erforderlich scheint, um sich selbst vor einem Schaden zu bewahren. Im Gegensatz zu § 254 BGB sei hier allerdings von einem subjektiven und nicht von einem objektiven Maßstab auszugehen.[1781] Kenntnis des Käufers vom Rücktrittsgrund schließt die Privilegierung in § 346 Abs. 3 S. 1 Nr. 3 BGB nicht aus, weil ein Handeln in Kenntnis klassischerweise S. 2 unterfällt und keine Frage des Ausschlusses des Wertersatzes ist.[1782]

6. *Herausgabe der Bereicherung, § 346 Abs. 3 S. 2 BGB*

Gem. § 346 Abs. 3 S. 2 BGB hat der Käufer letztlich auch eine verbleibende Bereicherung an den Verkäufer herauszugeben. Die Vorschrift greift immer dann, wenn ein Wertersatzanspruch gem. § 346 Abs. 2 BGB grundsätzlich bestünde, aufgrund einer Ausnahme nach Abs. 3 BGB aber nicht geleistet werden muss.[1783] Es handelt sich um eine Rechtsfolgenverweisung auf das Bereicherungsrecht, womit gem. § 818 Abs. 1

1776 *Gaier* in: MüKo-BGB, § 346 Rn. 55; *Röthel* in: Erman, § 346 Rn. 26; a.A. *Kaiser* in: Staudinger BGB, § 346 Rn. 210; Annuss, JA 2006, 184 (188); Faust, JuS 2009, 481 (486).

1777 *Lobinger* in: Soergel BGB, § 346 Rn. 135; *Gaier* in: MüKo-BGB, § 346 Rn. 56; *Kaiser* in: Staudinger BGB, § 346 Rn. 211.

1778 *Kaiser* in: Staudinger BGB, § 346 Rn. 211 ff.; *Gaier* in: MüKo-BGB, § 346 Rn. 56; KG, Beschl. v. 09.11.2007, Az.: 5 W 276/07, GRUR-RR 2008, 129 (131).

1779 *Grüneberg* in: Palandt, § 346 Rn. 13b; *Hager* in: NK-BGB, § 346 Rn. 61; OLG Karlsruhe, Urt. v. 12.09.2007, Az.: 7 U 169/06, NJW 2008, 925 (926).

1780 *Gaier* in: MüKo-BGB, § 346 Rn. 56; *Kaiser* in: Staudinger BGB, § 346 Rn. 211; a.A. *Lobinger* in: Soergel BGB, § 346 Rn. 135 f.; *Faust* in: jurisPK, § 346 Rn. 75.

1781 *Gaier* in: MüKo-BGB, § 346 Rn. 56.

1782 *Grothe* in: Bamberger/Roth, § 346 Rn. 53; *Röthel* in: Erman, § 346 Rn. 29; *Faust* in: jurisPK, § 346 Rn. 73; *Grüneberg* in: Palandt, § 346 Rn. 13b; Schneider ZGS 2007, 57 (58 f.); a.A. *Gaier* in: MüKo-BGB, § 346 Rn. 57; Gaier, WM 2002, 1 (11); *Hager* in: NK-BGB, § 346 Rn. 59; *Stadler* in: Jauernig, § 346 Rn. 8; Schwab, JuS 2002, 630 (635); Perkams, Jura 2003, 150 (151 f.); Arnold, ZGS 2003, 427 (433); Rheinländer, ZGS 2004, 178 (180); Schulze/Ebers, JuS 2004, 366 (370); Lorenz NJW 2005, 1889 (1893); Deckenbrock/Dötsch, WM 2007, 669 (675).

1783 *Lobinger* in: Soergel BGB, § 346 Rn. 149; *Gaier* in: MüKo-BGB, § 346 Rn. 58.

BGB – im Unterschied zum GEK – insbesondere auch ein Surrogat herausverlangt werden kann[1784] und gem. § 818 Abs. 3 BGB die Einrede der Entreicherung für den Käufer möglich ist.[1785]

7. *Beweislast*

Die Beweislast entspricht dem zur Primärpflicht Gesagten.[1786]

III. Keine Wertersatzpflicht im CISG

Der grundlegende Unterschied im Bereich der Rücktrittsfolgen zwischen GEK und BGB auf der einen und dem CISG auf der anderen Seite zeigt sich an dieser Stelle. Während die beiden erstgenannten Gesetze eine sekundäre Rechtsfolge kennen, die immer dann greift, wenn bzw. soweit die primäre Rechtsfolge nicht durchführbar ist, so fehlt diese Ebene im CISG. Wie Art. 82 Abs. 1 CISG deutlich zeigt, kennt das CISG nur den Idealfall der Rückgewähr der vollständigen, unbeschädigten Ware. Unabhängig davon (und daher auch nicht als Wertersatz zu qualifizieren) gibt es im CISG nur die Pflicht zum Ausgleich von Vorteilen gem. Art. 84 Abs. 2 CISG. Wie *Fountoulakis* richtig feststellt[1787], verringert sich dadurch der Abstand zu Regelwerken wie BGB und GEK, ein adäquater Ersatz beispielsweise für den Fall der Verschlechterung der Sache durch den Käufer ist dies in der Regel jedoch nicht.[1788]

D. Sonstige Pflichten

I. Nutzungsvergütung und Zinsersatz

1. *Nutzungsvergütung und Zinsersatz gem. Art. 174 GEK*

a. *Allgemeines*

Neben der Pflicht zur Rückgabe der Sache bzw. der Leistung von Wertersatz enthalten die Vorschriften der Art. 174 und Art. 175 GEK weitere Pflichten für die Parteien. So müssen beide Parteien gem. Art. 174 GEK Ersatz für die Nutzung dessen, was sie erlangt haben, leisten. Im Falle des Käufers handelt es sich dabei um Nutzungsersatz, der unter den Voraussetzungen des Art. 174 Abs. 1 GEK gezahlt werden muss, im Falle des Verkäufers um Zinsen für den Gebrauch des Geldes gem. Art. 174 Abs. 2

1784 BGH, Urt. v. 28.11.2007, Az.: VIII ZR 16/07, NJW 2008, 911 (912); *Gaier* in: MüKo-BGB, § 346 Rn. 58.

1785 *Gaier* in: MüKo-BGB, § 346 Rn. 58; *Lobinger* in: Soergel BGB, § 346 Rn. 149; beide auch mit guten Erläuterungen zu Spezialproblemen des Bereicherungsrechts, auf die im Rahmen dieser Arbeit nicht näher eingegangen werden kann.

1786 Siehe hierzu unter Teil 5.B.II.7.

1787 *Fountoulakis* in: Schlechtriem/Schwenzer, Art. 84 Rn. 6.

1788 Im Detail siehe hierzu unter Teil 5.D.I.3.c.

GEK. Art. 172 Abs. 3 GEK stellt außerdem klar, dass es sich bei den Voraussetzungen, die die Abs. 2 und 3 aufstellen, nicht um Regelbeispiele handelt, sondern dass diese Anwendungsfälle abschließend sind und eine Zahlung von Nutzungsentgelt oder Zinsersatz über die dort genannten Fälle hinaus nicht möglich ist.[1789] Gänzlich unklar bleibt die Ergänzung des Hinweises auf die Absätze „1, 1a und 2", da es weder einen Absatz 1a gibt, noch sinnvoll erscheint, separat auf Art. 174 Abs. 1 lit. a) GEK zu verweisen, da bereits der Abs. 1 umfasst ist. Es muss daher von einem Redaktionsversehen ausgegangen werden. Die Norm ist zurückzuführen auf Art. III. – 3:513 DCFR, weist allerdings abermals große Differenzen auf[1790], so dass auf die Anmerkungen nur bedingt zurückgegriffen werden kann.

Die Trennung von Rückgewähr und Nutzungsersatz erscheint aus deutscher Sicht befremdlich, dürfte jedoch dadurch begründet sein, dass sich der europäische Gesetzgeber mit Nutzungsersatz generell schwer tut[1791] und man auf diesem Wege strengere Voraussetzungen hierfür begründen kann, als wenn die Leistung eines solchen zusammen mit der Primärpflicht geregelt würde.

b. Nutzungsvergütung des Käufers

aa. Allgemeines

Nach Art. 174 Abs. 1 GEK muss der Käufer dem Verkäufer den Geldwert der Nutzung zahlen, wenn der Käufer die Ware rein tatsächlich genutzt und die Beendigung des Vertrags zu vertreten hat (lit. a), ihm vor Beginn des Nutzungszeitraums der Beendigungsgrund bekannt war (lit. b) oder es aufgrund der Beschaffenheit der Ware, der Art und des Umfangs ihrer Nutzung und der Verfügbarkeit anderer Abhilfen als der Beendigung des Vertrags unbillig wäre, ihm die unentgeltliche Nutzung der Ware für diesen Zeitraum zu gestatten (lit. c).[1792] Es handelt sich um alternative Anknüpfungen, der Käufer muss bereits dann eine Vergütung leisten, wenn eine der Alternativen gegeben ist, wobei es zu Überschneidungen kommen kann. Die ersten beiden Punkte stellen ersichtlich darauf ab, ob der Käufer schutzunwürdig war oder nicht, der letzte Punkt ermöglicht eine Billigkeitsentscheidung für den Fall, dass der Käufer an sich schutzwürdig ist.[1793]

Missverständlich ist zunächst Art. 174 Abs. 1 lit. a) GEK. Tatsächlich ist bereits dann eine Vergütung zu leisten, wenn der Käufer die Beendigung verursacht hat. Dies ergibt sich zweifelsfrei aus der englischen Originalfassung („the recipient

---

1789 *Koch* in: Wendehorst/Zöchling-Jud, S. 225 (248) Fn. 107.

1790 *Lehmann* in: Schulze, Art. 174 Rn. 8.

1791 Siehe Diskussionen der Expertengruppe unter http://ec.europa.eu/justice/contract/files/tenth-meeting_en.pdf, S. 4 (zuletzt abgerufen am 21.12.2014); dazu auch Looschelders, AcP 212 (2012), 581 (682 f.); *Koch* in: Wendehorst/Zöchling-Jud, S. 225 (247).

1792 Die gleichen Voraussetzungen gelten für Nutzungsvergütung im Falle einer Anfechtung, die hier aber nicht zu behandeln ist.

1793 Ähnlich auch Looschelders, AcP 212 (2012), 581 (683).

caused the ground for avoidance or termination"), ob ein Vertretenmüssen vorliegt, ist hierbei unerheblich.[1794] Kritisiert wird auch die Billigkeitsklausel in Art. 174 Abs. 1 lit. c) GEK.[1795] Richtig ist, dass diese Vorschrift Einfallstor für Einzelfallentscheidungen werden kann, die bei Anwendung in 28 Mitgliedstaaten zu unterschiedlichen Ergebnissen führen wird. Allein dies sollte aber kein Anlass für generelle Kritik sein. Auch das CISG muss mit dem Problem leben in verschiedenen Staaten unterschiedlich ausgelegt zu werden und beweist, wie im Rahmen dieser Arbeit schon gezeigt[1796], dass sich über die Jahre der Verwendung vielerorts ein gemeinsamer Konsens finden lässt. Auch für das GEK ist also davon auszugehen, dass sich ein Kern dessen herauskristallisieren wird, was in Europa allgemein als unbillig angesehen wird. Aus deutscher Sicht jedenfalls erscheint die Norm dringend notwendig, um evidente Ungerechtigkeiten abzufedern. Hat beispielsweise der Käufer ein Auto erworben und nutzt dieses über einen Zeitraum von rund einem Jahr und kommt es nun zu einer Beendigung, die der Käufer weder vorhersehen konnte noch verursacht hat, so ist es schlicht unangemessen, wenn er für das Jahr der Nutzung keinerlei Vergütung an den Verkäufer zu entrichten hätte.

Ähnlich verhält es sich mit der konkreten Berechnung der Nutzungsentschädigung. Richtig ist natürlich, dass das GEK keine Berechnungsmethode vorgibt und auch, dass es hierdurch zu Streitigkeiten kommen kann.[1797] Wie bereits beim Wertersatz erwähnt[1798], ist dies jedoch gerade das Wesen von Gesetzen und es ist nicht zu kritisieren, dass es eine Zeit dauern wird, ehe sich eine gemeinschaftliche Praxis zur Berechnung des Nutzungsersatzes herausgearbeitet hat. Aus deutscher Sicht jedenfalls sind Anhaltspunkte hinreichend bekannt und erprobt, die sich ohne weiteres auf das GEK übertragen lassen. So sollte die Nutzungsentschädigung beispielsweise anhand der üblicherweise zu erwartenden Gesamtlebensdauer des Produkts berechnet werden. Der Käufer zahlt prozentual für jenen Anteil der zu erwartenden Lebensdauer, in der er die Ware nutzen konnte.[1799]

bb. Vergütung für übermäßige Nutzung

Im Entwurf des Parlaments außerdem neu eingefügt wurde eine Regelung für die übermäßige Nutzung, wonach der Käufer, der Waren oder deren Früchte[1800] übermäßig genutzt hat, dem Verkäufer neben dem Nutzungsersatzanspruch gem. Art. 174

1794 Siehe Looschelders, AcP 212 (2012), 581 (683).

1795 *Wendehorst* in: Remien/Herrler/Limmer, S. 189 (200); *Koch* in: Wendehorst/Zöchling-Jud, S. 225 (248); Looschelders, AcP 212 (2012), 581 (683); *Wendehorst* in: Schmidt-Kessel Kommentar, Art. 174 Rn. 3; Mörsdorf/Brinkmann, GPR 2013, 190 (194).

1796 Siehe hierzu beispielsweise unter Teil 3.B.III.1.b.aa(2).

1797 *Koch* in: Wendehorst/Zöchling-Jud, S. 225 (249) mwN.

1798 Siehe hierzu unter Teil 5.C.I.4.

1799 Zur Berechnung im BGB siehe beispielhaft *Gaier* in: MüKo-BGB, § 346 Rn. 26 ff.

1800 Sowie digitale Inhalte, auf die hier nicht vertieft eingegangen werden soll.

Abs. 1 GEK nun gem. Art. 174 Abs. 3a GEK auch Schadensersatz leisten muss. Die Regelung scheint auf den ersten Blick unnötig, weil wohl in Fällen der übermäßigen Nutzung stets davon auszugehen ist, dass die Zahlungspflicht gem. Art. 174 Abs. 1 lit. c) GEK ausgelöst würde, da es sich hierbei um den klassischen Anwendungsfall der Unbilligkeit aufgrund des Umfangs der Nutzung handelt. Dennoch zeigt sich auf den zweiten Blick, dass die Vorschrift, auch über Art. 174 Abs. 1 lit. c) GEK hinaus, durchaus ihre Berechtigung hat. So wäre zwar, eine ähnliche Berechnung unterstellt, wie sie nach dem BGB stattfinden würde, im Falle des Autokäufers, der innerhalb weniger Wochen über 100.000 km mit dem Auto fährt, kein Unterschied festzustellen, da – jedenfalls nach deutschem Verständnis – die Lebensdauer eines Fahrzeugs anhand dessen zu erwartender Laufleistung gemessen wird. Bei anderen Dingen, wie zum Beispiel einem Fernseher, dessen Lebensdauer wohl eher in Jahren gemessen würde, kann es aber zu einer übermäßigen Nutzung kommen, die durch die Nutzungsvergütung nicht hinreichend abgedeckt ist und für die der Käufer, sofern durch die Nutzung eine Wertminderung eingetreten ist, Schadensersatz zu leisten hat.

cc. Beschränkung der Nutzungsvergütung

Die Nutzungsvergütung wird andererseits durch drei Vorschriften des GEK begrenzt: Zum einen muss der Käufer gem. Art. 45 Abs. 4 GEK keine Nutzungen für den Zeitraum zahlen, in dem er ein Widerrufsrecht hatte und gem. Art. 112 Abs. 2 GEK nicht für die Nutzung des ersetzten Gegenstands in der Zeit vor der Ersatzlieferung.[1801] Zum anderen legt der neu geschaffene Art. 174 Abs. 3b GEK fest, dass der Ersatz für Nutzungen und Übermaßnutzungen gem. Art. 174 Abs. 3a GEK in der Höhe den Kaufpreis nicht übersteigen darf. Damit kann kritisiert werden, dass nun gerade doch der Inhalt des Vertrags, der gerade beendet würde, zum Maßstab für eine Berechnung erhoben wird[1802]. Letztlich dient die Vorschrift aber praktischen Erwägungen, die diesen Einwand verdrängen. Für tatsächliche Nutzungen geht die Vorschrift zwar ins Leere, da solche anhand des Kaufpreises berechnet werden und eine Zahlung den Kaufpreis daher ohnehin nie übersteigen kann. Sinnvoll ist allerdings die Klarstellung, dass auch der Schadensersatzanspruch für Übermaß-Nutzungen auf den Kaufpreis begrenzt ist. Die Vorschrift ist insgesamt richtig, bedenkt man, dass auch der Käufer, der die Sache endgültig behalten darf, sie im Endeffekt so intensiv hätte nutzen können, wie er gewollt hätte, ohne dass ein Aufschlag auf den Kaufpreis fällig geworden wäre.

Unklar ist, wie das GEK mit nicht gezogenen Nutzungen umgeht. Eine Parallelregelung zu § 347 BGB ist im GEK nicht enthalten. Aus Art. 174 Abs. 3 GEK könnte man schließen, dass Zahlungen für nicht gezogene Nutzungen nicht gewünscht sind, weil es sich um Zahlungen handelt, die über die Abs. 1 und 2 hinausgehen. Nicht gezogene Nutzungen lassen sich allerdings streng genommen nicht unter den

---

1801 Siehe hierzu unter Teil 1.D.I.5.a.dd.

1802 Zur gleichen Kritik an anderer Stelle siehe Looschelders, AcP 212 (2012), 581 (678).

Begriff der Nutzungen subsumieren. Ausschlaggebend ist vielmehr, dass aufgrund der Vorbehalte der Expertengruppe CFR[1803] und aufgrund der Tatsache, dass eine solche Zahlungspflicht kein allgemeines Rechtsprinzip ist und eine entsprechende Verpflichtung daher positivrechtlich kodifiziert sein müsste, der Käufer im GEK für Nutzungen, die er entgegen der ordnungsgemäßen Wirtschaft nicht gezogen hat, keinen Wertersatz zu leisten hat.[1804]

c. *Nutzungsvergütung des Verkäufers (Zinszahlung)*

Das Pendant zur Vergütungsverpflichtung findet sich in Form der Zinszahlungspflicht für den Verkäufer in Art. 172 Abs. 2 GEK. Einzige und entscheidende Voraussetzung ist die Frage, ob der Käufer für die Nutzung der Ware Vergütung zahlen muss. Besteht diese Pflicht, muss der Verkäufer auf den Kaufpreis Zinsen in Höhe von zwei Prozentpunkten über dem von der Europäischen Zentralbank (bzw. der jeweiligen Zentralbank) festgelegten Basiszinssatz gem. Art. 166 Abs. 2 GEK zahlen. Muss der Käufer keine Vergütung leisten, so trifft auch den Verkäufer seinerseits keinerlei Pflicht zur Zahlung einer Vergütung.[1805] So bestechend einfach die Regelung auch ist, muss dennoch kritisiert werden, dass sie keiner zwingenden Logik folgt. Insbesondere wenn der Käufer gutgläubig hinsichtlich des Beendigungsgrundes war und daher keine Nutzungsvergütung zu leisten hat, kann gerade der Verkäufer bösgläubig sein, so dass es gerade angemessen wäre, diesem eine Pflicht zur Zinszahlung aufzuerlegen.[1806] Der Regelung zugutezuhalten ist allerdings, dass das GEK offensichtlich bemüht ist, die Fälle von Nutzungsentschädigung zu begrenzen und so nach dem Motto „quid pro quo" den Verkäufer auch dann von jeglicher Verpflichtung freizusprechen, wenn er dafür selber auch nichts erhält.[1807] Die Regelung ist im Ergebnis also sehr anwendungsfreundlich.

d. *Beweislast*

Der Verkäufer hat die Voraussetzungen gem. Art. 174 Abs. 1 GEK zu beweisen, der Käufer die Voraussetzungen nach Abs. 2.

1803 http://ec.europa.eu/justice/contract/files/tenth-meeting_en.pdf, S. 4 (zuletzt abgerufen am 21.12.2014).

1804 So auch Mörsdorf/Brinkmann, GPR 2013, 190 (193); ohne Begründung im Ergebnis ebenso *Lehmann* in: Schulze, Art. 172 Rn. 52.

1805 Die weiteren Voraussetzungen des Art. 174 Abs. 2 lit. b) GEK bleiben insofern unberücksichtigt, weil sie nur Fälle der Anfechtung betreffen. Ebenfalls unberücksichtigt bleiben die neu eingefügten Regelungen der Art. 174 Abs. 3 c und d GEK, die abermals Sonderregelungen für den Erwerb digitaler Inhalte bereitstellen.

1806 Ähnlich *Koch* in: Wendehorst/Zöchling-Jud, S. 225 (249), insgesamt sehr kritisch auch Mörsdorf/Brinkmann, GPR 2013, 190 (193).

1807 Eine synallagmatische Verknüpfung ablehnend *Lehmann* in: Schulze, Art. 174 Rn. 19.

2. *Herausgabe der Nutzungen gem. § 346 Abs. 1 2. Alt BGB und § 347 Abs. 1 S. 1 BGB*

a. *Allgemeines*

Die Herausgabe von Nutzungen ist im BGB an verschiedenen Stellen geregelt. Nach § 346 Abs. 1 2. Alt BGB hat der Käufer die tatsächlich gezogenen Nutzungen herauszugeben. Zieht der Käufer entgegen der Regeln ordnungsgemäßer Wirtschaft Nutzungen nicht, so muss er außerdem Wertersatz für diese nicht gezogenen Nutzungen gem. § 347 Abs. 1 S. 1 BGB leisten.

b. *Herausgabe tatsächlich gezogener Nutzungen gem. § 346 Abs. 1 2. Alt BGB*

Der Käufer hat im BGB im Grundsatz die Nutzungen, die er aus der Kaufsache gezogen hat, herauszugeben. Darunter fallen gem. § 100 BGB die Früchte einer Sache oder eines Rechts sowie die Vorteile, welche der Gebrauch der Sache oder des Rechts gewährt. Früchte lassen sich im deutschen Recht weiter untergliedern in unmittelbare Sachfrüchte (§ 99 Abs. 1 BGB), wie z.B. Tier- bzw. landwirtschaftliche Produkte[1808], unmittelbare Rechtsfrüchte (§ 99 Abs. 2 BGB), wie anteiliger Gewinn einer GmbH[1809] und in mittelbare Sach- bzw. Rechtsfrüchte (§ 99 Abs. 3 BGB) wie Mieteinnahmen[1810] oder Zinseinnahmen.[1811] Im Unterschied zum GEK sind die Nutzungen grundsätzlich unmittelbar herauszugeben, nur wenn dies nicht möglich ist, muss der Käufer hierfür Wertersatz leisten.[1812] Die Berechnung der Gebrauchsvorteile erfolgt im BGB ausgehend von der zu erwartenden Nutzungsdauer der Ware. Der Käufer muss jenen Anteil am objektiven Wert (der in der Regel der Kaufpreis sein wird[1813]) zahlen, der auf den von ihm genutzten Zeitraum entfällt.[1814] Hat das Produkt also einen typischen Lebenszyklus von fünf Jahren und kann der Käufer es ein halbes Jahr nutzen, so belaufen sich die Gebrauchsvorteile auf zehn Prozent des objektiven Wertes bzw. Kaufpreises. Ist die Sache mangelhaft, muss ein angemessener Abschlag vorgenommen werden.[1815]

1808 *Gaier* in: MüKo-BGB, § 346 Rn. 25.

1809 BGH, Urt. v. 30.01.1995, Az.: II ZR 45/94, NJW 1995, 1027 (1028); *Gaier* in: MüKo-BGB, § 346 Rn. 25.

1810 BGH, Urt. v. 08.01.1975, Az.: VIII ZR 126/73, WM 1975, 254 (255); *Gaier* in: MüKo-BGB, § 346 Rn. 25.

1811 BGH, Urt. v. 03.06.1981, Az.: IV ZR 195/80, NJW 1981, 2350 (2351); *Gaier* in: MüKo-BGB, § 346 Rn. 25; *Lobinger* in: Soergel BGB, § 346 Rn. 50.

1812 *Gaier* in: MüKo-BGB, § 346 Rn. 25; *Faust* in: jurisPK, § 346 Rn. 102.

1813 *Gaier* in: MüKo-BGB, § 346 Rn. 26.

1814 BGH, Urt. v. 26.06.1991, Az.: VIII ZR 198/90, NJW 1991, 2484 (2485); NJW, Urt. v. 25.10.1995, Az.: VIII ZR 42/94, 1996, 250 (252); BGH, Urt. v. 06.10.2005, Az.: VII ZR 325/03, NJW 2006, 53 f.; BGH, Urt. v. 23.11.1994, Az.: VIII ZR 133/93, NJW-RR 1995, 364 (365).

1815 BGH, Urt. v. 06.10.2005, Az.: VII ZR 325/03, NJW 2006, 53 (54).

Eine gesonderte Regelung für übermäßige Nutzung ist im BGB nicht enthalten, der Verkäufer hat allerdings Anspruch auf Wertersatz für solche Übermaßnutzungen, wie sich aus § 346 Abs. 2 S. 1 Nr. 3 BGB ergibt.[1816] Auch eine Obergrenze für die Zahlung von Gebrauchsvorteilen enthält das BGB nicht. Einer solchen bedarf es allerdings auch nicht, da sowohl die Berechnung der Nutzungen als auch der Übermaßnutzungen auf dem Kaufpreis basieren, so dass klargestellt ist, dass dieser in jedem Fall das absolute Maximum ist.[1817]

c. Wertersatz für nicht gezogene Nutzungen gem. § 347 Abs. 1 S. 1 BGB

Im BGB ebenfalls klar geregelt ist der Umgang mit Nutzungen, die der Käufer nach den Regeln der ordnungsgemäßen Wirtschaft hätte ziehen können, tatsächlich aber nicht gezogen hat. Gem. § 347 Abs. 1 S. 1 BGB muss der Käufer dem Verkäufer für solche Nutzungen Wertersatz leisten. Auch die nicht gezogenen Nutzungen bestehen aus Sach- und Rechtsfrüchten sowie Gebrauchsvorteilen.[1818] Im Unterschied zu § 346 BGB sind vertragliche Vereinbarungen hier nicht als Grundlage heranzuziehen, zu ersetzen ist alleine der objektive Wert.[1819] Der Wertersatzanspruch in § 347 Abs. 1 S. 1 BGB ist verschuldensunabhängig konstruiert[1820], Ausgangspunkt jeglicher Zahlungen ist die ordnungsgemäße Wirtschaft. Wann in diesem Sinne also Nutzungen zu ziehen gewesen wären, soll einer Ansicht folgend davon abhängen, was vertraglich vereinbart worden ist[1821], nach herrschender Auffassung jedoch von objektiven, vernünftigen Maßstäben abhängen.[1822] Ein Streitentscheid ist nicht erforderlich, weil beide Ansichten in der Praxis zu gleichen Ergebnissen führen.[1823] So ist allgemein anerkannt, dass Wertersatz nur hinsichtlich solcher Nutzungen fällig wird, die entsprechend dem vertragsgemäßen Gebrauch zu ziehen gewesen wären.[1824] Genutzt werden müssen nur Dinge, die gerade zur Erwirtschaftung von Erträgen dienen, deren Nichtnutzung dementsprechend also zu einer Art „Verlust“ führen.[1825]

Eine Ausnahme hiervon gilt gem. § 347 Abs. 1 S. 2 BGB allerdings für einen Rücktritt aufgrund eines gesetzlichen Rücktrittsrechts. In einem solchen Fall muss der

---

1816 Siehe hierzu auch unter Teil 5.C.II.3.

1817 Siehe zur Höchstgrenze im GEK unter Teil 5.D.I.1.b.cc.

1818 *Gaier* in: MüKo-BGB, § 347 Rn. 5.

1819 *Gaier* in: MüKo-BGB, § 347 Rn. 9; *Lobinger* in: Soergel BGB, § 347 Rn. 14; *Grüneberg* in: Palandt, § 347 Rn. 2; a.A. *Faust* in: jurisPK, § 347 Rn. 20.

1820 *Gaier* in: MüKo-BGB, § 347 Rn. 6; *Kaiser* in: Staudinger BGB, § 347 Rn. 11; a.A. *Hager* in: NK-BGB, § 347 Rn. 3.

1821 *Lobinger* in: Soergel BGB, § 347 Rn. 10; *Faust* in: jurisPK, § 347 Rn. 13 (der hilfsweise auf die übliche Verwendung abstellt).

1822 *Gaier* in: MüKo-BGB, § 347 Rn. 6; *Kaiser* in: Staudinger BGB, § 347 Rn. 8; *Röthel* in: Erman, § 347 Rn. 2.

1823 *Gaier* in: MüKo-BGB, § 347 Rn. 6.

1824 *Gaier* in: MüKo-BGB, § 347 Rn. 6; *Kaiser* in: Staudinger BGB, § 347 Rn. 9.

1825 *Gaier* in: MüKo-BGB, § 347 Rn. 6; *Lobinger* in: Soergel BGB, § 347 Rn. 10 f.

Käufer im Hinblick auf Nutzungen nur mit der Sorgfalt einstehen, die er in eigenen Angelegenheiten anzuwenden pflegt. Die Vorschrift verfolgt vom Regelungsgehalt her die gleichen Ziele wie § 346 Abs. 3 S. 1 Nr. 3 BGB und ist dementsprechend in Übereinstimmung mit dieser Norm anzuwenden.[1826] Wie dort[1827] gilt folglich auch hier, dass die Norm zur Anwendung gelangt, unabhängig davon, ob der Rücktritt auf ein Verhalten des Käufers oder des Verkäufers zurückzuführen ist[1828] und dass sie auch dann auf ein vertragliches Rücktrittsrecht Anwendung findet, wenn durch dieses ein gesetzliches Rücktrittsrecht nur konkretisiert oder angepasst wird.[1829] Gleichsam gilt demnach auch hier, dass der Käufer keinen Wertersatz leisten muss, wenn er handelt, bevor er Kenntnis vom Rücktrittsgrund erlangt hat, bzw. diese hätte erlangen müssen[1830], dass er bei grob fahrlässigem Verhalten hingegen immer haftet[1831] und die eigenverantwortliche Sorgfalt darüber hinaus als ein Verschulden gegen sich selbst anzusehen ist, bei dem ein subjektiver Maßstab zu gelten hat.[1832]

d. Beweislast

Die Beweislast für das Vorliegen der Voraussetzungen, die zum Nutzungsersatz gem. § 346 Abs. 1 BGB bzw. zum Wertersatz nach Abs. 2 führen, entsprechen dem oben zur Primärpflicht Gesagten.[1833] Für Nutzungen, die entgegen der Regeln ordnungsgemäßer Wirtschaft nicht gezogen wurden, trägt der Verkäufer die Beweislast. Der Käufer hat zu beweisen, dass es ihm nicht möglich war, die Nutzungen zu ziehen.[1834]

3. Ausgleich von Vorteilen nach Art. 84 CISG

a. Allgemeines

Wie bereits erwähnt[1835], unterscheidet sich das CISG an dieser Stelle erheblich von GEK und BGB. Eine Trennung von Nutzungsvergütung und Aufwendungsersatz ist nicht möglich, Art. 84 CISG ordnet stattdessen einen allgemeinen Vorteilsausgleich

---

1826 *Gaier* in: MüKo-BGB, § 347 Rn. 11.

1827 Siehe hierzu unter Teil 5.C.II.5.c.

1828 *Kaiser* in: Staudinger BGB, § 347 Rn. 17; *Röthel* in: Erman, § 347 Rn. 4; a.A. *Gaier* in: MüKo-BGB, § 347 Rn. 11; *Faust* in: jurisPK, § 347 Rn. 26.

1829 *Kaiser* in: Staudinger BGB, § 347 Rn. 17; *Gaier* in: MüKo-BGB, § 347 Rn. 11; *Faust* in: jurisPK, § 347 Rn. 26; *Röthel* in: Erman, § 347 Rn. 4.

1830 *Gaier* in: MüKo-BGB, § 347 Rn. 11.

1831 *Kaiser* in: Staudinger BGB, § 347 Rn. 16.

1832 *Gaier* in: MüKo-BGB, § 347 Rn. 12; *Kaiser* in: Staudinger BGB, § 347 Rn. 16; im Übrigen siehe die Ausführungen zu § 346 Abs. 3 S. 1 Nr. 3 BGB unter Teil 5.C.II.5.c.; zur sehr interessanten Problematik, dass der Gesetzgeber nur § 346 Abs. 3 S. 1 Nr. 3 auf die nicht gezogenen Nutzungen übertragen hat, § 346 Abs. 3 S. 1 Nr. 1 und 2 jedoch nicht, siehe *Kaiser* in: Staudinger BGB, § 347 Rn. 18.

1833 Siehe hierzu unter Teil 5.B.II.7.

1834 *Gaier* in: MüKo-BGB, § 347 Rn. 23.

1835 Siehe hierzu unter Teil 5.C.III.

an. Aus Art. 84 Abs. 1 CISG folgt zunächst die Ausgleichspflicht für den Verkäufer dergestalt, dass er den Kaufpreis zu verzinsen hat, der Ausgleich von Vorteilen für den Käufer richtet sich nach Art. 84 Abs. 2 CISG. Das Ziel ist damit, die Parteien so zu stellen, wie sie ohne den zwischenzeitlichen Austausch der Leistungen standen.[1836] Art. 84 CISG findet insgesamt, trotz des auf den Käufer begrenzten Wortlauts („Der Käufer schuldet [...], wenn [...] er [...] die Aufhebung des Vertrags erklärt hat [...]"), nach allgemeiner Ansicht sowohl Anwendung bei Aufhebung des Vertrags durch den Käufer als auch durch den Verkäufer.[1837] Die Vorschrift gilt darüber hinaus gem. Art. 84 Abs. 2 lit. b) CISG für den Fall der Ersatzlieferung.[1838] Da außerdem sowohl die Verzinsung des Kaufpreises gem. Abs. 1 als auch der Ausgleich von Vorteilen gem. Abs. 2 auf Geldzahlungen gerichtet sind, ist eine Aufrechnung möglich.[1839]

b. Verzinsung des Kaufpreises (Art. 84 Abs. 1 CISG)

Der Verkäufer hat den Kaufpreis gem. Art. 84 Abs. 1 CISG vom Tage der Zahlung an bis zur Rückerstattung[1840] zu verzinsen. Erster Tag ist damit der Tag, in dem der Verkäufer das Geld erhalten hat, nicht der, an dem der Käufer den Zahlungsauftrag erteilt hat.[1841] Die Zinshöhe bestimmt sich nach dem am Niederlassungsort des

---

1836 *Benicke* in: MüKo-HGB, Art. 84 Rn. 1; *Huber* in: MüKo-BGB, Art. 84 Rn. 1; *Magnus* in: Staudinger CISG, Art. 84 Rn. 1 f.

1837 *Fountoulakis* in: Schlechtriem/Schwenzer, Art. 84 Rn. 7; *Huber* in: MüKo-BGB, Art. 84 Rn. 20; *Magnus* in: Staudinger CISG, Art. 84 Rn. 25; anders: *Weber* in: Honsell CISG, Art. 84 Rn. 6 und OLG Karlsruhe, Urt. v. 14.02.2008, Az.: 9 U 46/07, IHR 2008, 53 (55), die eine analoge Anwendung annehmen.

1838 Auf die Ersatzlieferung kann im Rahmen dieser Arbeit nicht vertieft eingegangen werden.

1839 *Fountoulakis* in: Schlechtriem/Schwenzer, Art. 84 Rn. 9; a.A. LG Mönchengladbach, Urt. v. 15.07.2003, Az.: 7 O 221/02, IHR 2003, 229 (230).

1840 *Fountoulakis* in: Schlechtriem/Schwenzer, Art. 84 Rn. 12a; Tribunal of Int'l Commercial Arbitration at the Russian Federation Chamber of Commerce, Schiedsurt. v. 15.04.1994, Az.: 1/1993, CISG-online 449.

1841 *Fountoulakis* in: Schlechtriem/Schwenzer, Art. 84 Rn. 12; *Magnus* in: Staudinger CISG, Art. 84 Rn. 8; *Saenger* in: Bamberger/Roth, Art. 84 Rn. 2; *Huber* in: MüKo-BGB, Art. 84 Rn. 5; Herber/Czerwenka, Art. 84 Rn. 3; nicht ganz so präzise, aber in die gleiche Richtung gehend OLG Düsseldorf, Urt. v. 28.05.2004, Az.: I-17 U 20/02, IHR 2004, 203 (215); LG Dresden, Urt. v. 29.05.2009, Az.: 41 HK O 104/08, CISG-Online 2174; a.A. Enderlein/Maskow/Strohbach, Art. 84 Bem. 2; *Salger* in: Witz/Salger/Lorenz, Art. 84 Rn. 2; *Weber* in: Honsell CISG, Art. 84 Rn. 7; *Benicke* in: MüKo-HGB, Art. 84 Rn. 6.

Verkäufers[1842] üblichen Zinssatz und ist abstrakt, das heißt unabhängig von der tatsächlichen Nutzung, zu berechnen.[1843]

c. Ausgleich von Vorteilen (Art. 84 Abs. 2 CISG)

Der Käufer muss im Gegenzug an den Verkäufer einen Ausgleich für die Vorteile zahlen, die er aus der Sache gezogen hat. Diese Pflicht gilt entweder, wenn der Käufer die Ware ganz oder teilweise zurückgeben muss (Art. 84 Abs. 2 lit. a) CISG) oder wenn er die Ware ganz oder teilweise nicht oder nicht im ursprünglichen Zustand zurückgeben kann, er aber gleichzeitig die Aufhebung des Vertrags erklärt hat (Art. 84 Abs. 2 lit. b) CISG).[1844]

aa. Ausgleich von Vorteilen neben der Rückgabe (Art. 84 Abs. 2 lit. a) CISG)

Von Art. 84 CISG sind sämtliche Vorteile umfasst, eine Aufteilung in Nutzungen und Aufwendungen erfolgt nicht.[1845] Zu den Vorteilen zählen natürliche Früchte wie Jungtiere[1846], aber auch rechtliche Vorteile wie Einnahmen aus Vermietung[1847] und eigene Gebrauchsvorteile.[1848] Begrifflich nicht umfasst sind Nutzungskosten und Aufwendungen.[1849] Aufgrund des Zwecks, die Parteien so zu stellen, als hätte das

---

1842 *Fountoulakis* in: Schlechtriem/Schwenzer, Art. 84 Rn. 18; *Saenger* in: Bamberger/Roth, Art. 84 Rn. 3; Enderlein/Maskow/Strohbach, Art. 84 Bem. 3; *Weber* in: Honsell CISG, Art. 84 Rn. 10; *Bridge* in: Kröll/Mistelis/Viscasillas, Art. 84 Rn. 11; Brunner, Art. 84 Rn. 3; OLG München, Urt. v. 08.02.1995, Az.: 7 U 1720/94, CISG-online 143; Handelsgericht des Kantons Zürich, Urt. v. 05.02.1997, Az.: HG 950347, CISG-online 327; LG Dresden, Urt. v. 29.05.2009, Az.: 41 HK O 104/08, CISG-online 2174; AG Sursee, Urt. v. 12.09.2008, Az.: 11 07 4, IHR 2009, 63 (65); a.A. Tribunal of Int'l Commercial Arbitration at the Russian Federation Chamber of Commerce, Schiedsurt. v. 15.04.1994, Az.: 1/1993, CISG-online 449 (Käuferstaat); wohl mit Tendenz für den Ort der Niederlassung des Käufers: *Tallon* in: Bianca/Bonell, Art. 84 Anm. 2.1; abhängig von wem die Aufhebung ausgeht: Honnold/Flechtner, Art. 84 Rn. 451.2; anknüpfend an die Währung, in der der Kaufpreis zu zahlen war und nicht einen Staat *Benicke* in: MüKo-HGB, Art. 84 Rn. 5.

1843 *Fountoulakis* in: Schlechtriem/Schwenzer, Art. 84 Rn. 20; *Saenger* in: Bamberger/Roth, Art. 84 Rn. 3; *Huber* in: MüKo-BGB, Art. 84 Rn. 3.

1844 Die Nachlieferung bleibt, wie erwähnt, außen vor.

1845 *Magnus* in: Staudinger CISG, Art. 84 Rn. 17; *Fountoulakis* in: Schlechtriem/Schwenzer, Art. 84 Rn. 24; *Saenger* in: Bamberger/Roth, Art. 84 Rn. 4; *Huber* in: MüKo-BGB, Art. 84 Rn. 9.

1846 *Fountoulakis* in: Schlechtriem/Schwenzer, Art. 84 Rn. 25.

1847 *Magnus* in: Staudinger CISG, Art. 84 Rn. 17.

1848 *Fountoulakis* in: Schlechtriem/Schwenzer, Art. 84 Rn. 26.

1849 *Fountoulakis* in: Schlechtriem/Schwenzer, Art. 84 Rn. 27.

Geschäft nicht stattgefunden[1850], ist jedoch allgemein anerkannt, dass auch solche Kosten als Abzugsposten von den zu erstattenden Vorteilen abzuziehen sind.[1851]

Art. 84 Abs. 1 lit. a) CISG gilt damit unstreitig für solche Aufwendungen, die nach deutschem Recht als notwendige Aufwendungen qualifiziert würden, das heißt solche, die im Rahmen der Erhaltungspflicht gem. Art. 86 CISG erforderlich sind.[1852] Ebenso unstreitig gilt die Norm demgegenüber nicht für Luxusaufwendungen, also solche Aufwendungen, die nur aus persönlichen Vorlieben gemacht werden.[1853] Hinsichtlich nützlicher Aufwendungen, also solcher, die zwar nicht notwendig sind, den Wert der Sache aber erhöhen, herrscht in der Literatur Uneinigkeit. Teilweise wird vertreten – oftmals unter Verweis auf den Zweck von Art. 84 CISG – dass auch solche Aufwendungen zu ersetzen sind bzw. in Abzug gebracht werden können.[1854] Die wohl herrschende Meinung lehnt es jedoch ab, einen Abzug für nützliche Aufwendungen anzunehmen.[1855] Überwiegend wird dies mit einem Hinweis auf den Rechtsgedanken der Art. 85, 86 CISG begründet. Für einen Vergleich ist daher davon auszugehen, dass nützliche Aufwendungen nicht in Abzug gebracht werden können.

Im Ergebnis kann der Käufer damit nur notwendige Aufwendungen gegenüber den von ihm zu entrichtenden Vorteilen abziehen. Seine Ausgaben, gleich ob notwendig oder nicht, kann er nach dieser Lösung immer dann nicht geltend machen, wenn er selbst keine Vorteile ersetzen muss und er daher seine Aufwendungen nicht als Abzugsposten geltend machen kann.[1856] Im Umkehrschluss kann der Verkäufer vom Käufer keinen Ausgleich für nicht gezogene Nutzungen verlangen.[1857] In bei-

1850 *Fountoulakis* in: Schlechtriem/Schwenzer, Art. 84 Rn. 27.

1851 *Fountoulakis* in: Schlechtriem/Schwenzer, Art. 84 Rn. 27; *Magnus* in: Staudinger CISG, Art. 82 Rn. 17; *Saenger* in: Bamberger/Roth, Art. 84 Rn. 4; *Ferrari* in: Ferrari/Kieninger/Mankowski, Art. 84 Rn. 13; *Bridge* in: Kröll/Mistelis/Viscasillas, Art. 84 Rn. 15.

1852 *Magnus* in: Staudinger CISG, Art. 84 Rn. 17; *Fountoulakis* in: Schlechtriem/Schwenzer, Art. 84 Rn. 29; *Huber* in: MüKo-BGB, Art. 84 Rn. 14; Herber/Czerwenka, Art. 84 Rn. 8.

1853 *Magnus* in: Staudinger CISG, Art. 84 Rn. 17; *Fountoulakis* in: Schlechtriem/Schwenzer, Art. 84 Rn. 30; *Huber* in: MüKo-BGB, Art. 84 Rn. 14; *Saenger* in: Bamberger/Roth, Art. 84 Rn. 4; Herber/Czerwenka, Art. 84 Rn. 8; mit Verweis auf das nationale Recht Krebs, S. 79.

1854 *Fountoulakis* in: Schlechtriem/Schwenzer, Art. 84 Rn. 31.

1855 *Huber* in: MüKo-BGB, Art. 84 Rn. 14; *Weber* in: Honsell CISG, Art. 84 Rn. 22; Herber/Czerwenka, Art. 84 Rn. 8; Brunner, Art. 84 Rn. 6; *Ferrari* in: Ferrari/Kieninger/Mankowski, Art. 84 Rn. 13.

1856 Das Problem erkennend ohne allerdings Stellung hinsichtlich einer Lösung zu beziehen *Huber* in: MüKo-BGB, Art. 84 Rn. 14.

1857 *Fountoulakis* in: Schlechtriem/Schwenzer, Art. 84 Rn. 33; Enderlein/Maskow/Strohbach, Art. 84 Bem. 4.1; *Magnus* in: Staudinger CISG, Art. 84 Rn. 19; Herber/Czerwenka, Art. 84 Rn. 5.

den Fällen können die Parteien gegebenenfalls nur auf Schadensersatzansprüche zurückgreifen.[1858]

bb. Ausgleich von Vorteilen statt der Rückgabe (Art. 84 Abs. 2 lit. b) CISG)

Kann der Käufer die Sache nicht zurückgeben, so schuldet er gem. Art. 84 Abs. 2 lit. b) CISG den Gegenwert der Vorteile, die er aus der Veränderung der Sache oder dem Verkauf erhalten hat.[1859] Im Falle der Verschlechterung bzw. der Zerstörung muss er also vor allem Schadensersatz- bzw. Versicherungsleistungen an den Verkäufer auszahlen.[1860] Hat der Käufer die Ware bereits weiterverkauft, muss er dem Verkäufer die Vorteile aus diesem Verkauf herausgeben. Insbesondere ist hierbei umstritten, welchen Betrag der Käufer herauszugeben hat. Dazu wird teilweise vertreten, er habe nur einen üblichen Gewinn herauszugeben[1861], teilweise, dass der gesamte Gewinn herauszugeben sei[1862] und teilweise, dass es davon abhänge, wer die Aufhebung erklärt bzw. verschuldet hat.[1863] Ein Streitentscheid zur Höhe der Zahlung kann im Rahmen dieser Arbeit nicht geführt werden. Für den Vergleich ausreichend ist es festzuhalten, dass entsprechende Verkaufserlöse herauszugeben sind. Festzuhalten ist auch, dass der Käufer den Verkaufserlösen, die er herauszugeben hat, auf jeden Fall wieder seine eigenen Ausgaben gegenüberstellen kann.[1864] Hat er für den Untergang keinerlei Vorteile erhalten, muss er außerdem auch nichts herausgeben. Der Käufer hat zwar gem. Art. 86 GEK die grundsätzliche Pflicht, die Ware zu erhalten. Selbst unter Beachtung dieser Pflicht kann es aber zu einem Totalausfall für den Verkäufer kommen, weil dieser keinen Wertersatz verlangen kann.

d. Beweislast

Der Käufer hat den Anspruch auf Zinsersatz zu beweisen, der Verkäufer im Umkehrschluss jenen Anspruch aus Abs. 2. Dabei hat er die üblicherweise zu erwartenden Vorteile zu beweisen, der Käufer kann seinerseits den Gegenbeweis niedrigerer Vorteile erbringen.[1865]

1858 Siehe dazu *Fountoulakis* in: Schlechtriem/Schwenzer, Art. 84 Rn. 32 f.

1859 *Fountoulakis* in: Schlechtriem/Schwenzer, Art. 84 Rn. 34.

1860 *Magnus* in: Staudinger CISG, Art. 84 Rn. 23; *Fountoulakis* in: Schlechtriem/Schwenzer, Art. 84 Rn. 35.

1861 *Fountoulakis* in: Schlechtriem/Schwenzer, Art. 84 Rn. 37; *Benicke* in: MüKo-HGB, Art. 84 Rn. 16.

1862 *Huber* in: MüKo-BGB, Art. 84 Rn. 19; *Magnus* in: Staudinger CISG, Art. 84 Rn. 24; Herber/Czerwenka, Art. 84 Rn. 6.

1863 *Weber* in: Honsell CISG, Art. 84 Rn. 21.

1864 *Fountoulakis* in: Schlechtriem/Schwenzer, Art. 84 Rn. 38.

1865 *Fountoulakis* in: Schlechtriem/Schwenzer, Art. 84 Rn. 40.

II. Aufwendungsersatz

1. Aufwendungsersatz gem. Art. 175 GEK

a. Allgemeines

Separat behandelt wird im GEK das Thema Aufwendungsersatz.[1866] Es wird zwischen zwei grundsätzlichen Konstellationen unterschieden: Zunächst hat der Käufer gem. Art. 175 Abs. 1 GEK einen Anspruch auf Entschädigung für Aufwendungen, die er im Zusammenhang mit der Ware bzw. deren Früchten gemacht hat. Voraussetzung ist, dass er im Zeitpunkt des Tätigens der Aufwendungen gutgläubig war, das heißt, dass er nichts von dem Beendigungsgrund wusste und wissen musste und dass der Verkäufer durch die Aufwendung einen Vorteil hat. Kannte der Käufer hingegen den Grund der Beendigung oder hätte ihn kennen müssen, werden seine Aufwendungen nur ersetzt, wenn (i) die Aufwendungen im Zusammenhang mit dem Schutz der Ware oder deren Früchten standen und (ii) sofern der Käufer keine Gelegenheit hatte, sich mit dem Verkäufer abzustimmen. Die Vorschrift setzt vom Wortlaut her nicht voraus, dass der Käufer die Ware bzw. deren Früchte tatsächlich zurückgeben bzw. dafür Wertersatz leisten muss, es ist allerdings zwingend, dass Aufwendungen nur ersetzt verlangt werden können, wenn der Käufer von ihnen nicht weiter profitieren kann.

b. Aufwendungsersatz des gutgläubigen Käufers

Betrachtet man die Vorschriften zunächst getrennt voneinander, so stellt sich die grundsätzliche Frage, was unter Aufwendungen zu verstehen ist. Das GEK bietet, wie an vielen Stellen, keine Legaldefinition. Der Begriff der Aufwendungen wird im GEK an verschiedener Stelle verwendet. Es scheint sich dabei um freiwillige Ausgaben zu handeln, die zweckgebunden zugunsten der Ware oder den Früchten erfolgt sind.[1867] Rein begrifflich ist eine Unterscheidung wie in Deutschland zwischen Aufwendungen und Verwendungen, die wiederum in notwendige und nützliche Aufwendungen untergliedert werden können, nicht möglich. Das heißt im Umkehrschluss aber auch, dass der gutgläubige Käufer jegliche Aufwendungen, also auch Fälle, die nach deutschem Recht als nützliche Verwendungen qualifiziert werden, in der Höhe ersetzt bekommt, in der der Verkäufer einen Vorteil hat.[1868] Die Frage, ob eine Aufwendung zu einem Vorteil des Verkäufers führt, muss objektiv beantwortet werden. Es kommt also nicht darauf an, ob der Verkäufer in der Aufwendung persönlich einen Vorteil sieht, sondern nur darauf, ob die Sache im Zeitpunkt der Aufwendung teurer verkauft werden könnte als vorher.

1866 Ebenso bereits im DCFR (Art. III. – 3:512 DCFR Full Edition).

1867 *Koch* in: Wendehorst/Zöchling-Jud, S. 225 (249).

1868 Ähnlich im DCFR, siehe Laimer, ZEuP 2012, 47 (67).

c. *Aufwendungsersatz des bösgläubigen Käufers*

Art. 175 Abs. 2 GEK ist inhaltlich klar begrenzt auf Aufwendungen, die im Zusammenhang mit dem Schutz der Ware bzw. deren Früchte stehen.[1869] Es handelt sich somit um solche Aufwendungen, die nach deutschem Recht als notwendige Verwendungen qualifiziert würden, also beispielsweise Reparaturkosten[1870], Lagerkosten[1871] oder Futterkosten im Falle von Tieren.[1872]

Fraglich ist vor allem, wann eine Situation vorliegt, in der der Käufer keine Gelegenheit hatte, sich mit dem Verkäufer abzustimmen. Wie bereits an anderer Stelle erwähnt[1873], sind aufgrund der modernen Kommunikationsmöglichkeiten nur wenig Situationen vorstellbar, in denen ein vorheriger Anruf oder eine E-Mail nicht möglich sind, so dass es sich hierbei um ein nicht zu vernachlässigendes Ausschlusskriterium für Aufwendungen handeln wird. Im Wesentlichen wird sich der Anwendungsbereich wohl tatsächlich auf Fälle beschränken, in denen der Verkäufer z.B. nachts oder an Feiertagen nicht erreichbar ist und in denen enorme Eile geboten ist (wie z.B. bei Tieren). Es ist ausreichend, dass der Käufer den Verkäufer über das geplante Vorhaben informiert, dieser hat jedoch keinerlei Zustimmungsrecht.[1874] Vor diesem Hintergrund muss zu Recht gefragt werden, warum im Falle von Verwendungen, die dem Erhalt der Sache dienen, eine vorherige Informationspflicht überhaupt notwendig ist.[1875] Während eine Informationspflicht an anderer Stelle also gerade wünschenswert wäre[1876], ist sie an dieser Stelle weitestgehend widersinnig, da es gerade Prinzip einer solchen erhaltenden Aufwendung ist, dass es keine andere Alternative gibt. Der Gesetzgeber sollte also auch an dieser Stelle noch einmal tätig werden.

d. *Vergleichende Betrachtung*

Auch in der vergleichenden Betrachtung erscheint es aus deutscher Sicht vertraut und angemessen, zwischen einem gut- und einem bösgläubigen Käufer zu unterscheiden. Im Detail wird allerdings sichtbar, dass die Regelung nicht vollständig geglückt ist und dadurch zu unerwünschten Ergebnissen führt.[1877] Handelt es sich zunächst um eine, nach deutscher Begrifflichkeit, nützliche Verwendung, so kann

---

1869 *Wendehorst* in: Schmidt-Kessel, S. 371 (399).

1870 So zum BGB BGH, Urt. v. 21.12.1960, Az.: VIII ZR 89/59, WM 1961, 147 (148); BGH, Urt. v. 09.11.1995, Az.: IX ZR 19/95, NJW-RR 1996, 336 (337).

1871 So zum BGB *Kaiser* in: Staudinger BGB, § 347 Rn. 27.

1872 So zum BGB BGH, Urt. v. 15.11.2006, Az.: VIII ZR 3/06, NJW 2007, 674 (678).

1873 Siehe hierzu unter Teil 3.B.I.2.b.

1874 *Koch* in: Wendehorst/Zöchling-Jud, S. 225 (249).

1875 Siehe *Wendehorst* in: Schmidt-Kessel, S. 371 (399).

1876 Siehe hierzu unter Teil 2.E.IV.

1877 Siehe auch Looschelders, AcP 212 (2012), 581 (684); *Wendehorst* in: Schmidt-Kessel, S. 371 (399); *Wendehorst* in: Remien/Herrler/Limmer, S. 189 (199); *Wendehorst* in: Schmidt-Kessel Kommentar, Art. 175 Rn. 3.

der gutgläubige Käufer diese ersetzt verlangen, wenn der Verkäufer dadurch einen Vorteil erlangt hat. Angemessen ist auch, dass der gutgläubige Käufer keinen Ersatz verlangen kann, wenn die Aufwendung objektiv zu keinem Vorteil für den Verkäufer führt und der bösgläubige Käufer leer ausgeht, weil er bereits wusste, dass er die Sache nicht behalten darf, als er die Ausgabe getätigt hat.

Gerade im Fall der notwendigen Aufwendung aber, der in der Praxis wohl häufiger auftreten wird und der dem Käufer auch keine Wahl lässt, da er die Ausgabe tätigen muss, um die Sache zu erhalten, ergibt sich ein unangemessener Wertungswiderspruch. Hat die Aufwendung den Wert der Sache gesteigert (ist die Sache also erhalten worden), bekommen sowohl gutgläubiger als – nach erfolgter Konsultation – auch bösgläubiger Käufer ihre Aufwendungen erstattet. Führt die Aufwendung aber nicht zu dem gewünschten Ergebnis, das heißt geht die Sache unter, bekommt der bösgläubige Käufer die Aufwendung ebenfalls erstattet, weil aus der ex ante Sicht ein Handeln geboten war, der gutgläubige Käufer hingegen bekommt seine Aufwendung nicht erstattet, weil er den Wert der Sache objektiv nicht erhöht hat.[1878] Damit würde der gutgläubige Käufer im Ergebnis gerade bestraft. Eine Korrektur dieses Ergebnisses hat daher zwingend gem. Art. 176 GEK dergestalt zu erfolgen[1879], dass sich die Notwendigkeit eines Vorteils i.S.v. Art. 175 Abs. 1 GEK nur auf nicht zum Erhalt der Sache notwendige Aufwendungen beziehen darf. Aufwendungen, die der gutgläubige Käufer tätigen muss, um die Sache zu erhalten, müssen demnach immer ersetzt werden. Da der Gesetzgeber an Art. 175 GEK allerdings bis auf das Einfügen der gezogenen Früchte keine weiteren Änderungen vorgenommen hat, ist der Käufer darauf angewiesen, dass Gerichte dieser Argumentation folgen werden. Eine konkrete Kodifizierung wäre hier klar vorzuziehen.

e. Beweislast

Der Käufer trägt im Falle des Art. 175 Abs. 1 GEK die Beweislast dafür, dass er Aufwendungen getätigt hat und dafür, dass der Verkäufer dadurch bereichert ist. Der Verkäufer im Umkehrschluss trägt die Beweislast dafür, dass der Käufer den Grund kannte oder hätte kennen müssen. Im Falle von Abs. 2 trägt der Käufer die Beweislast dafür, dass die Aufwendungen in Zusammenhang mit der Erhaltung der Ware standen und sie eilbedürftig waren.

2. Ersatz von Aufwendungen bzw. Verwendungen gem. § 347 Abs. 2 BGB

a. Allgemeines

Nach § 347 Abs. 2 S. 1 BGB steht dem Käufer ein Anspruch auf Ersatz der notwendigen Verwendungen zu, S. 2 gewährt ihm das Recht zum Ersatz anderer, darüber hinausgehender Aufwendungen.

1878 *Wendehorst* in: Remien/Herrler/Limmer, S. 189 (199).

1879 Zur Anwendbarkeit des Art. 176 GEK auf diesen Fall siehe unter Teil 5.E.I.3.

b. Aufwendungsersatzanspruch gem. § 347 Abs. 2 S. 1 BGB

Ein Anspruch auf Ersatz notwendiger Verwendungen gem. § 347 Abs. 2 S. 1 BGB besteht, wenn der Käufer den Kaufgegenstand zurückgegeben hat, hierfür Wertersatz geleistet hat oder von einer Wertersatzzahlung aufgrund eines in § 346 Abs. 3 S. 1 Nr. 1 oder Nr. 2 BGB liegenden Grundes befreit ist. Aus der Formulierung „gibt er zurück", folgt, dass der Anspruch erst fällig wird, wenn der Käufer die Sache zurückgegeben bzw. Wertersatz geleistet hat.[1880] Muss der Käufer keinen Wertersatz gem. § 346 Abs. 3 S. 1 Nr. 3 BGB leisten, das heißt hat er sich an die eigenübliche Sorgfalt gehalten, kann er keinen Aufwendungsersatz verlangen. Der Grund hierfür ist im Schutz des Verkäufers zu sehen, der, wenn er ohne eigenes Verschulden weder Ware noch Wertersatz erhält, nicht auch noch zur Zahlung eines Aufwendungsersatzes verpflichtet sein soll.[1881] Der Anspruch ist außerdem immer dann ausgeschlossen, wenn Verwendungen oder Aufwendungen bereits im Rahmen von § 346 Abs. 3 S. 2 BGB oder § 347 Abs. 1 S. 1 BGB berücksichtigt wurden.[1882]

Unter Verwendungen versteht das BGB all solche Vermögensaufwendungen, die der Sache zugutekommen, das heißt ihrer Erhaltung, Wiederherstellung oder Verbesserung dienen.[1883] Sachändernde Verwendungen zählen nicht dazu.[1884] Die Notwendigkeit ist gegeben, wenn die Verwendung objektiv betrachtet[1885] aus ex ante Sicht[1886] erforderlich ist, um die „ordnungsgemäße Bewirtschaftung" zu erhalten.[1887] Sie ist abzulehnen bei reinen Betriebskosten der Sache.[1888]

1880 *Kaiser* in: Staudinger BGB, § 347 Rn. 45; *Gaier* in: MüKo-BGB, § 347 Rn. 17; *Grothe* in: Bamberger/Roth, § 347 Rn. 5.

1881 *Gaier* in: MüKo-BGB, § 347 Rn. 16; *Faust* in: jurisPK, § 347 Rn. 52; *Grüneberg* in Palandt, § 347 Rn. 3; a.A. *Kaiser* in: Staudinger BGB, § 347 Rn. 44; Derleder, NJW 2005, 2481 (2484).

1882 *Gaier* in: MüKo-BGB, § 347 Rn. 15; *Röthel* in: Erman, § 347 Rn. 6.

1883 BGH, Urt. v. 10.07.1953, Az.: V ZR 22/52, NJW 1953, 1466; BGH, Urt. v. 09.03.1983, Az.: VIII ZR 11/82, NJW 1983, 1479 (1480); BGH, Urt. v. 24.11.1995, Az.: V ZR 88/95, NJW 1996, 921 (922); BGH, Urt. v. 14.06.2002, Az.: V ZR 79/01, NJW 2002, 3478 (3479); *Gaier* in: MüKo-BGB, § 347 Rn. 18; *Kaiser* in: Staudinger BGB, § 347 Rn. 24; *Grothe* in: Bamberger/Roth, § 347 Rn. 4.

1884 *Gaier* in: MüKo-BGB, § 347 Rn. 18.

1885 *Gaier* in: MüKo-BGB, § 347 Rn. 19; BGH, Urt. v. 24.11.1995, Az.: V ZR 88/95, NJW 1996, 921 (922); *Röthel* in: Erman, § 347 Rn. 7; *Grothe* in: Bamberger/Roth, § 347 Rn. 4.

1886 *Gaier* in: MüKo-BGB, § 347 Rn. 19; BGH, Urt. v. 24.11.1995, Az.: V ZR 88/95, NJW 1996, 921 (922); a.A. *Lobinger* in Soergel BGB, § 347 Rn. 47 ff.

1887 BGH, Urt. v. 20.06.1975, Az.: V ZR 206/74, NJW 1975, 1553 (1556); BGH, Urt. v. 24.11.1995, Az.: V ZR 88/95, NJW 1996, 921 (922); *Gaier* in: MüKo-BGB, § 347 Rn. 19; inhaltlich identisch, mit ähnlicher Bezeichnung: *Grothe* in: Bamberger/Roth, § 347 Rn. 4; *Röthel* in: Erman, § 347 Rn. 7; *Lobinger* in Soergel BGB, § 347 Rn. 40 ff.

1888 *Gaier* in: MüKo-BGB, § 347 Rn. 19; *Röthel* in: Erman, § 347 Rn. 7; *Lobinger* in: Soergel BGB, § 347 Rn. 41; a.A. *Kaiser* in: Staudinger BGB, § 347 Rn. 30.

c. *Aufwendungsersatz gem. § 347 Abs. 2 S. 2 BGB*

Das BGB gewährt dem Käufer außerdem einen Ersatz von sämtlichen Aufwendungen, sofern der Verkäufer hierdurch bereichert ist, § 347 Abs. 2 S. 2 BGB. Der Begriff der Aufwendung ist weiter gefasst als jener der Verwendung, es handelt sich um freiwillige Vermögensopfer im Interesse eines anderen.[1889] Voraussetzung hierfür ist zum einen, dass der Käufer die Aufwendung vor Eintritt der Rechtshängigkeit getätigt hat[1890] und zum anderen, dass der Verkäufer hierdurch bereichert ist. Ist der Verkäufer zwar objektiv bereichert, kann mit der Bereicherung aber subjektiv nichts anfangen, so gelten die Grundsätze der aufgedrängten Bereicherung, wodurch der Verkäufer sich eines Aufwendungsersatzanspruchs durch eine Wegnahme entziehen kann.[1891]

d. *Beweislast*

Der Käufer trägt die Beweislast dafür, dass er Aufwendungen getätigt hat, dass diese notwendig waren und dass der Verkäufer bereichert ist.[1892]

3. *Keine entsprechende Regelung im CISG*

Wie bereits erwähnt[1893], gibt es im CISG keine Trennung zwischen Nutzungen und Aufwendungen. Beide Bereiche unterfallen den Vorteilen i.S.v. Art. 84 CISG, so dass die entsprechende Betrachtung bereits oben stattgefunden hat.[1894]

E. Andere Beurteilung aufgrund von Billigkeitsgesichtspunkten

I. Abweichung nach Billigkeitsgesichtspunkten gem. Art. 176 GEK

1. *Allgemeines*

Art. 176 GEK enthält eine Klausel, die die Vorschriften der Art. 172 ff. GEK einer allgemeinen Billigkeitskontrolle unterzieht. Danach kann eine bestehende Rückgabe- oder Rückzahlungsverpflichtung geändert werden, wenn deren Erfüllung dem

1889 BGH, Urt. v. 12.10.1972, Az.: VII ZR 51/72, NJW 1973, 46; BGH Urt. v. 26.04.1989, Az.: IVb ZR 42/88, NJW 1989, 2816 (2818).

1890 *Gaier* in: MüKo-BGB, § 347 Rn. 20; *Faust* in: jurisPK, § 347 Rn. 44; a.A. *Lobinger* in: Soergel BGB, § 347 Rn. 65.

1891 *Kaiser* in: Staudinger BGB, § 347 Rn. 50; *Gaier* in: MüKo-BGB, § 347 Rn. 22; *Röthel* in: Erman, § 347 Rn. 9; *Lobinger* in: Soergel BGB, § 347 Rn. 66.

1892 *Gaier* in: MüKo-BGB, § 347 Rn. 24.

1893 Siehe hierzu unter Teil 5.D.I.3.

1894 Siehe hierzu unter Teil 5.D.I.3.

Billigkeitsgrundsatz grob zuwiderlaufen würde, wobei insbesondere zu berücksichtigen ist, ob die Partei den Grund der Beendigung des Vertrags zu vertreten hatte oder sie ihn kannte.

2. Voraussetzungen

Die Vorschrift des Art. 176 GEK ist recht klar formuliert. Ausweislich ihres Wortlauts bezieht sie sich auf eine Rückgabe oder Rückzahlungsverpflichtung „nach diesem Kapitel". Umfasst ist also jede solche Verpflichtung, die sich aus den Art. 172 bis Art. 177a GEK ergibt.[1895] Unklar ist vor allem, wie der Begriff des „groben Zuwiderlaufens" zu verstehen ist, wobei noch recht eindeutig sein dürfte, dass es sich um einen Verstoß gegen den Billigkeitsgrundsatz von erheblichem Gewicht handeln muss, der dazu führt, dass nicht jede Ungerechtigkeit gesühnt bzw. ausgeglichen gehört, sondern nur besonders krasse Ausnahmefälle.[1896] Darüber hinaus ist der Begriff der Grobheit sehr unbestimmt, als Faktoren, diesen mit Leben zu füllen wird vorgeschlagen, dass darauf abzustellen sei, wer die Ursache für die Beendigung gesetzt hat, ob eine Partei Kenntnis vom Beendigungsgrund hatte oder ob ein Mangel bereits bei Übergang angelegt war.[1897] Letztlich wird es sich um Einzelfallentscheidungen handeln, ob ein Verstoß als grob oder unwesentlich im Sinne des Art. 176 GEK angesehen wird.

Die Unbestimmtheit ist auch das zentrale Problem des Art. 176 GEK. Letztlich handelt es sich um eine spezielle Ausprägung des Treu-und-Glauben-Grundsatzes in Art. 8 GEK.[1898] Während einige Autoren der Vorschrift anfangs noch zugutegehalten haben, dass sie unter Zeitdruck entstanden und deswegen relativ unpräzise geraten ist[1899], muss, nachdem auch im Entwurf des Parlaments jegliche Änderungen unterblieben sind, davon ausgegangen werden, dass es sich hierbei um den Willen des Gesetzgebers handelt. Das GEK selbst gibt dem Anwender damit nur zwei Anhaltspunkte mit auf den Weg. Ein Verstoß ist danach immer auch daran zu messen, wer die Beendigung zu vertreten hat und wer Kenntnis von einem Beendigungsgrund hatte. Die erste Voraussetzung ist, wie bereits in Art. 174 Abs. 1 lit. a) GEK, so zu verstehen, dass es um die Verursachung geht, nicht um die Frage eines Vertretenmüssens.[1900] Darüber hinaus ermöglichen die beiden Merkmale, dass auch subjektive Aspekte berücksichtigt werden können, die ansonsten im Rahmen des Beendigungs-

1895 Zu Recht weist allerdings *Lehmann* in: Schulze, Art. 176 Rn. 4 daraufhin, dass Art. 174 Abs. 1 lit. c) GEK insofern eine Ausnahme darstellt, als dass diese Norm selber schon Billigkeitsaspekte berücksichtigt.

1896 So ähnlich Looschelders, AcP 212 (2012), 581 (677) und *Lehmann* in: Schulze, Art. 176 Rn. 12.

1897 *Lehmann* in: Schulze, Art. 176 Rn. 14 ff.

1898 *Schulte-Nölke* in: Schulze, Art. 2 Rn. 8.

1899 So Looschelders, AcP 212 (2012), 581 (677); Mörsdorf/Brinkmann, GPR 2013, 190 (202).

1900 Siehe hierzu auch unter Teil 5.D.I.1.b.aa.

rechts, das zunächst objektiv und unabhängig von der Frage eines Verschuldens die beidseitige Rückabwicklung anordnet, unberücksichtigt blieben. Man kann also davon ausgehen, dass nach dem Willen des Gesetzgebers insbesondere dann eine Korrektur vorzunehmen ist, wenn dem gutgläubigen Käufer eine Ungerechtigkeit widerfährt oder jenem Käufer, der die Beendigung nicht selbst verschuldet hat. Weitere Aspekte sind bedauerlicherweise nicht genannt, sind aber natürlich trotzdem zu berücksichtigen, da es sich bei den beiden genannten ausdrücklich nur um Regelbeispiele handelt („insbesondere"). Zu denken wäre in diesem Zusammenhang beispielsweise an das Ausmaß der Ungerechtigkeit.

3. *Anwendungsbeispiele*

Aus dem gerade Gesagten lassen sich die bereits in den vorhergehenden Abschnitten ermittelten Beispiele herausarbeiten: In Fällen, in denen der Käufer Wertersatz gem. Art. 173 Abs. 1 GEK zu leisten hat, weil die Sache untergegangen ist, ist eine Korrektur dann notwendig, wenn der Untergang auf einem Mangel basiert oder aus einem Verhalten des Verkäufers resultiert.[1901] Hat der Käufer Aufwendungen getätigt, die notwendig waren, um die Sache zu erhalten, so muss er diese ersetzt bekommen, unabhängig davon, ob seine Bemühungen erfolgreich waren oder nicht.[1902] Schließlich muss auch das Verhältnis von Art. 174 und Art. 175 GEK zueinander in bestimmten Fällen eine Korrektur erfahren. Gem. Art. 174 Abs. 1 GEK wird der Käufer wohl in der Regel keinen Nutzungsersatz leisten müssen. Dennoch kann er, mangels einer vergleichbaren Regelung wie § 994 Abs. 1 S. 2 BGB, sämtliche Aufwendungen, die er zum gewöhnlichen Unterhalt der Ware getätigt hat, vom Verkäufer ersetzt verlangen.[1903] In vielen Fällen würde dies quasi zu einer kostenfreien Leihe der Sache führen, so dass auch hier gem. Art. 176 GEK eine Korrektur dergestalt notwendig ist, dass Aufwendungen zum gewöhnlichen Unterhalt nur dann verlangt werden können, wenn der Käufer auch Nutzungsentschädigung zu zahlen hat.

II. Anpassung nach Treu und Glauben gem. § 242 BGB

Dem Grundsatz von Treu und Glauben kommt im deutschen Recht im Bereich des Rücktritts eine völlig andere Bedeutung zu als im GEK: Während Art. 176 GEK dafür geschaffen ist, um deutliche Ungerechtigkeiten in den Rechtsfolgen korrigieren zu können und somit ein erhebliches Maß an Unsicherheit schürt, sind all jene Fragen in den §§ 346 ff. BGB überzeugend kodifiziert. Im BGB kommt § 242 BGB nur im Rahmen der Voraussetzungen eines Rücktrittsrechts zum Tragen. Ein Eingreifen von § 242 BGB und damit ein Ausschluss des Rücktrittsrechts wird zum Beispiel angenommen, wenn der Käufer die Ware behalten möchte, aber trotzdem

1901 Siehe hierzu unter Teil 5.C.I.2.b.

1902 Siehe hierzu unter Teil 5.D.II.1.d.

1903 *Wendehorst* in: Remien/Herrler/Limmer, S. 189 (199); Looschelders, AcP 212 (2012), 581 (684).

ein Rücktrittsrecht ausüben will[1904] und in Fällen der Verwirkung, das heißt immer dann, wenn der Käufer über einen längeren Zeitraum hinweg von der Rücktrittsmöglichkeit weiß, sie aber nicht ausübt.[1905]

III. Treu und Glauben im CISG

Im Gegensatz zu Art. 176 GEK, der als Generalklausel zum Ausgleich von Ungerechtigkeiten im Rahmen der Beendigungsfolgen gerade geschaffen ist, ist der Grundsatz von Treu und Glauben im CISG mittlerweile zwar anerkannt[1906], darf jedoch nicht als Generalklausel verstanden werden.[1907] Folglich kann der Grundsatz von Treu und Glauben im CISG auch nicht dafür herhalten, die oben dargestellten Ergebnisse vor dem Hintergrund einer Gerechtigkeitsabwägung zu korrigieren.

F. Fazit

I. Fazit zum GEK

Beim Blick auf das GEK an sich und vor allem bei einem Vergleich der Kommissions-Version mit den Änderungen, die durch die Parlaments-Fassung eingefügt wurden, lässt sich Folgendes feststellen: Dem europäischen Gesetzgeber ist mit der bislang vorliegenden Fassung ein großer Schritt in die richtige Richtung, hin zu mehr Klarheit, gelungen. Zahlreiche Kritikpunkte sind aufgegriffen und durch die umfangreichen Änderungen in großen Teilen ausgeräumt worden. Zu nennen ist hierbei in erster Linie die Regelung zur Kostentragung, wonach nunmehr der Käufer für sämtliche Kosten, sogar solche, die aus einem Ausbau resultieren, aufkommt.[1908] Dem Gesetzgeber ist hiermit eine moderne Regelung gelungen, die in das aktuell in Europa vorherrschende Bild passt und die gleichzeitig einfach für Anwender zu handhaben ist. Regelungen sind nunmehr auch zum Zurückbehaltungsrecht und (mittelbar) zur Frage der Zug-um-Zug Rückgabe geschaffen worden. Diese Regelungen tragen zu mehr Rechtssicherheit bei und sind daher zu begrüßen. Gleiches gilt für die Einführung einer eindeutigen Regelung zum Leistungszeitpunkt.

Demgegenüber gibt es aber nach wie vor Regelungen, die kritisch zu betrachten sind: so ist im Rahmen der Primärpflicht die neu eingefügte Regelung zum Schadensersatz im Hinblick auf den Umfang, das heißt die Frage, in welchem Stadium ein Schadensersatzanspruch fällig werden kann, unpräzise. Zudem ist es nicht nachvollziehbar, dass ausgerechnet eine Regelung zum Rückgewährort nicht in das GEK

1904 BGH, Urt. v. 10.11.1971, Az.: VIII ZR 155/70, NJW 1972, 155; *Looschelders/Olzen* in: Staudinger BGB, § 242 Rn. 676.

1905 Hierzu ausführlicher *Looschelders/Olzen* in: Staudinger BGB, § 242 Rn. 677 ff.

1906 Siehe hierzu ausführlicher unter Teil 1.C.III.4.

1907 *Ferrari* in: Schlechtriem/Schwenzer, Art. 7 Rn. 49; *Lüderitz/Fenge* in: Soergel, Art. 7 Rn. 8; a.A. Herber/Czerwenka, Art. 7 Rn. 13.

1908 Siehe hierzu unter Teil 5.B.I.2.

aufgenommen wurde. So unverständlich insbesondere das Fehlen der letztgenannten Regelung ist, so klar muss allerdings auch festgehalten werden, dass sowohl der Umfang des Schadensersatzanspruchs als auch der Ort für die Rückgewähr mit den zur Verfügung stehenden Mitteln zweifelsfrei bestimmt werden kann; dies relativiert unter Anwendergesichtspunkten die geäußerte Kritik doch erheblich.

Sowohl Art. 173 GEK als auch die Vorschriften zu Nutzungs- und Aufwendungsersatz sind mit Auslegungsschwierigkeiten verbunden und führen aufgrund dessen zu Ergebnissen, die derzeit nur schwer prognostizierbar sind, weil selbige sich erst durch die gerichtliche Praxis herausbilden werden. Zwar kann Art. 173 GEK mit den zur Verfügung stehenden Mitteln dergestalt ausgelegt werden, dass die Vorschrift nicht nur bei einer vollständigen Zerstörung, sondern auch bei einer Beschädigung greift. Dennoch lassen sich Restunsicherheiten, ob Gerichte zu einer anderen Einschätzung kommen, nicht gänzlich beseitigen. Ungerechtigkeiten zeigen sich auch im Rahmen von Art. 173 GEK im Falle der Zerstörung der Sache durch den Verkäufer. Trotz eindeutigem Verschulden muss Art. 173 GEK (vorbehaltlich Art. 176 GEK) dahingehend interpretiert werden, dass der Käufer für den Untergang der Sache Wertersatz zu leisten hat.

Art. 174 GEK ist für sich betrachtet deutlich weniger problematisch, auffällig sind hier aber vor allem zahlreiche Unsauberkeiten, wie beispielsweise das „falsche" Hinzufügen einer Vertretenmüssen-Voraussetzung in Art. 174 Abs. 1 lit. a) GEK[1909], eine fehlende Klarstellung, dass es sich um eine alternative Anknüpfung[1910] handelt oder eine fehlende Auseinandersetzung mit der Frage, wie mit nicht gezogenen Nutzungen umzugehen ist.[1911] Unklar ist auch, welchen Zweck die Billigkeitsklausel in Art. 174 Abs. 1 lit. c) GEK in der Praxis einnehmen wird. Ebenfalls Anlass zur Kritik gibt die Zinszahlungspflicht des Verkäufers. Obwohl der Regelung nicht abzusprechen ist, dass sie einfach anzuwenden ist, gibt es doch gerade Fälle, in denen der Käufer keine Nutzungsentschädigung zahlen muss und eine Verzinsung dennoch angebracht scheint.[1912] Die Anwendung der Norm dürfte daher in einigen Fällen zu unangemessenen Ergebnissen führen. Art. 175 GEK unterscheidet zwar begrüßenswerterweise zwischen gut- und bösgläubigem Käufer, die Ergebnisse für notwendige Aufwendungen sind allerdings nicht tragbar.[1913] Darüber hinaus folgt aus dem Zusammenspiel zwischen Art. 174 und Art. 175 GEK die Möglichkeit der „kostenlosen Leihe", die ebenfalls nicht angebracht ist.[1914]

Art. 176 GEK darf im Rahmen dieser Gesamtbetrachtung nicht außen vor bleiben, ist die Vorschrift doch geeignet, die hier aufgezählten Mängel weitestgehend zu beheben und insoweit als Korrektiv zu fungieren.[1915] Nichtsdestotrotz handelt

1909 Siehe hierzu unter Teil 5.D.I.1.b.aa.
1910 Siehe hierzu unter Teil 5.D.I.1.b.aa.
1911 Siehe hierzu unter Teil 5.D.I.1.b.cc.
1912 Siehe hierzu unter Teil 5.D.I.1.c.
1913 Siehe hierzu unter Teil 5.D.II.1.d.
1914 Siehe hierzu unter Teil 5.E.I.3.
1915 Siehe hierzu unter Teil 5.E.I.3.

es sich dabei eben nur um eine Korrekturnorm, mit der Billigkeitsaspekte berücksichtigt werden können. Das Ziel eines Gesetzes kann es aber nicht sein, erst nach ausgiebiger Korrektur angewendet zu werden. Um sich nicht auf ein solches Korrektiv stützen zu müssen, sollte der Gesetzgeber Art. 174 und 175 GEK nochmals überarbeiten.

II. Vergleichendes Fazit mit BGB und CISG

Auch im Gesamtvergleich des GEK mit BGB und CISG zeigt sich, dass der Gesetzgeber des GEK mit dem Entwurf des Parlaments auf dem richtigen Weg ist, es allerdings durchaus noch Verbesserungsmöglichkeiten gibt. So ist der Detailgrad der Regelungen zwar deutlich höher als im CISG, wodurch zahlreiche Aspekte bereits vor Inkrafttreten des Gesetzes besser, weil klarer als im CISG gelöst werden können. Andererseits zeigt auch das Beispiel des BGB, dass die Regelungen noch harmonischer miteinander verknüpft sein könnten. Als gutes Beispiel hierfür dient die primäre Rechtsfolge. Im BGB sind gem. § 346 BGB von der Rückgabe, anders als im GEK, auch sämtliche Nutzungen erfasst, so dass es eine einheitliche Rechtsfolge gibt, von der § 346 Abs. 2 BGB dann mit dem Wertersatz eine einheitliche Sekundärfolge statuiert. Dabei ist, trotz aller durchaus berechtigter Kritik[1916], zu begrüßen, dass das BGB in § 346 Abs. 2 S. 2 BGB überhaupt einen Anhaltspunkt für die Berechnung des Wertersatzes liefert. Von enormem Wert erweist sich auch § 100 BGB, der sowohl die Benutzung der Sache, als auch Sach- und Rechtsfrüchte einheitlich unter dem Begriff der Nutzungen zusammenfasst und sie so der eben angesprochenen Folge unterwirft. Zwar kann man dem GEK an dieser Stelle zugutehalten, dass ein Allgemeiner Teil nicht zu umfangreich geraten sollte und aufgrund dessen an vielen Stellen den Rückgriff auf nationale Rechtsordnungen gewählt wurde. Die Definition des Begriffs der Nutzungen wäre allerdings ohne Schwierigkeiten möglich gewesen und hätte unmittelbar, wie im BGB, zu einem erhöhten Maß an Präzision geführt.

Die Schwächen des GEK im Bereich der sekundären Rechtsfolge zeigen sich insbesondere im Vergleich mit dem BGB. Wo dieses klar differenziert, in welchen Fällen Wertersatz zu leisten und in welchen Fällen hiervon eine Ausnahme vorzunehmen ist, schweigt sich das GEK aus. Das oben genannte Beispiel[1917] dürfte in der Praxis nur eines unter mehreren bleiben und zeigt auch im Rechtsvergleich, dass ein Nachbessern hier wünschenswert wäre. Ein Vergleich mit dem CISG ist in diesem Bereich nicht möglich, da es von einer völlig anderen Grundprämisse ausgeht als GEK und BGB. Ausgangspunkt ist zwar ebenfalls die Rückgewähr aller Leistungen, diese soll jedoch im Grundsatz nur dann stattfinden, wenn die Ware unbeschädigt zurückgegeben werden kann.[1918] Ausgehend davon gibt es keine sekundäre

1916 Siehe hierzu unter Teil 5.C.II.4.
1917 Siehe hierzu unter Teil 5.C.I.2.b.
1918 Siehe hierzu unter Teil 5.C.III.

Rechtsfolge, sondern nur eine allgemeine Ausgleichspflicht, nach der die Parteien die erhaltenen Vorteile herauszugeben haben.

Werden primäre und sekundäre Rechtsfolge gemeinsam unter der Fragestellung diskutiert, wie ein Käufer die Kaufsache verwenden kann und welche Konsequenzen eine Beendigung jeweils hätte, ergibt sich im Rechtsvergleich folgendes Ergebnis. Für den Käufer bieten sich mit dem Erwerb grundsätzlich drei Möglichkeiten: Er kann die Sache selber verwenden, er kann sie – nach eigener Nutzung oder direkt – weiterverkaufen und er kann sie an Dritte vermieten. Für das GEK folgt aus einer Beendigung, dass der Käufer, der die Sache vermietet hat, dem Verkäufer den Mietzins gem. Art. 172 Abs. 1 S. 1 GEK herausgeben muss, da es sich um Sachfrüchte der Ware handelt. Der Käufer, der die Sache weiterverkauft, hat hingegen gem. Art. 173 Abs. 1 GEK nur Wertersatz für den tatsächlichen Wert der Ware zu leisten, erzielt er also einen Verkaufsgewinn, so darf er diesen behalten. Nutzt er die Sache hingegen selber, muss er nur dann (Nutzungsvergütung) an den Verkäufer zahlen, wenn er bösgläubig war oder Art und Umfang der Nutzung eine Zahlung angemessen erscheinen lassen.[1919] Mag die Situation der Nutzungsvergütung den in Europa umstrittenen Ansichten hierzu geschuldet sein[1920], so erscheint zumindest die Abgrenzung zwischen Vermietung und Verkauf der Sache sehr willkürlich, wird doch der Käufer bei einem Verkauf der Sache im Vergleich zu einer Vermietung deutlich privilegiert.

Ein Blick auf das BGB, welches den Bereich der Rücktrittsfolgen ähnlich, wenn nicht sogar noch detaillierter regelt als das GEK, zeigt, dass ein Käufer im BGB unabhängig von der Verwendung immer einheitlich behandelt wird. So muss der Käufer, der die Sache weiterverkauft gem. § 346 Abs. 2 S.1 Nr. 2 BGB Wertersatz leisten, benutzt er die Sache, so muss er Nutzungsersatz gem. § 346 Abs. 1 BGB bzw. ebenfalls Wertersatz hierfür gem. § 346 Abs. 2 BGB leisten. Vermietet er die Sache, so hat er die Mieteinnahmen über die gleichen Vorschriften herauszugeben bzw. zu ersetzen, weil Mieteinnahmen als Nutzungen qualifiziert werden.[1921] Im CISG sind sowohl Mieteinnahmen als auch die eigene Nutzung als Vorteil i.S.v. Art. 84 Abs. 2 lit. a) CISG herauszugeben[1922], Einnahmen aus Verkäufen sind gem. Art. 84 Abs. 2 lit. b) an den Verkäufer weiter zu leiten.[1923] Dass dabei in der Literatur umstritten ist, ob auch ein Verkaufsgewinn herauszugeben ist oder nicht, kann als Spezialproblem außer Betracht bleiben, steht doch jedenfalls fest, dass die Ergebnisse grundsätzlich denen entsprechen, die auch zum BGB ermittelt wurden. Für den Käufer bedeutet dies ein Höchstmaß an Vorhersehbarkeit und – womöglich

1919 Ebenso *Wendehorst* in: Schmidt-Kessel Kommentar, Art. 174 Rn. 1; Sirena, ERPL 2011, 977 (996).
1920 Siehe Looschelders, AcP 212 (2012), 581 (682 f.).
1921 Siehe dazu unter Teil 5.D.I.2.b.
1922 Siehe hierzu unter Teil 5.D.I.3.c.aa.
1923 Siehe hierzu unter Teil 5.D.I.3.c.bb.

noch wichtiger – vermittelt genau jene Verlässlichkeit, die für die Akzeptanz eines Gesetzes wesentlich ist.[1924]

Das GEK ist indessen das einzige System, in dem die Art der Verwendung nicht zu einem gleichartigen Ergebnis führt. Dass selbst das CISG, welches diesen Bereich nur recht spärlich regelt, zu nachvollziehbareren, weil einheitlicheren Ergebnissen kommt als das GEK, führt daher zwangsläufig zu der Frage, ob diese Inkonsistenz innerhalb des GEK zu einer erschwerten Akzeptanz führt. Zur Beantwortung dieser Frage bedarf es allerdings einer differenzierteren Betrachtung: Der Käufer – zumeist ein Verbraucher – muss im Falle der eigenen Nutzung in einem Großteil der Fälle keinen Nutzungsersatz zahlen, so dass ihn das GEK bevorteilt. Diese Regelung ist gerade unter rechtspolitischen Gesichtspunkten durchaus gelungen, handelt es sich beim GEK doch um ein Gesetz, das hauptsächlich Anwendung im Endkundengeschäft finden wird. Der Weiterverkauf oder die Vermietung dürfte demgegenüber nur in den seltensten Fällen überhaupt eine Rolle spielen. Im „Normalfall", also dem der eigenen Nutzung der Ware, muss der Käufer (zumeist) nur die Ware zurückgeben und für die Nutzung nicht zahlen. Nur wenn er von diesem „Normalfall" abweicht und die Sache verkauft oder vermietet, muss er eine Zahlung leisten. Zudem tritt selbst im Falle des Verkaufs der Wertersatz ja nur anstelle der Sache und ein Übererlös (wie im BGB) darf behalten werden. Eins ist jedenfalls zu konstatieren: Im künftigen praktischen Hauptanwendungsfall der Rückgewähr räumt das GEK dem Käufer doch eine Stellung ein, die ihn im Gegensatz zu BGB und CISG nicht benachteiligt.

Auch wenn die Art der Verwendung im GEK zwar zu unterschiedlichen Ergebnissen führt, die für einen Käufer unbefriedigend sein können, weil er sich nicht auf die Situation einstellen kann und beim Erwerb nicht immer von vorneherein klar ist, wie die Ware verwendet werden wird, ist der Käufer trotz dieser Unsicherheit – keinesfalls schlechter gestellt als in BGB und CISG. Dass gleichzeitig der Verkäufer nicht viel schlechter gestellt wird, wird dadurch erreicht, dass er auch nur dann einen Zinsersatz zu zahlen hat, wenn der Käufer Nutzungsersatz erhält. Beides ist für die Akzeptanz des Gesetzes und insbesondere der Rückgewährregelungen von zentraler Bedeutung – die Akzeptanz kann durch die diesbezüglichen Regelungen im GEK trotz Bedenken womöglich sogar noch gesteigert werden.

Der Vergleich mit dem CISG zeigt, dass sich sämtliche Probleme im GEK erst im Detail ergeben und zumindest die Basis der Rechtsfolgen durchaus praxistauglich und für den Käufer vorteilhafter ist als die diesbezüglichen Regelungen im CISG. Selbst wenn man nämlich im CISG außer Betracht lässt, dass der Käufer dort nur notwendige Aufwendungen (entsprechend deutscher Begrifflichkeiten) zurücker-

1924 Dass ein Käufer sowohl im BGB als auch im GEK einen Weiterverkaufsgewinn behalten darf, widerspricht zwar dem Prinzip die Parteien so zu stellen, wie sie ohne Vertrag gestanden hätten, ist letztlich aber nur billig: Warum ein Verkäufer vom Handelsgeschick des (Weiterver)-Käufers profitieren sollte, ist nicht ersichtlich.

halten kann, während er im GEK bei Vorliegen eines Vorteils auch nützliche Verwendungen ersetzt verlangen kann, ist der gravierende Unterschied der, dass der Käufer Aufwendungen im CISG grundsätzlich nicht geltend machen, sondern nur als Abzugsposten im Rahmen seiner zu zahlenden Nutzungsentschädigung berücksichtigen kann. Für den Käufer können damit mitunter große Kosten entstehen, wobei nicht ersichtlich ist, aus welchem Grund es angemessen sein könnte, diese Kosten einseitig zu Lasten des Käufers zu verteilen. Berücksichtigt man außerdem, dass der Verkäufer im Falle einer fahrlässigen Zerstörung der Ware durch den Käufer bzw. durch einen Dritten gegebenenfalls keinerlei Ersatz erhält, während er den Kaufpreis zurückerstatten muss[1925], muss das CISG sich an dieser Stelle die Kritik einer gewissen Käuferunfreundlichkeit zurecht gefallen lassen.

Daneben gibt es einen weiteren Aspekt, der aus Sicht des Käufers bei Anwendung des GEK von Vorteil ist: der Käufer muss – im Unterschied zum BGB[1926] – keinen Ausgleich für solche Nutzungen zahlen, die er entgegen den Regeln der ordnungsgemäßen Wirtschaft nicht gezogen hat. Bereits die Ausnahme in § 347 Abs. 1 S. 2 BGB zeigt, dass sich auch der deutsche Gesetzgeber bewusst war, einem Käufer nicht uneingeschränkt Pflichten auferlegen zu können, nach denen er sich „richtig" bzw. marktkonform verhalten soll. Insofern ist es plausibel, in einem Gesetz, das primär auf die Anwendung in Verbraucherverträgen abzielt, dem Käufer keinerlei zusätzliche Pflichten im Umgang mit erworbenen Gegenständen aufzuerlegen. Auch die Tatsache, dass der Käufer bereits dann Wertersatz leisten kann, wenn die Rückgabe mit unverhältnismäßig hohem Aufwand verbunden ist, stellt für den Käufer eine deutliche Erleichterung dar, die es so weder im BGB noch im CISG gibt. Auch gelingt es dem GEK, die Kostenverteilung der Rückgewähr sehr viel eindeutiger zu regeln als im BGB. Auch dies ist positiv zu bewerten. Im Vergleich zum CISG enthält das Gesetz auch Antworten auf Detailfragen wie den Leistungsort[1927] und zur Kostentragungspflicht.[1928] Keine Abweichungen ergeben sich schließlich im Bereich der Übermaßnutzungen.[1929]

Im Ergebnis zeigt sich also, dass im Kommissionsentwurf vor allem die wesentlichen Aspekte der Rückgewähr geregelt wurden, die Parlaments-Fassung hat dann dazu geführt, dass auch Detailfragen sachdienlich und praxistauglich gelöst wurden. Entgegen der Ansicht vieler Autoren[1930] kann das GEK damit nun im Ergebnis

---

1925 Siehe hierzu unter Teil 5.D.I.3.c.bb.

1926 Keine Regelung enthält abermals das CISG.

1927 Siehe hierzu unter Teil 5.B.I.7.

1928 Siehe hierzu unter Teil 5.B.I.2.

1929 Zwar führt eine solche Übermaßnutzung seit dem Entwurf des Parlaments im GEK zu einer Schadensersatzpflicht gem. Art. 174 Abs. 3a GEK und im BGB über § 346 Abs. 2 S. 1 Nr. 3 BGB zur Zahlung eines Wertersatzes. Im Ergebnis bedeutet dies für den Verkäufer jedoch in beiden Fällen, dass er vom Käufer einen Anspruch auf Zahlung hat, so dass die Unterschiede eher dogmatischer Natur sind.

1930 Siehe stellvertretend *Wendehorst* in: Schmidt-Kessel, S. 371 (393); *Koch* in: Wendehorst/Zöchling-Jud, S. 225 (250 f.).

Regelungen zur Rechtsfolge anbieten, die auch im internationalen Vergleich Bestand haben. Deutlich sichtbar wird dies bei Betrachtung der Regelungen im CISG, welches nur im Bereich der Verwendung der Ware etwas konsistenter ist, dafür an zahlreichen anderen Stellen mit dem Detailgrad des GEK nicht mithalten kann. So sehr es im Gesamtkontext zu begrüßen ist, dass das GEK zahlreiche Anleihen am CISG nimmt, so sehr ist es richtig, dass das GEK sich hier klar von den nicht besonders gelungenen Regelungen im CISG abgrenzt und sich der Gesetzgeber für solche Regelungen entschieden hat, die dem BGB ähneln.

Dort, wo das GEK Unsicherheiten bietet, bleibt zu hoffen, dass die Generalnorm des Art. 176 GEK diese zu verhindern weiß. Sicherlich kann man dem Gesetzgeber zugutehalten, dass die Regelung entsprechend detaillierter Aspekte zu einem Aufblähen des Gesetzes geführt hätte, das wiederum die Anwendbarkeit deutlich erschwert hätte. Allerdings hat der Gesetzgeber an anderer Stelle[1931] bewiesen, dass er durchaus praktikable Regelungen finden kann. In diesem 17. Kapitel jedoch schreckt er vor konkreten Regelungen zurück und verweist den Anwender verstärkt auf Generalklauseln. Es hat sich allerdings gezeigt, dass die dadurch entstehenden Probleme in Randbereichen angesiedelt sind und dass im Gegensatz dazu das Grundgerüst der Rechtsfolgen gut funktionieren dürfte. Vor diesem Hintergrund wiegt es nicht so schwer, dass Art. 176 GEK eher inhaltsleer erscheint.[1932] Trotz aller Inhaltsleere zeigt Art. 176 GEK dem anwendenden Richter immerhin, dass es eine über Treu und Glauben hinausgehende Auffangregelung gibt, die nach dem Willen des Gesetzgebers zu Einzelfallgerechtigkeit führen soll.[1933]

Obwohl es im Bereich der Rechtsfolgen durchaus Handlungsbedarf für den Gesetzgeber gibt und es nicht Ziel eines Gesetzes sein sollte, dass Generalklauseln als „Anker" für Einzelfallgerechtigkeit dienen, muss grundsätzlich positiv angemerkt werden, dass das System der Rechtsfolgen insgesamt durchaus funktionieren dürfte. Dafür spricht auch ein Vergleich mit den beiden anderen Gesetzen.

1931 Hier ist vor allem der Bereich der Beendigungsgründe zu nennen, siehe unter Teil 2.C.I, Teil 2.D.I und Teil 2.E.I.

1932 Anders Looschelders, AcP 212 (2012), 581 (676); die Norm insgesamt schon zur Machbarkeitsstudie ablehnend Sirena, ERPL 2011, 977 (987 f.).

1933 Ähnlich *Wendehorst* in: Schmidt-Kessel Kommentar, Art. 176 Rn. 1.

Teil 6. Zusammenfassung der Ergebnisse, Fazit und Prognose zum GEK

In den vorangegangenen fünf Kapiteln wurden das Beendigungs-, Rücktritts- und Aufhebungsrecht voneinander thematisch getrennt dargestellt und verglichen. Aus dieser Systematik folgt allerdings zwangsläufig, dass ein themenübergreifender und gesetzesinterner Überblick trotz steter Querverweise kaum möglich ist. Der Vorteil, themenspezifisch auf einzelne Aspekte eingehen zu können, überwiegt diesen Nachteil jedoch deutlich. In diesem letzten Kapitel werden zunächst die herausgearbeiteten wesentlichen Ergebnisse zum GEK präsentiert (A.), um anschließend wesentliche Unterschiede und Gemeinsamkeiten zu BGB und CISG hervorheben zu können (B.). Eine gesonderte Antwort wird sodann auf die zum GEK viel diskutierte Frage[1934] gegeben werden, ob es sich hierbei tatsächlich um ein (zu) verbraucherfreundliches Regelwerk handelt (C.), bevor mit einer Einschätzung zu den Erfolgsaussichten des GEK (insbesondere bezogen auf das Beendigungsrecht) in der Praxis geschlossen wird (D.).

A. Wesentliche Ergebnisse zum GEK

Das GEK ist zunächst anwendbar auf Fernabsatz-Kaufverträge, bei denen der Verkäufer stets ein Unternehmer sein muss. Auf Seiten des Käufers kann ein Verbraucher oder ebenfalls ein Unternehmer auftreten.[1935] Es handelt sich damit also keineswegs um ein Recht, welches sich per se nur an Verbraucher richtet, auch wenn nicht zu leugnen ist, dass hier der Hauptanwendungsbereich liegen wird. Überraschen mag, dass das GEK auch über den Bereich der Europäischen Union hinaus zur Anwendung kommen kann, entscheidend ist nur, dass eine der Parteien ihren Sitz bzw. gewöhnlichen Aufenthalt in der EU hat.[1936] In sachlicher Hinsicht sind in erster Linie Kaufverträge über Waren erfasst (worunter auch Tickets fallen), wobei mittlerweile richtigerweise klargestellt ist, dass auch Mischverträge vom sachlichen Anwendungsbereich des Gesetzes umfasst sind.[1937] Das GEK als autonom auszulegendes Gesetz kann dabei nur eine begrenzte Zahl an Fragestellungen beantworten und muss im Übrigen auf das sekundär anwendbare nationale Recht verweisen.

1934 Auf der einen Seite wird angenommen, der Verbraucherschutz im GEK sei zu hoch (Ayad/Schnell, BB 2012, 1487 (1495); *Herresthal* in: Schulte-Nölke/Zoll/Jansen/Schulze, S. 85 (121)), auf der anderen Seite, dass der Schutz des Verbrauchers niedriger als beispielsweise im BGB sei (*Tonner* in: Tamm/Tonner, § 4 Rn. 62 ff.).

1935 Siehe hierzu unter Teil 1.B.III.1.

1936 Siehe hierzu im Detail, insbesondere zu der Besonderheit im Verbraucher-Kauf unter Teil 1.B.I.1.a.

1937 Siehe hierzu unter Teil 1.B.II.1.d.

Zu begrüßen ist dabei zum Zwecke einer diesbezüglich klaren Abgrenzung, dass Art. 11a Abs. 1 GEK-VO hier einen Katalog nennt, welche Thematiken im GEK geregelt sind und bei welchen rechtlichen Fragestellungen demgegenüber nationales Recht zur Anwendung gelangen soll (Art. 11a Abs. 2 GEK-VO).

Das Beendigungsrecht selbst wird dominiert von den Begriffen der Nichterfüllung und der Wesentlichkeit. Die Nichterfüllung ist dabei Grundlage aller Beendigungsrechte (aber auch aller übrigen Abhilfen), die Wesentlichkeit dient der Unterscheidung und Abgrenzung der Abhilfen je nach Schwere der Vertragsverletzung. Von der Nichterfüllung gem. Art. 87 Abs. 1 GEK erfasst sind dabei sowohl vertragliche als auch gesetzliche Haupt- und Nebenleistungspflichten sowie Schutzpflichten. Es hat sich gezeigt, dass die hierzu statuierten Regelbeispiele der Benutzerfreundlichkeit dienen, jedoch keineswegs abschließend zu verstehen sind. Schon gar nicht kann aus diesem Katalog der Schluss gezogen werden, dass bestimmte Nebenleistungspflichten oder Schutzpflichten nicht erfasst sein sollen.[1938] Anlass zur Kritik bietet daher der Umstand, dass gerade das genaue Verständnis des für das GEK zentralen Begriffs der Nichterfüllung erst durch mühsame Auslegungsarbeit zu ermitteln ist. Eine Erkenntnis dieser Arbeit ist es, dass der Gesetzgeber im Falle einer künftigen Novellierung des GEK in Art. 87 Abs. 1 GEK klarstellen sollte, dass auch Schutzpflichten von der Verordnung umfasst sind. Ebenfalls klarer als bisher sollte Art. 87 Abs. 1 lit. f) GEK formuliert werden. Hier sollte der Gesetzgeber deutlich zum Ausdruck bringen, dass nicht bereits jede subjektive Aussage einer Partei zum Vorliegen einer Nichterfüllung führen kann.[1939]

Von entscheidenderer Bedeutung als die Nichterfüllung ist die Wesentlichkeit, die nicht nur alle übrigen Abhilfen von den Beendigungstatbeständen trennt, sondern auch innerhalb der verschiedenen Beendigungsrechte nach der Schwere der Nichterfüllung abgrenzt. Der Wesentlichkeit kommt damit im entscheidenden Maße die Funktion der Erhaltung bzw. Durchführung des Vertrags zu. Wesentlichkeit kann gem. Art. 87 Abs. 2 GEK entweder vorliegen, wenn eine Partei der anderen einen erheblichen Teil dessen vorenthält, was diese erwarten durfte oder wenn sie klar erkennen lässt, dass sich die andere Partei nicht auf die künftige Erfüllung verlassen kann. In beiden Fällen gibt das GEK keine Anhaltspunkte, wie diese entscheidende Schwelle „mit Leben gefüllt" werden soll. Im Verlauf dieser Arbeit hat sich aber gezeigt, dass im Hinblick auf die erste in Art. 87 Abs. 2 GEK genannte Variante eine Orientierung an Art. 25 CISG möglich ist und die hierzu ergangenen Entscheidungen auch im GEK zu den gleichen Ergebnissen führen müssten.[1940] Dabei ist allerdings zu beachten, dass die Vorhersehbarkeit der Folge als echter Filter konzipiert ist[1941] und eine wesentliche Nichterfüllung immer nur dann vorliegt, wenn die vertragsbrüchige Partei diese Folge im Zeitpunkt des Vertragsschlusses

1938 Siehe hierzu unter Teil 2.B.II.1.
1939 Siehe hierzu unter Teil 2.B.II.3.
1940 Siehe hierzu unter Teil 2.B.IV.
1941 Siehe hierzu unter Teil 2.B.III.2.b.bb(2).

nicht absehen konnte. Die Konsequenz hieraus sind höhere Anforderungen an die Wesentlichkeit als im CISG, die sich allerdings dadurch relativieren, dass die vertragsbrüchige Partei die Beweislast dafür zu tragen hat, dass sie wirklich in Unkenntnis war.[1942] Die zweite Variante der Wesentlichkeit bleibt demgegenüber blass: Es ist unklar, ob für die Variante, dass die Nichterfüllung offensichtlich ist, überhaupt noch ein eigener Anwendungsbereich besteht, so dass zu erwarten steht, dass vor allem die erstgenannte Möglichkeit von Bedeutung sein wird.[1943]

Im Falle einer Nichtlieferung stehen dem Käufer grundsätzlich und abhängig vom Vorliegen der Wesentlichkeit drei Beendigungsmöglichkeiten zur Verfügung: Der Käufer kann den Vertrag bei wesentlicher Nichterfüllung gem. Art. 114 Abs. 1 GEK, bei einer verspäteten Lieferung gem. Art. 115 Abs. 1 GEK und bei voraussichtlicher Nichterfüllung gem. Art. 116 GEK beenden. Die Beendigung aufgrund einer wesentlichen Nichterfüllung kann dabei als die zentrale Beendigungsnorm angesehen werden. Eine Beendigung hiernach kommt in allen Fällen der Nichtlieferung gem. Art. 87 Abs. 1 GEK in Betracht, auch eine verspätete Lieferung und vor allem auch die Verletzung einer Schutzpflicht sind hiervon umfasst.[1944]

Wann eine Nichterfüllung vorliegt, bestimmt sich nach den vertraglichen Vereinbarungen der Parteien, Art. 99 Abs. 1 GEK. Erfasst sind grundsätzlich Sach- und Rechtsmängel, wozu nach GEK – anders als nach dem BGB – auch das Eigentumsrecht eines Dritten zählt.[1945] Subsidiär muss die Ware im Bereich der Sachmängel gem. Art. 99 Abs. 2 GEK den Voraussetzungen von Art. 100 GEK entsprechen. Das GEK verwendet dabei einen in ähnlicher Form bereits aus dem CISG und der Verbrauchsgüterkaufrichtlinie 1999[1946] bekannten Katalog.[1947] Anders aber als im CISG kann der besondere Verwendungszweck gem. Art. 100 lit. a) GEK nicht konkludent, sondern nur ausdrücklich vereinbart werden.[1948] In diesem Zusammenhang ist Art. 100 lit. g) GEK kritisch zu betrachten, der durch seinen unklaren Anwendungsbereich einer abstrakten Auslegung nicht zugänglich ist und von dem zu hoffen ist, dass er in der gerichtlichen Praxis nicht lediglich als Korrektur-Norm dienen wird.[1949] Wann der Käufer den Vertrag gem. Art. 114 Abs. 1 GEK beenden kann, hängt alleine von der Wesentlichkeit ab und ist insofern eine Frage des Einzelfalls. Ebenfalls anhand der Wesentlichkeit wird im Falle einer Spätlieferung die Abgrenzung zu Art. 115 Abs. 1 GEK vorgenommen.[1950] Eine Spätleistung kann danach z.B. nur dann gem. Art. 114 Abs. 1 GEK geltend gemacht werden, wenn ein Fixgeschäft gegeben ist. Art. 114 Abs. 1 GEK und Art. 115 Abs. 1 GEK stehen in

---

1942 Siehe hierzu unter Teil 2.B.III.2.b.ee.
1943 Siehe hierzu unter Teil 2.B.IV.
1944 Siehe hierzu unter Teil 2.B.II.2.
1945 Siehe hierzu unter Teil 2.C.I.2.b.ff(1).
1946 Siehe zur Richtlinie unter Fußnote 292.
1947 Siehe hierzu unter Teil 2.C.I.2.
1948 Siehe hierzu unter Teil 2.C.I.2.b.dd(1)(a)(cc).
1949 Siehe hierzu unter Teil 2.C.I.2.b.dd(1)(g).
1950 Siehe hierzu unter Teil 2.C.I.2.a.bb(1).

einem echten Alternativverhältnis zueinander. Es ist daher ausgeschlossen, dass das Ablaufen einer gem. Art. 115 Abs. 1 GEK gesetzten Nachfrist dazu führt, dass die Nichterfüllung dadurch als wesentlich qualifiziert wird und der Käufer vom Vertrag gem. Art. 114 Abs. 1 GEK zurücktreten kann. Unabhängig davon steht dem Käufer nach Ablauf der Frist über Art. 115 Abs. 1 GEK ein Beendigungsrecht zu, so dass es keines darüber hinausgehenden Grundes bedarf.

Für den Verbraucher von enormer Bedeutung ist Art. 114 Abs. 2 GEK, der die hohe Hürde der Wesentlichkeit für Verbraucher auf den niedrigeren Maßstab der Erheblichkeit senkt. Erheblichkeit ist dann gegeben, wenn die Nichtleistung zwar für sich genommen nicht wesentlich ist, aber doch deutlich oberhalb eines Bagatellmangels liegt. In der Anwendung ist die Unerheblichkeit mit der Geringfügigkeit der Verbrauchsgüterkaufrichtlinie 1999[1951] weitestgehend gleichzusetzen.[1952]

Aufgrund des begrenzten Anwendungsbereichs eine weit weniger wichtige Rolle dürfte in der Praxis Art. 115 Abs. 1 GEK spielen, der in allen Fällen einer verspäteten Lieferung gilt, die nicht wesentlich ist und dem Käufer dann ein Beendigungsrecht gibt, wenn dieser dem Verkäufer eine Nachfrist zur Erfüllung gesetzt hat, die ohne Leistung verstrichen ist. Die Länge der Frist ist anhand des Einzelfalls zu bestimmen und muss weder der ursprünglichen Lieferfrist entsprechen, noch an diese Frist herankommen. Da der Verkäufer bereits eine angemessene (vertraglich vereinbarte oder gesetzliche) Leistungszeit eingeräumt bekommen hatte, in der er den Versand hätte vorbereiten sollen, erscheint es angemessen, die Nachfrist auf rund ein Drittel der ursprünglichen Lieferfrist zu begrenzen.[1953]

In der Praxis voraussichtlich ebenfalls von untergeordneter Bedeutung, ist das Recht des Käufers zur Beendigung bei voraussichtlicher Nichterfüllung gem. Art. 116 GEK. Danach kann der Käufer den Vertrag beenden, bevor die Erfüllung fällig wird, wenn der Verkäufer erklärt hat oder anderweitig offensichtlich ist, dass Nichterfüllung eintreten wird und diese darüber hinaus die Beendigung des Vertrags rechtfertigen würde. Der Begriff der Rechtfertigung ist dabei im GEK – in Abweichung zum CISG als Klarstellung gewählt, dass Art. 116 GEK nicht nur in Fällen von Art. 114 Abs. 1 GEK, sondern auch in denjenigen gem. Art. 114 Abs. 2 und Art. 115 Abs. 1 GEK greifen soll. Das heißt, auch eine bereits voraussichtliche, unwesentliche Spätleistung oder eine erhebliche, aber unwesentliche Schlechtleistung gewährt dem Käufer ein Beendigungsrecht.[1954] Es erschließt sich aber in diesem Zusammenhang nicht, weshalb der Käufer dem Verkäufer keine Mitteilung zukommen lassen muss, in der er die geplante Ausübung des Beendigungsrechts ankündigt. Eine solche Anzeige wäre, insbesondere weil noch nicht einmal Fälligkeit eingetreten ist, wünschenswert, um dem Prinzip der Vertragserhaltung Rechnung zu tragen. Die zusätzliche Belastung, die Ausübung des Beendigungsrechts anzuzeigen, wäre

1951 Siehe zur Richtlinie unter Fußnote 292.
1952 Siehe hierzu unter Teil 2.C.I.4.b.
1953 Siehe hierzu unter Teil 2.D.I.2.b.aa.
1954 Siehe hierzu unter Teil 2.E.I.2.c.

dadurch gerechtfertigt, dass der Käufer sich hierdurch die Wartezeit des Fristablaufs erspart.[1955]

Trotz Vorliegens der Voraussetzungen eines Beendigungsrechts kann der Käufer den Vertrag dann aber nicht beenden, wenn der Verkäufer diesem Recht einen Ausschlussgrund entgegenhalten kann. Im GEK ist dieser Grund in Form der Ausschlussfrist gem. Art. 119 GEK angelegt, die mit Ausnahme einer vollständigen Nichtlieferung dem Käufer sein Beendigungsrecht immer dann „nimmt", wenn er sein Recht nicht innerhalb von zwei Monaten geltend macht. Die Frist ist mit einer Länge von zwei Monaten vor dem Hintergrund eines Verbraucher-Kaufs angemessen lang. Ein Unternehmer-Käufer kann sein Recht zudem dann verlieren, wenn er dem Verkäufer die Nichtlieferung nicht rechtzeitig mitgeteilt hat, Art. 122 GEK. Es handelt sich hierbei um eine im unternehmerischen Handel durchaus übliche Regelung. Im Gegensatz zum BGB gilt diese Untersuchungsfrist nicht nur für Sach-, sondern auch für Rechtsmängel.[1956] Inhaltlich muss eine Reaktion in angemessener Frist erfolgen. Die Angemessenheit bestimmt sich dabei abermals nach dem Einzelfall, wobei es sich in der Praxis um wenige Stunden bis Tage handeln dürfte. Nicht gelungen ist die Regelung des Art. 122 Abs. 6 GEK, die in der Praxis zu erheblichen Problemen führen könnte: Zum einen verliert hierdurch Art. 122 Abs. 5 GEK seinen Anwendungsbereich. Vor allem aber regelt die Norm, dass sich der Verkäufer auf Art. 122 Abs. 1 GEK dann nicht berufen kann, wenn die Vertragswidrigkeit auf Tatsachen beruht, die er fahrlässig nicht kannte. Das Abstellen auf einfache Fahrlässigkeit privilegiert zwar den Käufer, kann aber die Akzeptanz des GEK empfindlich gefährden, ist die Regelung doch für den Verkäufer erheblich nachteilig. An dieser Stelle sollte vom Gesetzgeber dringend nachgebessert werden.[1957]

Hat der Käufer ein wie auch immer geartetes Beendigungsrecht, gegen welches der Verkäufer keinen Ausschlussgrund geltend machen kann, so kann der Käufer das Recht gem. Art. 118 GEK ausüben. Die Erklärung selbst ist – wie in CISG und BGB – ein Gestaltungsrecht und kann formfrei, ausdrücklich oder konkludent erklärt werden.[1958] Nicht als Beendigungserklärung gewertet werden allerdings das einfache Zurückschicken der Ware oder die bloße Klageerhebung. Auch muss jede sonstige ausdrückliche oder konkludente Erklärung die Abhilfe der Beendigung hinreichend deutlich machen.[1959] Das GEK folgt dabei grundsätzlich der Empfängertheorie, allerdings mit der Besonderheit, dass ein Schreiben bereits dann zugegangen ist, wenn es in den Herrschaftsbereich des Verkäufers gelangt, unabhängig davon, ob dieser tatsächlich die Möglichkeit zur Kenntnisnahme hatte. Aus dieser modifizierten Empfängertheorie resultiert für den Käufer bezüglich des Zugangs eine etwas

1955 Siehe hierzu unter Teil 2.E.I.2.b.bb.
1956 Siehe hierzu unter Teil 3.B.I.2.a.aa.
1957 Siehe hierzu unter Teil 3.B.I.2.f.
1958 Siehe hierzu unter Teil 4.A.I.
1959 Siehe hierzu unter Teil 4.B.I.

günstigere Situation als im BGB. Will der Käufer allerdings die erklärte Aufhebung widerrufen, ist dies im Umkehrschluss nicht so leicht möglich wie im BGB.[1960]

Der Umfang des Beendigungsrechts bestimmt sich schließlich nach Art. 117 GEK. Der Käufer kann den Vertrag bei Vorliegen einer Nichtlieferung, die sich nur auf einen Teil der Ware bezieht, auch immer nur hinsichtlich dieses Teils beenden und zwar wenn die Voraussetzungen des Art. 117 Abs. 1 GEK einschlägig sind. Es hat sich gezeigt, dass hierfür allein das Merkmal der „Teilbarkeit" entscheidend ist, die zusätzliche Anforderung „Zuordenbarkeit eines Preises" ist eine reine Dopplung, die keinen eigenen Anwendungsbereich hat.[1961] Der gesamte Vertrag kann gem. Art. 117 Abs. 3 GEK immer dann beendet werden, wenn keine Teilbarkeit gegeben ist, die Voraussetzungen der Art. 114 bis Art. 116 GEK also „normal" vorliegen oder wenn vom Käufer gem. Art. 117 Abs. 2 GEK nicht erwartet werden kann, dass er die Teilleistung annimmt. Zudem kann der gesamte Vertrag auch dann beendet werden, wenn die Nichterfüllung dies rechtfertigt. Diese Variante ist indes kritisch zu sehen, da kein Grund ersichtlich ist, weshalb dem Käufer auch dann eine Gesamtbeendigung zu gewähren ist, wenn ein Festhalten am Vertrag subjektiv zumutbar und objektiv eine Teilbarkeit möglich wäre.[1962]

Als Rechtsfolge ordnet Art. 8 Abs. 1 GEK die Umwandlung des Kaufvertrags in ein Rückgewährschuldverhältnis und die Rückgewähr der bereits erfolgten Leistungen an. Primär müssen die Parteien dabei das herausgeben, was sie von der anderen Partei erlangt haben, Art. 172 GEK. Ist dies nicht möglich, müssen sie gem. Art. 173 GEK Wertersatz leisten. Flankiert wird die Rückgewähr durch Regelungen zur Vergütung der Nutzung (Art. 174 GEK) und zum Aufwendungsersatz (Art. 175 GEK). Die Pflicht zur Herausgabe hat unverzüglich nach Abgabe der Erklärung zu erfolgen und erstreckt sich gem. Art. 172 GEK auf Kaufpreis bzw. Ware und sämtliche Früchte, die aus der Sache gezogen wurden. Sämtliche Kosten der Rückgabe trägt der jeweilige Empfänger, für den Rückversand der Ware also der Käufer.[1963] Ort der Rückgabe ist die Niederlassung bzw. der Wohnsitz des Käufers.[1964] Führt der Käufer nach erklärter Beendigung eine Unmöglichkeit der Rückgabe herbei, so trifft ihn im GEK eine Schadensersatzpflicht gem. Art. 172 2d GEK.[1965]

Ein Schwachpunkt des GEK ist es, dass sich die übrigen Normen aus dem Bereich der Rechtsfolgen hauptsächlich nur mit Hilfe der Billigkeitsnorm des Art. 176 GEK angemessen und gerecht auslegen lassen und nicht aus sich selbst heraus. So gilt zwar für die Wertersatzpflicht, dass sich ermitteln lässt, dass ein Wertersatz nicht nur bei vollständiger Zerstörung, sondern bereits bei einer Beschädigung greift.[1966] Dass aber Wertersatz dann ausgeschlossen sein muss, wenn der Untergang auf

1960 Siehe hierzu unter Teil 4.B.I.4.
1961 Siehe hierzu unter Teil 4.C.I.2.b.
1962 Siehe hierzu unter Teil 4.C.I.3.c.bb.
1963 Siehe hierzu unter Teil 5.B.I.2.
1964 Siehe hierzu unter Teil 5.B.I.7.
1965 Siehe hierzu unter Teil 5.B.I.6.
1966 Siehe hierzu unter Teil 5.C.I.2.a.

den Verkäufer zurückzuführen ist[1967], ergibt sich erst aus einer Anwendung von Art. 176 GEK.

Auch der Aufwendungsersatz gem. Art. 175 GEK sowie das Verhältnis von Art. 174 und Art. 175 GEK zueinander weisen gesetzgeberischen Korrekturbedarf auf. So kann es nicht richtig sein, dass der gutgläubige Käufer bei notwendigen Aufwendungen schlechter gestellt ist als der bösgläubige.[1968] Unangemessen erscheint es auch, dass der Käufer aus dem Zusammenspiel von Art. 174 und Art. 175 GEK eine „kostenlose Leihe“ erreichen kann.[1969] Beide Aspekte sind über Art. 176 GEK zu korrigieren, wünschenswert ist es aber, dass diese unbilligen Ergebnisse innerhalb der Normen selbst durch den Gesetzgeber korrigiert werden.

B. Wesentliche Gemeinsamkeiten und Unterschiede

In den jeweiligen Fazits zu den einzelnen Kapiteln wurde versucht, die Gemeinsamkeiten und Unterschiede zwischen den drei Gesetzen – mit dem Fokus auf dem Beendigungsrecht – herauszuarbeiten. Insofern sollen an dieser Stelle nur die bedeutsamsten (strukturellen) Gemeinsamkeiten und Unterschiede zwischen GEK, BGB und CISG aufgezeigt werden.

Allen drei Regelungswerken ist gemein, dass sie die Vertragsmäßigkeit der Ware ausgehend von einem subjektiven Verständnis regeln.[1970] Danach liegt es zunächst in der Hand der Parteien zu vereinbaren, welche Eigenschaften einer Ware zukommen sollen, wann eine Abweichung hiervon einen Mangel darstellt und welche Abweichung so gravierend ist, dass sie als wesentlich, erheblich bzw. schwer zu qualifizieren ist. Ausgehend hiervon wird in allen Gesetzen das subjektive Element um objektive Merkmale ergänzt. Es kommt hierbei fast zwangsläufig zu erheblichen Gemeinsamkeiten, da sowohl GEK als auch die Verbrauchsgüterkaufrichtlinie 1999[1971] in erheblichen Teilen auf dem CISG beruhen und so zahlreiche, wenn auch nicht alle, Merkmale aus dem CISG übernommen wurden.[1972] Neben diesen doch prägnanten und zentralen Gemeinsamkeiten bestehen dennoch auch Unterschiede: Während das Beendigungsrecht in GEK und CISG davon abhängt, ob eine Vertragswidrigkeit wesentlich ist, erkennt das BGB im Grundsatz jede Vertragswidrigkeit an und statuiert dafür auf der anderen Seite die zusätzliche Voraussetzung der Fristsetzung, die unabhängig von der Schwere der Verletzung gilt.[1973] Dieser Unterschied ist aber deshalb nicht gravierend, weil gezeigt werden konnte, dass es nur wenige Fälle gibt, in denen die gleiche Vertragswidrigkeit in den drei Gesetzen zu unterschiedlichen

1967 Siehe hierzu unter Teil 5.C.I.2.b.
1968 Siehe hierzu unter Teil 5.D.II.1.d.
1969 Siehe hierzu unter Teil 5.E.I.3.
1970 Siehe hierzu unter Teil 2.C.I.2.b.cc, Teil 2.C.II.2.a.aa(1) bzw. Teil 2.C.III.2.a.cc(1).
1971 Siehe hierzu unter Fußnote 292.
1972 Siehe hierzu unter Teil 2.C.II.2.a.aa(1)(a) und Teil 2.C.III.2.a.cc(1).
1973 Siehe hierzu ausführlicher unter Teil 2.C.IV.2.

Ergebnissen führen würde.[1974] Für Verbraucher-Käufer führt außerdem die Regelung in Art. 114 Abs. 2 GEK zu einem deutlichen Gleichlauf zwischen GEK und BGB.

Sehr ähnlich sind sich die Regelungen auch bei Fällen der verspäteten Lieferung. Sowohl nach Art. 115 Abs. 1 GEK, als auch nach Art. 49 Abs. 1 lit. b) CISG sowie § 323 Abs. 1 BGB muss der Käufer dem Verkäufer hier zunächst eine Frist zur Erfüllung setzen, ehe er den Kaufvertrag für beendet erklären kann. In diesem Fall sind also nicht nur in allen drei Gesetzen dieselben Voraussetzungen zu erfüllen, sondern auch die Frage, welche Fristen hier angemessen sind, sind sehr ähnlich zu beurteilen. Im Unterschied zu GEK und CISG, kennt das deutsche Recht für diesen Fall aber normierte Ausnahmen von der Pflicht zur Fristsetzung, so dass der Käufer hier in einzelnen Fällen privilegiert sein kann, indem die Frist entbehrlich ist.[1975]

Ein weiteres, allen Gesetzen gemeines strukturelles Merkmal ist im Bereich des Unternehmer-Kaufes die Pflicht des Käufers zur Untersuchung und Rüge der Ware. Hier besteht nach Art. 122 GEK, § 377 HGB und Art. 39 CISG eine gleichartig geregelte[1976] und im Unternehmer-Kauf absolut übliche Handlungspflicht. Für das GEK ist die Statuierung einer solchen Handlungspflicht bemerkenswert. Obwohl es in erster Linie für Verbraucher-Käufe geschaffen ist, regelt das GEK auch Unternehmer-Käufe adäquat und sachgerecht, was insofern nicht deutlich genug betont werden kann.

Allen drei Rechten gemein ist außerdem im Bereich der Rechtsfolgen, dass das Vorliegen der Voraussetzungen (und die Abwesenheit eines Ausschlussgrundes) nicht ohne weiteres Zutun selbständig zur Beendigung des Vertrags führen, sondern vielmehr alle Beendigungs-Rechte gegenüber dem Verkäufer zusätzlich erklärt werden müssen.[1977] Sind die Rechte geltend gemacht, so folgt hieraus eine weitere Gemeinsamkeit aller drei Gesetze: Es entsteht ein Rückgewährschuldverhältnis, dessen primäre Pflicht die Rückgewähr der erlangten Leistungen ist.[1978] Darüber hinaus sind Ähnlichkeiten in den Rechtsfolgen aber nur noch zwischen GEK und BGB zu verzeichnen. Beide Gesetze sehen als sekundäre Rechtsfolge einen Wertersatzanspruch sowie Ausgleichsregelungen für Nutzungen und Aufwendungen vor.[1979] Das CISG unterscheidet sich demgegenüber in diesem Bereich von GEK und BGB gravierend: Weder kennt es eine Wertersatzpflicht[1980], noch ist der Ausgleich von Vorteilen mit den beiden anderen Gesetzen vergleichbar.[1981]

1974 Siehe hierzu unter Teil 2.C.IV.2.
1975 Siehe hierzu unter Teil 2.C.II.2.c.
1976 Siehe hierzu unter Teil 3.B.
1977 Siehe hierzu unter Teil 4.B.
1978 Siehe hierzu unter Teil 5.A bzw. Teil 5.B.
1979 Siehe hierzu unter Teil 5.C.I und Teil 5.C.II.
1980 Siehe hierzu unter Teil 5.C.III.
1981 Siehe hierzu unter Teil 5.D.I.3.

C. Stellung des Verbrauchers im GEK

Das GEK sieht sich seit Veröffentlichung des Kommissionsentwurfs[1982] dem Vorwurf ausgesetzt, dass es extrem verbraucherfreundlich[1983], teilweise sogar zu verbraucherfreundlich sei.[1984] Paradoxerweise wird dem Entwurf andererseits vorgeworfen, er senke das Verbraucherschutzniveau.[1985] Ob eine dieser Ansichten oder aber keine berechtigt ist, dürfte mitentscheidend dafür sein, welche Akzeptanz das Gesetz in der Praxis erfahren wird. Angesichts der Bedeutung dieser notwendigen Positionierung soll daher in diesem Abschnitt der Frage nachgegangen werden, ob einer dieser Vorwürfe berechtigt ist oder ob sich nicht vielmehr beide Gesetze (GEK und BGB) hinsichtlich des Verbraucherschutzniveaus auf einem ganz ähnlichen Niveau bewegen. Für diese Fragestellung bleibt das CISG im Übrigen außen vor, da es als Recht der Kaufleute naturgemäß keine Sondervorschriften für Verbraucher vorsieht.

Klar ist zunächst, dass das GEK selbst einen hohen, vereinheitlichten Verbraucherschutzstandard anstrebt. Ein entsprechender Wille ergibt sich aus Art. 1 Abs. 3 GEK-VO und Erwägungsgrund 11[1986], auf Seite 5 des Entwurfs ist außerdem die Rede von „einem hohen Verbraucherschutzniveau" und davon, dass „dem Verbraucher [...] somit nicht der Schutz entzogen [wird], den er in seinem Land genießt, da die zwingenden Verbraucherschutzvorschriften seines Landes kein höheres Schutzniveau bieten." (S. 7). Auch auf Seite 10 wird das gesetzgeberische Interesse an einen möglichst hohen Verbraucherschutz eindeutig betont: „Im Einklang mit Artikel 114 Absatz 3 AEUV würde das Gemeinsame Europäische Kaufrecht ein hohes Verbraucherschutzniveau gewährleisten, da es verbindliche Regeln enthält, die das im bestehenden EU-Verbraucherrecht verankerte Schutzniveau beibehalten oder verbessern." Hierdurch gibt der Gesetzgeber zum einen zu erkennen, dass mitgliedstaatliche Regelungen bereits hohe Standards zum Schutz von Verbrauchern enthalten. Zum anderen bringt er klar zum Ausdruck, dass das GEK zum Ziel hat, diese Standards ebenfalls zu statuieren oder gar zu steigern. Der Schluss liegt nahe, dass der Gesetzgeber die Wichtigkeit eines hohen Verbraucherschutzniveaus auch deshalb erkannt hat, weil eben dieses Niveau für die Akzeptanz des GEK nicht gänzlich unerheblich sein dürfte. Beurteilungsmaßstab für den tatsächlich im GEK

1982 KOM (2011) 635.

1983 *Schmidt-Kessel* in: Schmidt-Kessel Kommentar, Einleitung Rn. 13; *Wendehorst* in: Schulze, Art. 1 GEK-VO Rn. 6; Eidenmüller/Jansen/Kieninger/Wagner/Zimmermann, JZ 2012, 269 (276); Moser, WiVerv 2012, 124 (133); Staudenmeyer NJW 2011, 3491 (3496); von Westphalen, ZIP 2011, 1985 (1986 ff.), Zimmermann, JBl 2012, 2 (16); Zöchling-Jud, AcP 212 (2012), 550 (556 f.).

1984 Laut Ayad/Schnell, BB 2012, 1487 (1495) sei die Wahl des GEK ein „dealbreaker"; *Herresthal* in: Schulte-Nölke/Zoll/Jansen/Schulze, S. 85 (121) („wesentlich zu hohes Verbraucherschutzniveau").

1985 *Tonner* in: Tamm/Tonner, § 4 Rn. 62 ff.

1986 KOM (2011) 635, Erwägungsgrund 11.

verankerten Verbraucherschutz muss dabei aus deutscher Sicht das in Deutschland geltende Recht sein.[1987]

Weder Vor- noch Nachteile lassen sich zunächst aus dem Anwendungsbereich ableiten. Die Definitionen im GEK entsprechen den aus zahlreichen Richtlinien[1988] bekannten Begrifflichkeiten, auch sogenannte Dual-Use-Geschäfte sind daher zweifelsfrei umfasst.[1989] Festzuhalten ist zunächst, dass nahezu sämtliche Aspekte, die den Verbraucherschutzstandard im Vergleich zum geltenden deutschen Recht erhöhen, außerhalb des Beendigungsrechts liegen und damit nur am Rande Teil dieser Arbeit sind. Allerdings ergeben sich für den Verbraucher auch unmittelbar aus den im GEK statuierten Beendigungstatbeständen selbst heraus Vorteile gegenüber den entsprechenden Regelungen im deutschen Recht. So muss der Verbraucher im GEK ein Recht zur zweiten Andienung gem. Art. 106 Abs. 3 lit. a) GEK nur hinsichtlich eines Spezifikationskaufs beachten und kann in allen übrigen Fällen sämtliche Abhilfen direkt, das heißt auch Ansprüche aus Beendigungstatbeständen ohne weitere Hürden geltend machen.[1990] Die ganz wesentliche Privilegierung des Verbrauchers im Rahmen des Beendigungsrechts im GEK verglichen mit dem BGB liegt aber in Art. 172 Abs. 2a S. 2 GEK: danach muss der Verkäufer die empfangenen Leistungen nicht unverzüglich, sondern nur innerhalb von 14 Tagen zurückgewähren.[1991]

Andererseits ist es in einigen Fällen gerade umgekehrt, so dass das BGB diesbezüglich als verbraucherfreundlicher angesehen werden muss. Die meisten dieser Fälle stehen im Zusammenhang mit der Frage, wann eine Vertragswidrigkeit vorliegt, zumeist im Hinblick auf Rechtsmängel oder Rechte bzw. Ansprüche Dritter. So muss der Käufer die Ware im GEK bereits dann akzeptieren, wenn sie mit offensichtlich unbegründeten Ansprüchen eines Dritten belastet ist.[1992] Im CISG[1993] und auch im BGB muss die Ware allerdings frei von jeglichen Rechten Dritter sein. Gerade ein Verbraucher wird durch die Regelung im GEK in eine Situation gedrängt, in der er sich mit fremden Ansprüchen auseinandersetzen muss, obwohl er im Regelfall wenig prozesserfahren sein dürfte. Berücksichtigt man, dass sich hiermit selbst der Unternehmer-Käufer im CISG nicht auseinandersetzen muss, hat der Gesetzgeber zumindest keine betont verbraucherfreundliche Regelung geschaffen. Gem. Art. 102 Abs. 2 und 3 GEK müssen sich außerdem die Parteien über einen Staat, in dem die Ware verwendet werden soll, explizit geeinigt haben.[1994] Die Formulierung des CISG

1987 In diese Richtung auch *Tonner* in: Tamm/Tonner, § 4 Rn. 64 und *Beckmann* in: Staudinger BGB, Vorbem. zu §§ 433 ff. Rn. 132.

1988 Siehe z.B. die Fernabsatzrichtlinie (hierzu unter Fußnote 197) oder die Verbrauchsgüterkaufrichtlinie (siehe hierzu unter Fußnote 175).

1989 Anders noch *Beckmann* in: Staudinger BGB, Vorbem. zu §§ 433 ff. Rn. 131.

1990 Siehe hierzu unter Teil 1.D.I.2.b.

1991 Siehe hierzu unter Teil 5.B.I.3.

1992 Siehe hierzu unter Teil 2.C.I.2.b.ff(2).

1993 Siehe hierzu unter Teil 2.C.III.2.c.bb(2).

1994 Siehe hierzu unter Teil 2.C.I.2.b.ff(3)(a).

(„in Betracht ziehen“[1995]) ist beispielsweise käuferfreundlicher, weil hierdurch ein Verwenderstaat einfacher vereinbart werden kann, wodurch wiederum die Haftung des Verkäufers erhöht würde. Auch dies zeigt, dass der europäische Gesetzgeber durchaus um Ausgleich hinsichtlich der Verbraucherrechte bemüht war.

Verbraucherunfreundlich ist zudem die Frist zur Geltendmachung gem. Art. 119 Abs. 1 GEK.[1996] Zwar gibt es an sich gute Gründe für diesen Ausschlussgrund, unabhängig davon handelt es sich hierbei um eine dem deutschen Verbraucher an sich unbekannte Frist, die zumindest geeignet sein kann, ihn in seinen Rechten zu beschneiden. Gleiches gilt – so könnte man annehmen – grundsätzlich für Art. 111 Abs. 2 GEK, der anordnet, dass der Käufer neben der Abhilfe der Nacherfüllung keinen Schadensersatzanspruch und damit auch keinen Nutzungsausfallschaden geltend machen kann. Allerdings führt eine teleologische Reduktion zum gleichen Ergebnis wie im BGB[1997], so dass sich letztlich nur der Weg zu diesem Ergebnis unterscheidet. Akzeptanzprobleme des GEK für Verbraucher ergeben sich hieraus jedenfalls nicht.

Damit verbleiben in erster Linie eine Reihe von Punkten, die den Verbraucher-Käufer zwar gegenüber dem Unternehmer-Käufer privilegieren, bei denen diese Privilegierung aber bereits im BGB stattfindet, sei es aufgrund von EU-Richtlinien-Angleichung oder tradierten BGB-Vorschriften. Im Bereich des Mangels gelten sowohl gem. Art. 69 Abs. 3 GEK als auch gem. § 434 Abs. 1 S. 2 BGB Aussagen Dritter und Aussagen der Werbung als Eigenschaften, die die Kaufsache aufweisen muss.[1998] Auch die übrigen Merkmale ähneln sich sehr stark. Die Frage, ob eine Vertragswidrigkeit bereits bei Übergabe bestand, muss im GEK (Art. 105 Abs. 2) und BGB (§ 476) in den ersten sechs Monaten nach Kauf nicht der Verbraucher beweisen, sondern der Verkäufer.[1999] Eine Abweichung vom Begriff der Vertragsmäßigkeit bzw. des Mangels ist in beiden Gesetzen nicht zu Lasten des Verbrauchers zulässig (Art. 99 Abs. 3 GEK und § 475 BGB).[2000] Liegt ein Mangel vor, hat der Käufer in beiden Gesetzen das Wahlrecht zwischen Nachbesserung und Nachlieferung (Art. 111 Abs. 1 GEK und § 439 Abs. 1 BGB)[2001] und auch die Gründe, wann eine solche Wahl eingeschränkt sind, ähneln sich stark. Entscheidet sich der Käufer für die Nachlieferung, so trifft ihn keine Pflicht zum Wertersatz für die zurückgegebene Sache (Art. 112 Abs. 2 GEK und § 474 Abs. 5 BGB).[2002] Das Beendigungsrecht gem. Art. 114 Abs. 2 GEK dürfte dem des BGB gem. §§ 433 ff. sogar so nahe kommen, dass es in einem Großteil der gerichtlich zu klärenden Fälle zu gleichen Entscheidungen – unabhängig davon,

1995 Siehe hierzu unter Teil 2.C.III.2.c.cc(3)(b).
1996 Siehe hierzu unter Teil 3.A.I.
1997 Siehe hierzu unter Teil 1.D.I.5.a.cc.
1998 Siehe hierzu unter Teil 2.C.I.2.b.dd(1)(f) und Teil 2.C.II.2.a.aa(1)(c).
1999 Siehe hierzu unter Teil 2.C.I.2.b.ii.
2000 Siehe hierzu unter Teil 2.C.I.2.b.gg.
2001 Siehe hierzu unter Teil 1.D.I.5.a.aa.
2002 Anders jedoch *Beckmann* in: Staudinger BGB, Vorbem. zu §§ 433 ff. Rn. 131.

welches Gesetz für den jeweiligen Fall einschlägig ist – kommen wird.[2003] Schließlich haben beide Gesetze gemein, dass sie für einen Verbraucher-Käufer keine Untersuchungs- und Rügepflichten statuieren.

Eines wird hieraus jedenfalls deutlich: Der Vorwurf, das GEK sei ein „dealbreaker"[2004] und mithin zu verbraucherfreundlich, kann nicht geteilt werden. Das GEK hat zwar allein deshalb den Anspruch, ein verbraucherfreundliches Gesetz zu sein, weil es mit den mitgliedstaatlichen Rechten und deren Verbraucherschutzregelungen konkurrieren muss. Es überschreitet dabei aber an keiner Stelle die Schwelle dessen, was angebracht und zum Schutze des Verbrauchers notwendig erscheint. Ein an manchen Stellen scheinbar geringerer Verbraucherschutz als im BGB, liegt oftmals an Regelungen, die im Gesamtkontext etwas unausgereift erscheinen oder für den Verbraucher neue, ihm unbekannte Rechtspflichten, statuieren (siehe Art. 119 Abs. 1 GEK). Deutlich wird jedoch, dass das GEK um einen Ausgleich zwischen beiden Parteien bemüht ist. Weder ist zu erkennen, dass der Verbraucher begünstigt werden soll, noch sollen ihm Rechte zugunsten der Verkäufer genommen werden. Insbesondere die weit überwiegende Anzahl an Konstellationen, in denen sich zwischen BGB und GEK keinerlei Unterschied ergibt, zeigt, dass sich das GEK im Rahmen dessen bewegt, was Parteien im Endkundengeschäft heute bekannt ist und was sich bewährt hat. Insofern hat der Gesetzgeber, den mitgliedstaatlichen (bezogen auf das deutsche Recht) Verbraucherschutzstandard aufrechterhalten, ohne ihn allerdings auch merklich zu erhöhen.

D. Prognose zum Erfolg des GEK und Schlusswort

Eingangs wurde die Frage aufgeworfen, ob das GEK in der Folge seines Inkrafttretens ein wichtiges Instrument für den Abschluss und die Durchführung von Fernabsatzgeschäften in der EU sein würde. Zwar wurde einleitend bereits darauf hingewiesen, dass letztlich die Praxis zeigen wird, ob und wie das Gesetz angenommen werden wird. Gleichwohl kann an dieser Stelle unter rechtsvergleichenden Gesichtspunkten eines festgehalten werden: Das GEK ist durchaus geeignet, den europaweiten (Fernabsatz-) Binnenhandel zu fördern. Ausschlaggebend hierfür ist, dass sich das GEK weder vor dem bereits seit Jahrzehnten angewandten CISG, das ebenfalls für nationenübergreifende Rechtsgeschäfte geschaffen wurde, noch vor einer mitgliedstaatlichen Regelung wie dem BGB zu „verstecken" braucht. Konkret heißt dies, dass es im Anwendungsbereich keine nennenswerten Hürden gibt, die einen deutschen Anwender von der Benutzung des GEK abhalten könnten. Insbesondere die Kapitel zu den Voraussetzungen, den Ausschlussgründen und der Beendigungsmitteilung bzw. dem Umfang haben gezeigt, dass das GEK sicherlich an einigen Stellen Verbesserungspotential aufweist (siehe z.B. unter Teil 2.C.I.2.b.dd(1)(g) (Erwartungen des Käufers gem. Art. 87 Abs. 1 lit. g) GEK)), Teil 3.B.I.2.f (Bösgläubigkeit des Verkäufers

2003 Siehe hierzu unter Teil 2.C.IV.2.
2004 Ayad/Schnell, BB 2012, 1487 (1495).

bei der Mängelrüge, Art. 122 Abs. 6 GEK) und Teil 4.C.I.3 (Teilbeendigung des Vertrags, Art. 117 GEK)), andererseits aber bereits heute ganz überwiegend auf einem Stand ist, der zu angemessenen und gut nachvollziehbaren Entscheidungen führen dürfte. Auch wenn das GEK Schwächen im Bereich der Rechtsfolgen aufweist, ändert dies nichts an der Gesamtbewertung.

Insofern stellt das GEK insgesamt eine sehr gute Grundlage dar, um das europäische Vertragsrecht nachhaltig zu prägen. Die gesetzgeberische Absicht einer Rechtsvereinheitlichung von Teilen des Kaufrechts und die daraus resultierende Möglichkeit einer Kostensenkung für Anwender, wurde aus rechtswissenschaftlicher Sicht jedenfalls erreicht. Wenn diese positive Bewertung des GEK auch von der Praxis, insbesondere von den Anwendern geteilt werden würde, wäre auch das zentrale Ziel, das der Schaffung der Verordnung zugrunde liegt, erreicht: die Förderung und Stärkung des Binnenmarktes. Anzumerken ist zwar, dass die eingangs erwähnten Auslegungsschwierigkeiten[2005] und die Tatsache, dass über das Gesetz von einer Vielzahl von Gerichten in einer Vielzahl von Staaten geurteilt würde, dazu führen könnte, dass es länger dauert, bis sich ein allgemein akzeptierter Standard etabliert hat, dennoch: Wenn der Gesetzgeber die genannten wenigen Punkte anpasst, gibt es keinen Grund, weshalb das GEK nicht prinzipiell von einer breiten Masse europäischer Anwender akzeptiert werden sollte. Insbesondere hat sich für den Bereich des Beendigungsrechts auch gezeigt, dass das Gesetz nicht zu einseitig den Verbraucher privilegiert und daher den Unternehmer auch nicht übermäßig belastet. Vielmehr ist das GEK um einen Ausgleich zwischen den Parteien bemüht, durch den sowohl Verbraucher als auch Unternehmer nicht von der Anwendung des Gesetzes abgeschreckt werden sollten. Damit ist die Grundvoraussetzung geschaffen worden, dass Unternehmer sich bewusst für die Anwendung des GEK entscheiden können. Dies ist angesichts des Umstands, dass der Unternehmer jedenfalls im Endkundengeschäft in der Regel die marktmächtigere Partei[2006] sein dürfte, die folglich auch das anwendbare Recht vorgeben kann, bei der Frage nach dem Erfolg des Gesetzes nicht zu unterschätzen.

Aber auch für den Verbraucher gilt: Das Gesetz eröffnet ihm die Möglichkeit, dem GEK unterstellte Verträge zu schließen, ohne dass er sich vor der Stellung des Unternehmers in dem Gesetz fürchten müsste. Das GEK ist insoweit geradezu prädestiniert, das geringe Vertrauen der deutschen Verbraucher in ausländische Online-Shops zu steigern. Es mag zwar eine nicht zu unterschätzende Zeit in Anspruch nehmen, bis sich das GEK in der täglichen Praxis etabliert hat. Sobald sich aber in den ersten deutschen Online-Shops die Anwendung des GEK durchgesetzt haben sollte und auch der deutsche Verbraucher an das GEK und dessen Folgen gewöhnt ist, sollte das Vertrauen in das GEK sukzessive steigen, so dass hiervon grundsätzlich ausländische Shops profitieren könnten. Aus Sicht des Beendigungsrechts gibt es jedenfalls keine so schwerwiegenden Hindernisse, die ein Ausbleiben der Akzeptanz

2005 Siehe hierzu unter Teil 1.C.I.2.e.

2006 So auch Stürner, GPR 2011, 236 (240).

deutscher Anwender zu erwarten ließen. Auch für Fernabsatzgeschäfte zwischen Unternehmern könnte das GEK eine ernsthafte Alternative zu den derzeit zur Anwendung kommenden Gesetzen werden. Die Untersuchung hat nämlich gezeigt, dass das GEK dem CISG und auch dem BGB im Bereich des Unternehmer-Kaufs insgesamt zumindest ebenbürtig ist, so dass kein Grund ersichtlich ist, weshalb sich Unternehmer nicht künftig für die Anwendung des GEK aussprechen sollten.[2007] Das GEK hat also insgesamt die Chance, sowohl im Endkundengeschäft als auch im Kauf zwischen Unternehmern in der Zukunft eine wichtige Rolle einzunehmen.

Einleitend wurde geschildert, dass sich die EU-Kommission für die Weiterentwicklung des europäischen Binnenmarktes die Schaffung eines einheitlichen Kaufrechts zur Erleichterung grenzübergreifender Geschäfte vorgenommen hat. Die zentrale Erkenntnis dieser Arbeit ist, dass dies dem europäischen Gesetzgeber in großteils beeindruckender Manier gelungen ist. Zwar kann auch nach der durchgeführten Untersuchung des GEK nicht die eingangs gestellte Frage beantwortet werden, ob das GEK ein „großer Wurf“ bezogen auf die Anwendungshäufigkeit werden wird. Eines ist aber sicher: Ein Gesetz der verpassten Gelegenheiten ist es keinesfalls.

2007 So auch Loos/Schelhaas, ERPL 2013, 105 (129 f.).